新世纪高等学校教材·营销学核心课系列

上海高等学校一流本科课程配套教材

公共关系学

（第三版）

U0659784

主编◎ 余明阳　薛　可

扫码阅读本书教学资源

Public
Relations

北京师范大学出版集团
BEIJING NORMAL UNIVERSITY PUBLISHING GROUP
北京师范大学出版社

图书在版编目（CIP）数据

公共关系学/余明阳，薛可主编. —3 版. —北京：北京师范
大学出版社，2025.3
　新世纪高等学校教材·营销学核心课系列
　ISBN 978-7-303-28735-2

　Ⅰ. ①公… 　Ⅱ. ①余… ②薛… 　Ⅲ. ①公共关系学－高等
学校－教材 　Ⅳ. ①C912.31

中国国家版本馆 CIP 数据核字（2023）第 018148 号

GONGGONGGUANXIXUE
出版发行：北京师范大学出版社 https://www.bnupg.com
　　　　　北京市西城区新街口外大街 12-3 号
　　　　　邮政编码：100088
印　　刷：鸿博睿特（天津）印刷科技有限公司
经　　销：全国新华书店
开　　本：787 mm×1092 mm　1/16
印　　张：24.5
字　　数：595 千字
版　　次：2025 年 3 月第 3 版
印　　次：2025 年 3 月第 20 次印刷
定　　价：58.00 元

策划编辑：陈仕云　　　　　　　责任编辑：陈仕云
美术编辑：焦　丽　　　　　　　装帧设计：焦　丽
责任校对：陈　民　　　　　　　责任印制：马　洁

版权所有　侵权必究
读者服务电话：010-58806806
如发现印装质量问题，影响阅读，请联系印制管理部：010-58806364

主编简介

余明阳，上海交通大学中国企业发展研究院院长，上海交通大学安泰经济与管理学院教授、博士生导师。浙江大学哲学学士，复旦大学经济学硕士，复旦大学经济学博士，复旦大学管理科学博士后，北京大学应用经济博士后。中国第一位以品牌研究取得博士学位的学者，2012年获"全球十大品牌领袖奖"。曾担任上市公司沱牌曲酒总裁（2000—2002年），上海交通大学党委委员、安泰经济与管理学院党委书记、发展联络处处长、教育基金会秘书长、工商管理博士后流动站站长、国家战略研究院执行院长、人文社科学部委员等（2012—2020年），中国公共关系协会第三、第四、第五届常务副会长兼学术委员会主任、上海行为科学学会会长、上海市公共关系协会副会长兼学术委员会主任。担任多个省市政府高级经济顾问和多家上市公司独立董事。主持海澜之家、首都机场、微软（中国）、锦江国际等上百项企业、城市、社会组织的品牌策划。发表中英文论文200多篇，出版教材、专著60多部，各种获奖100多项。在"2022胡润百学·中国商学院教授学术活跃度榜"中位列市场营销系学术活跃度全国第二。

薛可，上海交通大学长聘教授、二级教授，博士生导师，上海交通大学-南加州大学文化创意产业学院副院长、上海交通大学媒体与传播学院新闻与传播系主任。南开大学管理学博士，上海交通大学和北京大学博士后。美国麻省理工学院高级访问学者、加州大学圣地亚哥分校访问学者、加拿大大不列颠哥伦比亚大学访问学者。主持国家社科基金（艺术类）重大课题、国家社科基金重点课题、国家社科基金一般课题、教育部人文社科项目、广电总局社科研究项目、上海市决策咨询重点项目等纵向和横向课题几十项，出版专著、教材30多部，发表中英文SSCI、CSSCI及EI论文100多篇。主持上海高等学校一流本科课程"公共关系学"。系国务院特殊津贴获得者、教育部新世纪优秀人才、上海市教育系统"三八红旗手"。获"宝钢教育奖""上海交通大学校长奖"等几十项荣誉。担任国际英文期刊主编、SSCI国际学术期刊副主编。兼任中国公共关系协会学术委员会副主任。

序

从 1985 年撰写第一篇公共关系论文算起，本人从事公共关系研究、教学已有近 40 年了，这期间陆陆续续撰写公共关系方面的部编版教材、全国自学考试教材、国家级规划教材等已超过 30 部，也获过诸多奖项。但当北京师范大学出版社希望修订出版第三版《公共关系学》教材时，我还是非常兴奋的。因为随着时代的变迁、科技的进步、消费的升级、市场的迭代、受众的更新，公共关系必须与时俱进，而且显得越来越重要。

近年来，公共关系新课题、新需求层出不穷。北京成功举办 2022 年冬季奥林匹克运动会，成为首个"双奥之城"；新型冠状病毒感染疫情期间，我国在中国共产党的领导下充分发挥制度优势，抗疫和经济双双交出优异的答卷；在碳达峰、碳中和的背景下，生态优先、绿色发展取得卓越成效，全国生态环境得到了巨大改变；精准扶贫、乡村振兴、共同富裕的步子稳健；全球供应链再造、地缘政治环境复杂，中国彰显负责任的大国形象；元宇宙、区块链、大数据、人工智能等新技术不断涌现，需要重新定义市场价值；社会转型期，重大突发事件风险上升，如何应对与处置；"Z 世代"逐步成为社会主角，社会主义核心价值观、中华优秀传统文化与新国际化价值体系如何整合……这一切都给公共关系学提出了新的命题和新的挑战，需要公共关系学发挥更重要的作用。

党的二十大报告指出："培养什么人、怎样培养人、为谁培养人是教育的根本问题。育人的根本在于立德。"新时代的教育，不仅要传授知识、提升能力，更要引导学生树立坚定的理想信念、培养高尚的道德品格。在这样的情境下，公共关系的领域需要进一步拓宽，公共关系的研究方法需要进一步完善，公共关系的知识体系需要进一步更新，公共关系的视野站位需要进一步提升。

这部《公共关系学》教材，第一版于 2006 年 9 月出版，分为 6 篇 26 章，共 55.4 万字，由余明阳、薛可、周晓、景庆虹、乔宪金、张任明、王新华、庄莉红、王琦组成编写组，整体构思、分头撰写、集中统稿而完成，王方华、汪钦、邢颖、李兴国参与审稿，陈欧阳、衷雅璇、仪丽君协助主编参加审定工作。第一版出版后多次重印。

2019 年 7 月，应北京师范大学出版社邀请，我们组建了由余明阳、薛可、胡毅伟、陈治任、孟竹组成的修订小组，对公共关系学研究的新理论、新成果做了全面补充完善，对案例进行全新升级，并将内容结构调整为 5 篇 20 章，字数 51 万，作为第二版出版。

本教材前两版累计印刷 18 次，受到了许多教师同行和本科生、研究生包括MBA、EMBA 同学们的好评。同时，也有不少人反映第二版篇章节目层级太多，20 章与高校 16～18 周的教学设置不太吻合。

为此，我们组建了由余明阳、薛可、李思晨、鲁晓天、陈治任、王伯源、张馨元、李亦飞组成的修订小组，将教材内容体系调整为 12 章，文字容量仍与前两版相当。本教材第三版在修订过程中，以新时代中国特色社会主义思想为指导，全面贯彻落实立德树人根本任务，注重突出知识体系的完整性和实用性。全书由余明阳、薛可主编，负责框架设计、体例确定与统稿审定，由其他同人分章执笔修订，具体分工如下，李思晨：第一、第二章；鲁晓天：第三、第四章；陈治任：第五、第八章；王伯源：第六、第七章；张馨元：第九、第十章；李亦飞、第十一、第十二章。李思晨协助主编进行统稿。

感谢北京师范大学出版社马洪立老师对本教材的大力支持，感谢第一版责任编辑韦燕春老师，第二版策划编辑陈仕云老师、责任编辑张凤丽老师，第三版策划编辑和责任编辑陈仕云老师，他们敬业、专业的精神令人印象深刻。

感谢全国各地高校的公共关系相关专业的老师和同学们的厚爱，感谢大家对本教材提出的各种宝贵意见和建议，使本书日臻完善。本教材在修订过程中参考了许多中外学者的精辟理论与观点，在此一并致谢。我们将通过不断修订，使本教材更加成熟。

是为序。

中国公共关系协会第三、第四、第五届
常务副会长兼学术委员会主任
上海交通大学安泰经济与管理学院
教授、博士生导师
余明阳
2024 年 12 月 6 日

目　录

第一章 公共关系的含义

【学习目标】

　　(1)了解公共关系的定义、要素与特征；

　　(2)了解公共关系学的学科概念与体系；

　　(3)全面、正确地理解公共关系的功能；

　　(4)全面、正确地理解公共关系的原则。

【基本概念】

　　公共关系　公共关系学　学科体系　功能与原则

第一节　公共关系的内涵

　　学习一门新学科，首先必须对其基本内涵和学科框架有一个整体把握。为了帮助大家更好地理解公共关系学的定义，本节将首先对公共关系这一关键概念进行释义，介绍公共关系的定义、要素和特征，进而在此基础上对公共关系学的学科概念进行阐述。

一、公共关系

　　公共关系的概念源于美国，其英文表述为 Public Relations。Public 一词可译作"公共的""公开的"，也可译作"公众的"；Relations 则可译作"关系"。因此中文表述可称为"公共关系"，简称"公关"，也可称为"公众关系"。自诞生之日起，"公共关系"的定义表述可谓百家争鸣，随着公共关系理论研究和实践水平的不断提高，公共关系的定义也在不断发展和完善。在众多公共关系定义中，有一些定义非常具有代表意义，对这些代表性定义进行介绍，有利于我们加深对公共关系的理解。

(一)国外学者对公共关系的定义

　　现代公共关系的奠基人爱德华·伯奈斯(Edward Bernays)讲过一段趣事，1948 年他在纽约大学演讲时，提问在座学生关于公共关系的定义，结果得到了多种截然不同的回答。美国历史学家罗伯特·黑尔布鲁诺(Robert Heilbroner)也曾打趣道，公共关系是一个拥有 10 万兄弟姐妹的群体，是连接这些人的职业，而他们共同的难处是没有任何两个人能对该职业作出一致的解释。国外公共关系定义视角多元，梳理各种观点和流派，能够从纷繁多样的公共关系定义中把握其主旨内涵，也是研究公共关系的一种重要方法。

1. 管理职能说

　　"管理职能说"突出公共关系的管理属性，将公共关系理解为一种管理职能。这类定义的代表性观点主要有以下几种。

国际公共关系协会认为公共关系是一种管理功能。它具有连续性和计划性，通过公共关系，公立和私人的组织、机构试图赢得同它们有关的人们的理解、同情和支持——借助对舆论的评估，以尽可能地协调自己的政策和做法，依靠有计划的、广泛的信息传播，赢得更有效的合作，更好地实现其共同利益。

美国公共关系协会创始人、著名公共关系学者雷克斯·哈洛(Rex Harlow)受美国公共关系教育基金会的委托，在研究分析了472个不同的公共关系定义后，概括了一个详尽的定义：公共关系是一种特殊的经营管理功能，它有助于建立和维持一个组织与其公众之间的相互沟通、理解、接受和合作；负责解决和处理各种公众问题；有助于了解公众舆论并及时作出反应；强调和认定以公众利益为核心的经营管理责任；有助于经营管理活动与有效地利用各种变化保持一致；既能作为一种早期警报系统，也有助于预测未来的发展趋势；公众调研、传播、合乎道德的沟通交往作为公共关系的基本手段而被广泛运用。

美国公共关系权威书籍《有效的公共关系》(第八版)[①]也采用类似的定义，认为公共关系作为一种管理职能，其目的在于建立和维系组织与各类公众之间的关系。

总的来看，这类定义的优点在于明确提出公共关系的职能，并提醒组织及其管理者注意运行过程中的公共关系问题。缺陷在于仅从管理者本位看待公共关系，忽视了公共关系主体的多样性和活动的广泛性[②]。

2. 传播沟通说

"传播沟通说"侧重公共关系传播属性，认为公共关系是社会组织与公众的一种传播沟通方式，该观点强调公共关系的手段，强调传播和沟通。这类定义的代表性观点主要有以下几种。

1981年出版的《大不列颠百科全书》将公共关系定义为：旨在传递有关个人、公司、政府机构或其他组织的信息，并改善公众对其态度的种种政策或行动。

英国学者弗兰克·杰夫金斯(Frank Jefkins)指出："公共关系就是一个组织为了达到与它的公众之间相互了解的确定目标，而有计划地采用一切向内和向外的传播方式的总和。"

美国学者约翰·马斯顿(John Marston)认为："公共关系就是运用有说服力的传播去影响重要的公众。"

美国学者詹姆斯·格鲁尼格(James Grunig)认为："公共关系是一个组织与其相关公众之间的传播管理。"

总的来说，这类定义突出和强调了公共关系的方式和手段——传播，也彰显了公共关系活动(简称"公关活动")的一个重要理念——沟通。不足之处在于未能清楚阐述公共关系传播与一般意义上传播的异同，也容易引发"传播决定一切"的误区[③]。

3. 社会关系说

"社会关系说"强调公共关系是一种公众性、社会性的关系或活动。这类定义的代表性观点有以下几种。

---

① 格伦·布鲁姆、艾伦·森特、斯科特·卡特里普：《有效的公共关系(第八版)》，明安香译，北京，华夏出版社，2002。(卡特里普也译作卡特李普)

② 樊艳君、潘小毅、杨琼：《公共关系实务教程》，成都，电子科技大学出版社，2016。

③ 同①。

美国普林斯顿大学的资深公共关系教授希尔兹(Chils)认为："公共关系是我们从事的各种活动、所发生的各种关系的统称，这些活动与关系都是公众性的，并且都有其社会意义。"

英国公共关系协会指出：公共关系的实施是一种积极的、有计划的和持久的努力，以建立和维持一个机构与其公众之间的相互了解。

总的来说，这类定义揭示了公共关系及其活动的社会本质属性，使人们充分注意到公共关系活动在动因、内容、功能上的社会性，主张公共关系是为了公众利益。但这类定义又过于笼统，例如，家人亲属关系也是社会关系，却不一定是公共关系，而且该定义没有阐述达成公共关系社会性的具体手段。

4. 组织系统说

"组织系统说"认为公共关系通常是管理子系统的一部分，而且它经常也支持其他子系统。这类定义的代表性观点有以下几种。

一些组织理论学者通常把组织视为"系统"，一个系统由一整套相互影响的部分或子系统组成，每个子系统影响整个组织以及其他子系统。公共关系人员(以下简称"公关人员")起着一种"边界"的作用。这意味着他们在组织的边缘起作用，充当这个组织和外界集团与个人之间的联络员，他们的立足点一半在组织内，一半在组织外。公关人员帮助其他子系统超越组织的范围，同外部公众发生联系，同时也协助组织内各子系统之间进行沟通[①]。

总的来说，这类定义在强调公共关系协调组织外部关系的基础上，补充了公共关系协调组织内部子系统间关系的作用，实现整体与部分的结合。但这类定义未解释协调内外关系的手段与途径，也未能阐释内外部沟通的异同。

5. 表现描述说

与前述几类定义不同，"表现描述说"并未对公共关系进行明确定义，而是通过描述其具体表现和作用来理解公共关系。这类定义的代表性观点有以下几种。

国际公共关系协会于1978年8月发表的《墨西哥宣言》指出："公共关系是一门艺术和社会科学。它分析趋势，预测后果，向机构领导人提供意见，履行一系列有计划的行动，以服务于本机构和公众的共同利益。"该定义主要描述了公共关系分析趋势、预测后果、提供咨询的活动表现。

美国公共关系协会则更为全面地描述了公共关系的表现：①它是一个组织管理中所进行的一种有计划、持久的活动；②它处理的是一个组织与其各类公众之间的关系；③它监测组织内外人们的意识、舆论、态度和行为；④它分析组织所采取的政策、程序和行动对各类公众的影响；⑤它调整那些与公众利益相冲突并影响组织生存和发展的政策、程序和行动；⑥它向管理阶层的人员提供咨询，帮助制定新的政策、程序和行动方案，而这一切都是有利于组织与它的公众的；⑦它建立和维持一个组织与各类公众之间的双向交流；⑧它使组织内外人们的意识、舆论、态度和行为产生某些具体的变化；⑨它使一个组织与它的各类公众产生新的、持久的联系。

总的来说，"表现描述说"能够清晰地呈现公共关系的活动内容和具体表现，但缺

---

① 格伦宁、亨特、林至敏：《什么是公共关系》，载《现代外国哲学社会科学文摘》，1986(11)：18-19。

少概括性和凝练性,特别是随着社会环境变化,公共关系的活动表现会随之变化,可能出现不胜枚举的结果,难以全面呈现定义内涵。

6. 对话哲学说

"对话哲学说"是对"传播沟通说"的推进,是公共关系进入21世纪后的新动向。该学说认为公共关系定义从最早被类比为说服的修辞技巧走向了致力于推动组织与公众关系变革的"对话"哲学。这类定义的代表性观点有以下几种。

美国传播学者卡尔·波坦(Carl Botan)将公关对话界定为一种交流的立场或方向,而不是一种特定的方法、技巧或形式。他说:"传统的公共关系方法将公众置于次要地位,使他们成为满足组织政策或管理的工具;然而,对话将公众提升到与组织平等的沟通地位。"

致力于推动公关对话理论体系建构的迈克尔·肯特(Michel Kent)和莫琳·泰勒(Maureen Taylor)将双向均衡沟通与对话的关系类比为过程和产品的关系。前者提供了一种程序化的手段;而对话是一种相互依存、相互信任、真心为彼此着想的境界——对话是终极目标而不是过程。2002年,他们回溯了对话理论的源头,并提出了公关对话理论的要素,其中包括相互合作、相互平等,重视卷入、共情以及承诺等。

总的来说,这类定义更强调公共关系的平等性、真诚性,符合人们对生活秩序的美好期待。但现实中,该定义多停留于思想层面,缺少实际操作性,也难以回避话语背后不平等的权力关系。

7. 整合营销说

"整合营销说"是指整合营销理论兴起后,广告、促销、公关、包装、新闻媒体等一切传播活动都被涵盖于营销活动的范围之内,整合营销被视为20世纪90年代以来特别是21世纪的唯一竞争优势。在此概念下,公共关系是营销的一种手段。

这一观点较具争议,格鲁尼格反对这一观点,他认为一个组织同时需要市场营销和公共关系,市场营销具有经济的作用,而公共关系除了具有经济的作用,还具有社会与政治的作用。如果组织将公共关系与其他促销手段整合起来进行传播管理,求得短时间内的销售效果,这仅仅发挥了公共关系的经济性作用,而忽略了社会性作用[1]。

总的来说,"整合营销说"肯定了公共关系在市场营销中的重要作用,也突出了公共关系和市场营销在概念上的交集部分,但在一定程度上窄化了公共关系的内涵和外延,忽略了公共关系的社会价值。

(二)中国学者对公共关系的定义

在我国,公共关系定义丰富,除借鉴参考西方观点外,还从新视角提出新的公共关系定义,新的观点依据内容可划分为塑造形象说、综合职能说、协调和谐说、中国特色说等。

1. 塑造形象说

我国内地第一部公共关系学著作《塑造形象的艺术:公共关系学概论》于1986年出版,作者明安香在书中写道:所谓公共关系,就是一个企业或组织,为了增进内部及社会公众的信任与支持,为自身事业发展创造最佳的社会环境,在分析和处理自身面临的各种内部外部各项关系时,采取的一系列政策与行动。受该著作的影响,熊源伟

---

① 柳海鹰:《整合营销传播与公共关系》,载《公关世界》,2000(2):21。

等人编写的公共关系学通用教材《公共关系学》将公共关系定义为：社会组织为了塑造组织形象，通过传播沟通手段来影响公众的科学和艺术。该书首次提出公共关系理论的核心概念是组织形象，为公共关系"塑造形象说"的产生和发展奠定了坚实的基础。

总之，"塑造形象说"将组织形象作为贯穿公共关系理论的核心，从塑造形象的角度揭示公共关系的本质属性，强调组织的公共关系活动应该围绕组织形象进行。

2. 综合职能说

居延安等人认为公共关系是一个社会组织用传播的手段使自己与公众相互了解和相互适应的一种活动或职能。这个定义指出公共关系的三个本质特征，即公共关系是一种"'公众'关系""传播活动""管理职能"。公共关系主要研究社会组织与自身公众的关系、组织与公众间的信息传播规律、公共关系作为社会组织管理职能的种种规律。后来，居延安等人在参考了国内外公共关系理论最新研究的基础上，对公共关系定义进行了一些修订，认为公共关系是一个社会组织在运行中，为使自己与公众相互了解、相互合作而进行的传播活动和采取的行为规范。

李道平等人在《公共关系学》一书中提出：公共关系是社会组织为了寻求良好合作与和谐发展，通过关系协调、沟通管理、形象塑造等方式，同利益相关的公众结成的一种社会关系。它包括政府与社会各界的关系、企业与消费者及有关客户的关系、领导与员工的关系等。

总之，"综合职能说"较之仅提出公共关系单一职能的定义更为全面具体，是对前人研究的综合，进一步细化了公共关系的活动主体，强调公共关系的重要作用。

3. 协调和谐说

王乐夫、廖为建等人将公共关系定义为：公共关系是一种内求团结完善、外求和谐发展的经营管理艺术。① 即一个社会组织在自身完善的基础上，运用各种信息沟通传播的手段，协调和改善自身的人事环境和舆论气氛，使本组织机构的各项政策、活动和产品符合相关公众的需求，争取公众对自己的理解、信任、好感与合作，在双方互利中共同发展。

丁乐飞等人提出了"公关和谐理论"新思维，将公共关系界定为沟通协调社会组织和公众关系和谐与共同发展受益的科学与艺术。

总之，"协调和谐说"与国外"对话哲学说"的核心观点类似，都强调公共关系手段和目标的平等性、互利性、协调性，以期实现组织内外共同受益的和谐目的。

4. 中国特色说

翟向东在《中国公共关系教程》一书中指出：如果把中国公共关系的含义做广义概括，即中国的公共关系是在中国特色社会主义理论体系的指导下，社会组织(党的组织、政府、企业和事业单位、团体等)通过沟通信息、协调利益、化解矛盾，理顺和改善人际、社际和国际经济、政治、文化、科技等方面的关系，调动一切积极因素，促进社会主义物质文明和精神文明建设的一门科学。

总之，该定义立足于中国实际，融入中国特色，对公共关系进行了细致定义，强调了中国公共关系的指导思想、组织主体、活动内容与任务目标。

综上所述，公共关系定义说各有侧重。归纳起来，基本上可以看出公共关系的本

---

① 王乐夫、廖为建：《公共关系学》，沈阳，辽宁人民出版社，1986。

质、任务、职能、目标和基本精神。对于国内外诸多公共关系的定义，可以作出一个总体评价。

（1）公共关系定义的多样性源于公共关系含义的多样性，对公共关系进行定义并非旨在推出一个统一的定义。因为公共关系的研究对象相对来说比较确定，只要从总体上把握住公共关系的实质，形成共识，就能够对公共关系有一个准确把握。

（2）公共关系的定义各有其优缺点。每种定义从一个角度，或一个侧面突出和强调了公共关系的某些职能、作用、手段和本质，都有其存在的理论意义和实践意义。但对于理论和实践工作来说，一定要全面把握这些定义和表述，以避免对公共关系含义的理解出现偏差。

（3）公共关系的定义尚有进一步完善的空间。随着公共关系理论和实务的发展，有必要也有可能对公共关系进行更为科学的定义。

（三）本书对公共关系的定义

综合近年来国内外政治、经济、社会、文化环境的新情况、新特点，本书对原有的公共关系定义进行了修正和完善，将战略思维、组织形象塑造、和谐理念和危机观念引入公共关系的定义和学科体系的构建中。

1. 公共关系的定义解读

本书将公共关系定义为：公共关系是指社会组织运用战略、管理和传播手段塑造形象，从而优化环境、和谐公众、协调关系，最终实现软实力综合提升的系统思维、方法与艺术。其中，坚持"组织形象"是公共关系的核心。具体来说，该定义包含以下几个方面的内容。

（1）公共关系活动的根本目的就是塑造组织形象。组织形象是公共关系的核心概念，是贯穿公共关系理论和实践的一条主线。

（2）公共关系通过战略、管理和传播手段影响公众。公共关系的主体是社会组织，客体是公众，手段是传播和沟通。同时，社会组织的公共关系活动必须与其组织战略相一致。

（3）公共关系最主要的职能和作用是优化环境、和谐公众、协调关系，最终实现软实力的综合提升。

（4）公共关系既是一种思维方式，也是一门科学、一种艺术。社会组织管理者应该学会从公共关系的视角来思考问题，将公共关系思维方式内化为其思考问题的一种习惯。另外，从理论上讲，公共关系是一门科学，有着科学的研究方法和完整的体系；从运作上来讲，公共关系又是一种艺术。总而言之，公共关系是科学和艺术的统一体。

2. 公共关系的构成要素

公共关系有三个构成要素，分别是社会组织、公众、传播。其中，社会组织是公共关系的主体，公众是公共关系的客体，传播是公共关系的媒介。

（1）社会组织。社会组织是构成宏观大社会的个人特定集合。这种集合的特定性包括有计划、有领导，成员间有明确的分工和职责范围，有一套运行制度等。社会组织有一定目标，而公共关系的目标便是社会组织总体目标的子目标、分目标。公共关系活动必须紧紧围绕社会组织总体目标来制定自身的特定目标。社会组织运行是在一定现实条件和环境下进行的，在运行过程中必然要涉及多方面因素。社会组织必须妥善处理同各个方面的关系，使社会组织获得各方面支持，处于良性运转之中。

（2）公众。任何关系都是由主体和客体双方构成的。公共关系活动的客体是公众。不同的社会组织有不同公众。随着社会发展，公众对社会组织的影响制约越来越大。当公众感觉不满意时，他们有可能不会当面抗议，但会采取诸如不再光顾等行动表示抗议。因此，组织在计划和实施自己的公共关系活动时，必须认清谁是目标公众，并认真研究公众的需求。

（3）传播。人与人、人群与人群通过传播形成关系。公共关系作为关系的一种，自然也是通过传播来传递信息、协调公众行为、塑造良好组织形象。公共关系传播是一个信息交流过程，也是社会组织开展公共关系活动的手段。离开了传播，公众就没有了解组织的渠道，组织也没法获知公众的态度和感受。实际上，传播是连接社会组织和公众的桥梁和纽带。组织和公众的沟通，在很大程度上要依靠传播这条渠道来进行。良好的传播能增进双方了解，不好的传播则会引起误会。

3. 公共关系的要素属性

（1）社会组织的主导性。社会组织作为公共关系主体，决定公共关系状态并主宰公共关系活动。社会组织是公共关系活动的发起者、组织者、实施者和受益者，社会组织的任何运作，都会通过传播来影响公众。尤其是在当今信息社会，社会组织的任何运作都会很快引起公众的反响。也就是说，公众的任何感知和反响都是由社会组织的行为所导致的。因此，公共关系的三个要素中，社会组织作为主体，在整个公共关系体系中发挥着主导作用。

（2）公众的权威性。虽然公众在公共关系活动中处于被影响、被作用的地位，但是公众绝不是消极的、被愚弄的对象。"凡宣传皆好事"的时代已经一去不复返。社会组织越来越认识到每一步发展、每一项成就都离不开公众。公众的支持是无形的财富和成功的决定性因素。因此，在现代公共关系中，公众的权威性日益得到承认。

（3）传播的效能性。公共关系之所以能够产生作用，得益于传播沟通手段。因此，社会组织各种良好行为要转化为实际公共关系中的认知度、美誉度，必须充分依靠传播、沟通。传播直接导致传播效果的产生，具有效能性。在现代社会，"做得好加上说得好"是非常重要的。因此，在公共关系活动中，一定要注意传播的方式和方法，只有这样才能发挥公共关系的最大效能。

（4）主体、传播、客体的统一协调。公共关系三大要素，存在着多种多样的组合。一切公共关系活动所追求的都是这三大要素的最优状态和优化组合。然而，最优状态和优化组合总是相对的，即协调是相对的，不协调则是绝对的。公共关系从业人员的职责是使之尽量趋向协调。要取得三者的协调，必须充分重视三大要素的方方面面，切不可偏重一方面而忽视其他。

总之，社会组织、公众和传播三大要素构成了公共关系，缺一不可。本章仅做概括性介绍，详细分析将在本教材后续章节中展开。

二、公共关系学

公共关系学是一门以社会公共关系活动及规律为研究对象，涉及管理学、行为学、社会学、心理学、传播学、广告学、新闻学、政治学、语言学等多种学科，是综合性、边缘性的交叉学科。作为一门独立的学科，公共关系学有其特定的研究内容和学科框架。

(一)公共关系学的研究内容

概括地说，公共关系学是研究公共关系理论与运作规律的学科。其研究内容主要包括以下几个方面。

（1）一般理论研究，即研究公共关系的概念，公共关系的功能、机构、人员、公众、手段等。这些是公共关系学科赖以建立的理论基石。

（2）相关理论研究，即研究公共关系学在学科群中的地位以及学科间的相互渗透问题。

（3）发展历史研究，即研究公共关系理论与运作产生、发展和逐步完善的过程，从公共关系产生的历史背景和客观条件揭示公共关系的发展历程。

（4）实际运作研究，即研究公共关系的具体形式、方法、技巧、工作程序等内容。

（5）组织形象研究，即研究社会组织形象的构成要素，以及塑造与维护组织形象的基本方法与策略。

（6）分类研究，即研究不同社会组织或同一社会组织面对不同公众开展公共关系活动的特定方式与方法。

综合来看，公共关系学的研究，是为了弄清理论、指导实践、培养人才、服务社会。公共关系学的研究方法，从方法论角度讲，主要有经验的方法、实验的方法和测验的方法三种。通过这些方法总结概括理论，探讨公共关系活动的内在规律。

(二)公共关系学的学科体系

本教材对公共关系进行了全新定义，即公共关系是指社会组织运用战略、管理和传播手段塑造形象，从而优化环境、和谐公众、协调关系，最终实现软实力综合提升的系统思维、方法与艺术。在此基础上，本教材突破了传统公共关系学科体系，以组织形象的塑造作为一条主线，构建公共关系学的学科理论体系，形成了一个完善的、有逻辑性的、符合新时代要求的学科体系框架，如图 1-1 所示。

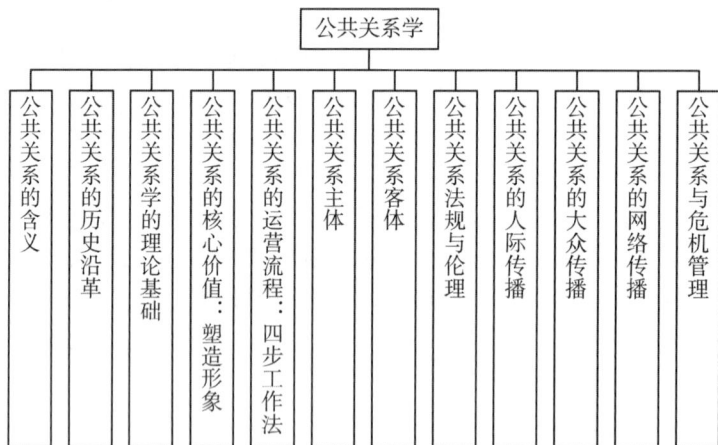

图 1-1　公共关系学学科体系框架

本教材将公共关系学的学科体系分为以下 12 章：

第一章阐释公共关系的内涵、基本概念、学科体系，以及公共关系的功能与原则；第二章从公共关系的起源，以及中西方公共关系研究的视角，回顾了公共关系的发展历史；第三章对公共关系的理论基础进行了梳理，它是公共关系学产生和发展的基石；第四章从定位、建构和表征等方面，探讨了公共关系的核心——组织形象，为本书的理论体系确定了一条主线；第五章对公共关系的运营流程进行了分析，内容包括公共关系调查、分析、策划、实施和评估；第六章对公共关系主体相关内容进行了界定和阐述；第七章对公共关系客体相关内容进行了界定和阐述；第八章对公共关系法规与伦理进行了探讨，阐释了与公共关系相关的法律规定、法律底线、职业规范和职业伦理；第九至十一章分别从人际传播、大众传播和网络传播三个方面，对公共关系的主要传播媒介进行了分析和叙述；第十二章顺应时代和公共关系发展的需要，将公共关系与危机管理作为单独一章进行阐述，重点分析了公关危机的成因、处理原则和防范措施。

第二节　公共关系的功能

公共关系的功能是指公共关系对社会组织及其所处环境所发挥的独特作用与影响。研究公共关系的功能，对于进一步了解公共关系的实质，了解它在社会生活中的地位和意义有着重要作用。公共关系的功能包括舆情采集、咨询建议、形象塑造、传播推广、环境优化。下面将具体介绍公共关系五种功能的内容、要求、方式或渠道。

一、舆情采集

狭义的舆情仅指民众对国家管理者产生和持有的社会政治态度；广义的舆情涵盖民众对社会管理者、企业、组织、个人等政治、社会、道德等方面的各种现象、问题所持有的信念、态度、情绪等种种表现的总和。公共关系的舆情采集建立在广义舆情概念之上，公共关系首先要履行收集信息、监测环境的职责，即作为组织的预警系统，运用各种调查研究分析的方法，收集信息、监视环境、反馈舆论、预测趋势、评估效果，以帮助组织对复杂、多变的公众环境保持高度敏感性，维持组织与整个社会环境之间的动态平衡。

(一)舆情采集的内容

舆情采集的具体方式即采集信息，因为信息最基本的含义就是事物的存在方式与运动状态，所以采集信息也就是采集舆情、监测环境。客观世界中大量地存在、产生和传递着以这些方式表示出来的各种各样的信息，特别是现代信息社会中，信息就是财富，信息是决定成败的关键。信息是社会组织与公众之间有效沟通的关键，也是组织开展公共关系活动的前提，同时还是评估公共关系活动效果的重要指标。在日益激烈的市场竞争中，信息已经成为竞争力的重要构成要素。从公共关系角度来看，以下五种舆情信息尤为值得关注。

1. 组织环境信息

组织环境信息，是组织赖以生存的社会环境、经济环境、文化环境中存在的各种与组织相关的信息总和。组织所处的外部环境不断变化，其中存在很多不确定的因素和突发事件，这些环境信息对于组织运行非常重要。由于公共关系机构是组织接触外部环境的一条重要通道，因此组织公共关系也就担负着收集组织环境信息的职能。

2. 公众需求信息

公众需求是公众态度与意见的基本出发点，组织要想与公众建立良好的关系，首先必须了解公众需求。公众需求既是组织生存和发展的根本动力，也是公众利益和兴趣之所在。公众需求是多方面的，既有物质方面的需求，也有精神层面的需求；既有眼前的需求，也有长远的需求。

3. 组织形象信息

公共关系工作的核心就是组织形象，因此了解社会组织在公众心目中的形象是公共关系活动的基本内容，组织形象信息的采集是公共关系活动中最重要的环节。组织形象信息包括组织各个方面的信息，具体而言包括公众对组织管理体制的评价、对组织创新能力的判断、对组织员工总体素质的评价、对组织声誉的评价等。通过组织形象信息的收集，组织能够大致了解公众对于组织总体的评价和定位。

4. 产品服务信息

组织的产品和服务信息包括产品和服务的价格、质量、口碑等。社会组织通过向公众提供产品和服务，满足公众需求，实现自身价值。可以说，组织的产品和服务形象是公众评价一个组织的重要依据之一。因此，采集组织的产品和服务信息，随时监控公众对组织提供物的态度和评价，对于提高公众满意度，提升组织形象至关重要。

5. 组织发展信息

组织发展信息包括组织运行状态及其发展趋势信息。组织的运行状态信息是组织活动中的动态信息，直接反映组织运行现状，对于组织及时发现问题，并作出调整极为重要，是公共关系工作中必须优先采集的信息。发展趋势信息是反映组织未来发展趋势的信息，即组织将来可能碰到的各种情况。在发展趋势信息的基础上，组织可以对其目前的运行状况进行调整，以符合组织未来发展需要。因此，社会组织对于发展趋势信息的收集也必须给予足够重视。

(二)舆情采集的要求

公共关系的舆情信息具有综合性、零散性和隐蔽性。首先，它综合了社会生活的各个方面，如政治、经济、社会、文化信息等，形成了复杂的公共关系信息系统。其次，舆情信息通常并不集中，可供收集的渠道非常多，包括报纸、杂志、电视、广播、网络报道等，这就要求舆情采集者善于发现，从平凡的事项、零散的文字中去收集信息。而且，公共关系舆情一般不会像财务信息那样精确表示出来，采集者需要具有很强的分析、概括和归纳能力。公共关系舆情信息的上述特征对舆情采集提出了"六度"要求，即舆情采集要"宽度广，向度明，精度准，真度强，融度高，速度快"[1]。

1. 舆情信息宽度

舆情信息宽度，也称信息的完全度，指决策的全部对象信息，是信息的"覆盖面"。随着经济活动范围的扩展、互联网媒体"点对点"传播方式的普及，如今公共关系活动面对的舆情环境更加复杂，所需的舆情信息更加多元。以企业公共关系为例，企业声誉管理正陆续向媒体关系、公众认知、社会心理、群体研究等外延扩散[2]。因此，公共

---

① 李兴国、周小普：《企业公共关系实务》，北京，中国商业出版社，1994。

② 《企业声誉交流沙龙：聚焦品牌公益传播，提升企业声誉管理》，https://www.cipra.org.cn/site/content/4326.html，2021-05-28。

关系必须改变原有视角，扩大舆情采集的时空范围，进行多方位、多角度的观察与思考。

2. 舆情信息向度

舆情信息向度，指信息的方向与采集范围。信息爆炸时代，信息激增，每时每刻都有大量新信息产生，而公共关系组织（简称"公关组织"）的人力、物力、财力有一定限度。所以舆情采集要有相对稳定性和方向性，不能一味喜新厌旧，一天换一个方向[①]。舆情信息宽度和舆情信息向度看上去有些矛盾，但其实是同一问题的不同方面，既相互影响，又相辅相成。舆情信息采集不仅要覆盖广，还要有相对稳定的正确方向，二者相互配合，才能保证舆情信息采集的覆盖性和精准性，更好地实现舆情采集。

3. 舆情信息精度

舆情信息精度，即信息的精确度。海量信息时代，缺乏精确性舆情信息，会使决策不确定性增加、风险防范性降低。2020 年新冠疫情防控期间，武汉市为提高舆情信息的获取精度，整合媒体资源提供救助服务：国务院客户端高速高效整合各类"互联网＋服务"，实现了行政互联网化的新应急模式；人民日报、中央电视台等推出"共同战疫"信息平台，尽可能让病患的求助得到回应和救治；以"健康中国"为代表的政务新媒体在权威防控、一手信息通报方面作用显著；以"丁香医生"为代表的机构自媒体在主流资讯之外提供重要且及时的补充服务[②]。这些措施提高了信息获取的精度，保障了人民生命权益。

4. 舆情信息真度

舆情信息真度，也称信息的可信度、真实性、可靠性，反映事物发展规律的准确程度和所含真理成分。信息中夹杂着噪声，收集真实的舆情信息是组织作出正确公共关系决策的前提。以政府公关为例，政府与公众的直接接触是获取真实信息的直接方式，我国推行多年的政务公开就是为了打造阳光政府，是聆听百姓呼声、解决民生问题、改进工作作风的有效方法，是政府与公众直接沟通的渠道[③]。获取精准舆情信息的能力和水平提升与否，直接决定政府与公众之间是否能够建立良好的公共关系。

5. 舆情信息融度

舆情信息融度，即信息的融合度，指多种信息按其内在联系有机组合的程度，意在追求信息耦合效应。这种组合不是各种信息的机械相加，也不是凭主观愿望的随意糅合，而是有内在联系的信息经过人脑加工形成的组合。它可以使无序、无向、无效的"三无信息"向有序、有向、有效的"三有信息"飞跃，并在高融度基础上产生出新信息。在公共关系活动中运用融媒体是提高信息融度的重要手段，如果缺乏统筹，只获取单一信息，不注重信息耦合性，一味宣传某一内容，就会产生重复，降低受众的好感。所以新媒体的实时性、易于传播性要与传统媒体的权威性、官方性相结合，统筹协调，才能实现"1＋1＞2"的效果。

---

① 李兴国、周小普：《企业公共关系实务》，北京，中国商业出版社，1994。

② 刘笑盈：《疫情防控中的媒体传播探析》，http://www.cpra.org.cn/2020-08/05/content_41245637.html，2020-08-05。

③ 王良兰：《公共关系活动的本质是构建良好的社会关系》，http://www.cpra.org.cn/2021-03/09/content_41490450.html，2021-03-09。

6. 舆情信息速度

舆情信息速度，即信息传播的速度和时效性。新摩尔定律宣称每 9 个月互联网用户增长一倍，信息流量增加一倍，线路带宽增加一倍[①]。当前，在舆情信息的快速增长和传递背景下，注重公共关系的信息采集时效才能处于优势。特别是在危机公关中，危机事件刚爆发时，往往是人们对信息的需求量最大的时候，此时公共关系组织若动作迟缓，各式流言和谣言就有可能成为官方权威消息的替代品，通过非正式的传播渠道迅速扩散，一旦不当言论形成舆论热点，会给舆论引导带来极大困难[②]。因此，公共关系在舆情收集过程中需格外注意提高速度。

（三）舆情采集的方式

一个组织采集舆情的范围非常广泛，涉及许多方面。信息的广泛性，决定舆情采集渠道和方法的多样性。从公共关系角度看，舆情采集的渠道主要有：新闻媒介，政府部门和上级主管部门的报告，公关人员的社会交往和调查，专家分析，各种类型的座谈会、产品展销会、订货会，征订广告，兼职信息员等。舆情采集的方法也是多种多样的，主要有以下几种。

1. 文献资料法

文献资料法就是从文献、档案、报纸、书刊、报表、报告等已有的记录材料中去收集所需要信息资料的一种方法。这些记录材料的来源包括：①组织内部来源，如业务函电、财务、产品成本记录以及报纸、杂志的剪辑和文件等；②专门来源，如政府部门信息机构、情报所等机构所提供的资料；③文献来源，如年鉴、工商企业名录、百科全书等。国外很多组织非常注重运用这种方法，如日本三井物产株式会社，其总部拥有 4 千米长的书架、卡片柜、报栏，其中各种文献目录、统计期刊名录、报纸、工具书等应有尽有，对获取信息发挥了巨大作用。

2. 访谈调查法

访谈调查法是通过与被访问者开展有目的的谈话来收集有关组织舆情信息的方法。这种方法可以有多种形式，如召开座谈会、对公众进行走访、当面谈话、电话询问等。深受广大家庭喜爱的儿童食品——"亨氏营养米粉"和"亨氏蛋白营养米粉"，就是美国亨氏集团与我国合资企业通过公关人员召开"母亲座谈会"，在了解母亲们对儿童食品意见和要求的基础上，确定产品配方、规格和价格之后投放市场的。访谈调查法可以密切与公众的关系，取得良好的经济效益和社会效益。

3. 问卷调查法

问卷调查法是通过书面文字，提出与组织有关的问题，向公众进行调查的方法。这是目前世界上最常用的调查方法之一。它又可分为当面调查、电话调查、网上调查等多种方法。例如，2021 年喜茶在推出"多肉葡萄"系列新品前，通过问卷调查法精准洞察消费者偏好，发现年轻女性对葡萄口味和"多肉"概念接受度高，且愿意为高品质饮品支付溢价。基于调研结果，喜茶优化产品口感，并围绕"多肉葡萄"概念开展创意

---

① 中国电子信息产业发展研究院：《中国信息化应用技术与产品点击》，信息产业部电子信息中心，2003。

② 刘依卿：《微博：政府危机公关新手段》，载《宁波大学学报（人文科学版）》，2012，25(03)：125-128。

营销，成功引爆市场热度，使新品成为爆款。这一案例展现了问卷调查法在帮助企业精准定位市场需求、推动产品创新和营销成功中的重要作用，表明将消费者洞察与公共关系活动结合，能够帮助企业更好地与公众沟通，塑造积极的品牌形象，并推动品牌与消费者之间的长期关系建设。

4. 大数据分析法

信息技术的蓬勃发展，为公共关系舆情采集提供了新的视角和思路。①按照一定规则自动抓取网页信息程序或者脚本的网络爬虫（web crawler）技术能采集并存储大量公共关系网络舆情信息，提升海量信息的获取效率；②数字化媒介纷纷开设基于网民行为数据的数据分享平台，如百度指数、微博指数、微信指数等，为实时舆情采集提供数据支撑。运用大数据管理，于2013年揭牌的国内首家互联网保险公司众安保险利用庞大的客户量帮助众安积累了海量客户信息，为客户画像、精准销售、风险管理奠定了数据基础。与一般的保险公司相比，运用大数据的众安保险在产品定制化、销售场景化、定价动态化、理赔自动化等方面优势明显。

二、咨询建议

咨询建议，即在舆情采集的基础上，运用科学方法、经验和智慧就组织需要决策的问题提供若干可供选择的预选方案。公共关系收集的舆情只有通过向组织提供咨询和建议，才能充分发挥其功能，实现其价值。

（一）咨询建议的内容

为了能够完成咨询建议任务，公共关系机构和人员必须对收集到的各种信息进行整理、分类、归档，从中提取出对组织有重要影响的关键信息，对这些信息进行处理、加工、整合，最后才能向组织提出有效的公共关系咨询建议，咨询建议的具体内容包括以下方面。

1. 组织形象的咨询

每个组织都有独特形象，或个性突出，或内敛低调，但这并不意味着组织可以放任其形象自由发展，不做任何规划和调控。这样一来，一个非常棘手的问题就摆在了组织管理者面前：什么样的组织形象是合适的，是比较符合公司所在行业以及自身的发展战略需要的？由于公共关系工作者的日常工作与组织形象密切相关，因此为组织形象提供咨询就自然成为其主要职能之一。公关人员通过与市场和公众的沟通，一方面能够收集公众对组织现有形象看法的第一手资料，另一方面可以了解到行业内其他组织在形象建设方面的规划和措施。通过将两方面的资料进行对比和分析，再结合企业自身实际情况，公共关系工作者能够为组织形象提供很好的专业咨询建议。

2. 产品形象的咨询

对企业来说，产品形象是组织形象的核心组成部分。企业通过产品与消费者建立联系，产品形象直接决定了消费者对整个组织的印象。公共关系工作者应该利用自己与公众沟通的技巧，从企业生产经营的各个环节，包括生产、销售、售后服务等，收集有关企业产品形象的信息，进行综合分析。一旦发现产品形象偏离企业战略和既定目标，应该及时向有关部门反映和沟通，并采取相应措施，避免给企业形象带来负面影响。

3. 公关推广的咨询

社会组织为了宣传和推广，经常会举办各种各样的活动，其中大部分都带有公共关系的性质。一项公共关系活动往往涉及活动主办方、活动场所、活动组织形式以及活动本身的宣传等，还包括制订适合的战略定位和创造力的品牌营销等。公共关系工作者提供与活动有关的情况和意见，对活动开展的有关发展变化进行预测和咨询，使得活动能够顺利开展，有效实现预定的公共关系目标。

4. 公众心理的咨询

公众行为受公众心理活动影响。在复杂社会条件下，人们的心理活动也千变万化。公关人员必须对公众，尤其是消费者的习惯心理需要、从众心理需要、新奇心理需要、求异心理需要、偏好心理需要等方面进行了解，并在不断变化的客观环境中，研究和预测这些心理需要。对这些心理特征的研究和咨询，可使组织针对不同的消费者制定出分类市场营销的策略。而且，公关部门及从业者还要分析消费者公众的心理变化，掌握其变化趋势，在掌握舆情的基础上作出适应时代潮流和领导时代潮流的咨询建议。

(二)咨询建议的要求

咨询建议主要体现了作为智囊机构的公关部门所发挥的参谋作用。建立在舆情基础上的公共关系咨询建议必须遵循一定的规则、符合一定的要求，才能更好地付诸实践，发挥影响决策、参与决策的作用[1]。

1. 用事实和数据来说明方案

咨询建议必须建立在真相和发展规律认知的基础上，一个方案的制定和提出必须以大量的相关事实为依据，以具体的数据为基础。生动形象的事实反映了方案的实践性，详尽具体的数据反映了方案的科学性。实践性和科学性的结合，可以在更高层次上把握事实真相，更好地陈述方案内容。

2. 用逻辑和理论来论证方案

咨询建议不是数据的堆砌或罗列，而是带有宏观性、综合性和高度概括性的观点凝练。一个方案的制定必须以一定的理论为基础，并进行了合理的、严密的逻辑论证，其可能性、必要性、可行性的论证充分而科学，得到自然科学和社会科学的支持。因此，咨询建议工作者应具备较强的理论素养和学术功底，加深对现实问题的理解和研究，用逻辑和理论来论证方案。

3. 用征询和探讨来阐述方案

实践是检验真理的唯一标准，公共关系咨询建议不是一蹴而就的，任何一个方案都不可能是绝对完美、无懈可击的，它有一个不断完善、不断优化的过程，需要结合实际发展情况来随机应变。公共关系咨询建议应当用征询和探讨的方式来阐述方案，使决策更加科学化、系统化，这样更能得到决策者的支持。

(三)咨询建议的方式

公共关系的咨询建议表现在运用公共关系手段，为决策者评价、选择和实施有关的决策。咨询建议的方式，即向决策者提供解决问题的方式，具体包括成立咨询服务部门、帮助组织选择决策方案和活动的动机、参与决策等。

1. 成立咨询服务部门

咨询服务部门是组织的智囊团，其主要任务是向组织提供各种咨询建议，为领导的科学决策发挥参谋作用。例如，为解决外贸生意持续走低，企业生存难以为继的问

---

[1] 段文阁：《公共关系概论》，呼和浩特，内蒙古人民出版社，2007。

题，2020 年浙江省台州市黄岩区组建"一企一专班"服务团队，从下料、注塑、成形、包装等各个环节，给企业提出解决办法。使企业的内贸空间越拓越宽，还带动了美国、韩国等公司的传统外贸市场逐步回暖[①]。

2. 帮助组织选择决策方案和活动的动机

公共关系咨询应帮助组织选择决策方案和活动的动机，关注决策方案在经济效益和社会效益方面的统一和协调，敦促决策者重视决策行为的社会影响和社会效果。同时，调动公共关系手段，广泛征询各类公众对象的意见，促进决策过程的民主化和科学化。组织要提高知名度，就必须多参加和举办各种各样的公共关系活动，如举办记者招待会、商品展销会、博览会、策划新闻稿件等。公关人员可根据自己的实践经验，为组织选择适当的时间、地点和方式参与这些活动，通过活动，使组织广结良缘，提高声誉。

3. 参与决策

公关人员不仅要向组织提出一般的咨询建议，而且要尽可能参与决策。为领导决策提供必要信息建议，直接影响决策过程，这才是公共关系咨询建议的最高形式。公关人员要努力开展工作，在决策之前，要广泛征询内外公众意见，获取全面信息，以供决策者参考，使决策方案具有较强的社会适应性和应变弹性，并争取在决策方案中较完整地反映出公关人员的工作成绩及其思想，从而引起领导层重视，为公关人员更多参与决策活动提供机会。

三、形象塑造

形象塑造是公共关系的一项重要职能。公共关系通过对信息传播的控制和影响，为组织营造一个有利的生存发展环境，从而加强社会组织的整体竞争力，提高公众对组织的认知度、美誉度和忠诚度，促进经济效益和社会效益的协调健康发展，最终帮助组织树立起良好的公众形象。

（一）形象塑造的内容

公共关系的形象塑造职能体现在组织内部形象和外部形象的塑造两个方面，组织内部形象和外部形象相互关联、相互影响，形成统一的组织形象。因此，组织在公共活动中，一定要兼顾内部形象和外部形象两方面的发展要求，协调统一、统筹规划，以塑造出良好的组织形象。

1. 组织内部形象的塑造

心理学认为人对自己所认同的东西会产生极大热情，管理学则进一步强调，人只有在为自己所认同的目标进行工作时，才会全身心投入其间。成员喜欢的组织形象可以概括为"自己的组织，可以依托和归属的团体，值得骄傲的单位和融洽的工作场所"[②]。这些认同感、归属感的形成需要内部信息及情感交流畅通无阻，需要充分发挥公共关系的作用来协调信息传播和关系构成。良好的内部形象有利于降低成本，提高服务及产品质量，提升组织整体运作效率，提高成员幸福感和成就感。

2. 组织外部形象的塑造

组织外部形象更多是一个社会组织展现给公众的形象，包括员工形象、企业家形

---

① 《企业来了"智囊团"》，载《人民日报海外版》，2020-09-11。

② 陈娴：《警察公共关系传播》，北京，中国人民公安大学出版社，2010。

象、品牌形象、产品形象、服务质量等。外部形象的提升有利于增强整个组织对公众的吸引力。良好的外部组织形象，对组织而言是一笔巨大的无形财富。例如，它可以帮助慈善机构获取更多的社会捐款；可以帮助企业赢得消费者认可，销售更多产品，获得更高市场份额；可以帮助政府获得更强的公信力。

（二）形象塑造的要求

建立良好的组织形象，组织需要采取整合资源、建立认知、行之有效的策略，概括来说，形象塑造必须遵循以下三个方面的原则。

1. 有效性原则

有效性是指通过开展公共关系活动力求取得预期最佳效果。组织形象塑造应以"扩大组织知名度"和"提高组织美誉度"为目标；活动过程中整合内部优质资源；尊重创造、崇尚创造，找准自身特色与定位，避免一味模仿他人；从长远利益出发，避免急功近利；充分考虑公众利益与组织利益的关系；充分考虑公众需要与组织实际之间的关系。总的来说，有效性就是既要符合实际，又要有利于组织形象塑造[1]。

2. 整体性原则

整体性原则，也称总体性原则。在大多数社会组织中，塑造形象的工作是由各个部门分头进行的，因而是分散的、各自为政的，甚至有时候还互相矛盾。为了塑造良好的组织形象，组织需要通过公共关系工作把分散的、不连续的公共关系工作系统化、统一化和科学化，发挥整体大于部分的积极作用。整体性原则要求在工作中必须形成树立形象的整体观念，统一制定公共关系政策，协调公共关系活动[2]。

3. 形象性原则

形象性原则，即社会组织在塑造形象时，应使组织和产品形象易于传播，便于记忆。尤其是组织和产品标记，如商标、厂名、厂徽、厂服等重要标记应生动形象。简洁、鲜明、形象的组织符号、广告标语有利于缩短受众对企业组织形象接受和认知的时间，并快速形成品牌资产。企业名称与商标相统一的"可口可乐"标志，便是最成功的标志之一[3]。

（三）形象塑造的方式

组织形象是公共关系的核心，发挥公共关系的形象塑造功能，需要整合运用公共关系的其他功能，包括舆情采集、咨询建议的调查分析功能，形象塑造功能，以及传播推广的宣传扩散功能等。

1. 组织形象的调查

塑造组织的良好形象，首先必须对组织形象进行调查分析。这种调查分析包括三个方面：①组织自我期望形象的调查分析；②组织实际形象的调查分析，即组织在社会公众心目中的现有形象；③找出组织实际形象与自我期望形象之间的差距[4]。没有调查就没有发言权，公共关系职能部门及从业人员需要在充分信息量的基础上进行后续的组织形象设计和传播。

---

① 郑渊、李艳萍：《新编公共关系学》，北京，金城出版社，1995。
② 王爱英、胡隆辉：《公共关系学》，北京，九州出版社，2005。
③ 同①。
④ 王爱英、杨天佑：《现代公共关系学》，北京，九州出版社，2000。

2. 组织形象的设计

在组织形象设计过程中，需要坚持形象塑造的有效性原则、整体性原则、形象性原则。通过企业识别系统(CIS)这一组织形象战略，提炼组织的理念个性和行为特征，整合组织的各种形象资源，对组织的一切形象要素进行统筹设计、规划、控制，以突出组织形象的个性和统一性，强化组织整体形象的视觉冲击力和市场竞争力。

3. 组织形象的传播

在组织形象的调查和设计工作完成后，公共关系的形象塑造进入传播阶段。公共关系的组织形象塑造功能，就是一个提供信息、影响受众、引发受众行为的过程。透过公共关系信息向公众传达组织形象，使公众理解组织的理念、目标，领会组织的友好、善意，进而形成良好的组织形象。这一过程中，公共关系还发挥着传播推广的重要功能，形象塑造与传播推广是密不可分的。

四、传播推广

公共关系的传播推广职能，是指公关部门作为社会组织的"喉舌"，不断地向公众传播与组织有关的各种各样的信息，以便让公众了解组织、熟悉组织，进而理解信任和支持组织的决策和行为，为树立组织形象创造良好的公众舆论。

(一)传播推广的内容

按照公共关系目标，公共关系传播推广活动可分为传播信息型、联络感情型、改变态度型和引起行为型。

1. 传播信息型

传播信息型是组织最基本的公共关系传播推广类型。不少组织大量的公共关系工作就是围绕传播信息这一目标而开展的。传播沟通具有重要性，良好的公共关系是优良行为与正确报道的结合。因此，公关人员必须利用各种传播媒介、传播手段广泛进行自我宣传，同时还要注意把握好传播时机，以达到立竿见影、事半功倍的效果。

创立于1931年的护肤品牌百雀羚，在面临外国护肤品牌冲击、市场形象固化、产品系列陈旧等一系列问题后举步维艰，这个曾经几乎面临消失的国货品牌，却一举成为2015年天猫"双十一"美妆护肤品类销售冠军，如今更是成为国货品牌中的佼佼者。百雀羚的复兴之路与传播信息的公共关系推广密不可分。2008年百雀羚发布草本精粹系列，2010年积极向公众传递"草本护肤，天然不刺激"的品牌定位。特别是在2013年，百雀羚被作为国礼之一送给坦桑尼亚妇女与发展基金会，百雀羚抓住此契机进一步深化"国货第一品牌"的公众认知，在2015年推出针对年轻消费者的三生花系列，逐步开启针对不同消费群体传递不同认知信息的方式，成功传递天然草本、时尚国货的品牌信息。

2. 联络感情型

联络感情型是组织通过感情投资，以获得公众对组织的信任与爱戴。在现代社会中，一个组织要生存和发展就必须重视人与人的交往。联络感情型传播的作用在服务性行业最为显著。服务人员一个甜甜的微笑、一声热情的问候，顾客就有可能产生购买物品的愿望，或加入"旅游者"的行列，或增加对该组织的好感，进而为树立组织的良好形象打下基础。这就是"感情投资"的结果。

信息在人与人的接触和交谈中传播，良好的感情也是在人与人的接触和交谈中逐渐建立,如各种各样的招待会、座谈会、宴会、专访活动、舞会、个人书信往来等。这些富有人情味的行为方式,使得人与人的沟通进入"感情"的层次。有些企业为更好地与消费者联络感情,采取了各种各样的新方法,如为大件(彩电、冰箱)购买者代上保险、"提意见"有奖等。还有的企业积极参加和举办一些有意义的社会公益活动,或赞助文体活动。如今越来越多的社会组织借助新媒体建立互动社群,打通线上和线下活动通路,拉近与公众的距离。这些联络感情型的活动都是赢得公众好感行之有效的方法。

3. 改变态度型

改变态度型即组织通过传播推广活动改变公众对组织的原有态度,重新建立一种新态度。当公众对某一组织一无所知时,谈不上什么态度,组织只有通过大量传播活动,使公众对其有所了解后,才会产生一定的态度。改变态度就是通过一定的传播推广活动,强化公众对组织信任、赞许的态度,将公众对组织轻视、偏见、冷漠、反对的态度转变为认可、关注、支持和赞许的态度,从而为引发公众对组织的积极行为奠定基础。

4. 引起行为型

引起行为型是在传播信息、联络感情、改变公众态度的基础上进而追求的目标。因此,它应该是组织的最高目标。组织通过公共关系活动可以联络感情、改变公众的态度,但最终还是期望公众接纳组织,购买组织的产品,支持组织的发展。公共关系目标越高,公共关系工作人员的责任就越重,他们的工作成绩也就越容易检验。

一家企业推出一种新产品,渴望能尽快地在市场打开销路,因此可以通过新闻发布会、展销展览会、各类广告、直播推广等形式开展传播活动。如果公共关系传播活动效果好,就能够吸引更多的消费者购买,从而达到引起消费者行为的公共关系目标;如果公共关系传播活动效果不好,该产品就打不开销路,因此也就没有达到公共关系目标。

(二)传播推广的要求

公共关系传播推广活动是为了使组织与公众之间达成以下目标:由"不知"到"了解",由"疏远"到"亲切",由"对立"到"一致",由"误解"到"理解",由"怀疑"到"信任",由"反对"到"支持"等。

1. 制造舆论,宣传组织

被公众知晓是社会组织发挥职能、取得成就的第一步,知晓也是消费者熟知进而忠诚的前提。社会组织利用公共关系进行传播推广,制造热点事件或话题,可以引起社会关注并带来社会影响。在制造舆论的过程中,组织可以运用各种传播沟通手段同公众进行双向交流,并逐步赢取信任,最终达到宣传组织的功效。

2. 引导舆论,营造氛围

引导舆论并营造氛围可以调控组织形象。社会组织有其自身的个性和特点,其个性是通过其不断向外界传递信息和表达自我而逐步营造出来的。社会组织在公共活动中,通过宣传推广,将其想要传达的信息传递出去,并通过调控各种信息的整合、强度、传播方式等,不断强化其个性特征,最终能够在消费者心目中建立起一种理想的认知和形象。

3. 改变舆论,化解矛盾

在越来越敏感的公众舆论环境里,当社会组织面临公众和舆论的质疑时,组织应该运用公共关系手段参与事件传播,改变舆论的导向,引导公众的观点,对其中的流言、谣言采取积极的管理措施。在解决引起争端问题的前提下，化解组织与公众之间的矛盾，消除舆论中那些对组织不利的声音。

（三）传播推广的渠道

社会组织在进行宣传推广时，要选择合适的宣传方式。公共关系宣传的方式具有多样性，一般说来，公共关系宣传主要采取以下三种方式。

（1）人员宣传。制作、散发组织的各种资料，组织专门人员进行投递。

（2）组织自控媒体宣传。借助组织自控的杂志、网站、自媒体等进行推广，提高组织的社会影响力。

（3）大众传媒宣传。借助各种大众传播媒介，包括报纸、广播、电视、网络新媒体等进行理念文化、活动信息、品牌广告的宣传。

在实际操作的过程中具体采用什么样的宣传方式，还需要公共关系工作者相机行事。

五、环境优化

公共关系需要为组织监测社会变化趋势，注意社会的政治方针、经济动态、时尚潮流、民俗民情、舆论热点等各方面的情报动态，分析其对组织的各种直接或潜在的影响，以充分利用环境中的有利因素，避免不利因素，使组织与环境变化保持动态平衡。

（一）环境优化的内容

公共关系能够优化环境，组织的公共关系活动起到了加快信息流动与共享，扩展组织与公众关系网络，优化社会政治、社会经济、社会互动、社会心理环境的作用。

1. 社会政治环境优化

公共关系是民主政治的产物，反过来又促进了民主政治的建设。公共关系主要从两个方面促进民主政治的建设：①公共关系强调"民主至上"，主张社会组织一切行为都应立足于满足社会成员的各种需求，热忱为他们提供各种优质服务。这种主张甚至成为组织的一种信念，一种经营哲学，从而培养了社会管理人员强烈的公仆意识，使他们自觉地深入民众之中，关心民众的欲望，倾听民众的声音，帮助民众解决问题。②促进政府管理民主化。主要表现在人民群众积极参政、议政的意识和新闻媒介、大众舆论对政府工作的有效监督上。社会成员看到自己的欲望得到重视，自己的问题有人关心，所提的建议能被采纳，于是强烈的主人翁意识被唤起，激发出一种参与社会事务管理和决策的极大热情，有效地促进政府管理的民主化。

2. 社会经济环境优化

公共关系优化经济环境不仅表现在连接社会各部门、各团体，促使他们齐心合力承担各种社会义务，改善经济条件，清除经济环境中薄弱、落后的部分等促使经济增长方面，还体现在促使所有社会成员消除贫困，使广大人民的教育、医疗、卫生、社会福利等条件不断得到改善。经济繁荣是一个社会现代化的标志。公共关系有助于营利性组织争取最好的经济效益，从而促进整个社会的经济发展和繁荣。

3. 社会互动环境优化

公共关系优化生活中的社会互动环境。社会由个体和组织构成，日常生产生活中，难免会出现一些不和谐的音符，如果沟通不及时，这些不和谐可能逐步发展，最终变成难以调和的矛盾，影响整个社会互动环境。社会互动指社会横向关系，是社会上人与人、群体与群体之间的交往和相互作用。公共关系作为沟通社会组织和公众之间的桥梁，通过双向沟通，协调社会行为、净化社会风气，最终实现对生活环境的优化。

4. 社会心理环境优化

公共关系优化生活中的社会心理环境。任何个人都有合群的需要、情感的需要、交往的需要，如果这些需要得不到满足，就会导致个人心理失调。公共关系恰好可以为社会提供一种良好关系氛围，它用真诚、广泛的社会交往帮助人们摆脱孤独和隔阂，帮助人们获得一种心理自控能力和心理释放能力，从而使社会心理环境得到优化。

（二）环境优化的要求

组织生存于社会环境中，又反作用于社会环境。公共关系在发挥环境优化功能时，应当坚持整体性原则，兼顾内部环境与外部环境，综合短期目标与长远利益，为自身生存发展营造更好的社会环境。

1. 兼顾内部环境与外部环境

公共关系组织的内部环境是存在于公共关系组织内部，构成组织赖以生存和发展的所有有形要素和无形要素以及各要素之间关系的总合。它直接影响着公共关系组织的运行过程与运行方式，是公共关系组织有效地对外部环境进行管理的自身条件支撑，也是有效开展公共管理活动的基本保证。同时，公共关系组织又处在外部生态系统中，作为一个独立的子系统与外界系统因素相互作用、相互渗透，外部环境对公共关系须知及其运作产生不同层次的影响[1]。因此，公共关系在发挥社会政治、社会经济、社会互动、社会心理等环境优化功能时，应兼顾组织内部环境与组织外部环境。

2. 综合短期目标与长远利益

组织公共关系工作在优化环境时应当坚持短期目标与长远利益相结合的原则。环境优化不是一蹴而就的，公共关系工作需着眼于长远打算，着手于日常工作，将短期环境优化作为长期环境优化的一个阶段性目标，并把工作重点放在长远利益上，在过程中时时监测、调整、优化。特别是在构建命运共同体理念影响下，公共关系工作要运用大公关思维做长久持续的事情，在共商共建中实现共赢共享。

第三节　公共关系的原则

公共关系的原则是公共关系活动中必须遵守的一些基本规则。如今，公共关系的工作非常复杂，充满了动态性、创造性和不确定性。为了在复杂的公共关系工作中不偏离既定的战略目标，在实施过程中必须遵守一定的原则。

一、实事求是（真诚）原则

实事求是原则是公共关系的首要原则，也是公共关系工作的生命。无论是形象塑造还是关系协调，公共关系工作都必须坚持实事求是地反映情况、真实地传递信息。实事求是是一切公共关系活动的前提，也是所有公关人员和公共关系组织都必须无条件遵循的基本原则。

---

[1]　何跃、贺芒：《公共组织管理》，重庆，重庆大学出版社，2019。

（一）实事求是原则的含义

实事求是，就是要求组织在传播沟通活动中，不能隐瞒事实，不能故弄玄虚，不能借口"特定目的"而弄虚作假，而是有忧报忧，有喜报喜，不欺世盗名，不自欺欺人。只有这样才能达到公共关系传播沟通活动的目标。组织在公众中的良好形象以理解和信任为基础，诚实无欺是理解和信任的前提。公共关系从业人员行为准则基本上都对从业人员有着关于真诚的品德约束，这是为人的重要品格，更是公关人员必不可少的信条。公共关系从业人员作为社会组织形象的直接代表，其真诚的品质代表着社会组织对公众负责的崇高社会责任。只有时时刻刻真诚待人，才能得到广大公众的信任与认同，才有可能赢得良好的社会评价。有人误以为公共关系就是为企业及其他社会组织乔装打扮从而欺骗公众，把本来不完美的宣传为完美，把大问题化为小问题，以此给社会组织带来实惠。这种观点是绝对错误的。事实上，虚假的、伪善的宣传只能一时迷惑公众，一旦被人们识破，组织的形象便会彻底毁掉，组织将为此付出惨重的代价。例如，三鹿奶粉在被曝出奶粉里面含有三聚氰胺之后，试图通过否认和掩盖等手段欺骗消费者，蒙混过关，最终还是被公众识破，三鹿品牌从此淡出市场。因此，无论从哪一方面来讲，都应该事实在先，公共关系在后，实事求是是公共关系活动的基本前提。

（二）实事求是原则的要求

实事求是应从掌握事实开始。一切公共关系实务活动中，全面、完整、公正了解客观事实都是工作的第一步。内部关系调整、外部公众协调、形象修正完善、危机关系处理，都应从调查研究掌握事实开始。在没有充分掌握事实之前进行所谓的公共关系活动，只能是无的放矢。在公共关系理论研究和实务运作中，人们往往非常重视公共关系策划的价值。毫无疑问，公共关系策划是公共关系活动中最精彩、最闪光的部分。但是公共关系策划并不是凭空产生的，也不是光靠聪明的脑袋就可以解决问题。策划必须建立在扎实的调查研究基础上，是调查研究的自然延续。

实事求是原则要求传播真实信息。公共关系的主要工作之一就是传递信息。从主客体双方的视角来看，信息一般分为三种：一是对双方都有利的信息；二是对双方都有害的信息；三是对一方有利而对另一方有害的信息。对于双方都有利的信息自然比较容易处理，而对于那些只对某一方有利，或者对双方都有害的信息就不是那么容易处理。很多社会组织和公关人员在如何处理这类信息上出现了很大分歧：有些人认为，应当将对公众有利和有害的信息都真诚传递出去；另一些人认为，应该只传播那些利好的信息，而将那些有害信息隐藏起来。事实上，将所有信息直接传播出去和故意隐藏有害信息都不妥当。从职业道德角度来看，为了对社会、公众及本身负责，社会组织和公关人员应该实事求是地传播信息。传播信息的出发点不应该看是否符合某些特定人群的利益，而应该看其是否有助于人们了解事实真相。但是，需要指出的是，这里强调的传播信息应该实事求是，并不是要求人们机械、呆板地执行。在传播信息时，尤其是在传播对组织和公众不利的信息时，一定要注意对传播渠道、手段和实施方法的选择，在实事求是前提下，以一种大家都能接受的方式传递出去，尽可能降低不利信息可能带来的负面影响。

二、互惠互利（公正）原则

最好的公共关系状态便是公共关系主体与公众对象在道德规范下利益目标的共同

实现,这不是"我赢你输"或"你赢我输",而是"大家都赢",即互惠互利。

(一)互惠互利原则的含义

公共关系对利益目标的强调与坑蒙拐骗对利益目标的追逐截然相反。坑蒙拐骗之流在追逐利益目标时不惜甚至有意损害公众对象的利益,其利益目标的实现恰恰是以掠取公众利益为手段,所以其形象自然是极其糟糕,为人们所不齿。相反,公共关系所追求的利益目标是合理的利益目标,是通过为公众对象提供利益服务而取得的,是被社会道德规范所认同和支持的。

(二)互惠互利原则的要求

(1)要对公众负责,对由组织行为引起的相关公众负责,实际解决由组织行为引起的问题,同公众一起承担社会问题的责任。

(2)要对组织负责,协助本组织完成自身既定的任务,把组织生存、运行、发展建立在满足公众利益需求的前提下。

(3)必要时牺牲组织的眼前利益,也要满足公众的利益要求,这是公共关系战略要求,也是对组织生存环境的维护。

总之,社会组织在保证组织自身工作圆满完成的同时,要善于平衡组织与公众的利益,当组织利益与公众利益相抵触时,公共关系强调组织利益服从公众利益。

三、全员公关(全面)原则

全员公关是组织开展公共关系工作取得成功的保证。在目前复杂的环境中,一个组织的公共关系工作要取得成功,仅靠专职的公关人员是不够的,必须依赖于组织各个部门和全体成员的整体配合。所以,组织内上至最高领导下至普通员工都是公关人员。

(一)全员公关原则的含义

全员公关是全员公共关系的简称,所谓全员公共关系是组织全体成员在统一观点、思想和口径的前提下,共同参与到组织的公共关系活动中,为建立、塑造和维护组织形象做贡献。全员公关旨在增强组织全体成员的公关意识,促使成员不断提高自身素质,把公关工作贯穿于组织各项工作中,为树立良好的组织形象奠定基础。

(二)全员公关原则的要求

1. 树立全员公关意识

要实现组织全员公关,首先必须树立全员公关意识。良好的公共关系意识能够约束和规范组织成员行为,使其一言一行都能够发出统一的声音,能够符合塑造组织形象的需要。成员从加入组织那一刻就具有双重意义,他的行为既代表了他自己,也代表了组织,是组织形象的一部分。公众在评价组织时,往往更加注重从组织成员身上去认识组织、评价组织。这样一来,原本属于成员个人的东西,就代表了整个组织形象。这时,只有组织的每一位成员都意识到自己身上所肩负的重任,并且具有全员公关意识,才能维护好组织形象。

2. 强化组织内部公关

内部公关是指以增进组织凝聚力和团队精神为目标的计划和行动。组织需要面向所有内部人员,建立有效的内部传播体系,积极进行组织文化建设。具体形式包括组织内刊、组织宣传园地、媒体建设、思想文娱活动等。通过这些活动,及时通报组织动态，宣传工作规范，传扬组织文化，将组织的核心价值观、经营理念传递给组织的每一位员工，增强员工的归属感和自豪感。

3. 引入公关思维模式

把公关思维模式引入组织内部各项决策中，从公关角度来考虑可能带来的影响和后果，这是现代公共关系形势下对社会组织的新要求。如果组织事先不能从公关层面对各项问题进行剖析，很可能在后来的处理中陷入被动。把公关思维模式转化为组织的惯常思维模式，需要两方面的共同努力：一方面决策层人员要提高自身公共关系修养，能够在决策中运用公关思维，而且在集体决议中为公关咨询专家留有一定的讨论空间；另一方面组织内部的公关咨询专家也需要积极提高自身素质，从公众角度看待组织决策，并提出实际建议，从而促使决策层更深刻地认识到公关咨询意见对组织发展的重要性。

4. 获取组织高层支持

高层领导的支持，对于"全员公关"的全面推行具有重要作用。领导支持可以体现在如下几个方面：①在正式场合表明支持公关工作的鲜明态度。②为"全员公关"提供制度和机制保证，如对组织内刊的人力和物力支持；在危机反馈预警制度的贯彻执行中，对反馈信息的及时处理，对危机巡回监督小组的监督等。③有意识地提高自身公关修养，善于听取公关专家意见，注重培养组织内部公关人才。④善于把握组织公关机会，为组织创造良好的政策和行业支持环境。

5. 开展全员公关教育

组织应开展全员公共关系活动，让员工接触和了解组织公共关系的相关内容，并经常对组织成员进行公共关系的教育和培训。组织通过教育和培训，一方面帮助组织成员掌握公共关系的实际技能和技巧，另一方面强化组织成员的公共关系意识。这样，组织成员才能主动地参与组织的公共关系活动，并且能够在与外部公众的交往中把握公众的心理特点，选择合适的公共关系手段和技巧为组织公共关系服务。

📽 案例研读 & 文献阅读

扫一扫，看资源

第二章　公共关系的历史沿革

【学习目标】

    (1)了解公共关系的思想渊源；

    (2)理解公共关系的职业化与学科化过程；

    (3)剖析公共关系形成和发展的社会历史条件；

    (4)把握中国公共关系学的发展历程与发展趋势。

【基本概念】

    思想渊源　职业化　学科化　发展历程　趋势展望

第一节　公共关系思想的渊源

考古学家发现，早在公元前1800年，古巴比伦王国政府官员就发布了农业公告，告诉农民如何播种灌溉、如何对付地里的老鼠、如何收获庄稼等，这与现代社会中某些农业组织公关部的宣传材料相似。可以看到，公共关系作为一种客观的社会现象、一种朴素的人类思想意识观念、一种不自觉的社会活动，有着悠远的历史。公共关系的源头可追溯到古代社会人类文明开始的地方——古希腊、古罗马、古中国等。

一、西方公共关系思想萌芽

自告别灵长类祖先，形成人类社会之日起，人类就在相互依存中结群而居，成队耕猎，否则就会被神秘的大自然及强悍的外族吞噬。为能安定生活，必须和相邻的人们友好相处、友好往来。这种相互依存、友好共处的观念可以说是最古老悠久的公共关系思想之一。古希腊和古罗马的公共关系思想是西方公共关系思想的萌芽。

（一）古希腊的公共关系思想

古希腊民主政治导致公众代表会议和陪审团制度的形成，它为公众表达自己的意见提供了舞台，而这种变化所产生的舆论导向在当时有着非常大的影响。公元前4世纪，古希腊出现了一批从事法律、道德、宗教哲学研究与演讲的教师和演说家，他们在当时被称作诡辩家，他们的演讲技巧被称为诡辩术，苏格拉底（Socrates）、柏拉图（Plato）和亚里士多德（Aristotle）是其中的杰出代表。亚里士多德运用严谨的思维逻辑和科学方法写出《修辞学》，强调语言修辞在人际交往和演讲中的重要性。他认为，修辞是沟通政治家、艺术家和社会公众之间关系的重要手段与工具，是寻求相互了解与信任的艺术；他还提出在交往沟通中，要用感情的呼唤去获取公众的了解与信任，要从感情入手增强演讲和劝服艺术的感召力和真实可靠性。为此，西方的一些公共关系学者视亚里士多德的《修辞学》为人类历史上最早的公共关系著作。这个观点或许有些夸张，但却从一定程度上说明了公共关系作为一门实践性艺术，从人类文明社会一开始就放射出自己灿烂的光芒。

(二)古罗马的公共关系思想

古罗马时代，人们更加重视民意，整个社会都推崇沟通技术，一些深谙沟通技术的演说家因此被推选为首领。据记载，古罗马的独裁统治者恺撒（G. J. Caesar）就精通沟通技术。面对即将来临的战争，他通过散发各种传单来展开大规模的宣传活动，以获得人民支持。他甚至还专门请人写了一本记录他功绩的纪实性著作《高卢战记》，该书后来成为一部纪实性的经典之作广为流传。这些活动，堪称古代社会公共关系实践活动的典范。

二、中国古代公共关系渊源

中国古代公共关系的萌芽从春秋战国时期开始。当时，由于国家分裂，各种势力不断重新组合，造成了社会动荡不安的政治氛围，这在客观上为各种思潮的发端提供了现实土壤。各种思想、言论的冲撞与吸收，造就了"百家争鸣、百花齐放"的文化盛世。

(一)中国古代公共关系思想

当时的统治者虽然更多依靠国家机器，即军队、监狱等暴力工具来维护他们的统治，但舆论手段在处理与民众关系上仍然具有很重要的地位，"水能载舟，亦能覆舟"就是当时统治方式的反映。虽然"公共关系"这个名词几千年前根本没有出现，但公共关系思想萌芽却十分丰富。

1. 政府管理公共关系思想

中国古代社会的组织形式和公众类型都比较简单，由于政府是最大的社会组织，类似于政府公共关系的思想比较活跃。孔子的"仁者爱人"，孟子的"民贵君轻"，李世民的"水能载舟，亦能覆舟"的思想，都从侧面反映了社会组织对公众作用的认识。西周时期当政者提出的"防民之口，甚于防川"以及后来提出的"兼听则明，偏听则暗"的思想，都反映了当政者对与民沟通的重视。孔子提出的"己所不欲，勿施于人""己欲立而立人，己欲达而达人"，孟子提出的"君之视臣如手足，则臣视君如心腹；君之视臣如犬马，则臣视君如国人；君之视臣如土芥，则臣视君如寇仇"的思想，则从某种程度上反映了古人对社会组织与公众利益相一致的朦胧认识[1]。

2. 日常生活公共关系思想

在人们的日常交往中，自觉的公共关系意识和思想得到一定程度体现。孔子的"有朋自远方来，不亦乐乎"，孟子的"天时不如地利，地利不如人和"，以及中国古代文化中的仁、义、礼、智、信思想，都同现代公共关系原则和目标的某些内容不谋而合。当然，这些自觉的公共关系意识带有很大随意性，并且这种意识较为分散，不具有普遍性。因此，从严格意义上来讲，这些思想只是公共关系萌芽活动，但却成为我们推出具有中国特色公共关系的传统基石和文化养料。

(二)中国古代公共关系实践

与中国古代公共关系思想一样，中国古代公共关系实践活动早已有之，历史长河

---

[1] 王铁、季长生、乔宪金：《公共关系原理与技巧》，沈阳，东北大学出版社，1993。

中，相关故事比比皆是。下面我们从宣传类、外交类、商业类角度对中国古代公共关系实践活动进行介绍。

1. 宣传类公共关系实践

春秋时期，孔子周游列国，四处讲学。战国时期，君子士大夫争相养士，这些幕僚策士常常为其统治者的利益而四处游说，向对方或民众宣传本国的政策与方针，争取民心或动摇敌心。当时的士大夫阶层，在社会上的地位举足轻重，深受诸侯君王的器重与信任，因此形成了策士游说成风、舌战艺术发达的局面。特别是以齐国孟尝君为代表的"四君子"，他们都在家里收留了成群的门客，这些门客在当时主要起提供参谋意见、收集信息和外交说服的作用。《文心雕龙·论说》有云："暨战国争雄，辩士云涌，纵横参谋，长短角势。转丸骋其巧辞，飞钳伏其精术。一人之辩，重于九鼎之宝；三寸之舌，强于百万之师。"①战国的游说，以闻名中外的合纵连横之术为最高境界。合纵家苏秦，奔波于山东六国，运用游说手段来影响公众和社会舆论，以对付秦国的吞并；连横家张仪，四处交游，离间各国，以社会宣传手段来实现自己的政治理想。

刘备三顾茅庐，诸葛亮"由是感激，遂许先帝以驱驰"，为刘汉江山"鞠躬尽瘁，死而后已"；诸葛亮"七擒七纵孟获"，使顽固的孟获终有所感，归顺汉室，成为汉室的可靠后方。这些也是游说类公共关系活动的典型故事。上述门客和劝服者的种种活动，都是中国古代对原始公共关系观念的尝试和实践，其作用和现代公关部门的功能相似。

2. 外交类公共关系实践

唐代高僧玄奘远赴西天（印度）取经为后人留下了丰富的思想和文化遗产，并成为中印文化交流的象征。明代郑和七下西洋，在中国古代对外关系史和航海史上都是罕见的壮举，增强了中国同亚非各国的友好交往和经济文化的交流。这些活动被认为明显地富有国际公关色彩②。

3. 商业类公共关系实践

明清时期，公共关系思想开始进入商业活动领域，如人们经商活动中遵循的"和气生财"准则。这一时期，人们甚至还有了朦胧的形象意识，已经懂得良好的企业（店铺）名称对顾客的正面影响，如店铺门上的"百年老店"招牌等，都是公共关系思想在商业活动中的运用。

第二节　公共关系职业与学科的产生

朴素公共关系思想和原始公共关系活动古已有之，但朴素、自发、零散的观念和活动与现代公共关系存在很大差别。公共关系作为一种专门化的社会职业，形成一门较为系统完整的学科体系，至今不过百年。纵观公共关系发展的历史沿革，厘清公共关系职业化和学科化的脉络与思想，有助于我们更清晰地了解和认识公共关系的深层含义，以便更好地掌握和运用公共关系。

一、巴纳姆时期：环境需求

19世纪，新兴的美国资产阶级为了赢得政治竞选、筹措资金、提高票房收入等，

---

① （战国）鬼谷子：《鬼谷子》，陈浦清译注，长沙，岳麓书社，2011。

② 李元庚、王成家：《现代公共关系学》，长春，吉林人民出版社，2003。

纷纷采取讲演、游说、报纸宣传、民意测验等形式进行宣传，公共关系随之酝酿发展。这一时期最有影响力的活动是安德鲁·杰克逊（Andrew Jackson）竞选总统和"报刊宣传活动"，这些活动大大促进了公共关系的发展。美国风行的报刊宣传活动，被认为是现代公共关系业的"前身"。当时的代表人物是巴纳姆（P. T. Barnum），公共关系发展史的这一段时期也因此被称为巴纳姆时期。

（一）杰克逊竞选总统

为了竞选成功，杰克逊邀请作家替他撰写讲稿、发布声明，创办《环球报》来宣传他的政治主张，树立个人形象。1829 年，杰克逊以压倒性优势当选美国第七任总统。他是美国历史上第一个出身于西部小木屋的总统，也是美国第一个借助公众支持而不是借助政治团体支持而当选的总统。杰克逊之所以能获得成功，归功于他进行的一系列公关宣传，归功于他良好的个人形象和魅力。在美国人看来，杰克逊是一个凭着个人奋斗而获得成功的典型，是出生于小木屋的"西部牛仔"的杰出代表，他的当选是对千百万普通劳动者的莫大鼓舞，因为杰克逊是他们的理想化身。杰克逊的胜利，大大刺激了政治竞选中宣传、表现个人魅力等公共关系手段的运用。

（二）报刊宣传活动

19 世纪上半叶，随着政治民主化、经济繁荣和科技的发展，美国的大众传播事业得到了迅速发展。"报刊宣传活动"是这一时期公共关系活动的另一种主要形式。"报刊宣传活动"，是指一个组织为了自身的目的和利益，聘请报刊宣传员在报刊上进行宣传活动，以制造舆论，扩大影响。有一些组织为了省下广告费，便聘请专门人员来制造煽动性新闻，制造关于自己的神话，以此来扩大影响。报纸则为了迎合部分读者的阅读心理，也乐于接受发表，从而为那些总想宣传自己，为自己制造神话的组织提供了便利条件。这样两相配合，就出现了美国历史上有名的报刊宣传活动。

19 世纪 30 年代，美国《纽约太阳报》掀起了一场"便士纸"运动，即用一便士买一张报纸的运动。这场运动使报纸销售量剧增，许多组织看中这一媒体，纷纷聘请专门的报纸宣传员，在报纸上编造新闻，虚构情节，以吸引读者的注意力，达到扩大本组织影响、吸引顾客的目的。

巴纳姆是这一运动的代表人物。作为一个马戏团老板，巴纳姆为了吸引观众，精心编造了有关该马戏团的许多神话。他对外宣称马戏团有一位黑人女仆海斯已经 160 多岁，并曾养育过美国第一任总统华盛顿。于是，许多人抱着好奇心去马戏团一看究竟，使马戏团票房收入大增，巴纳姆则每周从中获得 1 500 美元的收入。巴纳姆还以各种笔名向报社寄去表明不同看法的读者来信，人为地导演了一场争论。海斯死后经尸体解剖表明，她才活了 80 多岁，并非巴纳姆所说的 160 多岁。真相被揭穿后，巴纳姆宣称，他本人受骗了。实际上，巴纳姆从这场骗局中大获好处。巴纳姆的宣传信条是："凡宣传皆好事"。对他来说，不论公众赞扬他还是咒骂他，只要报纸上不拼错他的名字，能使他名扬四方就行。人们把以巴纳姆为代表的这一时期称作"说假话"时期，也有人称之为公"众受愚弄"或"公众该死"的时代。总之，报刊宣传活动的初期阶段，主要奉行"凡宣传皆好事"的信条，为招徕读者或为雇者利益而不惜欺骗民众。

二、艾维·李时期：公共关系职业化

随着经济日益趋于垄断集中，美国少数经济巨头几乎掌握了全美大半的经济命脉。

这些巨头大多数盛极一时，不注意处理内部关系，更不重视外部社会关系，一味强取豪夺，并在经营管理上实行封闭保密政策，引起了人们的反感，被人们称为"强盗大王"。这些现象理所当然地引起了社会公众与新闻界的不满，使社会矛盾日趋激化。

（一）揭丑运动

这种或把新闻媒介视为异己，或利用新闻媒介"愚弄公众"的现象，引起了新闻媒介的不满。一批热血沸腾、年轻正直的记者，勇敢地充当揭丑斗士，组成了一股为民众鸣不平、与寡头针锋相对的力量。他们将锋芒直指那些不顾公利只重私利的不法巨头以及政府的腐败行为。他们的新闻宣传揭开了不法巨头们的神秘面纱，将其丑恶行径暴露于天下。一些正直的记者甚至创办杂志专事"揭丑"活动，成为美国报刊宣传活动中"揭丑"的一面旗帜。据统计，1903—1912年，美国报纸杂志上共发表了2 000多篇揭丑文章，还有不少社论和漫画。这一"揭丑运动"与当时此起彼伏、愈演愈烈的工人罢工运动相互映衬，给那些政治巨头、经济巨头带来了极大的冲击。

在"揭丑运动"与罢工运动的冲击下，企业家们按自己企图建成的一个个独立封闭的企业"象牙塔"摇摇欲坠。为求得生存与发展，他们被迫从修建"象牙塔"逐渐转向修建"玻璃屋"。"揭丑运动"的冲击，使工商企业意识到取悦舆论的重要性。许多企业开始聘请懂行的人专门从事改善与新闻界关系的工作，这些人被称为"新闻代理人"，他们专门为其委托人做宣传工作，在新闻媒介之间进行游说，经常与报界联系，邀请记者到企业参观采访，或为公司的政策进行解释和辩护等。从此，企业和外界的隔绝消除了，"象牙塔"被"玻璃屋"所取代，企业的透明度大大提高。

杜邦化学工业公司就是其中一个突出的例子。杜邦公司是一家从事炸药生产事务的化学公司。当时化学工业刚起步不久，工艺技术尚不完善，公司里难免发生一些爆炸事故。起初公司采取保密政策，不允许记者采访，结果导致社会公众对此猜测纷纷。久而久之，杜邦公司在社会公众心目中留下了"杜邦→流血→杀人"的可怕印象，对杜邦公司的市场拓展与企业发展造成了极其不利的影响，公司创始人杜邦为之深感苦恼。这时他的一位报界挚友建议他实行"门户开放"政策，杜邦采纳了他的建议，并聘请这位朋友出任公司新闻局局长。此后，公司在宣传方面改弦更张，坚持向公众公开公司事故真相与公司内幕；同时精心设计了口号并予以广泛宣传——"化学工业能使你生活得更美好！"并且重金聘请专家学者在公共场所演讲；此外，还积极赞助社会公益事业，组织员工在街头义务服务。此举逐渐扭转了其在公众心目中的可怕形象。

在这场修建"玻璃屋"的热潮中，一种代表企业及政府组织利益、致力于促进社会组织与社会公众之间的沟通，并从中收取劳务费用的新职业应运而生。

（二）艾维·李的公共关系实践

艾维·李（Ivy L. Lee）是开创公共关系行业的先驱者。他原是《纽约时报》与《纽约世界报》的一名记者。几年的记者生涯使艾维·李深感社会关系的不协调误导了社会大众。1903年他辞去记者工作，和乔治·派克（George S. Parker）合资成立了一家公关顾问事务所，为社会公众提供收费的公共关系服务。这是美国第一个向顾客提供公共关系服务并收取费用的从业机构，也是世界上较早的公共关系性质的专门公司之一。从此，艾维·李开始了他公共关系的职业生涯，正规的公共关系职业由此发端。该事务所成立后，生意兴隆，顾客盈门，美国的电话电报公司、洛克菲勒财团、铁路公司、公平人寿保险公司等许多大企业都成为其长期客户。

1905 年，美国无烟煤业工人大罢工，整个无烟煤业陷入一片混乱。艾维·李临危受命，来解决这一难题，协调各方关系。他提出两项要求作为受聘的前提条件：一是有权与行业最高层决策者接触；二是必要时有权向社会公开全部事实真相。在严重罢工及社会舆论的强大压力下，老板们只好接受了这两个条件。艾维·李一举成功，顺利地处理了这次大罢工事件。其间艾维·李通过报界对外发表了著名的《原则宣言》(Declaration of Principles)，全面阐述了事务所的宗旨："我们的宗旨是代表企业单位及公众组织，就对公众有影响且为公众所乐闻的课题，向报界和公众提供迅速而准确的消息。"这就是"门户开放策略"。艾维·李的公共关系思想集中体现在他提出的两个公共关系原则上："公众必须被告知"和对公众"讲真话"。他经常对报界免费提供新闻公报，只是要求在公报上标明公报作者及其所代表的组织名称。他公开提供客观的新闻材料，放弃一直以来神圣不可侵犯的行业秘密，久而久之，艾维·李在社会公众中树立起自己的良好信誉。一次，洛克菲勒财团凶残对待一位员工，引发了科罗拉多州的大罢工，公司因此骑虎难下，处境十分艰难。艾维·李接受了这一特殊业务，采取了一系列积极措施，包括与工人领袖会晤，聘请工人运动专家撰文并发表演说、分析罢工利弊，抚慰受伤害工人及家属等，又一次成功地平息了一场大罢工。对此，约翰·洛克菲勒(John D. Rockefeller)曾感激地赞叹道："在科罗拉多州的大罢工中，艾维·李扮演了一个十分成功的角色，为洛克菲勒家庭的历史增添了十分重要的一页。"

艾维·李一生参与了大量公共关系实践活动。他为改善公共关系和人事管理而付出的持久努力，被认为是公共关系的里程碑；他开设的公关顾问事务所，被认为是现代公关事务的起点；他所采取的公共关系活动技巧和方法，为现代公共关系实务技能奠定了基础。艾维·李被称为"公共关系之父"，他不仅首创了"公共关系"这一专门职业，而且提出了"讲真话""公众必须被告知"等命题，将"公共利益与诚实"带进了公共关系领域，使公共关系这门学科从对一些简单问题的探讨上升为探求带有某些规律性的原则和方法，大大推动了这门学科的发展。

当然，由于时代的局限，艾维·李的咨询指导主要是凭经验和直感进行的，还缺乏对公众舆论大量而严密的科学调查。因此，有人批评艾维·李的公共关系咨询只有艺术性而无科学性。艾维·李在临死前，甚至还因曾给纳粹德国的一家公司提供过咨询，而受到非议和审查。但无论如何，艾维·李作为公共关系职业的先驱者的地位是无可争议的。

三、伯奈斯时期：公共关系学科化

公共关系的职业化发展，使公共关系由简单零碎的活动上升为较系统完整的专业活动，并逐渐形成了公共关系的原则与方法，使公共关系自立于学科之林，公共关系学成为一门独立学科的条件逐渐成熟。

美国学者伯奈斯是公共关系学科化的一名旗手。出身维也纳的奥地利裔美国人伯奈斯是心理学泰斗西格蒙德·弗洛伊德(Sigmund Freud)的外甥。1923 年，他以教授身份首次在纽约大学讲授公共关系课程，同年出版了被称为公共关系理论发展史"第一里程碑"的专著——《舆论明鉴》。在这本书中，伯奈斯详尽阐述了"公共关系咨询"的概念，并提出了公共关系的原则、实务方法和职业道德守则等。1928 年，他出版了《舆论》一书；1952 年，他又出版了《公共关系学》教科书。伯奈斯的主要贡献在于，他把公共关系学理论从新闻传播领域中分离出来，并对公共关系的原理与方法进行系统研究，使之系统化、完整化，最终成为一门独立完整的新兴学科。伯奈斯公共关系思想的一个重要特点是他提出的"投公众所好"主张。他认为，在一定科学理论指导下的劝说活动有着巨大威力，因而他非常注重运用各门社会科学的研究方法和研究成果。伯奈斯不仅是一位公共关系理论家，还是一位公共关系实践家。他与妻子合作进行公共关系咨询，接受过多位美国总统和实业界巨头的委托，运用公共关系实务成功地帮助他们塑造良好的社会形象。有人评价道："他同公共关系这门学科的发展方向保持一致，并且考虑得更深远、更全面。"伯奈斯的突出贡献使他成为公共关系学科化的助产士。

继伯奈斯之后，1937 年，哈洛在斯坦福大学开设公共关系课程。1947 年，波士顿大学成立了第一所公共关系学院，培养公共关系硕士及博士，许多公共关系论著也相继出版。1952 年，美国学者斯科特·卡特里普（Scott M. Cutlip）和艾伦·森特（Allen H. Center）出版了公共关系专著《有效的公共关系》（*Effective Public Relations*），论述了"双向对称"的公共关系模式，在公共关系目标上将组织和公众的利益置于同等重要位置，在方法上坚持组织与公众之间的双向传播与沟通。该书不断再版，成为畅销书，被誉为"公共关系的圣经"。

至此，公共关系正式进入学科化阶段。一门充满时代特征的、具有强大实用性的新兴学科以其崭新的身姿崛起于学科之林。

四、西方近现代公共关系的发展

近现代公共关系的产生与发展绝不是偶然的，而是现代民主政治、市场经济和高科技发展等多种社会因素综合催生的时代产物。了解近现代公共关系的发展原因及过程，才能更好地加深对公共关系的认知。

（一）西方近现代公共关系的发展原因

20 世纪 20 年代以后，公共关系首先在美国，继而在国际范围内得到迅速发展，成为一种既普遍又重要的热门职业，公共关系学也发展成为一门新兴学科，其中有着深刻的政治、经济、文化、技术等多方面原因。

1. 社会政治：民主政治取代专制政治

在人类社会发展的数千年历史中，绝大部分时间是处于专制制度的统治之下。在这种制度下，专制制度的代表——君主利用手中掌握的军队、监狱等国家机器，推行符合其个人意志的统治，君主掌握着民众的生杀之权，君主的话便是法律、圣旨，任何人都不得违抗。严厉的封建专制和独裁统治，使民众成了"百依百顺，逆来顺受"的"顺民"。官民之间、上下级之间只有绝对服从的关系，社会政治生活的特征表现为"民怕官"。在这种统治者依靠高压政策来实施统治的专制政治条件下，民众既无须关心政治运作，亦无法干预政治运作，舆论不可能对社会进程产生重要影响。在这样的社会环境中，人们只有服从，没有对等的交流。所以，不可能产生真正意义上的公共关系。

与专制独裁的封建政治不同，大工业社会的政治生活的核心是民主政治。在民主政治条件下，市民的社会化、公众化程度日益提高，社会联系日益紧密，共同意识不断增强；社会民众的公民意识、民主意识日益膨胀，有统一组织的社会公众越来越强烈地要求了解和参与政治生活，舆论对政治运作的影响力也越来越大。民主政治必须体现大多数人的意愿，满足大多数人的要求，因而需要相应的民主制度来保证，这主要是通过代议制、纳税制及选举制来实现的。代议制是由各种利益集团推选出自己的代表来进行公共事务的决策与管理，这是民主政治的基本体现与保证。而促使民众关注与参与公共政治的动力，则主要来自经济上的纳税制和政治上的选举制这两种民主化制度。正是在这种大的政治前提和背景下，现代公共关系应运而生[①]。

2. 经济发展：市场经济取代小农经济

在人类社会发展史中，从奴隶社会到封建社会，都是一种小农经济。小农经济是一种自给自足的经济形态，生产组织方式是以一家一户为基本单位，一村一乡为活动界限。其社会联系也就脱离不了以家庭、村落为支点的血缘、地缘、姻缘等人缘关系。这种关系非常狭隘、相当固定、极端封闭。直至资本主义社会前期，大工业尚不十分发达，受经济水平的限制，人们的社会联系仍然是相当狭隘的，使得人们不需要刻意地去努力建立、维持某种关系。

市场经济则完全不同，市场经济是一种以社会分工为基础、以交换为目的、以市场为导向、以消费为结果的社会经济形态。市场经济中的社会分工使得社会生产朝着专业化、规模化方向发展，并且出现了一种相对独立的经济组织——公司或企业。由于这种专业化的分工使得人与人、社会的关系越来越紧密，人不能离开社会而生存，因此这种以交换为目的而建立的经济关系日益成为人们生活中最重要的关系之一，而企业或公司则成为维系这一关系的重要载体，主要表现在以下三个方面。

(1)组织大规模的生产需要一大批产业工人和生产管理者，而如何组织、协调好和他们的关系则成为事关企业生死存亡的大事。

(2)企业光生产出产品还不够，还必须实现产品的价值，因为企业的生产是以交换为目的的，只有把生产的产品全都卖出去，才能最终实现这种生产的连续更替。为了把产品卖出去，为了在同类竞争者中获胜，企业必须得到社会的广泛认同，获得公众的信任和支持。随着市场经济的进一步发展，发达国家以"市场中心论"取代"生产中心论"，市场态势经历了由"卖方市场"向"买方市场"的转变，以消费者为导向的市场观念日益受到企业经营管理者的重视。在买方市场条件下，消费者在消费过程中拥有更多的优势，他们可以根据质量、价格、服务、品牌等去选购所需的商品。

(3)随着商品经济的发展，消费者的消费水平也随着商品的不断丰富而不断提高，从初始的满足温饱、安全等千人一律的"基本需要"，逐步转向满足消费者挑选商品的个性、情感等各不相同的"选择需要"。由于人们的需要是人人相异、多种多样又不断发展的，为满足公众的选择需要，产销的直接见面变得日益重要。在市场经济背景下，争取市场、顾客和公众的支持，成为企业生存的关键，这就直接促成了公共关系的兴起。

3. 文化心理：理性文化转向人性文化

现代公共关系发源于美国，与其社会文化环境密不可分。美国是一个典型的移民国家，几乎没有历史传统的包袱，多元文化的冲撞与交融使美国形成了自己独特的文化：个人主义、英雄主义和实用主义。个人主义使美国人富于自由的色彩；英雄主义使美国人崇拜巨头伟业、富于竞争的精神；实用主义使美国人注重严密的法规，崇尚数据和实效。管理科学鼻祖弗雷德里克·温斯洛·泰勒(Frederick Winslow Taylor)的思想及其制度，便是实用主义的代表。他将人视为机器的一部分，强调严格的操作程

[①] 陶应虎：《公共关系原理与实务》，北京，清华大学出版社，2006。

序,作业计量定额,颠倒了人与机器的关系,使手段异化为目的。这种机械唯物主义的管理,虽然短期内取得了高效率,但同时也使得阶级矛盾与劳资矛盾日趋尖锐化,孕育着社会危机和动荡不安,也孕育着社会文化意识的嬗变。

在严峻的现实面前,人们逐渐意识到纯实用文化的局限,因此人文主义重新抬头,在管理中注重人性、注重个人和群体的文化精神理念迅速获得了人们的认同。美国作为一个移民国家,容易接受新文化、新思潮,特别是资产阶级革命时期的"自由、平等、博爱"等思想迅速在美国传播、开花、结果,这也是当时美国资产阶级革命较为彻底的一个重要原因。20世纪初,哈佛大学教授乔治·埃尔顿·梅奥(George Elton May)在著名的"霍桑实验"(Hawthorne Experiment)中提出"人际关系理论",使行为科学和人性文化融为一体。此外,大众传播媒介的发展和社会化大生产的发展,也对尊重个人隐私但又互不相关、过于狭隘的美国传统文化形成冲击,使社会生活、社会交往更趋开明化、开放化。这种尊重人性、尊重个人感情和尊严的、人文的、开放的、个性化的文化,正是公共关系得以产生的精神源泉。

4. 物质技术:大众传播超越个体传播

农业社会时期,科技落后、经济不发达、生产规模小、传播沟通手段落后,受此影响社会公众交往的广度和深度极其有限。哪怕是位极人臣的帝王,要传播谕令与信息,充其量也不过是"烽火报讯"和"快马加鞭"而已。这种极为简陋落后的传播方式不仅传播速度极慢,传播范围狭小,而且信息失真率极高。加之小农经济本质上不要求进行广泛的人与人之间的相互沟通与联系,因而人们也不可能发生广泛而深刻的社会交往和联系。

随着经济的发展和社会政治变革,人们的交往空间不断扩大,需要的信息量也越来越大。这种客观需求促进了交通运输和信息传播技术的飞速发展,从火车、汽车、飞机、人造卫星的出现到电报、电话、广播、电视、互联网通信的普及,各种信息在一瞬间就可以传遍世界每一个角落,且具有高保真和低费用的特点。正是由于传播技术的发展,人们之间的交往越来越广泛,联系也更加方便,一个多空间、多层次、多文化的传播体制逐渐在全世界范围内形成,使得言论自由、新闻自由的理想能进一步实现,使得社会舆论力量、公众意见的表达越来越具有影响力,公众对社会组织的干预能力日渐增强。同时,社会组织只要能有效地驾驭传播手段,和公众进行积极的沟通、交流,就能取得公众的信任,协调好与公众的关系,树立起有利于自身发展的良好形象。由此可见,传播技术和与传播有关的信息通信技术、控制技术的出现,为现代公共关系的形成与发展提供了重要的物质技术支持。

(二)近现代公共关系的发展历程

公共关系顺了时代要求,因而一经产生就显示出其强大的生命力,在很短的时间里取得了快速发展。1924年,美国《芝加哥论坛报》社论强调:"公共关系已经成为一种专门职业、一种艺术和一门科学。"公共关系由美国开端,并迅速辐射全球。

1. 美国公共关系发展

公共关系在起源地美国的发展迅猛,公共关系的活动领域迅速从工商企业界扩展到政府机构、社会团体、科教文部门,并取得诸多成果。

(1)美国公共关系企业自主意识强。艾维·李的早期客户之一,美国电话电报公司 1908 年率先在公司内部设置公共关系部（简称"公关部"），并分配一名副经理主管该部门工作，并长期聘用公共关系顾问。该公司将公共关系纳入公司经营管理范畴，凡公司的一切重大决策若未经公关部参与研究，不能作出决定和付诸实施。1930 年，具有十余年的记者和公共关系实务从业经历的约翰·希尔（John Hill）与威廉·诺顿（William Norton）在克利夫兰市成立著名的国际性公共关系咨询公司——希尔·诺顿有限公司。总的来看，1929—1933 年资本主义经济危机期间，有着较好内外部公共关系，建立起较良好形象的企业得以在危机中"大难不死"。受 IT 泡沫经济崩溃、"9·11"恐怖事件、安然财务丑闻事件影响，2002 年美国颁布《萨班斯法案》（简称"SOX 法案"），企业开始被要求增强管理力度。同年在旧金山召开的美国公共关系协会年会的关键词之一就是"accountability"（企业问责机制）。美国企业开始积极地向外发布关于企业社会责任和管理方面的信息，并开始积极开展投资者关系活动。2004年脸书（Facebook）和 2006 年推特（Twitter）的诞生拉开了公共关系新时代的帷幕，"向不确定的多数人发送信息"的环境诞生了，企业品牌组织进一步利用双向性甚至多向性的信息扩散方式来进行公共关系活动[①]。根据 PRovoke Media 公布的 2020 年全球公共关系组织排行榜 TOP250，美国以 115 家企业上榜成为全球公共关系行业最具竞争力的国家。

（2）美国公共关系职业发展速度快。1937 年，美国《商业周刊》第一次就公共关系进行调研并发布报告。据统计，当时美国有公共关系顾问公司 250 家，从业人员达 5 000人。20 世纪 50 年代后，公共关系、设备、资金、人才成为美国现代企业的"四大支柱"，公共关系迅速职业化。美国一所大学进行的一次公关人员"职业意向"调查表明，美国在职公关人员自认为本职业的社会地位不低于物理学家、律师和大学教授，高于记者、推销员、飞行员、设计师，对职业感到满意。不少新闻界人士、广告师和推销员也都纷纷转行从事公共关系工作。公共关系在美国已成为引人瞩目、令人羡慕的时髦行业。1960 年，美国公共关系顾问公司已增加到 1 350 家，从业人员近 10 万人。1985 年，全美职业公共关系从业人员已近 15 万人，各种公共关系公司（简称"公关公司"）超过 2 000 家，85％以上的企业都设有公共关系部门与机构。

（3）美国公共关系受政府重视程度高。第二次世界大战期间，公共关系受到美国政府重视。为配合战争，政府特别建立了战时信息办公室，运用公共关系实务方法激励士兵斗志，向社会民众宣传远征军的意义，号召社会各界支持政府和军队。在军中，也充分利用公共关系手法，对内协调军官、士兵之间的关系，对外协调远征军与欧、亚各国当地社会大众之间的关系，使得公共关系在战争中发挥了重大的作用，从而令全世界对公共关系都有了新认识。20 世纪七八十年代，学者们总结了几十年的公共关系成败经验，为政府公共关系更好发展奠定了基础。在美国，联邦政府雇用了 13 000多名公关人员，每个国会议员都有一个公关班子[②]。"冷战"期间，美国成立了美国新闻署，进行全球传播，2002 年成立的全球传播办公室提供全面的制度保障，运用文化、

---

①　井之上乔：《公共关系（第 2 版）》，王冕玉、王熙威译，北京，东方出版社，2018。

②　赵宇峰：《美国政府公关的发展对中国政府形象建设的启示》，载《当代中国政治研究报告》，2004（00）：334-342＋6。

经济、媒体、外交四种手段进行公共关系活动，塑造和维护美国国家形象①。

（4）美国公共关系行业组织多。1935 年，美国公立学校公共关系协会（NSPRA）成立；1939 年，美国真实宣传者协会成立（1944 年改名为美国公共关系理事协会）；1939 年，美国公共关系理事会（ACPR）成立；1944 年，美国公共关系联合会在华盛顿成立；1948 年，美国公共关系理事会和美国公共关系理事协会合并，在纽约成立了美国公共关系协会（PRSA）；1968 年，美国公共关系国家理事会（NCPR）成立，美国公共关系学生协会（PRSSA）在美国公共关系协会帮助下在纽约成立；1976 年，人类沟通委员会（NCCHS）同美国公共关系协会合并，成立了世界上最大的职业公共关系组织②。

（5）美国公共关系学科教育进程快。1923 年，伯奈斯在纽约大学首次开设公关学课程。1937 年，哈洛在斯坦福大学开设公关专业课程，首次比较系统地讲授公共关系学。1946 年，据《有效公关》介绍，被调查的 59 个主要高等院校中有 30 个开设了公共关系课程。1947 年，波士顿大学创办了第一所公关学院，并设立公共关系学硕士和博士学位，这标志着公共关系学科教育已经达到一个新的高度。20 世纪五六十年代，开设公共关系课程的学院增加了 3 倍，653 个学院与公关协会保持联系。1977 年进行的一项调查表明，全美公共关系从业人员中已有 54％具有学士学位，29％具有硕士学位。1978 年，美国已有 292 所大学开设公共关系专业，其中 93 所设有学士学位，23 所设有硕士学位，10 所设有博士学位。20 世纪 80 年代以来，美国公共关系学科教育已开始在不同的行业分门别类进行，各有一套不同的大纲要求，逐步向更细、更深入的领域发展。到 1985 年，美国讲授公共关系课程的学校在 400 所以上。公共关系学科教育一方面强调自身的公共关系特点，另一方面也主张多学科兼容。截至 2017 年，美国公共关系学士项目共 273 个，硕士项目 45 个，博士项目 3 个③。

2. 欧洲公共关系发展

在美国公共关系热的辐射之下，欧洲各国也兴起了公共关系热。第二次世界大战后国际公共关系热潮的助动力：①各国间经济交往的日趋频繁，跨国公司和国际贸易以极快速度增长；②由于战后政治格局变化，人们经过战争浩劫后，渴望和平和重整国际秩序，各国间、各政府间、各阶层间协商对话得到加强；③科技进步使通信传播迅猛发展，"世界日益成为一个天涯若比邻的地球村"，文明开放的公共关系日益重要。

英国是公共关系发展较早的国家之一。1920 年，公共关系由美国传入英国。1924 年，英国帝国交易局开始利用大规模的宣传促进世界期货、现货贸易，因而被认为是"政府公共关系"的原型。1926 年，英国成立了第一个正式的公关机构——皇家营销部。为弥补经济萧条的重大损失，皇家营销部竭尽全力组织了一场声势浩大的公共关系活动，支持首相"买英国货"的号召，这次大规模公共关系活动的成功，使人们认识到公共关系能创造社会与经济价值。1948 年，英国公共关系协会（IRP）在伦敦成立；1969 年，英国公共关系顾问协会（PRCA）成立。20 世纪 80 年代，英国公共关系咨询部门的年收益实现了 25％～30％的高增长，这些收益几乎都是从公共关系服务收费中获得的。

---

① 赵静：《中美视角下的中国公共关系正当性研究》，载《上海管理科学》，2020，42（04）：93-97。

② 张迺英、巢莹莹：《公共关系学（第三版）》，上海，同济大学出版社，2019。

③ 黄懿慧：《从比较视角探讨中国大陆公共关系学科发展之正当性》，载《传播与社会学刊》，2017（39）：221-256。

后因遭遇经济衰退，英国公共关系的发展速度一度放慢，但是到了 90 年代中期，公共关系的影响力又一次得到扩张[①]。

欧洲其他国家的公共关系发展也紧追其后。1946 年，公共关系在法国崭露头角，荷兰出现首批公共关系事务所。1955 年，法国公共关系协会成立。紧接着，挪威、意大利、比利时、瑞典、芬兰、联邦德国等相继成立了公共关系协会[②]。国际公共关系也逐渐发展，通常委托专门机构及聘请有信誉、精通语言的专家承担。如罗马尼亚在 20 世纪 70 年代末，希望美国给予最惠国待遇，便委托世界知名的公关公司——博雅公司去开展公共关系活动，并最终取得成功，人们将此称为"软管理的输出"。

3. 美洲公共关系发展

美洲许多国家的公共关系在美国的影响下也得以产生和发展。1940 年，公共关系传入加拿大。1947 年，加拿大第一批公共关系协会在蒙特利尔和多伦多成立，这些公共关系协会与大学联合举办短期公共关系讲习班，培养公关人员，推广公共关系知识。1959 年，墨西哥公共关系协会主持召开了泛美公共关系大会，美国和大多数拉美国家都派代表出席了这个会议。在巴西和秘鲁，除了成立全国公共关系协会外，一些大学也已开办了公共关系专业，还出现了专门培养公共关系人才的高等学校[③]。

4. 亚洲公共关系发展

日本的公共关系随第二次世界大战后美军的进驻而传入。1947 年，美国将公共关系引入日本，强行设立公共关系机构并举办多种演习会、训练班，广为发动宣传，日本因此兴起公共关系热。日本电通广告公司首任公关部长田中宽次郎收集了有关公共关系的资料加以研究，将公共关系灵活运用于广告宣传，成为日本最早推广公共关系的人。1957 年之后，公共关系在日本开始成为一个独立的行业，当时日本兴起了开展海外公共关系活动的热潮，成立了日本最大的国际公关公司，在纽约、巴黎、香港等地均设有分公司。1964 年，日本公共关系协会成立[④]。

亚洲其他国家，如印度、新加坡等的公共关系也从 20 世纪 50 年代开始发展起来了。

20 世纪五六十年代，中国台湾地区开始全面推行公共关系管理。1956 年各级县政府设立公关部，并通过了《公共关系管理规则》。

第三节　中国公共关系的发展

如前所述，中国公共关系的萌芽可以追溯到春秋战国时期，那是一个文化大爆发的时期，政治家们在纵横捭阖的舞台上充分演绎公共关系的魅力。而公共关系作为一种经营管理方法和一门学科步入中国大地，并在理论上被认可、在实践中被加以系统运用，迄今不过数十年历史。随着我国改革开放的不断深入，特别是社会主义市场经

---

①　王硕、刘燕：《二十世纪末英国公共关系的发展状况》，载《国际公关》，2015(03)：74-76。
②　张迺英、巢莹莹：《公共关系学(第三版)》，上海，同济大学出版社，2019。
③　同②。
④　同②。

济的不断发展，公共关系就像一股清新的空气涌动在中国大地上，并在短短的几年间掀起了一股学习公共关系、研究公共关系和从事公关事业的热潮。公共关系在中国一开始就出现了生机勃勃、旺盛发展的好势头，受到人们的普遍关注和重视。

一、中国公共关系学产生背景

PESTC 分析为研究外部环境提供了一个较为明确的框架。PESTC 是政治的(political)、经济的(economical)、社会的(social)、技术的(technological)、文化的(cultural)五个单词首字母的组合，这些是影响外部环境的关键因素。通过对这五个因素的分析，可以揭示中国公共关系学产生的时代背景，加深我们对中国公共关系学的理解和认知。

(一)政治因素

中国公共关系学产生的政治背景包括内外两个维度，一是发展社会主义民主政治的内在要求，二是为了应对合作与竞争共存的国际关系。

1. 内在要求：发展社会主义民主政治

宣传和贯彻党的方针政策、推进社会主义民主政治需要公共关系。中国公共关系要推动各级官员以民为本，增强为人民利益服务的意识，改变其只关注与上级关系的维护、只关注政府自身权利，而不能正确处理政府与社会、官员与公众之间关系的现状[1]。政府应履行"内求协调，外求沟通"的公共关系。"内求协调"就是防止政出多门，杜绝官僚主义；"外求沟通"即让公民了解政府，让政府了解公民，通过坦诚的双向沟通，宣传党的方针政策，消除误解，取得公民的支持和信任，从而激发公民参政议事的热情，推动政府行政决策的民主化、科学化进程[2]。借助公共关系发展，在全社会营造和谐、有序、健康的民主政治氛围。

2. 外在挑战：应对错综复杂国际环境

改革开放以来，东西方"冷战"逐步结束，世界多极化趋势日益明显，和平与发展成为时代主题。在此期间，中国对外政策进行一系列调整：提出独立自主和不结盟，改善和发展同各主要大国的关系；妥善处理同邻国的历史遗留问题，促进与周边国家关系的改善和发展；推动同广大发展中国家的务实合作等。这些现实外交问题要求中国重视和运用公共关系手段与功能。特别是进入 21 世纪以来，国际形势处于深刻演变之中，新的历史时期，国际关系的复杂化对公共关系产生了越来越多的需求。坚持科学判断国际形势和我国外部环境、加强对话、深化合作、妥善处理分歧、积极开展区域合作、积极参与多边事务已成为外交的重要任务。因此，必须积极探索国际公关的新实践，发挥公关在国际传播过程中的特殊作用。

(二)经济因素

中国公共关系伴随着改革开放而开始，社会主义市场经济发展是公共关系发展的客观要求。经济交往规模的逐步扩大又对公共关系提出新的需求，其中，成功加入世贸组织是中国公共关系发展的重要催化剂之一。

---

① 柳斌杰：《当前中国公共关系的十大主要任务》，人民网，2016-12-23。
② 林汉川：《中国公关现象探索——中国公关事业的回顾与展望》，载《福建论坛(经济社会版)》，1993(06)：62-64＋18。

1. 客观前提：经济体制改革

中国公共关系的发展，是社会主义市场经济发展的客观要求[①]。

（1）经济体制改革扩大了企业自主权，企业逐渐变为独立经营、自负盈亏的经济实体，企业要发展就必须大力加强横向经济联合，于是建立专业分工的横向经济联合格局以及求得社会支持与协作，就成为迫切需要解决的新课题。

（2）发展社会主义市场经济，必然导致竞争，企业必须以最快的速度捕捉瞬息万变的市场经济信息，了解经常变化的消费者心理与需求，及时组织生产适销对路的产品，迅速占领市场。因此，企业家必须利用大众传播媒介等公共关系手段和技巧，宣传产品，争取客户，力求在产品的质量、价格及优质服务中，树立自身的形象，保持良好的声誉。

（3）对外开放要求开拓国际市场，就要了解国际行情，力求与更多的国家和地区的企业建立新的经济协作关系，这必然需要借助公共关系。

2. 发展趋势：经济全球化

中国公共关系的发展，顺应了经济全球化的发展趋势。20世纪70年代以来，各国经济交往日益密切，美国经济学家特·莱维（T. Levy）据此提出了"经济全球化"（economic globalization）的概念。经济全球化是指在各国对外经济关系不断发展的基础上，各国经济相互作用、相互依存的程度日益加深，经济活动的全球性不断加强，商品、服务和生产要素在全球范围流动的状态与趋势[②]。经济全球化主要体现在生产的全球化、贸易的全球化以及资本的全球化。

生产全球化过程中，产品价值链需由不同国家的不同企业分工合作完成；贸易全球化过程中，流通领域中国际交换的范围、规模、程度得到增强，以跨国公司为代表的经济主体在全球范围内组织产品流通和销售；资本全球化过程中，资本活动跨越国家之间的界限，在全球范围内流动和增殖。参与经济全球化的进程，离不开跨文化传播交流，在这一背景下，必须运用公共关系增强组织及其成员的公共关系国际化视野和国际化沟通能力。

3. 催化作用：加入世界贸易组织

中国公共关系的发展，受2001年加入世界贸易组织（WTO）的催化。加入WTO，进一步加深了中国与世界的联系，为中国公共关系发展带来机遇和挑战。

（1）中国公共关系国际化进程明显加快。①随着对外开放程度的加深，更多的公关企业进驻中国，也会有越来越多的中国企业走出国门，走向国际，以寻求更大的发展。日益成熟的公关公司利用其不断国际化所积累的信息资源，来为跨国中外资企业服务，从而使跨国的中外资企业达到双赢。中国公共关系行业也可以在交流合作中进一步提高自身专业水平和国际化视野。②提高公共关系意识，公共关系管理正在成为现代企业制度中不可或缺的一环。品牌建设、政府公关、投资者关系、危机管理、媒体关系管理等越来越为企业所重视。随着民权意识提高和政府民主化进程加快，公共关系将进一步融入国家和地方形象工程、公共危机防范与管理等问题。

---

① 何颖、石昆明：《中国公共关系兴起、发展的分析与思考》，载《攀登》，1994（02）：65-68。
② 张幼文：《全球化经济形成机制与本质分析》，载《上海财经大学学报》，2006（05）：48-55。

(2)中国的公共关系事业也面临着更多的压力。①WTO 所制定的贸易规则本身,要求各成员国的体制必须纳入世界贸易体系之中,按照 WTO 规则来办事。这给我国政府的公共关系活动带来了巨大的挑战。②WTO 体制迫使中国企业参与国际公平竞争,过去的贸易保护措施将不复存在。企业要想求得生存与发展,只有与公众建立良好的关系,建立知名企业,创造名牌产品,提供更好的服务,占有更多的市场份额。③国内企业除了占领本国市场外,更要实施走出去战略,参与国际竞争。这就对国内企业的公关部提出了更高、更新的要求,而这也必将使我国的公共关系开创一种新的局面。④随着世界经济一体化进程的加快,跨国公司、企业集团势必加快进入中国的步伐,竞争更加白热化。跨文化交流的障碍、冲突也在所难免,对中国组织及其成员的协调、沟通能力提出了新的挑战。

(三)社会因素

中国公共关系发展适应社会发展需要,关于真理标准问题的大讨论极大地解放了人们的思想,为中国公共关系发展提供了思想准备,而后新兴生活方式带来的公众特征变化,促进了中国公共关系的进一步变革和发展。

1. 思想准备:关于真理标准问题的大讨论

1978 年,关于真理标准问题的大讨论为中国公共关系的发展提供了思想准备。首先,它是对公共关系的不自觉运用。在当时的历史环境中,为了打破"两个凡是"对人们思想的束缚,恢复党的坚持实事求是的原则,在刚开始讨论真理标准问题时,邓小平就对当时的中央宣传部部长提出要求,不要再设禁区、下禁令,不要破坏刚开始形成的生动活泼的局面。这给当时的舆论环境营造了良好的氛围,使得之后的讨论得以顺利进行。此后,邓小平先后到东北三省、海军党委和天津,阐述"实践是检验真理的唯一标准",推动了这一问题的讨论。20 个省、自治区、直辖市的主要负责人公开发表谈话或文章,这些讲话和有关活动作为新闻在报纸上刊登、在电台上广播,由此掀起了全国范围内的舆论高潮。这场关于真理标准问题的大讨论运用了公共关系的做法,并取得了良好的社会效果。在一定意义上,它也可以被看作一场政府公共关系活动。其次,它为今后公共关系的引入做了良好铺垫,经过解放思想、实事求是思想的洗礼,许多新鲜事物不断涌现或从国外引进。也正是在这一时期,公共关系作为现代管理科学和操作方法被引进到我国内地的一些沿海地区[1]。

2. 生活理念:新兴文化与时代变迁

(1)经过思想解放,社会文化内容与形式日渐丰富,公共关系理念也随之发展。新兴的生活方式崇尚个性、时尚,追求物质享受、精神满足。人们对社交、自尊、求知、审美等的需求更加强烈,生活上吃穿住行的单一需求已经难以满足公众。因此,企业等组织在进行传播时要充分运用公共关系,注重对生活高品质满足的输出,精准了解目标群体生活多样化的需求。

(2)作为公共关系客体的公众,由于年龄分层、知识储备、文化背景、价值观等方面的差异,存在明显分层现象。例如,处于退休或半退休状态的"银发一族"距离职场和社会舆论中心较远,存在与社会脱节的可能性,且目前中国空巢家庭数量增多,因

---

① 余明阳、薛可:《中国公共关系史(1978—2018)》,上海,上海交通大学出版社,2020。

此银发群体对生活服务、知识科普类应用的需求量大①。而受到互联网、即时通信、智能手机和平板电脑等科技产物影响很大的"Z世代",则更关心"体验",致力于挖掘更好的价值和服务。

总之,时代变迁带来生活方式的变化,新兴文化改变社会思想环境,这些社会因素都要求公共关系转变思维理念,洞察公众时代特征,采用更有针对性的沟通方式与不同群体进行沟通,以取得公共关系效果的最大化。

(四)技术因素

科学技术的发展为中国公共关系的发展提供了物质基础,每一次科学技术革命不但改善了公共关系的社会经济水平,也推动社会生活和思想变革,而且,科学技术的发展推动了公共关系传播推广手段和渠道的丰富。

1. 根本动力:科学技术革命的变革

随着科学技术不断发展,人类近代历史上相继出现了几次较大的科技革命。第一次科技革命以蒸汽机发明为标志,促使人类社会由农业社会向工业社会转变;第二次科技革命以电力技术发展为标志,促进交通运输事业的飞速发展;而第三次科技革命则以信息技术发展为标志。科学技术每前进一步,不但改善了公共关系的物质技术条件,使其影响力不断向纵深发展,而且带来了人们生活方式和思想观念的巨大变革。人们之间、组织之间的纵横关系与相互沟通依赖日趋重要并日趋加强,成为社会组织生存发展的基本条件。"地球村"的出现,为人们进行大规模的交往提供了可能性,并为公共关系的产生提供了必要的技术与方法。

2. 直接表现:媒介传播手段的丰富

丰富的媒介传播手段推动中国公共关系发展。组织进行公共关系宣传推广活动时,以往常常会选择电视、杂志、报纸、现场游说等传统渠道,在移动互联网出现后,线上传播渠道成为主力,公共关系组织不断向数字化传播转型,微博、微信、知乎、抖音等网络媒体平台成为大多数公众的主要信息接收渠道。新公共关系从业者不断加深对新媒体的接触与了解,并迅速跟上渠道的快速发展,提供符合平台属性的服务。网络技术的支持,能够更精确地、更省时省力地收集、统计与分析公众数据,形成数据库,也就是所谓的"大数据"。它的出现让公共关系活动效率越加提高,用大数据来预测传播信息,进行公众需求、行为、特征、态度、意见等个人行为分析都成为现实,基于公众精确化分析是公共关系的重要变革。

(五)文化因素

多元文化间的和谐互动、消费主义盛行带来的客体细化需求,都促进公共关系思维的发展与进化。对不同文化类型的理解和洞察,要求公共关系培育包容心态,开阔国际视野。

1. 开放心态:多元文化的交融

多元文化间的友好互动,需要发挥公共关系思维来消弭物理的界限,冲破心理的隔阂。2001年联合国教科文组织通过的《世界文化多样性宣言》指出,文化多样性是"文化在不同时代和不同地方具有各种不同的表现形式,这种多样性的具体表现是构成人

---

① 周裕琼:《数字弱势群体的崛起:老年人微信采纳与使用影响因素研究》,载《新闻与传播研究》,2018,25(07):66-86+127-128。

类各群体和各社会的特性所具有的独特性和多样化"。中国是一个统一的多民族国家，不同民族、区域的文化各不相同。而且，整个世界由数百个不同的国家和地区组成，这些国家和地区都拥有各自的文化特色，文化多元化是对文化多样性的认同和尊重。中西文化的结合是中国面向世界开放的必然结果，越来越多的人秉持中国文化并接受西方文化的熏陶，这就要求公共关系的从业者要有开放和包容的格局。

2. 聚焦需求：消费主义的盛行

消费主义等文化理念催生公共关系的精细化。工业化和大规模生产带来产品的极大丰富，当消费代替生产成为主导性的市场议题和社会问题时，消费文化形成。消费引领人们的生活方式、生命体验和价值观，重构社会关系和意识形态。消费文化使得部分消费者关注在消费过程中产品功能之外的因素，以品牌产生的高级需求（马斯洛需求层次理论中的社交、尊重和自我实现需要）占消费主导地位，建立品牌与消费者的关系不再局限于消费关系，产品忠诚、品牌支持、名誉维护等让消费者自发的行为统统建立在公共关系软性传播之下。传统的硬式推广已经难以生存了，一味单向度地传播常常引起消费者的反感甚至厌恶，以人为本，强调信任、沟通、和谐、共同体和公共性才能在消费文化里得以生存。在此文化环境下，公共关系发展更加精细化，公共关系更注重内容及信息被建构的方式和渠道，以提升信息可信度的方式在潜移默化中建立信任。

二、中国公共关系学发展历程

公共关系作为一种新的经营管理技术、一门新的学科传入中国后，在实践与理论上快速发展，并呈现阶段性特征。

（一）引进酝酿期（20世纪70年代末至80年代初）

这一时期，中国公共关系学的实践发展历程既呈现从港台到内地、从沿海到内陆的地域发展趋势，也呈现由服务行业向工业企业、由外资企业向国有企业、由企业组织向政府组织扩散的行业发展布局；理论发展则仍处于酝酿时期，为下一阶段的学术教育建设提供思想准备。

1. 实践发展历程

（1）中国公共关系学发展呈现从港台到内地、从沿海到内陆的地域发展趋势。现代公共关系思想和公共关系实践进入中国，应以20世纪60年代公共关系登陆中国香港、台湾地区为发端，而中国内地则到20世纪80年代初才开始引进。早在60年代的香港与台湾地区，由于其政治、经济发展的特殊性，较早地接受了公共关系思想的洗礼。1963年，一些跨国公司的分公司纷纷把母公司的体制和管理方式引进到香港和台湾地区，企业的公关部迅速壮大。1963年，香港地区出现了第一家专业的公关公司——韦特公共关系公司。1975年台湾地区成立了第一家中国人自办的公共关系专业公司——联合国际公司。20世纪六七十年代，香港和台湾地区的公共关系已进入职业化阶段。特别是在香港地区，一些跨国公司在其分公司内部设立公共关系机构，聘用受过专业训练的人员从事公共关系工作，他们开展的公共关系活动一般具有比较高的水平[①]。20世纪70年代末80年代初，公共关系在受到港台地区影响较大的深圳、广州等改革开

---

① 余明阳、薛可：《中国公共关系史（1978—2018）》，上海，上海交通大学出版社，2020。

放的"桥头堡"零星出现。而后，中国公共关系发展逐渐向内陆城市蔓延。

(2)中国公共关系学发展呈现由服务行业向工业企业、由外资企业向国有企业、由企业组织向政府组织扩散的行业发展布局。早期，在深圳、广州，一些合资企业和外商独资企业按照西方资本主义国家的管理模式，设立了公关部。1980年，深圳蛇口华森建筑设计顾问公司成立，为我国内地第一家具有公共关系性质的专业公司。而后，1982年，深圳竹园宾馆成立公关部，开展以招徕顾客、扩大影响为目标的服务性公共关系活动，成为我国内地第一家设立公关部的企业。紧接着，在广州、汕头、佛山、北京等地的合资企业中，公关部陆续出现，主要集中在宾馆、饭店等服务性行业[①]。1984年9月，广州白云山制药厂率先在国营工业企业中设立公关部。该厂在开展公共关系实务方面进行了有效而大胆的尝试，为我国企业开展公共关系实务活动积累了宝贵的经验，这是我国公共关系事业发展过程中的一个重要突破。随着商业领域公共关系活动的快速发展，我国政府公共关系活动在20世纪80年代后期也逐渐兴起。1983年9月18日，时任沈阳市市长李长春首先开通了中国第一部市长公开电话。之后，重庆、西安、郑州、广州等城市相继效仿。

2. 理论发展轨迹

公共关系学术研究方面，一直存在着"实践先于理论"的问题。中国的公共关系研究起步较晚，在引进酝酿期并无显著学术教育和理论研究成果。这一时期主要表现为对西方公共关系的引入，以及对公共关系理念的理解和践行，如前文提到的关于真理标准问题的大讨论本身就可视为一场政府公共关系思想运用。公共关系理论仍处于酝酿时期，为下一阶段的学术教育建设提供思想准备。

(二)知识传播期(20世纪80年代中至90年代中)

这一时期，中国公共关系发展相对稳定，中国公共关系学的理论发展轨迹十分耀眼，公共关系学教育培训从无到有，公共关系理论著作、专业杂志快速出版，促进公共关系知识的快速传播。

1. 实践发展历程

(1)企业公共关系意识进一步增强。1985年，伟达公司和博雅公司这两家在世界上具有较大影响力的公关公司先后进入中国。其中，博雅公司与中国新闻发展公司于1986年合作成立我国第一家公关公司——中国环球公共关系公司。20世纪80年代中期以后，一大批大型企业先后设立了公关部，一些较先进的中小企业也设立了自己的公共关系机构，开展了卓有成效的公共关系工作。还有许多企业，虽然没有设立专门的公共关系机构，却增强了公共关系意识、采取了切实可行的公共关系措施，开展各种富有特色的公共关系活动。

(2)公共关系协会如雨后春笋般纷纷建立。1986年，上海成立了全国第一家省级公共关系协会。1987年，全国权威性的公共关系社团组织——中国公共关系协会在北京正式成立。1991年，中国国际公共关系协会成立，促进了中国公共关系理论研究与社会实践的国际化。公共关系实践活动由自发走向自觉，全国有一大批公共关系专家、学者分别主持、策划并组织实施企业公共关系、企业识别系统(CIS)、政府公共关系、

---

① 王福庆：《公共关系部在饭店中的任务》，载《旅游论坛》，1986(01)：74-77。

城市 CIS 和城市形象建设。1991 年，中国公共关系协会工作会议在北京召开，时任党和国家领导人李瑞环等同志在贺词中充分肯定了中国公共关系取得的成就。

2. 理论发展轨迹

（1）公共关系学教育培训从无到有、快速发展。1985 年，深圳市总工会最先创办了公关培训班，开我国公关培训事业之先河。同年，中山大学在广州成立了我国第一个高等院校的公关研究会。同年 9 月，深圳大学率先设立公共关系专业（专科），开设公关的必修和选修课程，从此公共关系学进入高等学府的讲堂。1987 年，国家教委正式把公共关系列入行政管理、工业经济、新闻学等专业的必修课。此后，中山大学、北京大学、兰州大学等百余所大学相继讲授公共关系课或开办公共关系专业，包括一些理工类院校也相继开设公关选修课。1988 年，时任国际公共关系协会主席的阿兰·莫杜尔（Alain Modul）访华，在深圳大学等地发表演讲，标志着中外公共关系教育交流的开始①。1989 年深圳大学联合杭州大学（今浙江大学）、兰州大学、中山大学、复旦大学在深圳举办第一届全国高等院校公共关系教学研讨会。1990 年，深圳大学因在我国内地率先开设公共关系专业教育而荣获国际公共关系协会"世界最佳公共关系金奖"，实现中国公共关系学界国际公共关系大奖"零"的突破。

（2）第一批公共关系理论著作开始出版。大批公共关系从业者和理论界的有识之士开始把西方公关理论介绍到中国，并开始了初步的"公关理论中国化"的探索。1986 年11 月，中国第一本公关专著——中国社科院编著的《塑造形象的艺术——公共关系学概论》正式出版，此为第一代公共关系教材。同年 12 月，王乐夫、廖为建等人的公共关系专著问世。1990 年，深圳大学开始出版总计 11 种的中国第一套公关教材"当代传播与公共关系系列"，其中包括《公共关系原理》《公共关系实务》《公共关系案例》《公关素质论》，许多内容填补了公共关系研究的空白。1993 年 8 月，中国广播电视出版社出版了全球总容量最大的公关书籍《中国公共关系大辞典》。

（3）公共关系专业报纸杂志纷纷创办。1988 年，中国第一家公共关系专业报纸——由浙江省公关协会主办的《公共关系报》在杭州创刊，向全国发行。1989 年，中国第一份由陕西省公关协会和中国公关专业委员会联合主办、国内外公开发行的公共关系杂志《公关》在西安创刊。同年，《公关导报》在青岛创刊。

（三）职业发展期（20 世纪 90 年代中至 90 年代末）

这一时期，中国公共关系在实践和理论层面均获得较快发展，公共关系进入职业化和学科化并进的新阶段。但在 20 世纪 90 年代末，学科化发展遭遇挫折。

1. 实践发展历程

公共关系职业发展正规化、专业化，获得社会认可。1992 年，首届上海公关精英电视大赛在上海电视台举行，此后的各种公关评奖、比赛纷至沓来，从某种意义上说，中国公共关系的社会认知度不断提高。1997 年，我国劳动和社会保障部成立了中国公共关系职业审定委员会，并正式将公共关系职业命名为"公共关系员"。1999 年将公共关系职业列入《国家职业分类大典》，标志着经过近 20 年的发展，公共关系职业终于取得社会认可。

---

① 余明阳：《中国公共关系教育 20 年综述》，载《公关世界》，2006(09)：6-8。

2. 理论发展轨迹

(1)公共关系学教育学科化。在许多院校举办公共关系专科教育的基础上,1994年经国家教委批准,中山大学创办了我国第一个公共关系本科专业,随后在行政管理专业的硕士点招收公共关系方向的硕士研究生,从而使中国公共关系的学科化建设再上新的台阶。1999年,中国有了"公共关系专业"的"正教授",在职称系列中达到最高层次。

(2)公共关系学教材丰富化。1993年,中国广播电视出版社出版了全球总容量最大的公关书籍《中国公共关系大辞典》。到1994年为止,出版各种公共关系教材400多部,其中居延安等人编著的《公共关系学》、熊源伟等人编写的《公共关系学》影响较大,学术界将其称为第二代教材代表作。此时公共关系研究的任务主要是引进、吸收和消化相关理论。自1999年公共关系职业正式确立起,中国陆续出版了一批优秀的"部颁"统编教材。1999年,国家职业资格工作委员会公共关系专业委员会组织编写的《公关员职业培训和鉴定教材》在北京通过国家鉴定。劳动部《公关员》职业培训的教材1999年首次亮相,人事部全国人才流动中心也出版了系列公共关系教材。

(3)公共关系论文成果丰富。20世纪90年代公共关系论文数量逐年快速增长;公共关系研究主题涵盖面广,包括管理、实务、专业议题以及学术主题,研究目的趋向应用性、市场性;公共关系论文实证性高,研究方法以量化研究为主;公共关系研究视角丰富,包括应用性研究视角、管理学研究视角、社会心理学视角、公共关系学视角、营销学视角、传播学视角等不同方向。

(4)公共关系学教育稍微遇冷。在教育领域,中国公共关系学在快速发展的同时也遭遇了一些挫折。进入20世纪90年代,公共关系进入了专业化与学科化共生、功利化与庸俗化加重的异变阶段。到90年代末,中国公共关系学的虚热现象开始调整:一些高校停办公共关系学专业;一些公共关系报刊转向或停刊;高校公共关系教学研讨会在五所高校轮流召开后停摆①。

(四)专业实践期(21世纪初至2009年)

进入21世纪以来,公共关系专业化与学科化共生的土壤发生了显著的深化,中国公共关系事业和公共关系学自身专业化进一步发展。

1. 实践发展历程

(1)公共关系职业资格获正式认证,中国公共关系真正走上职业化和行业化道路。20世纪末的准备工作为中国公共关系职业资格认证做好了充分准备,进入21世纪以来,我国正式开始了中国公共关系职业资格认证之路。2000年3月16日,《中华人民共和国劳动和社会保障部令(第6号)》将"公关员"列入多个持证上岗的职业之一,并于2000年7月1日开始实施。2000年,全国开始推广公关人员上岗资格考试。2000年12月3日,首次公共关系员职业资格统一考试在全国范围进行,24个省、自治区、直辖市的6 713名公共关系职业工作者参加了职业资格考试,4 957名获得了初、中、高级职业资格证书,通过率为73.84%②。中国有了第一批由劳动和社会保障部颁发职业资格证书的公共关系员。中国公共关系职业有了质的飞跃,这标志着我国的公共关系

---

① 陈先红、郭丽、殷卉:《中国大陆近十年公共关系研究实证报告》,载《华中科技大学学报(社会科学版)》,2005(02):102-106。

② 谭昆智:《公关原理与案例剖析》,14页,北京,清华大学出版社,2008。

开始真正走上职业化和行业化的道路。2000年，中国国际公共关系协会在中国公共关系大会上发表了《新世纪中国公关业宣言》，从行业规范、技术提升、人才培养等方面为新世纪中国公共关系业的发展提出了原则性建议，这一宣言成为中国公共关系业新世纪发展的纲领性文件。

（2）中国公共关系国际互动进一步增强，国际地位进一步提高。2002年，外资公关公司开始实施本土化战略，这一年，奥美集团成功收购西岸公关，成为2002年度中国公共关系行业的一大新闻，国际公关公司通过收购本地公关公司实施本地化战略，成为一种发展趋势。从2003年开始，中国举办了一系列的"中国文化节"活动。这类"文化节"活动在宣传中国文化的同时，树立中国良好的国际形象，也促进中国国际公关的发展。2004年，中国成功申办了"2008年第十八届世界公共关系大会"，说明我国公共关系界的国际地位得到进一步提高。2008年，主题为"公共关系——构建全球化时代的和谐社会"的第十八届世界公共关系大会成功举办。中国国家领导人、部委领导、行业精英和来自全球47个国家和地区的跨国企业及著名公关公司高管等700多名代表出席了大会。

（3）政府公共关系理念显著提升，注重形象塑造和民主监督。2001年，在上海市优秀公共关系案例评选中，浦东新区政府与黄埔区建委两个公共关系项目获得了金奖。政府公共关系项目获奖，其意义远超过获奖本身。它表明，政府越来越注重对自身形象的塑造。注重沟通与互动，成为一个现代政府的重要标志①。

2. 理论发展轨迹

（1）公共关系教材进一步丰富化、专业化。教育部组织编写的公共关系高职高专系列教材、成教教材、自考系列教材已经出版。其中，李兴国主编的《公共关系实用教程》作为中国面向在校生的第一本高职高专教材于2000年8月问世，并于当年12月第二次印刷。余明阳主编的《公共关系学》（教育部部编教材）也于2000年在广东高等教育出版社出版，由此构成了部编版教材南北呼应的格局。2002年，华夏出版社出版了明安香翻译的卡特里普等著的《有效的公共关系（第八版）》，实现了公共关系出版物与国际同步。2002年，中共中央党校出版社出版了《中国公共关系大百科全书》，该书设"概论""传播""组织"等13卷、150多个大类、近千项分类、上万个条目、300多万字，系统全面地涵盖了公共关系的所有领域和门类，该书的出版对于中国公共关系事业的发展具有积极意义。

（2）公共关系学术研究形式进一步拓展，研究机构、研究报告、学术论坛、学术期刊等迅速发展。2006年，中国国际公共关系协会学术委员会扩大会议在北京国宾酒店举行，发布了《中国公共关系教育20年》白皮书，全文约16 000字。这是中国公共关系界对中国公共关系教育发展历史、现状和存在的问题，以及为实现规范化发展而采取的战略方针和积极举措等的阐述。2006年年底，由中国国际公共关系协会会长、中国前驻美国大使李道豫先生作序，李道豫、王国庆、燕爽为顾问，复旦大学国际公共关系研究中心主任孟建教授担任主编，纪华强、钱海红担任副主编的《中国公共关系发展报告蓝皮书（2005—2006）》（即"中国公共关系蓝皮书"）由山西教育出版社出版。2008年中国人民大学公共传播研究所成立，先后推出了《公共关系学》《中国危机管理年度系列

① 罗新宇：《上海：政府公关走向前台》，载《中国青年报》，2022-01-11。

报告》《中国公共关系史》等著作。同年，上海外国语大学公共关系研究院成立，先后出版了《中国公共关系 20 年发展报告》(中英文版)、《中国公共关系发展报告(2006—2010)》等研究报告，并从 2008 年开始每两年举办一次"上海公共关系论坛"。中国国际公共关系协会和中国公共关系协会分单双年举办的公共关系案例评选，既为公共关系实务提供了理论总结，也为公共关系教学提供了学习个案，《公关世界》和《国际公关》两大公开发行的媒体，为公共关系教育界提供了切实的成果发布平台①。

(3)公共关系办学正规化、体系化、国际化。2003 年年底，经教育部批准，我国首个公共关系硕士点在复旦大学新闻学院新闻传播学科下建立，并开始培养公共关系方向博士研究生。2004 年，中国传媒大学、中山大学均设立了公共关系硕士点。我国在公共关系教育领域还加强了国际交流与合作。2000 年以后，美洲、欧洲、大洋洲已有十几所大学与国内高校联合办学，其中不乏华盛顿大学(2001 年与复旦大学合作)等世界一流大学。公共关系专业以 MBA 和市场营销为主，也有传播学等热门学科②。

(4)公共关系人才丰富化，政府人员公共关系教育水平进一步提升。面向政府公共关系人才的培训就是真正意义上的政府内部人才培训的开端。2004 年 12 月 13 日，"PR1000"工程在复旦大学正式启动，主要培训人员是地级市以上的秘书长及办公厅负责人。这是我国首次专门针对政府公关人员的培训。2006 年 1 月 12 日，由中国国际公共关系协会与国家人事部中国高级公务员培训中心合作开展的"公务员公共关系专业培训"，在中国高级公务员培训中心卫星课堂举办。来自中央国家机关的公务员和事业单位的工作人员，全国各省、市党政机关和企事业单位的有关人员通过"中国国家人事人才培训网"的卫星远程培训学院参加了公共关系专业的培训③。

(五)繁荣延伸期(2010 年至今)

这一时期，公共关系学的内涵不断延伸，思维不断创新，在实践和理论上均得到了繁荣和发展。

1. 实践发展历程

(1)政府公共关系领域延伸，政务公共关系充分借助新媒体优势。2010 年，一个全新的机构——"公共关系领导小组"在北京市公安局挂牌成立，这是中国省一级公安机关成立的首个公共关系部门，它标志着现代"公共关系"被引入了中国首都警察队伍④。在 2011 年的"政务微博年度高峰论坛"上，新浪总编辑陈彤认为可以将 2011 年称为中国的"政务微博元年"，这一年，各级政府都在迎接微博时代。此后，新媒体高速发展，政府主体纷纷开始在新媒体上发力，与公共关系密切相关的政务类微博、微信、客户端等迅速发展起来。

(2)城市公共关系意识崛起，城市形象塑造成为热点。2012 年以来，城市公共关系

---

①　余明阳：《中国公共关系教育 20 年综述》，载《公关世界》，2006(09)：6-8。

②　余明阳：《WTO：中国公关业面临新机遇》，载《公关世界》，2002(01)：9-11。

③　本刊编辑部：《公共关系专业将列入国家公务员培训》，载《国际公关》，2005(06)：18。

④　盛勇：《公共关系在中国阶段性成熟的标志　北京警方引入"公共关系"》，载《公关世界》，2010(07)：4-5。

快速发展。随着各大城市的公共关系意识崛起，城市宣传的竞争也日趋激烈，各城市品牌也在探索中确立下来。例如，澳门"世界娱乐之都"、杭州"国际休闲都会"、昆明"国际浪漫春城"的品牌塑造都给人们留下了深刻的印象。与此同时，城市公共关系的宣传手段也日趋多样化与科学化，例如，杭州积极借助城市形象宣传片、媒体事件、舆论热点、影视剧以及名人效应等多种传播形式，积极影响潜在公众①。

（3）推出品牌公共关系战略，讲好中国故事成为重要核心。2017年，我国推出了与国家品牌宣传有关的两个公关战略。第一，对内的品牌宣传。2017年5月10日，国务院批准设立"中国品牌日"，鼓励各级电视台、广播电台以及平面、网络等媒体，在重要时段、重要版面安排的自主品牌公益宣传，其中最重要的核心是讲好中国品牌故事，即从叙事学角度为国家公关的品牌战略提出工作重点和努力方向。第二，对外的品牌宣传。2017年10月12日，商务部外贸发展局对外宣布"中国之造"（ChinaMade）品牌工作计划正式启动，推广口号是"我爱中国之造，让世界拥抱中国之造"。其目的在于扩大中国品牌在全球市场的知名度与美誉度，助力中国企业产品和服务品质创新提升，引导中国品牌自觉承担更多企业社会责任，实现对外贸易转型升级目标②。

（4）中国公共关系放眼国际，走向世界。为发挥公共关系作用，促进国际公关界交流，探索多元文化和公共关系，上海市公共关系协会举办了2010上海国际公共关系高峰论坛。这次论坛就公共外交、国家公关、多元文化、城市形象、传媒使命、企业CSR战略、新媒体环境、网络公关、公关人才培养等问题进行了深入探讨③。而且，国家政府越来越重视外交公共关系发展，2019年习近平主席授予国际公共关系协会会长李道豫先生"外交工作杰出贡献者"国家荣誉称号④。2022年1月，中国国际公共关系协会成立三十周年庆典活动在京举行。协会积极开展公共外交工作，被联合国经社理事会正式批准授予"特别咨商地位"，标志着协会与联合国和国际行业组织建立了良好的合作关系⑤。

2. 理论发展轨迹

中国公共关系人才含金量高，公共关系教育链逐步健全和完善。在社会需求方面，公共关系学专业学生就业率高，2013年浙江传媒学院、大理学院、华东师范大学、上海外国语大学等院校公共关系学专业学生就业率位居本校前三名⑥。2013年华中科技大学设置了国内第一个二级学科公共关系学博士点，这标志着中国公共关系教育链的初步健全和完善。截至2017年，全国2 000多所高校开设了公共关系课程，23所高校招收公共关系学本科专业，其中"双一流"建设高校8所。在学科归属上，大致存在三

---

① 付马：《从城市公关的角度浅析滕州市形象传播策略》，载《传播与版权》，2014(08)：135-136。
② 段弘：《后真相：开启自媒体公关元年——2017年度公关盘点》，载《公关世界》，2018(01)：23-31。
③ 陈初莹：《探讨"多元文化和公共关系"2010上海国际公关高峰论坛开幕》，载《公关世界》，2010(11)：95。
④ 赵静：《中美视角下的中国公共关系正当性研究》，上海管理科学，2020，42(04)：93-97。
⑤ 《中国国际公共关系协会成立三十周年庆典活动在京举行》，https://www.cipra.org.cn/site/content/4424.html，2022-01-07。
⑥ 刘晓程、李旭红：《专业化与学科化共生：改革开放40年中国公共关系学发展的回顾与展望》，载《南昌大学学报(人文社会科学版)》，2019(3)：93-100。

种类别：一是以中山大学、华东师范大学为代表的归属"公共管理"类；二是以西南大学为代表的归属"社会学"类；三是以中国传媒大学为代表的归属"新闻传播学"类①。公共关系学科发展愈发呈现融合的趋势，即与国家重大战略的融合、与管理学和传播学等学科的融合、与国际化的融合，大公关、大视野、大战略成为主流②。

三、中国公共关系学趋势展望

当前，和平与发展仍是时代主题，不同的国家和地区都在寻求新的发展机遇。国家之间以及社会组织和公众之间的对抗、隔阂，必将逐步让位于更广泛的交流与合作。与之相适应的，是当代公共关系必将出现许多新特点，其灵活务实的特性将有更大的施展舞台。中国的公共关系研究和实践前景广阔，将出现以下新趋势。

(一)公共关系学的专业化与职业化

经过数十年的发展，中国公共关系学运作规则与行业规范逐渐健全，未来将继续迈入专业化与职业化的发展轨道。

1. 业务实践：迎接行业分化趋势

(1)提升公共关系实践活动的专门性。①公共关系实务从内容到形式应更加丰富。公共关系从企业公关和政府公关发展到各行各业，高科技公关、时尚公关、环境公关、艺术公关、体育公关等。②公共关系的手段和技巧更为丰富多彩，从一般的新闻发布、媒介宣传、市场推广的营销公关，到政府关系协调、大型活动策划等。③专业服务进一步细分，更加到位。公关公司将从简单项目执行发展到向高层次整合策划和顾问咨询方面转变。④公关公司的业务操作规范更加国际化、标准化，服务水准将纳入国际统一的标准体系中。从某种程度上讲，中国公共关系的规范化进程即中国公关业的国际标准化进程。⑤专门化的公关公司将备受各级组织青睐。针对不同行业组织的专门化公关公司将层出不穷，如金融公关公司、通信公关公司、旅游公关公司等。这些专门化的公关服务公司将给组织带来更为详尽到位的全方位服务。

(2)加强公共关系人才培养的针对性。在公共关系人才培养上，首要目标是提高从业人员素质，培养符合时代精神的公关素养，包括国家层面、政府层面、产业层面还有企业层面的发展设计教育理念。①国家层面的公共关系教育要以把握国家形象、公关外交、文化传承为基本要点。②政府层面的公共关系教育，要考虑政府的大政方针对民众的影响，政府的工作落实是否受到民众的欢迎。③产业层面的公共关系教育要以产业发展方向为导向，产业技术应用为核心，对标世界产业的未来与格局。④企业层面的公共关系教育要以新品创造、科技创新、品牌建设为基调，懂得网络公关、媒体运用、危机处理、品牌维护与推广的运作程序，明确巡演、路演、新闻发布、各种类活动的基本路径等。⑤还应在此基础上，形成纵向精细化分工，使之在公共关系组织内部，将一般工作人员、高级别工作人员、公关管理人员、公关领导人员的工作做严格的分工，并使之与其技能、能力或创造力相结合，使公共关系工作走向更加成熟的新发展阶段③。

① 《专家建议加快中国公共关系学科建设与发展》，中国网，2017-05-29。
② 余明阳、薛可：《中国公共关系史(1978—2018)》，上海，上海交通大学出版社，2020。
③ 江秀英：《中国公共关系教育的演进、规范与未来发展》，载《公关世界》，2021(09)：5-8。

2. 理论学术：开展精细内容研究

（1）中国公共关系学正在不断突破专业边界，不断加深与传播学、管理学、市场营销学、社会学的交叉融合。特别是在权利意识觉醒、新进步主义等的影响下，公共关系的内涵不断扩展，例如，Metoo 运动、BLM（黑人的命也是命）运动、全球气候变化等也逐渐被纳入公共关系的范畴进行讨论。

（2）中国公共关系学的学术议题越来越微观化、具体化。随着中国贫困治理、乡村振兴、城乡融合、共同富裕等发展问题日益引起社会公众的关注，公共关系学的研究内容也不断细化。城乡关系受到空前的关注，我国公共关系学的问题聚焦进一步下沉，以县域为中心、以城乡发展为目标的全面关系治理日益凸显，这类议题包括：基层政府公共关系和宣导、区域信息传播和融媒体发展、乡村产业振兴和地方特色产品的品牌塑造和整合营销、基层社区治理和公共事务管理、危机管理和舆情管理、乡村治理和人类文化传播等[①]。

（二）公共关系学的特色化与融合化

中国公共关系学在行业实践和人才培养精细化的基础上，还应保持特色化和融合化。公共关系必须与时俱进，通过不断调整适应社会大变革的需求，以成功地面对大变局、引领新趋势，助品牌叙事、促价值增长。

1. 文化理念：根植民族文化，坚定文化自信

公共关系将根植民族文化，充分发挥传统文化、民族精神作为公共关系发展的养分作用。党的十八大以来，习近平总书记对文化自信进行了全面深刻的论述，指出"文化自信，是更基础、更广泛、更深厚的自信"[②]。党的二十大报告提出，"推进文化自信自强，铸就社会主义文化新辉煌""以社会主义核心价值观为引领，发展社会主义先进文化，弘扬革命文化，传承中华优秀传统文化"。伴随着文化自信而来的"国潮崛起"是目前最热的商业风口，"国潮"对内崛起的同时，中国元素的影响力也在向外辐射。随着中国文化自信的不断增强，中国传统文化的魅力也在一次次对外文化传播活动和公共关系活动中向世界展示其独特的韵味。国潮崛起前，中国经济的总体特征是"供应链经济"，国潮崛起后则进入"品牌力经济"时代，只有品牌崛起才能长期护航国潮崛起。未来的公共关系应运用中国元素、打造中国品牌，并在此过程中，增强创造新品类认知、提供差异化体验、焕新老品牌内涵、聚焦细分市场的能力。

2. 公关方式：打造融合媒体，构建传播矩阵

公共关系手段将进一步化零为整，建设系统性传播矩阵。党的十八大以来，以习近平同志为核心的党中央做出推动传统媒体和新兴媒体融合发展的战略部署。全媒体不断发展，出现了全程媒体、全息媒体、全员媒体、全效媒体，信息无处不在、无所不及、无人不用，导致舆论生态、媒体格局、传播方式发生深刻变化，公共关系工作面临新的挑战。未来公共关系的推广手段将呈现以下特点：①以内容营销为主的社交媒体传播，结合核心生活场景为主的线下高频传播，是赢得公共关系价值提升的重要

① 潘启龙、谢坚：《发展视角下的公共关系学专业建设探析》，载《公关世界》，2021（19）：44-46。

② 习近平：《在庆祝中国共产党成立九十五周年大会上的讲话》，载《中共党史研究》，2016（07）：5-12。

途径。②个性化和灵活性的媒介组合在增强公共关系传播效果上的作用会更为明显。③公共关系宣传推广的科技感和互动性将进一步增强，未来的公共关系将采用更加数字化的方式，人们会在高科技服务的支撑下，实现真正意义上的人际互动。

3. 技术手段：立足数智时代，发挥数据优势

未来公共关系发展需进一步发挥互联网思维，即平等对话和充分交流的理念，改变以往由精英操控、控制大众的思维。公共关系将进一步回归本质，借助数智优势，建立组织和公众的和谐沟通，精细洞察公众需求，并对公众进行精准分析。当前，中国社会人口红利逐渐消失，但数据和技术红利正在来临。未来公共关系组织的胜利，比拼的是如何精细化挖掘、长期运营数字化用户资产，科学管理费效比以增收提效、维护持久有效的和谐关系等，数智化正好符合公共关系发展态势，能更深度地挖掘数据价值，并提供更智能化的平台操作及公共关系战略组合。

(三)公共关系学的本土化与国际化

中国公共关系学的发展既要引进来，又要走出去，随着公共关系市场的不断成熟壮大，公共关系本土化与国际化相融合的趋势越来越明显。

1. 本土化：融入"中国智慧"

未来中国公共关系学发展应坚持融入"中国智慧"，充分发挥本土化原则。公共关系对我国而言是"舶来品"，我们曾走过照搬西方的道路。未来，中国公共关系发展必须认识到自身的自主性和独特性。在公共关系理论建设上，我国公共关系有着得天独厚的优势。我国丰富的历史文化遗产是一座尚待挖掘的人文宝库。中国古典文化的鲜明人文特征、天人合一的世界观、讲求和谐的辩证人生观、义利统一的伦理观等，与现代的企业伦理观念、公共关系组织的社会责任理论、人的全面发展等新型管理理论，存在相融相通之处。但中西文化的差异使得公共关系在理论的具体化和可操作性上呈现复杂性。因此，商业公共关系要与民族文化协调发展，就必须坚持"公共关系本土化"的基本原则[①]。

2. 国际化：提供"中国方案"

未来中国公共关系学发展应坚持提供"中国方案"，积极践行国际化原则。随着中国越来越多地融入国际社会，国际化趋势在所难免。在这一过程中，中国公共关系学应思考如何以"中国方案"引领国际新秩序，为国际社会提供新参考。例如，"国际社会应该何去何从"成为事关人类社会生存与发展的重大时代命题。对此，中国提出的方案是：高举和平、发展、合作、共赢的旗帜，打造人类命运共同体，构建以合作共赢为核心的新型国际关系。国家大战略正发挥引领作用，为公共关系行业带来新的发展机遇。伴随"一带一路"倡议的持续推进和实施，未来的公共关系组织、公共关系活动都需要进行国际化布局。党的二十届三中全会提出要构建更有效力的国际传播体系，并作出了具体部署。广大公共关系从业者需进一步加强对我国对外传播对象、传播规律和传播特点的研究，为讲好中国故事、传播中国声音、提升我国国际传播效果贡献更多智慧和力量。

---

① 肖葵：《商业公共关系与民族文化的协调发展》，载《南昌大学学报(人文社会科学版)》，2003(05)：101-103。

案例研读 & 文献阅读

扫一扫，看资源

第三章 公共关系学的理论基础

【学习目标】
　　(1)了解以公共关系为本体的相关理论;
　　(2)了解公共关系学和其他学科的关系;
　　(3)了解其他学科中有哪些理论可以应用于公共关系实践。
【基本概念】
　　市场营销学　传播学　广告学　社会学　心理学　法学　伦理学

第一节　公共关系本体理论

一、格鲁尼格的公关卓越传播理论①

　　开展信息传播活动是建立和维系公共关系的主要途径,采用的传播方式不同,公共关系活动的结果也不同,采用何种传播模式进行公关信息的传播、何种传播模式更优是公共关系专家学者们一直在研讨的问题,格鲁尼格公关卓越传播理论的主要内容如下。

　　格鲁尼格将公关传播模式进行划分,并指出其中的"卓越"模式,即公关卓越传播理论。格鲁尼格根据"对等/不对等"这两个信息传播的目的维度以及"单向/双向"这两个信息传播的方向维度,将公共关系活动中的信息传播划分为如下四个模式。

　　(1)新闻代理模式:一种不对等、单向的公关模式。注重公关机构、传播媒介的单向信息宣发,忽视受众的反馈。在该模式下,信息的真实性难以保证。

　　(2)公共信息模式:一种单向的公关模式,但和新闻代理模式相比,该模式更注重信息的综合参考,故信息的真实性更强。

　　(3)双向不对等模式:公共关系组织以自身利益为目标,通过劝服的方式希望受众能够按照组织的需求行动。

　　(4)双向对等模式:与双向不对等模式相比,该模式强调公关信息传播中组织和受众利益的"互惠"以及双方的沟通。格鲁尼格认为这一模式是卓越的公关模式,不仅在伦理上得以保证,而且也十分利于公共关系组织达到目标、产生良好的公关效果。

　　在如今的公共关系活动中,双向对等模式无疑是最受公众欢迎的信息传播模式,尤其当组织的负面事件发生时,对公众坦诚公开调查结果、站在公众利益层面进行善后处理有利于获得公众的谅解和重塑组织声誉。

---

　　① 改编自:张迪、李唯嘉:《央企公关模式与央企海外传播力关系的实证研究》,载《国际新闻界》,2017,39(11):157-172。

二、权变调适理论①

公共关系的调适，不仅要注重与组织外部公众的关系，还应当注重组织内部成员间的关系，尤其是领导与员工之间的关系。良好的内部成员关系、高效的内部管理模式有利于组织活动的顺利开展。权变调适理论的思想出现于 20 世纪 60 年代，通过长期组织管理的实践，人们发现，想要找到一种适用于各类情境、各种组织的管理方式并不是一件容易的事，支持权变调适理论的基本观点认为，管理某个组织应当根据组织的内部情况和外部情况因时而变，灵活管理②。权变调适理论中的代表理论有如下几种。

(一)费德勒领导有效性权变模型

心理学家费德勒(F. Fiedler)认为，领导效果的好坏受三个方面的影响：任务结构、职位权力、领导者和被领导者之间的关系。如果以上三个维度都是稳固、良好的话，那么就是最有利于领导效果的情境，反之则是最不利于领导效果的情境。

费德勒还将领导者风格与情境结合起来进行分析，具体来说，当情境最有利于领导或最不利于领导时，独裁型领导和任务导向型领导的领导效果是最有效的；当情境只是适度有利时，民主型领导和人际关系型领导的领导效果是最有效的。

(二)豪斯的路径-目标领导理论

路径-目标领导理论由豪斯(R. J. House)教授提出，该理论关注领导者如何为追随者铺平实现目标的路径。豪斯归纳了如下四种会造成影响的领导方式。

(1)指导型领导：下属知道领导希望自己做什么，并且领导会给予自己指导。

(2)支持型领导：领导者是和蔼可亲的，很关注下属的行为。

(3)参与型领导：领导者会采纳下属的建议，但最终由领导者决策。

(4)成就导向型领导：领导者为下属制定具有挑战性的目标，并且鼓励下属达到这一目标。

豪斯认为，领导风格不是固定不变的，不同的领导情境决定了领导采用何种风格，而这些领导风格能否为下属铺平道路，还需要考虑追随者的个人特征、组织环境特征等，并且员工对领导行为的知觉也会产生相应的后果，具体的关系如图 3-1 所示。

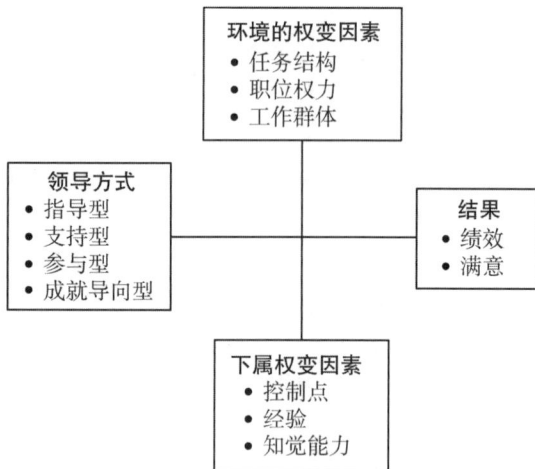

图 3-1 路径-目标领导理论

---

① 改编自：刘永芳：《管理心理学》，238-242 页，北京，清华大学出版社，2008。

② 郑晓明：《领导权变理论述评》，载《应用心理学》，1990(01)：19-24。

(三)卡曼的生命周期理论

美国心理学家卡曼(A. K. Karman)教授提出了生命周期理论，主要观点为领导者的领导方式因领导者的成熟度发生改变。领导者的成熟度是指心理成熟度，包括成就感、良好教育、工作经验等因素，成熟度与领导方式的关系如图 3-2 所示。

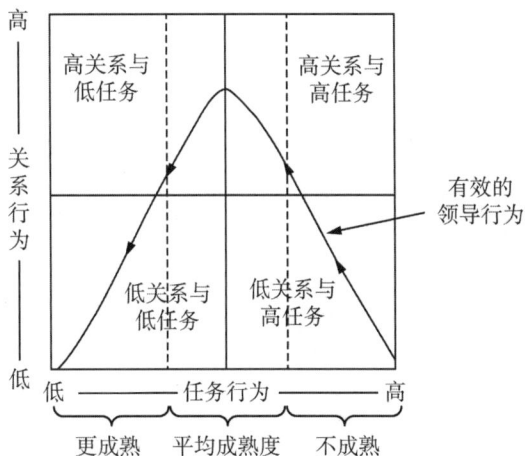

图 3-2 卡曼的生命周期理论①

三、情境理论②

情境理论又称公众情境理论，由格鲁尼格提出，情境理论的主要观点如下。

情境理论认为，不同类型的公众在不同的情境下对于事物的看法是不同的，并且由此产生的行为也是不同的。对于公共关系组织来说，充分了解、预测不同受众的偏好以及他们可能的想法和行为，是提升公共关系活动效能的关键。

情境理论认为，当人们面临共同的问题时，公众的概念便会形成，但不同类型的公众对于问题的态度和处理方式是不同的。情境理论对于公众做了如下分类。

(1)零知觉公众：没有问题意识，也没有察觉到问题。

(2)潜伏型公众：目前没有察觉到问题，尽管处于问题情境中。

(3)知晓型公众：察觉到问题，但不想应对问题。

(4)行动型公众：察觉到问题，愿意应对问题。

同时，情境理论还提出了对公众产生影响的自变量及其对应的行为因变量。①自变量：a. 问题识别，即个人对面临问题的认知程度。格鲁尼格认为，人只有在认识到问题时，才能够思考、理解问题。b. 受限识别，即个人对于自身解决所面临问题的能力的认知度，也可以理解为个人认为解决问题时，被超出自身能力范围的因素限制的程度。c. 涉入度，即个人感知到所面临问题与自身的关联程度。②因变量：a. 信息搜寻，这是一种主动行为，个体主动收集、了解与面临问题相关联的资料。b. 信息处理，这是一种被动行为，个体只是简单地处理接收的信息，并没有真正理解这些信息。

---

① 虞金芳：《生命周期理论与护士长的领导行为》，载《现代护理》，2001(10)：40-41。

② 改编自：陈先红：《中国公共关系学(上)》，203-209 页，北京，中国传媒大学出版社，2018。

情境理论认为，行动型公众的问题识别度和涉入度较强，受限识别度较低，在信息搜寻和信息处理上都较为积极；知晓型公众的问题识别度和涉入度较低，受限识别度较高，在行为上只有当受限因素得以排除时，才会转向主动行动；潜伏型公众的问题识别度和涉入度较低，受限识别度高。最初这一群体对问题的感知不强、对问题的关注度不高，只有当问题发生变化，影响到他们对问题的认知时，他们才会向知晓型公众或行动型公众转变。

四、关系管理理论①

公共关系的管理是对组织内外各类关系的维持、改善和提升，如何管理好各类关系需要一定的方法和技巧，关系管理理论(rapport management theory)由海伦·斯潘塞-奥梯(Helen Spencer-Oatey)提出，为人们处理交际情境中的各类关系提供了思路。关系管理理论的核心概念如下。

(1)面子(face)。面子是人们在社会交往中为自己赢得的正面社会价值，是人们对自身的正面评价，如尊严、名誉等。"面子"可分为个体的面子、群体的面子、关系中的一员的面子。

(2)社会权利与义务(sociality rights and obligations)。交往双方认为对方应当承担一定的社会权利与义务，若对方没有承担这些权利和义务，则会影响这一关系。交往双方通过社会通用规则判断对方所处的位置，并通过这些规则产生对权利、义务的预期。这些规则中最为主要的规则为公平权和互往权。公平权是指交往中为对方着想，并得到对方公平的对待。互往权是指交往中对双方关系的维持需要通过社会参与来进行。

(3)交往目的(purpose of communication)。根据不同交往目的可分为事务型交往和关系型交往。

不论是组织的内部关系还是面对公众的外部关系，公共关系的管理都需要关注以上的核心概念，在尊重他人、承担应有的义务、明晰关系的基础上开展公共关系活动。

为了达到改善组织形象的目的，各种社会组织越来越依赖公共关系的系统性思维和手段。公共关系在社会生活中发挥着越来越重要的角色。这最终形成了今天的公共关系学。然而，公共关系在其学科的发展和演变中并不是封闭的。相反，公共关系学广泛地吸收和借鉴了其他学科的理论和方法。其中，市场营销学、传播学和广告学是与公共关系学最为密切的三大学科。

第二节　市场营销学与公共关系学

一、当代市场营销理论概述

(一)营销

营销是通过创造和交换产品及价值，使个人或群体满足欲望和需要的社会和管理过程。为了理解这个定义，我们首先需要解释一些基本概念：需要、欲望和需求，产

---

① 改编自：袁周敏：《关系管理理论及其运作》，载《中国外语》，2016，13(01)：41-47。

品和服务，价值、满意和质量，交换、交易和关系，市场。

(二)需要、欲望和需求

营销的基石是人类的需要(need)。所谓需要是指人们感到缺乏的一种状态，包括对食物、衣服、保暖和安全的基本物质需要；对归属感和情感的社会需要；对知识和自我实现的个人需要等。这些需要不是营销人员创造的，而是人类所固有的。

欲望(want)是由需要派生出来的一种形式，它受社会文化和人们个性的限制。一个饥饿的美国人可能想要一个汉堡包、一袋炸薯条和一杯软饮料。而一个饥饿的泰国人可能想要芒果、米饭和豆子。欲望是由人所在的社会决定的，由满足需要的东西表现出来。人们的欲望几乎是无限的，但支付能力却是有限的，因而人们总是根据其支付能力来选择最有价值或最能满足其欲望的产品或服务。

当考虑到购买能力的时候，欲望就转换为需求(demand)。顾客视产品为利益，他们总是用自己的钱去换取那种确实物有所值，而且能带给他们最大利益的产品。人们就是依据自己的欲望和购买能力来选择并购买那种能最大限度满足自身欲望的产品。善于营销的公司总是尽可能深入地了解顾客的需要、欲望和需求。它们认真研究顾客的行为，进行消费者诊断；仔细研究消费者的偏好；分析关于用户调查、产品保证和服务等方面的数据；观察本公司产品的顾客和竞争产品的顾客，以便了解他们的喜好；培训销售人员，以便他们能够发现顾客尚未满足的欲望。在这类公司中，各层次人员都直接与顾客接触，以便真正了解顾客的需要、欲望和需求。详细了解顾客的需要、欲望和需求为制定营销策略提供了重要依据。

(三)产品和服务

人们利用产品来满足需要和欲望。所谓产品是指能够提供到市场上用于满足人们需要和欲望的任何事物。产品的概念并不局限于实物，任何能够满足需要和欲望的东西都能被称为产品。除了有形的物品，产品还包括服务，其销售对象是一种不可触摸、也不会涉及所有权的活动或利益。服务包括银行服务、民航服务、餐饮服务、税务咨询和家庭装修等。更广泛的产品定义还包括经验、个人、地点、组织、信息和思想等。例如，把一些服务和产品组合起来，公司可以创造并销售一种经历。事实上，随着产品和服务的结合越来越紧密，提供一种经历逐渐成为各公司实现产品差异化的策略之一。因此，产品一词所涵盖的不只是实物产品或服务。消费者决定参与哪些活动，看哪个电视频道，去什么地方度假，支持什么组织，接受何种思想，这些对消费者来说都是产品。

许多企业的营销人员过多地注重实物产品本身，而忽视了产品所提供的利益，这往往会导致错误。他们认为自己在销售产品而不是为某种需求提供解决方案。钻头厂家的营销人员可能认为用户想要的是钻头，但事实上，用户真正想要的是打孔。这些营销人员被直接欲望所驱动，忽视了对用户需要的仔细分析，也忘记了产品只是消费者用来解决问题的工具，因而当某种能更好、更便宜地满足用户需要和欲望的新产品出现时，他们就会遇到麻烦，因为具有这种需要和欲望的用户将转向购买新产品。

(四)价值、满意和质量

顾客通常面对众多可以满足某种特定欲望的产品和服务，他们如何在这些产品和服务中作出选择呢？一般来说，顾客会根据自己对产品和服务的感知价值作出购买选择。

顾客价值，是指顾客拥有和使用某种产品所获得的利益与为此所需支付的成本之间的差额。例如，使用联邦快递的顾客获得的主要利益是快速且可靠的递送服务。除此之外，顾客还可能获得显示地位和形象方面的利益，因为使用联邦快递的服务通常使发送者和接收者显得地位很重要。顾客在决定是否使用联邦快递时，将权衡所付出的金钱、精力和所能获得的利益，还要将其与其他快递公司进行比较，最后选择能为他们带来最大价值的服务。需要指出的是，顾客常常并不是很精确地分析某种产品的价值和成本，而是根据他们的感知价值行事。例如，联邦快递的服务真的更快、更可靠吗？即便如此，这种服务真的值那么高的价钱吗？几乎没有顾客能够准确地回答这一问题。一般邮政服务中的快件服务也比较快而且可靠，价格却远远低于联邦快递服务。但是，根据市场份额评估，在美国的快件市场中，美国邮政局仅占市场份额的8%，而联邦快递则占到45%。由此可以看出，一般邮政快件服务所面临的挑战就是要改变顾客的感知价值。

顾客满意取决于产品的感知使用效果，这种感知使用效果与顾客的期望密切相关。如果产品的感知使用效果低于顾客的期望，他们就不满意；如果产品的感知使用效果与顾客的期望一致，他们就满意；如果产品的感知使用效果高于顾客的期望，他们会非常高兴。成功营销的公司总是努力使顾客满意，因为满意的顾客会重复购买，还会把自己对产品的满意体会告诉其他人。对公司来说，关键的问题是使顾客的期望与公司的活动相匹配。例如，为了使顾客高兴，公司对其产品作出某种程度的许诺，但真正的产品所能带给顾客的利益则大于该许诺。

顾客满意与质量密切相关。近年来，许多公司都在开展全面质量管理活动，以便不断提高产品质量、服务质量和整个营销过程的质量。质量对产品的使用效果有直接影响，因而也就与顾客满意度密切相关。从狭义的角度来说，质量可以定义为"无缺陷"，然而，这种定义对于以顾客为导向的公司来说已经不适用了。这些公司依据顾客的满意度来定义质量。在美国首先开展全面质量管理活动的摩托罗拉公司就是一个例子。该公司负责质量工作的副总经理曾说，"质量必须与顾客联系起来……我们对缺陷的定义是：如果顾客不喜欢产品的某一点，这一点就是缺陷。"同样，美国质量管理协会(American Society for Quality，ASQ)把质量定义为："产品或服务所具有的满足顾客需要的性质和特征的总和"。这些以顾客为导向的质量定义说明，企业只有在其产品或服务满足或超过顾客的期望时才算达到了全面质量。因此，当代全面质量管理的基本目标已经变成"实现顾客的全面满意"。质量必须起始于顾客的需要，结束于顾客的满意。

(五)交换、交易和关系

当人们开始通过交换来满足欲望和需求的时候，就出现了营销。所谓交换是指从他人那里取得想要的物品，同时以某种物品作为回报的行为。获取想要的物品有多种方式，交换只是其中之一。作为满足欲望和需求的一种方式，交换具有诸多优点：人们不必依赖他人的施舍，不必具有生产每种必需品的技术，能够专心生产他们最擅长生产的物品，然后用其换回自己所需物品。这样一来，交换就使整个社会能够实现专业化生产、创造更多的商品。

交换是营销的核心概念，而交易则是营销的度量单位。所谓交易，是指双方价值的交换。在一项交易中，一方把产品A给予另一方，并从那里得到产品B作为回报。从广义上说，营销人员试图让人们对营销行为作出反应，这种反应不仅仅是购买或交换某种物品或服务。例如，政治候选人想引起的反应是选民们支持他并投票；教会想要的反应是人们成为教会会员；社会团体想要的反应则是人们接受某种观点。营销包括使目标人群对某种产品、服务、思想或其他事物产生预期反应的所有活动。

交易营销是范围更宽的关系营销的一部分。营销人员除了要创造短期的交易以外，还需要与有价值的顾客、分销商、零售商及供货商建立长期的关系。营销人员必须保证以公平的价格提供优质的产品和服务，由此建立有力的经济和社会联系。从趋势上看，营销正从每一次交易的利润最大化向与顾客和其他相关方共同获得最大利益的方向转换。实际上，公司最终都希望建立自己独一无二的营销网络。该营销网络包括公司及支持该公司的所有利益相关者：雇员、顾客、供货商、分销商、零售商、广告代理以及其他有相互商业利益关系的机构。竞争也不再是公司之间，而是整个营销网络的竞争，而营销网络建设得更好的公司才能获利。市场原则很简单：与利益相关者建立良好的关系就能获利。

（六）市场

从交换和关系的概念可以导出市场的概念。所谓市场，是指某种产品的实际购买者和潜在购买者的集合。这些购买者都具有某种欲望或需要，并且能够通过交换得到满足。因而，市场规模取决于具有这种需要及购买能力，并且愿意进行交换的人的数量。

以前，市场这一术语特指买卖双方交换的地点，如村庄的市场。经济学家则用市场这一术语表示某种特定商品的交易双方的集合，如房地产市场、粮食市场等。然而，从营销角度看，卖者构成行业，买者才构成市场。行业和市场的关系如图 3-3 所示，内圈说明货币和商品的交换，外圈则说明信息的交换。买卖双方通过商流、物流、资金流和信息流四种流(flow)联系起来。卖者把商品或服务送到市场，并和市场沟通。作为回报，他们从市场获得货币和信息。

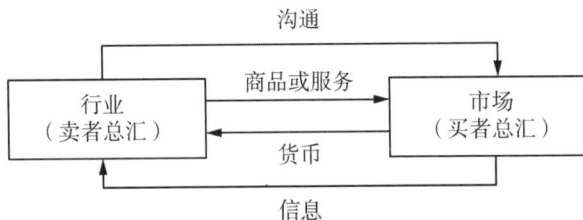

图 3-3　简单的市场系统图

现代经济是按劳动分工原则运行的。每个人都专门从事某种物品的生产，然后得到报酬，再用该报酬购买自己所需的物品。可以说现代经济源于市场。生产者从原材料市场、劳动力市场和资金市场购买资源，将其转换成商品或服务，再出售给中间商，由中间商将它们卖给消费者。消费者则通过劳动获取收入，并用这些收入来支付所购买的商品或服务。政府是一种具有多种角色的市场，它从资源市场、生产商市场和中间商市场购买商品和服务。为了购买这些商品和服务，它还要对这些市场征税(包括消费者市场)。由此可以看出，任何一个国家的经济乃至世界经济都是由各种复杂的、交互作用的市场所构成，这些市场又通过交换过程有机地联系起来。营销人员要对市场有敏锐的洞察力。他们的目标是了解某一特定市场的需求和欲望，并选择他们最擅长的市场。由此，公司才能生产出为这个市场的消费者创造价值、满意的产品和服务，以提升销售额和利润。

市场的概念最终使我们完成了营销概念的整个循环。营销就是要管理市场，促成满足人们欲望和需要的交换。因此，我们认为，营销是通过创造和交换产品及价值来满足个人或群体的欲望和需要的过程。

交换过程涉及多项活动。卖者必须寻找买者，确认其欲望，为其设计适当的产品或服务，确定价格并进行促销、储存和运输。营销的核心内容包括产品的研究与开发、沟通、分销、定价以及服务等。尽管人们通常认为营销活动是由卖者进行的，但实际上买者也进行营销活动。例如，当消费者在按其支付能力寻找所需产品时就是在营销。同样，当采购商寻找卖者并与卖者讨价还价时也是在营销。

图 3-4 所示为现代营销系统的主要参与者。在通常情况下，营销涉及为市场和最终用户提供服务的竞争者。公司的营销人员和竞争者都把产品信息直接地或通过营销中介间接地传递给最终用户。在这个系统中，所有成员又都受到环境因素的影响，包括人口、经济、自然环境、技术、政治法律以及社会文化等因素。

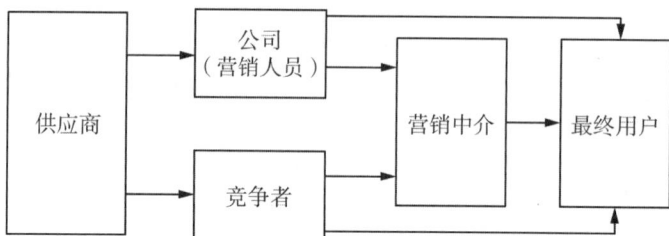

图 3-4 现代营销系统的主要参与者①

现代营销系统中的每一个参与者都为下一个参与者创造价值。因此，一个公司的成功与否不仅取决于其自身的工作优劣，还取决于整个价值链是否能满足最终用户的需要。例如，沃尔玛不可能单独保证出售低价格的商品，除非供应商也提供低成本的货物。同样，福特公司也无法对汽车购买者履行其高质量的承诺，除非其代理商也能提供卓越的服务。

二、营销管理

所谓营销管理，是指为了实现组织目标而设计的各种分析、计划、执行和控制活动，以便建立和维持与目标顾客互惠的交换关系。因此，营销管理涉及需求管理，而需求管理又与顾客关系管理相关。

(一)需求管理

许多人认为营销管理就是为公司当前的产品找出足够数量的顾客。这种观点有很大的局限性。任何组织对某种产品都有适当的需求水平。在不同时期需求水平是不同的，有时需求量可能为零，有时需求量可能适当，有时需求量可能没有规律或是需求过量。营销管理必须找出适当的方式来处理各种不同的需求状态，寻求适当的方式来影响需求水平、需求时间和性质，以便实现组织目标。换句话说，营销管理就是需求管理。

---

① ［美］菲利普·科特勒、［美］加里·阿姆斯特朗：《市场营销原理(第 11 版)》，郭国庆、钱明辉、陈栋等译，7 页，北京，清华大学出版社，2007。

(二)建立互惠的顾客关系

需求管理实际上也是顾客管理。一个公司的需求无非来自两个群体：新顾客群和重复采购的老顾客群。传统的营销理论把注意力放在新顾客群方面，强调如何吸引新顾客。然而，现代的市场形势已经发生了变化，不断变化的人口、经济和竞争因素意味着新顾客的减少。同时，吸引新顾客的成本在不断增加。因此，尽管寻找新顾客仍是营销管理的主要任务之一，但营销管理的焦点已逐渐转移到维持有价值的老顾客并与之建立长期的互惠关系上。一些公司还意识到失去一个老顾客不仅是失去了一次销售，而是失去了该顾客以后的全部采购。因此，维持老顾客具有非常重要的意义。而保有顾客的关键是要向顾客提供超价值和高满意度的产品或服务。正因如此，许多公司都在竭尽全力地提高顾客满意度。

在这种顾客关系日益凸显的时候，公共关系便从营销管理这个母体中脱离出来，迅速发展壮大。

(三)营销管理理念

营销管理是组织为实现与目标市场的预期交换关系所从事的一系列活动。然而，应该用什么样的思想来指导营销？如何平衡组织、顾客和社会的利益？通常，这三者的利益是互相冲突的。组织在进行营销活动时可能采用以下五种观念，即生产观念、产品观念、推销观念、营销观念和社会营销观念。

1. 生产观念

生产观念的基本观点是：顾客会接受任何他能买到并且买得起的产品。因此，管理的主要任务就是提高生产和分销的效率。这种观念是最早的营销思想。生产观念在两种情况下仍然适用。其一，当供给小于需求时，管理部门应该采用各种方式增加生产；其二，当生产成本太高，且需要提高生产率以降低成本时。例如，亨利·福特(Henry Ford)的整个营销理念就是完善 T 型汽车的生产，降低成本，使更多的人能够买得起这种汽车。他曾开玩笑说："无论顾客想要什么颜色的福特车，我只提供黑色的。"得克萨斯仪器公司(Texas Instruments)也曾长期坚持这种营销思想，即增加生产，降低成本以便降低价格。这种思想曾使该公司占据美国计算器市场的主要份额。然而，该公司在数字手表市场上运用这种思想时却失败了。尽管该公司的手表价格相对较低，但顾客并不觉得它的产品具有吸引力，因为该公司在努力降低成本的过程中忽视了顾客想要的是另一种产品——既买得起又漂亮的手表。

2. 产品观念

产品观念是另一种营销理念，它的基本假设是：顾客喜欢质量最好、操作性最强、创新功能最多的产品。因此，公司应该集中力量改进产品。一些企业确信，如果它们能生产出更好的产品，就会顾客盈门。但事实常使它们大失所望，因为顾客为了满足需求会寻找各种方法。此外，即使是一种更有效的产品，如果它在设计、包装和价格上缺乏吸引力，在分销渠道上不够方便，也不能引起顾客的注意，人们很难相信它是更好的产品，公司也就很难把它卖出去。另外，产品观念还会导致营销近视症。例如，铁路管理部门曾认为顾客需要的是火车而不是运输，从而忽视了飞机、公共汽车、卡车和私家汽车的严峻挑战；教育管理部门曾认为高中毕业生需要的是通才教育，从而忽视了日益增加的职业教育的挑战。

3. 推销观念

推销观念的基本假设是：如果组织不进行大规模的促销和推销，顾客就不会购买足够多的产品。这种观念在"非寻求类商品"的生产企业中尤为盛行。所谓非寻求类商品是指在正常情况下，顾客不想购买的商品，如百科全书或保险。在这类行业中，公司必须善于追踪可能的购买者，向他们灌输产品的种种优点以完成销售。大多数公司在生产能力过剩时都遵循推销观念，它们的目标是销售出制造的产品而非市场需要的产品。由于这种观念强调销售的交易而非与顾客建立长期的互惠关系，所以营销活动具有很大的风险。这种观念假设被诱导的顾客喜欢这种产品，即使不喜欢他们也会很快忘记，还会重复购买这种产品。显然，这种假设是错误的。许多研究表明，不满意的顾客不会重复购买。更糟的是，一个满意的顾客会把他的满意经历平均告知 3 个人；而一个不满意的顾客会把他的不满经历平均告诉 10 个人。

4. 营销观念

营销观念认为，实现组织目标的关键在于正确确定目标市场的欲望和需要，并比竞争者更有效地满足顾客的欲望和需要。营销观念有多种表现形式。例如，万豪酒店(Marriott)提出的"我们为您才这样做"；英国航空公司(British Airways)提出的"飞行在于服务"；通用电气公司提出的"只有您满意，我们才满意"；明星号豪华游轮(Celebrity Cruise Line)提出的"我们会超越您的期望"。

推销观念和营销观念很容易混淆。图 3-5 将这两种观念进行了比较。推销观念是由内向外进行的，它起始于工厂，强调公司当前的产品，进行大量的推销和促销以便获利。推销观念的着眼点在于征服顾客，追求短期利益，从而忽视了谁是购买者以及为什么购买的问题。与此相反，营销观念是由外向内进行的。正如西南航空公司(Southwest Airlines)首席执行官赫布·凯莱赫(Herb Kelleher)所说："我们没有营销部，只有顾客部。"营销观念起始于明确定义的市场，强调顾客的需要，协调影响顾客的所有营销活动，按照顾客的价值和满意状况建立与顾客的长期互惠关系并由此获利。因此，得到顾客的关注和顾客价值才是销售和获利之路。用福特公司某位经理的话说："如果我们不是以顾客为导向的，那我们生产的轿车也不可能令顾客满意。"

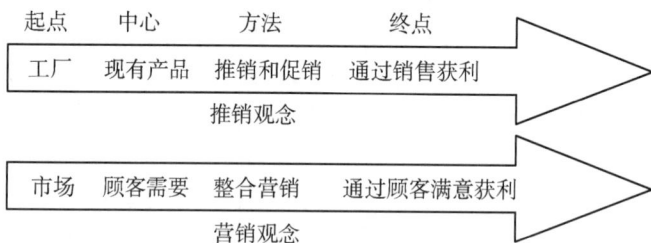

起点	中心	方法	终点
工厂	现有产品	推销和促销	通过销售获利

推销观念

市场	顾客需要	整合营销	通过顾客满意获利

营销观念

图 3-5 推销观念与营销观念的对比 ①

许多知名公司都采用了营销观念。宝洁公司、迪士尼乐园、沃尔玛、万豪酒店、戴尔计算机公司和西南航空公司都忠实地奉行这一观念，它们的目标是在企业各个组织机构都建立起顾客满意观念。履行营销观念通常不是简单地对顾客已表达出的愿望

---

① ［美］菲利普·科特勒、［美］加里·阿姆斯特朗：《市场营销原理(第 11 版)》，郭国庆、钱明辉、陈栋等译，10 页，北京，清华大学出版社，2007。

和明显的需求作出响应。顾客导向的公司应对现有顾客进行调查，以便了解他们的愿望，收集开发新产品和服务的点子，检测被提议产品的改进程度。这些顾客导向的营销，通常适用于有明显的需求以及顾客知道自己想要什么的情况。但是，也有不少情况下顾客并不知道自己想要什么，甚至不知道什么是可能的。我们把这类情况称为顾客驱动的营销——比顾客更了解他们的需求，创造在目前以及将来都能满足现有需求和潜在需求的产品和服务。一个公司从推销观念到营销观念的转变，需要付出多年的艰苦努力。顾客满意的理念不再是一种时尚，而是一种行动。正像一位营销分析专家所述："使顾客满意正在成为美国公司的生活方式，就像信息技术和战略规划一样，它已融于企业文化之中。"

5. 社会营销观念

社会营销观念认为，组织应该确定目标市场的欲望、需要和利益，然后向顾客提供超值的产品和服务，以便改善顾客和社会的福利。社会营销观念是一种新型的营销管理理念。在现代社会中，由于环境污染、资源短缺、人口迅速膨胀、世界范围的经济问题，以及被忽视的社会服务，人们开始怀疑纯营销观念是否仍然适宜。从长远来看，理解和满足单个顾客的需要能否符合顾客和社会的最大利益？社会营销观念对此提出了质疑。按照社会营销观念，纯营销观念忽视了顾客短期需要和长期福利之间的冲突。社会营销观念要求营销人员在公司利润、顾客需要和社会利益三个方面寻求平衡。

三、营销面临的挑战

21 世纪，营销舞台正在发生着更加巨大的变化。技术的进步、全球化进程的加快以及社会与经济的不断变动都导致市场的巨大变化。而市场的变化必然导致服务于市场的人随之改变。如今营销的最大发展可以概括成一个主题：连通性（connectedness）。

（一）了解顾客

在营销领域最深刻的新进展就是现今公司与顾客连接方式的变化。以前的公司主要是在它们势力范围内的任何角落进行无差异的营销，而现在的公司则更精心地选择自己的客户，并努力同他们建立更持久、更直接的关系。

今天很少有公司还在进行真正意义上的无差异营销，也就是说，对所有顾客不加区别地以标准化方式进行营销。几乎所有的营销人员都已经认识到他们并不是只想同任何一位顾客进行连接。相反，大多数营销人员更专注于把目标对准那些人数更少，但获利性更好的顾客。营销学者和企业家们已经认识到世界是由不同种族、文化群体、社会群体和地区组成的"色拉盘"。虽然这些不同的群体相互融合在一起，但是他们通过强调并保持一些重要的差异而维持着自身的特色，从而保持多样化。顾客自己也以一种新的方式进行连接，形成了特定的顾客群体。也就是说，在顾客这个社区里，购买者与有共同兴趣、经历和活动的其他购买者进行相互连接。

显著的差异和全新的顾客连接方式意味着更进一步的市场细分。为此，几乎所有企业都把大众营销转为市场细分的营销，这样它们才能锁定经过仔细选择的细分市场，甚至锁定单一的消费者。它们建立庞大的顾客数据库，存储有关每个顾客的偏好和购买行为等详细信息。然后，它们从数据库中挖掘这些数据，以便对市场细分和顾客有更深刻的认识。借此，它们可以大规模地定制自己的待售品，以便为每个购买者让渡更多的价值。与此同时，它们还在寻找一些崭新的方式为顾客让渡更多的价值，并仔细评价顾客带给公司的价值，希望只同那些能让公司获利的顾客连接。一旦找到这些顾客，公司就可以创建更有吸引力的产品或服务，专门为顾客提供一些特殊服务，以吸引这些顾客并赢得他们的忠诚。

过去，许多公司注重的是为它们的产品寻找新顾客，并与之完成交易。如今，大多数公司关注的重点已经转移到通过提供更高程度的顾客满意和价值，维持现有顾客并且与他们建立持久的关系。而且，公司的目标正逐渐由从每次销售中获利，转变为通过管理顾客的终身价值以保证长期获利，只要企业维系老顾客的工作做得越来越好，竞争者就很难争取到新顾客。同时，营销人员在如何提高市场份额上花的时间越来越少，就能把大多数时间花在提高顾客份额上。公司致力于为现有的顾客提供更多的产品选择，并且培训员工进行连带销售和增值销售，以便向现有顾客销售更多的产品和服务。许多公司也利用新技术与顾客更直接地连接，现在，几乎购买所有产品都不需要光顾商店，通过购物网站、电话、邮购目录、新媒体平台等都可以买到。而在互联网上进行的企业之间采购的增长，甚至比消费者网上购物的增长还要快，企业采购人员平时在网上采购的商品，从标准的办公用品到价格较高的高科技设备等一应俱全。有些公司为了更直接地与顾客沟通，只采用直销渠道进行销售，如戴尔计算机公司。也有一些公司用直接连接作为它们沟通顾客和分销渠道的一种补充。例如，宝洁公司每年投入价值数百万美元的大众媒体广告，通过零售商销售帮宝适（Pampers）一次性尿布。通过帮宝适网站提供从如何给新生儿换尿布，到帮助婴幼儿进行各种游戏活动等各方面的信息和建议，以同年轻的父母建立关系。直销重新定义了和销售者连接的购买者角色。顾客不再是公司单项营销活动的目标，而是促成营销活动的参与者。许多公司甚至让消费者在网上设计他们所需要的产品。

（二）与营销伙伴的竞争合作

在这个连接越来越紧密的时代，营销人员与公司内外其他人员合作，共同为顾客让渡更多价值的连接方式正发生巨大的变化。

从公司内部的连接传统上来说，营销人员扮演着中介角色，负责了解顾客的需求，再代表顾客与公司的各个部门进行交涉，使各个部门满足顾客需求。传统观念认为，营销只是由营销部门、销售部门和顾客支持部门来完成的。但是在今天这个相互连接的世界中，公司的每个职能部门都会与顾客打交道，尤其是以电子方式打交道，营销人员不再享有与顾客接触的特权，每个员工都应专注于顾客。当前，有前瞻性的公司已经重新组织了它们的运作模式，以便更好地与顾客联系。这些公司不再让每个部门独立追求各自的目标，而是将所有部门连接起来，以便创造顾客价值；也不再是只让销售和营销人员与顾客接触，而是组建了跨部门的小组。例如，宝洁公司就为每一个大的零售客户指派了一个顾客发展小组，这个小组的组成人员包括销售人员、营销人员、生产和后勤专家、市场分析师和财务分析师等，他们负责协调宝洁公司各个部门的工作，以便服务于零售商，帮助他们进行成功的销售。

（1）与公司外部的合作伙伴连接。营销人员与他们的供应商、渠道伙伴甚至竞争者的连接方式也在发生巨大的变化。今天的许多公司都是公司网络中的一员，需要依靠与其他公司的伙伴关系。

（2）供应链管理。营销渠道由分销商、零售商和其他中介公司组成。供应链描述的是一条更长的渠道。它起始于原材料，终结于最终消费者所购买的产品。例如，个人计算机的供应链包括计算机芯片和其他元件的供应商、计算机制造商、分销商、零售商以及计算机销售企业和最终消费者的其他公司。供应链上的每个成员都为供应链创造的总价值贡献力量，也从中获取一部分回报。通过供应链管理，今天的许多公司加强了同供应链上所有伙伴之间的联系，因为它们知道公司的收入不仅与自身的绩效有关，也依赖于自身的供应链与竞争者的供应链相比的绩效。企业不再把供应商看作卖主、把分销商看作顾客，而是把供应商和分销商看作为顾客让渡价值的伙伴。

（3）战略联盟。除供应链之外，如今的公司发现想拥有更好的业绩还需要战略合作伙伴。在新的全球化经济环境下，由于产品越来越多，选择越来越多，竞争也越来越激烈，单打独斗已经过时了。战略联盟基本上已经在所有的行业和服务业兴起。一项研究发现：美国最大的 1 000 家公司的收入中，25％来自战略伙伴，比 20 世纪 90 年代早期的比例翻了一番。共同整合意味着充分利用企业业务伙伴的优势，创造比每个公司自身更大的价值，并带来更大的销售额。大公司通常依赖于那些很小的、只专注于某一点业务的公司的技术突破；而后者则需要大的业务伙伴以及大公司的信誉将其送达国际市场。企业在谋求提高销售的方法时，一定要注意寻找能帮你更快达成这个目标的伙伴。许多战略联盟都采取营销联盟的形式，包括产品联盟或者服务联盟，即一家公司授权另一家公司生产它的产品，或者两家公司共同销售它们具有互补性的产品。此外，公司还可以通过促销联盟，同意加入另一家公司对产品或服务的促销活动；或结成后勤联盟，在这个联盟中，一家公司为另一家公司的产品提供分销服务或参与一定程度的价格联盟。

(三)全球化与社会责任

营销人员除了需要重新定义他们与客户以及合作伙伴之间的关系以外，还要重新考察他们与周围更广泛世界的连接方式。世界经济在过去几十年发生了巨大变化。地理距离和文化距离随着喷气式飞机、传真机、计算机和网络、世界卫星电视广播等技术的进步而缩小。这就使企业能够大幅度扩大它们覆盖采购和制造的地理区域，为企业和顾客带来更复杂的营销活动。当前，几乎所有的企业，无论大小，都以某种程度参与全球竞争。企业不仅将自己在本地生产的产品销售给国际市场，也从国外采购零部件和原材料。因此，管理人员都应以全球化而不是本地的视角看待企业所在的行业、竞争者和营销机会。

营销人员正在重新考察他们同社会价值、社会责任以及所生活的地球的连接。随着全球消费者保护运动和环保运动的成熟，今天的营销人员需要为他们的行为对社会和环境造成的影响负起更大的责任。企业道德和社会责任是几乎每个领域都在讨论的热门话题。社会责任和环保政策未来会对企业提出越来越严格的要求。许多有远见的企业已经接受了它们对周围世界的职责，并把对社会负责的行动看作一个为未来经营的更好机会，即通过服务于顾客和社区，并为他们提供最好的长期利益来获利。

现在，越来越多的组织通过营销与顾客和其他重要的支持者进行联系。过去，营销只在营利性企业中广泛应用。但是，近些年，营销也成为许多非营利组织的主要战略之一，如大学、医院、博物馆、体育馆，甚至是教堂。连政府部门也对营销表现出日益浓厚的兴趣。事实上，任何类型的组织都能通过营销连接起来。非营利组织和公共服务部门营销活动的不断增加，显示了营销经理们所要面临的新的、令人振奋的挑战。

(四)营销新思维

今天各类营销人员都在充分利用与顾客、与营销伙伴以及与周围世界连接的新机会。传统的营销思维把营销看作销售和广告，争取新顾客而不是关爱顾客；强调在每次交易中获利，而不是通过管理顾客的终身价值获利；更强调销售产品，而不是了解顾客、创造顾客、与顾客沟通，向顾客让渡新价值。

幸运的是，这种传统营销思维已经让位给营销新思维。当今，营销人员注重改善对顾客的支持以及与顾客的连接。他们专注于盈利性顾客，通过崭新的方式来寻找和维系这些顾客；与顾客形成更直接的联系，并且与顾客建立更持久的合作关系。他们采用目标性更强的媒体，整合沟通方式，通过和顾客的每次接触，向顾客传递更有意义的、一致性的信息；他们采用诸如视频会议、销售自动化软件、互联网等新技术；他们把供应商、分销商看作伙伴，而不是对手。总之，他们正在形成各种新的沟通方式，向顾客让渡更多的价值。公共关系学正是在这样的背景下不断发展和完善的。

四、市场营销与公共关系的联系和区别

在实践中，市场营销学和公共关系学常常是相互交织在一起的。公共关系被认为是市场营销组织中的一个重要部分，市场营销被认为是公共关系的落脚点，包含于众多的组织关系之中。二者都服务于组织的战略目标，自然会有很多交叉之处。但是市场营销和公共关系在理论概念上还是有很大区别的。

市场营销是一种管理功能，它确定人类的需要和需求，提供产品和服务以满足这些需求，并且引起产品、服务和价值的交易。

公共关系同样是一种管理功能，它能够建立和维持组织与公众之间互利互惠的关系，而一个组织的成败往往取决于这种关系。

市场营销由研发、产品设计、包装、定价、推销和分销渠道管理等相关项目构成。其目标是"在长期的基础上吸引和满足顾客，以便赢得一个组织的经济目标。其基本的责任是建立和维护一个组织的产品和服务市场"。为了达到这个目的，产品的宣传支持着市场营销，而公共关系的研究领域就包括如何宣传，采用何种媒介，传递何种信息，信息传递给哪些受众等，从这个意义上说，公共关系为市场营销的成功提供了支持。

一些组织对待市场营销与顾客的关系就像对待许多组织关系中的一个关系一样，在他们的组织关系图上，市场营销是一个更庞大的公共关系功能中的一部分。而另一些组织把市场营销看作主要功能，把所有的非顾客关系(与雇员、投资者、社区、政府关系等)看作是服务于市场营销关系的。在这种组织中，公共关系是从属于市场营销的。可见，市场营销与公共关系在组织中的地位是与组织的目标息息相关的。

总之，市场营销聚焦于与顾客的交换关系，其努力的结果是等价物的交易，既满足顾客的需求，又赢得组织的经济目标。与此形成对照的是，公共关系涉及范围广泛的关系和目标，包括雇员、投资者、社区、政府、特殊利益集团等。有效的公共关系通过维护和谐的社会和政治环境给市场营销做出贡献。同样，成功的市场营销和满意的顾客将有助于组织建立和维护与其他各类公众的良好关系。

因此，为了实现组织的目标，组织必须对公共关系和市场营销都给予充分重视。它们各自都为了建立和维护对于组织生存和发展来说必不可少的众多关系做出了独特而又互补的贡献。

五、营销理论模型

(一)科特勒行为选择模型[1]

科特勒行为选择模型(见图 3-6)展现了影响顾客购买行为的诸多因素,指出消费者的消费行为和体验不仅受外部因素的刺激,同时也受自身因素的影响。这说明在开展公共关系活动时,不能一厢情愿地将组织的营销理念和宣发机械地向受众展现,还应当进行充分的受众分析,了解受众的喜好和个人特性,制定最能引发消费者购买兴趣的营销策略。

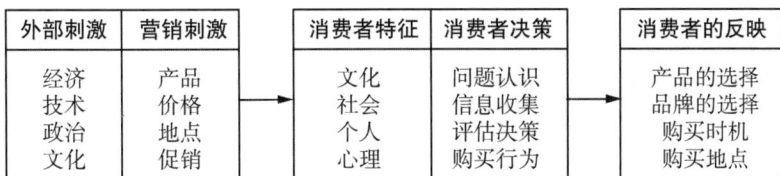

外部刺激	营销刺激	消费者特征	消费者决策	消费者的反映
经济 技术 政治 文化	产品 价格 地点 促销	文化 社会 个人 心理	问题认识 信息收集 评估决策 购买行为	产品的选择 品牌的选择 购买时机 购买地点

图 3-6　科特勒行为选择模型

(二)沟通导线

日本电通跨媒体沟通开发项目组提出了连接消费者与品牌间的"沟通导线"的观点,而"沟通导线"的实现依赖于如下三个要点的实现:①信息接触点,即连接品牌和消费者的接点;②核心信息,最好是从消费者角度来展现品牌信息;③心理层面的接触,主要是指通过在品牌信息传播中设置信息悬念,引发消费者好奇心,从而继续对品牌保持关注[2]。

(三)SICAS

DCCI 互联网数据中心在《2011 中国社会化营销蓝皮书》中提出了营销的 SICAS 模型,即"Sense-Interest & Interactive-Connect & Communicate-Action-Share"(用户感知—产生兴趣并形成互动—建立连接与互动沟通—购买行动—体验分享)。该模型针对互联网时代的营销重点进行了归纳,如通过全网触点增强客户感知,通过社交媒体内容引发客户兴趣,打通 PC 端、移动端的各广告系统和服务系统,优化销售环节,关注社会化媒体中的信息分享等[3]。该模型既揭示了互联网营销的一个信息传递过程,也可用于对互联网营销各个环节的效果进行评估分析。

(四)SIVA[4]

SIVA 是唐·舒尔茨(Don E. Schultz)提出的营销理论。舒尔茨认为,许多企业采

① 姚晨洁、徐井龙、胡守忠:《基于消费心理的服装营销体验环境的研究》,载《北京服装学院学报(自然科学版)》,2018,38(02):74-81。

② [日]电通跨媒体沟通开发项目组:《打破界限——电通式跨媒体沟通策略》,苏友友译,39-41 页,北京,中信出版社,2011。

③ 《2011 中国社会化营销蓝皮书》,https://wenku.baidu.com/view/8682f778834d2b160b4e767f5acfa1c7aa008283.html,2022-04-04。

④ 改编自:[美]唐·舒尔茨:《SIVA 范式——搜索引擎触发的营销革命》,115-120 页,李丛杉等译,北京,中信出版社,2014。

用的营销策略并没有以顾客为中心，而是根据企业内部的观念或是缺乏顾客忠诚度的策略展开营销活动，其效果并不佳，故而提出以消费者为中心、和消费者一起解决问题的"SIVA"理论，SIVA 的具体含义为：

"S"指解决方案，即需要了解消费者的需求、为消费者找到解决问题的方案。消费者有时难以清晰地表明自己的需求，企业可以借助现在的大数据技术了解消费者需求。

"I"指信息，该理论倡导以消费者的信息需求为主导，而非由组织主导，并且要给消费者提供清晰、完整、准确的信息。

"V"指价值，在该理论中主要有两层含义，一是指消费者购买某个品牌产品后，在解决问题上能够获得多大收益，对收益的判断以消费者为主导；二是消费者获得解决问题的收益，需要付出多少，收益和付出是否能保持平衡。当然，还需要考虑消费者能否给企业带来足够的价值。

"A"指途径，消费者解决问题的途径有多少条，营销活动需要考虑到消费者的途径选择，提供最合理的方式，同时在营销活动中，企业还需要兼顾合作伙伴的利益。

舒尔茨认为 SIVA 是一个框架，用于了解消费者、评估消费者的价值，以"解决消费者的问题"为主要目的。

(五)4P-4C-4I

4P 理论由杰罗姆·麦卡锡(Jerome McCarthy)教授于 20 世纪 50 年代末提出，指产品(product)、价格(price)、促销(promotion)、渠道(place)四个要素；4C 理论由美国罗伯特·劳特伯恩(Robert Lauterbom)教授于 20 世纪 80 年代提出，指消费者(consumer)、成本(cost)、沟通(communication)、便利(convenience)四个要素；4P 和 4C 理论代表着营销策略的两个完全不同的方向，4P 理论以生产者为主导，满足消费者大量相似的需求，与消费者的沟通是单向的，是一种规模化营销方式；而 4C 理论则以消费者为主导，满足消费者的个性化需求，与消费者进行双向沟通，是一种差异化营销方式；两种营销方式各有利弊，不能盲目选择，企业需要根据实际情况开展营销活动①。

4I 理论则是在最新的市场环境下出现的一种较新的营销模型。4I 是指 interesting（兴趣）、interests(利益)、interaction(互动)、individuality(个性)。这一模式强调通过趣味化内容提升受众感知、考虑用户利益、给用户提供互动体验和个性化服务②。这一模式高度适用于互联网时代的营销，尤其是通过社交媒体开展生动有趣、交互性强的营销活动。

第三节　传播学与公共关系学

一、传播学的分类

传播学是研究人类一切传播行为和传播过程发生、发展的规律以及传播与人和社会的关系的学科。简而言之，传播学是研究人类如何运用符号进行信息交流的一门社

---

① 余晓钟、冯杉：《4P、4C、4R 营销理论比较分析》，载《生产力研究》，2002(03)：248-249、263。

② 闫伟娜：《基于 4I 模型的科普期刊供给侧改革路径探索》，载《中国出版》，2018(23)：45-49。

会学科。这一定义表明传播学是研究人类传播的规律，即研究社会信息交流的一门社会学科。这种研究涉及人与人以及与他们所属的群体、社会之间分享信息的关系。

传播学是 20 世纪 40 年代以来跨学科研究的产物，因而具有多科性和集纳性的特征。传播学有许多分支学科，大众传播学、组织传播学和人际传播学是其中最重要的三个分支。

大众传播学是一门研究大众传播事业的产生、发展及其与社会的关系，研究大众传播的内容、过程、功能与效果的学科。这一定义表明，大众传播学既研究大众传播的各个方面，也研究大众传播事业。从广义上说，传播学是大概念，大众传播学是小概念；传播学有其独立的理论构架（体系），研究领域比大众传播学更为宽广。后者从属于前者，并成为前者的一个重要组成部分。从狭义上说，传播学就是指大众传播学。

组织传播是指围绕相应的组织目标，组织成员之间和组织与外部环境之间所进行的信息传播以达到组织关系协调的活动[①]。在现代社会中，任何组织的内部与外部都充斥着信息传播。组织的目标、系统、规范的形成和运作都离不开传播，而组织传播活动又必须依赖组织的系统才能进行。各种社会组织，包括政治组织、经济组织、军事组织、教育组织等，无时无刻不进行着各种传播活动。

与大众传播和组织传播相比，人际传播是我们日常生活中最为普遍和常见的传播活动。人类的历史就是人际传播的历史。作为人类传播的一种特殊样式，人际传播具有很多形态，既可以是相遇、倾心的交谈、争论、演讲、会议、教学，也可以是电话、电子邮件等形式的交谈。因此，当人们在一起谈话和倾听时，人际传播的活动就发生了。由此可见，人际传播并不限于面对面的口传。根据是否使用媒介，可以将人际传播划分为以下两种。

(1)个人或个人的集合对个人或多人的传播（使用基本传播技术）：媒介为声音、形象或文字，如交谈、讨论、集会、演讲、肢体语言、旗语、展示、表演等。

(2)个人或个人的集合对个人或多人的传播（使用复杂传播技术）：媒介为电话、录音、录影、电报、闭路电视、计算机网络等。

二、传播过程与传播理论模式

(一)传播过程

传播学的研究对象是人类社会的传播现象。传播研究的第一项工作就是分解这个现象，将传播当作一个过程看待。一般来说，过程是事物运动的状态和程序，具体表现为事物的结构、要素和要素之间的关系。

所谓传播过程，就是传播现象（内部和外部）的结构、要素（或者是环节）和各个要素（环节）之间的关系。美国传播学者戴维·伯洛（David Berlo）对传播过程研究的主要论点是：①传播是一个动态的过程，无始无终，没有界限。这就是说，从宏观角度看，传播过程不是处于静止状态，而是始终在不断循环往复地向前发展，是一个复杂的社会互动的过程。②传播过程是一组复杂的结构，应当把其中的多元关系作为研究的基本单位。"多元关系"是指传播过程中各种要素之间的关系，如传播者与信息、媒介的

---

① 教军章、刘双：《组织传播——洞析管理的全新视野》，15 页，哈尔滨，黑龙江人民出版社，2000。

关系，或受传者与传播者、信息的关系等。在研究中要把它们作为基本单位加以分析和深入探讨。③传播的本质是变动，即各种关系的相互影响和变化。总的看来，是社会和自然的变动决定了传播变动的本质。

伯洛的这一见解，其意义在于：他不仅和前人一样，强调了"传播过程研究"的重要性，而且还在总结前人得失的基础上，加强了"过程研究"的科学性，也就是纠正了以往认识中把传播看作孤立、静止、简单、封闭过程的谬误。

(二)理论模式化的意义

以模式说明理论的做法，在传播学领域的研究中是常见的。"理论"是对客观规律的表述，而"模式"则是一种简洁地表现理论的手段。"理论模式化"是传播学研究的一大特点。

理论模式化盛行的原因有两个方面：一方面，这种方法很适用于传播学领域。传播的各种规律，深藏于各种关系之中，而模式作为一种再现现实的理论性的、简化的形式，能够体现和表述各种传播理论，使人们不致陷入纷繁的细节，而能清晰地观察到传播现象和传播活动的本质。另一方面，这是社会科学和自然科学"一体化"的结果，也就是说，把模式这类原属自然科学的方法、手段，运用到社会科学领域之中。

传播学和其他众多学科一样，由基本理论和研究方法两个部分组成。一般地说，传播学是以理论为主，方法为辅。或者说，理论指导方法，方法为理论服务。在传播学形成和发展过程中，研究方法的作用尤为突出，有很多传播理论，是以特定的方法进行调查、研究后得出的产物。

(三)主要传播理论模式

1. 线性模式

(1)拉斯韦尔模式。1948年，美国传播学家哈罗德·拉斯韦尔(Harold Lasswell)提出了这个模式。由于这一模式各个环节的第一个英语字母都是"W"，故通称为5W模式，即：谁——说什么——对谁——通过什么渠道——取得什么效果(who says what to whom in which channel with what effects)，如图3-7所示。

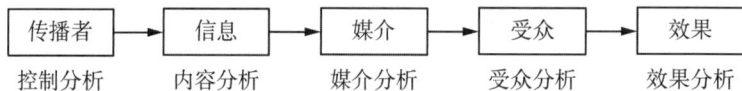

图 3-7 拉斯韦尔模式[1]

这一模式的主要贡献是：首先，它第一次比较详细、科学地分解了传播的过程，为人们理解传播过程的结构和特性提出了具体的环节(或要素)，从而使传播研究的细化、深化成为可能。事实上，拉斯韦尔同时把5W规定为传播学的五大研究领域，为后人分门别类地深入研究开辟了广阔的道路。其次，它第一次为传播学构建了一个比较完整、全面的理论构架，从而使传播学的最终确立成为可能。

这一模式的不足之处：一是直线性。即传播被表述为一种直线型、单向型的过程。从传播者开始，到效果结束，既没有反馈，也看不出各个要素之间的相互作用。这种情况在实际生活中并不多见。因此，不能以此概括所有的传播实践。二是孤立性。这

---

[1]　张国良：《传播学原理》，39 页，上海，复旦大学出版社，2009。

一模式丝毫没有涉及传播过程和社会过程之间的联系，这显然也不符合实际情况。

（2）申农-韦弗模式。这是美国学者、信息论创始人克劳德·申农（Claude Shannon）和沃伦·韦弗（Warren Weaver）于1949年提出的传播模式。这一模式本来是用来描述电子通信过程的，后来扩大到探讨社会传播过程，如图3-8所示。

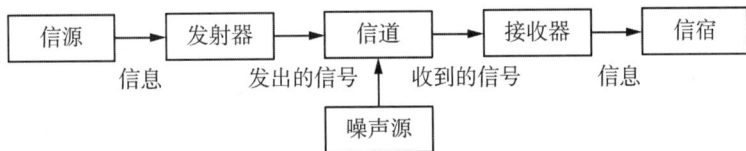

图3-8 申农-韦弗模式①

这一模式中的信源、信道和接收器相当于媒介。信息以信号（即符号）发出和接收，这反映了常见的一种符号转换现象，即信息不论是发送还是接收，都必须转换成各种符号（如语言、文字、图像等），才能顺利到达目的地（即信宿）。另外，该模式中还添加了"噪声源"这一重要概念。而噪声则分为内部噪声和外部噪声两种。

该模式虽然仍属于传统的线性模式，但分析更为细致。它强调了符号的转换作用，表明传播的效果在于实现传、受双方理解信息的一致性。否则，就是"传而不通"，达不到传播的预期效果。而噪声概念的提出，反映了申农和韦弗已开始注意到社会环境的影响，指出要达到传播的效果，必须排除各种各样的噪声。该模式的不足之处是同样没有克服线性模式的局限性（直线性与孤立性），即忽视了反馈和社会过程对传播过程的制约和影响。

2. 控制论模式

（1）德弗勒模式。这一模式由美国传播学者德弗勒（M. L. Defleur）提出，是在申农-韦弗的传统线性模式的基础上发展而成的，其中最重要的修正是加入并突出了"反馈"的机能。他认为，传播要取得理想的效果，关键在于传播者对反馈的重视程度，因为借此才能消除传、受双方理解信息的不一致性。此外，该模式提示大众传媒介入传播过程，并表现出传播的双向性和循环性。

（2）奥斯古德-施拉姆模式。这一模式由语言学、心理学家奥斯古德（C. E. Osgood）和传播学家施拉姆（W. L. Schramm）提出，表明了它与传统的直线型、单向型传播的线性模式的毅然决裂。该模式引申出了"传播单位"的思想，强调每一个传播的参加者，无论个人还是团体，都可以被看作"传播单位"，都兼有传播者和受传者两种身份（统称为"解释者"），也都具有传信（传送信息）、受信（接受信息）、编码（也称符号化）和译码（也称符号解读）四种功能。这样，就改变了以往线性模式中由于缺乏反馈，把传播者和受传者的身份看作是固定不变的错误认识。

（3）施拉姆的大众传播模式。这一模式体现了大众传播的特点。构成传播过程的双方分别是大众传媒和广大受众，两者之间有着传递信息与反馈的关系。大众传媒输入了来自新闻信源、艺术信源等的信息，经过译码、释码和编码，把信息传送给受众，受众则向大众传媒进行反馈。而且，该模式还包含"两级传播"的思路，即受众中有一些"意见领袖"，由他们再把信息传递给周围的受传者。

① 张国良：《传播学原理》，42页，上海，复旦大学出版社，2009。

（4）丹斯的螺旋形模式。这一模式由美国传播学者丹斯（Frank E. X. Dance）提出，表明认识总是螺旋形地上升和不断发展的。在传播过程中，传、受双方的"认知场"和"信息场"总是不断累积和扩大的。因此，在宏观上，正是这种累积性造就了人类文明；在微观上，不论个人还是组织，都要在传播过程中自觉地、不断地推陈出新。

总之，上述控制论模式的主要贡献是：变"单向直线性"为"双向循环性"，引入了反馈的机制，从而更客观、更准确地反映了现实的传播过程。但是，这类模式也有不足之处：一是令人误认为"传播单位"的传播者和受传者的地位、机会是完全平等的，而实际情况并非如此。一般来说，传播者总是处于主动的地位，也就能把握到更多的机会。二是控制论模式对"循环性"的表述，是一种完全的循环，解释者从信息的编码开始进入传播过程，结果又不折不扣地回到了原来的出发点。这种类比显然是错误的。丹斯提出的螺旋形模式，正是为了纠正这个缺陷。

3. 社会系统模式

线性模式和控制论模式基本上解决了传播的要素（内部结构）问题，社会系统模式则着眼于解决传播的条件（外部结构）问题。社会系统模式包括以下几种。

（1）赖利夫妇模式。美国社会学家赖利夫妇（J. W. Riley & M. W. Riley）于 1959 年在《大众传播与社会系统》一文中提出了这一模式。他们较早地把传播过程明确地描述为社会过程之一，并把它置于总的社会过程中加以考察。这一模式揭示了基本群体和参照群体在传播过程中扮演的角色。"基本群体"以其成员之间的亲密关系的程度区分，如家庭、邻里、伙伴等；与此相关联的是"更大的社会结构"，如工作单位、学校、社团等；还有"社会总系统"，如民族、国家乃至世界。"参照群体"是指个人在其帮助下可以确定自己的态度、价值观和行为的群体。个人不一定是参照群体的成员，但该群体的规范对其有指导意义。如有人想当科学家，便处处以科学家为榜样，积极接受来自科学家这个参照群体的影响。这就说明，传播过程除了受到其内部机制的制约之外，还受到外部环境和条件的广泛影响。这一模式的不足之处是：它仅仅是一个揭示了理论框架的工作模式，以致过于简略。

（2）马莱茨克模式。这一模式属于社会系统模式。它是德国学者马莱茨克（G. Maletzke）在《大众传播心理学》一书中提出的，这也是几十年来从社会心理学角度研究大众传播的总结。它详尽地勾画了传播结构的各个要素之间的复杂互动关系，并展开了社会与传播之间的关系。在该模式中，传播者一方，要从大量的材料中进行"内容选择"的工作，又要承受"信息的压力"（即根据内容决定形式）和"媒介的压力"（注意各种媒介的特点）。受传者一方，同样要对大量信息进行"内容选择"，也会受到"媒介的压力"（不同媒介要求具备一定的接受能力或接受条件），但"感受和效果"是双向互动的过程。在该模式中，传播者和受传者还要受到三个层面的制约和影响：一是个人层面，即"自我形象"和"个性结构"；二是组织层面，即传播者的"工作环境"，包括媒介组织和工作伙伴、受传者所在的"受众群体"；三是社会层面，即"社会环境"。此外，该模式还展示了"传播者""媒介""受传者的反馈""媒介与受传者彼此'心目中的形象'"等，这些也是十分重要的。

4. 沉默螺旋

"沉默螺旋"理论由学者诺伊曼（E. Noelle-Neumann）提出，该理论分析了舆论的形成和发展的趋势，提出了"社会多数意见的形成过程"：大众传媒由于具有广泛性和公开性，其传播的意见往往会被人们当成"社会的多数意见"来认知，受这种意见环境的影响，人们感受到了一定的压力，从而选择支持"多数意见"，"多数意见"逐渐增强，而"劣势意见"则逐渐式微，形成了一个"螺旋式"的过程①。

然而，进入网络时代，由于传播模式发生较大变化，也有学者认为"沉默螺旋"的舆论形成趋势正在发生改变，提出了"反沉默螺旋"的观点，即由于网络匿名性和交互性、受众心理的变化、信息渠道多元化等原因，受众有时并不一定会被"多数意见"所左右，相反有时会支持"弱势观点"②。

基于此，还有学者根据新媒介背景下的舆论形成规律，提出了"沉默的双螺旋"效应，即存在大众媒介主导的意见螺旋和新媒介平台形成的意见螺旋两条意见螺旋，两者独立存在，在各自意见螺旋中形成统一意见的同时，又相互依托、相互影响，共同实现舆论的构成③。

5. 议程设置

1968 年，时值美国大选之际，麦克斯威尔•麦克姆斯（Maxwell McCombs）和唐纳德•肖（Donald Shaw）在北卡罗来纳州的查佩尔希尔地区开展了一项调查，发现接受调查的选民关注的议题与新闻媒介提供的议题高度相关，初步证实了大众媒介的议程设置功能④。此后学者们针对媒介议题对公众议题的影响开展了全方位的研究，不断丰富该领域的研究成果。

媒介的议程设置不仅会影响到人们"想什么"，还会影响到人们如何理解某一事件或事物。有学者提出属性议程设置的观点，认为一个客体有诸多不同的属性，在媒体的报道中，一些属性被凸显，一些属性则被忽视，这也会影响人们对这一客体的理解⑤。还有学者提出关联网络议程设置的观点，这种观点的主要假设是媒介将不同的主体联系在一起进行展现，这种建立起的关联网络可能会影响受众，使其同样将这些事物关联起来进行理解⑥。

三、传播学与公共关系学的关系

公共关系的目的就是建立和维护组织与各类公众之间的良好关系，从而为组织目标的实现起到推动作用。在这种关系建立的过程中，组织与公众之间的信息传播是不可缺少的，甚至可以说，在组织公共关系的过程中，最重要的一部分就是与公众的沟通。沟通效果的好坏直接决定了组织公共关系活动的成败。从这一角度来看，传播学可以说是公共关系学的基础。

---

① 谢新洲：《"沉默的螺旋"假说在互联网环境下的实证研究》，载《现代传播》，2003（06）：17-22。

② 王国华、戴雨露：《网络传播中的"反沉默螺旋"现象研究》，载《北京理工大学学报（社会科学版）》，2010，12（06）：116-120。

③ 高宪春、解葳：《从"消极沉默"到"积极互动"：新媒介环境下"沉默的双螺旋"效应》，载《新闻界》，2014（09）：43-50、54。

④ 张国良：《传播学原理》，246 页，上海，复旦大学出版社，2009。

⑤ 麦克斯韦尔-麦考姆斯、郭镇之、邓理峰：《议程设置理论概览：过去，现在与未来》，载《新闻大学》，2007（03）：55-67。

⑥ 曾凡斌：《关联网络议程设置的概念、研究与未来发展》，载《新闻界》，2018（05）：30-37、66。

传播学为公共关系中的信息传递方式、媒介选择、信息内容选择等方面提供了理论指导。组织在公共关系活动中可以结合自身特点和环境因素灵活地运用传播学理论，以取得最佳的沟通效果和信息传递效果。从这一角度来看，公共关系学可以说是传播学在社会某一领域的实践。

第四节 广告与公共关系

一、广告的含义及分类[①]

广告的历史源远流长，其定义及内涵也随着时代变迁而不断演变。英文中的广告一词"advertising"，源于拉丁语 advertere，意为引起注意并向一定的目标进行诱导。而汉语中的"广告"，在刚刚被使用时就具有了"广而告之"之意，时至今日其基本意思尚未有本质的变化。但在广告学成为一门专门的学科之后，对于广告揭示的含义却层出不穷。

(一)对于商业功能的强调

广告的广泛使用，源于它的商业功能，即向消费者告知商品与服务信息。因此，广告的定义对其商业功能的强调也最为多见。如：

1894 年，被誉为美国现代广告之父的阿尔伯特·拉斯克尔(Albert Lasker)提出：广告是"由因果关系驱使的印刷形式的推销手段"。此定义在以印刷媒体为主的时代，一方面强调了广告对于媒体的依赖性，另一方面从本质功能上强调了商业"推销"的含义。

美国广告学者包顿(Nei H. Borden)认为："广告是把想要购买商品或劳务的人，或者为了对企业、商标等采取善意的行为，或使其保持好感，向特定的大众告知，或予以影响为目的，将信息用视觉或语言向他们所做的活动。"这里，广告的商业目的得到了集中的体现。

而我国广告学者张金海等人则认为：现代广告"是一种通过商品信息的有效传播服务于营销，来实现商品的有效销售的营销传播活动"[②]。该表述是在现代信息传播学得到空前发展的背景下，对广告的"商品信息传播""服务于营销""有效销售"之内涵的揭示。

(二)对于宣传作用的强调

虽然广告在商业上的促销功能一直是广告定义所要揭示的主要内涵，但一个周延的定义总是应该涵盖诸多的同类现象。因此，学者们发现广告除了商业的直接功能，还具备更广阔的宣传作用。这一发现自然也体现在广告定义的表达之中。例如：

1926 年，我国著名的新闻学专家戈公振在研究中国报学史时，提出了对广告含义的看法，他说："广告为商业发展之史乘，亦即文化进步之记录。人类生活，因科学之发明日趋于繁密美满，而广告即有促进人生与指导人生之功能。故广告不仅为工商界

---

① 舒咏平：《广告传播学》，1-6 页，武汉，武汉大学出版社，2006。
② 张金海、姚曦：《广告学教程》，19 页，上海，上海人民出版社，2003。

推销产品之一种手段，实负有宣传文化与教育群众之使命也。"①应该说，戈公振先生的观点具有非常开阔的视野，其所指出的广告的宣传教育内涵，如今在公益广告、形象广告以及各种商品广告的间接效果中已经得到了完全的体现。

1932 年，美国专业广告杂志《广告时代》(*Advertising Age*)曾公开向社会征求广告定义，得票最多的入选定义是："由广告主支付费用，通过印刷、书写、口述或图画等，公开表现有关个人、商品、劳务或运动等信息，用以达到影响并促成销售、使用、投票或赞同的目的"。显然，该定义从美国政治制度着眼，考虑到了广告对于选举、民意导向的宣传作用。

(三)对于有偿发布的强调

无论是对广告商业功能的强调，还是对其宣传作用的重视，均是对广告的社会功用的内涵进行揭示。一个科学的广告定义，应该在言简意赅的语言表述中，完整地强调一个概念的主要内涵。而广告作为现代社会的一个重要组成部分，它还有一个重要的含义是不能忽略的，这就是它的"有偿发布"。正是由于它发布的有偿性，才在市场经济中构成独有的一个环节，并连接广告主、媒体、广告公司等广告要素，形成一个具有特殊性的产业。因此，不少学者对广告的有偿发布之内涵进行了阐述。

美国著名的广告学者威廉·阿伦斯(William F. Arens)将广告表述为："广告是由可识别的出资人通过各种媒介进行的有关产品(商品、服务和观点)的、有偿的、有组织的、综合的、劝服性的非人员的信息传播活动。"

美国营销协会对广告所下的定义则为："广告是由明示的广告主，将其创意、商品、劳务等，以付费的方式所做的非当面的提示、推荐。"我国台湾著名的广告学者樊志育在对该定义进行介绍后，则延续其思路提出："广告者，系信息中明示的广告主，将商品、劳务或特定的观念，为了使其对广告主采取有利的行为，所做的非个人的有偿的传播。"②

上述定义以"有偿的""付费的"等表述，强调了广告信息借助媒体空间与时段进行发布的市场交易性质，由于这一性质的揭示是建立在市场公平交易的基础之上的，这就有了产业发展的土壤，并因此创造了一个与现代信息传播社会越来越紧密的广告行业。

(四)互动传播时代的定义

如果说，既有的广告定义基本上是延续纸质媒体时代的、具有单向度"广而告之"特性的内涵来进行相应的表述，那么，在进入 21 世纪之后，由于网络媒体、数字电视媒体、手机媒体等数字化媒体的问世，又由于传播学引进后对传统广告学的理论改造，人们对广告的认识，以及广告自身的社会实践均发生了前所未有的变革。例如，美国《广告时代》副总裁乔·卡波(Joe Cappo)曾经在一篇题为《广告公司：不变则亡》的文章中指出："现在广告业发生了一场规模巨大的革命，这场革命发生在美国，但影响了许多其他广告和媒体较发达的国家。"而美国传播学家赛佛林(W. J. Severin)等人也认为："目前，广告业正处于一个变化阶段，其主要原因是媒介环境发生了巨大变化。传统上针对广大不知姓名观众的大众媒介广告是一种行将消亡的传播形式。"虽然对"大众媒介

---

①　戈公振：《中国报学史》，220 页，北京，生活·读书·新知三联书店，1955。

②　樊志育：《广告学原理》，1-2 页，上海，上海人民出版社，1994。

广告行将消亡"的预言过于绝对，但广告业因为媒体环境的巨变而相应发生的变革，却是任何一个敏锐的广告人所必须正视的现实。

或许这场广告业变革的体现会是多方面的，但进行聚焦的话，那就是"广告的互动传播"。以网络为主的媒介环境中"互动性"的比重越来越大，那么建立在媒介基础之上的广告传播，自然也需要实现互动传播。

以互动传播进行聚焦的广告实践与认识的产生，自然地反映到对广告的定义中，舒咏平教授对广告的定义是：广告是由特定的组织或个人，通过付费方式获得各种媒体载具上的时间与空间，旨在引导受众的情感态度与响应互动的、有关商品和观点的信息传播。

该定义强调了如下的内涵：

(1)广告具有明确的广告主，即特定的组织或个人，可以是企事业单位，也可以是政府、团体。

(2)广告是通过有偿付费的方式来获得媒体载具上发布信息的特定时间与空间。"载具"，即细分后成为具体产品的媒体单位，是顺应传播小众化、市场细分以及广告经营精细化趋势而提出的新概念。

(3)广告的宗旨是引导受众的情感态度，获得好感与认可，同时期望获得受众行为上的响应与互动。

(4)广告传播的内容，集中于包括实态产品与无形服务在内的各类商品，以及包含公益思想、政治态度在内的各种观念。

(5)广告是一种信息传播的行为与活动，与全球一体化的现代市场以及具有国际化视野的社会生活密切相关，也是现代人们生活中无法脱离的一种传播现象。

(6)广告作为一种传播活动，也具有不同的形态，可以划分为不同的类型。

①按功能作用分类，通常分为商业广告和公益广告。前者是以获得直接或间接商业利益为目的的广告；后者是以倡导具有公共效益或社会效益的思想观念为目的的广告。

②按区域范围分类，则可分为以跨国、跨文化进行发布传播的国际广告，以全国为传播范围的全国性广告，以国内特定区域为传播范围的区域性广告，以及广告主投放于所在城市或地区的本地广告。

③按广告内容分类，则可分为以产品或服务的功能、质量、价格等为诉求的商品广告，以商标、企业名称为诉求的品牌广告，以美好观念为诉求的公益广告。

④按广告形式分类，参照戛纳广告节评奖种类，通常主要分为以图案、文字组合而成的平面广告，以视频、音像为形式的电视广告，以数字图案、数字动画为形式的网络广告。

⑤但一般来说，常见的，或者说是活跃在广告业内的分类，是直接按广告媒体形式分类，其主要类别有：

a. 印刷广告，包含报纸、期刊、传单、海报、招贴、宣传册等印刷品刊登的广告。

b. 户外广告，包含路牌、交通工具、霓虹灯、气球、灯箱等形式的广告。

c. 销售现场广告(POP)，包含商场、店铺、展销会、橱窗、柜台、货架陈列、模型、模特、悬挂等形式的广告。

d. 广播广告，即电台播放的、以音频为传播信号的广告。

e. 电视广告，即电视台播放的、以视频为传播信号的广告。

f. 网络广告，即互联网上投放的一切具有付费宣传性质的广告。

g. 手机广告，即以手机为接收终端的所有有偿发布的信息。

二、广告的功能[①]

广告作为一种普遍的、对社会各方面均产生影响的信息传播现象，它的功能相当宽泛，因此我们需要以广阔的眼光来对其功能进行审视。概括起来，其功能主要体现在以下三个方面。

(一)推动经济发展

广告自身的存在与发展，以及人们对广告最直接的认识，就是它的经济功能。广告学者认为："如果挖掘美国固有的推动经济发展的因素，那么，可以说广告是其中之一。……战后，日本经济取得了举世瞩目的发展……报纸、杂志、广播、电视等大众传播媒介的大量信息培养了人们对各种商品的需求，也使得人们为满足需求加倍努力。生产水平的提高扩大了就业和投资，其结果也使国民收入有所增长，从而使整个经济和再生产得到扩大。为此，我们应该承认广告对经济发展起到的间接促进作用。"[②]广告与经济发展密切相关，广告对经济发展的推动作用具体体现为引导消费，扩大市场需求；加速流通，促进企业发展；信息导向，拉动经济增长等。

(二)促进社会和谐

由于广告应用多集中于商业领域，因此人们往往对广告形成刻板印象，认为广告即等同于商业广告。其实，在商业广告之外还有公益广告，即便商业广告，也不全是产品或服务广告，还有品牌形象广告，如飞利浦的广告语"让我们做得更好"、海尔电器的广告语"真诚到永远"等。因此，作为一种传播活动，广告为了能使所传播的信息获得人们的认可，会进行一些令社会关注、并进行正面倡导的观念传播，如此，广告便具有了促进社会和谐的功用。广告的这种社会功能主要体现在促进沟通关怀，和睦人际关系；唤醒主人意识，发展民主政治；引导环保观念，修缮自然环境等方面。

(三)丰富文化生活

广告，尤其是商业广告，其商业性的特质是非常鲜明的，但其最鲜明的体现，却是艺术性的广告作品得以传播。广告直观的表现是一种文化现象，因此，它必然具有丰富文化生活的功用。这主要体现在赞助各种文体活动、推动传媒产业发展、净化广告自身艺术等方面。

三、广告与公共关系的联系和区别[③]

公共关系是社会组织运用现代传播媒介和人际沟通的重要手段，也是现代广告活动的一个重要形式。20世纪70年代以来，许多有竞争实力的企业除了采用广告来增强企业的市场促销能力以外，还广泛运用提高企业与产品的声誉、树立形象的公共关系活动来提高经济效益与社会效益，以推动企业的长远和稳定发展。

---

① 舒咏平：《广告传播学》，6-11页，武汉，武汉大学出版社，2006。

② 小林太三郎：《新型广告》，谭琦译，32-43页，北京，中国电影出版社，1996。

③ 张宝文：《广告与公关》，11-14页，青岛，青岛出版社，1994。

　　由于公共关系和广告都具有通过媒介传播信息、沟通往来、促进交流的特征，人们往往对两者的关系分辨不清，要么把两者混同，要么把两者割裂开来。实际上，广告与公共关系既有密切的联系，又有区别。

（一）广告与公共关系的联系

　　广告和公共关系都是商品经济高度发展的产物，是现代企业的重要促销工具和手段。其目的是共同的，都是增进企业的销售，获取较好的经济利益。现代企业为了保持长期良好的销售业绩，无不以树立企业的信誉和形象为前提。因此，现代广告必然以公共关系作为一项重要的工作内容，并把树立企业与产品的信誉和形象作为长远的工作目标。同时，广告也是推行公共关系工作的基本手段，利用广告来发布企业的信息，沟通企业与社会公众的联系，是最经济、最有效的方式之一。因此，公共关系与广告有密切的联系，它们在实践活动中相辅相成、相互补充、相得益彰。这种联系体现在公关广告或利用广告而开展的公共关系工作之中。

　　(1)任何一种广告，都或多或少地带有公共关系性质。因为在广告活动中都需要公共关系工作的配合、协调，而且广告的后果直接或间接地为企业或组织建立声誉、树立形象。事实上，某些企业形象的建立，常常依赖于其产品质量的口碑，常常是以产品销售促进广告或公关广告为其开辟道路。因此，从一定意义上说，每一种广告都在直接或间接地向公众"推销"企业或社会组织的形象，每一种广告都离不开公共关系活动。

　　(2)公共关系活动利用广告的手段，更广泛、更有效地去实现其传播信息的职能。公关广告是公关工作最得力的工具和手段，根据其对象和内容可分为顾客公关广告、经销商公关广告、政府部门公关广告、新闻界公关广告、社会公关广告等，做好这些公关广告，就会形成企业良好的社会舆论。这种舆论不但有利于促进企业公关工作的开展，而且会促使企业产品的非潜在的消费者转变为潜在的消费者，促使潜在的消费者成为现实的消费者，从而进一步扩大企业产品的销售。

　　(3)广告可以借助公共关系增强它的说服力。工商企业在发布一则新产品的宣传广告之前，如果能有意识地针对目标消费者和客户开展公共关系活动，沟通企业与社会公众之间的良好关系，在消费者心中留下良好的组织形象，那么新产品的宣传广告一旦发布后，就会迅速引起购买行动。因此，公共关系能为广告营造有利的环境气氛，使广告更快地得到公众的认同。

（二）广告与公共关系的区别

　　成功的广告是开展公共关系工作的有力手段，而有效的广告需要公关思想作指导。但是，二者也存在着重要的区别，主要表现在以下四个方面。

1. 广告与公共关系的直接目标不同

　　广告的目标是要在较短时间内，直接推销某种产品或服务，引起公众注意，吸引消费者产生购买行动；而公共关系工作的目标则是树立整个组织的形象，协调组织内部关系，促进外部公众的了解，从而使整个事业获得成功。

2. 广告与公共关系的范围不同

　　广告的发布者主要是经济性组织或其他推销产品与劳务的组织；广告的对象主要是消费者。但是，任何社会组织都要进行公共关系工作，其对象范围远远超出消费者。对于一个社会组织来说，它并非一定要做广告，但公关工作却必须要做而且要做好。

广告业务只局限于特定的销售或购买任务，而公关工作所面临的是一个组织的全面交往任务，它与广告业务相比范围更广、综合性更强。

3. 广告与公共关系的传播信息方式不同

广告是一种自我言传的方式，往往运用倾向性、渲染性、夸张性的手法去传播某种信息；公共关系则不同，它在传播信息中必须严格体现公关精神，不使用夸张性、倾向性的自我宣传手法，而是以客观、公正的态度向社会公众介绍组织的情况和面貌。就传播方向而言，广告是一种一厢情愿式的单向传播活动，它考虑的主要问题是如何引起公众的注意和兴趣，如何激发人们的购买欲望；公共关系则强调实现组织与公众的双向沟通，不仅仅是组织向公众发布信息，而且要有双方的信息交流。

4. 广告与公共关系的角度和时机不同

广告主在付费的基础上取得媒体的使用权，其发布广告是为自己的利益进行宣传，因此广告的主观性很强；公关工作则是在组织活动后由传播机构从第三者立场出发进行报道或评论，所以公关工作的客观性较强。发布广告的时机完全由广告主自主决定和选择；公关工作则不同，它对传播信息的时机不能自主决定和选择。例如，某企业开展了一次大型的公共关系活动，邀请新闻记者前来采访后，对于其是否报道、什么时间报道，企业无法控制和干涉，必须由新闻机构根据需要来决定。

四、公关广告的类型

公关广告是社会组织通过购买大众媒介或公众传播机会(报纸的版面，广播、电视的频率、频道)，向公众传递公关信息，树立、维持、改变或强化组织形象。

公关广告的优点是：这是一种付费的传播方式，企业有较多的自主权，不必受外界的影响，可以自行决定广告的形式和内容，自由选择媒介的时间与空间，同时可以反复地刊载、播放，因而有助于突出企业及其产品的形象和特征，加深人们的印象。

不过由于费用较高，所采用的广告形式，容易给人虚假不可靠的感觉，如果广告用语使用不慎或广告画面出现偏差，容易产生副作用。因此公关广告必须扬"公关"的真实之长，避"广告"夸张之短，结合其他传播方式全方位地为塑造组织形象服务。

总的来说，公关广告的主题是组织的观念、实力、善意、声誉和形象，具体形式则是多种多样的，大体上可分为以下四大类。

(一)企业广告

企业广告主要介绍组织各方面的情况，目的在于树立良好的组织形象。

(1)实力广告：整体推销组织形象，向公众展示组织在技术、装备、工艺流程、人才等方面的实力，给公众以该组织人才济济、技术力量雄厚、值得信任的感觉。

(2)观念广告：向社会宣传企业的经营目的、管理哲学、价值观念、方针政策、传统风格、企业精神等，使之成为一个组织基本的象征或信念，对内可产生凝聚力，对外可产生感召力，使组织形象连同观念及口号深入人心。例如，海尔公司的"真诚到永远"，澳柯玛的"没有最好，只有更好"等。

(3)信誉广告：传播社会公众对组织的好评、赞誉，以及在国内外的获奖情况，即借公众之口来做广告，以增加广告内容的客观性。

(4)声势广告：借开业、落成典礼、大型庆典活动等制造声势，以唤起公众的注意和兴趣，提高组织的知名度。

（5）解释广告：如果公众因为各种假冒伪劣产品而对组织产生误解，影响了对其形象的正确评价，这时组织可采取刊登"严正声明"等方式，以划清界限，消除误解。

(二)响应广告

响应广告的目的在于强调组织与社会生活的关联性与公共性，以获得各界公众的信任与支持。

（1）祝贺广告：在节日之际利用广告向公众贺喜，如各种各样的贺岁广告，或者对政治经济生活中所取得的重大成就表示祝贺。例如，北京申奥成功、上海申博成功之际，就有不少企业纷纷予以祝贺；在兄弟单位开业、庆典之际表示祝贺，表示"同行是亲家"以及愿意与对方携手合作、共创繁荣的良好愿望。

（2）政策响应广告：对政府的政策措施或者社会生活中的某一重大主题表示积极的响应，表达企业关心、参与公众生活的积极态度，以树立好"公民"形象。这类广告常配合社会赞助，是一种公众服务性广告。例如，在共青团中央倡导的希望工程活动中，不少企业表示出了良好的合作态势，纷纷通过广告或其他实际行动表示响应。

（3）公益广告：也叫服务广告，通过表达组织对社会公共事务的参与、支持或肯定的态度，为公众提供免费服务，显示组织对社会公益事业的支持。

(三)新闻广告

新闻广告，即用新闻的形式说明组织的历史成就、对社会的主要贡献，或参与某一社会活动的来龙去脉等方面的内容，结合公众的兴趣，编辑成新闻报道、专题报道、消息综述、通讯、报告文学等形式，以较大的篇幅或较多页码、连续页码刊登在大众传播媒介上。

(四)其他内容的广告

其他内容的广告，往往采取比较特殊的方式，达到出奇制胜的目的。

（1）倡议广告：以组织的名义率先发起某种社会活动，或提倡某种有意义的新观念，以此为广告的主题，动员大众关心和参与，从而显示组织领导社会新潮流的能力。

（2）征询广告：通过向公众征询意见和建议，如组织名称、徽标、商标、品牌、专题、对联、广告语等，来吸引公众对组织的注意力，增强他们参与的热情与兴趣。例如，厦门市预防职务犯罪领导小组通过《厦门日报》《厦门晚报》等媒体进行"预防职务犯罪，大家来参与"的广告语、对联、漫画等有奖征集活动，取得了良好的社会效果。

（3）谢意广告：用广告形式向顾客、关系户致谢。这既是商业礼仪的表现形式，又可以借客户的影响进一步抬高组织的地位，这种公关广告方式在我国已经十分普遍。

（4）歉意广告：就自身的过错向公众致歉，或以退为进，以谦逊的方式表明组织已获得的进展和进一步的发展。

五、公关广告的制作原则

(一)真实性原则

真实性原则是指必须科学地、实事求是地传播广告内容，做到客观、诚实、不吹嘘、不造假。例如，日本有一则关于手表的广告："这种手表走得不太准确，24小时会慢24秒，请君购买时深思。"这则自揭其短的广告，反而使广告主的生意更兴隆。

(二)独创性原则

广告策划和公共关系策划一样，都要求不断地创造和不断地推陈出新。即使是模仿别人的东西，也必须体现独创性原则，在某一方面有自己的独特之处，以形成自己与众不同的定位。

(三)效益性原则

可从传播面和传播效果上考虑经济效益，千人成本是衡量单位之一。假设在黄金时间内播出 30 秒的电视广告需要 20 000 元，可以接触到 1 000 万人，则每千人所需成本仅 2 元。传播面越广，传播效率越高，千人成本就越低。不过，效益性原则不仅体现为经济效益，还包括社会效益，应从长远的、全局的角度来考虑公共关系的广告效果，注意广告的社会性、公众性、文化性、思想性，尽可能减少商业化的痕迹。

(四)整体性原则

每一则公关广告都是公关传播一贯主题的体现，都是为塑造良好的组织形象服务的，故在进行公关广告设计时必须遵循整体性原则，使公关广告成为公关传播中的有机组成部分，为实现总目标服务。另外还应注意组织形象设计的连续性和相对稳定性，以形成始终如一的风格。例如，为了实践海尔"真诚到永远"的理念，海尔除了加大新产品的开发及投入市场的力度外，还认真打好"服务"这张牌，建立了国内最大、最先进、最完整的服务体系，提出了海尔"星级服务一条龙"的"一二三四模式"、服务的"零距离模式"，以及"用户的要求有多少，海尔的服务内容就有多少""市场有多大，海尔的服务范围就有多大"等服务理念。

第五节　公共关系基础理论

一、公共关系与哲学

世界观是人们对于世界总的看法和根本的观点，哲学就是一门将世界观具体化、系统化的学问。也可以说，哲学是从自然、社会中归纳出的最一般的原则[①]。哲学中的这些最具有普适性的原则同样可以运用于公共关系活动实践中，例如，出现公关危机时，要运用辩证思维去思考，既能看到危机，又能看到机遇并转危为安；更新公关形象时，应把握扬弃原则，保留和发扬公关形象中的优秀部分，舍弃落后时代的部分；处理公关矛盾时，可以运用哲学思想中对矛盾的把握，分清主要矛盾和次要矛盾，把握主要矛盾的主要部分；等等。在公共关系活动中运用哲学思想的场景比比皆是。

哲学对于各行各业都有着普遍性的启发作用。对于公共关系活动的策划者来说，学习哲学是十分有必要的，只有把握、了解自然和社会中的这些普遍规律，才能处理好公共关系中出现的各种问题。

---

① 裴烽、廖新泉：《哲学》，3-5 页，沈阳，辽宁人民出版社，1986。

二、公共关系与心理学

心理活动的表现和事实是心理现象，而心理学是研究心理现象及其规律的一门科学①。公共关系是人与人之间建立起的一种关系，关系中的各主体基于一定的利益或目的开展沟通和理解，心理学对于这些公共关系实践有一定的指导意义；心理学在公共关系活动中的运用十分广泛，为了达到良好的公关效果，公共关系活动的组织者需要把握好公众心理，随时对公共关系活动进行调整，研究公众的情感，提升公关信息的说服力。

不论是公共关系组织内部的成员还是组织外部的公众，其心理现象都值得关注。对于公共关系组织内部成员心理的关注有利于协调企业内部关系、提升工作效率，也有利于把握和明晰组织内部的公关理念。而社会公众的心理复杂多变，且在与公共关系组织的互动中还会产生动态的变化，因此要想发展和维护好公共关系，必须学习心理学理论并关注公众心理。

三、公共关系与社会学

社会学是一门系统、客观研究人类行为和社会结构的学科②，具体而言，社会学关注社会结构和社会变迁中的"社会分层、社会流动、社会组织、社区、城市化、集体行为、家庭婚姻、社会运动等"③。

公共关系与社会学关系紧密，在具体的公共关系实践中，组织者常常要考虑到各个层面的社会因素以及各种社会背景下目标公众的情况，为了做到公共关系活动的精准有效，需要运用到如下社会学的研究方法进行前期的调查④。

（1）观察法：观察法是一种最为基本的社会研究方法，即研究者根据研究需要直接对研究对象进行观察，获取研究资料。观察法分为参与式观察和非参与式观察两种。参与式观察即研究者直接深入观察研究对象、参与研究对象的活动，其好处是可以获得深入的调查资料，缺点是由于亲自参与，自身的研究立场容易受影响。非参与式观察即调查者不参与研究对象的活动，而是从外部观察，这样虽然降低了研究者被影响的程度，但减弱了研究资料的深度。

（2）个案法：个案法是对某个社会单位进行深入调查的一种方法，一个人、一个群体、一个事件都可以是研究对象。研究者在研究时需要充分了解研究对象的来龙去脉，并且要做好追踪式的研究。在具体实践方法上较为多元，文献整理、观察、访谈等都可以运用。

（3）问卷法：问卷法是通过发放写有问题的问卷来获取资料的一种方式。问卷的问题可以是开放式的问题，也可以是让被调查者自行选择固定答案的封闭式问题。问卷的结果可以进行简单的描述统计，也可以通过高阶的统计学方法进行更为深入的分析，以充分了解调查对象的态度、情感、意愿等信息。

---

① 姬建锋、贾玉霞：《心理学（第三版）》，4 页，西安，陕西人民出版社，2017。
② 陈成文：《社会学》，5 页，长沙，湖南师范大学出版社，2005。
③ 李斌：《社会学》，4 页，武汉，武汉大学出版社，2009。
④ 改编自：吴增基、吴鹏森、苏振芳：《现代社会学（第四版）》，456-459、465 页，上海，上海人民出版社，2009。

四、公共关系与法学、伦理学

　　法学是一门以法为研究对象的学科，研究法律的规律、形式、本质、特征、作用等[1]。伦理学是一门研究道德现象的科学，研究道德的起源、本质、作用、规律，从总体上、联系上考察道德现象[2]。公共关系活动广泛与社会产生联系，面临着各种错综复杂的情况，其中亦包括法律问题和伦理问题。

　　由于一些公共关系策划者对法律法规缺少了解、道德意识淡薄，近年来，公共关系活动的违法违规、失德失范现象时有发生，虚假公关、"黑公关"、低俗公关等问题深受社会公众唾弃。一些看似"新异"的公共关系活动由于违背法律法规或是违背社会公序良俗，不仅没有起到预期的效果，反而给公共关系组织带来了负面影响。

　　因此，公共关系活动的组织者应当对法学和伦理学知识有一定的了解，在开展公共关系活动之前进行充分的自我审查，确保公共关系实践的内容、环节、程序、后续可能产生的影响等不与现有法律和社会伦理相违背。

📽 案例研读 & 文献阅读

扫一扫，看资源

---

　　① 代娟：《法学概论新编》，1页，西安，陕西科学技术出版社，2019。
　　② 魏道履、沈忠俊等：《伦理学》，1页，厦门，鹭江出版社，1986。

第四章　公共关系的核心价值：塑造形象

【学习目标】

(1)了解公关形象的构成；

(2)了解公关形象的传播；

(3)了解公关形象的作用；

(4)了解公关形象发展的不同阶段。

【基本概念】

公关形象　公关形象传播　公关形象塑造

第一节　公关形象的构成

公关形象是一个组织通过公共关系活动在公众心目中建立起的形象，是公众认知中该组织的总特征和表现，也是该组织的社会舆论情况和公共关系情况的总和①。公关形象中的组织不仅可以指企业，也可以指其他任何类别的机构、团体，因此公关形象的概念比企业形象的概念更为广泛。同时，公关形象的体现是多元的，通过多个维度的公共关系实践来构建，因此本节将公关形象具体为如下几个层次：产品形象、成员形象、环境形象、文化形象、企业形象。

一、产品形象

产品形象是指通过组织的产品或提供的劳务所反映出来的组织形象，它是公关形象的基本要素和客观基础。

产品形象主要由产品本身的质量、名称、商标、性能、外观、包装等要素构成。组织的产品既可以是有形的物质产品，也可以是无形的服务产品，消费者既追求产品的使用功能，也要求在消费产品的过程中带来精神满足。因此产品这一概念是多元的，对于产品形象的评价也是多元的。

产品一般可分为如下三个层次②：

(1)实质产品。实质产品指给消费者带来最基本的功用满足的产品。如消费者购买吸尘器是为了清理灰尘，购买食品是为了消除饥饿，购买汽车是为了出行方便等。实质产品是产品层次中最为基础的部分，产品如果连最基本的功能都无法实现，那么消费者根本就不会购买该产品，更谈不上对产品其他层次的评价。在实质产品层次，产

---

① 邓伟志：《社会学辞典》，471页，上海，上海辞书出版社，2009。

② 高立胜：《企业形象》，136-140页，沈阳，辽宁人民出版社，1994。

品的质量是最为核心的要素，如果产品因质量低劣影响了其基本功效的实现，则会极大影响到产品形象。如 2022 年中央电视台"3·15"晚会曝光了老坛酸菜生产厂家的产品质量问题，该厂家也与多个方便面品牌有合作关系，一时间，消费者不敢购买"老坛酸菜"口味的泡面，导致相关产品下架或是滞销，一些没有关联的泡面品牌也受到了影响。质量是产品的灵魂，是组织的生命。要在公众心目中树立良好的形象，组织的产品必须有过硬的品质，如汽车品牌沃尔沃就树立了"安全"这一产品形象，成为追求汽车安全性消费者的首选之一。

（2）形式产品。形式产品指产品实现实质功用所通过的形式，如产品的包装、式样、品牌、特色等。产品在能实现基本功能的同等条件下，消费者更倾向于选择形式上更吸引人的产品。产品在形式上提升吸引力主要通过三条路径：第一，产品外观的特色化、新颖化、美观化。2014 年，日本《每日新闻》将新闻报道印在矿泉水瓶上，一款 News Bottle 矿泉水由此诞生，News Bottle 矿泉水一个月内更新了 31 次包装上的新闻，消费者每天都能读到不一样的消息，一个月内，平均每个便利店里都售出了 3 000多瓶 News Bottle 矿泉水[1]。产品外观是人们对产品形象最直观的一个感知点，如提到红瓶，人们会想起可口可乐，提到蓝瓶人们会想起百事可乐等。优秀的产品外观设计能够迅速让良好的产品形象深入人心。第二，提升产品形式的体验感。消费者购买产品，除了满足最基本的功能需求之外，还追求一种消费中的体验或消费后的"感觉"，如抢到"限量款"产品，消费者会产生满足感；使用高科技炫酷产品，消费者会产生新奇感等。第三，产品品牌的塑造。产品上的商标有时会产生比其基本的功能价值更高的价值。消费者会通过选择特定的品牌来彰显个人的特性或身份。通常情况下，知名品牌或区分度高的品牌是消费者的首选。

（3）延伸产品。消费者购买了商品，享受到除实质产品、形式产品带来的收益之外的附加收益被称为延伸产品。具体来说，延伸产品指的是消费某个产品后，消费者能够享受的一系列后续服务。如购买电子产品享受到的售后维修，购买教育产品享受到的日常辅导，乘坐交通工具享有的等候服务等。现代社会组织的形象竞争在很大程度上取决于服务的竞争，谁的服务好谁就容易赢得消费者的心。组织要想通过延伸产品树立良好的服务形象，则应根据自身的特点和公众的需要来设计，如增加服务的种类、扩大服务的范围、延长服务的时间、改善服务的态度、挖掘服务的深度、提高服务的效率等。如今，越来越多的品牌注重自身服务形象的塑造和宣传，如越来越多的家电品牌、电子产品品牌推出"上门维修""只换不修"服务，一些高端品牌推出定制化、管家式服务等。

二、成员形象

成员形象是指通过组织成员的品行、素质、作风、能力、态度、仪表等所体现出来的形象。它包括组织领导者形象和组织员工形象。

（一）组织领导者形象

组织的成员形象首先从它的领导者形象反映出来。领导者形象主要分为以下两部分。

---

[1] 《包装上的这个小改变，竟让销售额增长了 4600%》，https://www.sohu.com/a/443244522_120182188，2021-01-08。

(1)领导者外部形象。领导者外部形象指组织领导者在公共场合的穿着、打扮、仪表、行为、语言等要素的体现。美国学者奥伯特·麦拉比安(Albert Mehrabian)曾提出一个公式:人们对某人的印象＝55％的外表(外貌、服装等)＋38％的自我表现(动作、语气语调、姿势等)＋7％自己所讲的话①。组织领导者作为组织公关形象的代表,必须时时关注自己的外在形象,自己的一举一动都会被解读出诸多意义:个人的外在形象是个人内在精神状态的一种反映,得体的穿着、优雅的举止被人们认为是高素质的体现,那么其领导的组织在一定程度上也是可靠的;如果穿着随意、举止粗俗,则该领导者会被认为缺乏教养,那么其领导方针、所代表的组织也会受到质疑。担任组织的领导者,必须在形象上作出改变以符合组织公关形象的格调。德国前总理默克尔(A. D. Merkel)曾因发型问题遭到媒体和政敌的嘲讽和批评,但她认为自己不应为政治而改变个人形象,结果在 2002 年的党内总理候选人选举中失败;2005 年,默克尔正式成为总理候选人,这次她接受了所在政党的要求,请发型师重新设计了发型,个人外在形象焕然一新的默克尔很快受到了媒体的称赞,个人支持率也不断升高,最终成功当选德国总理②。由此可见,组织领导者的外在形象和组织的公关形象是密不可分、相辅相成的。

(2)领导者内部形象。领导者内部形象主要指领导者的知识结构、年龄结构、战略眼光、决策能力、开拓精神、风险意识、组织能力、领导作风,以及领导团队的团结性、权威性、号召力等,不仅决定着公众对领导者是否尊敬和依赖,更重要的是影响着内外公众对组织决策的评价,以及他们对组织前途的信心。

对于领导者应该具有哪些基本的素质、领导者应该展现怎样的内部形象,并没有一个统一的标准,但我们可以发现,任何被人们铭记的组织领导者都具有值得学习的精神理念,这也是通过领导者形象塑造组织公关形象的出发点。如今,越来越多的组织、企业选择将自己的领导者作为官方或非官方的形象代言人,如苹果公司具有创新精神的领导者史蒂夫·乔布斯(Steve Jobs)、华为具有格局观的领导者任正非、格力具有拼搏精神的领导者董明珠等,这些领导者的个人魅力成为公众认知的组织公关形象的一部分,并且使该组织的公关形象得到了提升。

(二)组织员工形象

员工形象是组织的成员形象的另一个重要方面,包括员工的文化水准、年龄结构、业务能力、工作态度、职业道德、职业培训与接受继续教育的状况等,不仅反映出组织成员的构成状况,更能反映出组织的用人机制与管理宗旨。更为关键的是,员工是组织与公众日常接触的桥梁,公众对组织公关形象的感知,主要来自组织员工形象。

在组织日常运行中,组织员工形象主要体现在以下几个方面③。

(1)仪表形象。与组织领导者一样,组织员工也应该注重仪表形象。第一,员工要做好个人基本外貌的整理,如理发、剃须、剪指甲等,不应打扮怪异、浓妆艳抹;第二,表情、肢体语言、说话用语应符合工作场景的要求,如面对客户要保持热情和微笑,和客户交流要保持身体前倾等,不应姿势歪斜、举止粗野、在工作时间玩闹等;

---

① 张志海:《论行政传播视阈下的领导者媒体形象》,载《甘肃理论学刊》,2012(02):70-74。

② 陈鹤:《领导形象学——理论与实践》,33-34 页,武汉,华中科技大学出版社,2018。

③ 白玉、王基建:《企业形象策划》,288-290 页,武汉,武汉理工大学出版社,2003。

第三，着装应符合组织要求，如穿着统一的制服、工作服等。

（2）精神面貌形象。精神面貌形象指组织员工由内向外发散出的一种工作状态。良好的精神面貌形象，从组织外部的角度来看，是一种对顾客、来访者充满热情，积极主动满足对方需求的工作态度，而非按部就班、得过且过；从组织内部的角度来看，是一种充分认同组织理念、积极完成组织任务、创造性解决组织问题的精神状态，员工已经把自己当作组织的一员，一举一动都充分为组织着想。员工的这种积极的精神面貌的出现，与组织领导者的管理方式、经营理念息息相关，只有领导者真心为员工着想、帮助员工在实现组织价值中实现个人价值，才能够充分调动员工积极性，将这种正面的精神面貌形象传递至外界。

（3）专业形象。专业形象指员工在组织工作中体现出的工作专业性。如能否顺利完成组织的任务，工作流程是否符合组织规范等。员工的专业形象往往从细节体现，如厨师是否佩戴厨师帽，护士操作前是否消毒，销售是否了解推销的产品等。员工失败、不规范的操作会引发客户的质疑，进而上升到对整个组织的质疑，而员工高超的技能则会增加客户对组织的认同。因此，组织应注重对员工的培训，同时也要及时针对员工的失误做好弥补工作。

三、环境形象

环境形象是指通过组织和相关的环境设施所展现的形象，它对组织起着烘托和装饰的作用，是构成公关形象的硬件部分。好的环境形象都要求有统一的风格，以突出组织和谐的环境氛围。

环境形象需要关注的元素众多，包括组织的地理位置、建筑群落、风景设施、装饰点缀、门面招牌、厂容店貌、橱窗布置、展览室、会客室、办公室、生产场地、指示牌的陈设等。总体来说，环境形象可以分为以下三个类别。

（1）工作环境形象。工作环境形象指组织员工工作场所的状况。工作环境形象是建立和提升组织内部公关形象的重要途径。干净的、整洁的、标准化的厂房不仅可以树立起组织规范化、专业化的形象，也能让员工有一种好的工作状态；温馨、宽松的办公室环境也能调动员工工作的积极性。与过去强调办公场所的严肃性、统一性、单功能性不同，如今，越来越多的企业完善、扩展了办公场地的功能，突出办公场地对员工的便利性和个性化，如员工可以在办公场地摆放玩具模型、装饰品，可以带宠物来上班，办公场地设有零食角、游戏室等。工作环境的完善不仅有利于协调组织内部的关系，对外也能提升组织对求职者的吸引力，树立为员工着想的组织形象。

（2）组织建筑形象。组织建筑形象指组织总部大楼的形象。总部建筑是一个组织的第一"门脸"，体现着组织的理念，显示着组织的实力。总部大楼建在何地，总部大楼规模如何，总部大楼是否美观等都会影响到人们对该组织公关形象的评价。苹果公司花费了 50 亿美元建造的总部大楼 Apple Park 位于美国加利福尼亚州库比蒂诺市，主体建筑占地面积 26 万平方米，加上旁边的公园，占地面积高达 72 万平方米；建筑主体形似一艘宇宙飞船，科技感十足，显示出苹果公司的企业格调。苹果公司的总部大楼成为苹果公司公关形象的重要组成部分，可以让人们感受到公司的实力，显示苹果公司良好的经营状况。

（3）门店形象。门店是组织运营的前端，门店设计的成功与否不但影响着人们对组织的形象感知，也决定着消费者是否愿意进店消费。提升门店形象，一是要注重美观性，如果门店设计没有格调、卫生状况堪忧，便会让消费者质疑其可靠性。二是要注重统一性，即组织门店要能够通过统一的主题色、标志体现出组织的形象，如消费者看到红黄相间的主题色就能识别出麦当劳、红白相间的主题色就会联想到肯德基、蓝白相间的主题色就会联想到罗森便利店等。统一的门店形象有助于固定组织的形象识别、让组织想要通过颜色传达的理念稳定传达。三是要提升体验感，即通过门店内部的设计、陈列、光影、声音、气味等要素给消费者营造消费的氛围感、提升消费过程的体验感。如一些餐厅中设置的独特的小景观吸引人们"打卡拍照"、许多五星级酒店都会在店内喷洒该酒店独有的香水，营造"高级感"等。

星巴克在上海的"烘焙工坊"不仅比其他星巴克门店要大很多，还把咖啡生产的流水线搬进了店内，消费者在店内可以观看到咖啡生产的全过程，还可以购买到别的门店没有售卖的限定产品，人们在这家门店可以更深入地了解到星巴克的咖啡文化。如今，体验店的形式成为展示组织形象的重要平台，新奇有趣的门店设计吸引消费者进入店内，进而对组织形象有更深入的了解。

四、文化形象

文化形象是指组织通过系列文化要素展现出来的形象，构成公关形象的软件部分。通过一个组织特定的文化，我们可以看到这个组织的形象所具有的个性和风格。组织的文化形象包括组织的价值观念和管理哲学、历史和传统、精神和风尚、目标和秩序、职业意识和职业道德、礼仪和行为规范，以及口号、训诫、歌曲、旗帜、服装和各种宣传品等。这些要素都鲜明地传达出一个组织的文化形象信息。

正如文化本身是多维度的，文化形象也应从以下几个维度考量[①]。

(1)精神文化形象。精神文化是组织文化中最为核心的部分，包括组织的价值观、精神、宗旨、经营理念、经营哲学等，是该组织一切活动的出发点和落脚点，是该组织开展实践活动的指导思想。精神文化形象就是对这种精神文化的提炼和展现，从组织外部而言，通过口号、广告、标语、公共关系活动等途径将组织的精神文化传达给公众，以在公众心中树立起这种精神形象；从组织内部而言，组织成员通过日常工作和培训将组织的精神文化内化于心，进而体现在具体的工作中，展现出这种精神文化形象。

(2)制度文化形象。组织的制度文化脱胎于组织的精神文化，组织的办事流程、组织内部各成员的被制约就是组织精神文化得以贯彻的结果。制度文化形象，是组织在开展日常事务中展现出的制度运行。从组织内部而言，制度文化形象的展现能够规范组织成员的行为、促进组织工作的顺利进行；从组织外部而言，组织高效的制度文化形象的展现能够提升公众对组织专业化的感知。尤其在危机公关中，制度文化形象的展现更为重要，如立即开展制度化的调查、第一时间处理相关责任人、建立与公众的沟通机制等。

(3)行为文化形象。行为文化是组织成员的行为中体现出的文化。有怎样的组织价值和组织制度，就会体现出怎样的组织行为。行为文化形象就是组织成员的共性的、具有稳定性的行为在人们心目中建立起来的形象。好的行为文化形象无疑会提升组织

---

① 定雄武：《企业文化》，27-28 页，北京，北京理工大学出版社，2006。

的公关形象，例如，海底捞餐厅的服务员以服务热情周到著称，就是一个很好的例子。但不是所有组织的行为文化形象都能被公众所接受，一些欠考虑、违背社会公序良俗的行为文化反而会成为组织的负面形象，如一些企业因要求员工跳"洗脑操"、训练"狼性文化"而受到了公众的质疑。

（4）物质文化形象。物质文化是最表层的组织文化，也是各类组织文化最终物质化的体现。与组织相关的所有物质要素都可以体现出物质文化形象，如产品、门店、厂房、品牌标识、员工服饰等。

五、企业形象

企业形象是企业塑造的公关形象，一方面，企业在运营中的方方面面都会对企业形象进行塑造；另一方面，企业形象的各个侧面又应该围绕一个主要的企业形象来进行。因此，企业形象的设计是一个多维且系统化的过程。

公关团队在塑造企业形象时常常通过 CIS 这一系统化的方式展开。CIS 是英文 corporate identity system 的缩写，意思是"企业的统一化系统""企业的自我同一化系统""企业识别系统"。Corporate 的名词形式是 corporation，社团、公司、企业等组织都可以被称为 corporation；而 identity 则有三层含义：一是证明、识别；二是同一性、一致性；三是恒定性、持久性。

CIS 的具体定义可以表述为：将企业、组织的经营理念与精神文化，通过整体的识别系统，传达给社会公众，促使社会公众对组织产生一致的认同感和价值观的一整套识别系统。CIS 理论把企业形象作为一个整体进行建设和发展，是企业的识别系统。一个好的 CIS 战略将成为协助企业长期开拓市场的利器。

以组织统一识别系统为核心的 CIS 战略，其基本内容从总体上看主要由以下三大部分组成：即理念识别（mind identity，MI）；行为识别（behavior identity，BI）和视觉识别（visual identity，VI）。其中，理念识别系统在三大系统中占据主宰和支配地位，是整个形象识别系统的依据、核心和关键，而行为识别系统和视觉识别系统则是理念识别系统的演绎和延伸。

（一）理念识别系统

理念识别系统是指组织运营、发展过程中的运营理念、运营信条、组织使命、组织目标、组织精神、组织哲学、组织文化、座右铭和经营战略的统一化。它是组织的基本精神和宗旨，决定着组织的产品（定位、包装、价格）、服务、营销、广告、与公众和政府以及其他组织间的关系、组织的效益、组织的基本形象等。

组织的运营理念包括组织的运营宗旨、运营方向、组织价值观和精神等。组织的运营宗旨是指组织的运营目的。组织的运营宗旨一旦确定，实际上也就界定了组织发展的基本思路。组织的运营方向包括事业领域和运营方针两个方面。事业领域是指组织的运营范围，运营方针则反映了组织运营的基本原则。组织价值观是指组织对运营、对市场、对竞争和社会等问题所形成的基本观点和看法，它对组织的运营活动具有决定性的影响。组织的运营理念是一种无形的东西，但是却体现在组织一切有形的东西之中。组织理念就像是人的灵魂和心脏，支配着组织活动的各个方面。一个组织如果没有正确的运营理念，无论耗费多少人力、物力和财力，都很难成功。而优秀的组织之所以优秀也多因为有了优秀的组织理念①。例如，麦当劳的"Q、S、C&V"就是优秀的组织理念中的典范。

闻名全球的麦当劳在创建之初，就设定了麦当劳的经营四信条，即向顾客提供高品质的产品、快速准确友善的服务、清洁优雅的环境、做到物有所值，即 Q、S、C&V。其中，Q 是 quality(品质)；S 是 service(服务)；C 是 clean(清洁)；V 是 value(价值)。麦当劳的品质管理非常严格。不但对材料的挑选非常严格，对汉堡的制作、烤、味、鲜度也非常重视。为了保持汉堡的鲜度、品味，制作后经过一定时间即丢掉不卖，彻底执行 Q 的含义。麦当劳对于服务也要求得非常周到。不但服务人员的着装、头发、指甲等要符合规定，还要脸带笑容，向客人热情服务，同时店里面的设备、装潢也要求精简舒适，使进店的客人有一种愉快、舒适的感觉。麦当劳也很重视店内的清洁，经常会派人到各家连锁店去巡视店里的清洁情况，确保店内的干净整洁。除了上述的 Q、S、C，麦当劳还很关心客人花费代价后的价值观，所以在最后又加一个 V，以求做到时时刻刻都能提供品质高、价值高的商品给客人。几十年来麦当劳一直恪守这四个基本信条，并持之以恒地执行、落实到每一项具体工作的环节和每一个员工的行为中，因而能在激烈的快餐行业竞争中处于不败之地。

(二)行为识别系统

对于个人，我们主要通过言行举止去认知和判断其内在修养的高低；对于组织，社会公众则主要通过产、供、销、人、财、物等实实在在的组织行为去体会、评价其理念识别的优劣。

组织行为识别系统是指组织在实际运营活动中，所有具体的操作规范、协调机制和管理方式的一体化、规范化、协调化和统一化。组织行为识别系统是组织理念在员工行为中的外化和表现，是员工行为的准则和纲领。它是一种动态的识别形式，我们可以从内部系统和外部系统两个方面来理解。组织的内部系统包括各项规章制度、生产管理、员工教育、行为规范、服务态度、行为准则、生活福利、工作环境等；组织的外部系统则包括市场调研、产品开发、公共关系活动、广告活动、促销活动、公益性文化活动等。

组织行为识别系统是组织所有工作者行为表现的综合，是组织制度对所有员工的要求及各项生产经营活动的再现，是组织的运作模式，其结果是使组织行为高度一致化，其作用在于升华组织理念、强化视觉识别，从而展现出具体、生动、动态的组织形象②。

行为识别是现实具体且易于操作的。它是理念识别的行为外化，因而不像理念识别那样具有高度的概括性和抽象性，它必须立足于企业的现状，一项一项地进行落实、实施。因此行为识别的所有活动，都要求必须是现实的、符合企业实际的。行为识别作为 CIS 的执行层面，实践性极强，因此行为识别活动的设计，虽然也要讲究创新、新颖，但最重要的还是要考虑到能否进行实际操作。行为识别的策划方案不能只是大的原则、方向，而应当尽量周密、详尽。活动的组织机构、内容、时间、地点、目的、要求、评估等，都要求十分具体详尽，而且简便易行。

---

① 唐雁凌、姜国刚：《公共关系学》，206 页，北京，清华大学出版社，2007。

② 同①，207 页。

行为识别策划要注意创新性。理念识别具有恒定性，一经确定就要稳定持续一段时间，不能进行频繁变更。而行为识别则不然，它作为理念识别的具体表现形式，应该是不拘一格、多姿多彩、常变常新的。在行为识别中，尤其重要的是要能准确捕获市场信息，以便及时作出反应，制定应对良策。

行为识别设计还要考虑协调性，做到多角度、全方位，兼顾四方。组织活动必须多方兼顾，不可顾此失彼。例如，就组织内部而言，组织必须既考虑产、供、销，又兼顾财和物。组织运营还要既能体现社会公众的利益，又能改善组织的经济效益，提升员工的福利。就每一项组织活动而言，既要符合长期战略，又要切合现实目标。构建组织的行为识别系统，多层次、全方位地协调各方利益，调配个中资源，才能产生良好的效果。

(三)视觉识别系统

视觉识别系统是指纯属视觉信息传递的各种形式的统一，是最具体化、视觉化的传递形式，是 CIS 中分列项目最多、层面最广、效果最直接地向社会传递信息的部分。视觉识别系统分为基本要素和应用要素两大部分。基本要素包括组织名称、品牌标识、标准字体、标准色、象征图案、宣传口号、专用歌曲等；应用要素包括产品、包装、办公用品(名片、信封、便签等)、室内环境、陈列展示、建筑物、交通工具、员工制服等，即基本要素使用的领域。基本要素是应用要素的基准和依据，因此对名称、标识、标准字、标准色等都有严格的使用规定，以保持统一的视觉传达符号出现在组织内外的各种传播媒体上，保持组织形象的一致性。通过视觉识别能够充分地表现组织的基本精神及个性，使社会公众通过视觉识别的要素一目了然地掌握组织所要传达的基本信息，达到识别的目的。

下面将对视觉识别中最核心的四个基本要素，即品牌名称、产品标识、组织标识和标准色进行简单的介绍。

1. 品牌名称

名称是品牌的基本要素，产品包装、品牌策略、广告语、公关宣传等都是在品牌名称的基础上产生和进行的。优秀的品牌名称是一种无形资产。而新品牌最有力的武器就是一个能够引起人们注意的名称。当我们第一次看到某些品牌名称时，立刻就被吸引，并在脑中加以记忆，这些品牌名称就是"强注意力品牌名称"。

2. 产品标识(商标)

商标是将某种商品或服务表明是由某个具体个人或企业所生产或提供的显著标识。商标制度可以帮助消费者识别和购买某种商品或服务。商标是企业竞争力和知识产权的重要组成部分，商标尤其是名牌商标的价值是企业努力经营的结果，因此一旦品牌商标被抢注，就意味着该品牌精心开拓的市场受到干扰和威胁，可能会造成直接或间接的经济损失，并影响到品牌在公众中的信誉和形象。

3. 组织标识(徽记)

商标是产品的标识，而徽记则是组织的标识。服务类的组织通常没有物质形式的商品，徽记的作用相对更为突出。徽记包括字体的标识——以特定的、明确的字体造型或字体所衍生出来的图案来表示组织的精神理念或象征组织的经营内容；图形的表现——简洁的图形和抽象化的图案是目前组织徽记设计的一种趋势。

4. 标准色

组织把某一种特定的色彩或者一组色彩系列，统一运用在所有传达信息的媒体上，通过色彩的知觉刺激与心理反应，来表现组织的运营理念和产品的内容特质，这种色彩或色彩系列就被称为标准色。标准色承担着传达组织理念的作用，同时还要尽量符合并突出组织的风格和个性。例如，IBM 公司采用蓝色作为其标准色，传达出 IBM 生产经营高科技产品的理念，体现出 IBM"开拓、创造、顺应时代潮流"的精神，并展现了 IBM 伟岸的"蓝色巨人"形象。

如图 4-1 所示，MI、BI 和 VI 共同构成一个完整的 CIS，彼此间相互联系又相互制约。其中，MI 处于最高层次，它是组织精神的所在，是整个 CIS 设计的核心与灵魂，也被称为"CIS 之心"；它是组织在长期发展中形成的独特价值体系，为整个组织识别系统的运用提供了原动力，决定着 BI 和 VI 的设计和定位。

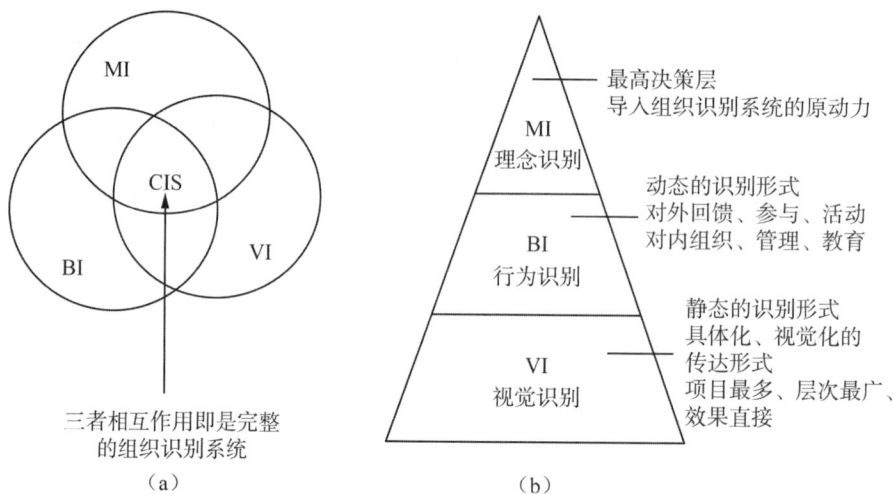

图 4-1　组织识别系统结构图[①]

BI 是在组织理念的指导下建立起来的全体员工的行为准则和工作方法，是 MI 的动态表现形式；MI 的侧重点在于人的要素，是人的主观能动性的反映；BI 通常被称为"CIS 之手"。

VI 则是对组织理念的静态展示，是公众最直接，也最经常接触的组织视觉信息，其侧重点在于物；它承载着 MI、BI 的全部内涵，并通过物体的视觉形象得以表达，也被称为"CIS 之脸"[②]。

第二节　公关形象的作用

一、公关形象是公共关系的核心

对于现代组织来说，社会竞争日趋激烈，而激烈的竞争已经逐渐从价格、产品、服务的竞争进一步延伸至形象、品牌的竞争。正如《美国周刊》中一篇文章所写："在一个富足的社会里，人们都已不太斤斤计较价格；产品的相似之处又多于不同之处。因

---

① 谢红霞、胡斌红：《中国新公关组织形象塑造》，96 页，北京，经济管理出版社，2004。

② 唐雁凌、姜国刚：《公共关系学》，208-211 页，北京，清华大学出版社，2007。

而，公司的形象就变得比产品和价格更为重要。"①不论是在组织内部还是组织外部，成功的公关形象塑造对于组织的促进作用是巨大的。

我们认为，公共关系活动的根本目的就是塑造形象。公关形象是公共关系理论的核心概念，是贯穿公共关系理论与运作的一条主线。而公共关系活动则是塑造、维护和提升公关形象的基本方法和重要手段。

为什么说公关形象是公共关系的核心呢？我们可以从下面两个角度，也就是内在逻辑的角度和历史的角度来分析这个问题。

（一）从内在逻辑的角度看公关形象与公共关系

我们将"公共关系"定义为，社会组织运用战略、管理和传播手段塑造形象，从而优化环境、和谐公众、协调关系，最终实现软实力综合提升的系统思维、方法与艺术。从这个定义可以看到，公共关系是以塑造形象为基本目的的。尽管公共关系最终服务于"实现软实力综合提升"的终极目标，但是公关形象仍是组织软实力的重要来源。实际上，软实力是一种导向力、吸引力和效仿力，而组织能够吸引公众，导向舆论，并且使其他同类组织纷纷向之效仿的能力是以优秀的公关形象为基础的。

从公共关系职能的角度来说，公共关系具有以下五方面的基本职能：舆情采集、形象塑造、咨询建议、传播推广、环境优化。这些职能中，塑造形象可谓是最重要的。良好的组织形象能够帮助组织实现更好的沟通，赢得公众的理解和合作，从根本上促进组织所有公共关系活动的发展。

此外，从概念涵盖面角度来说，公共关系活动过程中有一些基本要素，包括组织、公众、传播等。其中，组织是公共关系活动的主体；公众是公共关系活动的客体；传播是公共关系活动的手段。无论是组织、公众，还是传播，这些概念都无法成为涵盖公共关系过程全部内容的核心概念。而形象的概念却可以对公共关系理论触角进行全方位的涵盖。因为一个组织的公关形象体现了它的社会关系状态和舆论状态的总和。用"塑造公关形象"的概念来描绘公共关系活动的本质是合理的。

（二）从历史的角度看公关形象与公共关系

纵观公共关系发展历史，这是一部以塑造组织形象为主导的发展史。组织形象的塑造走过了一个从自发到自觉、从被动到主动、从单一到全面的过程。有不少学者认为，古代有许多争取民心的活动就是公共关系，但在这些活动中，公众的自主意识比较模糊。换句话说，主体对自身组织形象的塑造比较盲目，带有自发性的色彩。随着社会发展，竞争不断加剧，社会组织对其形象的意识也越来越明晰，组织形象的塑造也由自发逐步过渡到自觉。早期的公共关系活动手段单一，或是直接的人际沟通，或通过新闻媒介进行简单解释、宣传。第二次世界大战以后，围绕组织形象，公共关系的运作方式和全面性有了很大提高。

公共关系的提出始于19世纪的美国，最初是出于政治的需要。例如，竞选总统便充斥着各位竞选者"树立形象"的公共关系活动。具体来说，公共关系的产生，是美国经济发展和社会矛盾交互作用的产物。19世纪末，美国正处于从自由资本主义向垄断资本主义过渡的阶段。伴随着这种历史转变，企业间兼并激烈，大财团垄断了美国60％以上的经济命脉。他们控制政府，呼风唤雨，无视劳工利益，无节制地扩大生产

---

① 唐雁凌、姜国刚：《公共关系学》，9-69页，北京，清华大学出版社，2007。

和榨取工人血汗，从而导致社会公众对垄断财团日渐不满，劳资纠纷频繁。于是，一些有远见的企业家开始意识到公共关系的重要性，纷纷求教于公关专家，希望帮助企业重塑形象，求得公众谅解。就这样，运用各种传媒手段，帮助企业与公众"对话"的公共关系职业应运而生。即便到了现代，无论是组织还是协助组织开展公共关系活动的专业性机构，都是以帮助组织塑造、维护和提升公关形象为公共关系管理的一项主要任务。无论是在公共关系萌芽时期还是在公共关系理论和实践都已高度发达的今天，公关形象问题都是公共关系的核心。

二、对内：增强凝聚力

公关形象对于组织内部的凝聚与和谐来说，是不可忽视的要素，是增强内部向心力和凝聚力的保证。公关形象包括外部形象和内部形象。组织外部形象是针对公众而言的。而组织内部形象是组织内部员工对组织的看法和评价。拥有良好内部形象的组织往往能够通过自身的一系列内部行为使员工对组织产生认同感、归属感和荣誉感，并自愿投身于组织的成长发展。换言之，良好的公关形象是促进组织健康发展的一种重要的精神资源。一方面，公关形象的确立，为组织的经营和运行树立一面旗帜，是组织价值观念和精神理念的集中反映。如美国 IBM 公司提出的"IBM 意味着最佳服务"，日产公司强调的"品不正在于心不正"等，都用简洁的语言对自身形象要求进行了引导和规范。另一方面，良好的公关形象对员工具有巨大的吸引和激励作用。组织内的员工由于各自具有不同的性格特点、思维方式、素质能力和生活经历，如果没有一种统一的精神力量将他们聚集起来，组织内部就无法抱成一团。"一盘散沙"式的组织是不可能获得长远发展的。因此，公关形象就是整合和凝聚员工的"黏合剂"，使员工能向着组织所制定的统一目标前进，并使自己的行为符合组织所提出的统一规范。同时，优秀的公关形象可以使身处其中的员工具有强烈的自豪感。这种自豪感不但使员工获得基本的自信与自尊，而且还可以激发员工的工作热情和进取精神。

三、对外：提升竞争力

公关形象是品牌的重要外在组成部分，建设一个卓越的品牌必须要以良好的公关形象为基础。公关形象也是获得公众认可和支持的砝码，拥有良好形象的组织能够得到更多公众和合作者的青睐，占有比竞争者更具优势的外部资源，也具有更广阔的发展空间。具体来说，公关形象在组织竞争力方面的重要性包括以下两点。

（一）公关形象是品牌重要的外在组成部分

品牌是组织的一种无形资产，其价值远远超过企业的产品、建筑物等有形资产。正如可口可乐公司的高层管理者曾经说过的那样，即使可口可乐公司在一夜之间被大火烧个一干二净，可口可乐还是可以轻轻松松地东山再起。第二天各家银行的贷款部门就会主动上门来向可口可乐公司提供大量的贷款，因为可口可乐具有 360 亿美元的巨额无形资产。公关形象则是品牌一件重要的外衣。公关形象的好坏关系到公众对组织的认可度和忠诚度，因此在很大程度上影响着品牌价值的高低。

相反，如果组织的公关形象急剧恶化，则会给品牌造成巨大的负面影响。2018 年，时尚品牌杜嘉班纳在其发布的某系列广告中大量使用了对华的刻板印象，甚至在广告词上有"辱华"的倾向，一时间，杜嘉班纳在中国的社会声誉迅速崩塌，品牌也遭到了中国消费者的抵制。

因此，对于品牌方而言，注重公关形象运营是十分有必要的，良好的公关形象可以成为品牌对外竞争中的"能量源""救命稻草"，而失败的公关形象则会使品牌声誉面临滑坡式下降。

（二）公关形象是关系到组织生存、发展的重要因素

在现代购买方式中，公众对产品、服务的选择，不仅出于对产品质量和价格的考量，同时也包含对品牌和公关形象的选择。良好的公关形象，会使公众对产品和生产产品的组织产生信任感，从而在纷繁复杂的商品世界中培养对产品的忠诚度。而公众内部的人际交流将会使良好的公关形象获得更广泛的传播，为组织储备一支既忠诚又联系紧密的支持者队伍。除了对公众以外，组织作为社会的一员，价值链的一环，在开展各种生产、经营活动时，也需要与社会中的其他组织、机构进行相关的接触。这些其他组织、机构同样也是公关形象的受众。良好的公关形象可以帮助组织在社会中建立广泛的知名度，享有良好的声誉，为组织获得各方面的协助与合作提供便利。譬如，在信贷过程中，除了财务方面的表现，良好的公关形象和声誉也能使组织与银行之间更好地建立信任关系，从而实现组织的信贷目标。

第三节　公关形象的传播

一、公关形象传播的基本要素

传播形象的塑造并不是完全由公共关系组织单方面决定的，而是一个传者、受者、传播媒介三方互动、共同作用的过程，在各方的协商中形成一个社会普遍认可的公关形象。在这一过程中，我们需要关注公关形象的编码译码、传播过程中每一个信息端点，以及传播路径的形成。

传播学的创立者施拉姆把信息看作一种基本符号，传播实现的前提是双方经验领域具有某种共性。他认为信源能编码，信息传播终端能解码，只能以各方所具有的经验为条件[1]。按这种理解，美国学者菲利普·科特勒（Philip Kotler）在《营销管理》中以基本传播模式为依据，总结了由9个要素组成的严格的信息传播模式，这9个要素包括：信息、媒介、发送者、接收者、编码、译码、反应、反馈和噪声（见图4-2）。科特勒认为，为了使传播有效益，传播者首先需要了解有效传播的功能性传播要素，以及这些要素在传播过程中发挥的不同作用[2]。

从科特勒的传播模式中可以看到，他汲取了现代传播学关于传播过程的理念，认为传播不是一个单向的信息流动过程，而是一个存在反应与反馈的循环过程。接收者对信息作出反应，并通过反馈与发送者形成沟通与交流。而噪声也作为一个客观存在的要素被引入过程模式中。各种形式的噪声存在于传播过程的各个环节中，广泛地影

① 威尔伯·施拉姆、威廉·波特：《传播学概论》，陈亮、周立方、李启译，20页，北京，新华出版社，1984。

② 菲利普·科特勒、凯文·莱恩·凯勒：《营销管理（第14版·全球版）》，王永贵等译，520页，北京，中国人民大学出版社，2012。

响着信息编码、解码、反应和反馈等。也可以说，噪声是破坏和影响品牌传播过程中信息一致性的最大因素。

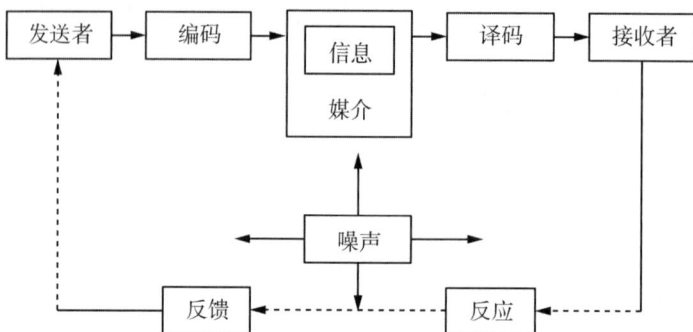

图 4-2　科特勒信息传播模式

公关形象的传播当然也不能脱离一般传播模式，它与一般传播模式在很大程度上具有共性。组织形象的传播也离不开这些基本要素。

(一)公关形象传播者

公关形象传播者包括组织本身和代理组织形象传播的专门机构。组织本身和代理者都是组织形象有效传播的成功关键。组织本身一般是传播活动的发起人，它们提供用于公关形象传播的资金，并承担制订传播计划及最终执行计划的主要任务。而这些工作也可以通过各种类型的专门代理机构来完成。代理机构的分类繁多，各种代理公司履行的职能几乎可以覆盖组织形象传播所需渠道的全部方面，如公关公司、广告公司、促销服务公司等。组织和代理者之间的角色分工和相互关系如图 4-3 所示。

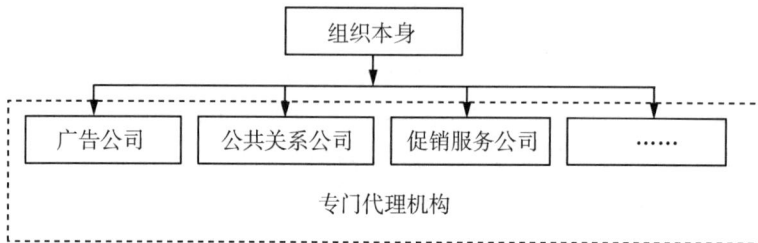

图 4-3　公关形象传播者之间的关系

(二)公关形象传播的信息

公关形象传播的信息即组织希望通过媒介或传播活动凸显的公关形象维度，包括产品形象、成员形象、环境形象、文化形象、企业形象等。组织的公关形象传播是否能符合预期，除了受信息本身的质量影响之外，还取决于选取的传播媒介的特征以及传播者的编码和受众的解码是否能达成高度的一致。

(三)公关形象信息编码

所谓编码就是信息发送者通过一定的符号形式(语言、图像、声音等)来代表其所传达信息的过程。对公关形象信息进行编码是公关形象策划的一个主要方面。编码后的信息就是传播者展示给受众的信息，也是决定受众对公关形象的印象的关键因素。公关形象的信息编码既是一门科学，也是一门艺术。编码在传播实践中也被称为传播策划。优秀的传播策划往往能成为决定公关形象成功传播，或改变公关形象命运的关键。而失败的传播方案则会成为组织的负担。

　　信息内容的编码形式丰富多样，具体来说，主要考虑的是传播诉求与表现方式两个方面。传播诉求是用于吸引受众注意力和影响其对公关形象感受的一种方式，包括功能性、情感性，以及功能性与情感性混合的诉求。功能性诉求重视受众对组织产品或服务的实用性与理性的需求，强调产品或服务能够满足受众特定需求的功能。功能性诉求最主要的类型包括产品特征、竞争优势、价格、新闻、产品与服务的普及性等。情感性诉求则建立在受众对组织及组织产品或服务产生的感性心理需求的基础之上。有研究表明，情感性诉求宣传要比非情感性诉求宣传更加令人记忆深刻，情感性诉求宣传所表现的积极心理状态能够使受众对组织产生有利的评价。当然，功能性诉求与情感性诉求都不是传播诉求的唯一选择。在许多情况下，传播者要将两种诉求相结合。在确认了公关形象信息的传播诉求后，传播者仍需要在此前提下，通过适当的方式对信息内容进行表现。对信息内容的表现需要将图像、色彩、文字等视觉元素，语言、声音等听觉元素，甚至嗅觉、味觉等其他元素进行整合与组织，从而完成对公关形象信息的编码工作。

（四）公关形象传播媒介

　　在公关形象传播的过程中，有一个地位重要而又特殊的中介物即传播媒介。媒介是使信息从传播者流向受众的通道。对媒介的选择并非一个简单的过程，因为媒介策略将最终影响公关形象传播的效果。

　　一般来说，公关形象传播媒介包括人际媒介和非人际媒介。人际媒介主要通过人与人之间的直接接触进行传播，如人员推销、电话推销、消费者俱乐部等。而非人际媒介的种类十分丰富，并且随着传播技术与营销方式的变化演进不断繁衍出新的类型。非人际媒介可以包括传统电波媒体（电视、广播）、印刷媒体（报纸、杂志、书籍等）、新媒体（网络、移动传媒等）、户外媒体、售点广告、直邮广告等。各种传播媒介都有其不同的特点，在表达信息内容和与受众接触时也表现出各自的优缺点。因此，传播者在制定媒介策略时，必须要考虑组织和媒体自身等各方面的因素，作出一个综合的判断。

（五）公关形象信息译码

　　所谓译码即将传播者发送的信息还原为可确切感知的思想的过程。公关形象信息的译码过程也是受众对原始信息进行重新加工的一个过程，这个过程分解开来，可以包括受众对信息的获得、选择、组织以及解释。受众对信息的译码受到受众自身以及周围环境等各方面因素的影响，因此译码后的信息与原始信息之间存在一定程度的偏差。这也是受众对一些信息产生误读的原因。

（六）公关形象信息受众

　　公关形象信息的接收者一般是组织的目标受众、现有受众或潜在受众。受众和大众一样是一些零散的、无组织的个体的集合，但是与大众不同的是，公关形象的受众往往表现出一些相同或近似的特征，如消费需求、品位和偏好等。这为传播者研究受众的购买心理和决策行为，并建立与受众之间的连接留下了丰富的线索。成功的传播规则始于对受众的了解。传播活动的策划者们往往从确认市场、分析目标消费者和组织之间的关系时开始，来了解受众对公关形象信息的接收和反应状况。

(七)公关形象信息反馈

反馈是指信息的接收方将加工后的信息传递回发送方的行为，如受众对组织服务的好评或投诉等。反馈的引入是传播过程研究中的一个重大发现。它改变了以往直线、单向的过程模式，使传播过程成为一个信息循环流动的过程，更精确地描述了信息运动的实际状态。

在公关形象传播实践中，受众对传播者的信息反馈同样是一个重要而相对独立的环节。这一环节存在的重要性不仅在于更好地解释了公关形象信息运动的过程，更在于描述和肯定了传播者与受众之间的信息权力分配状况，和各自在传播活动过程中的实际地位。

(八)公关形象噪声

噪声是信息传播过程中出现的计划外的信息干扰或歪曲。噪声是影响公关形象传播效果的元凶之一，对噪声的发现和排除是对公关形象信息进行有效传播的保障。噪声的表现形式包括：①信息干扰，如组织竞争对手的高频次宣传；②信息冗余，如反复高频出现已经超出受众接受限度的信息；③信息误读，如含混不清的公关形象信息内容使受众对信息的理解歪曲；④信息受拒，如受众对不感兴趣的信息进行选择性过滤等。

二、公关形象传播的过程

(一)公关形象传播中的三个信息端点

随着以受众为核心驱动力的市场的出现，受众逐渐掌握了信息传播的控制权，开始成为传播活动成败的决定者。组织传播者需要建立互动的传播系统来联系受众。在互动的过程中，传统的传播者与消费者以及相关利益者之间的角色发生了相互转换。这种转换预示着信息的传播者和受众之间的力量对比和信息地位趋向一种新的平衡。

我们认为，在公关形象传播过程中，实际上存在三大行为主体，即三个信息端点：公关形象的传播者、公关形象的传播媒介以及公关形象信息的受众。除了传播者和受众，实际上传播媒介在公关形象传播过程中并非单纯作为传播渠道而被动存在的。在许多公关形象传播的实践活动中，传播媒介也参与了信息的编码过程，与传播者一起将编码后的信息传递给受众。

这是因为，在实际的传播活动中，传播者在选择传播媒介，同时传播媒介也在对传播者进行审核和挑选。在媒体自身品牌化发展的趋势下，传播者与媒体之间并非仅限于简单的利益关系，对于依赖受众关注而生存的媒体而言，对传播者的选择同样是媒体发展策略中的关键。

而除了有意识地选择和干预信息传播，媒体在无形当中也参与了公关形象信息的重新编译过程。有研究发现，媒体自身所携带的信息如媒介的定位、公信力等因素将在一定程度上影响受众对公关形象信息的解读。传播者选择了传播媒体后，媒体的自身信息将与公关形象的原始信息一起构成一种面向受众的新信息。在这个意义上，公关形象的传播媒介不是作为单纯的中介介质存在，而是在信息的流动中对信息重新进行了编码。因此，无论媒体是有意还是无意地参与了信息重建，媒体在公关形象传播过程中的主体性地位都必须被重新认识和重新定位。基于以上原因，我们将公关形象传播过程界定为公关形象信息在三个信息端点，即传播者、传播媒介和受众之间进行流动的过程，如图 4-4 所示。

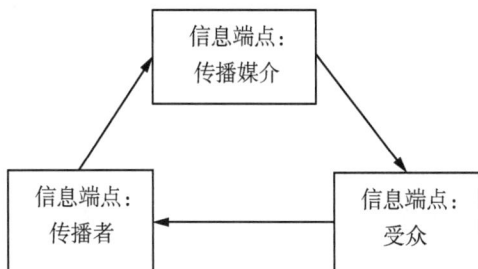

图 4-4　公关形象传播过程

(二)公关形象传播过程的三个阶段

公关形象信息每从一个信息端点流向另一个信息端点时，都构成公关形象传播过程中的一个阶段。以下将对每个阶段公关形象传播过程的特点进行分析。

1. 第一阶段：从传播者到传播媒介

如前面所提到的，传播者包括组织本身和专门性的形象传播代理机构。公关形象信息最初的编码过程是由组织本身和代理机构共同完成的。这个过程包括传播者对公关形象信息的整合过程，以及对传播媒介和渠道的选择。因为最后的信息要借由特定的媒介语言进行编制，才能形成可用于传播的公关形象信息内容。

通常情况下，组织需要基于确定的形象传播目标制定一定的传播策略，并在代理机构的帮助下完成信息的初步整合。而初步整合后的信息由代理机构提交给组织时，通常组织内部会继续对其进行相应的调整，最终才能确立用于对外传播的公关形象信息。

以美的空调为例，1997 年年底，美的空调通过市场调研，开发了 69 款新产品。为了获得市场成功，美的聘请了英国的一家老牌广告公司——SAATCHI & SAATCHI 公司作为 1998 年度美的的合作伙伴，全面负责市场推广中的传播策划。美的认为这次推广的目的是建立品牌的领导地位，在完成销售目标的基础上进行全方位的品牌提升。SAATCHI-SAATCHI 公司分析了美的 1997 年以前的行业状况，在对其主要目标对手的广告运动进行分析后，确立了美的在 1998 年的形象和个性方案，几经商讨后达成以下共识：消费者购买空调的主要目的是提高生活质量；美的的承诺就是：用了美的空调后发现"原来生活可以更美的"，以此作为与消费者沟通的语言；美的的形象定位是："消费者最想拥有的空调"；假设美的空调是一个人，应该说是"具有领导气质，永不追随别人，技术领先，不断进步"。为了解决技术语言障碍，美的的感性代言人选用生活在寒冷地带的北极熊，推广策略方针是：为了今天的销售和明天的品牌，利用新产品的独特卖点，建立卓越的品牌。[①]

而在制定传播媒体策略的环节中，传播者需要在调研的基础上，确定媒体策略的影响因素，并通过量化和经验的方法来确定传播的媒介和渠道。还是以美的的品牌形象塑造和推广活动为例，美的品牌 1998 年的推广活动包括广告、促销、公关、软性广告和现场推广等多种形式。除了在各大媒体刊登、播放广告以外，美的在各地开展了"美的空调，关心社会、回报社会"的公共关系活动，同时还举办了"真情你我，美的家

---

① 卫军英：《整合营销传播理论与实务》，55-57 页，北京，首都经济贸易大学出版社，2006。

庭"促销活动，并在全国聘请了大量现场推广人员。在美的的推广活动中，现场推广同样是很重要的环节。美的空调现场推广主要抓两方面：一是现场展示，二是现场接触管理。通过以上方式，美的逐步建立了知名度和美誉度，使良好的公关形象深入人心。1998 年空调市场旺季接近尾声时，美的聘请了专业调研公司衡量工作成效，发现美的广告接触率增幅最大；美的知名度提高了 30％；"美的熊"是公众最喜欢的空调吉祥物；现场购买率为 35％，全国排名第一。美的顺利实现了此次推广活动的既定目标。[①]

通过对第一阶段的分析，可以将该阶段公关形象信息的流动状况描述如图 4-5 所示。

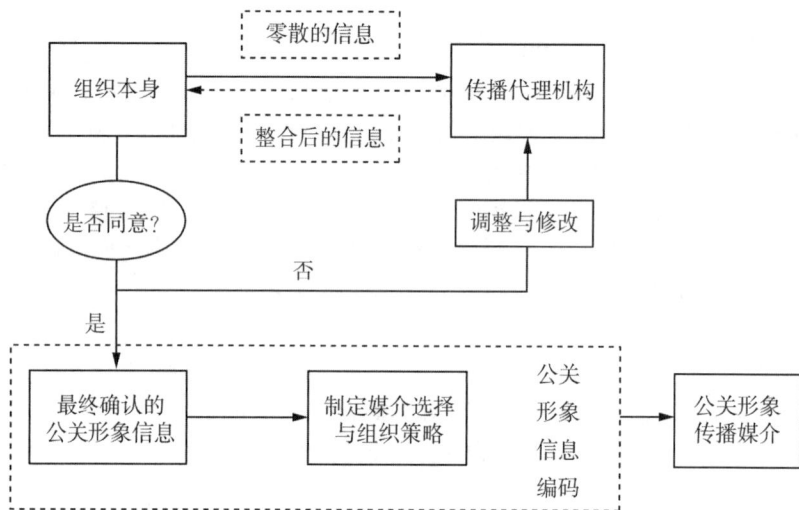

图 4-5　第一阶段的公关形象信息流动过程

2. 第二阶段：从传播媒介到受众

在这一阶段中，信息经历从传播媒介流向受众的过程。在这个过程中，公关形象传播媒介和受众分别是两个独立的行为主体。媒介和受众都将对公关形象信息的流动产生直接的影响。

对公关形象原始信息的选择和再加工既是媒介的使命，尤其是作为公共舆论喉舌的大众传播媒介的使命，也是媒介传播内在机制的规定。因为一方面，在当前的媒介竞争环境下，媒体有走品牌化发展道路的需求，不同的媒体有各自的品牌定位和形象。为了维护这种定位与形象，媒体需要对其传播的公关形象信息进行选择甚至加工。例如，大众传播媒介为了维护和提高媒体的公信力，只选择在受众当中已有较强的影响力和较好形象的组织进行传播，而排除一些与其自身形象与定位不符合的品牌。又如，一些风格严谨的大众传播媒体一般不刊登有虚假信息的内容等。另一方面，媒体自身所携带的信息会与公关形象信息一起影响受众对组织的认知和态度。例如，在中央电视台黄金时间播出广告的企业会被公众认为是有实力的、信誉度较高的企业；具有较高公信力的媒体也会提高受众对组织的信任度等。当然，除此之外还有其他一些原因

---

①　卫军英：《整合营销传播理论与实务》，58-60 页，北京，首都经济贸易大学出版社，2006。

影响着媒体对公关形象信息的选择和加工，比如与某企业确立合作关系的媒体承诺不传播该企业主要竞争者的相关形象宣传信息等。

而对受众来说，对传播媒介的接触将使各种公关形象信息蜂拥而来，但并非所有信息都能通过媒介顺利到达受众。即使到达，信息能否产生效果，以及能够产生什么样的效果也是有很大差异的。也就是说，在公关形象信息译码的过程中也会产生许多方式的信息流向。

在这个环节中，一方面，受众将受到各种内、外部因素的影响产生"把关"行为。这种"把关"行为具体表现为选择性注意、选择性理解和选择性记忆。选择性注意是受众信息接触中的第一道屏障。受众在面对众多信息时，都会出现两种反应：一种是忽略与己无关的信息；另一种是回避与预存立场矛盾的信息，而只注意与接受图式相吻合的接收对象，以达成一种心理平衡。选择性理解是选择性注意的进一步延伸。在这个过程中，受众根据自己的加工和评价对公关形象信息作出适合自己的判断。选择性记忆则说明受众往往只记住那些有意义的、符合需要的和自己愿意记住的信息，而忽略或抵制那些无意义的、无用处的和不愿意记住的信息。

另一方面，在受众内部存在"两级传播"的信息流动形式。传播学先驱保罗·拉扎斯菲尔德(Paul Lazarsfeld)在研究受众的时候，曾经提出过"两级传播理论"。他认为大众传播的影响并不是直接"流"向一般受众，而是分为两级进行的：第一级是媒介把信息传递给特殊的受众——意见领袖；第二级是从意见领袖通过人际传播把信息传递给大多数的受众，即从大众传播→意见领袖→一般受众。[①] 在公关形象信息的流动过程中同样存在着这样的状况。也就是说，在公关形象信息的解码过程中，受众当中的意见领袖——"核心受众"对其他"一般受众"的公关形象认知和态度将产生一定程度的影响。一般受众对信息的理解是建立在核心受众对信息的理解和对其他人的影响力度的基础上的。

这个阶段中的公关形象信息流动情况如图 4-6 所示。

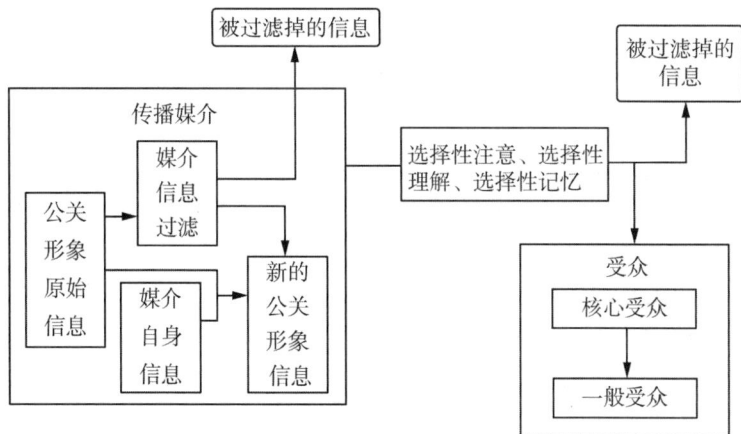

图 4-6　第二阶段的公关形象信息流动过程

---

① 刘强：《传播学受众理论论略》，载《西北师大学报(社会科学版)》，1997(06)：97-101。

3. 第三阶段：从受众到传播者

在公关形象信息流动的第三阶段，信息从受众重新回到传播者面前，也就是一般所谓的信息反馈过程。传播者往往把建立在受众与组织之间的关系作为传播活动的价值核心，因此建立了双向传播渠道。它不仅发送信息而且还接受信息反馈，并把这种信息的双向流动构成一个循环系统。但值得注意的是，受众反馈的信息内容与传播者所传递的信息已经不是由同一信源发出的信息，因此在内容上也与传播者所发出的信息内容无直接的继承关系，但是这两组信息的流动却形成了受众与传播者之间双向互动的对话。

任何有目的的对话都应该体现出一种互动机制。为了保证传播系统中的互动交流，"5R"可以说是不可或缺的基本要素。"5R"同时着眼于受众和传播者两个方面。对受众来说，他们寻求的是追索(recourse)、认可(recognition)和响应(responsiveness)；而对传播者来说，只有采用尊重(respect)的态度才能强化(reinforce)受众的支持。

反馈的过程看似是由受众扮演了信源的角色，主动进行了信息的传送，其实则不然。因为受众是一些零散和无组织的个体，尽管由于一些共同的需求和偏好成为某些组织的产品或服务的消费者，但是其无组织性的特点仍然无法彻底改变。因此，要获得丰富有用的反馈信息，传播者不能坐等受众的信息传送，而应该主动开辟反馈渠道，建立反馈机制，并主动搜索和寻求受众的反馈信息。在公关形象传播实践中也是如此，传播者往往需要组织一定规模的受众调查才能获得比较多的反馈意见，而受众自动传送的反馈信息往往仅涉及投诉、咨询等特殊性和个体化的信息。

第三阶段的公关形象信息流动状况如图 4-7 所示。

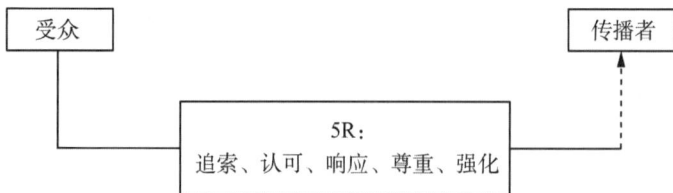

图 4-7　第三阶段的公关形象信息流动过程

通过对上述公关形象传播过程三个阶段的详细分解，再加入噪声对各个信息传播环节的影响，可以构建出公关形象传播的内在模式，如图 4-8 所示。这个公关形象传播的内在模式将公关形象的传播者、公关形象的传播媒介和公关形象信息的受众视为三个信息端点，大致上描述了公关形象信息在这三个端点之间的流动状况。它所描述的是公关形象传播这种特殊的传播类型的特点，因而在每个阶段中，都有只适用于公关形象传播而非一般传播的独特现象。当然，这个公关形象传播的内在模式是在逻辑分析的基础上获得的，而现实中的公关形象传播实践活动虽然也遵循这样一种思维逻辑，但是却比这个模式要复杂许多。模式只能提供一种思考的方向，但不能完全反映事实。这也是这个过程模式的局限性所在。

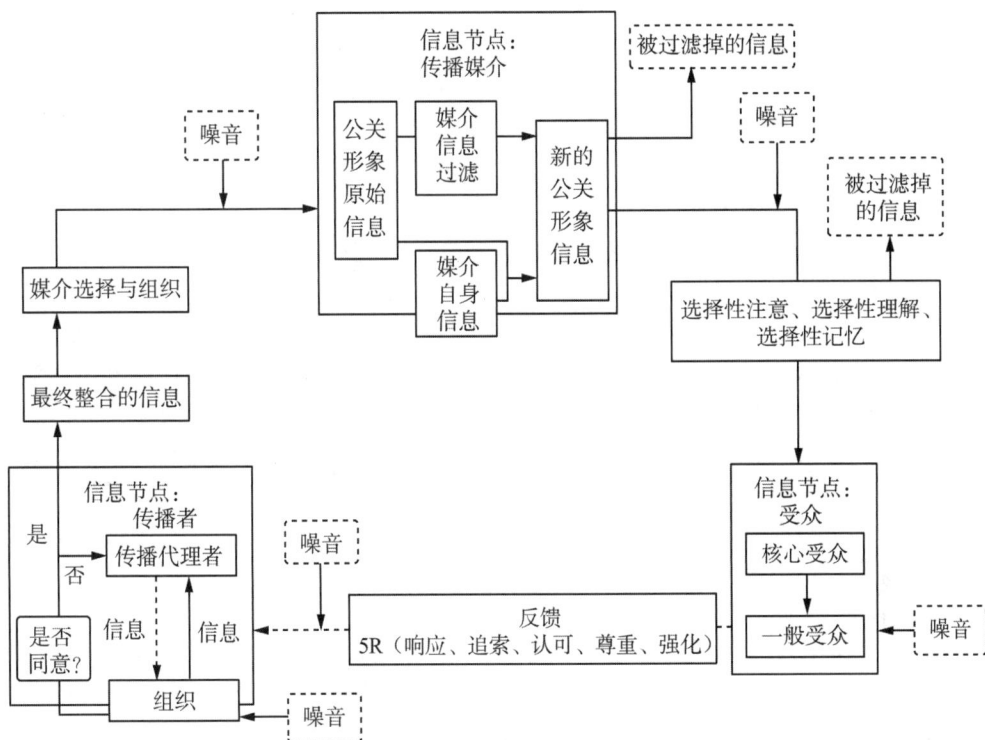

图 4-8　公关形象传播的内在模式

第四节　公关形象的塑造

一、初创期形象的打造

公关形象的建立不是一个"一次到位"的过程，而是一个阶段性、动态的过程。一方面，一个组织的不同发展阶段面临不同的社会环境、运行现状，因此不可能在不同的发展时期使用完全一致的公关形象，而是要根据现实情况进行调整；另一方面，建立一个深受公众认可的总的公关形象不是一朝一夕的事情，而是要经过漫长的数个阶段的塑造之后，才能深入人心。

组织的初创期是指组织建立之初，尚未在公众心目中形成坚实的公关形象，组织的知名度和美誉度较低，尚未在行业内稳定占有一席之位的这一个时期。对于处于这一时期的组织来说，如何让公众"认识自己"是组织能否顺利生存下来的重要前提之一，因此对于初创期公关形象的打造，需要反复斟酌，力求有效、精准。

(一)充分的前期调查

建立公关形象不能"拍脑袋""想到一出是一出"，必须经过复杂、严谨的前期调研和论证。

从调查程序上来看，建立公关形象前的调查常常委托专业的咨询、调研公司开展，采用社会学的研究方法(如访谈法、问卷法等)进行调研，邀请行业专家进行科学论证。

从调查对象看来，建立公关形象前的调查分为组织内部调查和组织外部调查。组织内部调查指针对组织内部的领导、员工进行调查，询问他们认同的、认知的组织形象、理念以及对于组织内部现状的看法。综合这些内部的调查结果，有利于建立的公关形象最大限度地展现组织的风貌、贴合组织的品位，同时也能最大限度地被组织成员所认可。组织外部调查指针对外界公众、市场环境、社会环境的调查，通过这些调查寻找建立公关形象的落脚点。

从调查目标来看，建立公关形象的前期调查主要关注以下三点。

1. 目标人群

目标人群，即组织建立的公关形象针对的主要人群，对于政府部门来说，是本国、管辖区域内的群众；对于社会组织来说，是与该组织活动密切相关的社会群体；对于企业来说，是该企业的目标消费群体。找准目标人群，选择目标人群最能接受的元素树立形象，才能使公关形象的传达行之有效。哔哩哔哩（Bilibili）是当下受年轻人欢迎的知名视频网站之一，其网站名来源于深受年轻人喜爱的热门动漫《某科学的超电磁炮》中女主人公使用超能力时的"电流声"。哔哩哔哩凭借这一形象的建立迅速拉近了与年轻群体的距离，逐渐成为年轻用户聚集的弹幕视频网站之一。

2. 形象定位

对于一些新兴企业来说，在逐渐饱和的市场中找到属于自己的市场定位，并根据这一定位设计能被广泛接受的公关形象是一件极为困难的事情。因此建立公关形象前的调查应重点关注企业的市场定位，了解受众需求，对市场进行进一步细分，寻找其中尚未被建构为公关形象的部分。如小米公司建立之初，面对国内手机厂商流行的"高端化""高科技化""时尚化"形象路线，小米选择打造"低价但不低端"的形象，提出了"年轻人的第一台手机"的口号，为产品的低价实惠找到了落脚点，同时又结合年轻人追求时尚和科技感的品位，在找准企业定位的同时塑造了成功的公关形象。

3. 组织理念

组织理念是一个组织在日常运营以及对外宣传时依据的核心观念和精神，它既是组织内部成员共同认可、遵循的指导精神，也是一个组织向公众展现的公关形象中的文化观念部分。

对于处于初创期的组织来说，构想一个有新意的、不与其他现有组织理念相冲突的理念是十分重要的，这也是前期调查需要关注的部分。前期调查应明晰目标受众的现实需求，同时要了解类似组织已提出的观念理念，避免重复。

组织理念还应当来自组织内部的调查，如果组织构想的理念连组织内部成员都不熟悉，不能认同、践行，那么这样的理念很难在组织中得到稳固，自然也难以让外部受众接受。

（二）传播精准的形象定位

明确应当传播的公关形象之后，便需要做到传播的精准化，否则无法在公众心目中形成稳定的公关形象。

一方面，需要选择有识别性、能够反映组织公关形象的视觉识别系统，如标志、标语、口号、包装、主题色等，这些元素应当体现出组织个性，能够让人一眼识别出这是属于该组织的形象。许多新兴的快餐店在形象识别元素上采用与麦当劳、肯德基类似的颜色和表述，一时间如雨后春笋般出现了"麦×肯""麦×鸡"等类似品牌名，意图"借东风"，然而实际上却没有形成自己的特色形象、没有体现出自身的理念，还有被当作"山寨品牌"之嫌。

另一方面，在公关形象的构建实践中需要做到严谨、统一、准确，形象表述不一致的情况会给组织本身带来一定的负面影响。例如，煮饭婶品牌在产品上采用的品牌英文名没有统一，既有"cooking aunt"，也有"cook your aunt"，这样不太准确的翻译导致该品牌受到消费者质疑，认为是假冒产品，给该品牌的形象造成了负面影响。

(三)塑造良好的公众评价

一个组织新提出的公关形象并不一定完全能被公众接受。公众对于初创期的公关形象常常是谨慎的、不信任的，人们更倾向于认同那些同类型的、拥有成熟公关形象的组织以降低不确定性。因此，初创期的组织有必要采取一系列行动塑造良好的公众评价，提升知名度和美誉度。

知名度即人们了解某组织以及该组织公关形象的程度。知名度的高低一方面取决于组织自身运营情况的好坏；另一方面依赖于组织投放的广告、开展的公共关系活动能否吸引受众的注意力或引爆话题。美国家庭人寿保险公司（Aflac）起初的知名度并不高，后来该公司引入一只可爱的小鸭子作为形象代表，投入各种广告和活动中，这只小鸭子什么也不干，只是不停地"嘎嘎叫"，这样趣味的设计迅速让其成为一种大众文化现象，该公司在美国的品牌知名度也逐渐上升。知名度可以是"美名"，也可以是"恶名"，对于初创组织来说，要谨慎使用利用噱头、炒作来提升知名度的策略，一些违背社会公序良俗的品牌形象塑造会起到反效果。

处于初创期的组织在公关形象上除了追求知名度外，还应追求美誉度。美誉度是社会公众给予某组织以及该组织的公关形象正面评价的程度。组织应当通过良性运营、采用正面宣传、承担社会责任的方式提升美誉度。

二、成熟期形象的强化

组织的成熟期是指组织已经具有较高的知名度、美誉度，具有公众普遍认可的、稳定的公关形象的这一阶段。组织进入成熟期并不意味着公关形象就不需要改变或调整了，相反，公关形象只有因时而变、因势而变，才能跟上时代的发展变化，才能稳固当下的公关形象位置。此外，公关形象在实践中难免会出现挑战和误解，因而组织在成熟期还需要注意对公关形象的完善和扬弃。

(一)公关形象位置的维持

当组织进入成熟期，公关形象形成一定的定位后，还需要通过常规化的公共关系活动维持其公关形象，如处于领先位置的互联网企业常牵头组织"网络大会""AI大会"等活动；电子游戏企业定期推出游戏发布会、参加游戏展等；运动用品企业常态化赞助大型体育赛事等。通过这些常态化的公共关系活动、常态化的形象展现，组织能够在公众面前保持形象热度、加深公众对组织公关形象的感知和认同。

在某一行业内公关形象稍弱的组织，通过持续性、常态化的公共关系活动可以改善、提升公关形象，同样的，较少开展公共关系活动、减少宣传投入的组织，其公关形象哪怕一度处于优势位置，也可能会造成公关形象的削弱。公众对于公关形象的认知不是一成不变的，组织与公众间的关系通过常态化的活动和沟通进行维护，也会影响到公关形象的改变，组织积极应对则进，消极应对则退。

(二)标志性的活动产生质的飞跃

处于成熟期的组织开展各种公共关系活动，其目的不仅仅是维持现有的公关形象，防止其倒退。实际上，安排得当的标志性活动还会将公众对组织的认知推向一个新的高度，实现公关形象的飞跃性提升。

索尼是全球最大的消费电子企业之一，谈起索尼，多数人想到的是索尼公司生产的音响、耳机、相机等电子产品，对于索尼公司的产业构成、技术实力、经营状况等信息却了解有限。索尼公司一年一度举办的 SONY EXPO 展会给公众提供了一个了解索尼公司的渠道，在这个展会上，公众不仅可以体验到索尼公司生产的各种最新产品，还可以了解到更多关于索尼的研发信息，如音频领域的"Hi-Res"标准、蓝牙耳机上的无损音频协议技术、许多摄影设备安装的图像传感器皆出自索尼公司；还有许多观众通过展会第一次知道索尼还拥有全球最大的唱片公司与全球最大的电影公司；微博上曾有一个话题为"今天索尼破产了吗"，虽然本意是网友戏谑，但不少网友却信以为真，通过 SONY EXPO 展会，观众了解到实际上索尼公司经营状况良好……通过 SONY EXPO 展会，索尼公司对自身的公关形象进行了完善和提升，将公关形象由"生产电子产品的公司"向"高技术力""大型影音企业"的形象转变。

(三)对现有公关形象的调整

处于成熟期的组织的公关形象并不是完美无缺的，根据过去的经验和教训以及当下的社会情况，组织还应从如下几个方面对公关形象进行调整。

1. 组织理念

组织理念的制定受当时的组织背景和时代背景影响，进入新的历史时期，组织理念应当进行相应更新，以适应组织新的运营环境和公众期许。自然堂是建立于 2001 年的化妆品品牌，其品牌理念为"你本来就很美"。为了能够吸引新一代年轻群体，自然堂对自身品牌进行年轻化升级，考虑到新时代的年轻人追求个性、外观造型上求新求异，自然堂提出了新的品牌理念——"你的不同很美"，在公关宣发上突出年轻群体的个性化爱好，倡导对年轻人爱好的包容。该品牌理念的升级更好地适配了品牌的目标受众，对品牌的公关形象赋予了新的内涵。

组织理念的调整同样需要处理好其中的一些矛盾，一是组织内部成员是否能够接受、理解、认同、践行调整后的组织理念；二是外界公众能否认同调整后的组织理念，因此组织理念的调整不应"步子迈太大"，或是前后理念调性差距过大。

2. 组织成员形象的更新

组织成员形象也是公关形象的重要体现，随着时代的发展，一些行业对于组织成员形象的要求也越来越高，不仅包括外在形象的更新，如员工制服的调整迭代，还包括组织成员素质的提升。因此，一些企业组织员工外出培训，同时在招聘要求上逐渐提高，以确保组织成员能适应新时期的需求，展现出不同的风貌。

随着互联网时代的到来、社交媒体的普及，过去较少现身的组织领导、精英也通过社交媒体与公众直接或间接地互动，从"后台"走向"前台"，其中包括政府部门的官员、社会组织的负责人、企业的高层管理者等，他们通过自身个人形象的展现来对其代表的组织形象进行补充和完善。

3. 公关形象的矫正

处于成熟期的组织，虽然已经成功将公关形象牢固地树立起来，其中既包括正向、积极的形象，也包括负面的或是被公众误解的部分，需要对偏离组织预期公关形象的部分进行矫正。

任天堂是电子游戏业界的"巨头"，1983 年，任天堂推出了新一代家用游戏机"Family Computer"，47 万台机器很快销售一空，然而不久以后，任天堂接到了大量关于"Family Computer"故障的投诉，原来是机器的一个 BUG 导致处理数据时宕机，只要召回机器对线路进行修改便可以解决，然而时值圣诞时期，如果任天堂对机器进行召回，便会错过销售旺季，当时任天堂社长山内溥最终决定召回产品，任天堂也因此直接损失 15 亿日元，但却在消费者心目中树立了良好的企业形象和口碑，避免了品牌危机。数十年过去，如今任天堂仍然是游戏业界的龙头企业，深受游戏爱好者信任。

对于负面形象适当的处理，有时会给组织带来良好的口碑，对于处于成熟期的企业来说，更应该珍惜来之不易的正面公关形象，对于公关危机果断作出回应。

三、转型期形象的重塑

进入转型期的组织，其公关形象已经充分在公众心目中固定下来，几乎不会发生大的改变，但由于组织发展的需要，必须要对公关形象进行调整，因此便进入转型期公关形象的重塑阶段。这里的重塑，不是指对原有公关形象的"推倒重来"，而是在原有稳定、广为人知的公关形象的基础之上进行调整和改良，可以说，是"站在巨人的肩膀上"开启新的公关形象塑造过程。

(一)与原有公关形象既有对接也有差异

组织转型期公关形象的改变，与原有形象相比，既有对接的部分，也有存在差异的部分。按照转型程度的大小，公关形象的转型可以分为小转型和大转型两种情况。

小转型指的是组织业务并没有发生太大的改变，但为了使组织的公关形象适应新阶段的组织发展需要，对公关形象进行转型，转型后的公关形象仍以原有形象为主要组成部分，但与原有形象相比，其内涵已发生一定改变。例如，创立于 1873 年的日本小西六写真工业公司旗下拥有小西六、优美、柯尼卡、樱花四个品牌，曾一度占有日本 80% 的胶卷、相机市场，然而随着柯达、富士等品牌用统一的品牌形象加入相机胶卷市场的争夺，小西六分散的品牌形象布局逐渐乏力，失去了大量的市场份额。在这样的情况下，小西六公司果断将旗下四个品牌合为柯尼卡这一个品牌，并且将公司名称也更名为柯尼卡公司，这样的变动迅速挽救了公司，逐渐将其拉回市场中原有的龙头位置[①]。小西六果断精简了旗下其他三个历史悠久的品牌，"劲往一处使"，专注塑造柯尼卡这一种公关形象，可谓迈出了形象转型的关键一步，但这一新形象与旧形象一脉相承，新形象的成功与旧有形象积累下的良好口碑息息相关，既有变革，又有传承。

大转型指组织业务发生较大改变，组织公关形象的外在表现发生较大改变，但由于旧有公关形象深入人心，对新公关形象的形成具有促进作用。华为的公关形象调整是大转型的一个典型例子。华为最初是一家通信企业，进入 21 世纪后，华为开展了消费者和企业业务，进入手机市场，成为全球最大的通信公司。如今，华为开始进军汽车市场，其开发的智能汽车智能化程度高，上市的首款智能汽车仅发售两天，销售额便达到 6.3 亿元。华为的业务发生了转型，公关形象也因此发生了变化，但由于公众

---

① 白玉、王基建：《企业形象策划》，400-401 页，武汉，武汉理工大学出版社，2003。

对于华为的"高技术水平"这一形象的牢固认知，使得华为的新形象仍然受到人们信赖，其进入市场的新产品得到了较高的关注度。

无论小转型还是大转型，旧有形象对新公关形象的影响都是不可忽视的，转型期组织的公关形象塑造应注重对旧有形象的传承，谨慎追求过于激进、巨大的形象变化。

(二)公关形象界域的拓展

转型期组织公关形象的转变不一定拘泥于本领域，而是可以运用跨界的思维，不断扩展公关形象的界域。一方面，可以在现有公关形象的基础上加入新潮元素作为尝试，如华硕笔记本电脑推出了"天选"子品牌，"天选"笔记本电脑针对喜爱"二次元"文化的年轻群体。与华硕的其他笔记本电脑相比，"天选"笔记本电脑采用了新颖的蓝白配色，并设计了动漫角色作为品牌的形象代言人，一时间该系列笔记本电脑受到了人们的关注。

另一方面，可以通过举办包容性更强的公共关系活动来拓展公关形象的边界，将人们意想不到的形象要素引入现有公关形象中，使得公关形象年轻化、创意化。雪碧是老牌的饮料品牌，人们对于雪碧的品牌认知是清凉的柠檬味汽水，然而雪碧品牌开展的一系列品牌跨界活动改变了人们的这种固有看法，提升了品牌形象的新意。例如，雪碧和力士联名，推出碳酸沐浴慕斯，产品内含碳酸发生剂和冰泉水，通过触觉还原雪碧的口感；雪碧与单身粮、黄小厨联名推出雪碧拌面，两万份拌面瞬间售光；雪碧还与白酒品牌江小白联名，一方面推出白酒柠檬风味汽水，另一方面推出柠檬气泡酒，一时间成为话题。

与单纯建立新的公关形象相比，旧有公关形象引入新元素能够起到更佳的效果，一方面是因为先前公关形象的赋能，另一方面是因为受众能够看见公关形象转型中体现的新意，从而使公关形象重获生机。

(三)形象转型中的角色改变

公关形象不转型不代表一定会失败，同样，公关形象转型也不代表一定能成功。公关形象的转型代表着向新的领域进发，在这个过程中挑战与机遇并存。在既有领域存在优势不代表在新的领域就能获得成功。组织成员应当调整好心态，将身份由领先者调整为挑战者，谨慎作出决策。

格力电器在空调领域是毫无疑问的龙头企业，格力空调的公关形象深入人心，然而其形象转型的过程并不顺利，其推出的格力智能小家电在推出时销量并不高，随后推出的以"遥控家居"为定位的格力手机在功能和技术上也不能很好地满足消费者对智能手机的需求。

案例研读 & 文献阅读

扫一扫，看资源

第五章　公共关系的运营流程：
四步工作法

【学习目标】
　　(1)掌握公共关系调查的基本内容与方法；
　　(2)掌握公共关系策划的基本内容与方法；
　　(3)掌握公共关系实施的基本内容与方法；
　　(4)掌握公共关系评估的基本内容与方法。
【基本概念】
　　公共关系调查　　公共关系策划　　公共关系实施　　公共关系评估

第一节　公共关系调查

一、公共关系调查的含义与意义

(一)公共关系调查的含义

　　公共关系调查是公共关系工作开展前极为重要的基础和前提。调查是一种获取必要信息的方式，是公共关系四步工作法"调查、策划、实施、评估"中的第一个阶段。在进行任何的公共关系项目操作之前，都必须通过各种调查方法去采集有关资料、数据和事实依据，这对于做好公共关系工作不仅是非常重要的，而且是必要和必然的。

　　公共关系调查是指公关人员运用科学的、定量分析与定性分析相结合的方法，有目的、按计划、分步骤地去考察组织的公共关系历史和现状，分析组织的公共关系相关因素及相互关系，预测组织公共关系的发展趋势，解决组织公共关系问题的一种实践活动。

　　公共关系调查是公共关系实务活动的基本内容之一，是公共关系工作流程中的重要环节之一，也是公关人员必须熟练掌握的专业技能之一。

(二)公共关系调查的意义

　　美国管理学和决策理论创始人西蒙(H. A. Simon)说过："不论人们如何表达公共关系活动的流程，调查研究都是举足轻重的。如果把公共关系流程视为一个车轮，调查研究便是这个车轮的轮轴。"

　　无论是从理论角度，还是从实践层面，公共关系调查都是非常重要的公共关系实务工作，对做好公共关系工作有着十分重要的影响和意义。这些意义主要体现在以下几个方面。

1. 公共关系调查利于组织进行形象定位

　　组织形象可以用组织的知名度、美誉度和认可度来体现。但对组织形象的认知，组织和公众往往是不同的，有时甚至相距甚远。公共关系调查可以使组织了解自身在公众中的形象地位，了解公众对组织的知晓程度、对组织的认识与评价以及对组织的行为认可状况，从而使组织开展公共关系活动更具有针对性。

2. 公共关系调查为组织决策提供科学依据

公众是组织公共关系活动诉求的对象，通过公共关系调查可以了解公众的愿望和要求，从而作出符合公众愿望、满足公众愿望的组织决策。同时，还可以防止和避免组织把人力、物力、财力和时间、精力浪费在与公众意愿无关或不感兴趣的公共关系活动上，减少或避免组织公共关系活动的低效率和无效劳动。

3. 公共关系调查能使组织及时准确知晓公众舆论

公众舆论也称为民意，是指公众对组织公开表达的具有某种一致性的意愿、意见、议论和评论，具有强大的影响作用。积极、正面的公众舆论有利于组织的发展进步，消极、负面的舆论则可能损害组织的形象，造成组织的危机，甚至影响到组织的生死存亡。公共关系调查可以起到监测公众舆论的作用，以便组织及时采取有效的行动，扩大、传播积极舆论，缩小、减少消极舆论。

4. 公共关系调查利于组织良好形象的塑造

公共关系作为一种有组织、有计划的社会性活动，是通过传播手段来为实现组织的特定目标服务的。调查的过程也是组织对公众传播组织注重自身形象信息，赢得公众对组织好感的过程。就此而言，公共关系调查本身就是一种有效的传播，会起到塑造组织良好形象的积极作用。

5. 公共关系调查能够提高公共关系活动的成功率

通过公共关系调查，组织能够了解和把握公众的意见、愿望和需求，能够预测社会发展的趋势，能够认清组织对所要开展的公共关系活动的主观和客观条件，这些信息为组织开展卓有成效的公共关系工作提供了充分的准备和切合实际的操作计划，为组织的公共关系工作取得最佳效果提供了重要保障。

二、公共关系调查的原则与内容

(一)公共关系调查的原则

公共关系调查要有切实可行的调查方案、科学合理的调查方式，必须遵循实用性、实效性、经济性与灵活性四大原则。

1. 实用性原则

设计调查方案必须着眼于实际应用，只有实用性强的调查方案才能真正成为调查工作的行动纲领。调查什么？由谁调查？到哪里调查？花多少时间和费用？都必须从委托人的需求和调查课题的实际需要出发，并根据调查工作的主客观条件慎重设计调查方案。实用性是评价调查方案优劣的首要标准。

2. 实效性原则

设计调查方案必须充分考虑时间效果，特别是一些应用性的调查课题，往往有很强的时间性。例如，市场需求变化调查，就必须赶在市场需求发生重大变化之前拿出成果来。否则就会失去指导意义，起码会大大降低调查成果的社会价值。对预测性课题，更应做超前的调查和研究。如果总是落在实践的后面，也就失去了这类调查的本来意义。

3. 经济性原则

设计调查方案必须努力节约人力、物力、财力和时间，力争用最少的时间投入，取得最大的调查效果。例如，在调查类型的选择上，能够做抽样调查的就不做普遍调查，能够做典型调查的就不做抽样调查。在调查方法的设计上，能够通过文献调查解决的问题就不去做现场调查；能够通过观察、访问解决的调查课题就不去做实验调查。在调查范围的大小、调查对象的多少、调查时间的长短、调查人员的安排等方面，也都应该努力遵循经济性原则。

4. 灵活性原则

任何调查方案都是一种事前的设想和安排，与客观现实之间会存在着或大或小的差距。在实际调查中，常常会遇到一些意想不到的新情况、新问题。因此，设计调查方案时，对于调查工作的具体安排和要求，应有一个上下滑动的幅度，应保持一定的弹性和灵活性。只有具有一定灵活性的调查方案，才是真正实用的调查方案。

应该指出，设计调查方案并不都是只设计一套调查方案。对于某些重大的、复杂的调查课题来说，往往需要设计几套不同的调查方案，经过可行性研究之后，再从中筛选出最佳方案作为调查工作的实施方案。

(二)公共关系调查的内容

公共关系调查对象和分析内容十分广泛，且视不同公共关系活动要求，调查和分析的内容也应灵活调整，以有效控制公共关系活动的整体运作效率和运营成本。通常来讲，公共关系调查和分析的主要对象及内容包括以下几个方面。

1. 公众调查与分析

要讨论公众调查，有必要先对"公众"这一基本概念进行分析。"公众"的概念，可以追溯到 20 世纪初，哲学家和教育工作者将"公众"定义为，一个由所有受到问题影响的人们构成的积极的社会单元，面对共同的问题，他们意识到可以共同寻求解决的办法。可见，公众的形成离不开传播。

(1)公众调查的样本对象。公众调查的一项重要准备工作，是对公共关系的目标公众先进行界定。而公共关系目标公众通常就是公关传播的积极公众。格鲁尼格厘清了使潜在公众成为传播的积极公众的如下三个要素。

①问题识别——人们在某形势下知晓某事出现问题，即事件问题信息的获取。

②束缚识别——人们认识到在该形势下能做什么，以及受到外部局限的程度。如果有可行之处和可行性，将寻求制订行动计划的信息。

③参与层次——人们意识到自己受形势牵连和影响的程度。参与层次越深入，人们参与信息沟通的可能性越大。

从实践操作角度而言，公众调查针对的主要是组织的核心消费者。除了根据购买和消费行为界定调查的目标公众外，根据问题识别、束缚识别和参与层次进一步确定核心舆论公众也是一个科学手段。

但在不同情况下，公众调查设计的对象会有所不同，有时甚至需要采集几个不同类型的公众及其他群体特征作为样本来研究分析。可见，界定公共关系目标公众的首要步骤，是对公众进行分类，明晰其特征和需求。对公共关系公众进行分类的方法有很多，主要有以下几种。

①按照公众对组织的态度进行分类，有顺意公众、逆意公众和独立公众。

②按照公众对组织的重要程度分类，有首要公众、次要公众和边缘公众。

③按照公众的发展过程分类，有非公众、潜在公众、知晓公众和行动公众。

④按照公众和组织的关联属性分类，有内部公众和外部公众。

⑤按照具体的组织利益相关群体分类，有资金市场公众、产品市场公众和组织内部利益市场公众。

（2）公众调查的内容。公众调查，顾名思义，就是围绕"公众"展开的调查。因此，特定公众的构成分析（从人口统计学角度）、公众的舆论调查、公众的行为调查（如消费行为、传播参与）、公众的需求和满足调查、公众的市场调查（如机会与威胁、优势与劣势、主要问题）等，都是公众调查的内容。其中，公众的舆论调查是公共关系实践中最常见的一种公众调查。

所谓舆论，指在特定时间和空间里，公众对于特定的社会公共事务公开表达的基本一致的意见或态度[①]。舆论是社会评价的一种，以公众利益为基础。在不同的领域，舆论体现着不同的政治功能、经济功能、文化功能、社会功能、外交功能或军事功能。

传播学者李普曼在其著作《舆论学》中提出，一般来说，舆论的数量（舆论的一致性程度）在舆论整体"1"中达到 0.618，就能产生对整体的决定性作用，而临界点的另一半即 0.382，则可以使整体感觉到一种重要影响的存在。从 0.382 的不过半来讲，舆论未必立刻达到规模效应才算传播致效，有时通过潜在影响力对消费者的涵化，经过舆论数量的积累或影响力在消费者脑中的深化，也能致效。而 0.618 的黄金比例启示，说明了群体传播中舆论领袖的重要性。因此，在公共关系的舆论调查中，不仅要收集观点和意见的分流，也要注意对分流比例和规模的量化研究，从而对主导舆论和潜在舆论都有全面的把握。

按照公众舆论对企业或组织包括公共关系在内的各方面评价的一致性来分，公众舆论可分为正面舆论、负面舆论以及对组织没有实际影响的零效果舆论。在公关调研分析阶段，不仅要收集正面舆论和负面舆论，在人力、财力和物力允许的条件下，也应该收集足够的零效果舆论。在这个过程中，不仅可能发现日后有潜力转化为正面舆论的源头，尽早加以引导，也可能发现日后可能转化为负面舆论的源头，及早加以制止、降低负面效果，甚至可能发现有利于组织改进的方法，包括但不限于公关工作的制度、行为等。

公众舆论调查和分析的内容主要有：公众对特定组织或产品品牌的认知、态度和情感；公众对公共关系活动的认知、态度和情感；公众对相关行业的认知、态度和情感；公众对类似的、相关的公共关系活动的认知、态度和情感，以及公众的情感或者其他利益需求，特别是可以通过公共关系实现的需求等。

情感，是人们对客观事物能否满足自己的需要而产生的态度体验，这种体验表现为诸如喜怒哀乐等的形式，是人们对于客观事物与自己需要之间的关系的反映。态度，可以分为消极态度（无知、偏见、乏味、敌意、冷漠）和积极态度（了解、赞同、钟情、同情、兴趣）两大类。而公共关系的主要任务，即将公众对组织、产品或具体组织行为的消极态度转变为积极态度，并最终达到理解的状态。认知，指人们通过感觉、知觉、注意、联想、记忆和思维等心理活动，对事物进行综合反应的一个过程。在成功的公

---

① 李良荣：《新闻学概论（第二版）》，47 页，上海，复旦大学出版社，2001。

共关系运作中，需要激发和调动公众各个感官和思维方面的潜能与动力，因此，在公众调查中对这些方面的综合公众认知进行系统而全面的信息收集与分析，是一项十分重要的基础和前提工作。

在《有效的公共关系(第八版)》中，卡特里普和森特提出了测量"舆论"的五个维度。

①方向，指可评估的舆论质量。即对意见"积极—消极—中立""赞成—反对—未决定"或者"支持—反对—无所谓"等的倾向性特征。

②强度，指公众对自己意见的坚持程度。例如，在舆论调查中，往往要求回答者在"很同意—同意—无所谓—不同意—很不同意"中作出选择，而不论其方向。

③稳定性，指调查对象在拥有或将拥有同样舆论方向与感情强度的时间长度。其测定需在两个甚至更多的时间点上进行。

④信息支持，指人们对意见对象的了解程度。在有关问题上信息灵通的人意见通常更强烈，但意见的倾向不易测量。例如，在政治问题上若缺少"信息大众"的支持，舆论的方向和强度极易发生改变。

⑤社会支持，指意见在特定社会环境中得到他人共识的程度。其测定表明了人们如何界定对有关问题意见一致的性质。

信息支持和社会支持，都可被视作加重倾向的分量或施加惯性的力量。如果对某个问题有强烈意向的人拥有强大的信息支持和社会支持，其意见与方向就不会轻易改变。反之，如果不能得到丰富的信息支持和有力的社会支持，再强烈的意见也可能发生变化。

2. 组织形象调查

组织形象是组织公共关系状态的一个综合反映，是公共关系最终目标的直接受益对象。公共关系的主体是社会组织，其显著特点之一，即特定的目标，这是组织争取达到的一种未来状态，是组织开展各项活动的依据和动力[1]。从 1903 年艾维·李创办的第一家公关顾问事务所到 1923 年伯奈斯著作《公众舆论之凝结》的问世，再到 20 世纪末的所有公共关系实践和公共关系的教科书中，公共关系策划的目标一直被表述为"知名度、美誉度"的实现和提高。然而，随着公共关系实践与理论的发展，"知名度、美誉度"的公共关系"二度目标"，越来越显示出其不足。"认知度、美誉度、和谐度"的"三度目标"提法随后应运而生，成为公共关系组织形象的一个科学衡量标准。

(1)认知度。公共关系中的"认知度"，描述的是一个社会组织被社会公众所认识和知晓的程度，被认识的深度和被知晓的广度，是公共关系认知度的两个方面。

①被认识的深度，建立在公众对组织形象各基本要素的了解程度之上。关于组织形象的要素，有很多方面，对公众而言，了解组织形象也不可能面面俱到甚至都非常深入。因此，选取组织形象中的若干基本要素，并按由表及里、由浅入深的顺序排列，通过对公众的认知调查，可见其对组织形象的认知深度。

②被知晓的广度，建立在组织被公众认知的一定区域级别之上。其区域级别包括国际、全国、大区、省区、地区。这五个级别的划分，是一个层级递进的、逐渐扩大的广度关系。这五个级别的确定，是基于公共关系的组织级别和档次、公共关系组织的相关公众分布、公共关系的历史传播所及范围等可量化数据的综合评定。

---

① 郑杭生：《社会学概论新编》，201 页，北京，中国人民大学出版社，1987。

（2）美誉度。美誉度，即一个社会组织获得公众赞美和称赞的程度。美誉度的衡量往往采用众值 M_o，即所有美誉度中所占百分比最高的变量值，再按对应的等级数确定组织形象美誉度的等级。在实践中，组织的美誉度非正即负，0 通常不存在。如图 5-1 所示为组织美誉度衡量坐标图。

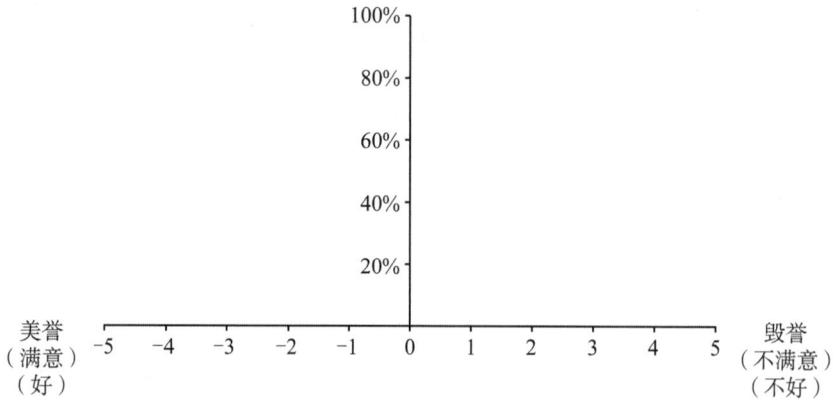

图 5-1　组织美誉度衡量坐标图

（3）和谐度。和谐度是美誉度在目标公众中的延伸，是一个社会组织在发展运行过程中，获得目标公众态度认可、情感亲和、言语宣传、行为合作等各个方面的一致性和配合程度，是组织从目标公众获得公共关系收获的标志。和谐度建立在专门向各类公众调查统计的基础之上，具体来说，就是通过向员工、股东、消费者、媒体、社区、名人等组织公共关系对象，进行态度认可、情感亲和、言语宣传和行为合作四个细化指标方面的级数统计（由 $-5 \to 0 \to +5$），进行量化的综合体现。在操作中，一般取众值 M_o 作为最后等级，但操作过程中对四个指标的细化研究，有利于了解组织的薄弱环节所在，能有效避免短板效应。图 5-2 所示为组织和谐度衡量坐标图。

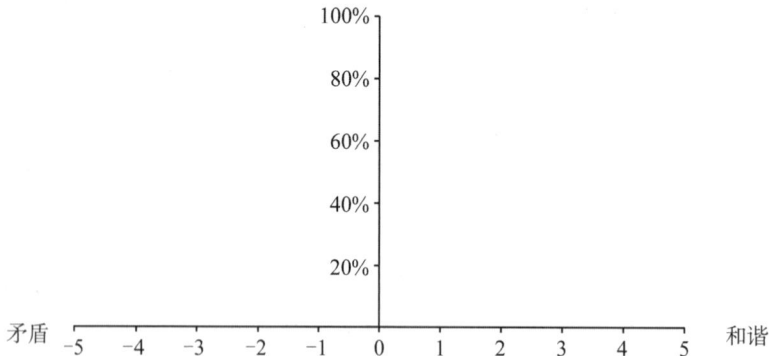

图 5-2　组织和谐度衡量坐标图

公共关系形象等级，即组织形象调查的反馈，最后用认知度、美誉度、和谐度三者的表述构成系统的综合：

形象等级＝认知度深度等级＋认知度广度等级＋美誉度等级＋和谐度等级

利用该等式，不仅可以在开展公共关系运作之前了解组织的形象状态及其薄弱环节，而且可以为后来的公共关系及其他组织管理活动指明方向，并能够为最后的公共关系效果评估提供科学的、可量化的参照标准体系。例如，在公共关系活动实践之前，某组织的认知度深度等级是 $723.4/10=72.3$，即 7 等，认知度广度等级是大区即 C 等，美誉度等级是 3，和谐度等级是 3，则按照组织形象等级的公式，其形象等级可以表示为 7C33。经过有效的大规模公关促进，如全国性的文娱盛典度假赞助，通过效果评估调查，其认知度深度等级提高为 $789.3/10=7.89$，即 8 等，认知度广度等级上升为全国即 B 等，美誉度等级提高为 4，和谐度等级依然不变为 3，则该组织的新形象等级为 8B43，可见大型的公共关系活动对组织形象起到了很大的改进作用。

3. 组织基本情况调查

在进行任何公共关系活动之前，组织对自身情况的调查都是必要的。对组织基本情况的研究有多种角度，如从企业活力结构来看，可以分析其凝聚能力、适应能力、生长能力、竞争能力、获利能力。该阶段的调查，其实质是对企业实力的排查，在此，就借鉴政治学中的"国家实力"概念和要素来进行调查分析。国家和企业及其他各种社会组织，都属于管理学中静态的组织结构系统，是体现组织目标所规定的单位组成要素、人员之间职责的一种正式的组织体系。

20 世纪 90 年代初，美国哈佛大学教授小约瑟夫·奈(Joseph Nye)率先提出了"软实力"的概念。约瑟夫在分析一个国家的综合国力的构成要素时，将其分解为有形力量与无形力量两大类，即"硬实力"和"软实力"。所谓"硬实力"(Hard Power)，是指支配性实力，包括基本资源(如国土面积、人口、自然资源)、军事力量、经济力量和科技力量；所谓"软实力"(Soft Power)，则包括国家和民族的凝聚力、文化影响力(特别是如今的传媒影响力)、外交协调力、国际机构和国际活动的参与力等。虽然"国家实力"的理论在世界上产生了很大的影响力和实用价值，但并没有形成一种学科归属。

而公共关系，无论其主体是政府、企业、学校或者其他各种社会机构，其组织情况也都包括软实力和硬实力两方面。结合公共关系需要，公共关系调查中的组织基本情况调查主要包括以下内容。

(1)硬实力。

①公共关系可调配人力资源。组织内部公共关系专职人员的数量、可调配性、能力构成；可调配的其他部门和外部人才(实习生)数量、可调配性、能力构成；外部公关咨询和代理专家的数量、能力构成等。

②公共关系现有硬件资源。如现有的场地、现有的布置材料，甚至广告原材料等。

③公共关系所需财政支持及组织可提供的财政资源。可以按照以往经验先预估公共关系的大致财政耗费，了解组织对公共关系管理的一般费用支持力度，以及组织可调配的各种费用总数规模，了解企业当前和未来的经营状况和发展趋势等。

④与公共关系相关的组织技术资源。一方面，对于科技含量较高或标志现代化的组织品牌，其技术情况可作为公共关系活动中的传播诉求；另一方面，先进和到位的技术水平与能力，能够保障甚至提高公共关系的运作效率和效果。

(2)软实力。

①组织内部的凝聚力。它主要包括企业内部人际关系，如同一部门内部的人际和谐度，不同部门之间的协同度，上下级之间关系，不同部门人员之间的关系和联络，是否有制度化的保障来协调和避免人际摩擦，是否有制度化的公共关系活动等举措来

促进人际和谐，特别重要的还有公关部或公关人员与其他部门和人员的关系等；企业内部的协同度，如不同部门之间的协同度，不同工作制度之间的协调性和整体观，保障和提高促进企业凝聚力的内部公共关系活动制度等；企业内部工作氛围，如各级员工和管理层人员对工作氛围的评价和认可情况，合理的休假、薪资、招聘、退出制度及其员工认可度等；企业内部公众对特定公共关系活动的认知度、认同度、支持度等。

②组织的传播影响力。这种传播影响力，特别是组织文化、精神、历史和荣誉等的传播影响力，对内体现在组织成员对系统文化的了解和认同情况，对内的有关文化及其他公共关系传播内容的传播所用的技术手段、技术路径及方法；对外则体现在组织的外部公众舆论在组织文化和精神的评价反馈上，以及组织文化的对外传播技术手段和技术路径。

③组织的公共关系协调力。公共关系本身就具有协调对内对外关系的功能。而在组织软实力的公共关系调查中，主要考察公共关系对组织内部的人际和部门磨合所起的作用、使用的协调方案，组织的系统整体在参与以往公共关系活动中的协调性，组织与其产品或者服务的上游供应商和下游经销商等合作伙伴的公共关系状态，包括合作机制的合理性、有效性，公共关系提升的手段和效果等。

④组织的公共关系领导力。它是指组织参与行业或者社会各类群体和活动的积极性和领导力。此处主要考察的是组织在行业和市场活动中的领导力、号召力。可以借鉴格里芬(Griffin，1993)提出的企业承担社会责任的姿态[①]来解析这项调查要注意的要素。

格里芬认为，企业在承担社会责任的过程中，会表现出以下四种不同的姿态：社会障碍(social obstruction)，指企业会尽可能少地参与解决社会或环境问题；社会义务(social obligation)，指企业只做法律要求做的事情，并且以创造利润为企业的终极追求目标；社会反应(social response)，指企业不仅承担法律和道德所要求承担的社会责任，并在某些领域中有更多的表现，但这种作为是必须受到推动的，否则企业也不会主动寻求承担机会；社会贡献(social contribution)，指企业积极承担自己的社会责任，作为社会一分子，为社会系统主动贡献。

在公共关系调查中借用格里芬对企业承担社会责任的姿态研究，来分解组织在行业和社会大市场中的领导力表现评定，主要有以下几种：局外旁观(outside onlooker)，即组织对行业或者相关市场的主要活动采取观望和不参与策略；参与障碍(participation obstruction)，即组织会尽可能少地参与解决社会或环境问题；成员义务(membership obligation)，即组织对行业或者相关市场的重大活动采取成员义务式的参与，表现被动；领导者义务(leadership obligation)，即组织担任行业或市场的名义领导，在一定的压力和要求之下，必须履行其积极带头参与行业、社会活动的义务，有一定的被动性；领导型贡献(leadership contribution)，即企业等组织不论是否有名义交代，都积极并且实质上扮演领导者角色，主动承担自己的行业、社会责任，并对推动、引导其他同行参与行业与社会行为有很大的贡献。

表 5-1 和表 5-2 所示分别为公共关系的组织情况调查要素和组织的公共关系领导力

---

① 杨东龙：《500 种最有效的管理工具——战略·组织·人力资源》，11 页，北京，中国经济出版社，2001。

类型及其演化情况。

表 5-1　公共关系的组织情况调查要素(演化)

国家实力		→	公共关系中的企业实力	
硬实力	软实力	硬实力	软实力
基本资源(如国土面积、人口、自然资源)	国家和民族的凝聚力	公共关系可调配人力资源	组织内部的凝聚力
军事力量	文化影响力(尤其传媒影响力)	公共关系现有硬件资源	组织的传播影响力
经济力量	外交协调力	公共关系所需财政支持及组织可提供的财政资源	组织的公共关系协调力
科技力量	国际机构和国际活动的参与力	与公共关系相关的组织技术资源	组织的公共关系领导力

表 5-2　组织的公共关系领导力类型(演化)

企业承担社会责任的姿态	→	组织的公共关系领导力
社会障碍(social obstruction)	局外旁观(outside onlooker)
社会义务(social obligation)	参与障碍(participation obstruction)
社会反应(social response)	成员义务(membership obligation)
社会贡献(social contribution)	领导者义务(leadership obligation)
	领导型贡献(leadership contribution)

4. 公共关系环境调查

公共关系调查，还需广泛收集同组织相关的各类社会环境信息。只有真正了解和把握了社会环境的特点和变化趋势，才能使后来的公共关系策划和实施做到与环境的和谐统一，取得理想的效果。

公共关系活动的环境调查，涵盖的内容十分广泛。作为一种市场性的活动，公共关系的环境调查可以使用市场营销中的环境分析工具，由此，我们可以将该阶段的调研大致分为宏观环境要素和微观环境要素两大类进行。

(1)宏观环境要素。宏观环境要素调查可使用著名的 PEST 分析工具，即从politics(政治法律环境)、economy(经济环境)、society(社会环境)和 technology(技术环境)四个方面解析。

①政治法律环境。包括全国人民代表大会及其常务委员会颁布的各项法律，国务院及地方各级人民政府制定的各项行政法规和政策等，涵盖产业、价格、资本等各个与公共关系及其运作主体息息相关的领域。为了保障公共关系活动的依法和顺利进行，有必要对政治法律环境进行相应的调查和了解。

②经济环境。经济环境是公共关系进行的一个重要保障，只有在健康和发展良好的经济氛围中，组织公共关系的各类公众才有更多的精力对公共关系活动进行情感投入和付诸行动回应。不同的社会经济发展阶段，不同的社会收入水平，不同的社会消费结构和不同的社会储蓄与信贷水平，都直接导致公众对公共关系在情感参与程度、

关注重点、行动回应程度上的不同。

③社会环境。社会人口环境、社会文化环境、社会自然环境构成了社会环境的三维度考量。在实际操作中，更要特别关注新近的社会热点和新闻事件、社会思潮的产生和变动。公共关系本身，是一个十分强调受众情感调动的组织作为，在对社会环境进行调查的过程中，要非常重视公众深层的情感需求等比较内在的一些需求，从而能够有针对性地策划和实施有效的公共关系活动。

④技术环境。一方面，要特别关注各种营销、传播沟通，特别是在公共关系实践中广泛采用的和最新出现的技术辅助手段。如网络传播的各种新途径，对于任何一个当下要搞好公共关系的成长型和成熟型企业来说，都是不容忽略的一个技术考察重点。另一方面，要关注各类公众和组织在公共关系传播中的目标受众，对各种传播技术的接纳情况，包括知晓度、接受度等。例如，一个在其他市场刚采用不久的新技术手段，对于本行业受众知晓度尚低，在进行一定的受众市场分析和比较之后，也完全可以利用公共关系传播技术将其作为一个卖点来宣传。总之，技术环境和受众对相关技术环境的融入性，也是公共关系调查中不可或缺的一部分。

（2）微观环境要素。除了宏观环境要素，微观环境要素或许是操作中更常见和直接可行的环境调查要素。按照市场营销理论中的企业微观营销环境要素分解，供应商、营销中介、竞争者、消费者和公众，都是调研对象。其中，供应商、营销中介、消费者和公众，都是公共关系舆论调查中的样本对象，而此处与舆论调查不同的地方在于，更多的是将调查重点放在这些要素对象（包括竞争者）的特点分析上，是更加本质的一种考虑。竞争者的分析，是微观环境调查中的一个重点。科特勒提出的竞争对手分析链（见表 5-3），为这一环节的分析指明了方向。

表 5-3　科特勒（1996）"竞争对手分析链"

竞争对手分析链顺序和主要内容		方法
辨别确认	→	根据行业和市场标准辨识主要与潜在竞争对手
↓		
识别判断竞争对手的目标	→	什么是趋势竞争对手？目标存在于各级管理层和战略层面。重点在获利能力、市场占有率、技术领先、服务领先
↓		
确认判断竞争对手的战略	→	了解竞争对手在做什么和能做什么，竞争对手如何参与竞争取决于竞争目标及其在市场中的位置
↓		
评估竞争对手的优劣势	→	实力取决于竞争对手拥有的资源和对资源的利用与控制
↓		
预测竞争对手的反应	→	竞争对手对其市场地位满意吗？ 竞争对手将做什么行动或战略转变？ 竞争对手哪里易受攻击？ 什么将激起竞争对手最激烈、最有效的反复

三、公共关系调查的方法与程序

（一）公共关系调查的方法

在公共关系调查中，要根据调查的目的和调查对象的特点，选择行之有效的调查方法。公共关系调查的方法主要有观察法、访谈法、文献研究法、抽样调查法等。

1. 观察法

观察法是指社会组织中的公关人员有目的、有计划地借助于自己的感观和各种测量仪器，直接对调查对象进行观察以收集资料的方法。常用的有直接观察法和间接观察法。直接观察法是指公关人员通过自己的感观观察公众的行为、活动情况和效果的方法。间接观察法是指公关人员借助于科学仪器或委托他人对公众对象进行观察的方法。观察法的优点是不会干涉公众原有的活动，可真实地了解他们的心态，能够增加观察人员的感性认识，验证第二手资料的真实性和准确性，且操作较简单，费用较低。但缺点是易渗透个人情感，收集的资料有时缺乏说服力，从而影响公共关系调查的效果。

2. 访谈法

访谈法是指调查人员通过访问和谈话的方式与调查对象进行面对面的信息交流以获取有用信息的一种调查方法。访谈法一般有个人访谈法、集体访谈法、来信来电访问法。访谈法灵活性较强，可以获得更多、更新、更有价值的内部信息。在公共关系调查活动中，采取什么样的访谈方式，应根据调查内容及调查对象的需要而定。

3. 文献研究法

文献研究法是收集与调查对象有关的各方面的文献资料，以进行全面、深入研究分析的方法。也就是说，要充分利用现成的第二手资料进行分析和研究。第二手资料包括历年统计资料、档案资料、样本资料及其他资料。有关组织文献资料的收集包括内部资料和外部资料的收集。

4. 抽样调查法

抽样调查法是指从调查的对象总体中按照一定的方法抽取一部分样本加以调查，并把调查结果推广到原来的总体的方法。抽样调查法一般采用问卷调查的形式，可分为随机抽样和非随机抽样两种。随机抽样调查是在总体中按随机抽样原则抽取一定数目的个体进行调查，不加人为安排的抽样方法。随机抽样又分为简单随机抽样、等距抽样、分层抽样、整体抽样、分段抽样等方法。非随机抽样不是根据概率抽样原理进行调查，而是按照调查者的主观意愿，有意识地在总体中选择一些单位作为样本进行调查的方法。非随机抽样又分为判断抽样、定额抽样、偶然抽样等方法。采用抽样调查法投入的人力、物力、财力较小，但由于用部分推断整体，有时结论不够准确。

公共关系调查的方法有很多，在公共关系调查方法的具体运用过程中，应根据调查目的、对象的特点，选择适当的调查方法。在调查中既可以选择一种方法进行，也可以将几种方法结合使用。

（二）公共关系调查的程序

公共关系调查从规模上而言，可分为个人随机调查、小组式的小型调查和组织进行的大型调查。个人随机调查没有固定程序和模式，而小型调查一般都已经包括在大型调查之中。因此，从时间的动态发展上考察调查，主要考察大型调查的程序，一般来说，调查的程序可分为三个阶段，共9个步骤①。

1. 调查准备阶段

调查准备阶段是调查工作的开端。准备是否充分周到，对于随后实际工作的顺利开展和调查质量的影响非常大。这个阶段的工作步骤为：

(1)确定调查任务。不同调查任务所要求的调查方法、技术手段和测量指标不同。

(2)细分调查问题。为使调查方案具有可操作性，还必须对总调查课题即调查任务进行解析和细分，包括调查范围、调查内容的横向细分和调查内容深度上的纵向细分，并列出若干调查所需明确的具体问题。

(3)制定调查方案。调查方案是对某项调查本身的策划设计，包括调查的目的要求、调查的具体对象、调查的内容提纲和调查表格、调查的地区范围以及调查的组织领导、人员安排、时间进度、经费预算等。

2. 调查实施阶段

调查实施阶段的主要任务是，组织调查人员深入实际，按照调查方案要求，系统地收集各种可靠的资料和数据，听取被调查对象的意见。调查实施阶段是公共关系调查的主要阶段，其主要步骤为：

(1)建立调查团队。调查团队的建立，包括其规模和组织结构，视调查任务要求和调查范围、调查对象的特点等而定。配备好调查人员后，需要对其进行有组织的培训，培训内容主要包括明确调查方案、掌握调查技术、了解与调查目标相关的方针、政策、法令和必要的公共关系常识。

(2)收集现成资料。现成资料指组织和个人已经拥有的资料，但这些资料尚未被调查者所有。现成资料包括关于本企业的情况资料和外部资料。

(3)收集原始资料。原始资料是最真实可信的资料，一般采取普查、重点调查、典型调查和抽样调查的方式获得。

3. 调查研究阶段

调查实施阶段获取的大量资料往往是杂乱的、零星的，甚至信息是重复的、冗杂的，这就需要调研人员借助一定的逻辑思维、科学方法和分析工具，对其进行系统的整理、分析、研究和判断，从而提取有效的资料并为所需的公共关系问题解决方案的提出提供服务。

该阶段的主要工作步骤为：

(1)资料的核实与分类。尤其对于第一手获得的原始资料，进行资料的核实是非常重要的工作；而对于收集来的现成资料，也要对其时效性、创新性和真实性进行综合的考量和核实。任何资料，如发现真实性、时效性等出现问题，都要及时订正、删改和增减。经过核实以后的资料，应当按照具体的公共关系问题的要求，进行分类并编号，便于日后工作中查找和使用，提高利用效率。

(2)资料的分析和整合。对于经过核实和分类的资料，如何透过现象看本质，进行透彻的分析和整合，找出公共关系问题相关信息的内外在情况、矛盾和发展规律与趋势，是资料调研的根本目的。

(3)撰写公共关系调查报告。任何公共关系问题的调查，都需要书面的分析和结论

---

① 余明阳等：《公共关系策划学》，147-149页，北京，首都经济贸易大学出版社，2006。

报告作为最后的汇总呈现。一份理想的公共关系调查报告，应该是系统的、有条理的、有针对性的，还要包含具有可行性的问题分析和解决方案报告。

在公共关系调查活动中取得的大量材料，最后都要落实到正式的、书面化的报告中。通过对各类资料的归纳演绎、比较和分类、分析和综合、定性和定量等各种科学的研究，将最后的调查结果及其结论形成书面报告，是公共关系调查阶段的必要汇总。

第二节　公共关系策划

一、公共关系策划的含义与意义

(一)公共关系策划的含义

公共关系策划，是指公关人员在调查研究的基础上，为实现组织的公共关系目标，对组织的公关战略和具体策略进行运筹规划。

公共关系策划必须以公共关系调查为基础，没有公共关系调查，就没有公共关系策划；反过来，公共关系策划又指导着公共关系调查的目的、范围、手段，因此没有公共关系策划，公共关系调查也就失去了相应的意义。

公共关系策划分为战略策划和策略策划两个层次。组织对公共关系总体上的长远发展进行的策划，称为战略；对每一具体活动方案进行的精心设计和安排，称为策略；只有把战略与策略有机结合，才能保证公共关系目标以及企业发展目标的顺利实现。可见，策划是一种思路、设想和方法措施，它本身不是目的，而是为了实现组织的公共关系目标，进而实现组织发展的总目标。因此，不能为策划而策划，而要为达到公共关系目标而策划。

(二)公共关系策划的意义

公共关系实务是一项有目的的活动，要达到预定的目的，就需要策划。因此，策划的好坏，直接影响到公共关系活动的成败。公共关系策划的意义主要表现在以下几个方面。

1. 公共关系策划是公共关系活动最高级的层次

目前，我国公共关系活动大约可分为三个层次：一是初级层次的公关，往往做一些带有公共关系实务性质的工作，如招待、布置、联络等；二是中级层次的公关，是为塑造良好的企业形象而进行的营销术、管理术或企业文化、思想政治工作等；三是高级层次的公关，即公共关系策划，这一层次的公关人员应当是组织的好参谋，能发挥自己的创造性，设计出高水平的公关术。

2. 公共关系策划是公关运作的飞跃

尽管公关运作也能起到塑造形象、协调公众的效果，但其强度不够，不能在公众心目中形成强大的影响。只有成功的公共关系策划，才能使日常公关运作上一个台阶，产生巨大的飞跃。

3. 公共关系策划是竞争的法宝

在市场竞争激烈的环境中，一家企业想要战胜竞争对手，不但要靠自身的实力，还需依靠奇谋妙计。公共关系策划，就是通过策划一系列的奇谋妙计来塑造企业形象，并赢得公众的支持。如法国白兰地为进入美国市场，在艾森豪威尔总统 67 岁生日时赠送了两瓶保存了 67 年之久的法国白兰地，这一"双 67"公共关系活动，取得了极大的成功，形成了美国历史上前所未有的"空巷"现象，这就是公共关系策划的魅力所在。

二、公共关系策划的原则与内容

策划，是指策划者利用手中有限的资源去创造性地制定有效而可行的实施方案，以图实现组织预期目标的思维全过程。所谓公共关系策划，则是指公共关系策划者为实现组织的公共关系目标，对公共关系活动的性质、内容、形式和行动方案进行谋划与设计的思维过程。

公共关系策划的原则，是指导我们进行公共关系策划的思想认识基础和行为规范。在公共关系策划的实践中，我们应去遵循这些从千百次公共关系策划的经验和教训中总结出来的原则，使之成为我们进行有效公共关系策划的行为依据和思想指南。

(一)公共关系策划的原则

1. 目标导向原则

目标导向指的是组织公共关系策划活动必须在一个明确目标的指引下完成。它指出公共关系策划活动必须是"有的放矢"。在每次公共关系策划活动之前，策划者必须清楚此次策划究竟是为了什么。公共关系策划的每一个步骤和环节都必须紧扣组织的公共关系总目标——量化的三大目标：认知度、美誉度、和谐度。也就是说，在公共关系策划的思维全过程中，必须始终围绕着既定的目标来进行。

2. 利益驱动原则

公共关系策划必须事前弄清组织公共关系行为的深层动机。马克思说过："人的一切行为，都是为了利益的获取。"利益应当是公共关系策划和公共关系行为的原动力。组织的利益由组织的经济效益和社会效益两方面构成。组织的公共关系行为虽不表现为经济效益直接获取，但组织良好形象的塑造和公众环境的协调，必定给组织带来有利于生存发展的优越空间和因此而产生的更为深远的经济效益和社会效益。

公共关系行为不是慈善施舍行为，更不是一掷千金、花钱如流水的败家子行径，公共关系行为的每一分钱投入都必须考虑利益的产出。高明的公共关系策划，总是在利于公众的同时也有利于自己，那种毫不考虑组织自身利益的公共关系策划方案是没有实际价值的废纸，只会被决策者弃若敝屣。

3. 真诚求实原则

公共关系策划中的真诚求实原则，具体体现在以下几个方面。

(1)在策划全过程中，尊重事实、尊重实践、尊重科学。首先，公共关系策划必须经过大量调查，全面收集和掌握有关信息，并加以客观公正的分析和研究，然后依据此信息结合组织现有的有限资源，设计出符合公众真实需要和组织自身利益的形象，谋划出最佳的形象传播策略，将形象向公众进行有效的传播。其次，在传播实施过程中，根据环境事实的变化，不断修正、补充、完善策划方案，不断调整实践行为。最后，依据实施及其收获，对公共关系策划进行科学的总结和评估。总之，在公共关系策划的全过程中，必须以客观事实为策划基础，以客观实践为检验标准，以科学精神为工作态度，这样策划出来的公共关系活动，其结果才能获得公众的积极反响、理解、支持和认可，才能塑造出值得公众信赖的良好组织形象。

(2)在策划传播交流内容时，确保信息的真实性和准确性。公共关系策划在考虑向公众传递组织形象有关信息，以及收集哪些公众反馈信息向组织决策层传递时，都应考虑信息的质(信息真伪)、量(信息多少)和度(信息强弱)的问题，做到使信息尽量及时、准确、全面、客观地传递到公众或组织决策层。不容许传递任何虚假不实的信息，不容许对信息进行夸大或削弱的加工，尤其要注意不虚美、不隐恶。那种为迎合决策者个人意愿，只考虑本组织利益而不惜蒙骗公众的行为，表面上看起来似乎是在维护组织形象，实际上一方面会致使组织公众决策的失误，另一方面会造成公众心目中组织的虚假形象。

(3)在策划公共关系活动方式时，以解决实际问题、达到切实效果为佳。反对不切实际、不讲效益的虚架子、花架子。公共关系策划虽然讲究创意，但不能离开组织真实需要和现实情况，去搞一些不着边际的设想，更不能为了片面地追求轰动效应，而去做一些得不偿失甚至适得其反的事。

(4)在对公共关系策划效果进行预测评估时，要实事求是。一次公共关系策划能解决的问题总是有一定限度的，一次公共关系活动能取得的效果也不是无限的。我们的策划要足以打动并鼓舞决策者们的心，关键在于抓住需求要点和办法新颖的特性，并据此制定可行的方案供其抉择，切忌言过其实、花言巧语、胡编乱造。正如《有效的公共关系(第八版)》一书所述，公共关系计划通常要贯注热情的语言，这样有助于取得上层管理者或者雇主的批准。但是如果热情的语言过多则容易产生许诺过头的危险，形成轻诺寡信的印象。

4. 灵活创新原则

根据这一原则，策划者在策划过程中应努力做到：

(1)以动态的眼光看世界，以应变的头脑想对策。这就是说，我们的策划思路必须跟上环境的变化。环境变了，公关对象变了，我们的谋略对策也要变，千篇一律走老路的办法，是无法解决复杂纷纭的公共关系问题的。

(2)策划方案必须具有相当的弹性。实践证明，事前再周密完善的策划，在实施过程中总会遇到一些突如其来、猝不及防、意料之外的问题。策划者如果事前没有对方案应变的思考并留下回旋的余地，则事到临头会措手不及，从而束手无策或举措失当。在总目标大原则不变的情况下，保持适当的弹性，对策划的成功，是很有必要的。

(3)牢固树立策划创新的观念。在策划中不随便将就现成的办法，不受陈规旧习的束缚，不轻易满足于最初的设想。策划者应经常向自己提问：这是不是解决问题的最好办法？这是不是达到效果的最佳途径？能不能再想出更为有效的方法和更为便捷的途径？力求别出心裁、独辟蹊径，尽量避免重蹈覆辙和与别人"撞车"。

(4)将创造性思维方法贯穿策划的始终。创意是策划的灵魂，创造性思维方法是获取创意灵感的有效手段。策划者不仅应在公共关系策划的全过程中从整体上使用创造性思维方法，对公共关系行为的每一个步骤、每一个细小环节的设计，也都应采用创造性思维方法。

5. 合理可行的原则

公共关系策划是一种思维活动，但它却不能脱离实际而存在，它既然是事前对公共关系行为的通盘谋划，就必须考虑在未来实施中是否合理与可行。遵循公共关系策划合理可行的原则，在策划过程中，我们应当注意以下几点。

(1)风险性。凡是策划，其结果总是成功与失败的可能同在。任何策划者，不管你是否走创新之路，对未来行为的谋划，总得考虑承担一定的风险。策划自然不能因为风险的存在而裹足不前、故步自封，但策划也绝不应漠视风险的存在而粗心大意。策划只能凭借策划者的艰苦劳动，尽量设计好周全的方案，在充分考虑到各种有利和不利因素及其组合给组织带来影响的前提下，去尽量争取成功的收效，把风险出现的可能降低到最低限度。

(2)经济性。公共关系策划必须对组织自身资源有充分的认识，策划必须量体裁衣、看菜吃饭，必须根据组织的经济实力和经济潜力去考虑组织的经济承受能力。公共关系策划的合理与否往往表现在如何提高公共关系活动的效益与效率方面，即如何尽量在有限的条件下多办事、办好事，以及如何以最快的速度实现公共关系策划要实现的目标。不考虑公共关系行为投入与实际效益产出比率的策划，不是收效甚微便是在决策者那里根本通不过。

(3)合法性。任何组织都不是生存在真空之中，其行为总要受到所在国家地区法律法规乃至宗教信仰、民族意识、文化传统和风俗习惯的制约。对公共关系策划，必须首先考虑到是否合乎本国国情和法规，其次要考虑是否有违当地的民族习俗、宗教信仰、文化传统、风俗习惯等，凡是涉及坑蒙拐骗、违法乱纪、有悖国情的策划，只会搬起石头砸自己的脚，绝无好的下场。至于有违当地民情的做法，必会招致公众的反对、舆论的谴责，结果必将使组织形象受到严重损害，甚至引来灭顶之灾。

(4)可操作性。公共关系策划是为公共关系实施提供依据，策划的优劣直接关系到实施的成败。故策划出的方案是否具有可操作性至关重要。公共关系策划的可操作性表现在：①对公共关系行为的每一个步骤与环节，以及它们之间的衔接呼应关系都有着具体的表述和规定，不至于使操作者出现理解偏差或无所适从；②公共关系策划的现实性，即策划是建立在组织现有资源条件的基础之上，不是脱离客观实际条件的非分之想；③必须与操作者的观念意识、文化水平、工作技能等素质水准相适应(必要时，可通过培训等手段加以弥补)，否则，再高明的策划实施起来也会走样；④必须与公众对象的心理素质和承受能力相适应，否则曲高和寡，无人呼应，策划也就成了一厢情愿。

(5)融通性。组织的形象是一个多面综合体，反映组织形象、建立公众协调关系的工作，绝不是一个公关部或一个策划书就能解决的。真正要使公共关系策划取得效果，除了要组织一些必要的、专门化的公共关系活动外(如制造公共关系新闻、设计公关广告、参加社会公益活动等)，更主要的是融公共关系意识于组织的管理意识之中，融公共关系行为于每位组织成员的自觉行为之中，融公共关系活动于组织的其他活动之中，融公共关系效益于组织整体效益之中。只有将公共关系行为渗透到组织行为的方方面面，将公共关系思想变成组织中每一个人的自觉意识，公共关系策划才能取得成效。那种指望通过一两次轰轰烈烈的公共关系活动就能解决组织长远战略形象的想法，实际上是一种脱离现实的"书生意气"。

(二)公共关系策划的内容

公共关系策划的内容，视具体的公共关系策划类型而定，通常包括公共关系策划策略、公共关系战略策划、公共关系专题活动策划等。

1. 公共关系策划策略

(1)宣传性公共关系策略。宣传性公共关系策略是指利用大众传播媒介，如报纸、杂志、广播、电视、网络等，为企业进行宣传，达到建立良好企业形象之目的。这是企业最常采用的公共关系策略，也是最省事的公共关系策略。其具体做法有两种形式：一种是公关广告，把企业的形象塑造为广告的中心内容，以提高企业形象和知名度；另一种是宣传报道，如新闻报道、经验介绍、记者专访等，这是一种不花钱的宣传，公众十分容易接受，效果较好。

（2）社会性公共关系策略。社会性公共关系策略是指举办各种社会性活动（如庆祝会、纪念会、运动会、赞助等）来扩大企业的社会影响、提高企业的社会声誉，为树立良好的企业形象创造条件。

（3）服务性公共关系策略。服务性公共关系策略是一种以提供优惠服务为主要方式的公共关系策略。它的特点是：企业通过自己的行为——向公众提供优质服务来宣传自己，建立一个良好的公共关系；当前，顾客对服务越来越看重，对服务的要求越来越高。

（4）社交性公共关系策略。社交性公共关系策略是指不借助其他媒介，只在人与人之间的交往中开展公共关系活动的策略。这种方式实际上是感情投资的方式，逐渐与有关人员发生联系，在建立一定感情的基础上，达到互惠互利的目的。个人与个人的关系如此，团体与团体的关系亦不例外。

（5）征询性公共关系策略。征询性公共关系策略是指听取、收集、整理和反映公众对企业的产品、政策等方面的意见和态度的公共关系活动。常用的方式有信息采集、舆论调查和民意测验等。

（6）矫正性公共关系策略。矫正性公共关系策略是在企业形象受到损害时，为挽回声誉所开展的公共关系活动。企业在与社会和公众接触的过程中，难免有不足之处，也有失误之处，如果企业不及时矫正补救，企业形象将一落千丈。

2. 公共关系战略策划

（1）战略目标。公共关系战略目标，是组织制定长期性的、整体性的各项策略的最终利益诉求，因此具有很强的前瞻性、指导性、稳定性、系统性和抽象性。公共关系战略目标往往是组织管理战略的重要组成部分，是其他各项子管理战略实现的重要基础和推进力。

（2）战略重点。在一个组织的战略目标中，可能会有多项战略重点，但在不同的发展时期、不同的发展环境中，组织的战略重点必然会有所不同。根据各个影响要素确立的对应发展重点，即公共关系策划中的战略重点。但需要指出的是，公共关系战略重点是战略目标中的一项核心，同时也必然具有稳定性的特点，朝令夕改断然不可取。

（3）战略步骤。战略步骤是组织为了实现公共关系战略目标，发展战略重点而制定部署的阶段性规划，其制定的是具体部署与时间节点的综合规划，表现为不同阶段的战略实施纲要策划。可操作性是制定战略步骤的基本要求之一，尤其是在划分时间节点的问题上，需要特别注意。

（4）战略评估。公共关系策划中的战略评估系统，就是对战略目标及战略重点的衡量体系的制定，其标准既包括全局性的验收，又包括各个战略步骤实施之后的验收办法及标准。

3. 公共关系专题活动策划

不同的公共关系活动，其策划要求和技巧要求有所不同。常见的公共关系专题活动包括新闻发布会、赞助类活动、新媒体活动、庆典活动等。

（1）新闻发布会。新闻发布会是社会组织专门召集记者集会，借以发布信息，回答记者提问的一种特殊会议形式。一般情况下，新闻发布会与记者招待会可以通用，但政府部门组织的记者招待会和新闻发布会在形式上稍有区别，政府部门举办的记者招待会，其主要形式为答记者问；而政府部门举办的新闻发布会的主要内容是向记者发布新闻。新闻发布会集人际传播与大众传播于一体，是组织与媒介建立和保持联系的一个重要途径，它对于扩大组织的知名度，协调好新闻媒介的关系有莫大的裨益。

新闻发布会是围绕有影响或有价值的新闻展开的，有影响或有价值的新闻构成了社会组织与新闻界关注的焦点，成为组织新闻发布会的依据。社会组织召开新闻发布会的情况有：①组织取得重大成就，诸如新产品、新技术问世，生产销售突破纪录，技术信誉方面获得奖励；②组织适逢重大庆典，诸如开业典礼、周年纪念日、重大庆祝日；③组织将要采取重大举措，诸如换届选举、产品结构调整；④组织内部出现重大事故，诸如失火、失盗、泄密、水灾及其他责任事故；⑤组织与外界发生公共关系纠纷，诸如与社会公众、顾客公众发生矛盾。

(2)赞助类活动。赞助是社会组织对某个组织或个人以及某项事业的物资赠予和捐助。社会组织生活在一个彼此相互联系的社会里，组织的存在、发展渗透着社会的援助、支持和配合，组织在成长壮大以后，有义务报答和回馈社会。赞助正是社会组织献出爱心，承担社会责任和义务，共同致力于社会繁荣和发展的义举。赞助有助于社会组织塑造良好的社会形象，同时也为社会组织谋求各界的理解和支持，以寻求更大的发展创造了有利条件。

赞助的范围相当广泛，几乎无所不包。按照其作用的不同，赞助基本上可分为事业赞助、福利赞助、赈灾赞助和基金赞助四类。

①事业赞助，是指社会组织出资用于举办公益性和社会性的事业，诸如赞助体育运动、教育事业、文化事业、理论研究、学术活动、庆典活动。在事业赞助中，体育赞助是最为常见的一种形式。

②福利赞助，是指社会组织捐款给残障人士、慈善机构或社会福利机构。社会福利机构是非营利组织，他们需要依靠赞助推行某些计划。赞助这些机构是社会组织应尽的责任，同时也有助于改善社会组织与政府、社区的关系。

③赈灾赞助，是社会组织为发生重大事故的单位及遭受自然灾害的地区提供的经济援助。俗话说，"一方有难，八方支援"，赈济受灾组织和公众既是承担相应的社会责任，也是一种潜在的感情投资，它有助于组织获得广泛的、永久性的支持。

④基金赞助，是指社会组织捐款给各种基金会，诸如宋庆龄基金会、儿童活动基金会、人口普查基金会等，用于发展某项事业。

(3)新媒体活动。新媒体时代的到来为公共关系活动提供了更加丰富的展现形式、传播方式与表达风格。新媒体时代的公共关系活动要更加关注用新的展现方式讲出新的公关故事，用新的传播方式将创意、内容、技术与媒介有机结合，让公共关系内容具有可传播性与互动的穿透力。

在公共关系的新媒体活动方面，需要遵循以下原则：①互动至上。新媒体时代的传播特征在于互动性强，传播性广，尤其是用户之间引发的自主传播。因此组织在进行新媒体活动内容的形式与选择上需紧密结合互动性特征。②情绪表达。通过情绪的调动，拨动用户的心弦。通过公共关系内容情绪的导入，拉近组织与公众之间的亲近感，同时更能够唤起公众对组织的情感共鸣。③正向价值。组织在开展新媒体公共关系活动时不可为了追求反差效果而故意丑化组织形象，突破道德底线，而是应充分弘扬社会主义核心价值观，树立组织正能量。④内容质量。新媒体平台的内容质量是活动成功的关键，通过文案创意、视觉创意，结合趣味性、互动性、传播性的特征，才能吸引公众的关注与互动。

（4）庆典活动。庆典活动最典型的形式如开业典礼、开幕典礼、节庆活动等。"良好的开端是成功的一半"，新组织的首次亮相、重大活动的第一次面世，都希望给公众留下深刻的印象，为以后的事业发展奠定良好的基础，成功的开幕典礼将帮助组织实现这一愿望。开幕典礼的外延很广，它包括企业的开业典礼、重大工程的开工典礼、大型活动的开幕式等。开幕典礼的主旨是烘托和渲染气氛，在社会公众中造成强烈影响，从而为以后的顺利发展铺平道路。开幕典礼宜隆重壮观、火爆热烈，开幕典礼的筹备、策划、组织都应力求突出这一特色。

三、公共关系策划的程序与方法

（一）公共关系策划的程序

1. 立项阶段

立项是指正式确立进行某个公关专题项目的意思。只有项目确定，才能开展策划的工作。立项是由策划的主题或公关专题活动的主办机构执行的。影响立项的因素主要有以下几个方面。

（1）主题是否具有迫切性。公关专题活动多种多样，选择哪一种活动作为当前实施的项目，标准是项目是否符合组织机构总体形象建设需要和近期工作急切需要解决的问题。也就是说，项目的主题是否具有迫切性意义。

（2）是否有足够的经费支持项目的开展。任何一项公关专题活动，都需要耗费一定的经费，要有足够的经费才能支持项目的开展，才可以确立项目立项。

（3）项目是否具有基本的可行性。公关专题活动项目实施是否具有基本的可行性，主要取决于项目个案实施的基础条件是否完备。基础条件具备，则项目可以立项。

2. 调研阶段

调研阶段是指进行项目策划前的调查和研究分析阶段。这一阶段的工作十分重要，必须做好充分的调查研究，才能为策划提供科学的依据。

在调查的基础上对策划项目进行充分研究，研究的内容主要有以下三个方面。

（1）主题活动目标的研究。策划人员应该明确，专题活动应该达到什么目标？目标定得是否切合实际？目标定得太高，而事实上不能兑现，那就是失败了。目标定得太低，即使成功了，其实际意义也不大。所以策划人员要根据策划主题的目的要求确定恰当的目标。

目标有两种类型，一种是预告性目标，即预告公关专题活动实施之后，将会产生什么样的效果。例如，一场企业文化的推广活动，要使多少员工通过活动了解企业文化的内容。另一种是促进性目标。这一类目标简明扼要，比较数据化，易于衡量。例如，通过专题活动，50％的员工提高了对企业理念的理解。

影响目标确立的因素主要有两个：一是经费因素。一般说来，投入的经费和产生的效果是成正比的。当然，能够少花钱办大事更好。二是时间因素，公共关系传播是一种双向的沟通传播，要力促公众接受某一信息或新的概念，需要一定的时间。

（2）确立目标公众。确立目标公众又叫确立公共关系对象，即策划人员研究确定公关专题活动将要针对的目标公众。通俗地说，这一活动项目要将信息传达给谁？有的项目可能是针对普遍的公众，有的项目可能是针对一个层面的公众。只有明确公关对象，才能把有限的传播经费运用在目标公众身上，实现有效的传播。

(3)确立活动主题。主题是公共关系活动诉求的中心思想。任何一项公关主题活动，都应有一个明确的中心思想，只有确立鲜明的主题，才能最大限度提高传播的有效性。一个既定目标的公关专题活动，可以提炼出不同的主题。例如，一个以提升企业文化为目标的专题活动，可以"重塑企业形象"为主题，也可以"争创一流企业"为主题，还可以"树立全新理念"为主题。总之，主题的提炼需要有现实意义，必须经过反复推敲方能确立。

3. 策划阶段

策划阶段是策划的主体工作阶段。这一阶段的工作包括拟定内容和活动形式、排列程序、安排时间、拟定场地布置方案、制订经费开支预算及落实工作的计划等。同时还要制定一整套与目标公众的沟通策略、信息传播策略和媒介策略。

公共关系策划方案毕竟是公关事前的计划，在面对现实的诸多可预见和不可预见因素的影响下，必然会受到实践约束，并且，任何策划方案都难保尽善尽美。方案优化的过程，就是增加公共关系策划实际指导性的过程。公共关系方案优化，既需在策划阶段就时刻注意，也有必要在公关实施或者评价的运作过程中，根据实际情况变化，进行及时改正。

公共关系策划方案的优化，主要有以下几种方法。

(1)重点法。在对同一个公共关系策划方案进行优化时，分析其在目的性、可行性和耗费方面对方案的影响程度，经过比较之后确定重要性排序，影响最大的即策划方案的重点。优化方案的操作就是增加重点关注的实践。

(2)轮变法。所谓"轮变法"，即在方案诸要素中选择一个要素作为变量，其他要素则视为常量，对作为变量的要素进行变化假设，而将其他常量要素作为定数，在各要素彼此轮变之后，比较分析诸要素各种程度的最优化组合。

(3)反向增益法。所谓"反向增益法"，即用收获效益的反方向思维来增加策划方案的合理性，通过增加少量成本，增加大量收益，在投入上退一步，在收获上进两步。

(4)双向比较法。所谓"双向比较法"，即将公共关系策划预案与组织的其他公共关系策划方案和案例实践在各方面进行纵向比较，或者将其与其他组织的公共关系案例进行横向比较，取其精华去其糟粕地借鉴，激发方案优化的灵感。

(5)优点综合法。所谓"优点综合法"，即综合考虑各种公共关系策划提案的可取之处，将预备采用的方案优点最大化。

4. 论证阶段

论证阶段是策划方案形成文案后，对方案进行预测性评估的工作过程。这一过程既要听取专家的意见，又要听取参与活动公众的意见，从各个不同的角度论证策划方案实施的可行性，并不断进行调整。

公共关系策划方案的付诸实施，还需要经过公共关系策划专家、公共关系工作人员、组织领导与方案策划者的讨论、研究，经过科学、合理的论证程序，待审定之后才能真正地指导进一步的公共关系实践，成为策划方案的定本。

公共关系策划方案的审定，一般要遵循以下几个原则。

(1)系统性原则。根据系统性原则来审定方案，就是要考察公共关系策划方案是否将整个公共关系运营流程，包括公共关系调查、公共关系策划、公共关系实施和公共关系评估中的各个环节视为一个整体的系统，从系统与环境、系统与要素、要素与要素之间的相互关联去分析，综合考察公共关系活动的总体功能和运作过程，是否与组织的战略目标相一致，是否为组织公共关系的战略目标服务。因此，系统性要求实际上包含了策划方案审定的目标性要求。

（2）效益性原则。组织公共关系策划方案审定的效益性原则，不仅包括方案对组织经济效益的贡献的考虑，也包括对方案的社会效益、公众心理上的效益等的考虑。在各种效益中，以组织通过公共关系可能实现的收益为核心。其中，社会效益是公共关系策划的长远收益，有利于组织战略目标的实现。先进生活理念的引导、政府与社会的关注和支持、对民族文化和传统精神的弘扬等，都属于公共关系活动的社会效益。审定者在审定策划方案时，应该对其给予一定的关注。经济效益是公共关系策划的短期和现实追求，对组织短期的战略步骤和策略目标的实现有很大的推动作用。这些效益在审定策划方案时，也应该被赋予特别的关注，毕竟这是与组织密切相关的，同时也决定着组织未来战略步骤的制定和调整。

（3）适应性原则。根据适应性原则来审定方案，就是要考察公共关系策划方案对各种可能影响到方案执行的要素的考虑及应对预案的准备是否充分。常言道，计划赶不上变化，这一方面在流程上说明了公共关系方案需要在调查阶段、策划阶段、实施阶段和评估阶段不断完善改进；另一方面也在性质上印证了公共关系策划方案的审定需要重视适应性要求。

适应性原则需要策划方案的审定者注意两方面内容：第一，微观上，公共关系策划要与公共关系运行流程中的各个对象要素的特质、需求等相适应。策划是一个复杂的系统工程，需要关注公众特质与需求、组织特点与发展的战略和现况等。第二，宏观上，公共关系策划要与活动实施的外部环境相适应。社会、政治、经济、法律和文化环境，市场竞争环境等，都是需要审定者关注的外部适应性内容。

（4）可行性原则。任何公共关系策划方案，都是服务于实践指导的。因此可行性原则是方案审定的最核心要求。财政耗费上的可行性、人员安排上的可行性、技术手段上的可行性等，都是审定公共关系策划方案时要考虑的。

（5）竞争性原则。根据竞争性原则来审定公共关系策划方案，有两方面含义。一是要考察方案的最优化。相对诸多公共关系策划预案，和诸多公共关系策划的要素组合可能，方案是否已经达到了策划人员的最高思维水平，从其他方案和可能性中脱颖而出，是"竞争性"的第一层含义。二是要考察相对于竞争对手或者组织公共关系策划和实践历史上的公关案例，方案是否有至少某方面的创意或者突破点。公共关系本来就是一个通过争取各类公众注意力的品牌传播形式，如果没有值得强调的卖点，就不能称之为成功的公共关系，平平无奇的策划在面对审定时理当遭到淘汰。

5. 决策阶段

经过充分论证的策划方案由决策人审定后，就可以正式确定，这个过程称为决策阶段。

（二）公共关系策划的方法

1. 群体组合策划模式

随着现代社会的发展，谋略和策略的需求急剧增加。同时，现代科学知识密集地发展，迫使社会分工越来越细，资讯传播也越来越迅速。现代策划已经从经验决策转向科学决策，从单一劳动转向集中各方人力共同完成。当今社会处于一个知识密集的时代，任何一个人都难以驾驭所有的知识，而只有单方面或若干方面的知识是难以胜任一些大型策划的。比如，要进行一项产品投资策略的策划活动，进行市场调查需要专业的人士；制定产品组合策略，需要工程技术人员和工业设计师、平面设计师协同工作；市场推广的时候需要营销人员和公关、广告人员协同作业。这是一项综合性的活动计划，需要多学科的人员共同参与。所以说，群体策划是现代策划的一个重要特征。

群体策划是一种人才组合的集体策划的形式。具体形式为组成一个专职策划小组来完成策划的任务。策划小组的最佳形式是由多学科的成员组成，而且应该有经验丰富的一线工作者参与，这样有利于知识、信息的互补，有利于思维激荡。

策划小组的工作步骤可归纳为：分头调研，共享信息，独立思考，小组讨论，专人提炼。在这五个步骤中，首先，由策划小组的成员分头收集、整理、研究基本的调查资料。然后将个人收集、整理、研究的初步结果向策划小组成员互相通报，形成第一次信息冲撞效应。其次，策划小组的成员再次独立构思至一定程度，由项目召集人召开策划小组讨论会，这是一个脑力激荡的过程，互相启发，十分有利于创造性意见的产生。有时一次会议未必产生结果，就需重复前面的程序，再择日召开会议，直至有一个基本的结论产生。最后，由指定的专人将策划小组研究的成果整理在案，或者由不同的个人撰写不同的方案，形成多个方案。这种运用群体智慧执行的策划方式，其最大优点是知识互补和产生思维冲击的力量。

在这种组合中，并未削弱个人智慧的作用。第一、第三、第五个步骤都充分发挥了个人智慧的作用；第二、第四个步骤则是个人智慧与群体智慧的结合体。更能体现个人智慧的则是策划小组的召集人，他同时也是策划项目的带头人。策划小组的成员，要有较高的素质，尤其是要具有专业知识，熟悉情况，有逻辑概括能力、策划能力、较好的表达能力和创新意识。

2. 策划会的组织

策划会是公共关系策划的一种重要形式。

（1）会前准备。会议的准备工作是会议成功的最关键因素。会前要确立好会议的目标及议题，尤其是议题必须清晰。会议的组织者要印发议程，拟定好出席人选，提前发出会议通知。策划会一般以5～7人为宜，组织者要为与会者提供应有的参考资料。与会者要认真阅读有关资料，并认真思考，带着意见参会。会场布置以圆桌会议形式为宜，方桌也可以。场内设置板书工具，并恰当选择好会议直观材料，必要时齐备幻灯机、投影仪、录像机等设备。会前的准备是会议成功的基础。

（2）会议氛围。策划会应力求营造活跃、平等的气氛。活跃的气氛有利于活泼思维和脑力激荡；平等的气氛有利于与会成员发散性思维。必要时可以提供会议饮品，营造轻松气氛。会议气氛一方面是由会议室布置刻意营造的，另一方面是由主持人用主持会议的技巧营造的。

（3）主持技巧。主持人是策划会成功的一个关键因素，主持人应是策划项目的领头人。主持人在开会时要简洁明了地告知会议目的及要解决的问题，阐明会议的原则，保持活泼的气氛。主持人必须时时把握会议的进展，尤其要把握会议的主题，保证会议议题不走偏，并能够及时鼓励、引导与会者发言，及时捕捉好的构想，及时引导与会者相互借用议题激发新的构想。主持人要安排好专人记录，各种构想由记录员予以编号，写在白板上，让与会者可以一目了然已提及过的构想。记录员会后要整理好个人的构想，既作为档案，又作为进一步策划之用。会议结束时，主持人应该有一个小结，确认会议最后的研究结果。

(4)会议规则。会议效率不但取决于主持者，还取决于与会者，因此，与会者要遵循一定的规则：①准备好与会用的记录卡或记录纸，以便及时进行构想记录。②想到的构想要立即提出来，即便构思本身没有什么价值，但有时它可以启发他人提出有价值的构想。③发言要简明，一般只提出主要的构想，无须论证，切忌古今中外论证一番。④个人独自自由畅想，不要私下交谈，否则会降低会议效率。⑤不要评议别人的构想。⑥发言要一个接着一个，不要冷场，最好形成顺时针顺序排列发言的习惯，形成压力。轮到的发言人实在没有构想，可暂时跳过，轮完一圈再继续一圈，如此往复，直至问题有一定的结论。⑦会议一般分为两个阶段。第一阶段为发散性思维阶段，与会者自由畅想，发表意见；第二阶段以有一个基本认定的构想为前提，对相对集中的一些构想再次广泛发表意见。

对最后的提案，要有一个评价的过程，一方面尽可能完善既定的提案，另一方面尽可能运用系统的、科学的分析方法进行严密的评价。基本的评价方法是：①以社会制约因素去审核，排除法律上、道德上的不允许因素；②对其中表达的概念再三论证；③效果评价；④可行性评价；⑤以一定的逻辑概念审视整个构想的排序。

3. 专题活动构思的方法

专题活动策划构思过程，是一个艰苦的脑力劳动过程。专题活动是公共关系策划中最主要的内容之一，分为大型和小型两类。专题活动策划，尤其是大型活动策划的社会综合性要求很高，所以应该坚持执行群体策划的原则。在群体策划方法的研究方面，中外学者作了许多的探讨和研究，总结了许多的策划构思、创造的方式，这里介绍两种经常使用的构思方法。

(1)头脑风暴法。头脑风暴法是通过联想进行构思的方法。头脑风暴法的核心是高度自由的联想。这种技法一般是通过一种小型策划会议，使与会者毫无顾忌地提出各种想法，彼此激励，诱发联想，导致产生新的构思方法。

(2)案例排列法。案例排列法也是通过联想方式进行构思的方法，主要通过对过去案例的回顾而激发新构想。这类策划会议主要由与会者将与过去议题相同的案例排列出来，并在排列案例的同时构想新的计划。假设会议议题是讨论宴会游戏的设计，与会者可以按座位顺序依次发言，也可以随时发言，发言者先将曾经有过的宴会游戏案例排列出来，并随时可以提出新的宴会游戏构想。记录者要把发言者的意见记录在黑板上，记录板分成两边，一边记录已有的案例，另一边记录新的构想，如此往复。案例排列法要力求穷尽与会者头脑中的案例，主持人要善于引导与会者进行联想和推理，以便产生新的想法。

第三节　公共关系实施

一、公共关系实施的含义和意义

公共关系实施是指公共关系主体(社会组织)为了实现既定的公共关系目标，充分依据和利用实施条件，对公共关系创意策划进行实施策略、手段、方法设计并进行实际操作与管理的过程。

公共关系实施是解决公共关系问题和实现公共关系目标的重点环节。只有通过扎实、有效的实施工作，才能直接地、实际地、具体地解决问题。即使是完美无瑕的公共关系策划方案，如果不经过实施，而是束之高阁，也只能是毫无意义的"纸上谈兵"。

公共关系实施决定了公共关系策划创意能否实现以及实现的程度和范围。有效的公共关系实施，不仅能执行策划创意，而且能创造性地修改和弥补策划的不足。这时的实施活动，表现为实施人员能够选择最有效的实施途径和手段、方法和技巧。失败的公共关系实施，不仅不能实现策划创意，有时还可能使策划方案中想要解决的问题更加恶化，甚至完全与目标背道而驰。从这个意义上说，实施这个环节不仅决定了策划创意能否实现，而且决定了策划创意实现的效果。

公共关系实施的结果是后续公共关系策划的重要依据与起点。任何一项公共关系策划，不论其实施过程成功与否，都会在社会上造成一定的影响和后果，进行新一轮的公共关系策划必须以此为基础，针对新出现的问题策划新的方案，这是公共关系策划的继承性和可持续性规律的客观要求。

二、公共关系实施的特点与原则

(一)公共关系实施的特点

1. 艺术性

公共关系实施的艺术性包括两层含义：第一，公共关系实施要勇于创新。同一公共关系策划方案的实施策略、手段、方法有很多，要突破常规，别具一格，标新立异，以奇制胜，设计出竞争对手意想不到的、传播效果最好的操作手段和方法。第二，公共关系实施在于攻心。目标公众具有不同的心理，比如性别心理、年龄心理、职业心理、专业心理、收入心理(也叫经济心理，即不同经济收入者心理)、地域心理、血型心理、民族心理、宗教心理、情感心理等，要针对目标公众的特定心理来设计与操作实施策略、手段和方法。因此，公共关系实施的过程是创新与攻心的过程。

2. 文化性

公共关系实施的策略、手段、方法具有鲜明的、浓郁的文化色彩。许多传统文化和现代文化成为公共关系实施可利用的重要资源。随着社会进步和人们物质消费水平的不断提高，特别是随着知识经济时代的到来，物质文化、消费文化、生活文化和经济文化成为现代社会生活的一大趋势。从某种角度来说，现代物质消费就是文化消费，现代生活就是文化生活，因此，公共关系实施手段、方法要体现一种文化品位，迎合公众的文化追求，用文化的力量去感染公众。没有文化品位的操作方法和手段是低层次的公共关系实施行为。

3. 人情性

公共关系实施的过程常常表现为一种感情交流的过程，感情手段成为公共关系实施中基本的、常用的手段。要注重研究和利用公众的感情心理和感情倾向，重视感情投资，以情感人，以情动人，以情服人。让公共关系实施行为充满感情，以人为本，注重人性，这是公众的客观需要，也是公共关系的生命根基。

4. 形象性

公共关系实施的策略、手段与方法必须具有良好的公众形象和社会形象，以此赢得公众和社会的信任与喜爱。这是由公共关系注重塑造良好形象的属性所决定的。

5. 关系性

公共关系实施以建立和协调组织与公众的良好关系为基础，一切有利于建立良好公共关系的协调手段、交际手段和游说方法均是现代公共关系实施手段与方法的重要内容。要建立、巩固与发展广泛的关系网，遵循"养兵千日，用兵一时"的关系网运作原则，使关系网成为公共关系实施的重要路径。要正确应用交际方法和交际手段，善于与公众打交道，以便顺利完成公共关系任务，实现公共关系工作目标。

6. 传播性

公共关系实施过程就是组织与公众之间的双向信息沟通过程。各种传播媒介都是公共关系信息传播的载体，各种传播方法都是公共关系实施的方法。要把人际传播媒介、组织传播媒介、大众传播媒介以及各种综合性传播媒介有机结合使用，熟练掌握其使用技法，以实现公共关系整合传播的最佳双向沟通效果。

(二)公共关系实施的原则

公共关系实施是一个复杂而科学的过程，客观上需要有一套科学的实施原则作为指导。公共关系实施的原则是公共关系实施的工作准则，是公共关系管理者(领导者)和操作者在错综复杂的实施环境中，排除各种实施困难，完成公共关系实施各项工作，实现公共关系目标的成功法则。

1. 准备充分原则

在正式实施公共关系策划方案之前，必须做好各种实施准备工作。实施准备是公共关系实施成功的基础和前提条件。准备越充分，公共关系实施就越顺利，失误就越小。在正式实施策划方案之前，公关人员要用足够的时间做好各种准备工作，绝对不能打无准备之仗。公共关系实施的管理者和操作者要严格、准确地检查每一项准备工作。要建立"准备工作责任制"，把各项工作落实到具体的人，负责到底。

2. 策划导向原则

所谓策划导向原则，是指公关人员必须严格按照既定的策划方案开展实施工作。策划导向包括目标导向、策略导向和实施方案导向。

目标导向要求公关人员在公共关系方案实施过程中，不断将实施结果与目标相对照，发现差距，及时修正，务必实现目标。策略导向要求公关人员必须按既定策略思路去执行实施方案。策略指导实施行为，是实施行为的主题思想。实施方案导向要求公关人员严格按照实施方案开展实施工作。各项具体工作内容的实施方法是公共关系策略和公共关系目标的实现手段，公关人员应当熟练掌握和应用，并在应用中创造更有效的实施方法。

3. 控制进度原则

控制进度原则是指必须按照公共关系实施方案中各项工作内容实施时间进度的要求，随时检查各项工作内容的完成进度，及时发现滞后(或超前)的情况，搞好协调与调度，使各项工作内容按计划协调、平衡地发展，并确保按时完成。

控制进度原则要求公关人员做好预测和及时发现各种可能影响实施工作进度的因素的工作，针对关键原因采取有效的预防和应急措施。

4. 整体协调原则

整体协调原则是指在公共关系实施过程中，要使各项工作内容之间达到和谐、合理、配合、互补和统一的状态。公共关系实施是一项系统工程，各项工作只有相互有机配合才能达到整体最佳。各自为政，相互矛盾，只能增加内耗，严重时必然导致公共关系实施的失败。总之，整体协调的目的是要形成全体实施人员思想观念上的共同认识和行动上的一致，保证实施活动的同步与和谐，做到统一意志、统一指挥、统一行动，提高工作效率与质量。

5. 反馈调整原则

反馈调整原则是指通过监督控制机制及时发现公共关系实施中的方法偏差或错误，并及时进行调整与纠正。由于各种因素干扰，或由于实施人员的素质问题，不按照既定工作方法实施的情况时有发生。由于策划设计错误，或由于实施环境突然发生变化，原来设计的实施方法无法操作，这些都是实施中的严重问题。公共关系实施的管理者要建立一种灵敏的监督反馈机制，快速发现问题征兆，并立即采取有效措施调整实施方法。

三、公共关系实施的内容与方法

(一)公共关系实施的内容

公共关系实施是整个公共关系活动的又一个重要环节。它是指把公共关系策划活动中形成的公关计划和具体行动方案付诸执行。这一活动的实质，就是力图对组织与公众间的关系进行努力控制。公关实施应包括以下两个方面的内容。

(1)由经理层执行的有关加强或调整组织的政策、行为的活动。这方面的内容一般由公关部调研后提交最高决策层进行决策，制订出计划和详细的措施，这些计划和措施要在公关计划中加以体现，并与传播计划一起提交到各部门执行。

(2)由公关部执行的公共关系传播活动。从公关部的活动来看，公共关系实施的内容主要有：统筹公关计划和具体公关方案的执行；促使组织进一步自我完善；高质量地完成各种传播沟通所需的软件材料；确保有计划地通过预定的渠道，把预期的信息传递给特定的对象公众；因势利导，依据情况的变化，灵活掌握计划的执行，及时准确地处理计划中没有考虑到的问题。

(二)公共关系实施的方法

公共关系的实施，是公共关系策划正式付诸实践的阶段，是调查和策划工作的最终结果和存在意义，也是公共关系评估工作的依据和基础。公共关系的实施，能够给组织带来实际的利益，这才是整个公共关系活动的价值所在。一般来讲，公共关系的实施过程可以分为两个阶段：实施准备阶段和实施执行阶段。

1. 公共关系实施准备阶段

公共关系实施准备阶段的主要任务如下。

(1)根据公共关系策划，组建公共关系小组，安排负责人员及参与人员，制定权责及具体分工。

(2)制定公共关系活动实施方案，在实际操作中，这可能在公共关系策划中已经完成。

(3)准备相应的公共关系传播资料和设备，如公共关系活动新闻稿软文、活动请柬、演讲词、宣传海报、活动现场所需影音设备、内部公共关系的沟通资料等。

(4)培训活动参与人员，从专业的技能培训到对全员进行公共关系主题的培训，保证活动的细节和整体都准备充分。

2. 公共关系实施执行阶段

公共关系实施执行阶段，就是按照既定的策划方案，在充分的实施准备的基础之上，将公共关系落实到具体操作的公关中心环节。此阶段的要领是既要保证按照策划方案进行系统和全面的管理控制，又要有灵活应变的机动性。

实施执行阶段的任务主要包括以下三个方面。

(1)执行公共关系策划，即按照策划方案的具体计划和要求来展开公关工作。

(2)监督、调查、评估和改进公共关系的执行，即监督实际工作是否按照策划要求进行，调查实际工作中的问题，实时评估公共关系活动的效果，也就是所谓的阶段性成果，改进不能适应实际环境和人员、公众要求的原有公共关系策划方案，以保证公共关系活动的顺利进行和最终目标的实现。

(3)协调好组织与各方公众的公共关系，即注意到公共关系本身的动态性，随时关注和协调与各方公众之间的关系，保障公共关系活动运行的稳定环境，使各方公众成为全面公关的积极参与者。

(三)公共关系实施中应注意的问题

(1)公关实施的管理，其基本方法既要注意统筹管理，全盘协调控制，又要相信别人。要实行分权，责任到人，相互配合，共同完成。要把公关计划的具体要求，方案中对各项目实施的详细安排都交给参与实施工作的人员，让大家详细了解各自执行的具体任务、具体职责，以及和整个公共关系活动总目标的关系。

(2)公关实施的管理要注意组织行为和传播的配合。除了严格按照公关计划的要求，督促组织按要求采取必要的措施和行动之外，还应积极主动排除一些临时出现的，或发现的有碍公关实施的一些组织行为。如有待改进的消费者服务工作，需要健全的公众接待制度、接触方式、产品或服务的品质问题、产品外观设计的形象问题等，这样才能确保公关计划的实施。

(3)公关实施的管理要注意对各种信息制作的质量进行控制，严格把关。如对新闻稿的写作；供各种媒介使用的广告作品的制作；大规模的公共关系活动的筹办；等等。甚至小到通知书、邀请信的制作等，都要反复推敲，使之达到最佳效果。

(4)对各种具体媒介的时间或空间的购买，要严格按照媒介战略中的要求执行。如果出现环境条件不允许的情况，也得尽可能使新购置的"时""空"能满足传播的需要。

(5)公关实施要注意照顾到不同类型的公共关系活动的特点。如：

①对以传播宣传为主要方式的公共关系活动，要特别注意营造必要的声势或氛围，以利于社会舆论的形成。在具体活动中要特别强调宣传的主导性，信息的时效性，传播的覆盖、频度或持续等问题。此外，还要特别注意努力与新闻界保持密切的、良好的合作关系。

②对以社会交往为主要方式的公共关系活动，要特别注意直接接触和情感沟通，考虑如何尽可能提升交往的深度。在具体活动中，要注意广结人缘，营造亲密的氛围。此外，开展这类活动要讲究灵活性，强调活动的自然与和谐，使活动更富有人情味。

③对以服务为主要方式的公共关系活动，要特别注意让公众得到实在的好处。即使是配合商业性经营的售前售后服务而开展的公共关系活动，也要特别注意尽可能减少商业痕迹。

④对以社会性活动为主要方式的公共关系活动，要特别突出公益性文化的特点，强调组织作为公民的职责等。

⑤对以征询为主要方式的公共关系活动，要特别注意严格的科学态度，把好质量关。

（6）要注意对公关策略的把握。如：

①当采取建设型公关策略时，在实施过程中要注意把握好高姿态的传播特点，尽可能促使活动成为社会的注意中心。

②当采取维系型公关策略时，在实施过程中要注意把握好一种长期不断的、较低姿态的传播方式。

③当采取防御型公关策略时，在实施过程中要特别注意防患于未然，抓好信息反馈，及时调整自身政策和行为。

④当采取进攻型公关策略时，在实施过程中要特别注意把握好组织的政策、行为调整的速度和传播的分量。此外，在具体活动中要特别注意对有利时机、有利条件的充分利用。

⑤当采取矫正型公关策略时，在实施过程中要特别注意传播前的思想、行为的准备，注意对所传播的信息进行严格控制，确保信息的准确性和前后一致性。

第四节　公共关系评估

一、公共关系评估的含义与意义

（一）公共关系评估的含义

公共关系评估是指有关组织或机构依据某种科学的标准和方法，对公共关系的准备过程、整体策划、实施过程及活动效果进行测量、检查、评估和判断的一种活动。

公共关系评估的目的是获取关于公共关系工作过程、工作效益和工作效率的信息，作为决定开展公共关系工作、改进公共关系工作和制订公共关系计划的重要依据。在某种意义上，评估影响和控制着整个公共关系实践过程中的每个活动及环节。

（二）公共关系评估的意义

在整个公共关系活动程序中，公共关系评估控制着公共关系实践活动的每一个环节，它在公共关系实践活动的准备阶段、实施阶段及影响效果的分析阶段均发挥着重要的作用。公共关系评估的意义主要表现在以下方面。

1. 评估是改进公共关系工作的重要环节

公共关系评估对一个社会组织的公共关系工作具有"效果导向"的作用。美国公共关系的先驱者罗特扎恩（E. G. Routzahn）早在 1920 年就曾说过，当最后一次会议已经召开，最后一批宣传品已经散发，最后一项活动已经成为历史的记录时，就是你在头脑中将自己和自己所采用的方法重新过滤一遍的时刻。这样你就能总结经验和教训，供下一次借鉴。这位先驱者所说的"总结经验和教训，供下一次借鉴"，恰恰说明了公共关系评估对改进公共关系工作的重要作用。

2. 评估是开展后续公共关系工作的必要前提

从公共关系工作的连续性来看，任何一项新的公共关系计划的制订与实施都不是孤立存在和产生的，它总是以原来的公共关系工作及其效果为背景的。即使前后两项公共关系工作所要解决的问题各不相同，这两项公共关系工作也不是截然分开的。因此，制订新的公共关系工作计划，要对前一项公共关系工作从计划的制订到实施、从效果到环境变迁进行系统评估分析。

3. 评估是鼓舞士气，激励内部公众的重要形式

公共关系工作实施的效果本身往往表现为一个复杂的局面，既涉及公众利益的满足，也涉及公众利益的调整。一般来说，内部员工很难对它有全面深刻的了解和认识。所以，当一项公共关系计划实施之后，由有关人员将该公共关系计划的目标、措施、实施的过程和效果向内部员工作出解释和说明，可以使他们认清组织的利益和实现的途径，自觉将实现组织的战略目标与自己的本职工作联系在一起，并转化为实际行动。

4. 评估可为进一步开展公共关系活动提供依据

公共关系评估是公共关系工作的最后一个步骤，但又与新的公共关系活动的开拓首尾相连，因此又是新的公共关系活动的调查与分析阶段。在评估过程中，评估人根据公共关系活动的目标要求，结合各层次、各环节的评估结果，以及实际投入、成本与收效进行比较，对本次活动实施成败的各种因素以及原定目标与实际实施过程的偏差程度进行分析、评价，用于指导今后的公共关系活动，为进一步开展公共关系活动提供依据。

5. 评估可以为企业管理提供决策参考

通过公共关系评估，可以评估出经过公共关系工作之后的企业形象的状况，评估出企业形象各因素(如员工素质、产品质量、服务方针等)与期望值的差距，为企业经营管理决策提供参考。公共关系评估还可以使组织领导人看到开展公共关系工作的明显效果，从而使他们能更加自觉地重视公共关系工作。

6. 评估可以增强公共关系意识，提高公关人员的工作信心

就企业而言，公共关系活动重在平时，它对企业良好形象的树立能起到潜移默化的作用。公众因为爱企业就会爱产品，成为产品使用爱好者。只有通过公共关系评估，才能很好地将公共关系活动的这些效能凸显出来，使全体职工都看到公共关系活动的作用，体会到公共关系的重要性，从而增强企业员工的公共关系意识。同时，公关人员能看到自己的工作为企业带来的效益，有利于增强工作信心，提高工作效率。

7. 评估可以衡量公共关系活动的效益

公共关系评估可以衡量经费预算、人力、物力的配备与开展公共关系活动之间的平衡性，衡量公共关系活动的效益。

总之，在进行公共关系活动之后，有必要对于是否达到目标，实现目标的程度如何，开展传播是否有效，投入与收效如何等进行认真评估。这是公共关系实务不可忽视的一个重要步骤。

二、公共关系评估的内容、方法与步骤

(一)公共关系评估的内容

公共关系评估的内容涉及许多方面，从公共关系运营流程的阶段分类来说，公共关系计划、实施及效果的评价与测量等都属于评估研究的范畴。

1. 从评估问题分类的角度来看评估内容

罗西(Rossi)和弗里曼(Freeman)把"评估研究"和"评估"等同起来，交替使用，并

将其描述为："社会调查步骤在评估公共关系计划、实施及功效方面的系统应用"。他们把评估研究过程需要解决的问题概括如下[①]。

(1)计划与目标一致性问题分析。其中包括目标确定的深度与广度；公共关系计划与预计的目标是否一致，两者之间是否存在根本的联系，成功的机会是否最大化；预计和实际费用，利益和效果情况。

(2)活动实施问题分析。其中包括是否达到预期的公众和目标区域；公共关系活动进程是否与计划进程一致。

(3)效果及问题分析。其中包括公共关系活动是否达到预期效果；实现的效果是否包括计划外的其他活动作用的结果，是否包括计划外的影响；成本收益状况；可用信息和媒介资源的利用率。

2. 从公共关系运营阶段的角度来看评估内容

上述公共关系评估是通过对评估问题的性质进行分类而得出的评价清单，若要更具体地细化公共关系项目评估，并能够在实施过程中实时评估和改进，在活动结束之后总结实践经验，落实到日后的操作改进中，则将公共关系评估按照流程进行阶段划分，并细化到不同的评估细节层次，是更为理想的做法。《有效公共关系》一书提出了公共关系评估的阶段和层次模型[②]。

(1)公共关系准备阶段：重点关注背景材料是否充分；信息内容是否准确和充实；信息表现形式是否恰当。

(2)公共关系实施阶段：重点关注发送信息的数量；信息为媒体所采用的数量；信息理论接收者的数量；注意到信息的公众数量。

(3)公共关系活动结束后：重点关注了解信息内容的公众数量；改变观点的公众数量；改变态度的公众数量；实施期望行为的公众数量；重复期望行为的公众数量；达到的目标与解决的问题；社会与文化的改变。

3. 专项公共关系评估

上述两种评估问题的清单列举，都仅仅是从公共关系的传播效果维度出发的。而实际上，公共关系评估不仅限于我们通常所说的评估内容，还包括传播效果在内的公共关系活动效果评估。除了传播沟通评估，公共关系程序评估、专项公共关系活动评估、公共关系状态评估等也可以成为公共关系评估的内容。这种分类不仅考虑到了不同的公共关系项目分类，也考虑到了公共关系评估对实践工作的改善与促进作用。

(1)公共关系程序评估。公共关系评估的重要意义之一，即对现有工作进行利弊优劣总结，为日后的实践改进方案提供依据甚至具体方案。而公共关系程序，作为整个公共关系运营的架构，自然扮演着十分重要的角色。由此，对公共关系程序的评估，是不容忽视的。

在实际操作中，可以通过具体的公共关系项目运行问题，发现造成问题根源的程序缺陷，从而进行临时性的改进或者不定期的优化，也可以由专门的公关部和公关人员制定程序评估和整改优化机制。

所谓公共关系程序，即公共关系流程发展的先后顺序。从概念分析来看，公共关

---

① ［美］斯科特·卡特李普、阿伦·森特、格伦·布鲁姆：《有效公共关系》，汤滨、王彦、孙会良译，281-282页，北京，中国财政经济出版社，1988。

② 同①，297页。

系程序有两个要点——公共关系流程工作和发展先后。因此，公共关系程序的评估主要就是要考察：各个公共关系环节工作内容设定的必要性、合理性、权重系数；各个公共关系环节之间的继承性（相对前一环节）、开启性（相对后一环节）、联系性和独立性（工作环节之间无过多重叠部分，避免资源浪费）、协调性和系统性（与公共关系整体的目标一致）。

（2）公共关系状态评估。格鲁尼格在对公共关系评估的论述中指出，公共关系的核心概念是关系，公共关系的价值只能通过关系来阐释，效果也应该根据关系的质量来加以评价①。

根据格鲁尼格的定义，"公共关系"是一个组织与其（特定）公众之间的传播管理，其目的是建立一种组织与这些公众互相信任的关系。同时，格鲁尼格也和德国、美国、中国台湾等地的博士生和同事研究如何定义所谓的与公众之间的"良好关系"。迄今为止，格鲁尼格等已经确认了良好公共关系状态的五大特征②（见图 5-3）。

①互相控制，即组织管理层和公众都认为他们对影响彼此的组织决策有一定的控制权；

②关系承诺，即组织管理层和公众都意识到双方的互相依存性，并愿意给予对方与其他方一定的建立关系自主权。

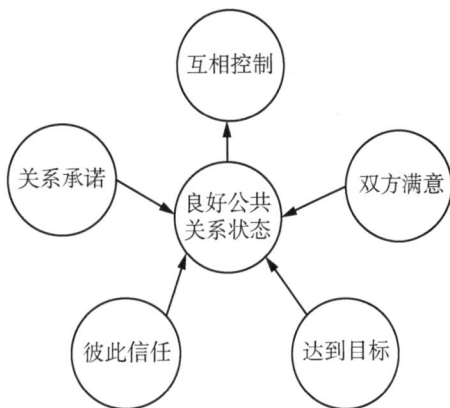

图 5-3 良好公共关系状态的五大特征

③双方满意，即双方都认为这种关系对彼此有益。

④彼此信任，即双方都愿意授予对方一定的控制权，因为相信对方会对自己的行为负责任。

⑤达到目标，即这种关系的存在或是通过这种关系，双方都达到了各自的目的或确保了自己的利益。

由此，在实际的公共关系状态评估中，可以：

①采用公众调查的方法，借助访问、问卷等各种形式进行问题设计，要求组织和其（特定）公众在相互控制、关系承诺、双方满意、彼此信任和目的达成五方面，进行相互关系的评价。

②对是非性或者选择性的问题设定对应的数值，或者直接将问题设计成等级评定的形式，以量表打分形式确定由低到高的级别。

③实施组织和公众的双方面调查，回收并整理调查结果。

④将组织和公众的互相评价量化综合，并描绘成图谱，通过 SPSS 等专业软件和技术方法，分析数据间的离散程度，最终在图谱上表现出来。

⑤可以取组织和公众在公共关系状态的 5 个大维度 10 个小维度（每个大维度都有彼对此、此对彼的双向子维度）上离散程度（用方差衡量）的总评价/总数，得到一个具

---

① 钱海红：《流变与转型："强力公关理论"时代的来临》，载《中国广告》，2006(03)：82-84。

② 郭惠民：《当代国际公共关系(第二版)》，5 页，上海，复旦大学出版社，1998。

体的公共关系状态等级评价。

(二)公共关系评估的方法

公共关系效果评估的方法有很多种，其适用性视具体的公共关系项目性质而定。在此，仅以最常见的公共关系活动为例，介绍其适用的评估方法[①]。

1. 观察体验法

观察体验法指的是组织的负责人、组织的公共关系负责人、专项公共关系项目的负责人，或者专门的公共关系评估人员，亲自参加公共关系实践或亲临公共关系活动现场，了解公共关系活动的进展状况，直接观察各类公众的反应，实时收集公众反馈，评估公共关系活动效果，并及时提出改正意见和建议。

2. 目标管理法

目标管理法指的是以公共关系目标作为评估标准，测评公共关系活动的效果。其施行办法是，将抽象的目标概念具体化，将活动进程中不同阶段和活动实施后测得的指标水平，与预先设立的目标指标水平进行比较，从而衡量出公共关系活动的效果。

3. 舆论调查法

舆论调查法指的是通过访问调查或者抽样问卷等形式，调查了解公众的相关认知、情感、态度情况，如公众态度转变情况，公众对公共关系活动的认知情况，公众对组织及其产品或服务的情感转变情况，公众对公共关系活动的评价和意见等，进而形成公共关系效果评价。具体操作上，就是将评估内容设计成清单式的调查表，收集公众的意见，并综合定性和定量的分析形成最后的效果评估。

4. 媒介传播分析法

媒介传播分析法指的是通过对各类媒体关于公共关系活动的报道分析，来测评活动效果。公共关系作为一种品牌传播的实质，决定了其对媒介传播的倚重。因此，在实际操作中，许多专业的公关公司和企业的公关部门都采取媒介传播分析法来进行公共关系效果评估。媒介传播分析法的主要工作包括：

(1)分析相关报道的总量及个体的持续时间、篇幅大小、版面位置。

(2)分析相关报道的立场性质，是中立、批判或者成就。

(3)分析相关报道的主题、立意等是否与组织的公共关系策划一致，若产生偏差，具体有哪些偏差。

(4)分析相关报道与组织提供的公关新闻资料的一致度、和谐度与重合度，分析报道是全面展示还是摘要性质。

(5)分析相关媒体的属性(如属时尚、生活还是都市类，是周刊或半月刊还是日报或晚报等)、权威性、影响力(如发行范围、发行量)等。

5. 参照比较法

参照比较法指的是将以往类似的公共关系活动作为参照标准，通过比较分析来评估公共关系活动的效果。在比较中学习其他公共关系工作的有用经验，以改进公共关系工作。

同时，也可参照同行业其他组织的公共关系传播效果，来进一步具体评估自己的公共关系活动效果。

---

① 何修猛：《现代公共关系学(第二版)》，97-98 页，上海，复旦大学出版社，2007。

6. 专家评估法

专家评估法指的是邀请公共关系专家，利用各种专业技术方法和分析模型，评估公共关系活动的效果。

(三)公共关系评估的步骤

无论评估的对象是何种类型的公共关系项目，无论公共关系项目的大小，公共关系评估都有一些基本的步骤。《有效公共关系》一书提出了公关管理中项目评估的基本步骤：

(1)设立统一的评估目标，对评估用途达成一致。

(2)确保组织实现对评估进行的承诺，并使研究成为评估的基础。

(3)在公关部内部达成对评估研究的一致意见。

(4)用可观察、可测定的术语设定评估工作的基础。

(5)选择恰当的评估标准。

(6)确定获取评估依据的最佳途径。

(7)编写完整的计划实施记录。

(8)得出评估结果。

(9)向组织管理层报告公共关系评估结果。

(10)改进实践工作，增加和丰富公共关系方面的专业知识。

三、公共关系评估中应注意的问题

(一)应注意定性分析与定量分析相结合

定性分析是从价值评判方面评估公共关系工作效果，而定量分析则是从数据事实方面分析公共关系工作效果。公共关系工作的目的就是改变公众对社会组织的态度，激发公众的合作行为。因而，有些客观效果就不能通过数量体现出来，如公众对产品的态度及改变情况，推销工作的顺利与否等，这些只能进行定性分析。但仅有定性分析还不能准确地反映公共关系的工作效果，还需要定量分析，如产品的销售情况、公众参加社会组织的人数等。

(二)应注意长远效益分析与近期效益分析相结合

公共关系工作的实际效果不可能马上全部得到体现，这是公共关系工作效益的特殊性。因此，评估公共关系活动效果时，除了考察近期效益外，还要分析长远效益。有些活动近期效益明显，但没有长远效益；有些活动虽没有近期效益，但长远效益明显，能够为社会组织的未来发展创造有利条件。只有既考察近期效益，又考察长远效益，评估的结论才能做到科学公正。

(三)应注意标准与变化性的统一

这就是说，一方面要有标准化的考评内容和考评项目，另一方面也要根据特定的公共关系工作活动，适当变通其中的部分测评项目，以保证测评结论的科学性。

社会组织编制和实施公共关系工作计划，是一个承前启后的过程，这也是社会组织不断强化公众对组织的良好印象、改善社会组织公共关系状态的过程。公共关系工作计划从制订到实施完成，大体上包括四个环节：调查公共关系状态；确定公共关

工作活动经费，编制公共关系工作的实施计划；实施公共关系工作的计划方案；评估公共关系工作活动效果。严格按照这四个工作程序开展公共关系活动，是提高公共关系工作效率、保证公共关系活动效益的基础。

案例研读 & 文献阅读

第六章 公共关系主体

【学习目标】

(1)了解公关人员的意识、知识结构及能力结构;

(2)掌握公共关系机构的不同形态及运行模式;

(3)理解公共关系行业组织的职能及管理方式。

【基本概念】

公共关系意识 公关人员的知识结构 公关人员的能力结构 组织内部公共关系部 公共关系专业公司 公共关系行业组织

第一节 公共关系人员

随着公共关系在社会生产和管理中的作用日益明显,地位不断提高,对公共关系人员(简称"公关人员")应具备的意识观念、知识结构与基础技能都提出了新的要求。公关人员只有满足了这些要求,并善于在实践中不断提高自己的从业水平,才能适应新的历史时期公共关系工作的需要。公关人员角色大体上可以分为专家型、领导型、技术型和事务型四种类型。本节将阐述公关人员应树立怎样的意识观念、掌握何种知识、具备哪些基础技能。

一、公关人员的意识

公共关系意识是公关人员的思想灵魂,是公关人员应该具备的基本素质的核心。这是因为公共关系意识作为一种深层次的思想,引导着一切公共关系行为。

公共关系意识是一种现代经营管理思想、观念和原则,是公共关系实践在人们思维中的反映,公共关系意识的形成是一个由感性认识上升到理性认识的过程。这里需要强调,公共关系意识作为对公共关系实践活动的反映,不是一种表层的被动反映,而是实践为理论所概括且演化为公共关系原理、规律、原则的一种深层的能动反映。它一旦形成,就会成为制约人们公共关系行为的一种力量。良好的公共关系意识能促使从业人员始终处于一种积极主动的工作状态,创造性地完成各项公共关系工作。公共关系意识不可能是先天获得的,而是需要通过学习逐步培养的。

公共关系意识大致由以下几个方面的内容构成。

(一)塑造形象的意识

公共关系的核心概念之一是形象。在现代社会中,良好的形象是组织的无形资产,公共关系的一切工作都是围绕形象目标而展开的。

塑造形象的意识是公共关系意识的核心。在公共关系思想中,最重要的是珍惜信誉、重视形象的思想。现代企业都十分重视企业形象,良好的企业形象,是一家企业的无形资产和无价之宝。国内外公共关系学者给公共关系下的定义有许许多多，侧重点各有不同，但异中求同，我们会发现，绝大多数公共关系定义都强调公共关系工作的一个重要目的，即塑造组织的良好形象，或指出公共关系工作与塑造组织的良好形象有直接的关系。

以2022年北京冬奥会为例，从吉祥物的设计，到开幕式的理念，再到志愿者所展现的风采，都体现了北京冬奥组委以冬奥彰显友好和平的中国形象的意识。吉祥物"冰墩墩"的设计，以中国特有的熊猫为原型，将国家速滑馆的"冰丝带"赋予熊猫头部的外壳上，使憨态可掬的中国国宝熊猫的形象与冰雪运动融合在一起，受到了国内外媒体的热烈追捧；开幕式的开场短片《立春》运用现代化手法，巧妙地把二十四节气与倒计时结合，用二十四节气替代传统阿拉伯数字，从大寒到立春，每一秒都伴随着一句古诗和一幅现代画面，彰显了中国的现代化水平和文化自信；北京冬奥会的1.8万余名志愿者在各自的岗位上展现的开放、阳光、向上的青春风采，赢得了来自不同国家运动员、官员和媒体工作者的盛赞。

(二)服务公众的意识

形象是为组织的特定对象所塑造的，这些特定对象必然与组织有着某种联系，他们是组织的公众。组织因为有公众才有其存在的意义，离开了公众，孤立的组织形象是毫无意义的；忽视了公众，组织的生存就会受到威胁，也就更谈不上组织的进一步发展了。

任何组织的公共关系工作都必须着眼于公众。当组织利益与公众利益发生冲突时，满足公众利益应该是第一位的。伯奈斯早在1923年就指出：公共关系工作是为了"赢得公众的赞同""公共关系应首先服务于公众利益"。20世纪70年代和80年代以后，国外企业普遍强调企业的社会责任，这实际上也是服务公众的意识在新的历史时期的表现。

具有服务公众意识的人，能时时处处为公众利益着想，利用条件，创造条件，来为公众服务，努力满足公众方方面面的要求。这样的人实际上明确地了解了公共关系工作的方向。

(三)真诚互惠的意识

互惠互利，"与自己的公众共同发展"是社会组织开展公关工作的原则，也是组织是否真诚对待公众的试金石。真诚互惠的意识是公共关系的功利意识。否认公共关系工作的功利性是自欺欺人。一个处在当今竞争社会中的组织，需要有一种竞争态势，但在我们社会主义国家，这种竞争不应是"你死我活"或"大鱼吃小鱼"，而应是既竞争又合作的共同发展，共同前进。

任何组织都想塑造自己的良好形象，但这种形象的塑造，必须建立在真实、透明、真诚的基础上，而非建立在弄虚作假的基础上；任何组织也都想通过公共关系工作，追求自身经济效益和社会效益的最佳统一，但这种追求，必须建立在彼此尊重、平等合作、互惠互利的基础上，而非建立在欺骗他人、坑害公众的基础上。

(四)沟通交流的意识

沟通交流的意识，实际上可以说是一种信息意识或开放意识。组织为了塑造良好形象，更好地为公众服务，以实现其目标，就必须构架一个信息交流的网络来掌握环境的变化，保护组织的生存，促进组织的发展。同时作为公共关系的主体，社会组织应主动地在公共关系活动中寻求建立良好的公共关系的途径。开放意识倡导社会组织以开放的姿态和胸怀向公众、向社会披露自己，这种诚挚的举措是实现公共关系协调发展的重要基础和条件，走出"象牙塔"，营造"玻璃屋"，增强社会组织行为的透明度，可以使社会组织坦诚地、全面地融入社会、面向公众，以达成与公众、与社会的全面双向交流。

从更高的层次说，沟通交流的意识发端于现代社会的民主意识。公共关系活动是一种具有民主性的经营和管理活动。组织为了塑造能为公众所接纳的良好形象，以求得公众对组织的支持，就必须倾听公众对组织的各种建议和批评；组织为了推销自身的良好形象，提高知名度和美誉度，就必须运用交流的技巧，将自身所作所为宣传出去。而这一切都必须依赖于一种民主精神、民主意识。

(五)创新审美的意识

塑造组织良好形象是一个创新审美的过程。组织的良好形象一旦塑造起来，就需要相对稳定。但相对稳定并不等于一成不变，它应是一种积极的稳定，即在稳定中孕育发展，求得发展。只有在发展的基础上才能实现真正的稳定，同样，也只有在稳定的前提下才会有真正的发展。既然组织的良好形象需要发展，那么，就必须有创新、有突破、有超越，既超越自己，又超越其他组织。

组织良好形象塑造过程中的每一个公共关系活动，都不可能是以往或他人已有的活动形式的简单重复，其策划与设计也需要有创新。我们说公共关系是一门科学和技术，指的是它有客观规律可循，有相对稳定的操作程序；而我们说公共关系是一门艺术，指的是它有突破固定程式、追求无重复创造的特点。唯有创新，才能塑造具有个性的组织形象；也唯有创新，才能使组织在社会的竞争中长期保持其良好形象。

(六)立足长远的意识

塑造组织良好形象，不是立竿见影的事，需要通过长期努力，不断积累，才有可能获得成功。公共关系活动与广告或推销不同，如果说后者更多地着眼于眼前，注重较为直接的效益。那么，前者从根本上来说，更注重立足于长远，追求长期的效益。任何急功近利，只关注短期效益的做法，都是与公共关系思想不相符的。

(七)关系协调的意识

社会组织与相关公众之间关系的协调是公共关系的本质属性。组织公共关系的性质既有对立的一面，也有合作的一面。促使组织与相关公众建立信任与合作的关系，调节对立性因素，并使其向合作方面转化是公关人员的重要工作。只有在协调的状态下，社会组织和公众才能各得其所，才能获得更好的生存和发展的空间。

总之，公共关系意识是一种综合性的职业意识，是公关人员必须具备的素质的核心。这是因为，良好的公共关系意识能促使公关人员的行为处在自觉化的状态，使他对环境变化有一种能动、开放、创造性的反映，能创造性地完成公共关系工作。没有公共关系意识的人，即使有很好的公共关系专业知识和很好的心理条件，也不可能成为一个合格的公关人员，而只能在别人思想的引导下，机械地模仿别人的某些做法，甚至可能不自觉地步入"公关误区"。

二、公关人员的知识结构

公共关系学是一门综合性的应用科学，其学科体系包括专业公关人员从事公共关系工作所需的专业知识及相关知识构成的全部知识内容。公关人员的知识结构就是公共关系知识体系在其头脑中的内化，即客观知识世界经过求知者有选择地输入、储存、加工，在头脑中形成的由智力联系起来的多元素、多系列、多层次的动态综合体。健全的知识结构不仅是公关人员基本素质的重要组成部分，而且是其创造性地开展公共关系工作的保证。公关人员的知识结构应包括公共关系基础学科知识、专业学科知识、相关学科知识及操作性学科知识。

从上述定义中可以看到，知识结构源于知识体系，而知识体系的重要特征是系统性。同时，知识结构不等同于知识体系，因为这里还有一个知识体系内在转化的过程，在这个过程中，个人有目的的选择和智力因素将起到很重要的作用。更具体地说，求知者为使自己形成良好的知识结构，必须运用个人的智力对所吸收的各种知识进行加工处理，以使其成系统，并加速其内化过程。无系统的、杂乱无章的知识组合，不能形成知识体系，更无法内化为知识结构。

公共关系知识体系作为一个系统，由三个子系统构成：①公共关系的基本理论和实务知识；②与公共关系密切相关的学科知识；③有关组织的知识和开展特定公共关系工作所需的专业知识。

这里需要说明的是，三个子系统不是并列的，而是有层次差别的。公共关系的基本理论和实务知识是公共关系知识体系的核心层内容；与公共关系密切相关的学科知识是公共关系知识体系的中间层内容；有关组织的知识和开展特定公共关系工作所需的专业知识是公共关系知识体系的外围层内容。

(一)基本理论和实务知识

1. 基本理论知识

从事公共关系实践需要有理论的指导。公共关系的基本理论知识包括：公共关系的基本概念；公共关系的由来和历史沿革；公共关系的职能；公共关系活动的基本原则；公共关系的三大要素(社会组织、公众和传播)的概念和类型；不同类型公共关系工作机构的构建原则和工作内容；公共关系工作的基本程序；等等。

2. 基本实务知识

公共关系的一大特点是实务性强。公关人员除了需要精通公共关系的基本理论知识，还需要熟悉公共关系的基本实务知识。公共关系的基本实务知识包括公共关系调研的知识、公共关系活动策划的知识、公共关系活动实施和评估的知识、公众分析的知识、与各类公众打交道的知识、社交礼仪知识等。

(二)相关学科知识

公共关系作为一门新学科，具有多学科交叉的特点。与公共关系联系最密切、交叉最多的学科有：管理学类学科(包括管理学、行为科学、市场学、营销学等)，传播学类学科(包括传播学、新闻学、广告学等)，社会学和心理学类学科(包括社会学、心理学、社会心理学)。

公共关系活动从某种意义上来说是一种管理活动。从管理的角度看待公共关系工作的地位和作用，把公共关系工作视为一种管理行为、管理过程和管理方式，有助于我们充分认识公共关系的本质。因而，公关人员非常有必要了解管理学方面的知识。

目前公共关系工作采用的技术绝大部分是传播技术。无论哪种类型的公共关系工作，都需要大量运用人际传播、大众传播甚至跨文化传播的技术。因而，公关人员也有必要了解传播学的知识。

公共关系工作直接面向社会，面对人。为此，公关人员需要研究社会中的人的心理、态度和行为。因而，公关人员还有必要了解社会学、心理学方面的基础知识。

此外，市场学、营销学、新闻学、广告学等学科也与公共关系密切相关。因而，公关人员应根据工作需要，对这些学科进行广泛涉猎。

(三)特定专业知识

公关人员无论是为自己的组织工作，还是为别的组织服务，都需要对组织情况有充分的了解。组织的情况包括组织的性质、特点、任务、目的和目标，组织过去的历史、目前所处的环境、现有的竞争对手、员工的精神面貌和未来的发展前景等。公关人员如果对组织的情况知之不多或知之甚少，就无法结合组织的实际情况开展组织所需要的公共关系工作。只有全面掌握组织情况，工作起来才能得心应手。

另外，公关人员有时也会根据特定的需要，开展某些特定的公共关系工作。例如，当企业的产品由内销转为外销时，组织需要开展国际公共关系工作，公关人员就有必要了解国际政治和经济情况、国际关系、外域文化等。

需要强调一点，公关人员的知识结构应该是一种动态、开放的结构，能够随时吸收新的知识，不断丰富和发展自己。因为，静态、封闭的知识结构是没有发展前途的，会因跟不上时代前进的步伐而被淘汰。

美国公共关系协会发布的公关人员应该学习的 20 种知识包括：新闻写作、公共关系的理论、撰写专题报告、演讲与谈判研究、舆论调查、小说创作、杂志记事、撰写论文、地方报纸研究、摄影杂志研究、传播学研究、工业情报编辑、撰写批评文章、印刷技术、制作广告、媒体调查、撰写科学记事、广播理论、报业相关法规、报业史研究。

三、公关人员的能力结构

知识是能力的基础，但不等于能力。能力是知识与经验的综合体现。公关人员应具备的能力包括以下几个方面。

(一)组织能力

为了使公共关系工作开展得有条不紊，公关人员必须具有较强的组织能力。所谓组织能力是指人们有计划、有步骤地从事某项活动，并使其达到预期目标的实际操作能力。公共关系活动是一种目标指向型的活动。公关人员不仅要善于周密地设计和筹划公共关系活动的目标和计划，为实现目标和计划制定相应的具体方法和步骤，而且还要善于从事实际组织工作。公关人员经常要组织各种纪念活动、重大接待工作、庆典、公关联谊活动、记者招待会、新闻发布会等。

每年 9 月在北京 798 艺术区内举办的"798 艺术节"，现已成为园区展示的窗口，也是提高北京 798 艺术区知名度、打开艺术市场的重要活动。在 2021 年的"798 艺术节"中，主办方组织园区各艺术机构携手献上 70 余场艺术展览，包括 UCCA 尤伦斯当代艺术中心的"成为安迪·沃霍尔"、蔓空间的"回到敦煌——系列主题文化展"、索卡北京的"曾健勇：七巧板"、幻艺术中心的"成为巴蒂斯的女孩儿"等，观众可在园区内邂逅一场绚丽多彩的视觉盛宴。此外，主办方还以潮流、环保、公益三大理念为核心，举办了一场"798 YOUNG DAYS"潮流艺术市集，组织了以艺术、时尚、设计、美食等为主题的一系列活动，使"798"园区成为北京的文化艺术潮流打卡地。

由此可见，公关人员良好的组织才能，不仅能使公共关系活动顺利进行，而且能给组织形象带来无限的光彩。

(二)表达能力

表达能力是指运用语言、文字、动作等方式将自己的知识、观点、意见明确有效地传播给他人的能力。公共关系工作是一种传播活动，是一个双向的信息交流过程。信息传播和意见沟通是公共关系工作的基础，因此，公关人员与公众的信息交流与沟通是否成功或有效，在很大程度上取决于其本人的表达能力。表达能力是综合性的技巧，它既需要简洁、清晰，更需要注入感情。一次成功的微笑可以使你立足；一句真诚的赞美可以使你获得信赖；一种恰到好处的体态语可以使你的态度得到展示；一则趣味盎然的广告可以给你的组织带来财富；一场激烈的谈判可能会改变组织的历史进程。

表达能力包括演说的能力、解释的能力、说服的能力、谈判的能力、协调的能力、总结概括能力、文字写作的能力和非语言的传播能力等，主要表现为以下三种形式。

1. 文字表达

语言文字是一种武器，当你运用娴熟，能够驾驭它时，你就能成为它的主人，用它说出"自己的话"，来表达自己的感情和见解。《有效公共关系》一书提出：公关人员在技术方面的两项主要要求是，有效的文字表达和具有说服力的演讲。对于公关人员来说，文字表达能力主要表现为能够撰写各种涉内涉外的公文，撰写新闻稿、企业通信、人物特写、报告文学及公共关系报告、发言稿等。随着公共关系活动逐步走向系统化、规范化，这就要求公关人员能熟练地从事与公共关系相关的应用文写作，如演讲稿、调查报告、设计广告、解说词、说明书、公函件、简报、书面咨询等的写作。这类文体要求行文简洁、合乎规范、内容充实且具有较强的说服力。同时还要求公关人员利用自己的丰富知识给文章润色、加工，创造出尽可能完美的文字材料，使文章给人以清新、生动、流畅、亲切之感。

1971年7月，基辛格(H. A. Kissinger)访华，与周恩来总理会谈。会谈最后进入双方声明的内容谈判。当时美方为声明准备了一篇稿子，其中有一处关键的字句："中国政府向尼克松发出访华邀请，尼克松表示乐于接受。"中方表示不能接受这种句子，希望改成："尼克松愿意访华，我们就提出邀请。"美方不同意，双方谈判因而僵持不下。第二天早上，会谈再度进行，基辛格有点着急了，因为他中午就得离开中国。这时，周恩来总理也急了，马上把中方代表章文晋召去汇报。他一看草案，就说："这问题很简单，在我方的字句前面加上'获悉'两字，把句子改成：获悉尼克松总统愿意访华，周恩来总理代表中国政府发出邀请。"这两个字加上后基辛格很高兴，马上就同意了。可见，公关人员的文字表达能力是智慧的较量，成功的保证。

2. 口头表达

口头表达和文字表达两者有相通之处，但并非一回事。文笔流畅的人未必就能出口成章，有的人只擅长于动笔，却不习惯于动口，所以说起话来不仅显得口齿不清楚，甚至还会结结巴巴，严重的还会神经紧张，面红耳赤，自己不自在，也让别人不舒服。公关人员要想具备较强的口头表达能力，首先应具备一定的素质，如扎实的语言文字基础、较强的分析判断能力、吐字清晰、符合逻辑的口才等；其次必须了解口头表达冲击力的来源。有一位传播学者在做过大量研究分析后，提出了这样一个公式：

$$冲击力\ 1=0.07\times言辞+0.38\times声音+0.55\times面部表情$$

也就是说，如果冲击力是 100 分的话，其中 55 分来自面部表情，38 分来自声音（包括音量和语调），7 分来自言辞。因此，公关人员要想具备驾驭听众、俘虏听众的演讲能力，掌握谈话的方向，制造谈话的气氛，达到谈话、交谈的目的，就必须注重自身的素质，注重用语、语气、面部表情上的一致和协调。

表情达意、叙述得当、反应敏捷、对答如流也是口头表达的重要方面。要使语言具有说服力和感染力，公关人员应努力做到使对方倾听并接受自己的意见。有一位总经理在谈到这个问题时举了一个例子。

总经理在布置员工去干一件重要工作时，有这样两种表达方式：

甲："这件事明天必须要完成，否则扣你的奖金！"

乙："这是一项突然下达的紧急任务，不能过明天，想来想去只有你最合适，任务交给你才有把握，让人放心，希望你能帮帮忙，看你的了！有什么困难吗？"

第一种命令式的表达方式，对方可能会跳起来反驳，或消极怠工，甚至干脆不接受任务，也不要奖金。第二种为商量式的表达方式，对方往往会笑着回答说："你这么看得起我，放心吧，我一定完成任务，绝不辜负你的信任！"

最后值得一提的是，作为一名公关人员，应能较好地运用语言表达自己的主要思想和宗旨。要善于抓住听众的心理，表达中语言应该精练，不拖泥带水，词汇应当丰富，但又不故意卖弄。要让人感到你的讲演既大方得体、恰到好处，又风趣动人、不失风度。如果能有较好的基础，做到妙语连珠，幽默而又令人感到新鲜则更为上乘。要做到这一点需要较高的文化修养和丰富的临场经验，同时还需要经常锻炼自己的口才。

3. 形体表达

形体表达也称动作表达或人体语言。形体表达利用的是人们的身体器官、躯干形态、手势、面部表情、下意识动作等，这些动作都可以成为传达感情和交流信息的方式。前面我们谈冲击力的时候提到，其中 55％来自面部表情，可见形体表达方式在表达能力中所起的作用。

美国一位学者指出，人体的各种不同姿态组合都会有不同的内容，大约可以组合出 1 000 多种姿态。例如，一个人歪着头听你讲话，可能是欣赏的态度；平着头听你讲话可能是认真的态度；左顾右盼可能是不专心的态度；摇头晃脑可能是心不在焉或不耐烦的态度。因此，每一个人的姿态都有内在的含义，都在表情达意。

形体表达在公共关系工作中有其明显而突出的重要性，因为它往往关系到整体的利益。有时公关人员的形体表达出现差错，会导致全局工作难以开展，使双方关系恶化，甚至中断。例如，某两家企业进行购销业务谈判时，一方某代表有意识地端起茶杯顿了一下，表现出不满情绪或干脆不想谈下去的神情。这时，他的态度可能是集体预先安排好的行动方案，代表全体的态度，但也可能是他个人不顾全体的利益，唐突做出这一举动。若该代表是因为发泄个人的不满情绪，忍不住发脾气而顿了一下茶杯，则该举动有可能引起对方的不满、抗议，甚至撤离而中断谈判。因此，公关人员应用心研究这种人体语言，从中了解对方的态度或某种细微的情绪变化。要善于根据不同的场合和目的，运用人体语言把一些不便用口头和文字表达的信息传播给受传者。在这方面，要想当好一名合格的公关人员，必须进行一番学习和训练。

表达能力的这三种形式既相互作用，又相互区别。公关人员应综合运用，互相配合，以求达到最佳表达效果。

（三）宣传推广能力

宣传推广能力是公关人员必须具备的一种实际工作能力。一切公共关系活动，都是为了运用各种宣传方式引导舆论、促成舆论，从而提高组织的声望和信誉。组织要想在社会公众的心目中取得信誉，除了做好自身的工作之外，还要围绕树立形象和保持信誉这两个方面做好宣传工作。现代市场学已把公共关系作为促进销售的重要手段。公关人员应积极发挥推广产品、技术和服务的能力，使社会公众了解企业经营的方针、政策，掌握产品和服务的优点与特点，以顺利实现促进销售的目的。

公关人员的宣传推广能力，主要表现在善于周密策划，精心设计组织形象，并使组织形象进入一个崭新而又陌生的领域，深入社会公众的心目中，能为社会公众所普遍接受。迪士尼乐园的形象就是被誉为"迷人王国"的动画世界。游客一进门，由工作人员扮成的米老鼠就会过来和游客握手，表示欢迎。园内还设有"冒险世界""幻想世界"等许多充满惊险、奇趣的游乐区，米老鼠等动画艺术形象成功塑造了迪士尼乐园的梦幻城堡形象，也成为迪士尼公司的化身。迪士尼乐园自1955年开放以来，国内外的游客数以亿计。

公关人员的宣传推广能力，还应表现在懂得利用宣传时机，善于选择不同的传播媒介，了解传播媒介的新闻价值。上汽通用五菱的定位是低价车，本身非常"接地气"，五菱宏光也一直是四线、五线城市消费者的首选。2020年年初突发新冠疫情，口罩一时间成为紧缺物资。于是，上汽通用五菱于2月开始改造生产线转产医用口罩，并且打出了"人民需要什么，五菱就造什么"的旗号。上汽通用五菱生产口罩一事，瞬间在社交媒体发酵，并登上微博热搜榜。中央电视台新闻联播以《战疫情：中国制造跑出加速度》为题，报道了上汽通用五菱仅用3天时间就完成了10万级无尘车间改造、设备安装调试等一系列工作，并取得了民用防护口罩的研发、生产、销售资质。2020年5月开始，地摊经济逐渐火热，甚至掀起了一股全民摆摊的风潮。上汽通用五菱看到了商机，6月2日五菱专用车微信公众号发布文章《五菱翼开启售货车——地摊经济的正规主力军！》，推出"地摊神器"五菱荣光小卡翼开启和五菱荣光新卡翼开启两款车型，一上线就销量火爆，订单甚至排到一个月后。6月3日，港股五菱汽车午后大幅拉升，最高涨幅达126.13%，报0.45港元/股[①]。

（四）社交能力

社交能力是衡量一个现代人能否适应开放社会的标准之一。缺乏社交能力的人，往往会在自己与周围的人群之间形成一道无形的心理屏障，是不可能完成自己所担负的工作的。公关人员是本组织形象的体现者和代言人，肩负着沟通公众、环境、社会的重任，他们只有具备较强的社交能力，树立起本人的良好形象，才能为树立组织的良好形象展开有力的社交攻势。

社交能力往往是一个人多方面能力的综合表现。诸如表达能力、组织领导能力、

---

① 《"人民需要什么，五菱就造什么"》，https://www.sohu.com/a/479862455_100245994，2021-07-27。

应变能力、逻辑思维能力及知识修养等。社交能力涉及的范围很广，主要包括自我推销的能力，介绍他人的能力，与人相处的能力，倾听、赞美、理解他人的能力，吸引、影响、改变、支配别人行为的能力等。

现代奥林匹克运动经过近 100 年的发展、壮大，现已成为最有影响、最有魅力的世界性活动。近年来世界各国争办奥运会最普遍的公关形式是六个字：走出去、请进来。"走出去"，就是利用一切可以利用的机会主动出击。澳大利亚的悉尼在提出主办 2000 年奥运会申请后，该市奥委会领导人四处游说拉选票，足迹几乎遍及全世界。北京在申办 2008 年奥运会的过程中也把申办活动当成向国际社会展示中国国家形象的大好机会，积极地走出去，请进来。国际奥委会副主席、中国奥委会主席何振梁在谈到北京申奥成功的可能性时，曾引用了另一位国际奥委会官员的话："问题的关键是看谁最善于推销自己"。北京申奥的成功，恰恰证明了这一点。

公关人员的社交能力还应表现在通晓各种社交场合的礼仪规范。例如，日常生活礼节、对外交往礼仪、各种宴会礼仪及公共场合礼节等。公关人员必须懂得，通晓和遵守一定的社交礼仪是一种对自己和他人的尊重，也是一种知识和教养的体现。

(五)创新能力

创新能力是指人创立新的思想、新的事物和新的环境等，以满足自我实现或适应自我变化的能力。在充满竞争的现代社会中，从事公共关系工作需要花费人们相当多的劳动，特别是创造性的劳动。在同行的竞争中只有不断求新、求异才能技高一筹，领先一步，才能达到扩大影响、树立形象、推销产品、争取公众的目的。这就要求公关人员具有突出的创新才能，要敢于想别人所没想的，做别人所没做的事；要不断地突破常规，勤于思索，多动脑筋，大胆设想，刻意求新。

中国羽绒服品牌波司登在坚守匠心的同时，持续以创新驱动品质、设计、工艺全面发展，通过不断的创新来"保护"品牌发展。波司登加快"机器换人"，建设"智能工厂"，全面提高生产效率、产品质量和智能制造水平，通过制造创新构筑竞争性优势，建立起竞争性壁垒；挖掘富有创意的国际顶尖设计师，开发设计师合作款，并推出迪士尼系列、漫威系列等品牌联名款，通过产品创新展现了全新的产品形象，让消费者保持对品牌的新鲜感和刺激感，从而提高认可度。在现有高品质产品的基础上，波司登对研发投入大量精力，于 2021 年 11 月推出应用了号称"世纪之布"的 GORE-TEX 面料的高端户外系列羽绒服，对面料、绒、毛、辅料、工艺进行了全面提升，通过研发创新进一步放大品牌优势，筑高品牌核心竞争力[①]。

(六)应变能力

应变能力是应付情况突然变化的能力。公关人员在工作中，常常会遇到一些令人尴尬的事件和场合，甚至可能发生意外。如何使自己在不利的形势下扭转局势，如何在遇到突发事件时能处乱不惊，以自己的语言或行动挽救可能出现甚至已经出现的失误，这就需要公关人员具有灵活的头脑、冷静的思考、果断的处理及技高一筹的应变能力。

2020 年 8 月，"网抑云"突然成为网络爆梗，起因是有许多网易云评论区无病呻吟

① 戴静宇：《波司登品牌转型升级的策略研究》，载《广西质量监督导报》，2019(06)：108-109。

的评论被爆出是假的，或者是编的，引发大众反感情绪。该梗用于嘲讽那些"为赋新词强说愁"的人。但即便大众对这些"伤痛文学"抵触，也不能排除写下那些抑郁评论的人真的需要一个情绪的宣泄口。基于这样的情况，网易云音乐推出"云村评论治愈计划"，邀请心理专家、万名心理专业志愿者加入"云村治愈所"，万名乐评达人组成云村乐评团发起乐评征集大赛；同时升级《云村公约》治理虚假编造内容，规范乐评礼仪，为真正有需要的用户提供专业帮助。网易云面对"网抑云"的调侃并没有迷失方向，而是迅速应变，剖开事件的表象看到了本质，选择为抑郁的用户提供心理咨询，体现了品牌的人文关怀和社会责任，同时也没有忽视那些虚假内容所产生的不良影响，以舆论热潮为契机治理"噪声"，双管齐下逐步扭转"网抑云"为"网愈云"。

(七)自我调节的控制能力

自我调节的控制能力即自控能力，是指一个人自我控制情绪的能力。公关人员要经常同社会公众打交道，如果有人平白无故地指责你或你的组织，你该怎么办？如果缺乏自我调节的控制能力，不能做到豁达大度、忍耐容人、心平气和地听取社会公众的指责、意见和建议，那么就无法取得公众的谅解，更谈不上妥善处理各种纠纷了。公关人员遇到这种情况时必须要有很强的自制能力，才能做好与公众联系的工作，使公众产生对组织的良好印象。他们应能以自己的冷静使对方平静，以和颜悦色的微笑服务消除对方的怒气，而这些都要求公关人员首先要控制自己的情感。他们应该意识到，自身的举动关系着组织的声誉，公关人员的责任就是以自己的真诚服务来树立组织的良好形象。他们应该学会"忍"，这种忍不是装出来的，而是真诚的，是有涵养的表现。

公共关系是一门专业化程度较高的职业，除了具备广博的知识、多方面的修养和能力外，公关人员还必须掌握一些实用性较强的知识和技能，例如，能掌握和灵活运用如摄影、设计、编辑、打字、民意测验等方面的知识和才能。如果还能具备一定的审美能力，掌握如书法、下棋、打桥牌、烹饪等有利于社会交往的娱乐方式和艺术手段，那就更是"锦上添花"，有助于公关人员在更广阔的社会生活领域中施展才华。

第二节 公共关系机构

开展专业的公共关系工作，必须依靠公共关系的专职机构。本节主要介绍组织内部公共关系部和公共关系专业公司的相关内容。

一、组织内部公共关系部

公共关系部，又称为公共事务部、公共信息部、公关广告部等，简称公关部，是组织内部针对一定的目标，为贯彻本组织的目标，开展公共关系工作而设立的专业职能部门，它与公关公司的根本区别在于：前者是为实现本组织的公共关系目标服务，而后者则对所有前来进行公共关系咨询的客户服务。

(一)组织内设公关部的必要性

任何组织都希望在社会上树立良好的形象，而在组织内设立公关部是树立组织良好形象的有效手段。公关部作为组织机构系统的一个职能部门，其承担的角色是其他职能部门所无法代替的。公关部有对内和对外两方面的工作：对内是协调组织内部的各种关系，建立组织文化；对外则处理各种公众关系，收集和发布信息，塑造和完善组织的整体形象。一般认为，这些工作可以由组织内的各个职能部门分担，如办公室负责接待工作，宣传部负责宣传工作，市场部开展调查和推销等。但是，这种分而治之的工作效果与专业的公共关系工作有很大的差别，因为一个组织面临的公众是复杂的，而组织要树立的形象是多面的，若没有专门的机构来从事这些专业性、技术性很强的工作，来统筹这种很强调同一性的工作，则势必会造成资源的浪费以及组织内部门各自为政的局面。当然，组织的公共关系工作也无法有效开展，所塑造的组织形象也不够完整。

在组织内设置公关部，就能通过其有效的工作，使组织内部的员工、职能部门、领导阶层达到相互了解、相互协调、相互配合，使组织与外部的客户、协作单位、政府主管部门、传播媒介以及竞争对手结成相互理解、相互合作的关系，这样，组织就能获得一个良好的发展环境，并在社会公众中树立起最佳的形象。

此外，组织内设立公关部，还可发挥其参谋咨询的作用，为公共关系问题进入组织的决策层创造条件。公关部能开辟多方面的信息渠道，从而获得比别的部门要丰富得多的信息，它还拥有专业的公关人员，能对信息进行科学的分析，对公众的心理状态和意向作出科学的预测。因此，公关部所提出的咨询意见，对完善组织的管理有其独特的意义，因而更容易被组织领导所接纳，这种作用也是别的职能部门所不具备的。

(二)公关部与组织其他部门的关系

在企业中，公关部与市场营销部、人力资源部以及法律顾问处的联系尤为紧密。这些部门的工作在一定程度上互相融合并有所交叉，正因如此，公关部与市场营销部、人力资源部以及法律顾问处之间就有可能产生摩擦。

在一个组织中，市场营销部与公关部的职能最容易混淆，因为它们都直接面向社会公众，并与其他一些社会组织发生联系，所以有的组织干脆把公共关系相关工作归入市场营销部。事实上，市场营销部主要面向社会公众中的消费者公众这一块，而公关部则必须面对包括政府、新闻媒介、社区、顾客等在内的所有目标公众，两个部门的工作虽有交叉之处，但并不相同，而且在有些工作上有必要加强合作。例如，组织的产品广告宣传一般是市场营销部的职责，但广告的设计和发布不仅仅在于推销产品，还关系到组织形象的传播和确立。这就需要公关部的加入，把广告的设计和发布纳入组织形象整合传播的范围内统筹考虑。如果不能处理好这一关系，那么在组织形象的传播中就有可能出现不协调的声音，组织形象也有可能因此而支离破碎。

从20世纪90年代初期开始，我国许多企业开始致力于人力资源开发，并纷纷设立了人力资源部，来承担内部人力资源的配备和员工的培训、沟通工作，并与政府有关部门和其他一些社会组织保持某种联系。人力资源部的某些职能，和公关部有交叉之处，如处理不当，容易发生矛盾和冲突。在这一点上，公关部应主动与人力资源部进行协调，明确各自的职责范围，商定在某些领域互相合作的方法，从而更好地开展组织内部的公共关系工作。

在国外，一些组织的公关部与法律事务部门的矛盾存在已久。尤其当组织发生某种危机事件或诉讼纠纷时，法律事务部门一般希望通过法律法规的途径予以解决，公关部则希望尽可能减少负面影响，通过和有关方面的沟通、协调予以解决，并都希望自己部门能在事件的处理上担任主要角色。其实这两种方法并不对立，关键仍在于从实际出发，选择最有利于组织形象建设的对策，同时加强两个部门之间的合作。即便有些事件的处理不得不诉诸法律，公关部也应主动配合法律事务部门，在社会舆论的营造和各种关系的协调上予以支持，以减少公众对组织的误解，在保证公众利益的同时，合法地保护组织形象不受损害。

(三)设立公关部的原则

1. 专业性原则

公关部是专门开展公共关系工作的机构，它的每一项工作都涉及组织的声誉和影响。因此，在组织上和工作内容上都要保持其正规性。设立公关部的专业性原则主要体现在两个方面：首先是公共关系内容的专业化。公关部必须集中力量努力实现组织的公共关系目标，不能把那些与公共关系无关的事务性工作都交给公关部去做；其次是公关人员的专业化。公关人员必须具有强烈的公共关系意识，接受过专门的培训，具备一定的专业水准和能力，具有积极进取和开拓创新精神等。

2. 权责相等原则

权力和责任是对等的，权力是责任的保障，责任是权力的基础，两者必须平衡。只有明确了公关部的权力和责任，才能确保公共关系工作的顺利进行与公共关系目标的圆满实现。公关部在公众面前往往被视为组织的代言人，代表着组织形象，责任重大，因此必须赋予它相应的权力，使其具有相当的权威性。比如，可以利用把公关部设在组织内较高的层次，公关部领导能进入最高决策层、直接汇报工作、提出建议和参与有关决策等措施来确保公关部职能的发挥。同时，必须对公关部应承担的工作职责作出明确规定，如此，才能实现权责相等。

3. 精简性原则

坚持精简性原则，就要因事设人。在能完成任务的前提下，把层次、机构和人员减少到最低限度，做到规模适当、人员结构合理、应变能力强和工作效率高。规模较大的组织，可设人员较多、分工齐全的公关部；中等规模的单位，可考虑设人数不多、项目综合的公关部；较小的企业则只设一个公共关系秘书的岗位，另聘若干兼职人员即可。同时，公关部的内部层次不宜过多，以免影响组织内部交流和工作效率。

4. 协同性原则

公关部是组织的职能部门之一，是保障组织顺利运行的一个方面。因此，设置公关部还要从方便与其他部门合作出发，注意协调多方面的关系，以取得组织整体运行的良好效果。

(四)公关部的职能

1. 收集和处理信息

组织的运作决策需要以全面而准确的信息为基础，因此，公关部的首要职能就是收集和处理社会的各种信息。公关部通过其建立的信息网络，广泛地收集所有关系到组织生存和发展的信息，然后对这些信息进行甄别、归类、分析，从而使组织了解现状，预测趋势，据此制定或调整组织的决策。公关部收集的信息主要包括：①产品形象信息，即对组织产品的质量、功能、款式、价格等方面的评价、意见及建议；②组织形象信息，即对组织的员工、管理、政策、行为等方面的评价；③行业信息，即组织所处行业的发展态势、竞争对手的动向；④社会环境信息，即与本组织有关的政治、经济、社会、科技、文化等方面的现状和趋势。

2. 提供决策咨询

在这一方面，公关部起着组织的"智囊团""思想库"的作用，它的责任是帮助组织识别、评估和适应它们周围变动的经济、政治、社会、文化和技术环境。公关部在对信息进行收集、整理、分析的工作后，基于对组织经营环境的判断，向组织领导提出涉及组织的市场动态、发展方向、实施步骤以及社会效果等方面的决策方案，引导组织行为向着正确的方向发展。公关部的这种决策咨询的具体内容为：预测组织活动可能产生的后果；提醒和修正决策者的失误；提供有利于组织更好地适应外部环境的决策；分析各种决策的得失利弊等。

3. 对外传播与推广

组织要获得公众的了解与信任，取得公众的支持与配合，就得不断地向公众宣传组织的宗旨，解释组织的行为，传播组织的文化，推广组织的产品或服务，让公众在理解之中与组织建立良好的关系，提高组织的知名度和美誉度。也就是说，公关部为组织起到了一种"喉舌"的作用。具体说来，公关部要负责制订正确的媒体管理计划和宣传计划，具体落实每一项计划，实现媒体效益；着重与影响力大的新闻媒介建立良好的沟通渠道，通过它们向社会公众传递信息；建立媒体资料库，建立起包括各大公司情况的档案；积极参与媒体活动，从媒体中收集相关信息；对委托广告公司等形象推广活动，要进行审查维护、追踪评估；在危机事件发生时，通过专设的发言人，对外发送权威性的信息。

4. 协调内外关系

公关部协调内外关系的功能分为内外两个方面。对内，公关部从全局出发，协调社会组织各个职能部门的关系，使其密切配合，协调一致，共同为实现组织的目标而做好本职工作。特别是通过公关部的协调，避免各部门只从自己的利益出发，相互产生矛盾而影响到组织的整体功能发挥。对外，确定本组织的公众对象，分析各类公众的特点，选择与各类公众联系的渠道和方式，以加强与公众的情感沟通，协调与各类公众的关系；在危机事件发生时，则负责受理公众的投诉，协调组织各部门的危机应对工作。

5. 教育引导员工

一个组织，只有在全体员工都建立起公共关系的意识、都来参与公共关系工作的前提下，其公共关系状态才能良好。既然如此，作为公关部的职责之一，就是要做好教育引导工作，即在全体员工中普及公共关系的知识，传播正确的公共关系理念，阐述搞好公共关系工作的要求，使全体员工牢固树立起公众第一的观念。具体来说有两个方面：对管理人员，让他们了解组织内外的舆情民意，阐述组织的使命和定位；对普通员工，让他们知道自己的本职工作和公共关系工作的联系，虽然有关公共关系的专门活动和技能是公关人员的责任，但要把公共关系工作全面铺开，还得靠全体员工的努力。如此，才能使得公共关系工作落实到组织的每一项工作中，并且扩大公共关系工作的能量。

(五)公关部的日常工作、定期活动和专门性活动

公关部的工作内容十分复杂，不同组织的公关部的工作内容也不尽相同，但大致可以分为三大部分，即日常工作、定期活动及专门性活动。

1. 日常工作

日常工作要求公关部在组织日常运行的各个环节都注意组织自身的形象问题，时刻为组织争取公众，扩大影响。日常工作包括以下内容。

(1)监测组织环境，收集组织内外各种公众的意见，接待来访和投诉，处理来信等。

(2)撰写组织有关情况和活动的新闻稿、演讲稿。

(3)同各传媒机构及其记者编辑保持密切联系。

(4)筹划、设计和监制组织的各种宣传品和馈赠品。

(5)注册互联网上本组织的域名，设计网络上的主页，管理电子信息。

(6)组织、安排本组织领导参加外界有关活动等。

(7)了解、分析竞争对手的公共关系情况。

(8)同政府有关部门的工作人员保持联系。

(9)同有业务来往的公关公司、广告公司保持密切联系。

(10)同公共关系社团，如公共关系协会、公共关系学术机构等保持密切联系。

2. 定期活动

定期活动指的是按照组织的目标和阶段性的任务，按计划定期举行的各种公共关系活动。定期活动包括以下内容。

(1)出席组织有关生产、销售、管理方面的会议，了解组织内部的管理状况，参与组织的决策。

(2)参加行业的各种销售会议，了解企业同外界的商业联系情况。

(3)编辑和出版组织内部刊物，安排和布置有关的宣传项目，如录像、摄影和墙报等。

(4)同所在社区的代表接触，关注互联网上的"虚拟社区"，同网络公众联络。

(5)组织安排集体娱乐活动。

(6)协助撰写组织的年度经营报告。

3. 专门性活动

专门性活动是指所有具有树立组织形象、明确公共关系目标指向的活动。专门性活动主要包括以下内容。

(1)举办记者招待会或新闻发布会。

(2)举办展览，组织促销活动。

(3)进行公共关系谈判、政策游说活动。

(4)策划制作公关广告。

(5)组织公共关系赞助活动。

(6)举办组织庆典活动。

(7)举办与有关公众的联谊活动。

(8)举办各种竞赛活动。

(六)公关部的内部设置模式

公关部的模式是多种多样的，可从不同的角度进行划分。

1. 根据组织规模划分

(1)大型组织的公关部。大型组织一般是指那些拥有几家中小型子公司的联合体，与此相适应的公关部一般都有 30 人以上的编制，人员较多，机构复杂，其组织结构设置如图 6-1 所示。

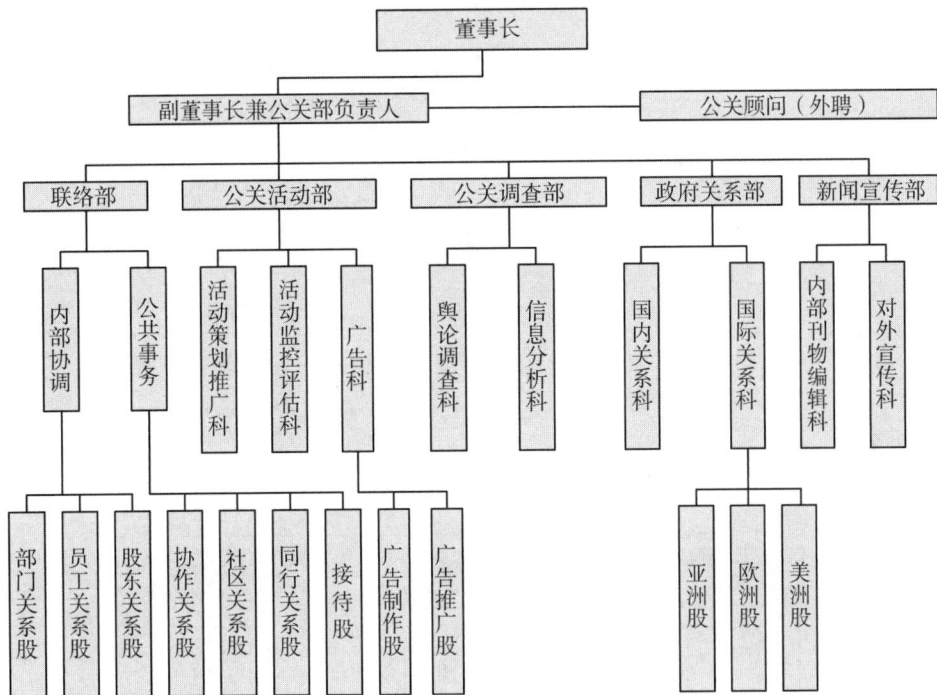

图 6-1 大型组织的公关部

(2)中型组织的公关部。中型组织的公关部适合中等规模的社会组织，其分工不如大型组织的公关部那样具体细致，但主要工作大致相同，其组织结构设置如图 6-2 所示。

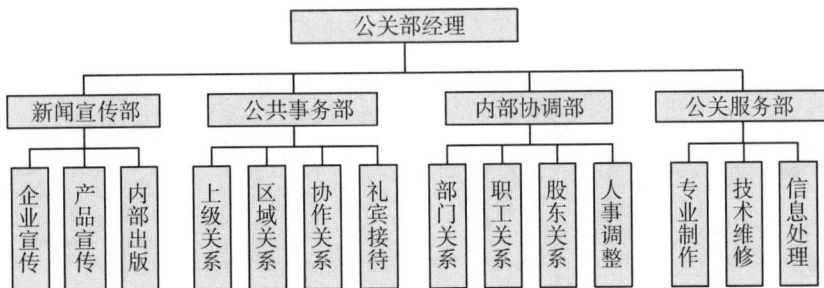

图 6-2 中型组织的公关部

(3)小型组织的公关部。小型组织的公关部一般在 10 人以下，机构简单，多为小型组织采用，其组织结构设置如图 6-3 所示。

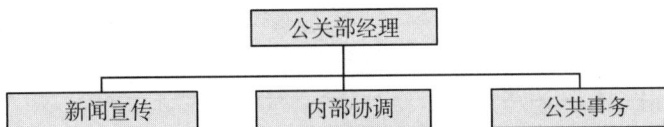

图 6-3 小型组织的公关部

2. 根据隶属关系划分

（1）直属型。直属型是指总经理直接负责公关部，即由组织的最高领导人兼任公关部负责人。这样公关部经理可直接与最高领导人联系，使公关部处于组织的中枢地位，有利于全面地、有针对性地开展公关工作，具有一定的权威性，其组织结构设置如图6-4所示。

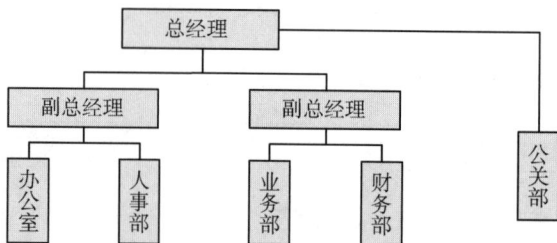

图6-4　直属型

（2）并列型。并列型是指公关部与组织其他部门相并列，对外则可充当最高领导人的全权代表。这样，公关部与其他部门一样，皆由副总经理主管，其组织结构设置如图6-5所示。

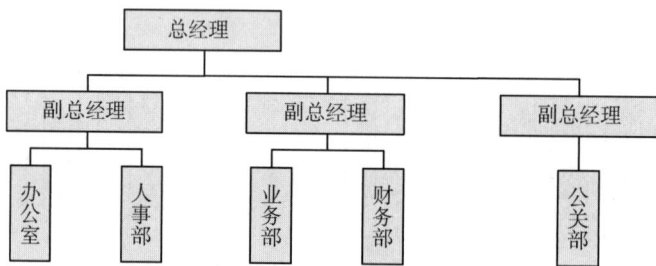

图6-5　并列型

（3）附属型。附属型是指公关部附属于组织中的某一个部门，用一套机构行使双重职能，并由所在部门的正副负责人兼任公关部负责人，其组织结构设置如图6-6所示。

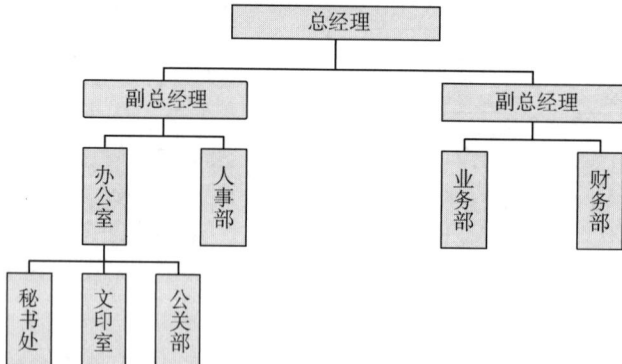

图6-6　附属型

在上述三种模式中，直属型是较为理想的模式，它明确地表明了公关部的重要地位，既可直接与最高领导联系，又可直接参与决策；既可直接反馈各种意见给最高领导和各个部门，又可直接传达领导的意图给各个部门；既可与各个部门有密切的联系，又是相对独立的部门。但是，领导者亲自负责公共关系活动，容易分散精力，故除非十分必要，一般的组织都不会采用这种模式。并列型也表明公关部与其他职能部门一样，都有自己的专门工作内容，同时也表明了公关部的意见能较直接地影响决策，但相对于直属型来说，并列型的公关部负责人则处于低一个层次。附属型可以说是三种类型中最不理想的，这种模式往往使公共关系工作偏重边缘性的外围职能，而被排除在决策层之外，这样就难以全面发挥公共关系的功能。

(七)公关部的人员配置和人员分工

1. 人员配置

公关部的人员配置应根据机构的工作量而定，如果组织规模较小，工作量很少，那么，配备一名公关经理和二三名工作人员也就够了。一般情况下，公关部的人员编制是随着企业定期销售额的变化而变化的。总的来说，公关部的人员配置主要应考虑如下三个方面的问题。

(1)主管人员配置。公关部一般设正副经理各一名，他们的职责是：①制订公共关系目标和实施方案。②确定目标中的优先点，即能左右有关公众和新闻媒介的选择意向，从而确定促使公共关系目标得以实现的首攻点。③提出公关部的总预算，估算从事公共关系某个阶段或某个方案所需的工时、财力和物力。④研究确定现有经费、人力及诸如设备之类的其他条件。⑤指导本部门人员的工作。⑥定期向组织领导层汇报公共关系活动的有关情况。⑦具体负责与社会各界和有关部门的联系。⑧充当组织的新闻发言人、活动主持人。

(2)一般工作人员配置。公关部的一般工作人员是各种具有专项技术的人。根据公关部的日常工作，应配备六类工作人员：①编辑、撰稿人员：主要负责采写组织的新闻、演讲稿，编辑年鉴、组织内部刊物等。②联络人员：负责与媒体及专业广告公司的沟通、协调，负责各类活动的具体督导、实施。③调查分析人员：主要研究公众心理，进行组织内部的公众调查，并对此进行分析，拟出结论报告。④策划人员：根据调查分析结果，提出公共关系创意，制订公共关系计划，策划公共关系活动。⑤组织人员：准备、组织、实施公共关系活动，全面执行公共关系计划。⑥技术人员：主要从事专门技术的人员，如摄影师、美工设计师、法律顾问等。

(3)人才优化。组织要使公关部发挥作用，还要注意其人才优化问题，具体有五点：①人才配置需考虑专业知识结构。应由不同专业、不同知识领域和水平的人进行组合，形成优势互补，如应包括管理人员、策划人员、技术人员、联络人员等，各有专长、各司其职。②应将具有不同特长优势的人配备在一起，相互协调。公关部应汇聚各种特长突出的人才，如有的长于计算机、有的长于策划、有的长于交际、有的长于言辞、有的长于写作等，以形成智力互补。③应由不同性别的公关人员按照一定的比例组成。公共关系涉及许多微妙的心理因素，要同各种人打交道，有时同性间一起工作有其方便之处，有时则需要男女搭配、优势互补。④应由不同年龄段的人组成，形成老中青结合的年龄结构。⑤应考虑人才的综合素质结构。要全面衡量人才的各个方面，即要考虑性格、脾气等综合情况，使公关部发挥出整体优势。

2. 人员分工

按照公关部的工作特点，可从以下三个方面来设置人员分工。

(1)按工作内容分工，即按公共关系工作手段设置分工，在公关部下设新闻报道

组、编辑出版组、技术制作组、活动策划组、业务拓展组、信息调研组等，如图 6-7
所示。

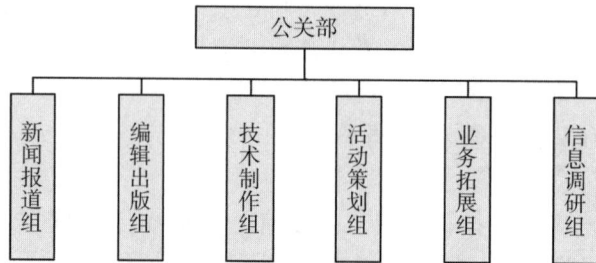

图 6-7　按工作内容设置的公关部

(2)按工作对象分工，即在公关部下设内部公共关系、外部公共关系及专业技术三
个机构，如图 6-8 所示。

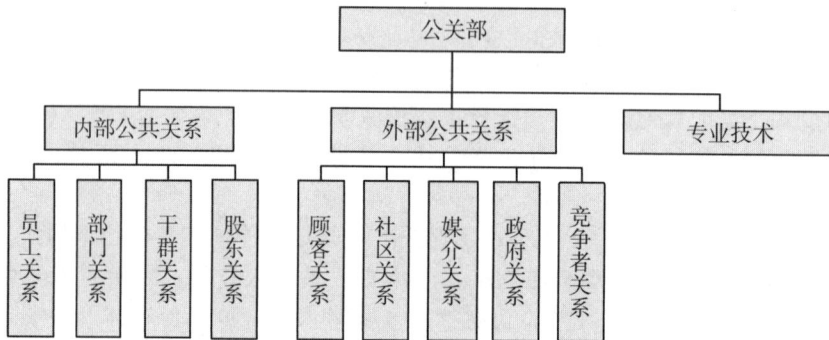

图 6-8　按工作对象设置的公关部

内部公共关系：主要负责员工关系、部门关系、干群关系、股东关系等。这些关
系需要配合经营部门、财务部门、工会组织、办公室，特别是人事部门等去协助处理。
主要通过编印刊物、员工调查、职工活动、股东年会等方法加强双向沟通，加强员工
和股东的归属感、荣誉感，调动员工的积极性，创造和谐的内部环境。

外部公共关系：主要负责顾客关系、社区关系、媒介关系、政府关系以及竞争者
关系等。负责处理这些工作的公关人员，要善于利用新闻传播、广告宣传、意见沟通
等方法，巩固和改善组织与各类公众的关系，为组织的发展创造一个和谐的外部环境，
树立组织良好的社会形象。

专业技术：公共关系工作中涉及很多的专业技术，如写作编辑、广告策划和制作、
美术装饰、拍照摄像、新闻发布、谈判演讲、专题活动等，公关部应根据公共关系工
作的手段和技巧进行分工，有利于提高技术水平和传播效果。

(3)按工作区域分工，如在公关部下设国内公关部和国际公关部两个分支机构。国
内公关部包括东北地区事务、西北地区事务、华北地区事务等；国际公关部包括亚洲
地区事务、欧洲地区事务、北美地区事务等，如图 6-9 所示。

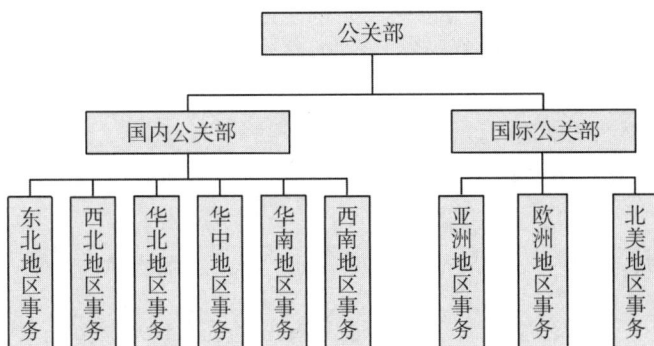

图 6-9　按工作区域设置的公关部

(八)公关部的长处和局限

1. 长处

(1)熟谙本组织情况。公关部的工作人员长期在本单位工作,熟悉本单位的各种情况,因此容易发现组织存在问题的症结,从而有针对性地开展工作。而且,公关人员与本单位的其他人员平时就有较为密切的联系,由此可促成内部交流渠道的顺利建成和可靠信息的迅速收集。

(2)能及时提供服务。由于工作人员就在本组织,因而一旦有问题,就可马上发现,立即着手处理,特别是出现一些突发事件时可马上采取对策,且公关部经理也在组织内部,遇事容易决断。而外聘公关公司人员,往往需要时间了解情况,方可提出解决问题的方案,这样就可能延误危机事件的最佳处理时机。

(3)便于协调和保持连续性。组织内部设专人负责公共关系工作,不仅可以保持公共关系活动的连续性,还可以照顾到其他部门的情况,建立比较稳固的公众联系网络和资料库。

(4)注意节约经费。开展公共关系工作所需的费用是相当大的,公关部作为组织的一个组成部分,在制订公共关系活动实施计划时,不仅要考虑到公共关系活动的效果,还会注意尽量节约开支。

(5)公关部经理地位特殊,能够较密切地和组织领导进行直接的沟通。在企业,尤其是大型企业中,公关部经理和企业最高领导之间的频繁接触是惯例而不是例外。美国 60%的公关部经理每周至少与其所在企业的首席执行官碰头一次。在有的组织中,公关部经理的办公室与首席执行官的办公室相邻。

由于公关部具备这些长处,因此一般的组织都不必只依靠公关公司为自己提供咨询服务,而在许多方面可以从自己内设的公关部中获得服务。如广东不少企业的公关部已拥有相当阵容,组织的公共关系业务基本上由自己承担,不外发给公关公司。

2. 局限

(1)公关部经理与本组织关系密切,对本组织可能感情深厚,易使思想失之偏颇。咨询决策是由人做出的,而组织的公关部人员不可避免地处于各种人际关系网络中,因此分析问题时难免掺入若干主观因素。

(2)要像分公司经理那样受到企业领导的重视,公关部经理的头衔略显不足。

(3)公关部经理的任命,容易被组织领导用来对干部进行明升暗降,因而形成外行当道，无所事事。

（4）组织领导可能出于各种原因制约公关部经理的职权，限制公关部的活动范围，从而使公关部的工作成效欠佳。

由此可见，内设公关部既有优势又有劣势，因而组织除了要学会充分地、恰到好处地运用公关部，还要学会运用公关公司。实际上，大企业通常是双管齐下，使之相得益彰。

二、公共关系专业公司

公共关系专业公司又称公共关系公司、公共关系咨询公司或公共关系顾问公司，简称公关公司，是由各具专长的公共关系专家组成，专门从事公共关系咨询，或受客户委托，为其开展公共关系工作的社会服务性机构。公关公司具有独立的法人资格和地位。与组织内部的公关部不同，公关公司是一个独立的营利性机构。

公关公司诞生于 20 世纪初的美国。1903 年，艾维·李和乔治·派克创办了一家公关顾问事务所，但未使用"公共关系公司"一词。1920 年美国人艾尔（N. W. Ayer）正式使用"公共关系公司"一词来命名他的公司。现代公关公司在美国 30 年代经济危机中起到了很好的协调作用，令公众对它刮目相看，由此确立了它在社会，特别是在工商企业中的地位。IBISWorld 数据库与 Statista 数据库的数据显示，2021 年，美国大约有52 671 家公关公司，英国大约有 61 800 名公共关系行业从业者。我国自 1985 年 1 月美国伟达公司和博雅公司分别在中国成立分公司以来，已经涌现出了许多家公关公司。2019 年，中国公共关系市场的年营业规模约为 668 亿元人民币，年增长率为 6.5%，略高于 GDP 增长幅度[1]。根据《中国公共关系业 2020 年度调查报告》显示，尽管受到新冠疫情的影响，2020 年中国公共关系市场依然呈现增长态势，表明市场对公关的需求仍在不断增加[2]。前瞻产业研究院数据显示，截至 2021 年我国注册资本在 1 000 万元以上的公共关系服务企业数量约有 3.9 万家，集中分布于北京、广州等地区，同时在上海和成都地区也有一定规模的分布。

现在，随着经济的日益全球化，以及媒体在世界范围内的快速传播，公关公司也成了全球化的事业，大型公关公司大部分都实行跨国经营。由于公关公司大都具有较高的专业水准、广泛的社会影响力和显著的工作效率，因而越来越多的企业把公共关系的内部部门和外部顾问结合起来，以便更好地完成公共关系的管理职能。

(一)公关公司的类型

从不同的角度划分，公关公司可分为不同的类型。

1. 按工作性质划分

（1）专业性公关公司，包括专项服务型公关公司和专门业务服务型公关公司。

①专项服务型公关公司，即专门为客户提供特定项目服务的公关公司。其服务项目一般仅限于一种，如专为客户进行市场调查，或专为客户策划和实施某项大型专题活动。专项服务型公关公司的人员通常都是某一领域的专家，在该领域有着广泛的影响力和丰富的经验。

---

[1] 中国国际公共关系协会：《中国公共关系业 2019 年度调查报告》，2020-12-07。
[2] 中国国际公共关系协会：《中国公共关系业 2020 年度调查报告》，2021-05-21。

②专门业务服务型公关公司，即为特定行业提供公共关系服务的公司。如专门为工商企业从事消费者行为调查、制作视听材料、制作公关广告等业务的公关公司。

（2）综合性公关公司，即由各类公共关系策划专家和技术专家组成，来保证和适应各行业、多方位、全过程的外部公共关系需要的公关公司。综合性公关公司通常可提供多种公共关系服务，拥有先进的信息收集和分析系统，能够为客户提供世界各国政治、经济、文化、法律、社会政策、风俗习惯及市场动态等方面的信息。这类公司一般都具有一定规模，联系广泛，实力雄厚，可为不同类型的客户提供多种形式的服务。

2. 按经营方式划分

（1）中外合资的公关公司，其往往实力雄厚，主要客户是国外企业，多从事外向型、国际型公共关系策划。如1990年6月成立的中法公共关系公司就是中国第一家中外合资的公关公司。

（2）中外合作的公关公司，其客户与中外合资的公关公司相似。如1986年5月成立的中国环球公共关系公司，它曾与博雅公司合作，互相代理业务。

（3）民办公关公司，是指民间组织、社会团体主办的公关公司。如中国公共关系公司，就是由中华全国新闻工作者协会创办的。这类公关公司目前在我国很活跃，占据着主导地位。

（4）私营的公关公司，其规模不大，从业人员较小，以灵活的经营方式彰显自身的生命力，对中国公共关系的职业化起到了积极的促进作用。

3. 按公司规模划分

（1）单一型公关公司包括公共关系顾问和公共关系顾问公司。

①公共关系顾问。公共关系顾问是指为委托人（客户）提供公共关系方面的咨询并进行指导，能独立承担公共关系项目的专家。美国公共关系协会顾问处将公共关系顾问解释为：公共关系顾问应努力去评估和审查来自顾客方面及社会各界的意见，并将其发现向企业管理部门进行解释和说明，然后，这些担任顾问的公关人员将帮助管理部门确定改变或改善公众意见的计划。公共关系顾问是企业管理机构的合伙人，但绝不是它的代替人。

按任职或聘用的情况，公共关系顾问主要有：a. 公关公司专职顾问。这是指在公关公司长期任职的公关专家。他们是公关公司的主干力量，按照专业的不同，又可分为各种不同的专业顾问。b. 公关公司兼职顾问。由于某人在公共关系方面具有一定声誉或专业特长，而且不在公关公司任职，因而被公关公司聘任为兼职顾问。c. 企业或其他组织直接聘用的顾问。组织因工作需要，直接向大学、研究所或公共关系协会聘请有理论水平、有较高声望、有丰富经验的公共关系专家，作为本组织的公共关系顾问。d. 荣誉性顾问。这是指组织聘请在公共关系事业或公共关系学术理论研究方面有突出贡献，并有相当社会影响力的学者、专家及知名人士作为组织的荣誉顾问。

②公共关系顾问公司。公共关系顾问公司要独立地确定工作目标和工作范围，并且要依靠自身的能力来保证各项公共关系工作的完整性。与公共关系顾问相比，公共关系顾问公司具有较高的服务质量和工作效率，以及完美的组织系统等方面的优势。

（2）集团型公关公司。

集团型公关公司一方面是指公共关系组织自身的集团性，其明显特征是机构的集团性，它们触角多、影响大；另一方面是指公共关系组织所在机构的集团性，如某跨国公司，除在总部设立公关部之外，在各地的分部也设立相应的公关部。例如，在北京设有办事处的美国伟达公关公司，在全球设有 100 多个办事处和联营公司，为全球数千个机构服务，是一家十分典型的集团型公关公司。

（二）公关公司的服务内容和形式

一般来说，专业、规范的公关公司的服务内容主要包括以下几个方面。

1. 提供公共关系咨询

公关公司可派出顾问，收集与客户有关的信息，根据客户企业的经营状况、经营目标，通过调查研究，找出企业经营活动的失调之处，并以长期为各类组织提供服务的经验，以及全面、细致的资料情报作为依据，为企业的管理决策提供最佳的建议，为企业的形象设计、形象评价及公共关系管理等提供咨询。

2. 充当对外关系的联系人或协调者

当某一企业与公众或别的组织产生冲突，双方较难直接沟通时，便可求助于公关公司，由公关公司的顾问以第三者的身份出面，了解双方的分歧所在，从中调停，促成双方的和解、妥协；或是某一企业急需和某些公众或机构交流信息，但由于平日没有联系，也可委托公关公司进行。

3. 代理专门的公共关系业务活动

提供专门的公共关系业务活动服务时，公关公司就不只限于出谋划策，而是亲自出马实操了。公关公司可根据客户的要求，为客户撰写新闻稿件、选择新闻媒体、建立媒体关系、举行记者招待会或新闻发布会；为客户设计、印制宣传资料和纪念物品及统一的标识制品；为客户制作宣传影片、录像带或光盘等视听资料；为客户制订广告投资计划，设计制作产品广告及公关广告；协助客户推广产品，营造有利的市场气氛等；为客户安排、组织重要的交往活动，如贵宾剪彩仪式、庆典、联谊以及各种社会赞助活动等；为客户组织各种会议，如信息交流会、产品展销会及洽谈会等。

4. 负责公关人员培训

公关公司可为客户提供公关人员的知识或技能培训服务，使其具有足够的公共关系理论知识和实际操作技能，以适应岗位的需要。这方面公关公司可采用多种形式，或是开设短期训练班，或是派专家去委托单位指导，或是接受企业的公关人员来公关公司实习等。公关公司依客户的要求开展工作，然后根据工作时间的长短、所需人员的多少、工作量的大小以及工作的难易程度来收取服务费。具体的服务形式有以下三种。

（1）向客户提供公共关系咨询。如某项公关工作的程序问题、有关公众的背景调查、公关工作进程中的疑难问题等，都可向公关公司提出咨询，公关公司可给客户提供指导和帮助。

（2）短期专项工作。受客户委托，在短期内为客户完成某项公关工作，一旦这项工作完成，便自行解聘。一项有记者、专家、商学院研究生参加的关于广东公共关系行业的调查发现，80％的企业认为，与专业公关公司合作时，一个项目、一个项目地签约达到的效果最佳。

（3）长期综合工作。客户长期聘请公关公司以顾问身份参与本企业公共关系工作，顾问按照客户的要求，负责合同规定的全部公关工作，时间一年至数年。

（三）公关公司的工作原则

公关公司所从事的工作，一方面涉及委托单位或个人的信誉和形象，另一方面要对社会公众负责，因此，公关公司在工作中应自觉遵循如下原则。

(1)自觉遵守国家法律法规和有关方针政策。公关公司的首要任务是为社会服务，因此，其一切行为都要在国家方针政策的指导下，以遵纪守法和高质量的服务获得良好的信誉。

(2)诚实守信。公关公司应以诚信为本，以诚实的态度服务于客户和社会公众，准确、真实地传播信息，将公众利益放在第一位。

(3)为客户保密。公关公司在代理委托方的公共关系业务过程中，为保证实现公共关系目标，时常要了解一些委托方的机密，公关公司应严格为其保守秘密，并应强化自我约束力，不干涉客户内务，不损害客户利益。

(4)为客户着想。公关公司的宗旨是信誉第一，服务第一，客户至上。应尽全力为客户办好事、办实事，并站在客户的立场考虑缩减费用预算，事先向客户介绍清楚服务项目、收费标准等，才可能赢得客户。

(5)专业独立。公共关系咨询服务是一种独立服务，应该充分运用专业技术和经验为客户服务，提供客观、独立的建议和服务。

(四)公关公司的服务费用

公关公司是营利性的组织，因而为客户所提供的服务是有偿的。公关公司通常根据服务项目的具体要求来确定所需费用，主要的收费标准有以下几个。

1. 项目收费

项目收费是指公关公司接受客户委托所收取的费用，主要包括：项目劳务费，包括项目期间工作人员的工资和与项目有关的管理人员、顾问或专家的报酬；行政管理费，按项目总费用的一定比例提取，用于公司行政管理和办公开支；咨询服务费，因项目需要，由公司的委托人提供咨询并给予指导所需的费用；项目活动经费，在项目完成的整个过程中，需开展一系列的公共关系活动，按活动计划和需要确定费用金额。这种收费方式的优点是专款专用，有利于保证公共关系项目的质量，便于考核和管理；不足之处是不利于通盘考虑进行整体的公共关系策划。

2. 计时收费

计时收费是指按参加此项目的工作人员的工资水平、服务项目的难易程度，确定单位时间的收费标准，并按完成该项目所耗费的时间来收取费用。

3. 综合收费

综合收费是指公关公司在为客户代理其某项业务或进行全面代理时，双方根据业务需要，协商确定费用的总金额。这种费用一般在业务开始时由客户支付。它有利于公关公司根据有限的资金进行统筹安排，合理使用，缺点是客户难以对公关公司开展的公共关系业务进行质量监督。

4. 分项收费

分项收费是综合收费的一种变通形式。如客户不愿采用综合收费，也可按项目实际需要分次逐项收费。公关公司可将此视为项目收费；而客户可以监督公司代理业务的质量，如有不满，可中止合作，考虑选择其他公关公司操作其他业务。

5. 成果分成

成果分成是指公关公司和项目委托人或委托单位共同承担风险，共同受益，项目最终取得收益时，按一定比例分成。

以上仅是几种公关公司最基本的收费方式。实际上,公关公司的收费没有固定的、统一的标准。要根据公司的声誉、公关人员的资历、具体业务的难易程度等,同时参照同类公司的收费标准和供求关系的变化进行具体的商定。但体现在咨询酬金中的四个要素则是一致的:①工作人员集中用于这一项目的真实时间成本;②行政负责人所花的时间和监督管理成本;③营业间接成本(人头费);④承担这项工作所得的合理利润,当然,这是基于市场的承受能力来考虑的。

(五)公关公司的机构设置

公关公司的内部机构设置,一般是依据公司规模和性质来决定的,主要由以下几个部门构成。

(1)行政部门。行政部门主要负责行政事务,如制定和实施为客户服务的公共关系项目,负责对外洽谈业务。其成员包括总经理和相当数量的行政人员。

(2)审计部门。审计部门主要是对公司承办的各项业务进行规划,审查财务上的可行性和监督其实施情况,并统一安排人力、物力、财力,及时为各个项目提供指导及建议,以保证项目的质量。

(3)业务部门。比较大的公关公司可根据公司的业务范围和专业特长来设置业务部门,每个部门可配备一定数量的精通本部门业务的专业人士。

(4)外国和地区部门。一些大型的公关公司还可根据市场需要,设置国际公关公司和地区公关部,以提供全面的公共关系服务。

(六)公关公司的优势和局限

1. 优势

(1)观察分析问题具有客观性。公关公司独立于组织之外,它是根据合同受聘来工作的,不会纠缠于该组织年深日久的积弊,也不会有个人的恩怨。因此,看问题不会带有主观色彩。公关公司和组织内部的公共关系机构之间的最大区别在于观察角度不同。前者从外部向内看,后者则是从内部往外看。一个不受客户人事关系约束的公关代理向客户提供的有关信息和建议,往往更为真实可信,这样,就可以避免管中窥豹的狭隘视角。而且,通常来说,由局外人提出的新观点,会更有助于有针对性地把握客户的问题和要求,进而找到最佳的解决方案。

(2)职业水准较高。公关公司拥有人员、技术、设备、经验、信息传播、规范操作等方面的优势,有较强的适应性和工作能力,可以为客户提供高水平的咨询意见和策划方案。这些意见和方案能切中要害,因而也容易受到企业决策者的重视。

(3)有自己独特的沟通渠道和信息网络。公关公司可以说是信息交流站或储存库。由于公关公司在长期的专业实践中,与政府部门、新闻机构、社会团体等建立了密切的联系,信息来源广泛,渠道畅通,因此,客户可以充分利用有关信息作为决策的依据,从而有利于提高其决策的科学性和可行性。

(4)具有扩散效应。这主要是就一些知名的公关公司而言,因为知名公关公司本身就有宣传效应,聘请知名公关公司就是一种实力的体现。因此对于那些想尽快提高知名度和美誉度的组织来说,可以通过聘请知名公关公司开展一次或一系列的大型公共关系活动,来充分地享用该公司的形象资源,借机扩大知名度,提高美誉度。

(5)具有灵活性和经济性。虽然公关公司特别是名牌公关公司收费相当高,但综合起来考虑,选择公关公司还是有一定经济优势。一方面,公共关系专题活动经常需要一些专门人才，如摄影师、广告设计人员、声像编辑人员等。而一般企业的公关工作，大量是属于日常性的，平时并不一定需要这些专业人才，那么公关部长期养着这些人就不经济。所以，在开展某种专业性较强的公共关系活动时，聘请公关公司就显得更经济了。另一方面，公关公司提供的方案往往更合理、更权威、效果更佳。因而，现在很多的企业都倾向于成立一个精干的公关部，高度优先的、核心的工作仍由公关部完成，而把非关键性的职能安排给公关公司。

正是由于公关公司具有上述优势，很多组织不论是否设立公关部，都会雇请公关公司承担业务。

2. 局限

(1)不熟悉客户情况。因为公关代理是外来的，往往不熟悉特定客户的内部状况和管理层的独特风格，对客户各种具体复杂的情况缺乏深入细致的了解，因而难以及时为客户提供服务，也难以使公共关系活动保持持续性和稳定性。

(2)难以与组织的领导直接沟通。公关公司往往与客户中的某一主管接洽工作，缺少与该组织的最高领导密切交流信息的机会。

(3)保密性较差。公关公司的咨询人员并非由某个客户独占，而是由客户共享。

(4)远离客户所在的机构中心。大多数公关公司都设在大中城市，地处较偏僻的企业想聘请公共关系顾问，既要增加往返旅途开支，又耽误时间，不太方便。

(七)聘请公关公司的标准

企业委托专业公关公司代理某些特定的业务时，应着重考虑以下几个因素。

1. 是否具有好的声望和较高的权威性

这主要是指了解该公关公司经营时间的长短、现有的规模、所能提供的服务项目和专长；公司以往的业绩，曾代理过哪些客户，客户的情况及对该公司的评价；公司推出的影响较大的公共关系活动有哪些；以及社会公众对该公司的评价等。资信好、名气大的公司经验丰富，委托其代理业务可靠性强，成功率高，但又可能缺乏创意且需要较高的费用；资历浅、名气小的公司，可能缺乏经验，但所收费用一般较低，也可能有新颖的策划，取得意想不到的效果。对此，客户应进行认真的考虑，最后确定选择哪家公司。

2. 是否拥有需要的专门人才

很多企业之所以外聘公关公司，就是希望借用一些专业人才，将本企业的公共关系工作做得更好，因而要了解专业公关公司是由什么人开办的；公司从业人员具有哪些方面的专业知识或技能；公司拥有哪些方面的专业人才，以往的工作业绩如何；对客户的情况是否熟悉，能否满足客户的要求等。公关人员的素质往往决定公司的业务水平，因此，应慎重考虑。

3. 收费标准是否合理

资信好、规模大的公关公司往往收费标准也较高。因此，客户应将公关公司可信赖的程度、服务项目的质量以及公关人员的素质，与其收费标准进行比较，作出综合评价，从而找出适合自己的代理公司。

(八)客户与公关公司关系的处理

企业内部的公关部与外聘的公关公司之间，最好能自由交流，使双方对企业的政策、战略和行动方案等较为熟悉。企业内部的公关部如果能与公关代理公司建立一种顺畅、互补型的关系，往往可以带来更为积极有效的沟通效果。因此，双方都要做到：

（1）双向沟通。要让公共关系顾问及时准确地了解组织内外的各种信息，以确保工作顺利开展。

（2）有效协作。企业对公共关系顾问的信赖与支持是其工作质量的重要保证。

（3）合理期望。公关公司并不是万能的，一些非公共关系的工作，如使低质产品畅销，扭转供过于求的局面等，不是公关公司所能解决的。

第三节 公共关系行业组织

公共关系行业组织是一种由会员自发成立的、会员制的、以公共关系行业为标识的非营利社会组织。它主要包括公共关系学会、公共关系协会、公共关系研究会、公共关系联谊会、公共关系俱乐部等。

公共关系行业组织产生于第二次世界大战之后。当时，美国进入了战后经济的恢复和繁荣时期，经济的发展推动了公共关系的迅速发展并趋向成熟。美国全国性的公共关系行业协会开始成立。1935年，美国公立学校公共关系协会（NSPRA）成立。1948年，美国公共关系理事会和全国公共关系理事协会合并，在纽约成立了美国公共关系协会（PRSA），由哈洛（R. Harlow）任第一任主席。

中国内地第一个公共关系民间团体是1986年1月由中山大学公共关系研究会、广州青年经济研究会、广州市财贸管理干部学院共同发起成立的广东地区公共关系俱乐部。此后，我国各地区、各行业的公共关系行业组织就如雨后春笋般迅猛发展起来。1987年5月21日，中国公共关系协会成立。1991年4月，中国国际公共关系协会成立。

本节主要介绍公共关系行业组织的职能以及公共关系行业组织的管理。

一、公共关系行业组织的职能

行业协会要获得生存和发展，就要以社会的需求为自己的使命，因而，公共关系的行业组织要坚持为组织所属的会员服务，为社会服务，具体说来，有十个方面的职能。

（一）联络会员

每一个公共关系的行业组织既要与自己的会员建立经常性的联系，把行业组织办成"会员之家"；又要与其他的公共关系行业组织建立起横向联系，形成网络系统，建立起合作关系；还要与其他行业组织建立起联系，从而在各类型的公共关系组织和公共关系工作者之间广泛开展学术交流，研究公共关系理论与实践，以此来推动公共关系事业的发展。

此外，行业协会可利用自己熟悉情况和掌握多方面社会关系资源的优势，在企业之间、行业之间牵线搭桥，沟通联系，为企业之间互通信息情报，发展横向联系，促进专业化协作服务。

（二）制定行业规范

作为一个市场，必须有保证其有序运作的规则，因而，每一个行业都有自己的行规行约，公共关系领域也不例外。制定、宣传、执行公共关系的行业规范，是衡量公共关系行业组织正规化的重要标准之一。由公共关系行业组织制定的规范往往更具有权威性和约束力，能有效地推动公共关系行业的规范有序发展。因此，世界各国的公共关系行业组织都十分重视这一工作，现代公共关系较为成功的美国、英国等国家的公共关系协会都制定了明确的行业规范。公共关系的行业规范应由以下三个部分构成。

1. 公共关系职业道德标准

国际公共关系协会早在 1961 年就已制定了《国际公共关系协会行为准则》，1965 年又在雅典通过了《国际公共关系道德准则》。这两个准则对国际公共关系从业人员的行为规范提出了一些原则性的要求，如注重信息的真实性和充分的交流，尊重和维护人类的尊严，对社会和公众利益负责等，所有公共关系工作者都应遵守这两个准则。

2. 公共关系职业标准

1997 年，国家职业资格工作委员会公共关系专业委员会在劳动和社会保障部的指导下，制定了《公共关系人员国家职业标准》，并颁布实施。

3. 公共关系技术标准

公共关系技术标准是公共关系市场上商品得以交易的基础。有关调查报告指出，21 世纪的互联网热潮和公关公司注册登记的放开，催生了一大批作坊式的公关公司的诞生。由于准入门槛太低，导致公关公司鱼龙混杂。为此，应该制定有关的技术标准，使公共关系事业的发展能进入规范化、科学化的阶段。于 2003 年起草，2004 年 7 月 1 日起正式生效的《公关咨询业服务规范》对中国公共关系行业的发展起到了有效的控制作用。

（三）交流从业经验

行业组织的一个重要职能，就是为其会员提供一个交流从业经验的平台。公共关系行业组织交流公共关系方面的经验，可通过以下形式进行。

1. 召开专业会议

国际公共关系协会就是通过召开各类专业会议推动国际公共关系事业的发展。该协会每三年举行一次的世界公共关系大会，通常都有来自世界各地上千名公关界人士参加；每年举办两次的理事会和各种专业研讨会，与会者通常也有数百人之多。1992 年 5 月在香港和深圳蛇口召开的该年度上半年的国际公关理事会和"走向亚太世纪"的专业研讨会，吸引了海外 30 多个国家和地区的 170 多位公关界人士和国内的 150 多位公关界、企业界代表参加，盛况空前，被该年度国际公共关系协会主席称为"国际公共关系协会发展史上的一个里程碑"。大量的国际性会议的召开，对加强世界各国公关界的相互联系、促进专业交流、增进彼此了解，起到了积极的作用。

2. 组织海外互访

相对于美国、英国等发达国家来说，中国的公共关系事业还处在发展阶段，要提高中国整个公共关系行业的水平，在探索建设有中国特色的公共关系事业的同时，还需要从国外引进最新的公共关系理念和技术。在这一方面，中国国际公共关系协会做了很多工作。该协会致力于促进中国公关界与国际公关界的联系和交流，尤其在接受世界各国商业性公共关系业务的咨询、委托方面，开通了中外联系的畅通渠道。国际公关界权威人士曾频频来访，其中包括国际公共关系协会前主席、英国公共关系权威萨姆·布莱克（Sam Black）教授。这对增进国内公共关系从业人员对世界公共关系事业的了解，培养他们的职业素质是极为重要的。同时，该协会还多次组织中国的公共关系专业人士到国外进行访问交流。如 2019 年，中国国际公共关系协会会长吴洪波、秘书长赵大力率领中国公共关系代表团赴阿联酋迪拜参加第三届国际展望大会，并在会上发表了书面演讲[①]。

3. 评选、颁发最佳公共关系案例奖

国际公共关系协会自 1990 年起每年组织一次世界最佳公共关系金奖大赛。这样的国际性案例评比活动有利于加强世界各国公共关系事务管理经验的交流，也有助于提高各国公共关系从业人员的业务水平。大赛拥有严谨、严苛的评审流程，评选标准与国际接轨，评审委员会全部由业内资深人士组成，其奖项具有极高的含金量。2020 年，华为联合相关媒体及合作伙伴共同发起了"有你圳好，见证深圳经济特区建立 40 周年"系列主题活动，以"数字深圳"为场景，征集企业和民众在深圳的数字体验，得到了各界的广泛关注和传播。

（四）提供咨询服务

发挥公共关系行业组织本行业专家之优势，积极为社会组织提供公共关系咨询服务，是公共关系行业组织重要的工作内容。这些咨询服务，可及时为政府、企业及社会解决疑难问题，推动政治、经济、文化和社会的发展，有助于国家政治的进步、经济的繁荣、文化的发展和社会的稳定。

公共关系行业组织所提供的咨询服务有：

（1）分析国内外经济形势和动向，解释国内外法规和政策，帮助有关组织制定发展战略。

（2）应社会组织要求进行实地调查，针对存在的问题提出改进方案。

（3）为企业或地区提供对外贸易、经济合作咨询，或向外国政府、团体及企业提供中国政策的咨询服务。

（4）利用本行业组织的社会关系资源，帮助社会组织协调各种公众关系。

（五）进行政策游说

公共关系行业组织是本行业组织及其从业人员的代表，因而，要把向政府反映本行业的愿望和要求作为自己的基本职能。各协会应通过信息网络、社会调查、专题会议、代表大会等，了解本行业的发展现状、会员的困难和要求，进行协商和研讨后，就业界所反映的问题向政府建言献策，使政府在制定政策时充分考虑业界的实际情况和意愿，或者根据基层组织的现实问题调整政策。

如在 1998 年以前，由于没有国家认可的职业系列和岗位设置，我国公共关系从业人员在社会上总有"浮萍"之感，他们强烈希望国家有关部门能将公共关系认定为一种真正的职业，以使自己有个职业归属。中国国际公共关系协会和中国公共关系协会吸纳了从业人员的意见，对有关部门做了很多工作，使公关业界的这一呼声得到了劳动和社会保障部等有关部门的高度重视。1998 年 11 月，由中国国际公共关系协会柴泽民会长任主任委员、国内 10 多位公共关系专家和学者组成的全国公共关系职业审定委员会在北京成立，该委员会在广泛听取各方意见的基础上，就公共关系职业的名称、定义、工作描述、技能标准及监督规范等进行确定。1999 年 5 月，劳动和社会保障部正式将"公关员"作为一种新职业列入《中华人民共和国职业分类大典》。

---

① 《CIPRA 赴迪拜参加第三届"国际展望大会"》，https://www.cipra.org.cn/site/content/4156.html，2019-12-03。

(六)培训专业人才

公共关系事业的发展对公关从业人员提出了越来越高的要求,因此,培训专业人才在公共关系行业组织的日常工作中占有重要的分量。公共关系行业组织培训人员的做法主要有以下三种。

1. 编写、出版专业教材

公共关系行业组织应根据不同行业的公共关系工作的特点、公共关系不同岗位的要求,编写或选择适用的教材,作为培训不同层次的公关人员的必修课程,考试晋升也以此作为依据。1998 年 3 月,中国国际公共关系协会与劳动部合作拍摄了 10 集公共关系教学录像片《现代企业公关》,这是国内首部用于公共关系教学的录像片,对企业公关人员提高专业水平起到了重要的作用。

2. 创办专业学校或短期培训班

例如,中国公共关系协会一直重视利用人才优势普及公共关系教育,开办培训中心,为本行业输出了许多公共关系方面的人才;南京公共关系学会在学会培训部的基础上,1992 年创立了中华公共关系进修学校,后更名为中华公共关系进修学院。当然,行业组织不是专门的教育机构,不可能承担行业全部的"成人教育"任务,只能从本行业的特点和需要出发,根据协会所具有和可能利用的条件和资源,组织各种短期的专业培训与岗位培训。

3. 对实践进行监督、考核和认证

伯恩斯是第一批主张颁发公共关系执照的专业人员之一,但没能使之进入立法。在这种情况下,美国公共关系学会、国际商业传播协会便开始了向从业人员授予合格证书的项目。这种认证项目通常需要在一个有资格的同行小组面前,完成一个书面考试和一次口试答辩。1991 年,美国公共关系学会开始了一个认证维护项目,要求已经认证的会员仍然积极参加继续教育和公共服务,即经过认证的会员必须通过教育、专业发展和公共服务活动,每三年获得 10 个学分。国际商业传播协会的认证项目则要求除了书面考试和口试之外,还要进行一个任期责任的演示。在美国,这些认证都是一种专业成就和义务的标志,因此,美国各类组织在聘请公关人员时,都很在意应聘者是否为美国公共关系协会的成员,是否已经有美国公共关系学会颁发的公关人员资格认证。这些做法都给我们提供了借鉴。

(七)组织行业调查

为全面了解和研究公共关系行业的发展状况,制定加强行业监管的政策和措施,促进我国公共关系事业的健康有序发展,有必要开展对公共关系行业的全面调查。通过这些调查,我们可以对公共关系的市场结构、未来市场的发展展望,公共关系事业的法律与政策环境、商业环境以及竞争状态等有一个清晰的认识,从而提出引导我国公共关系事业健康有序发展的政策和措施。于是,1998 年年初,中国国际公共关系协会首次对中国公关行业进行抽样调查,以后每年进行一次。该项调查涉及我国公共关系的市场规模、公共关系机构、从业人员数量、行业发展特点、存在的问题等,为有关部门掌握行业状况以及制定对策提供了可靠的参考作用。

(八)普及公共关系知识

虽然公共关系进入中国已经 30 多年了,但在社会上,还有很多人对公共关系存有误解。一项专业的公共关系调查显示:在企业界,认为公关人员的日常工作是从事"宣传促销"的占37%，认为公关人员的主要日常工作是"服务接待"的占35.7%，认为公关人员"参与重大决策"的仅占14.3%，认为公关人员的专业职能是"塑造良好企业形象"的占10.7%。可见，公共关系行业组织的一个重要职能是向公众宣传和介绍公共关系知识，使社会公众树立公共关系的意识，并为公众提供普及性的公共关系培训，以推动社会公共关系事业的发展。1995年3月，由中国国际公共关系协会摄制的10集《中外优秀公关案例精选》电视系列片在北京电视台连续播出，引起社会的广泛关注和兴趣，掀起了从事公共关系的职业热潮。国际公共关系协会前主席、英国公共关系权威萨姆·布莱克教授访问中国后，曾两次在英国出版的《公共关系》季刊上发表文章，盛赞中国10万人从事公关，50万人学习公关的盛况。

（九）编辑出版刊物

由于公共关系行业组织聚集了该行业著名的专家、学者以及业绩突出的实践家，因而具有编辑和出版公共关系方面的书籍和刊物的优势。这些刊物和学术性著作的出版，为公共关系的从业人员提供了一个交流思想、继续教育的园地，推动了专业化公共关系意识的形成，鼓励了讲究职业道德和高标准的公共关系行为。

在这一方面，美国的公共关系行业组织工作做得较为出色。例如，美国公共关系学会主办的《公共关系策略》（*Strategies & Tactics*）和国际商业传播者协会主办的《传播世界》期刊（*Communication World*），主要反映公共关系从业人员在日常工作中对于设计和实施活动项目有关的问题和技巧的兴趣，以及与公共关系有关的新闻。美国公共关系学会印刷精美的《公共关系战略家》季刊致力于探讨公共关系专业人员和企业家感兴趣的问题和发展趋势。

我国最早的公共关系杂志是由陕西省公共关系协会主办的《公共关系》，现已停刊。现在国内主要的公共关系专业杂志是由河北省国际国内公共关系协会主办，中国公共关系协会、中国国际公共关系协会协办的《公关世界》杂志和经国家新闻出版总署批准，中华人民共和国外交部主管、中国国际公共关系协会主办的《国际公关》杂志。

《公关世界》杂志创办三十多年来，为宣传、普及和发展公共关系做出了巨大的贡献，带来了极大的经济效益和社会效益。《公关世界》杂志是全国公关界声誉最高的刊物之一，它学术地位高，内容丰富，在公关理论上能展开系统研究，使之完整化和科学化，发表了不少有重要价值的公共关系理论文章以及公共关系的案例，为公共关系的从业人员和兴趣者提供了窗口。

《国际公关》杂志自创办以来一直秉承专业性、国际性和多元化的办刊宗旨，致力于传播公共关系前沿理念、方法和实务，引导正确的公共关系舆论，促进中外公共关系行业及专业交流，推动公共关系学术理论建设和职业道德规范树立。其定位为以行业资源为依托，兼具国际性、多元化和可读性的全国性公共关系专业期刊，设有"专栏""对话""资讯""人物""特别报道""封面文章""品牌""沙龙""外刊速览""案例"和"前沿"等十多个特色栏目，内容涵盖公共关系发展的前沿理念与学术研究、公共关系行业热点问题探寻、从公共关系角度深度报道具有影响力的新闻事件、政府及企业高层人物访谈、品牌案例与经验推广、职场人物故事以及国际公关业最新发展动态等。

（十）承担政府委托办理的各种事务

行业组织在政府和社会组织之间起着桥梁和纽带的作用。它除了反映社会组织的意见和愿望，传递政府的政策意图外，还可承办政府部门简政放权之后不该管或不便管的一些事务。而从行业组织的生存来看，行业组织要进行行业管理，也需要有必要的行业管理职能。根据公共关系行业的实际，政府职能部门应授权或委托公共关系行业组织办理以下事务：公共关系行业信息的统计、收集、分析以及发布工作；组织人才交流、开展职业技能培训；组织制定行业行规行约，规范行业行为，维护公平竞争；参与制定、修订国家标准和行业标准，组织贯彻实施并进行监督；参与行业经营许可证发放有关工作和资格审查以及接受委托的其他任务。

二、公共关系行业组织的管理

一个行业组织的组建和发展，除了要有一定的会员、必要的物资资源外，关键在于行业组织本身的领导和管理，公共关系行业组织也不例外。

(一)公共关系行业组织的管理机构形式

参照一般行业组织的体制结构，公共关系行业组织的体制结构大致如下。

1. 会员大会

公共关系行业组织的会员大会(有的是理事会)是该组织的最高权力机构，它由全体会员(或会员代表)组成，每年定期举行大会。由于各种原因，也可提前或推迟举行。有时，经理事会和一定数量的会员倡议，协会也可临时召开会员特别大会。

(1)会员大会的职权。

①制定和修改公共关系行业组织章程。公共关系行业组织的章程是该组织的规程和办事条例。它规定了组织中各机构的配置和整体构成，以及维护组织正常运作的各项基本原则。会员大会所制定的章程应成为其他会员和领导必须遵守的行为规则。

②选举理事会成员。理事会是行业组织最高权力机构的执行机关，通常由理事长、副理事长和若干理事组成。会员大会通过民主的方式来确定组织理事会的成员。也有的组织仅仅选举理事长和副理事长，由他们来任命其他理事，组成理事会。同时，会员大会也有权罢免理事，或接受理事的辞职，还可向理事会推荐协会工作的各种人选，并参与聘任荣誉理事和协会顾问的工作。参加大会的每个会员(代表)均有选举权、被选举权和表决权。

③审议工作报告和财务审计报告。会员大会的一项重要议程是听取理事会对协会各项工作情况和财务情况的介绍和汇报，对协会过去一段时期工作的开展情况，目前出现的问题，以及将来的工作计划进行讨论和审议。会员有权对理事会进行质询，并可提出各项修正案。在此基础上，大会最终批准或否决经修正的理事会工作报告和财务审计报告。

④确定工作方针和任务，通过各项提案并形成相应的决议。大会在充分讨论的基础上，提出本组织当前应努力完成的任务和目标，并确定工作方针和原则。这对于本组织各项工作的有效开展具有十分重要的意义。同时，大会对会员提出的各项议案也应有明确的答复。

(2)会员大会的注意事项。

为了保证会员大会的顺利召开，并富有成效，应注意以下各项问题。

①提前做好会议的各项准备工作。应及时将会议的主要议程通知出席者，使他们在到会之前就能有所准备。大会的议程通常由理事长和秘书共同研究准备，经大会批

准后正式有效。在拟定大会议程时，特别要注意大会中心议题的选择。原则上，每次大会的中心议题不能多，集中解决一两个问题即可。

②会员(代表)大会应有一定的法定人数才能有效。会员大会的法定人数是由协会自己确定的，其规模应以协会的实际情况为依据。

③选择适当的会议形式。开好会员大会，必须有一个良好的会议形式，是从头到尾都进行大会发言，还是部分时间分组讨论，其方式取决于出席会议的人数和会议议题的性质。但无论哪种形式，都应当保证会员的意见得到充分的阐述。

2. 理事会

理事会是会员大会闭会期间的执行机构，是公共关系行业组织处理日常事务的领导者。

(1)理事会的职权。

①根据公共关系行业组织的章程和会员大会决议，制定本组织的各项政策、措施，并组织落实。会员大会所制定的章程和决议，仅仅为协会开展工作指明了一定的方向，制定了一定的原则。要使目标和任务得到落实，还需要理事会制定各项具体的政策，采取适当的措施，并监督下属机构与人员贯彻执行。

②统一领导所属机构开展工作。理事会根据组织工作的需要有权设置一定的管理机构，如秘书处、各职能部、专业组，任命其负责人，下达任务，并帮助他们开展各项工作。因此，各秘书处、职能部和专业组应向理事会负责，它们的各项重要决定须经理事会批准才能生效。

③筹备会员大会，并向会员大会作工作报告，提出各项议程。会员大会的一切准备工作，通常上由理事会负责筹备的。主要包括：发放大会通知，选定大会地点与会场，拟定大会议程和中心议题等。根据组织章程要求，理事会应向大会作工作报告和财务审计报告，并有权向大会提出各项重要建议和方案。

④接纳新会员，聘任协会顾问。理事会根据协会章程要求，决定是否接纳新会员入会，并负责协会顾问的聘任工作。

(2)理事会成员的产生。

理事会成员由会员(代表)大会选举产生，通常实行任期制，任期由协会章程规定，可连选连任。理事会成员的选择，可从以下几个方面考虑：

①必须精通本行业某方面(如技术、经济、管理)业务。

②必须具有足够的工作能力和丰富的实践经验。

③必须热心于协会的工作。

④必须有足够的精力来从事协会的工作。

从我国的实际情况看，有四种人基本符合以上要求：

①同本行业有一定联系的政府官员。

②高校、科研单位的专家、学者。

③协会会员单位的代表。

④熟悉本行业的离(退)休干部。

(3)理事长。

理事会是在理事长的主持下，通过各种理事会议开展工作的。理事长在协会中具有举足轻重的地位，要以个人的领导艺术，对理事会其他会员和职员进行引导、组织和协调。

在公共关系行业组织章程和制度规定的范围内，理事长享有同其承担的责任和义务相适应的权力。具体如下：

①出席并主持理事会议，共同确定重要议事日程。

②同工作人员共同研究和设计组织的基本方针、目标和工作任务，并保证其实施。

③受理事会委托，指定组织各职能部、专业组（委员会）的负责人，分派工作，规定其任务，并指导其工作。

④及时了解会员对组织的机构和工作方面的意见。

⑤在会员大会或其他相应的会议上作工作报告。

⑥同财务主管人合作，提出建议和批准年度预算，并监督组织的财务情况。

（4）秘书长。

秘书长可以是理事会的成员，要用全部时间来参加协会的日常工作，并组织、协调和监督其他秘书、职员及组织的工作人员的日常工作。秘书长必须通晓怎样管理一个办事机构，怎样有秩序地工作，收发文件，保存会议纪要和记录，协助理事长掌握会议和组织管理的各项日常工作。由于秘书长长期在办事处工作，对各方面的情况比较熟悉，往往能对组织的各项方针、政策的制定提出十分中肯的意见。

（5）财务主管。

公共关系行业组织财务主管人通常也应是理事会成员之一，负责制定各项财务政策和规章制度，负责协会资金的筹集，各项预算的编制，组织会计人员记账，编制各种财务报表，并在审计员审核的基础上，向会员（代表）大会作财务审计报告。协会通常还设有其他方面的职能理事，例如，组织理事，负责协会的各项组织工作；教育理事，负责协会教育培训工作；对外事务理事，负责协会对外联络工作等。

（6）理事会的下设机构。

理事会一般下设如下机构：

①秘书处（办公室）：负责处理日常事务，即组织内的联络、沟通、组织工作。

②培训中心：负责公共关系专业人才的培训工作。

③社会活动部：负责组织社会公益活动。

④咨询活动部：负责提供信息，开展咨询业务。

⑤学术委员会：负责组织公共关系政府研究及学术交流活动。

此外，有的还设有对外交流部、编辑出版社以及经济实体等。总之，可以根据公共关系实际工作的需要，设置服务于这种需要的职能部门。如美国公共关系学会在1960年组织了一个顾问部，专门处理公关公司关注的问题。这个部门经过调查研究后，发行了一本界定公共关系顾问角色的小册子，并在得到美国公共关系学会的认可后，实施了一个自我认证的自愿计划。之后这个部门逐渐成为顾问学院，加入者必须具有美国公共关系学会认证的会员资格。以后，由于认证工作量的增加，又成立了行业及专业协会部。因为政府公共关系日益被引起注意，又成立了公共事务及政府部等。现在，美国公共关系学会设置的职能部门涵盖了多个方面，包括协会部、企业部、顾问学院、教育以及文化组织部、教育工作者部、雇员传播部、环境部、金融传播部、食品以及饮料部、保健学院、国际部、多文化传播部、社会服务部、公共事务及政府部、技术部和旅游观光部。

(二)公共关系行业组织的会议

公共关系行业组织的会议，实质上是一种组织、协调的管理活动，组织的许多工作是在会议上决定的，一个行业组织的成功管理在很大程度上取决于有效的会议，会议效率又直接关系到组织的工作效果。因此，提高会议本身的管理水平，是搞好公共关系行业组织管理的一个重要内容。

1. 公共关系行业组织会议的分类

（1）按会议功能可分为：①信息交流会，如各种论坛、学术研讨、汇报分析等。②讨论决策会，如确定组织工作目标、建立规章制度的会议等。③协调会，如为落实任务，明确理事会和工作班子之间，以及各自内部的相互分工协调，或者为会员之间的横向联合、解决矛盾、协调关系而召开的会议。④研讨会，研究探讨公共关系理论和实践问题的学术性会议。⑤总结评价会，如为总结工作、评价成果、批评表彰等召开的会议。

（2）按会议出席对象可分为：①一年一度的会员大会。②讨论重大问题的理事会。③各个专业委员会的专业会议。④秘书处的日常碰头会议。⑤会员之间的协调会等。

2. 公共关系行业组织会议的作用

良好的协会会议是交流信息、组织协调、推动协会工作的重要手段，其主要作用如下。

（1）沟通作用。公共关系行业组织会议能起到冲破旧管理体制条块分割的"藩篱"，沟通各会员企业信息的作用。

（2）协调作用。行业组织内管理层和员工层的分工协调、人际关系协调，会员单位之间的项目协作、专业化协作等协调工作一般都是通过各种会议来进行。

（3）组织和指导作用。公共关系行业组织会议能起到很好的组织和指导作用，例如，协会的各种专业技术培训班，把会员企业有关人员组织起来，对他们进行专业技术指导和培训；技术咨询会，把有关专家和有技术专长的人员组织起来，对有关企业进行技术指导等。如中国国际公共关系协会、中国国际投资促进中心和中国外商投资企业协会共同组织的国际贸易纷争与公共关系高层论坛，邀请了多位美欧资深专家讲解了美欧在反倾销方面的政府决策程序、法律环境，以及运用公关手段解决贸易争端的成功案例，对提高中国企业应对反倾销能力起到了很大的帮助作用。

（4）控制作用。如"行规""行约"要通过一定的会议来制定，并成为会员单位共同遵守的公约，这对公共关系行业的发展无疑会起到有效的控制作用。如根据中国公关咨询业市场发展的需要，中国国际公共关系协会公关公司工作委员会于 2003 年 3 月正式开始《公关咨询业服务规范》的起草工作。以陈向阳为组长的五人起草小组，借鉴国际公关咨询业及其他顾问咨询业的服务规范，结合中国市场的特点，在广泛征询业内专家意见的基础上，经过 8 个月的努力，完成了该文件的起草工作。2003 年 11 月 25 日，公关公司工作委员会 2003 年度第四次工作会议正式审议通过了《公关咨询业服务规范》（指导意见），决定于 2004 年中国国际公共关系大会期间正式对外发表，2004 年 7 月 1 日起正式生效①。

---

① 《公关咨询业服务规范》，https://www.cipra.org.cn/site/content/2893.html，2019-04-06。

3. 提高会议效率

会议是协会组织管理的工具，需要认真组织，提高效率。为此，要抓好以下会议召开的三个环节。

(1)要做好会议前的准备工作。拟定会议议题和议程安排；确定会议出席对象和人数，拒绝与会议议题无关的人员出席会议；将议题，议程提前若干天通知与会者，让其做好充分准备；做好会场和会议资料准备，包括文字材料、实物、图片等；做好会议费用预算，控制会议经费支出等。

(2)要掌握会议组织领导艺术。善于掌握会议的组织领导者首先要做到能按会议题及其目的，恰当确定会议的基本形式。会议的基本形式有：发布型，主要是传达贯彻政府意图和传播本行业相关的信息，要选择个体对群体的单向沟通渠道；收集型，主要是汇集情报，要选择群体对个体的单向回收渠道；会商决策型，主要是事先没有方案，要选择平等协商方式，鼓励大家献计献策；交换意见共谋决策型，是在已有初步方案条件下，选择群体与个体双向沟通渠道，反复探讨，完善决策。会议主持者要根据会议目的，选择好会议的基本形式，使主要沟通渠道信息畅通无阻，使不必要的沟通渠道停止信息往来，以减少干扰。其次，要能开门见山介绍会议议题，指出问题的关键，阐明会议目的与要求，使与会者把注意力集中到所讨论的议题上。开始宜讨论较直接的问题，较难和较重要的应放在会议的中间讨论。同时，还需要能集思广益，开发思路，使大家充分发表意见，使会议在民主协商的气氛中进行。能根据会议议程把握会议，不拖延时间，不议而不决，以免影响效果。并且根据与会者情况、会议地点、季节等特点，能够在会议进行期间组织一些较轻松的活动。

(3)要建立必要的会议制度。必要的会议制度是协会搞好自身组织、协调的重要保障，是协会正常运行的机制。一般地说，协会应建立一年一度的会员大会，按季召开理事会，按月召开理事长办公会和按周召开工作班子例会的制度。

(三)公共关系行业组织的经费来源

公共关系行业组织属于非营利组织或团体，国家原则上不给予编制和拨款，公共关系行业组织的经费来源主要有：

(1)主管机构拨款。按照我国《社会团体登记管理条例》规定，成立社会团体都要有相应的主管机构，有的主管机构会下拨少量的经费，作为该社会团体活动经费。

(2)会费收入。加入公共关系行业组织的成员，都有交纳一定数量会费的义务，收费标准根据民政部门的相关规定，由该行业组织最高权力机构确定。

(3)所属经济实体收入。公共关系行业组织作为法人社团组织，可以创办与组织性质相符的经济实体，通过经济实体的收入，弥补组织经费的不足。

(4)服务收入。在国家法律和政策的允许下，公共关系行业组织可以利用自己联系面广、信源多的特点，为社会组织提供咨询、智力开发、大型的公共关系活动等服务项目，并获取一定的收入。

(5)社会资助。社会各界的自愿资助，既是对公共关系行业组织的回报，也是对公共关系事业的大力支持。

案例研读 & 文献阅读

扫一扫，看资源

第七章　公共关系客体

【学习目标】
　　(1)了解公共关系的对象——公众的含义;
　　(2)理解公共关系客体与公共关系主体的互动关系;
　　(3)掌握内部公众和外部公众的构成与功能。

【基本概念】
　　公众　员工　股东　顾客　合作伙伴　竞争者　新闻媒介　社区

第一节　公众概述

　　公众是公共关系的客体,是公共关系的对象。在公共关系主客体间的矛盾运动中,公关主体的地位是通过其公关客体反映出来的,公关主体价值是通过客体的存在而体现的,并在主客体双方相互作用的过程中得到深化。认识公关主体,就必须以认识公关客体为前提。离开公众,仅以组织本身为视点展开研究,既无法找到社会组织公共关系运行的基本内容和公共关系活动的基本规律,也无法找到与其他以社会组织研究为支点的诸如社会学、组织行为学等相关学科的区别①。公众研究是公关基本要素(组织、传播沟通、公众)研究的着眼点。

　　虽然说公众在公共关系活动中处于被影响、被作用的地位,但公众并不是盲目被动地接受一切影响,他们会根据自身的利益作出判断和反应,同时采取相应的行动。公众传媒素养的提高、综合素质的提升、公民意识的觉醒、公民社会的建设等构成的社会宏观环境更促使公众对组织为树立形象所开展的公共关系活动具有一定的鉴别和认知能力,对组织开展公共关系活动提出了严峻的挑战。为了实现优化公众环境、与公众形成和谐关系的组织目标,正确理解公共关系客体——公众是组织实现公共关系活动目标的第一步。

一、公众的含义

　　公众是组织赖以生存和发展的基础,也是组织公共关系的唯一工作对象。"公众"(public)一词的英文原意是指"社会群体",在汉语中的含义是"社会上大多数的人"。从严格意义上来说,公众仅仅用来描述那些积极地参与公共议题讨论的人群。杜威(John Dewey)就把公众定义为这样一群人:他们面对同样的问题,都认识到问题的存在,并且组织起来对问题采取某种行为。布鲁默(Herbert Blumer)也提出了类似的定

---

　　①　黄东升:《论公众研究在公共关系学基础理论研究中的地位》,载《中国高教研究》,2006(07):83-84。

义，他认为公众是指这样一群人：他们面临同一个议题，在如何应对这个议题上存在分歧，于是他们参与有关这个议题的讨论①。

公共关系中的公众是指任何因面临某个共同问题而形成的，有着某种共同利益，并为某一特定组织的工作产生互动效应的个人、群体和组织，他们对该组织的目标和发展具有实际或潜在的利益关系和影响力。

在公共关系中所使用的"公众"这个概念，具有其特定的含义，正确理解公共关系中"公众"的含义，除了明确其基本概念，还必须厘清"大众""群众""受众"等容易混淆的几个概念。

"大众"是伴随着大众社会理论的形成而出现的一个特定概念。这种理论认为，19世纪末20世纪初是人类进入大众社会的一个分界点。在这个时代，作为工业革命、资产阶级革命以及大众传播发展的结果，过去的那种传统社会结构、等级秩序和统一的价值体系已经被打破，社会成员失去了统一的行为参照系，变成了孤立的、分散的、均质的、原子式的存在，即所谓的"大众"（mass）②。大众是一种新的未组织化的社会群体——大众规模巨大，在人数上超过其他社会群体；大众广泛分散于各个社会阶层，且成员具有不同的社会属性；大众的成员因问题的不同而互相流动；大众成员之间互不相识，彼此匿名；大众缺乏明确的自我约束和自我意识，不能作为一个主体而自主行动。公众虽然范围很大且分布广泛，但其因为一个共同问题或公共事务而产生互动效应，他们有着某种共同利益，因而与大众相比，公众的行为更具有理性。

"群众"按现代汉语的字面理解，有两层含义：一是指"人民大众"或"居民的大多数"，即与"人民"一词同义；二是指"未加入党团的人"，表示"党员"与"群众"的区别，"干部"与"群众"的区别。人民和群众是一种通用和泛指，是带有强烈的政治色彩的一个政治概念。卢梭（Jean-Jacques Rousseau）曾把公众理解为民主政治的基础，认为公众的意志——"公意"代表了共同体的最高意志，它是"不可摧毁的"。公众曾主要是一个政治概念，但随着现代公共关系活动的开展，公共关系中公众的内涵和外延逐渐跳出政治领域，延伸至包括经济领域、文化领域在内的社会生活的方方面面。与群众的泛指和政治色彩不同，公众是具体的、特指的，特指与公共关系主体即社会组织有相关利益关系的社会群体。

"受众"（audience）指的是一对多传播活动的对象或受传者，会场的听众，戏剧表演、体育比赛的观众都属于受众的范围③。随着大众传播媒体的普及，大众传播的受众（mass audience）成为最引人瞩目的受众，包括报刊和书籍的读者、广播的听众、电影电视的观众等。以第四媒体——网络媒体为代表的新媒体的兴起使得受众的范围越来越大，受众已成为新闻传播学科的核心概念之一。受众是一个集合概念，与公众相比，受众更直观地体现为作为大众传媒信息接收者的社会人群，而公众接收的信息、参与的传播活动并不仅仅局限于大众传媒，传媒是公共关系活动的主体之一，但开展公共关系活动的主体涉及一切领域的任何组织。

---

① 彭泰权、单娟：《公共关系的公众细分及其传播策略》，载《国际关系学院学报》，2005（04）：72-75。

② 郭庆光：《传播学教程（第二版）》，168页，北京，中国人民大学出版社，2011。

③ 同②，167页。

二、公众的历史沿革

作为构成公共关系三要素之一的公众，究竟处于怎样的地位，对公共关系活动的开展起到怎样的作用——对公众的正确认识是当下开展公共关系活动的基点。组织与公众的关系伴随着公共关系理论和实务的发展历经了不同的时代，并根据不同时代的社会发展作出相应的改变与调整，梳理公共关系历史沿革中组织与公众的关系更有助于我们全面认识现代公共关系活动的客体——公众。

公共关系学者们指出，在古希腊、古罗马的社会政治生活中已经有了"公众"这个词汇，但公共关系作为一种科学的组织运营观念和传播沟通手段，是在经历了新旧观念的激烈交锋后 20 世纪初在美国诞生的。学界一般认为，现代公关之崛起与三位美国人及其开启的"公关时代"紧密关联：巴纳姆与"公众该死"的时代，艾维·李与公众该被告知的时代，伯奈斯与组织和公众相互适应与调整的时代[①]。

(一)巴纳姆与"公众该死"的时代

美国公关发端于反抗英国殖民统治的独立战争，美国的独立派提出"没有选举权的赋税就是苛政"以努力游说对美国独立有帮助的几类社会群体，这句公关口号迅速散播民间、深入人心。独立战争后"护法运动"的成功、《美利坚合众国宪法》的产生也得益于其支持者北部联邦采用各种公关手段与南方势力展开激烈斗争最大限度地争取民心。美国独立战争和"护法运动"中的公共关系实践赶上了大众报刊的蓬勃兴起时期，被更广泛、更自觉地利用起来。

19 世纪中叶风行美国的"报刊宣传活动"，被认为是现代公共关系业的前身。在"报刊宣传活动"中将宣传发挥到极致，更明确地利用公关谋利的代表人物正是现代公关业的先驱人物——马戏团老板巴纳姆。这位声名远扬或者说臭名昭著的马戏团老板，制造了一系列令人震惊的公关事件。

巴纳姆深谙驾驭报纸之道。为了推销马戏团，他把一篇又一篇的文章寄给报纸，宣传马戏团的"辉煌"演出。他甚至注意到一些细微技巧：为了在有限的版面和简短的新闻标题中尽可能多地出现自己的消息，他把马戏团每位演员的名字缩到最短，还刻意设计一些离奇的舞台背景和演出情节，以供追求"人咬狗"的记者使用。后来，他把自己的经验写成一本书——《每一分钟都有一个顾客诞生》(There's A Customer Born Every Minute)。[②]

巴纳姆打着"凡宣传皆好事"的幌子，利用煽情、造假、夸张、捕风捉影等各种手法为雇主们的经营行为大唱赞歌，巴纳姆的成功夹杂着谴责、谩骂、诅咒和敬仰、追捧、顶礼膜拜。与此同时，垄断资本家们对自己盘剥压榨工人的不法行为则讳莫如深，按他们信奉的信条，"公众对企业的经营情况知道得越少，企业的经营就越有效和越能盈利。"更有甚者，当公众要求揭开企业黑幕的呼声席卷而来的时候，垄断资本家中竟有人当众显示他的狂妄，当时的铁路大王范德比尔特(W. H. Vanderbilt)就曾经当着新闻记者的面恶毒地咒骂公众。因此，人们把巴纳姆时代称为公关史上"公众受愚弄""公众被诅咒"或"公众该死"的时代。即使到了 20 世纪初期，美国企业界对其雇员、顾客

---

①　胡百精：《公共关系学》，9 页，北京，中国人民大学出版社，2008。

②　同①，11 页。

和其他社会公众仍然普遍采取敌对的态度。公众利益从里到外被粗暴地践踏了，被彻头彻尾地侵害了。

在"公众该死"的时代，组织和公众之间架起了一座不可逾越的鸿沟，组织凌驾于公众之上，成为操纵公众、愚弄公众的主体，而最终的目的是利用公众获得高额利润或者实现自己的运营目的。公众之于组织，正如同传播学传播效果研究早期的观点——受众之于传播者发出的信息，只是应声而倒的靶子，传播可以把某些东西注入人的头脑，左右受众的情绪、观念和欲望。

（二）艾维·李与公众该被告知的时代

垄断资本家们利用新闻媒介"愚弄公众"，以攫取最大利润的行为激起公众愤怒、媒体批判和政府打压，这种反对的合力最终由一批有良知的新闻记者向这些"强盗般"垄断的大亨发出挑战，一场媒体自发的协作转化为美国近代史上著名的"揭丑运动"。1903—1912 年，至少有 50 种全美知名报刊加入了声讨"强盗大王"的行列，发表了2 000 多篇揭露性质的文章。作家厄普顿·辛克莱（Upton Sinclair）在揭露肉类加工业丑行的小说《丛林》（The Jungle）中曾经一针见血地指出，这类企业在制造产品、污染环境，同时还生产公众的暴力反应。而艾达·塔贝尔（Ida Tarbell）在揭露洛克菲勒家族企业不法行径的书籍《标准石油公司历史》（History of the Standard Oil Company）中，更形象地把这一时代描写为"穿着绅士与基督徒长袍的人们无所顾忌地进行道德罪行表演"。《麦克卢尔杂志》（McClure's Magazine）则系统地揭露一家又一家企业。

"揭丑运动"的一系列揭丑行动使"强盗大王"们认识到了公众和舆论的强大威力，他们最初尝试收买一些代理人为他们辩解和说谎，但屡屡被揭穿。于是他们出于防御的需要开始聘请新闻记者专门负责企业的媒介联络，这直接促成了公共关系职业的诞生，同时他们也真正认识到，诚实、坦直才是改变困境的根本出路。

顺应历史潮流和社会环境现状，以艾维·李为代表的一批职业公关人员不媚俗、不随波逐流，坚持用正确的理念开辟公共关系的业务领域，这些理念正是艾维·李在其发表的《原则宣言》中所倡导的现代公关的两个原则——讲真话、公众必须被告知；凡有益于公众的事情也必然有益于组织（企业）[1]。在公共关系实践中，艾维·李更愿意帮助企业首先在改变对公众的态度上下功夫。艾维·李建议洛克菲勒亲自访问工厂，听取工人们的抱怨，与工人的妻子一起跳舞。他把洛克菲勒家族最人性化的一面展示给公众，如打高尔夫球、庆祝生日、发起公益捐助等，这样做的目的是让美国人理解、信任并欣赏洛克菲勒。洛克菲勒接受了这些意见，效果令人满意——洛克菲勒家族从"揭丑运动"的阴影中走出来，并成为美国公益事业的好榜样[2]。他在处理宾夕法尼亚铁路公司、洛克菲勒家族企业的劳资冲突中，不仅力挽狂澜，制止了一触即发的流血事件，而且使资方最终改变了对劳工的态度。在劳资双方的谈判桌上，劳工利益破天荒地受到了重视。

艾维·李的根本信条——讲真话、公众必须被告知，深刻影响了那个时代组织对于公众的态度和两者之间的关系，公众不再只是被愚弄、被摆布的对象。不择手段的宣传方式虽然在一定程度上和一段时期内能够达到引起公众注意和获取利润的目的，

---

① 胡百精：《公共关系学》，13 页，北京，中国人民大学出版社，2008。

② 同①，14 页。

但最终会积压成越来越强烈的社会反感情绪，形成组织和公众之间的矛盾，甚至演变成激烈的冲突。艾维·李的理念也明确表达了当下公共关系活动的一个观点：一个组织的最大利益便是社会公共利益，唯有坚持最大限度地维护社会公共利益，组织才能获得长远有效的良性发展。

（三）伯奈斯与组织和公众相互适应与调整的时代

伯奈斯既是公共关系学科化的奠基人，又是一位卓越的实践家。1990年，美国《生活》杂志把他列为影响20世纪社会进程的100位重要人物之一，盛赞他"构想并设计了现代公关业"。而他的宗旨就是"投公众所好"，他认为公关是组织和公众之间建构的相互关系，因此特别强调二者间的相互理解，他所代表的公关时代也因此被称为"组织和公众相互适应与调整的时代"。

伯奈斯曾为美国烟草大王希尔（G. W. Hill）策划过一次"革命性"的公共关系活动——一次妇女解放大游行。最显著的成果之一便是女性开始把吸烟作为一种时尚的"抗争方式"，从而在当年为烟草公司增加了数千万美元的收入。伯奈斯还成功地让美国家庭在吃早餐时摆上他宣传的鸡蛋和腊肉，在盥洗室放入象牙香皂，在床边读他叫卖的书；他甚至在形势最为严峻的美苏关系"冰冻期"，让苏联的芭蕾舞团在美国大赚一笔；他还让毫无胜算的总统候选人柯立芝（Calvin Coolidge）"突然入住白宫"；他让那些听过他演讲的人，在若干年后仍能对他的观点倒背如流[1]。伯奈斯虽然承认公众的重要性，认为没有他们，任何社会组织都无法存在，自然也不会有历史；但同时他也认为公众总是茫然无措的，越是在历史的关键时刻越是糟糕得一塌糊涂。因此，社会中应当有"少数聪明人"扮演"舆论工程师"的角色，使组织与公众在沟通中培养共识[2]。

从伯奈斯开始，越来越多的公共关系活动注意到公众的需求和喜好，力图在组织与公众之间建立一种稳定的良性互动关系，公众不再是简单地只要告知以真相就可以操作的客体，公众的地位和作用正在发生着潜移默化的转变，而这种转变围绕的核心正是社会公共利益。

纵观公共关系的历史沿革，梳理三位公关先驱的代表性观点可以看出，历史的发展证明，公众不再是被愚弄的对象，从组织的角度出发进行游说和宣传，试图说服公众的行为不再完全被公众无条件地接受。要把眼光投向公众，真正了解公众的需求和特性，从公众的立场出发，使组织的行为与公众的期望和需求相适应，使公众和组织成为一个利益相关的共同体。

尽管社会组织仍然是公共关系行为的"启动者"，是主体，但作为客体的公众是会根据主体的传播行为作出反应的，公众保留对组织行为的监督权和自身行为的选择权。主体与客体的地位界限经常会出现短暂的模糊现象，即客体与主体地位互换的局面。正是在这种动态的换位中，实现了主客体地位的平衡。

三、公众的特征

（一）公众的同质性

公众的形成是因为公众面对同一个组织，遇到了共同的问题，从而产生了共同的

---

① 胡百精：《公共关系学》，16页，北京，中国人民大学出版社，2008。
② 同①，36页。

意向、共同的利益、共同的需求、共同的目的。正因为这些共同点使表面上看起来没有内在联系的人群，都有可能成为组织的公众。比如一幢大楼中的居民，他们也许互不相识，但楼房倾斜、楼层渗水时，面对这一共同的建筑质量问题，他们有了相同的态度和利益，于是他们联合起来，构成一个社会群体，要求承担该大楼施工的建筑公司予以解决。因此他们便成为建筑公司的特定公众。所以公众的同质性就是"面临共同的问题"，而这些"共同的问题"又对他们产生了共同的影响，一般的社会大众则不具备这一特点。

(二)公众的相关性

所谓相关性，是指公众总是相对于公共关系的主体即社会组织而存在的，并且与该组织存在一定的利益关系。一方面，该组织的决策和行为对公众具有实际或者潜在的影响力，制约着他们问题的解决、需求的满足、利益的实现；另一方面，公众的态度和行为也对该组织的目标和发展具有实际或潜在的影响力。公众与社会组织之间的这种相关性成为寻找和确定公众的关键，一旦这种相关性被揭示出来，组织就很容易确定开展公共关系工作的具体对象公众。

(三)公众的层次性

公众的存在形式不是整齐划一的，而是具有不同层次的。一方面，公众的具体形式可以是个人、群体，也可以是组织；另一方面，公众可以由不同的标准划分出不同的层次，各个层次上的公众对组织有不同的意义，同时决定了组织行为和目标的层次性。即便是同一类公众，也可以有不同的层次与组织发生关系，如消费者公众，既可以是松散的个体，也可以是特殊的利益群体(如消费者协会)，还可以是一个严密的组织(如使用消费品的公司或政府机关)。公众的层次性决定公共关系是一种多维的立体化社会关系。

(四)公众的可变性

任何组织所面对的工作对象——公众都不是固定不变的，公众会随着组织目标和行为的变化而变化，一方面表现为数量上的增减，另一方面表现为公众成员构成上的变化。随着"共同话题"的出现而产生一批公众，但此时的公众不一定是彼时的公众。针对公众可变性的特点，公共关系工作必须深入细致地了解公众，及时发现公众的变化并调整组织的方针。

四、公众的分类

组织所面对的公众不是单一的，一方面不同的组织必然有不同的公众，另一方面同一组织所面对的公众也是各种各样的。公共关系工作首先要做的就是明确自己的公众对象，对公众进行分类，这也是开展公共关系工作的必要前提。公共关系对公众分类的标准和角度有很多，分类的标准是否可靠有效，主要从三个方面进行检验：分类是否涵盖了各个类别的内容；不同类别之间是否相互排斥；分类是否直观，不用揣测、解释。[①] 根据这些检验条件，下面介绍符合要求的、常见的几种分类方式。

① 彭泰权、单娟：《公共关系的公众细分及其传播策略》，载《国际关系学院学报》，2005(04)：72-75。

（一）按公众与组织的内外关系划分

这是以组织为中心进行分类的，也是公共关系学中最常见的分类方法。

（1）内部公众，指组织内部的员工、股东、管理者或投资者等公众。

（2）外部公众，指组织以外的公众，如顾客、供应商、经销商、竞争者、政府、金融机构、新闻媒介、社区等公众。

（二）按公众对组织的重要性划分

（1）首要公众，是组织最重要的公众，直接影响到组织的生存和发展，同他们关系的好坏直接影响到组织的前途和命运。所以组织要集中人力、物力和财力来维系和改善同首要公众的关系。这类公众有企业的员工和股东、商店的顾客、宾馆的客人、工厂的客户等。

（2）次要公众，对组织的重要性次于首要公众，虽然他们不直接影响组织的生产经营活动，但间接地制约着组织的发展。次要公众包括金融机构、新闻媒介和社区公众等。因此，组织也要在条件许可的情况下，尽可能协调好与这类公众的关系，为组织的发展创造一个良好的"人和"环境。

（3）一般公众，是距离组织的各项工作比较远的一类公众，组织只需在公共关系活动中对其涉及的一些问题顺便予以解决。

（三）按公众对组织的态度划分

（1）顺意公众，是对组织的政策和行为持赞同和支持态度的公众。这是组织可以依赖的公众，要注意维持和不断发展与他们的友好关系。

（2）独立公众，是对组织的政策和行为持中立态度或态度不明朗、不明确表态的公众。这类公众往往在公共关系的对象中占有大多数，所以公共关系工作的大部分精力应放在与独立公众的信息沟通工作上，想方设法争取他们对组织的了解和好感，争取使其转化为组织的顺意公众。

（3）逆意公众，是对组织的政策和行为持否定和反对态度的公众。这类公众是组织急需转化的公众对象，应尽量使这支公众队伍规模缩小，先争取使其成为独立公众，然后再慢慢向顺意公众转化。

（四）按公众构成的稳定性划分

（1）临时公众，是指因某一临时因素、偶发事件或专题活动而形成的公众。如因火车出轨发生交通事故而涉及的受害者及其家属，因工厂泄露有害气体而受到危害的居民，闹事的球迷等。在瞬息万变的现代社会中，每一个组织都有可能因某一突发事件而遭到临时公众带来的额外压力，因此每一个组织都应具备应变能力，能及时应付临时公众，迅速化解矛盾。

（2）周期公众，指按一定规律和周期出现的公众。如每天上学放学的学生、节假日的游客等。因为周期公众的出现是有规律的，所以公共关系工作可以利用周期公众有计划、有组织、有目的、有准备地传播信息，实施一系列公共关系活动。

（3）稳定公众，指具有稳定结构和稳定关系的公众。如老客户、社区人士、宾馆或饭店的常客等。稳定公众是组织最基本的公众，也是组织得以生存和发展的源泉，所以每个组织都会针对自己的稳定公众开展各种公共关系活动，如各项优惠政策、特殊的保证措施等，以便加深与稳定公众的亲密关系，进一步扩大稳定公众的范围。

(五)按组织对公众的态度划分

(1)受欢迎的公众,是组织希望与其建立和发展关系,对方也迎合组织的需要并主动对组织感兴趣的公众。这是一种一拍即合的关系,对双方的发展都有利。如为组织做正面宣传的记者、主动上门的投资方、合作者等。

(2)不受欢迎的公众,是指公众方面一厢情愿,想与组织建立和发展关系,而组织出于多方面原因不愿接触、力图躲避的公众。如向组织乱要赞助费的团体或个人,欲披露组织短处的记者等。

(3)被追求的公众,指组织对其一厢情愿,希望与其建立和发展关系的公众。而公众则缺乏应有的热情,需要组织努力去争取。如新闻媒介公众、社会名流等,任何组织都愿意与他们建立联系,借以扩大组织的知名度和美誉度,但它们并不是对所有的组织都感兴趣,需要组织主动去追求。

(六)按公众与组织之间的利益关系划分

(1)互利型公众,指同组织之间有着共同利益关系、能够平等互利的公众。如员工、股东等。

(2)冲突型公众,指与组织在利益上存在着对立或冲突关系的公众。如香烟生产、销售的单位和禁烟组织等。

(3)单向型公众,指与组织的利益关系是单方面的、相互间表现为单向追求的公众。如组织向其传递不需要的信息或理念的公众。

(七)按公众对组织的影响程度划分

(1)非公众,指在一定的时空条件下不与某组织发生任何互动关系的这部分公众。既然是组织的非公众就应该把他们排除在公共关系工作之外,使组织集中精力,把有限的人力、物力、财力用在对象公众上,避免工作的盲目性和资源浪费。

(2)潜在公众,指将来可能与组织发生利益关系的公众,由于某个潜在的问题而与组织发生潜在的关系。因为这个潜在的问题尚未充分暴露,所以他们还没有意识到这一问题的存在。由于潜在公众对自身面临的问题还处于无意识状态,所以在一段时间内还不会对组织构成任何影响。公关部门要抓紧时间,及时发现潜在公众,并针对潜在公众采取各种预防性措施,防患于未然,积极引导潜在公众的态度向有利于双方共同利益的方向发展。

(3)知晓公众,是由潜在公众发展而来,指已明确意识到自己面临的问题,迫切期待与该组织联系,了解与该问题有关的信息和解决办法的公众。对于知晓公众,公关部门必须采取积极、主动的态度,满足他们的知晓欲望,及时向他们传播有关信息,同时收集来自他们的信息,通过双向沟通活动防止事态激化并努力改变他们的态度,争取他们的谅解,加强他们对组织的信赖,从而有力地控制局面,变被动为主动。

(4)行为公众,是由知晓公众发展而来的,指那些不仅意识到自身面临的问题,而且开始准备或已经采取行动以试图解决这一问题的公众。如果某组织对已经出现的问题未加重视,或解决不力,或没有充分满足知晓公众的知晓欲,反而欲盖弥彰,必然引起矛盾的激化,知晓公众便会发展为行为公众。此时,若行为公众已经给组织造成了不可挽回的影响,公关部门应该亡羊补牢,立即开展"救火"工作,查清事实,缓和矛盾,达成谅解。否则,组织形象和声誉会一落千丈。

把公众分为非公众、潜在公众、知晓公众和行为公众是组织在进行问题管理、危机处理时最常用的公众分类方法，目的就是针对公众发展不同阶段的特点开展相应的公共关系活动，起到及时预警、及时引导、及时灭火的作用。

第二节　公共关系内部公众

微观公共关系环境是指由组织本身活动所引起的与组织紧密相关、直接影响其成效的各种行为者。内部公众是微观公共关系的重要组成部分，内部公众对于公共关系的影响是不言而喻的。本节力图分析公关关系与内部公众的联系，阐明内部公众对于组织公共关系的影响。

一、员工

众所周知，社会的良好环境是大大小小的组织机构与各自的公众相互依存、共生共荣的结果，组织在面对外部公众的同时，也在面对内部公众，员工就是内部公众的重要组成部分，因此，为了做好公共关系管理工作，我们必须要辨析清楚组织员工的特点及其管理艺术。

(一)员工的含义及其重要性

1. 员工的含义

员工，是指一个组织的内部成员，是对组织的生存发展产生直接影响的最重要的公众。员工公众是指企业内部全部的人事关系，它是企业内部最重要的一种公众关系。

2. 员工对组织的重要性

(1)员工是实现企业目标的主要力量。在企业中，员工是真正的中心，一切公共关系工作要从他们开始做起，因为员工是企业的主体。企业目标的实现，首先要得到他们的理解和支持，还要靠他们齐心协力去共同完成。因而要运用公共关系来协调员工关系，促使企业与员工相互理解、相互促进，从而使企业的各项工作都能正常进行。

(2)员工是塑造企业形象的基础。对于大多数企业来说，外部公众难以直接接触其领导人，因而，他们主要通过接触其员工来了解企业。这样，员工的待人接物、言行举止、业务水准，乃至风度气质，都直接或间接地传播着企业的信息。美国洛杉矶和佛罗里达州两地的迪士尼乐园就很懂得这一点。它们认为，对顾客而言，代表公司的员工就是公司的化身。如果迪士尼员工心情不佳，视工作为糊口的苦差，终日摆出敷衍面孔，那么无异于自绝客路，到头来受害最厉害的还是公司本身。因此，它们很舍得在"内部推广"方面投资。正因如此，凡是到过这两地迪士尼乐园的游客都对其员工的友善笑容、整洁仪表和办事认真的态度，留下了深刻印象，从而使迪士尼在公众心目中塑造起一个亲切友善的组织形象。

(3)员工是企业内部关系的基石。美国卡内基工业大学曾对一万名事业成功人士的案例进行分析，发现在成功的因素中，智慧＋专业技术＋经验只占15％，而人际关系因素则占了85％。在中国，据调查，那些以大胆改革闻名、但往往"中途落马"的厂长经理中，有70％都是由于没有处理好企业的人际关系，内耗严重而失败的。因此，不要以为公司业绩提升了，职工收入增加了，或者"奖得眼红，罚得发抖"就可以实现企业长久的良性发展。

(二)员工公众关系的工作内容

1. 抓好信息共享

在这一方面，公关人员应是企业领导与普通员工进行沟通交流的桥梁与纽带。员工如果对企业的情况不了解，特别是对与自己切身利益相关的信息知之甚少，便会与企业产生隔阂，甚至产生猜疑、对抗的情绪。实行信息共享，可使员工与企业形成良好的关系，从而在行为上与企业保持一致。因而，企业应运用各种传播媒介，向员工通报企业各方面的运作情况，解释企业作出的重大决策和人事安排情况，以求得到员工的理解和支持；介绍企业的历史和先进人物事迹以及福利情况，激发员工的斗志，增强员工对企业的自豪感和忠诚度；介绍企业的新产品、新技术、新设备及其相关知识，以提高员工的素质；分析竞争对手的情况，增强员工的紧迫感和危机感；介绍有关安全生产的知识，加强遵纪守法的教育，以培养有现代素养的企业员工；传播员工新闻，活跃企业的群体生活，从而加强员工之间的联系，营造企业的团体氛围，增强企业的凝聚力。美国的一些大公司每年除了在公司股东大会上分发年度报告外，还专门给员工印制雇员年报，其内容包括：总裁的致辞、公司资金运用情况介绍、财务状况、公司总览、社会责任、人事与财务、组织政策等。

2. 协调内部关系

公关人员不仅要协调好管理者与被管理者之间的关系，还要协调好被管理者之间的关系。不要以为职工之间的关系是他们个人之间的关系，霍桑实验（Hawthorne Experiment）证明，职工之间的人际关系融洽与否，直接关系到他们工作情绪的好坏，关系到生产的效率高低，甚至影响到生产安全。因而，美国麦道飞机制造公司专门设有思想工作部，凡是心里有不痛快的人，上至总裁，下至普通员工，大到对公司某项决定有牢骚，小到自己情场上的失意，都可以向该部聘用的任意一位心理学专家倾诉，从而使员工正确认识或宣泄负面情绪，而不要把个人的不快发泄到工作中去。

3. 保障员工权益

作为企业的劳动者，员工的基本劳动权利和义务与用人单位的是相对应的。劳动者的基本劳动权利同时也是用人单位的基本义务。按照《中华人民共和国劳动法》的规定，员工应享有以下权益：平等就业和选择职业、取得劳动报酬、休息休假、获得劳动安全卫生保护、接受职业技能培训、享受社会保险和福利等。除了我国有关法律以外，企业还得注意遵守一些国际组织提出的要求，如按照美国非政府组织"社会责任国际"（SAT）于1997年发布的企业社会责任国际标准体系——SA 8000的规定，企业必须达到该标准提出的9个方面的规范性要求：童工、强迫性劳动、健康与安全、结社自由和集体谈判权、歧视、惩罚性措施、工作时间、工资报酬、管理系统。如果说，ISO 9000标准针对的是产品的质量，ISO 14000标准针对的是环境质量的话，那么，SA 8000标准关注的则是员工的生存质量。在欧美发达国家，SA 8000标准已经成为社会公认的企业行为准则。企业如果无视这些社会要求，不仅会激起员工的不满，甚至还会引起社区乃至社会的抗议和抵制，从而使企业的经营环境恶化。如沃尔玛就遭遇了这样的事情。在美国乃至全球，沃尔玛曾拒绝为其130万雇员建立工会的要求。此外，沃尔玛为了实施其商品低价进低价出的原则，授意其供货商违反劳工标准，包括工作环境恶劣、克扣工人最低工资、非法强迫个人加班等，这些行为严重地影响了沃尔玛的声誉。许多消费者表示不能接受沃尔玛出售如此得来的低价商品。因而，当沃尔玛准备在美国洛杉矶郊区卫星城英格伍德建造大型购物城的消息传出后，英格伍德的食品和商业工人联合会募集到了百万美元的专项资金，在全州范围内发起与沃尔玛唱对台戏的宣传活动，呼吁公众抵制沃尔玛。最终，当地居民以 7 049 票对 4 575 票的表决结果否决了沃尔玛的计划。

4. 员工参与管理

一个人的一大半生活是在组织中度过的，人们都希望人生的价值能在组织的活动中充分得到体现。一旦这种心理需要被压抑或被忽视，他们就有可能变为这个组织的异己力量，为组织目标的完成设置种种障碍。同时，管理界公认的一条原则是，全体员工参与的管理才是好的管理。这就要求每一位员工在了解本企业的基本情况和自己本职工作在企业运作中的位置的前提下，对企业的工作提出改进的意见和建议，作为领导决策和工作的依据，以利于企业整体的发展。

公关人员除了通过例会制度、汇报制度以及座谈会、对话会等正式的行政渠道，还可以运用公共关系的策划手法，组织诸如"假如我是厂长""一日厂长""员工参与评议部门负责人"等活动，使员工产生一种"被企业需要"的感觉，从而把企业看作"利益共同体"，充分发挥员工的积极性和创造性。

5. 建立企业文化

企业文化是指在企业的创建和发展过程中形成的、全体员工认同的共同信念，以及在这一信念下的企业运作方式和员工群体生活。它包括企业的价值观、思想信仰、经营哲学、历史传统、礼仪习俗、道德准则、行为规范、人际关系、员工心态，以及由此体现出来的企业风范和企业精神。其中，价值观是企业文化的核心。通过企业文化的建树，培养起员工的归属感，对企业采取忠诚与合作的态度，从而在员工与企业之间建立起一种利益共享、风险共担、荣辱与共的紧密关系。

二、股东

(一)股东的含义及其重要性

1. 股东的含义

股东是指持有公司股权的投资者。股东关系是指企业与投资者的种种关系。股东关系不是所有企业都有的，而是股份制公司才有的一种内部关系。

2. 股东对企业的重要性

(1)股东对公司具有终极控制权。在公司治理结构中，股东是公司的原始出资者和最终所有者，对公司的资产具有终极控制权和剩余索取权。按照《中华人民共和国公司法》，股东大会是公司的最高权力机构，股东通过股东大会行使表决权，如选举董事会、制定公司的规章制度，并参与批准或否决董事会的重要决策，修改公司章程，减少资本，合并、联合、出售或出租公司全部财产或部分财产，解散公司等。总之，股东决定着公司的命运。也正因为股东利益与公司密切相关，所以他们更加关注公司的状况和兴衰。因此，搞好股东关系，就能促进股东积极参与公司的决策和管理，发挥股东的建设性作用。

(2)股东对公司具有造血功能。一家企业只有广泛吸纳各方面的投资，确保资金充足，才能使企业的发展具有雄厚的经济基础。搞好股东关系，首先可稳定已有的股东队伍，使之巩固投资信心。其次可通过股东的宣传，提高企业的声誉，进一步吸引更多的投资者,使企业在需要扩大规模、增股筹资时能及时得到股东的帮助。反之,如果企业与股东的关系破裂,企业不仅筹集不到发展所需资金,而且还可能由于众多股东抛售企业股票而造成股市对企业信心的丧失,导致企业破产。因此,股东关系的好坏,直接影响到公司的兴衰成败,直接制约着企业的集资能力和发行股票的稳定性,最终影响到企业的生产经营和经济效益。只有企业与股东结成命运共同体,建立良性互动关系,形成源源不绝的财源,才能使企业的血脉越来越旺盛。

(3)企业经营的最终目的是股东利益最大化。因此,企业的一切活动都应该以股东利益为目标,公共关系活动也不例外。股东作为企业的出资人,有权了解企业的经营状况和财务现状。公共关系必须保证股东的合法权益。

(二)股东公众关系的工作内容

1. 激发主人翁意识

美国学者罗雷(R. T. Reilly)指出:"股东是企业特殊的朋友,应该得到一般公众得不到的内部待遇。"这种特别的待遇就是把他们作为企业的主人。由于股东利益与企业密切相关,他们肯定会非常关注企业的经营状况,在乎行使其股东的各种权利,因而,在涉及企业发展、股金运用、红利分配等问题上,应使股东享有知晓、参与、决策等权利;还要特别注意对股东不能厚此薄彼,要一视同仁,使各类股东利益同等、信息共享。

2. 维护经济权益

股东作为企业的投资人,他们享有法定的经济权益。因此公司要及时准确地向股东通告收益情况,还要及时向股东发放股金红利。否则,股东缺乏经济、权益上的应有保证,是不会与公司同心同德的。因为说到底,股东与公司结成关系的基础就是经济因素。因此,公司应从股东利益出发,为股东创造效益,又为股东及时真实地分配其收益,这样才能使得股东与公司合作得更愉快。

3. 加强信息沟通

首先,公关人员要及时收集股东的有关情况,如他们对企业的态度、意见和建议,对企业产品和服务状况的评价,他们所了解的社会上对企业的反映,他们的投资兴趣和希望等。其次,公关人员还要定期向股东报告企业的发展状况和有关信息,如企业的重大决策、经营上的政策方针、人事上的重大变动、新产品的开发试用、资金的流动状况、股利的分配政策以及盈利预测和各种有关的统计数据等。具体可通过年度报告、股东会议、信函、调查表等形式,使股东和企业之间保持有效的双向沟通。

4. 做好财经推介

这主要就上市公司而言。公司上市成功的一个重要手段就是有效的财经传播。财经传播是一项专业的公关工作,公司能否成功上市,在很大程度上依赖于其财经传播工作是否成功。首先,公司要组成财经传播工作小组,该小组一般由银行家、财经分析专家和精通公共关系传播的人组成。其次,公司应制订详细的财经传播计划,开展上市公司的宣传工作,包括:设计财经传播计划的软件,来为上市公司定位;根据公司的整体形象拟定投资意向和对外宣传的口号;培训上市公司的对外发言人;召开新闻发布会和财经分析专家会议,及时跟进后续工作。最后,做好传播活动中的硬件服务,如拍摄录像,制作幻灯片,设计印刷招股册、新闻资料等。

第三节　公共关系外部公众(直接)

外部公众和内部公众一起构成了组织公关关系的微观环境。外部公众是组织的公关关系建立的目标,好的外部公众关系可以为组织目标的完成打下坚实的基础。本节旨在说明组织常见的外部公众类型及管理方法。

一、顾客

(一)顾客的含义和重要性

1. 顾客的含义

狭义的顾客,是指商业、服务业企业组织的光顾者和产品及服务的购买者。在现代社会,顾客概念的外延已经扩展,因此,顾客包括交通运输业的旅客、邮电通信业的用户、金融保险业的客户、医疗卫生业的患者、影视演出业的观众和听众、新闻出版业的受众,甚至还可包括政府部门及社会团体的服务对象等。

2. 顾客对组织的重要性

(1)顾客是组织存在的价值和可能。顾客是组织所面临的数量最多的公众,组织为顾客服务,实际上就体现了为社会服务的责任。没有顾客,组织就失去了存在的价值和可能。试想,一家企业,如果它的产品无人问津,它又有什么生产的必要性呢,又如何收回生产中所耗去的资金,又如何取得利润来满足员工的生活要求呢? 美国 20 世纪 30 年代经济大萧条的历史证明:失去了顾客的企业,必将面临破产倒闭的结局。因此,可以毫不夸张地说,顾客决定了每一家企业的命运。

(2)顾客关系是公共关系环境的轴心。因为从根本上来说,只有形成良好的顾客关系,组织输出的劳动成果为社会所承认和接受,并转化为经济效益和社会效益,其他各类公众的需求才能得以满足,组织才能继续输入各种资源再形成新的劳动成果,并以此作为处理与社区、媒介和政府等公众关系的基础,从而实现整个公共关系环境的良性循环。所以说,良好的顾客关系对于形成组织生存发展的整个公共关系环境的质量具有决定性的作用。

(二)顾客公众关系的工作内容

1. 建立关系基础

良好的顾客关系取决于企业所提供的产品和服务的质量和价格。产品的优劣取决于产品设计是否新颖实用,价格是否合理,售前、售中和售后服务是否周到,除此以外,还要注意根据顾客消费需求的变化调整与改善产品和服务。

2. 建立互动关系

(1)要通过价值区别来识别本企业最有价值的顾客。帕累托法则(Pareto Principle,又称"二八定律")认为,一个公司 80% 的利润是由 20% 的顾客创造的。因而,聪明的公司都知道,识别自己的高级顾客有多么重要,为此,要为他们设计一种最好的优惠方式,确保他们对公司的忠诚。

(2)与这些顾客保持良性接触。可以通过电话联系、寄送顾客刊物、企业网站、私人信件、顾客俱乐部等形式,与顾客保持通畅的信息沟通,使顾客感受到企业的重视,感到企业富有人情味,从而建立和维护良好的顾客关系。

（3）回应鼓励有价值的顾客。可通过发放贵宾卡等手段，鼓励顾客再次购买本品牌的产品或本企业其他产品，从而建立起稳固的顾客关系。

3. 积极引导顾客

优秀的企业应有社会责任心和超前意识，不断以新产品、新服务、新型消费观念和新型消费方式，促进顾客不断提高生活品质，改善生活环境。长期坚持消费教育和引导的结果便是形成消费者系列化，即使某类顾客成为企业产品的稳定消费者。

澳大利亚一年平均有 2~3 个月是夏季。过去巧克力制造商发现在夏季他们的销售量要下降 60%，因为夏季人们不想吃巧克力。研究表明这主要是感觉上的问题，不是巧克力食客夏天不喜欢巧克力的滋味，而是他们觉得巧克力夏天会融化，吃起来黏糊糊的，而且很难保存。玛氏巧克力生产商提出了一个简便而又根本的解决方法：提供冷藏的玛氏巧克力。他们首先对经销商进行教育，把巧克力放在冰箱里保存，然后发动了一场大规模的媒介公共关系活动，告诉公众有一种夏日品尝巧克力的方法——冷吃。在"冷吃"的口号下，他们邀请众多消费者免费品尝冷藏的玛氏巧克力，并组织一系列夏日活动，如航海、冲浪、游泳等。因此，在消费者心中，"冰凉的玛氏巧克力"总是同他们夏天所喜爱的活动连在一起。穿着得体的推销员出现在人群聚集的地方，向人们免费提供直接从冰桶里拿出来的一包包玛氏巧克力。各种各样的娱乐比赛也举行起来，全都围绕着凉爽夏日游乐和马氏巧克力主题。例如，一袋玛氏巧克力被嵌进一块大冰坨子摆在主要的购物中心，公众被邀请猜测冰块融化需要多长时间；带有"冷吃"字样的汽车和自行车粘贴物被免费分发；破浪艇被免费赠送给救生俱乐部——每条船上都装饰有特有的"冷藏的玛氏巧克力"字样。第一个夏天，玛氏巧克力的销售量呈百万单位地增加，以后每年夏天它都成了畅销货。这一系列推销活动获得了极大成功，后来各巧克力商都效仿这一做法，每年夏天他们都会推销冷藏的巧克力食品。

消费教育的形式还有很多，包括：编辑印发指导性的刊物，举办操作表演会或实物展示会，举办培训班、咨询活动，开设网站，向新闻媒体提供有关新产品或服务的介绍性资料等。

4. 妥善处理投诉

发生与顾客的纠纷和冲突是常见的事情，企业要教育员工认识到，顾客来投诉是好事而不是坏事，因为顾客心中有不满意的地方，仍来找企业，就等于给企业提供了有用的信息和一次改正的机会。因而，公关人员要抓住时机，处理好顾客投诉，尽量避免顾客把纠纷向新闻媒体披露，或诉诸有关机构。

处理顾客投诉时，要做到：①以平和的态度耐心听取顾客的投诉。当一个耐心的听众是公关人员的第一要务，要让顾客畅快地倾诉不满，缓和他们的敌对情绪，争取在感情和心理上与顾客拉近距离。特别要注意避免在顾客投诉时，急于为自己解释或辩解。②分析顾客投诉的原因。顾客投诉的原因无非有两类，对企业存有偏见或企业的确有过失造成了顾客的损失。针对不同的原因，应采取不同的沟通方法，在感情上争取改变他们的态度。不管什么原因，都要耐心热情，并在原则允许的前提下作出让步或调整，以平衡顾客的心理。③提出处理投诉的意见。如顾客投诉合理，应当即表明处理态度，给出处理意见，马上赔礼道歉，并给予一定的补偿；如果有些问题不能马上作出决定，应留下与顾客的联系方式，承诺在一定的时间内给予答复。给出处理意见后，最好以公关部负责人或企业负责人的名义给投诉者回信，一定要保证及时兑现对顾客的承诺。④当发现顾客的投诉有普遍意义，并还有更多的顾客不明真相时，应立即登发广告启事，以维护商品的声誉，并为给顾客带来的损失和不便表示歉意。

二、合作伙伴（供应商、经销商等）

（一）供应商

1. 供应商的含义

任何企业要生产产品或提供服务，都离不开其他企业为其提供货源，包括各种产品、设施、能源、原材料、劳动服务等。对工业企业而言，供应商是指原材料、设备、零部件、加工原料、物料、工业服务等的提供者；对商业企业而言，供应商除了提供货源外，还为其提供有关市场、原料、物价、消费倾向以及其他企业的生产经营动向等信息。

2. 供应商对企业的重要性

（1）供应商是企业的上游钳制因素。对工业企业而言，企业的产品要靠供应商提供的各种供应和服务才能生产出来。对某些企业而言，产品的质量还取决于原材料的质量，如食品工业。因此，没有供应商的合作和支持，企业就无法生产出消费者所需要或所满意的产品。对商业企业而言，没有供应商的合作与支持，企业就无法以消费者所满意的价格、品种、质量向其提供服务。供应商和经销商是一条供应链上的两头，前者是上游企业，后者是下游企业，共同结成一个利益共同体。如果在利益共同体内出现任何形式的摩擦和浪费，我搞我的产品撤出，你搞你的通路控制，双方都不愿意相互宽容，那么其结果只能是双输。

（2）供应商可以降低供货源头成本。随着市场竞争的加剧，我国市场供求关系由卖方市场向买方市场转变，许多领域都供大于求，商品价格日趋下滑，企业利润越来越薄，进入微利时代，渠道利润空间也相应地越来越小。在这种状况下，渠道成本的控制就显得举足轻重。因而，目前国际市场大型零售商的盈利模式主要有三种：一是产品进销价差，二是从上游供应商寻求利润，三是优化供应链，降低物流成本。这三种类型都离不开供应商的配合。可以说，在维持产品质量的前提下，通过降低供应链与运营成本来促进利润提升，是企业增加竞争力的首要途径。

苏宁、国美现象就表明了这种厂家与商家合作的方式。它们在向厂家大量采购的过程中参与了产品的设计，显示了商家与厂家之间不仅仅是商品交易关系，还是一种融设计、制造、销售为一体的紧密合作关系。如国美采用越过批发商直接向厂家招标订货的方式，约定了双方的数量与质量关系。此举缩短了渠道长度，使得渠道趋于扁平化，这就大大节约了渠道流通费用。

（3）供应商是建立竞争优势的重要合作力量。1985年，波特（M. E. Porter）在其著名的《竞争优势》（*Competitive Advantage*）一书中提出价值链的概念，将价值链定义为是从原材料的选取到最终产品送至消费者手中的一系列价值创造的过程。波特的价值链分析模型将价值链分析分为企业外部价值链分析和内部价值链分析。外部价值链分析包括供应链分析和顾客链分析；内部价值链分析包括研发、生产和营销分析。一家企业要具有竞争力，必须创建自己高效的价值链。因为企业之间的竞争不单是单个企业之间的竞争，而是企业所处的价值链之间的竞争。同处一条价值链的企业之间应是一种战略合作的关系，而不仅仅是一种简单的买卖关系。价值链的竞争优势主要表现为：第一，成本最低；第二，向消费者提供与众不同的产品和服务。这里都体现了供应商的重要性。面对新一轮残酷的市场洗牌，企业和供应商双方都应该明白，只有立场一致、观点一致、角色一致、目标一致、期望一致，打造一种"求大同存小异"的供销联合体，在最大范围内、最大程度上赢得最终客户的需求，才能给双方带来真正的实惠和利益。因此，企业要妥善处理好与供应商之间的关系，寻求更新、更好、以顾客为中心的解决方案，通过对双方资源和竞争优势的整合来共同开拓市场，扩大市场需求和份额，降低产品前期的高额成本，从而实现双赢。

3. 供应商公众关系的工作内容

(1)坚持平等协商的原则。企业与供应商之间虽然各自归属、职能、经营目标等不同，但都是相对独立的经济实体，彼此都是平等的，不能以大压小。企业不应恃强凌弱，而应以平等的身份相互协商，了解彼此的需要和意见的异同，争取达成一致。如果企业只强调自己的利益和需要，而无视供应商的利益和问题，则容易使供应商无利可图，从而资金周转不灵，扩大再生产受到威胁。

(2)完善基础信息系统。供应商关系的管理涉及广泛的基础信息，因而，要建立完善的供应商关系管理体系，就要对有关的基础信息加以完善，这些信息涉及：供应商(现行的、过去的、潜在的)的基础资料，包括组织、人员、联络方法、地址、交通等；有关供货品种、价格、品质、周期等方面的信息；供货状态与历史数据、实际采购及供货情况的详细记录；潜在的供应品种、能力等；审核、评估的和改进的记录；重要的沟通或事件处理(如联络、退货、争议等)记录；双方合作的项目，未来的发展计划；双方交流的文件，如合同、变更、设计资料、品质标准等；供方的其他信息，如设计状态、进度、相关计划安排等；对状态趋势的预测等。

(3)采用先进的信息技术。对于产品简单、供应关系单纯的小型企业，供应商关系管理的难度可能不会充分体现出来，而产品构成复杂，尤其是注重竞争优势、品牌营销策略的大型企业，常需要与大量分散的供应商建立长久的合作关系。此时，首先需要一个供需双方共享、支持地理分散的应用与协同工作，并且易于管理的供应信息系统。这一信息系统应拥有先进的管理软件和技术，将先进的电子商务、数据挖掘、协同技术等信息技术紧密集成在一起，如数据挖掘(data mining)、与供应商的电子数据交换(EDI)、电子商务(E-commerce)等，为企业产品的策略性设计、资源的策略性获取、合同的有效洽谈、产品内容的统一管理等过程提供一个优化的解决方案。进而，在完整、准确、及时的信息基础上，就可以进一步开发和利用各种统计分析、信息发掘或计划项目管理、业务规则管理与决策支持工具等，帮助各个层次的业务人员迅速准确地了解需要的信息，高效率地作出决策或反应。

(4)灵活确定管理重点。在进行供应商关系管理时，应注意不同行业的特点。对于产品周期长的行业，如美国的汽车业，供应商关系管理的重点是缩短产品发展周期，降低成本；对于高物流成本企业，如日本企业，供应商关系管理的重点是提供物流合作，如跟随重点客户建厂，提出合理建议等；对于高库存成本的企业，如维修业和电子元器件业，供应商关系管理的重点则是通过积极参与库存管理计划等方式降低库存成本；至于对原材料要求高、市场供应又紧张的企业，则要设法与供应商建立定制型的战略伙伴关系。21世纪初，我国钢材市场经历了"暴涨暴跌"的局势，涨幅同比曾超过50%，降幅则达17%以上。这种现象引起了家电企业的关注，它们采取了提前主动介入的行动。其中，美的集团与钢材供应商攀枝花钢铁(集团)公司(简称"攀钢")结成战略同盟，签订了一系列合作协议，攀钢为美的集团提供个性化的直供服务。协议签订后，美的集团将加大国内钢材的采购力度。攀钢则出台了"保质追溯"政策，确保美的集团能降低钢材价格不稳定带来的风险。按照该政策，攀钢向其战略合作伙伴供货时，价格如果高于市场价格的话，攀钢将进行差价补偿，返还其多付的货款。除了价格方面的优惠外，攀钢还将针对深层次合作伙伴提出的对钢材的特殊要求，利用攀钢的研发能力，提供个性化的直供服务。这种定制型的战略伙伴关系无论对上游供应商，还是对下游制造企业都是两全其美的事情。

(二)经销商

1. 经销商的含义

经销商包括批发商、零售商、制造商代理人和经纪人等，一般作为组织的下游合作伙伴出现。

2. 经销商对企业的重要性

(1)经销商是企业产品走向终端市场的必经通路。尽管企业可以直接销售自己的产品，但从市场中长期发展来看，制造商包揽全部环节，直接掌控终端，费用过大，最终还是无法支撑整个市场局面。而且，中国市场千变万化，区域市场发展的不平衡性、矛盾多样性以及不成熟性和非理性，决定了分销渠道的变化莫测，而经销商在一定的区域市场内，具有天时、地利、人和的优势，作为一个"外来者"的企业主，在区域网络资源、人际关系资源、公共关系资源等方面，很难超越本地的经销商。宝洁公司在早期的农村市场拓展过程中，曾在一个县城的二十几个乡镇，建立了上千家"宝洁公司会员店"。但最终发现这是一块"烫手山芋"：在物流、配送、仓储、公关等方面疲于奔命，甚至陷于消耗战，为建设与维护经销渠道所消耗的资金与资源，远远高于其所能产生的利润。因此，宝洁公司最终审时度势，还是改变策略，与当地经销商积极合作，共建销售网络，共同管理。可见，没有经销商的合作，企业产品的销售环节就会受阻。因此，与经销商建立良好的关系，促使他们自愿宣传、推广企业的产品，提高企业的声誉，就可充分发挥经销商的"通路"作用。对一个区域市场而言，绕开经销商或者忽视经销商，不与经销商通力合作、真诚沟通，而想另起炉灶、自建网络，直面终端，是既不现实，也很难操作的。

(2)经销商能够帮助企业提高产品与服务的质量，提升竞争能力。在一切以消费者为中心的今天，要求产品以最方便的途径让消费者购买，这就对厂家提出了一个巨大的挑战，即厂家要能对消费者的购买需求和评价作出最快捷的反应，否则，就难以在瞬息万变的市场上立足。而经销商所拥有的优势是对本土市场、经济、政治环境的熟悉，在当地与政府部门较顺畅的沟通，固有的销售渠道和网络，这些因素在市场实践中往往能使新产品在上市时大大缩短与消费者见面的时间，这一点在市场竞争到了白热化、同质化的今天变得尤为重要，因为这样可争取产品上市时间，节约开发新渠道的费用。因而，要在厂商之间建立一种新型的合作关系。舒尔茨曾说，20 世纪 90 年代，唯有"通路"和"传播"能产生差异化的竞争优势。在产品、价格乃至广告都高度同质化的今天，渠道的差异化竞争应是各企业角力的重点，因而市场决战在渠道，其落脚点是对终端零售商的占领。厂商合作，使得厂家与商家整合成销售联合体，可以实现厂家对零售网点的占领，从而形成渠道竞争优势。

(3)经销商能够帮助企业得到外来资金，促进生产规模的增长和扩张。厂商合作还可实现商业资本向产业资本的渗透。商家或可在销售淡季向厂家提供资金支持，以避免因季节、质量、加工等原因所造成的厂家商品销售困难问题，使得厂家能以有限的资金实现自我增长与扩张。

3. 经销商公众关系的工作内容

（1）建立互惠互利的原则。建立互惠互利的原则，即要与经销商建立起长期、稳定、可靠的伙伴关系，共同开拓和扩大市场份额，以实现双赢。厂家所拥有的好产品的所有权、良好的市场策划能力、较成熟的企业管理制度，加上经销商以往在市场上操作的成功经验、较为优秀的销售队伍，就能进行厂商优势互补，取长补短，使产品上市少走弯路。实际上，由于经销商对市场需求更加了解，获取的信息更加充分，更能帮助企业按市场需求来设计和生产产品，从而更好地满足消费者需求，为厂家和商家共同赢得竞争优势。而且由于双方可以实现信息共享，厂商合作还可以保证商家能够获得充足的货源。遵循市场经济发展规律的厂商合作不仅能使生产适应消费，而且能推动双方在规模、品牌、资金、信誉等方面的合作，提升产品竞争力和双方实力。

（2）打磨"双品牌"战略。打磨"双品牌"战略，即不仅要做制造商的品牌，而且要有做品牌经销商的意识，规划出让人一听就能产生共鸣、一看就眼前一亮的经销商品牌主张和品牌识别。同时，依托制造商品牌所固有的、拥有良好信誉的营销行为和训练有素的营销人员，建设经销商自身的品牌，提高经销商的营销管理水平。总之，不但要在广告、公关、促销等市场推广层面上有全盘计划，还要在人力资源、市场督导等方面予以更多支持，以巩固良好的厂商关系。

（3）建立营销网络体系。长期合同要求厂商之间认真地界定双方的责任和义务。制造商向经销商提供优质产品、人员培训、市场信息、促销支持、通路管理、广告服务，帮助经销商适应所经销商品的要求。而经销商则凭借自身的社会关系，通过向制造商提供网络覆盖服务，获取相应的网络建设费用，并负责使用、管理好网络覆盖队伍，从而成为制造商的销售网络服务商。构建这种互为双方提供服务的模式，就是再造厂商战略性伙伴关系的核心内容。通过这种交往，厂家能获得并保持经销商的长期偏好与业务，从而建立一种长期相互满足的关系。这种契约式的营销网络体系大大降低了交易的成本和时间，使每次交易都由谈判达成上升为一种常规的例行公事。

三、竞争者(同行)

(一)竞争者的含义和重要性

1. 竞争者的含义

竞争者是指与企业争夺原材料或者市场份额的同行业竞争对手。竞争者之间需要在公平的条件下进行良性的竞争，彼此之间需要遵守一定的商业道德规范，并且在竞争中保持一定的协作关系，追求共同发展的双赢局面。

2. 竞争者对企业的重要性

（1）利益冲突。所谓竞争就是为了自己的利益而跟人争胜，这种争胜往往又是在某个领域进行的。在竞争的领域，市场需求相对有限，企业及其竞争对手为争取用户、供应商、经销商等而展开活动，以求分取较多的利益，这就构成了利益的冲突，这种冲突通常是难以避免的。

（2）追求卓越。市场经济实质上是一种竞争经济。市场是交换商品的场所，有市场就有竞争。市场经济以其竞争规律达到优胜劣汰，促进整个生产要素市场的合理流动，实现结构优化和资源合理配置的目的。企业为了生存和发展，必定会寻求最好的经营方法，在产品和服务的品种、质量、价格等方面与对手展开竞争，发挥各自优势，从而促进该行业的发展，为顾客提供更优质、更多样化的产品和服务。

（二）竞争者公众关系的工作内容

1. 公平竞争

公平竞争是指竞争必须运用合法手段，不能违背国家的法律和法规，要在平等的市场条件和法律环境下开展竞争活动。企业要想赢得竞争，关键在于做好企业的经营管理，而不是在经营中采取尔虞我诈、相互倾轧、窃取对方商业机密的做法，或是在公关宣传中诋毁同行、进行虚假报道等。而且，竞争要适度，合乎情理，虽是竞争但并不使对手反感。不要置对手于死地，给人以无情无义的印象；不要用倾销的手段企图垄断市场，使人感觉势大压人。这些手段的使用，从长远来看，既会损害自己的形象，也会损害自己的经济利益。

2. 重视友谊

企业是由人来管理的，而人是有感情的，与竞争对手相处仍然需要尊重和友谊。企业和竞争对手之间应保持经常性的交往和沟通，以增进理解和互通，建立融洽和谐的感情和氛围。企业之间可以通过领导人之间结成的友好的个人关系友好相处，可进行有组织的互访，相互学习、借鉴，还可召开同行业研讨会，以便相互交流，密切关系，增进合作。

3. 寻求差异

在竞争中，要力图通过产品或服务的差别化，树立企业及其产品独特的形象，从而得到顾客的信任，并获得在产业中的竞争优势。想要和强大的对手进行有效竞争，必须从对方的弱点切入，即研究竞争对手的事业是否留有空间或存在服务死角，是否允许其他竞争者进入操作。例如，美国最大的杂货药品零售连锁店沃尔格林与另一家零售连锁店 CVS 所卖的日常用品几乎一模一样，虽然 CVS 的店面较多，沃尔格林的总营收却比较高。这是因为沃尔格林店内每平方英尺的销售量比 CVS 高。沃尔格林在各方面一再强调它的便利性，在店面选址中，沃尔格林的策略是将店面开在大都市繁华的十字路口，让顾客容易看到这些商店，并以方便停车为设店的重要考虑点。目前沃尔格林有 70％ 的店面都属于这种黄金店面，新开的店面中属于这种类型的更高达99％。此外，沃尔格林特别设计了店内走道与商品陈列方式，包括将便利食品等流通性高的商品及一小时冲洗软片服务柜台等置于入口处等，目的均为方便顾客快速进出。该公司还率先开启了远程订购业务，顾客仅需打一个电话，或通过线上订购，即可在全国各地沃尔格林零售店配药部取得处方药。凡此种种，使沃尔格林发展成为世界上最大的食品和药品零售企业之一。

4. 专一化战略

专一化战略不是在整个产业或整个市场范围内的全面出击，而是主攻某个特殊的顾客群、某产品线的一部分或某一个地区市场，以更高的效率、更有特色的产品和服务满足某一特定目标公众的需要。这样就可在比较狭窄的市场范围内实现低成本、差别化的竞争优势。

5. 合作竞争

一项调查显示，越来越多的企业为了获取最大利益，正在寻找各种方式进行合作研究，甚至与竞争对手合作也在所不惜。造成这种态度转变的原因，是企业已经认识到，随着竞争越来越激烈，要在市场上推出一个完全无知名度的新产品，必须投资大量金钱。假如能寻得与其他对手的合作，无疑可降低风险。此外，市场上新出的产品日新月异，企业一旦与合作伙伴共同开发新产品，将会大大缩短产品推出市场的时间，可以避免被他人抢占先机，提高企业的竞争力。

第四节　公共关系外部公众(间接)

组织虽然是相对独立的经济实体，但同时也是社会中的组织。组织只要存在社会中，无论是营利组织还是非营利组织，都要与组织的外部公众产生联系。组织的活动会对外部公众产生影响，外部公众的活动也会对组织目标的实现产生影响。要想建立和维护与公众之间互惠互利的公共关系，就必须认真对待外部公众的要求，充分考虑外部公众的利益。

一、政府

(一)政府公众的含义和重要性

1. 政府公众的含义

政府是国家权力的执行机关，是对社会进行统一管理的国家行政机构。这里所讲的政府公众既包括中央和地方各级人民政府，还包括政府所属的各个职能部门，如公安、市场监督管理、卫生、外贸、物价、人力资源和社会保障等部门。而就涉外组织而言，还指其活动所涉及的东道国政府。

2. 政府对企业的重要性

(1)政府通过对法规政策的制定和执行，指导、调节和制约着企业的发展。政府是对社会进行统一管理的行政机构，代表着全社会的根本利益，而企业是构成社会整体的其中一个组成部分，这就必然要与政府发生关系。为保证社会整体的有序运转，企业必须服从政府的指导和监督。这样，政府在行为上通过经济、法律、行政等手段对某家企业的干预和扶持，就会直接使该企业面临挑战或者机遇。

(2)政府是最具有社会影响力的组织。政府代表国家意志，最具权威性，因而对各种社会组织也最具影响力。首先，政府在态度上对某个组织肯定和赞赏与否，理所当然地会带动公众舆论，成为其他公众对该组织的态度和行为的导向，从而影响和决定着组织的整个公共关系环境。其次，政府在行为上对某家企业的支持和援助，是该企业发展的强大动力。特别是在处理国与国之间的经济纠纷中，政府有着无法替代的作用，因为无论是倾销还是反倾销，最终的结果都将由政府来制定、发布和实施制裁与反制裁的措施。因此，企业必须在政府各部门，特别是各级经贸委的帮助下，取得国家政策研究、经济研究、统计调研、信息处理等职能部门的支持，从而保证企业运作的有效性和可行性。

(3)政府是企业获取信息的重要来源。各类组织都需要以大量的信息作为决策的依据，这些信息的正确全面与否，是决策是否妥善的重要条件。政府公布的各类统计资料和发展计划为此提供了可靠的信息服务。这些信息，可以正确引导企业的活动和发展方向，为组织带来预期的经济效益和社会效益。

(二)政府公众关系的工作内容

1. 遵守政府的政策法规

政府制定的政策和法规是政府管理全社会的标准和依据，也是政府管理社会的重要方式。任何组织都要受其约束，并把它作为自己活动的依据。如果违反了这些政策和法规，就破坏了社会生活、生产的正常秩序，不仅有害于社会，也不利于自己的长远发展。因而，每一家企业都应该全面、及时了解政府的政策法规，并以此为准则来调整企业与国家、与社会的关系；还应服从政府的监督、检查和指导，把企业的一切活动纳入奉公守法的轨道。

2. 熟悉政府的架构层次

政府机构有不同的层次，有一级的人民政府机构，有直接的主管部门，有掌管某一方面社会职能的部门。具体到一家企业，总有一些日常要打交道的主管部门和相关职能部门，但是并非要与所有的政府部门打交道。因而，主管政府关系的公关人员，就要熟悉这些部门的内部层次、工作范围和办事程序，并与主管部门的工作人员保持应有的联系，从而减少诸如"踢皮球""公文旅行"等现象，提高办事效率。此外，还应注意保持这些沟通渠道的畅通。当某个环节发生人为的阻碍时，应设法予以疏通，或者诉诸更高层次的领导，或者找相关的部门迂回解决。

3. 与政府保持密切联系

企业应主动向政府通报情况，提供信息，及时让政府主管部门了解企业的实际情况。政府发布的许多政策法规，都是根据企业的实际情况制定的。情况不明，意见反馈不顺畅，是政策法规偏离实际的重要原因。任何一个组织想要争取有利于自身发展的政策法规，就需要不断地、及时地将各种情况和信息上报相关的政府主管部门。

二、金融机构

(一)金融机构的含义和重要性

1. 金融机构的含义

金融机构主要指与企业发生信贷业务的银行。企业贷款的渠道主要是商业银行，因此，在诸多金融机构中，商业银行是最主要的金融机构。我国银行是一个庞大的系统，包括中央银行(即中国人民银行)、各商业银行(如中国工商银行、中国建设银行、交通银行、中国农业银行、城市合作银行等)、政策性银行(如中国投资银行、中国农业发展银行等)。

2. 金融机构对企业的重要性

(1)银行是企业生产经营的生命线。企业的生存和发展离不开资金的筹集和运用，特别是企业为了使其生产经营活动顺利进行，必须根据国家金融政策多渠道筹集资金，于是形成了多方面的金融关系。

(2)银行和企业是利益一致的合作伙伴。企业从银行得到生产所需的资金，而银行只有让资金进入企业流通，才能获得利润。

(二)金融机构公众关系的工作内容

1. 讲究借贷信用

企业应争取成为银行信得过的企业，贷款要有借有还，保证按期归还，不拖欠，专款专用。同时，严格遵守国家法律法规和相关政策、法令，坚决遵守财经纪律，不伪造账目和虚报开支等。

2. 熟悉银行业务

通过了解银行业务，企业既可以避免在使用资金的过程中与银行的规章制度发生矛盾，增强银行对企业的信任感，又可以及时从银行寻求到各项所需的资金，以满足企业发展的需要。

3. 及时通报情况

银行对企业的信任程度，主要取决于企业的经营管理水平和财务状况，银行通过了解企业的经营管理水平，可以看出企业有无竞争能力和发展前途；通过财务状况可以了解企业的经济实力和经营管理状况。因此，企业应及时向银行通报企业的资金流动情况、财务收支情况、经营管理情况及其存在的问题，争取他们的指导、支持和帮助。

4. 聘请专家顾问

银行是国民经济的综合部门，聘请银行有关专家当顾问，不仅是企业获取重要经济信息、情报的极好来源，而且还是企业与银行保持良好关系的联系纽带。银行有关专家作为企业的顾问，无疑更会关注企业的命运。由于企业经常向他们提供企业的详细经营活动计划以征询他们的意见，这加深了银行对企业经营活动的了解和对企业的信任，因而不仅企业向银行借款容易得到满足，而且就贷款方式、资金数量和贷款利率等方面，银行会向企业提供最佳的选择方案。

三、新闻媒介

（一）新闻媒介的含义和重要性

1. 新闻媒介的含义

新闻媒介是指专门从事新闻信息收集与发布的机构，主要包括纸媒、新媒体、电视台、广播电台等。

2. 新闻媒介对企业的重要性

（1）新闻媒介是企业公共关系的重要工作对象。传播学的"二级传播"理论表明，组织向新闻媒介提供有关本组织的信息后，新闻媒介要对此进行选择、加工、编辑、制作，然后由他们以新闻信息的形式传播出去，再由公众收看或者收听。新闻媒介在整个传播过程中处于中介地位。它具有将组织信息转换为新闻信息的功能。这种中介地位和转换信息的功能，使新闻媒介在这一传播过程中起着决定性的作用。企业只有首先影响新闻媒介、争取新闻媒介，获得他们的理解和支持，才能通过他们将组织信息转换成新闻信息传播出去，才能有效影响公众。新闻媒介作为社会联系的桥梁，把千千万万的社会公众和组织联系起来，因此它是公共关系的重要工具，新闻媒介组织及其从业人员也就必然成为企业的重要公众。所以，协调与新闻媒介的关系是至关重要的。

（2）新闻媒介是企业公共关系具有特殊功效的工具。这是因为新闻媒介可以运用形象化的手段、现代化的技术，把各种社会事实及时、生动地传播给受众。这里所说的"特殊功效"主要在于新闻媒介能够把组织信息转换成新闻信息，而新闻信息具有客观公正性、导向性和可靠性，因而能对公众产生一种区别于组织自身信息的特殊作用，其传播沟通作用是其他传播媒介所不能代替的，因此，它具有强大的社会号召力。企业要宣传自己的产品，要塑造企业形象，要与公众进行交流，特别是在企业发生危机的时候，要引导有利于企业的社会舆论，没有新闻媒介的支持是不可能实现的。

（3）企业可从新闻媒介中获取各种信息。一家企业通过自己的收集所得到的信息总是有限的，因而必须借助于其他各种可能的方式和渠道广泛多样地寻找信息，新闻媒介便是其中一种方便经济的手段。新闻媒介是专门从事信息的收集、鉴定、加工、制作的机构，企业通过与新闻媒介建立长期而友好的联系，可以获得大量有价值的信息。

（二）新闻媒介公众关系的工作内容

1. 尊重新闻媒介

首先，对新闻媒介要以诚相待，以礼相待。以诚相待，就是要对记者公开事实真相，也就是要满足记者们对本组织要求了解的愿望。虽然组织中所发生的每一件事，企业并不一定都愿意向新闻界公开，但作为公关人员，应理解记者的职业特点，努力配合他们的采访。这一点在企业发生事故或危机事件时，尤其要做到。以礼相待，就是对记者要平等相待，一视同仁。

其次，要正确利用新闻媒介。要知道，新闻媒介是全社会的媒介，不是某一家企业的附属物，他们有自己的社会责任和社会目标，必须对社会负责，因此，新闻媒介是不可能满足企业的所有要求的。同时，企业要利用新闻媒介为自己服务，只能通过正当的方式进行，不能用一些庸俗甚至违法的手段拉拢新闻媒介为自己做宣传，或是用施加压力的办法逼媒体就范。在企业的要求与新闻媒介发生矛盾时，要充分尊重新闻媒介的权利。

2. 掌握新闻传播业务

首先，要了解新闻媒介的工作流程以及报纸、杂志、电台和电视台新闻采访的不同特点，以便更好地配合记者的采访。新闻媒介的工作流程一般是：接受任务—获得新闻线索—策划选题—跑新闻—撰写新闻稿—编辑—播出或刊载。想得到媒介的注意，可通过各种途径，主动给媒体提供新闻线索。而在接受媒体的采访时，要注意不同性质媒体的特点，尽可能为对方提供方便，如电视节目的特点是视听结合，这样，接受采访时就要给电视台提供摄像和录音的方便。

其次，要了解常与本企业打交道的媒体及其从业人员的有关情况。媒体公关专家们提出的建议是：知道记者们的截稿期限，并且不要在那段时间"打搅"他们；了解记者所供职的新闻机构（如出版周期、部门分类、目标受众等）；阅读记者的专栏和以往的文章，研究他们的写作方式和兴趣爱好；调查记者的背景，如果可能的话，进一步发掘他们的个人习惯和其他信息；知道记者们偏爱的联络办法。

如今互联网、大数据、人工智能等技术已得到普遍应用，为用户构建了个性化的数字信息空间。社交媒体、新闻客户端、短视频、公众号、流媒体等平台成为信息传播的主要渠道。电视台、报社、广播等传统媒体也转变为融媒体，开设了手机客户端。各类新媒体用户因其能够满足公众碎片化、浅层式的信息需求而呈现井喷式增长。在国内，各大品牌都开设了官方微博、微信公众号、抖音号等社交媒体账号，并且组建了自己的新媒体运营或者数字市场营销团队，旨在更好地构建品牌与用户的关系，扩大品牌影响力。

3. 与新闻媒介主动沟通

与新闻界打交道，千万不要有"临时抱佛脚"的想法，平时就应主动与新闻界搞好关系。如经常邀请新闻媒介人士参加企业的重要活动、做客指导；主动参加新闻媒介主办的一些社会活动并尽力提供帮助；定期或不定期地向新闻媒介寄送有关资料等；还可与编辑、记者、专栏作家、节目主持人、报纸杂志的出版人等进行人际交往。这些方法可以使新闻媒介对本企业多一些了解，建立企业形象，从而在企业发生意外事件的时候，新闻媒介能够基于平时对该企业的了解，站在客观公正的立场上予以报道。同时，当企业发生了突发事件或危机事件时，公关人员要及时与新闻媒介沟通，或澄清事实，以正视听，或公开事实，承认过失。

四、社区

(一)社区公众的含义和重要性

1. 社区公众的含义

社区即人们共同活动的一定区域，如一个村落、小区、街镇等。社区公众即企业所在地的地方政府、社会团体和其他组织，以及当地居民，它是由共同生活于一定区域的人们，因利益相互关系而组成的。任何企业都是在一定的社区中运作的，所以必然与社区公众发生种种联系。

2. 社区公众对企业的重要性

(1)为企业提供可靠的后勤服务。虽然企业所需的原材料及产品销售市场并非全部来自社区，但企业的经营活动在某种程度上都直接或间接地依赖社区所提供的服务，如水电供应、交通运输、道路环境、邮政通信、治安消防等。企业与社区保持良好的联系，就可使上述服务可靠周全。

(2)良好的员工生活环境。企业的职工及家属的日常生活依赖于周围的服务型设施及社会公益事业，如商店、医院、学校、养老院等。如果所在社区的生活条件恶化，员工及其家属的生活水平和质量下降，就会影响员工的工作情绪。而对于这些，企业本身的力量无法直接干涉，只能平时注意和社区保持良好的关系，以求得他们的配合与支持，从而解除员工的后顾之忧，维护本企业员工在社区中的利益。

(3)友善的社会环境。一家社区反映良好、能得到公众的尊敬和信任的企业，既可以更容易地得到社区有关部门和组织的支持与协作，也可以增强本企业对内的凝聚力，使员工觉得，在这样的企业工作是值得骄傲和珍惜的。这样，这家企业才有活力。

(二)社区公众关系的工作内容

1. 增进相互了解

企业可以通过以下方式增进与社区公众的相互了解：向社区公布企业的经营情况，如经营宗旨、业务范围、企业规模、市场占有情况等；邀请社区有关人士参观企业，让他们对本企业产生良好印象；调查了解社区公众对企业的看法和议论，听取社区公众的意见和建议，以消除误解，增强感情交流。

2. 维护社区环境

企业所在的社区也是千百万社会公众居住的地方。这一社区的环境如何，直接关系到社区居民的生活和健康，甚至是生命的安全，因而，企业要自觉承担责任。首先，要严格做好生产安全工作，带有一定危险性的企业，如化工类企业，要制定重大安全事故预案，以在突发事故中有效地防止出现重大的社区伤亡。其次，不要污染环境，要保证社区的空气、水源、土壤、声音等不受污染，能让居民安心地生活。再次，能够帮助社区美化环境，如企业的建筑应优美、协调，不要破坏当地的人文景观，企业也可以出资绿化环境。

3. 支持社区公益

社区一般都没有充足的资金来源，因而，社区的各项公益活动自然希望得到企业的支持，诸如兴办教育，发展文化，赞助体育活动，安置老人，支持残障人士就业等。企业可以通过提供资金和设施，来扶持社区的公益事业，从而向社会公众显示，本企业是一个尽力承担社会义务的优秀社区成员。如美国芝加哥市的北朗代尔区曾有一段时间社会问题较多，这使芝加哥市的一些大公司意识到，没有受过教育的、缺乏一技之长和不守纪律的人是不会成为好雇员或好主顾的。而且，一个永久性的、日益扩大的低层阶级的存在，对社会也是个威胁。于是，60 家大公司出资创办了一所社区小学，面向社会免费招收 2～13 岁的儿童。为了确保最贫寒的家庭不被挤出申请过程，学校请求教会和社会机构提供最贫寒家庭的名单，必要时还代他们写入学申请。这间社区学校不仅进行教学，而且还提供各种社会和卫生服务的协调。当得知一些儿童的文化水平超过其父母而使他们觉得难为情时，学校就为家长开办成人识字班和相当于中学程度的补习班。学校教员的薪水比公立学校的教师高出 10% 左右，这使得教师们不受教师协会的种种严格规定的束缚，愿意为学生和家长花额外的时间，学校开课时间从早 7 点到晚 7 点。通过这些工作，有效地加强了这些公司与当地居民的关系。

4. 维持社区安定

在维持社区安定方面，首先，企业可以提供充足的就业机会，为社区居民提供安定的生活基础；其次，企业在内部培养和谐友善的风气，并鼓励员工将这种风气带到日常生活中，可以促进社区风气的健康发展；再次，企业还可增强治安保卫力量，协助社区公安部门打击各类犯罪活动，维护社区的社会秩序。如美国柯达公司，为矫正其所在的罗切斯特市的青少年团伙的不良行为，曾拿出一笔资金，由罗切斯特市警察局的公共关系专家组织了一个青少年巡逻计划。他们让 16～19 岁的青少年身穿黄色 T 恤或夹克，佩戴 TOP（青少年巡逻队）的臂章。这使他们的出现极为惹目，从而有效地抑制了他们的犯罪或不良行为。随着计划的完善和宣传活动的扩大，这项活动赢得了社会的广泛支持和青少年的喜爱，几年后，成效显著，青少年团伙的不良行为已不是当地的主要社会问题，犯罪率也有所下降。1 700 名巡逻队员中大多数已进入大学，其中还有 11 人成了真正的警察。

5. 支援地方建设

企业除了以交纳税金的方式来支持所在社区的建设之外，还可以用自己雄厚的资金、设备、技术力量和优秀人才，有效地帮助社区发展乡镇企业、街道企业，广开就业门路，增加收入，或在地方遇到特殊困难需要支援时，给予资金或人力支持，共渡难关。如在新冠疫情防控期间，我国多家企业支援了地方方舱医院的建设。

案例研读 & 文献阅读

扫一扫，看资源

第八章 公共关系法规与伦理

【学习目标】
　　(1)了解公共关系相关的法律规定;
　　(2)明确公共关系相关的法律底线;
　　(3)知悉公共关系相关的职业规范;
　　(4)掌握公共关系相关的职业伦理。
【基本概念】
　　公共关系法规　公共关系伦理　公共关系职业规范

第一节　公共关系法规

一、公共关系与法律规范

(一)公共关系中法律规制的必要性

　　对公共关系的依法管理是公共关系管理的主要内容之一,或者称之为公共关系的法律规制①。公共关系的法律规制存在静态和动态两个层面的含义。①在静态层面,公共关系的法律规制是指由法律明文规定并强制遵守的一种社会规范。它是一种由国家强制力保证实行的社会行为准则。即在法治社会中,公共关系是被法治化的,其调整必须依法进行,各种社会组织都应依法公关。如果社会组织违背了法律的相应规定,包括应尽的义务和法定的形式、程序,就要承担相应的法律责任。其实质是"有关公共关系的法律规范"。②在动态层面,公共关系的法律规制是指用法律的手段来调整社会主体的公共关系,依法对公共关系进行规制。其实质是"对公共关系的法律规制"。

　　法律在公共关系活动开展中也有着不言而喻的作用。对公共关系的法律规制将成为未来公共关系管理的主要手段。因为与道德规范相比,法律规范具有国家强制性、法律规范的明确性和规制的效果显著性等特征。在市场经济发展越来越成熟的环境下,公共关系作为连接社会组织与相关公众的桥梁,也越来越需要法律的支持和限定,尤其是在道德约束起不到应有效果的情况下,法律的规制将必不可少且日益重要。

(二)公共关系的宪法保护

　　《中华人民共和国宪法》(以下简称《宪法》)是我国的根本大法,是治国安邦的总章程,是保持国家统一、民族团结、经济发展、社会进步和长治久安的法律基础,是中国共产党执政兴国、团结带领全国各族人民建设中国特色社会主义的法律保证。宪法

---

　　① 牛忠志、杜永平:《论公共关系及其法律规制的必要性》,载《重庆与世界:学术版》,2012,29(04):23-26。

是其他法律的立法基础，其他法律是宪法的具体化；任何法律不得同宪法相抵触，否则无效；宪法是最高行为准则。

《宪法》以法律的形式确认了中国各族人民奋斗的成果，规定了国家的根本制度和根本任务，是国家的根本法，具有最高的法律效力。全国各族人民、一切国家机关和武装力量、各政党和各社会团体、各企业事业组织，都必须以宪法为根本的活动准则，并且负有维护宪法尊严、保证宪法实施的职责。

《宪法》从根本法立法的角度对全国各族人民、国家机关和武装力量、各政党和各社会团体、各企业事业组织的最基本权利进行规定与保障。因此，公共关系工作在执行与实施的过程中不得违反《宪法》对各类主体基本权利的保护性规定，不得违背《宪法》对民族、人民、企事业单位及各类组织团体基本权利保护的立法思维。

1. 依法行为与活动

公共关系行为不得逾越法律的底线。《宪法》明确表达了我国依法治国、依法行政、依法行为的法治思想，任何组织与个人都不得有超越宪法和法律的特权，同时理应配合国家维护社会主义法制的统一和尊严。在公共关系工作中，任何公共关系行为均不得违反《宪法》以及各类法律、法规的强制性规定，必须在合法、合规的前提下开展公共关系工作。

国家维护社会主义法制的统一和尊严。

——《中华人民共和国宪法》第五条第二款

任何组织或者个人都不得有超越宪法和法律的特权。

——《中华人民共和国宪法》第五条第五款

2. 民族平等与自由

公共关系行为需充分尊重民族平等与自由。《宪法》充分表明了我国各民族之间地位的平等性，不仅需要保护少数民族的合法权益，同时也应努力维护各民族之间的团结与和谐；同时对各民族的文化、风俗、语言都应予以充分的尊重。在公共关系工作中，任何公共关系行为均不得违反《宪法》对民族平等与自由的保护，无论是公关内容创作、公关媒体传播、公关工作实施，均不得侵害我国各民族的基本权益。

中华人民共和国各民族一律平等。国家保障各少数民族的合法的权利和利益，维护和发展各民族的平等团结互助和谐关系。禁止对任何民族的歧视和压迫，禁止破坏民族团结和制造民族分裂的行为。

——《中华人民共和国宪法》第四条第一款

各民族都有使用和发展自己的语言文字的自由，都有保持或者改革自己的风俗习惯的自由。

——《中华人民共和国宪法》第四条第四款

3. 公私财产的保护

公共关系行为不得侵犯公共财产权利与合法的私有财产权利。《宪法》对合法的公私财产权利进行法律保障，不仅国家、集体的公共财产不容侵犯，个人、公民的合法私有财产同样受到保护。在公共关系工作中，任何公共关系行为均不得违反《宪法》对公共财产权利以及合法私有财产权利的保护。在公共关系活动中对他人财产的非法占有、无故损毁等造成财产损失的侵权行为，不仅违反了《宪法》的基本规定，也可能受到《中华人民共和国物权法》等具体法律法规的惩罚。

社会主义的公共财产神圣不可侵犯。

国家保护社会主义的公共财产。禁止任何组织或者个人用任何手段侵占或者破坏国家的和集体的财产。

——《中华人民共和国宪法》第十二条

公民的合法的私有财产不受侵犯。

——《中华人民共和国宪法》第十三条第一款

4. 勤俭节约的品质

公共关系行为需倡导勤俭节约的品质，反对铺张浪费的作风。《宪法》明确表示厉行节约，反对浪费，并且通过合理安排积累和消费，逐步改善人民的物质生活和文化生活。在公共关系工作中，尤其是涉及公共关系宣传、活动等工作以及公共关系招待、宴请等事项时，应合理投入、经济可行，反对任何形式的铺张浪费的做法。

国家厉行节约，反对浪费。

——《中华人民共和国宪法》第十四条第二款

国家合理安排积累和消费，兼顾国家、集体和个人的利益，在发展生产的基础上，逐步改善人民的物质生活和文化生活。

——《中华人民共和国宪法》第十四条第三款

5. 经济秩序的维护

公共关系行为不得恶意扰乱市场经济秩序的稳定性。我国《宪法》强调国家对社会主义市场经济秩序的立法保护与宏观条款，禁止任何组织及个人通过各种行为对我国市场经济秩序进行恶意破坏与扰乱。在公共关系工作中，尤其是企业在进行市场行为的公共关系实施上，更应恪守法律，合规运作，不得使得自身的公共关系行为对市场经济秩序造成无端的破坏与伤害。

国家实行社会主义市场经济。

国家加强经济立法，完善宏观调控。

国家依法禁止任何组织或者个人扰乱社会经济秩序。

——《中华人民共和国宪法》第十五条

6. 文化事业的鼓励

与文化事业相关的公共关系工作受到保护与鼓励。《宪法》强调大力发展为人民、社会主义服务的文学艺术事业、新闻广播电视事业、出版发行事业、图书馆博物馆文化馆等文化事业以及群众性文化活动。通常由于文学艺术作品、新闻广播电视传播、书刊出版等文化事业工作与公众紧密相关，尤其在向公众传达文化作品内容时对公众关系有直接的影响与关联。因此公共关系工作可以更多考虑与文化事业工作紧密结合，通过更加丰富的形式与手段实现公关的社会影响与效果。

国家发展为人民服务、为社会主义服务的文学艺术事业、新闻广播电视事业、出版发行事业、图书馆博物馆文化馆和其他文化事业，开展群众性的文化活动。

国家保护名胜古迹、珍贵文物和其他重要历史文化遗产。

——《中华人民共和国宪法》第二十二条

7. 弘扬核心价值观

公共关系行为需要弘扬正确的核心价值观。《宪法》倡导社会主义核心价值观，既包括爱祖国、爱人民、爱劳动、爱科学、爱社会主义的公德，也包括辩证唯物主义和历史唯物主义的教育，反对腐朽思想。公共关系通常在公关内容的输出中会融入进行公关的组织或个人的价值观与世界观，因此无论何种公关关系方式或形式，均应倡导积极的核心价值观，反对一切腐朽的糟粕思想。

国家通过普及理想教育、道德教育、文化教育、纪律和法制教育，通过在城乡不同范围的群众中制定和执行各种守则、公约，加强社会主义精神文明的建设。

国家倡导社会主义核心价值观，提倡爱祖国、爱人民、爱劳动、爱科学、爱社会主义的公德，在人民中进行爱国主义、集体主义和国际主义、共产主义的教育，进行辩证唯物主义和历史唯物主义的教育，反对资本主义的、封建主义的和其他的腐朽思想。

——《中华人民共和国宪法》第二十四条

8. 公民的基本权利与自由

公共关系行为必须尊重每一位公民的基本权利与自由。《宪法》对公民的基本权利具有最高权威性的规定与保护，任何组织或个人不得随意侵犯公民的基本权利与自由，因此在公共关系工作中，不仅需要了解公关人进行公共关系活动时《宪法》对自己权利的保护，同时也应特别关注所实施的公共关系行为是否会侵犯他人的基本权利。

在公共关系与《宪法》公民基本权利与自由的联系中，主要应关注以下内容。

(1)人权保障：任何公共关系行为不得侵犯他人人权，同时任何组织或个人不得对合法公共关系行为实施者进行人权侵害。

(2)表达自由：表达是公共关系工作的重要工作与形式，《宪法》保护公民在言论、出版、集会、结社、游行、示威的自由，但不得违背法律的强制性规定。

(3)宗教信仰：公民具有宗教信仰自由，公共关系工作不得对特定群体公众的不同宗教信仰进行歧视侮辱、恶意攻击等违法行为。

(4)人格尊严：任何公共关系组织或个人不得以任何公共关系工作形式对他人的人格尊严进行侵犯，包括侮辱、诽谤与诬告陷害。

(5)隐私保护：在《宪法》中主要对公民通信自由与通信秘密进行法律保护，尤其公共关系工作通常具有信息公开的情形下，不得对他人的通信自由与秘密进行干预、泄露等侵犯。

(6)批评建议：主要体现在公民与国家机关与国家工作人员的公共关系中，对于公民发现国家机关或工作人员的违法失职行为，在不捏造与歪曲事实的前提下，可进行申诉、控告以及检举。

(7)文化自由：主要体现在公共关系的内容形式上，对于文学艺术等有益于人民的创造性工作，应当得到鼓励与帮助。

(8)权利适当：无论是公民还是实施公共关系工作的组织或个人，在行使自身权利的时候不得对国家、社会、集团以及其他公民的合法自由和权利造成侵犯。

(9)统一团结：任何公共关系工作均不得破坏国家的稳定统一与民族团结。

(10)法律道德：在进行公共关系活动中，不仅不得违反《宪法》与法律的规定，同时应尊重社会公德，遵守社会秩序。

(11)安全荣誉：任何组织及公民具有维护祖国的安全、荣誉和利益的义务，不得有危害祖国的安全、荣誉和利益的行为。

国家尊重和保障人权。

——《中华人民共和国宪法》第三十三条第三款

中华人民共和国公民有言论、出版、集会、结社、游行、示威的自由。

——《中华人民共和国宪法》第三十五条

中华人民共和国公民有宗教信仰自由。

——《中华人民共和国宪法》第三十六条第一款

中华人民共和国公民的人格尊严不受侵犯。禁止用任何方法对公民进行侮辱、诽谤和诬告陷害。

——《中华人民共和国宪法》第三十八条

中华人民共和国公民的通信自由和通信秘密受法律的保护。除因国家安全或者追查刑事犯罪的需要，由公安机关或者检察机关依照法律规定的程序对通信进行检查外，任何组织或者个人不得以任何理由侵犯公民的通信自由和通信秘密。

——《中华人民共和国宪法》第四十条

中华人民共和国公民对于任何国家机关和国家工作人员，有提出批评和建议的权利；对于任何国家机关和国家工作人员的违法失职行为，有向有关国家机关提出申诉、控告或者检举的权利，但是不得捏造或者歪曲事实进行诬告陷害。

——《中华人民共和国宪法》第四十一条第一款

中华人民共和国公民有进行科学研究、文学艺术创作和其他文化活动的自由。国家对于从事教育、科学、技术、文学、艺术和其他文化事业的公民的有益于人民的创造性工作，给以鼓励和帮助。

——《中华人民共和国宪法》第四十七条

中华人民共和国公民在行使自由和权利的时候，不得损害国家的、社会的、集体的利益和其他公民的合法的自由和权利。

——《中华人民共和国宪法》第五十一条

中华人民共和国公民有维护国家统一和全国各民族团结的义务。

——《中华人民共和国宪法》第五十二条

中华人民共和国公民必须遵守宪法和法律，保守国家秘密，爱护公共财产，遵守劳动纪律，遵守公共秩序，尊重社会公德。

——《中华人民共和国宪法》第五十三条

中华人民共和国公民有维护祖国的安全、荣誉和利益的义务，不得有危害祖国的安全、荣誉和利益的行为。

——《中华人民共和国宪法》第五十四条

(三)企业公共关系的法律规范

1. 企业公共关系的法律维度

公共关系已经成为现代企业的一项管理职能，关注公共关系的目的就是塑造企业形象，良好的企业形象能给企业带来无穷的益处，对内能提升企业的凝聚力，得到员工的认同；对外能吸引人才，得到社会的支持，获得资金提供，获得消费信心[1]。

企业的公共关系行为具有多环节、多维度、多领域的融合性特点。在企业运营的各个板块，任何会与公众发生直接联系或信息传递的环节都是进行公共关系塑造与表达的重要内容，包括企业广告宣传、产品安全、员工保障、环境保护、知识产权等方面，均能对企业与公众的公共关系塑造产生直接影响。因此企业在日常经营过程中，

---

[1] 何玲玲：《企业公共关系状况的研究——以伊利公司为例》，载《技术经济与管理研究》，2011(04)：64-67。

应该清楚以上各环节的法律法规，避免因不合法或不合规的经营活动对企业的公关关系产生重大的负面冲击。

2. 企业公共关系环节之一：广告宣传

在企业公共关系的广告宣传板块中，重点关注两部法律：《中华人民共和国广告法》(以下简称《广告法》)和《中华人民共和国反不正当竞争法》(以下简称《反不正当竞争法》)。其中《广告法》从企业广告宣传的具体形式、内容、限制等方面对广告宣传的工作进行直接的强制性规定，而《反不正当竞争法》从广告通常所带有的竞争性目的对不正当竞争的违法行为进行法律规制。从公共关系领域的视角来看，这两部法律分别对市场公众消费者以及行业其他企业之间的公共关系进行了有效的约束。

(1)《中华人民共和国广告法》。

①依法从事。企业在从事广告活动过程中，应遵守法律法规，尊重社会公德，讲求诚实守信，倡导公平竞争。广告工作不仅需要依照法律、法规的要求，同时也应遵守行业协会、行业规范的引导建设。依法从事广告活动不仅是《广告法》对企业进行广告活动的根本性要求，同时也是企业通过广告宣传构建公共关系过程中的最低底线。

广告主、广告经营者、广告发布者从事广告活动，应当遵守法律、法规，诚实信用，公平竞争。

——《中华人民共和国广告法》第五条

广告行业组织依照法律、法规和章程的规定，制定行业规范，加强行业自律，促进行业发展，引导会员依法从事广告活动，推动广告行业诚信建设。

——《中华人民共和国广告法》第七条

②内容真实。《广告法》对企业进行宣传广告内容的要求为真实、合法、不得以虚假或引人误解的方式对消费者进行欺骗与误导。其中，《广告法》对于虚假广告的认定具有明确的标准，包括对不存在的商品或服务进行宣传、对商品的基本信息与属性进行实际情况不符的推广、对佐证信息进行虚构或伪造等各类进行内容欺骗、误导消费者的情形。企业进行的虚假宣传一旦被识破及曝光之后，对企业整体的公关形象将造成严重的冲击与破坏。

广告应当真实、合法，以健康的表现形式表达广告内容，符合社会主义精神文明建设和弘扬中华民族优秀传统文化的要求。

——《中华人民共和国广告法》第三条

广告不得含有虚假或者引人误解的内容，不得欺骗、误导消费者。

广告主应当对广告内容的真实性负责。

——《中华人民共和国广告法》第四条

广告以虚假或者引人误解的内容欺骗、误导消费者的，构成虚假广告。

广告有下列情形之一的，为虚假广告：

(一)商品或者服务不存在的；

(二)商品的性能、功能、产地、用途、质量、规格、成分、价格、生产者、有效期限、销售状况、曾获荣誉等信息，或者服务的内容、提供者、形式、质量、价格、销售状况、曾获荣誉等信息，以及与商品或者服务有关的允诺等信息与实际情况不符，对购买行为有实质性影响的；

(三)使用虚构、伪造或者无法验证的科研成果、统计资料、调查结果、文摘、引用语等信息作证明材料的；

（四）虚构使用商品或者接受服务的效果的；

(五)以虚假或者引人误解的内容欺骗、误导消费者的其他情形。

——《中华人民共和国广告法》第二十八条

③清晰准确。《广告法》不仅要求企业的广告宣传做到真实合法，同样也要求在具体的表达上要准确、清晰、明白。对真实信息进行清晰准确的表达，对实际情况进行客观有力的表示。这不仅体现企业与公众之间诚实守信的企业公关形象，同时也是塑造企业有实力、有担当、可信赖的企业精神形象。

广告中对商品的性能、功能、产地、用途、质量、成分、价格、生产者、有效期限、允诺等或者对服务的内容、提供者、形式、质量、价格、允诺等有表示的，应当准确、清楚、明白。

——《中华人民共和国广告法》第八条第一款

广告使用数据、统计资料、调查结果、文摘、引用语等引证内容的，应当真实、准确，并表明出处。引证内容有适用范围和有效期限的，应当明确表示。

——《中华人民共和国广告法》第十一条第二款

广告中涉及专利产品或者专利方法的，应当标明专利号和专利种类。

未取得专利权的，不得在广告中谎称取得专利权。

禁止使用未授予专利权的专利申请和已经终止、撤销、无效的专利作广告。

——《中华人民共和国广告法》第十二条

④合理竞争。广告作为企业宣传自身优势，塑造自身形象的重要工作，本身带有比较竞争的属性与特点，尤其是对于同行企业来说通常会通过客观的差异比较产生相对的优劣势之分，这种因客观实际情况产生的优劣势对比是合理的。但是不得为了刻意突出同行企业的劣势去进行虚假、构陷、贬低等不正当竞争的表达手段。良好的公共关系塑造应该基于合法、合理、公平的竞争环境下，以实际情况为依据，以实事求是为准则。

广告不得贬低其他生产经营者的商品或者服务。

——《中华人民共和国广告法》第十三条

广告主、广告经营者、广告发布者不得在广告活动中进行任何形式的不正当竞争。

——《中华人民共和国广告法》第三十一条

⑤权利保护。企业在进行广告内容创作以及广告内容传播的过程中，不得对他人的合法权益进行不法侵害。例如，在内容中对于使用他人名义或形象的行为，需征得他人的书面同意；在向公众传播广告信息的过程中，需减少对用户正常生活的干扰，提供选择拒绝接收的权利。企业的广告宣传如果只顾及宣传内容的表达与传达，不考虑公众的基本权利保护，只会事倍功半，不仅达不到预期的公关效果，反而还会产生负面的公共关系评价。

广告主或者广告经营者在广告中使用他人名义或者形象的，应当事先取得其书面同意；使用无民事行为能力人、限制民事行为能力人的名义或者形象的，应当事先取得其监护人的书面同意。

——《中华人民共和国广告法》第三十三条

任何单位或者个人未经当事人同意或者请求，不得向其住宅、交通工具等发送广告，也不得以电子信息方式向其发送广告。

以电子信息方式发送广告的，应当明示发送者的真实身份和联系方式，并向接收

209

者提供拒绝继续接收的方式。

——《中华人民共和国广告法》第四十三条

利用互联网从事广告活动，适用本法的各项规定。

利用互联网发布、发送广告，不得影响用户正常使用网络。在互联网页面以弹出等形式发布的广告，应当显著标明关闭标志，确保一键关闭。

——《中华人民共和国广告法》第四十四条

⑥明令禁止。《广告法》对于企业在广告宣传中的行为约束有明令禁止的限制行为。企业如果违反了该类禁止行为规定，不仅会极大程度破坏自身的公关形象，同时也会直接受到相关部门的制裁与惩处。

广告不得有下列情形：

（一）使用或者变相使用中华人民共和国的国旗、国歌、国徽，军旗、军歌、军徽；

（二）使用或者变相使用国家机关、国家机关工作人员的名义或者形象；

（三）使用"国家级""最高级""最佳"等用语；

（四）损害国家的尊严或者利益，泄露国家秘密；

（五）妨碍社会安定，损害社会公共利益；

（六）危害人身、财产安全，泄露个人隐私；

（七）妨碍社会公共秩序或者违背社会良好风尚；

（八）含有淫秽、色情、赌博、迷信、恐怖、暴力的内容；

（九）含有民族、种族、宗教、性别歧视的内容；

（十）妨碍环境、自然资源或者文化遗产保护；

（十一）法律、行政法规规定禁止的其他情形。

——《中华人民共和国广告法》第九条

广告不得损害未成年人和残疾人的身心健康。

——《中华人民共和国广告法》第十条

（2）《中华人民共和国反不正当竞争法》。

①不得引人混淆。企业无论是进行广告宣传，还是公关形象输出，均不得将他人近似的标识、名称、网页等信息据为己用，或通过故意混淆与他人的标识性属性使得公众对自己及他人产生特定联系的认知。这不仅是严重违反《反不正当竞争法》的违法行为，同时也是彻底抛弃自身公关形象，通过违法附着、混淆关联等形式侵害他人公关形象的侵权行为。

经营者不得实施下列混淆行为，引人误认为是他人商品或者与他人存在特定联系：

（一）擅自使用与他人有一定影响的商品名称、包装、装潢等相同或者近似的标识；

（二）擅自使用他人有一定影响的企业名称（包括简称、字号等）、社会组织名称（包括简称等）、姓名（包括笔名、艺名、译名等）；

（三）擅自使用他人有一定影响的域名主体部分、网站名称、网页等；

（四）其他足以引人误认为是他人商品或者与他人存在特定联系的混淆行为。

——《中华人民共和国反不正当竞争法》第六条

②不得虚假宣传。虚假宣传不仅是《广告法》明令禁止的违法行为，同时也是《反不正当竞争法》严厉打击的侵权行为。企业的虚假宣传不仅是对市场公众的恶意误导，而且会对其他合法经营、合理宣传的企业产生不公平的侵害。这既是对他人公关形象的损害，也将为自身公关形象埋下巨大的隐患。

经营者不得对其商品的性能、功能、质量、销售状况、用户评价、曾获荣誉等作虚假或者引人误解的商业宣传，欺骗、误导消费者。

经营者不得通过组织虚假交易等方式，帮助其他经营者进行虚假或者引人误解的商业宣传。

——《中华人民共和国反不正当竞争法》第八条

③不得侵犯商业秘密。《反不正当竞争法》明确规定不得以不正当手段获得他人的商业秘密并且不得进行任何形式的披露和使用，同时不得违反保密义务以及教唆、引诱、帮助他人违反保密义务从而获取并披露使用他人的商业秘密。

经营者不得实施下列侵犯商业秘密的行为：

（一）以盗窃、贿赂、欺诈、胁迫、电子侵入或者其他不正当手段获取权利人的商业秘密；

（二）披露、使用或者允许他人使用以前项手段获取的权利人的商业秘密；

（三）违反保密义务或者违反权利人有关保守商业秘密的要求，披露、使用或者允许他人使用其所掌握的商业秘密；

（四）教唆、引诱、帮助他人违反保密义务或者违反权利人有关保守商业秘密的要求，获取、披露、使用或者允许他人使用权利人的商业秘密。

——《中华人民共和国反不正当竞争法》第九条

④不得违法有奖销售。有奖销售经常被企业用作吸引公众消费者的市场手段，同时也是传达企业公关形象的常用途径。科学合理的有奖销售不仅可以吸引市场公众的关注与兴趣，同时也是增加企业市场行为趣味性，建立企业形象与公众联系的有效方式。但不合理、不明确、不透明、不公众的有奖销售往往会构成对公众的欺骗行为，会产生对竞争对手的不正当竞争效果。

经营者进行有奖销售不得存在下列情形：

（一）所设奖的种类、兑奖条件、奖金金额或者奖品等有奖销售信息不明确，影响兑奖；

（二）采用谎称有奖或者故意让内定人员中奖的欺骗方式进行有奖销售；

（三）抽奖式的有奖销售，最高奖的金额超过五万元。

——《中华人民共和国反不正当竞争法》第十条

⑤不得损害他人声誉。不得为了提升自身的企业公关形象而刻意、故意、恶意对竞争对手的商业信誉、商品声誉进行虚假信息与误导性信息的编造与传播。

经营者不得编造、传播虚假信息或者误导性信息，损害竞争对手的商业信誉、商品声誉。

——《中华人民共和国反不正当竞争法》第十一条

⑥不得妨碍网络使用。主要表现在企业利用技术手段与网络方式，为了达成自己不正当竞争的目的和目标，恶意干扰、植入、强迫用户修改、关闭、卸载其他合法经营者的网络产品及服务，妨碍、破坏其他合法经营者网络产品与服务的正常运行。

经营者利用网络从事生产经营活动，应当遵守本法的各项规定。

经营者不得利用技术手段，通过影响用户选择或者其他方式，实施下列妨碍、破坏其他经营者合法提供的网络产品或者服务正常运行的行为：

（一）未经其他经营者同意，在其合法提供的网络产品或者服务中，插入链接、强制进行目标跳转；

(二)误导、欺骗、强迫用户修改、关闭、卸载其他经营者合法提供的网络产品或者服务;

(三)恶意对其他经营者合法提供的网络产品或者服务实施不兼容;

(四)其他妨碍、破坏其他经营者合法提供的网络产品或者服务正常运行的行为。

——《中华人民共和国反不正当竞争法》第十二条

3. 企业公共关系环节之二:产品安全

在企业公共关系的产品安全板块中,重点关注两部法律:《中华人民共和国产品质量法》(以下简称《产品质量法》)和《中华人民共和国食品安全法》(以下简称《食品安全法》)。其中《产品安全法》对广泛企业生产制造产品的安全要求进行了明确规定,《食品安全法》对与公众最为关心并且利益最为紧密的食品类产品进行了更加具体的规定。从公共关系领域的视角来看,这两部法律是从产品安全保障、公众生命健康安全进行规定,是企业公共关系建设中至关重要的环节。

(1)《中华人民共和国产品质量法》。

①质量安全合格。产品质量与产品安全不仅是企业生产经营的根本,同时也是企业与公众消费者之间的信赖基础与信任前提。《产品质量法》对企业生产产品的要求作出了明确的规定,尤其是对于危及人体健康和人身财产安全的产品有更加严格的管控手段。企业生产及销售的产品,如果不能严把产品质量关,不能严守产品安全关,最终不仅会受到法律的严厉惩处,同时也会彻底破坏企业与市场之间的公共关系根基,造成难以挽回的局面。

禁止伪造或者冒用认证标志等质量标志;禁止伪造产品的产地,伪造或者冒用他人的厂名、厂址;禁止在生产、销售的产品中掺杂、掺假,以假充真,以次充好。

——《中华人民共和国产品质量法》第五条

产品质量应当检验合格,不得以不合格产品冒充合格产品。

——《中华人民共和国产品质量法》第十二条

可能危及人体健康和人身、财产安全的工业产品,必须符合保障人体健康和人身、财产安全的国家标准、行业标准;未制定国家标准、行业标准的,必须符合保障人体健康和人身、财产安全的要求。

禁止生产、销售不符合保障人体健康和人身、财产安全的标准和要求的工业产品。

——《中华人民共和国产品质量法》第十三条

生产者应当对其生产的产品质量负责。

产品质量应当符合下列要求:

(一)不存在危及人身、财产安全的不合理的危险,有保障人体健康和人身、财产安全的国家标准、行业标准的,应当符合该标准;

(二)具备产品应当具备的使用性能,但是,对产品存在使用性能的瑕疵作出说明的除外;

(三)符合在产品或者其包装上注明采用的产品标准,符合以产品说明、实物样品等方式表明的质量状况。

——《中华人民共和国产品质量法》第二十六条

②标识真实清晰。产品标识是企业向公众提供的一种信息表达,尤其是与产品质量相关的标识信息,如检验证明、生产地址、所含成分、使用期限、警示说明等信息,是企业向公众及市场传达自身产品合格性与安全性的规范表达。因此,真实清晰的标

识信息、实事求是的表达态度，都是企业建立良好公共关系的有效手段。

产品或者其包装上的标识必须真实，并符合下列要求：

（一）有产品质量检验合格证明；

（二）有中文标明的产品名称、生产厂厂名和厂址；

（三）根据产品的特点和使用要求，需要标明产品规格、等级、所含主要成分的名称和含量的，用中文相应予以标明；需要事先让消费者知晓的，应当在外包装上标明，或者预先向消费者提供有关资料；

（四）限期使用的产品，应当在显著位置清晰地标明生产日期和安全使用期或者失效日期；

（五）使用不当，容易造成产品本身损坏或者可能危及人身、财产安全的产品，应当有警示标志或者中文警示说明。

裸装的食品和其他根据产品的特点难以附加标识的裸装产品，可以不附加产品标识。

——《中华人民共和国产品质量法》第二十七条

生产者不得伪造产地，不得伪造或者冒用他人的厂名、厂址。

——《中华人民共和国产品质量法》第三十条

生产者不得伪造或者冒用认证标志等质量标志。

——《中华人民共和国产品质量法》第三十一条

③多方参与监督。产品合格与安全的监督离不开社会众多主体的参与，不仅包括政府与国家机关，也包括社会组织及个人，多方主体均有权利通过多种方式进行产品质量的监督。因此在市场各主体对企业产品质量监督的过程中，仍然是企业公共关系塑造的过程和途径。企业不仅在生产时需严把产品质量关和安全关，同时也要更加积极地了解并反馈社会公众的监督评价，及时发现问题、及时回应疑惑、及时解决隐患、及时改正错误、及时进行弥补。

各级人民政府工作人员和其他国家机关工作人员不得滥用职权、玩忽职守或者徇私舞弊，包庇、放纵本地区、本系统发生的产品生产、销售中违反本法规定的行为，或者阻挠、干预依法对产品生产、销售中违反本法规定的行为进行查处。

各级地方人民政府和其他国家机关有包庇、放纵产品生产、销售中违反本法规定的行为的，依法追究其主要负责人的法律责任。

——《中华人民共和国产品质量法》第九条

消费者有权就产品质量问题，向产品的生产者、销售者查询；向市场监督管理部门及有关部门申诉，接受申诉的部门应当负责处理。

——《中华人民共和国产品质量法》第二十二条

保护消费者权益的社会组织可以就消费者反映的产品质量问题建议有关部门负责处理，支持消费者对因产品质量造成的损害向人民法院起诉。

——《中华人民共和国产品质量法》第二十三条

市场监督管理部门或者其他国家机关以及产品质量检验机构不得向社会推荐生产者的产品；不得以对产品进行监制、监销等方式参与产品经营活动。

——《中华人民共和国产品质量法》第二十五条

（2）《中华人民共和国食品安全法》。

①接受公众监督。食品生产经营者对其生产经营食品的安全负责，对社会和公众

负责，同时接受社会监督，承担社会责任。任何组织或者个人有权举报食品安全违法行为，依法向有关部门了解食品安全信息，对食品安全监督管理工作提出意见和建议。因此，公众监督是企业公关形象输出的路径之一。

食品生产经营者对其生产经营食品的安全负责。

食品生产经营者应当依照法律、法规和食品安全标准从事生产经营活动，保证食品安全，诚信自律，对社会和公众负责，接受社会监督，承担社会责任。

——《中华人民共和国食品安全法》第四条

任何组织或者个人有权举报食品安全违法行为，依法向有关部门了解食品安全信息，对食品安全监督管理工作提出意见和建议。

——《中华人民共和国食品安全法》第十二条

②及时采取补救。《食品安全法》明确规定了食品生产企业对于不符合食品安全标准产品的补救措施，包括食品召回、停止经营、无害化处理、销毁、向消费者明示等手段。往往在食品安全问题发生时，企业的公关形象一落千丈，因此对于企业而言，既需要通过各类有效补救措施对自身公关形象的修复，同时更应从根本上在产品生产、品控环节排除安全隐患。

国家建立食品召回制度。食品生产者发现其生产的食品不符合食品安全标准或者有证据证明可能危害人体健康的，应当立即停止生产，召回已经上市销售的食品，通知相关生产经营者和消费者，并记录召回和通知情况。

食品经营者发现其经营的食品有前款规定情形的，应当立即停止经营，通知相关生产经营者和消费者，并记录停止经营和通知情况。食品生产者认为应当召回的，应当立即召回。由于食品经营者的原因造成其经营的食品有前款规定情形的，食品经营者应当召回。

食品生产经营者应当对召回的食品采取无害化处理、销毁等措施，防止其再次流入市场。但是，对因标签、标志或者说明书不符合食品安全标准而被召回的食品，食品生产者在采取补救措施且能保证食品安全的情况下可以继续销售；销售时应当向消费者明示补救措施。

——《中华人民共和国食品安全法》第六十三条第一至第三款

③标签标识明确。食品安全由于直接与公众饮食健康相关，因此相比于一般的产品安全显得更加重要，因此在食品包装的标签以及标识上，有着更加具体详细的法律规定。除了针对产品本身的特有信息之外，针对婴幼儿及特定人群的产品、散装产品、转基因产品、具有食品添加剂的产品、需要警示标识的产品均需要有清晰、明确、真实的说明。食品的标签标识不仅是一种客观信息的传达，同时也是企业值得信任的外在表达，该类途径同样也是塑造企业公关形象的有效手段。

预包装食品的包装上应当有标签。标签应当标明下列事项：

（一）名称、规格、净含量、生产日期；

（二）成分或者配料表；

（三）生产者的名称、地址、联系方式；

（四）保质期；

（五）产品标准代号；

（六）贮存条件；

（七）所使用的食品添加剂在国家标准中的通用名称；

（八）生产许可证编号；

（九）法律、法规或者食品安全标准规定应当标明的其他事项。

专供婴幼儿和其他特定人群的主辅食品，其标签还应当标明主要营养成分及其含量。

食品安全国家标准对标签标注事项另有规定的，从其规定。

——《中华人民共和国食品安全法》第六十七条

食品经营者销售散装食品，应当在散装食品的容器、外包装上标明食品的名称、生产日期或者生产批号、保质期以及生产经营者名称、地址、联系方式等内容。

——《中华人民共和国食品安全法》第六十八条

生产经营转基因食品应当按照规定显著标示。

——《中华人民共和国食品安全法》第六十九条

食品添加剂应当有标签、说明书和包装。标签、说明书应当载明本法第六十七条第一款第一项至第六项、第八项、第九项规定的事项，以及食品添加剂的使用范围、用量、使用方法，并在标签上载明"食品添加剂"字样。

——《中华人民共和国食品安全法》第七十条

食品和食品添加剂的标签、说明书，不得含有虚假内容，不得涉及疾病预防、治疗功能。生产经营者对其提供的标签、说明书的内容负责。

食品和食品添加剂的标签、说明书应当清楚、明显，生产日期、保质期等事项应当显著标注，容易辨识。

食品和食品添加剂与其标签、说明书的内容不符的，不得上市销售。

——《中华人民共和国食品安全法》第七十一条

食品经营者应当按照食品标签标示的警示标志、警示说明或者注意事项的要求销售食品。

——《中华人民共和国食品安全法》第七十二条

④宣传真实合法。与食品相关的宣传广告不仅受到《广告法》的约束，同样也受到《食品安全法》的具体规定，不仅需要真实合法，不得弄虚作假，同时针对具有疾病预防、治疗等功能的食品宣传更需要经营者对发布广告的真实性与合法性负责。

食品广告的内容应当真实合法，不得含有虚假内容，不得涉及疾病预防、治疗功能。食品生产经营者对食品广告内容的真实性、合法性负责。

——《中华人民共和国食品安全法》第七十三条第一款

4. 企业公共关系环节之三：员工保障

在企业公共关系的员工保障板块中，重点关注：《中华人民共和国劳动法》（以下简称《劳动法》）。《劳动法》是对公司以及员工双方的权利保障，企业如果不能按照《劳动法》的要求保障员工的利益，通常会引发劳动纠纷、劳动仲裁甚至大规模的社会负面影响，尤其是在面对裁员、不同性别员工招聘、特殊群体员工招聘环节中所产生的负面事件，极易被公众认定为公司存在文化及价值观的偏差问题。因此，企业严格遵守《劳动法》的有关规定，避免极端事件与群体性事件的发生，是维护企业良好公关形象的基础。

①劳动权利。《劳动法》规定了劳动者的基本劳动权利，包括平等就业、选择职业、取得报酬、休息休假、获得劳动安全卫生保护、接受职业技能培训、享受社会保险和福利、提请劳动争议处理等劳动权利。企业在招工、用工、退工的过程中，不得与《劳

215

动法》的规定相违背，不得肆意侵害每一位劳动者应有的劳动权利，妥善处理劳动纠纷，避免事态发展为严重损害企业公关形象的恶性事件。

劳动者享有平等就业和选择职业的权利、取得劳动报酬的权利、休息休假的权利、获得劳动安全卫生保护的权利、接受职业技能培训的权利、享受社会保险和福利的权利、提请劳动争议处理的权利以及法律规定的其他劳动权利。

——《中华人民共和国劳动法》第三条第一款

②劳动平等。平等不仅是《宪法》赋予每一位公民的权利，也是《劳动法》对每一位劳动者的权利保障。无论劳动者的民族、种族、性别、宗教信仰有何差异，均不能够成为企业阻碍劳动者就业的选择要件。尤其对于职场女性而言，企业除国家规定的不适合妇女的工种或者岗位外，不得以性别为由拒绝录用妇女或者提高对妇女的录用标准。尊重女性，尊重平等，是企业建立积极公共关系的正确价值观之一。

劳动者就业，不因民族、种族、性别、宗教信仰不同而受歧视。

——《中华人民共和国劳动法》第十二条

妇女享有与男子平等的就业权利。在录用职工时，除国家规定的不适合妇女的工种或者岗位外，不得以性别为由拒绝录用妇女或者提高对妇女的录用标准。

——《中华人民共和国劳动法》第十三条

③劳动保障。《劳动法》对劳动者在特殊情形中具有保障性规定，例如劳动者因职业病或工伤丧失劳动能力、劳动者患病医疗期间、女性职工孕期及哺乳期内，企业无正当理由不得与劳动者解除劳动合同。这不仅体现了《劳动法》对劳动者特殊时期的劳动保障，同时也是体现企业对员工人文关怀的体现，同样也是传递企业人文价值观与企业文化的重要举措。

劳动者有下列情形之一的，用人单位不得依据本法第二十六条、第二十七条的规定解除劳动合同：

（一）患职业病或者因工负伤并被确认丧失或者部分丧失劳动能力的；

（二）患病或者负伤，在规定的医疗期内的；

（三）女职工在孕期、产期、哺乳期内的；

（四）法律、行政法规规定的其他情形。

——《中华人民共和国劳动法》第二十九条

④劳动时间。《劳动法》不仅保障劳动者劳动的权利，同时也保障劳动者休息的权利。在该方面往往也是容易引起社会关注与热议的话题，例如部分行业倡导的"996"工作时间，虽然与企业内部管理以及员工意愿选择直接相关，但不可避免使得社会工作对该行业或企业的工作氛围及文化产生热议与争议。因此，如何把握《劳动法》的相关规定，引导积极正确的公关形象，同样也是企业公关工作中较为重要的一环。

国家实行劳动者每日工作时间不超过八小时、平均每周工作时间不超过四十四小时的工时制度。

——《中华人民共和国劳动法》第三十六条

对实行计件工作的劳动者，用人单位应当根据本法第三十六条规定的工时制度合理确定其劳动定额和计件报酬标准。

——《中华人民共和国劳动法》第三十七条

用人单位应当保证劳动者每周至少休息一日。

——《中华人民共和国劳动法》第三十八条

　　企业因生产特点不能实行本法第三十六条、第三十八条规定的，经劳动行政部门批准，可以实行其他工作和休息办法。

　　　　　　　　　　　　　　　　——《中华人民共和国劳动法》第三十九条

　　⑤女性与未成年特别保护。《劳动法》对女性劳动者及未成年劳动者制定了特别的保护性规定，包括对年龄的保护、特殊劳动工种的保护、工作环境的保护、身体安全的保护等。企业只有遵守《劳动法》对特殊人群的保护性规定，才能避免在该方面产生不必要的违法行为与声誉问题。

　　禁止用人单位招用未满十六周岁的未成年人。

　　　　　　　　　　　　　　　——《中华人民共和国劳动法》第十五条第一款

　　国家对女职工和未成年工实行特殊劳动保护。

　　未成年工是指年满十六周岁未满十八周岁的劳动者。

　　　　　　　　　　　　　　　　——《中华人民共和国劳动法》第五十八条

　　禁止安排女职工从事矿山井下、国家规定的第四级体力劳动强度的劳动和其他禁忌从事的劳动。

　　　　　　　　　　　　　　　　——《中华人民共和国劳动法》第五十九条

　　不得安排女职工在经期从事高处、低温、冷水作业和国家规定的第三级体力劳动强度的劳动。

　　　　　　　　　　　　　　　　——《中华人民共和国劳动法》第六十条

　　不得安排女职工在怀孕期间从事国家规定的第三级体力劳动强度的劳动和孕期禁忌从事的劳动。对怀孕七个月以上的女职工，不得安排其延长工作时间和夜班劳动。

　　　　　　　　　　　　　　　　——《中华人民共和国劳动法》第六十一条

　　女职工生育享受不少于九十天的产假。

　　　　　　　　　　　　　　　　——《中华人民共和国劳动法》第六十二条

　　不得安排女职工在哺乳未满一周岁的婴儿期间从事国家规定的第三级体力劳动强度的劳动和哺乳期禁忌从事的其他劳动，不得安排其延长工作时间和夜班劳动。

　　　　　　　　　　　　　　　　——《中华人民共和国劳动法》第六十三条

　　不得安排未成年工从事矿山井下、有毒有害、国家规定的第四级体力劳动强度的劳动和其他禁忌从事的劳动。

　　　　　　　　　　　　　　　　——《中华人民共和国劳动法》第六十四条

　　用人单位应当对未成年工定期进行健康检查。

　　　　　　　　　　　　　　　　——《中华人民共和国劳动法》第六十五条

　　⑥劳动事故报告。《劳动法》规定了国家建立伤亡事故和职业病统计报告和处理制度，通常企业产生伤亡事故或职业病时需真实统计报告并妥善处理。这不仅是对劳动者生命权与健康权的尊重，同时也是企业与政府、公众在负面劳工事件发生时进行客观真实沟通的途径，还是体现企业公关形象的重要情景。

　　国家建立伤亡事故和职业病统计报告和处理制度。县级以上各级人民政府劳动行政部门、有关部门和用人单位应当依法对劳动者在劳动过程中发生的伤亡事故和劳动者的职业病状况，进行统计、报告和处理。

　　　　　　　　　　　　　　　　——《中华人民共和国劳动法》第五十七条

5. 企业公共关系环节之四：环境保护

　　在企业公共关系的环境保护板块中，重点关注：《中华人民共和国环境保护法》（以下简称《环境保护法》）。《环境保护法》是对公司、组织、个人等社会主体在生态环保方面的强制规定，是促使其履行环境保护义务的法定要求。企业在生产经营的过程中，不能纯粹为了经济利益，而放任对环境及生态的破坏。这不仅对整个社会而言会产生严重的负外部性，同时也是会使得企业成为监管部门处罚、社会公众批判的反面教材。

①法定义务。企业在生产经营过程中对环境的保护是法定义务。《环境保护法》明确规定企业事业单位和其他生产经营者应当防止、减少环境污染和生态破坏，对所造成的损害依法承担责任。同时，对于积极减少排放污染的企业，政府予以鼓励与支持；对于违反法律法规规定排放污染物，造成或者可能造成严重污染的，政府可以采用查封、扣押造成污染物排放的设施、设备等方式进行处理。

企业事业单位和其他生产经营者应当防止、减少环境污染和生态破坏，对所造成的损害依法承担责任。

——《中华人民共和国环境保护法》第六条第三款

企业事业单位和其他生产经营者，在污染物排放符合法定要求的基础上，进一步减少污染物排放的，人民政府应当依法采取财政、税收、价格、政府采购等方面的政策和措施予以鼓励和支持。

——《中华人民共和国环境保护法》第二十二条

企业事业单位和其他生产经营者，为改善环境，依照有关规定转产、搬迁、关闭的，人民政府应当予以支持。

——《中华人民共和国环境保护法》第二十三条

企业事业单位和其他生产经营者违反法律法规规定排放污染物，造成或者可能造成严重污染的，县级以上人民政府环境保护主管部门和其他负有环境保护监督管理职责的部门，可以查封、扣押造成污染物排放的设施、设备。

——《中华人民共和国环境保护法》第二十五条

②应急预案。对于突发环境事件，企业有义务制定应急预案，并且及时通报可能受到危害的单位和居民，并向环境保护主管部门和有关部门报告，这不仅是法律的要求，同时也是企业挽回公关形象的必要举措。突发环境事件应急处置工作结束后，应配合政府部门及时将评估结果向社会公布，尽可能降低环境事件对社会的影响以及对企业公关形象的破坏。

各级人民政府及其有关部门和企业事业单位，应当依照《中华人民共和国突发事件应对法》的规定，做好突发环境事件的风险控制、应急准备、应急处置和事后恢复等工作。

县级以上人民政府应当建立环境污染公共监测预警机制，组织制定预警方案；环境受到污染，可能影响公众健康和环境安全时，依法及时公布预警信息，启动应急措施。

企业事业单位应当按照国家有关规定制定突发环境事件应急预案，报环境保护主管部门和有关部门备案。在发生或者可能发生突发环境事件时，企业事业单位应当立即采取措施处理，及时通报可能受到危害的单位和居民，并向环境保护主管部门和有关部门报告。

突发环境事件应急处置工作结束后，有关人民政府应当立即组织评估事件造成的环境影响和损失，并及时将评估结果向社会公布。

——《中华人民共和国环境保护法》第四十七条

　　③监督举报。公民、法人和其他组织当发现任何单位和个人有污染环境和破坏生态行为的，有权向环境保护主管部门或者其他负有环境保护监督管理职责的部门举报。这是每一个社会主体参与环境监督的正当权利。企业不仅要关注自身生产经营行为中对环境的影响，同时发现其他破坏环境与行为时，也应积极发挥自己的监督权利，构建正义、公正的企业公关形象。

　　公民、法人和其他组织发现任何单位和个人有污染环境和破坏生态行为的，有权向环境保护主管部门或者其他负有环境保护监督管理职责的部门举报。

　　公民、法人和其他组织发现地方各级人民政府、县级以上人民政府环境保护主管部门和其他负有环境保护监督管理职责的部门不依法履行职责的，有权向其上级机关或者监察机关举报。

　　接受举报的机关应当对举报人的相关信息予以保密，保护举报人的合法权益。

——《中华人民共和国环境保护法》第五十七条

　　对污染环境、破坏生态，损害社会公共利益的行为，符合下列条件的社会组织可以向人民法院提起诉讼：

　　（一）依法在设区的市级以上人民政府民政部门登记；

　　（二）专门从事环境保护公益活动连续五年以上且无违法记录。

　　符合前款规定的社会组织向人民法院提起诉讼，人民法院应当依法受理。

　　提起诉讼的社会组织不得通过诉讼牟取经济利益。

——《中华人民共和国环境保护法》第五十八条

6. 企业公共关系环节之五：知识产权

　　在企业公共关系的知识产权板块中，重点关注以下三部法律：《中华人民共和国著作权法》（以下简称《著作权法》）、《中华人民共和国商标法》（以下简称《商标法》）、《中华人民共和国专利法》（以下简称《专利法》）。我国的知识产权法是由《著作权法》《商标法》和《专利法》三部法律构成的，分别对企业在日常运营过程中所涉及的著作权、商标权、专利权进行规定。知识产权是企业公共关系活动中非常重要的环节，也是众多公共关系内容以及公共关系创意的法律保障。因此，企业不仅应该保护自己在公共关系活动中所拥有的知识产权利益，同时也不得侵犯他人的知识产权。

　　（1）《中华人民共和国著作权法》。

　　①著作权的范围。著作权的范围较为广泛，根据《著作权法》的规定，中国公民、法人或者非法人组织的作品，即使未发表，也依法享有著作权。在公共关系活动中，往往在公关内容创意、公关内容创作、公关内容宣传的过程中，会涉及较多的创作作品，而这些作品在使用过程中如果侵犯了他人的著作权，通常会对自身公关形象产生负面影响。因此，关注著作权的内容范畴在公共关系工作中至关重要。

　　《著作权法》对著作权中的作品有较为清晰的规定，《著作权法》中所称的作品，是指文学、艺术和科学领域内具有独创性并能以一定形式表现的智力成果，包括文字作品、口述作品、音乐/戏剧/曲艺/舞蹈/杂技艺术作品、美术/建筑作品、摄影作品、视听作品、工程设计图/产品设计图/地图/示意图等图形作品和模型作品、计算机软件以及其他符合作品特征的智力成果。

　　通常这些作品的作者或共同创作者享有对该作品的著作权，其中具体包括发表权、署名权、修改权、保护作品完整权、复制权、发行权、出租权、展览权、表演权、放映权、广播权、信息网络传播权、摄制权、改编权、翻译权、汇编权等权利，这些权利受到法律的保护，不受他人的侵害。

中国公民、法人或者非法人组织的作品，不论是否发表，依照本法享有著作权。

——《中华人民共和国著作权法》第二条第一款

本法所称的作品，是指文学、艺术和科学领域内具有独创性并能以一定形式表现的智力成果，包括：

(一)文字作品；

(二)口述作品；

(三)音乐、戏剧、曲艺、舞蹈、杂技艺术作品；

(四)美术、建筑作品；

(五)摄影作品；

(六)视听作品；

(七)工程设计图、产品设计图、地图、示意图等图形作品和模型作品；

(八)计算机软件；

(九)符合作品特征的其他智力成果。

——《中华人民共和国著作权法》第三条

著作权包括下列人身权和财产权：

(一)发表权，即决定作品是否公之于众的权利；

(二)署名权，即表明作者身份，在作品上署名的权利；

(三)修改权，即修改或者授权他人修改作品的权利；

(四)保护作品完整权，即保护作品不受歪曲、篡改的权利；

(五)复制权，即以印刷、复印、拓印、录音、录像、翻录、翻拍、数字化等方式将作品制作一份或者多份的权利；

(六)发行权，即以出售或者赠与方式向公众提供作品的原件或者复制件的权利；

(七)出租权，即有偿许可他人临时使用视听作品、计算机软件的原件或者复制件的权利，计算机软件不是出租的主要标的的除外；

(八)展览权，即公开陈列美术作品、摄影作品的原件或者复制件的权利；

(九)表演权，即公开表演作品，以及用各种手段公开播送作品的表演的权利；

(十)放映权，即通过放映机、幻灯机等技术设备公开再现美术、摄影、视听作品等的权利；

(十一)广播权，即以有线或者无线方式公开传播或者转播作品，以及通过扩音器或者其他传送符号、声音、图像的类似工具向公众传播广播的作品的权利，但不包括本款第十二项规定的权利；

(十二)信息网络传播权，即以有线或者无线方式向公众提供，使公众可以在其选定的时间和地点获得作品的权利；

(十三)摄制权，即以摄制视听作品的方法将作品固定在载体上的权利；

(十四)改编权，即改变作品，创作出具有独创性的新作品的权利；

(十五)翻译权，即将作品从一种语言文字转换成另一种语言文字的权利；

(十六)汇编权，即将作品或者作品的片段通过选择或者编排，汇集成新作品的权利；

(十七)应当由著作权人享有的其他权利。

著作权人可以许可他人行使前款第五项至第十七项规定的权利，并依照约定或者本法有关规定获得报酬。

著作权人可以全部或者部分转让本条第一款第五项至第十七项规定的权利，并依照约定或者本法有关规定获得报酬。

——《中华人民共和国著作权法》第十条

②著作权的保护。他人的著作权受到法律的合法保护，对著作权产生侵权行为，通常需要承担停止侵害、消除影响、赔礼道歉、赔偿损失等民事责任，情形严重的需要承担刑事责任。企业在进行公共关系活动的过程中，需特别关注涉及创作内容的原创性，如使用非原创作品是否已获得著作权人的许可或授权。在公共关系工作实务中，经常会发生擅自使用或篡改未经他人许可或授权的创意作品，最后使得自身陷入著作权纠纷的困境之中，不仅需要承担对对方的侵权责任，而且也使得自身公关形象塑造大打折扣。

未经权利人许可，不得进行下列行为：

（一）故意删除或者改变作品、版式设计、表演、录音录像制品或者广播、电视上的权利管理信息，但由于技术上的原因无法避免的除外；

（二）知道或者应当知道作品、版式设计、表演、录音录像制品或者广播、电视上的权利管理信息未经许可被删除或者改变，仍然向公众提供。

——《中华人民共和国著作权法》第五十一条

有下列侵权行为的，应当根据情况，承担停止侵害、消除影响、赔礼道歉、赔偿损失等民事责任：

（一）未经著作权人许可，发表其作品的；

（二）未经合作作者许可，将与他人合作创作的作品当作自己单独创作的作品发表的；

（三）没有参加创作，为谋取个人名利，在他人作品上署名的；

（四）歪曲、篡改他人作品的；

（五）剽窃他人作品的；

（六）未经著作权人许可，以展览、摄制视听作品的方法使用作品，或者以改编、翻译、注释等方式使用作品的，本法另有规定的除外；

（七）使用他人作品，应当支付报酬而未支付的；

（八）未经视听作品、计算机软件、录音录像制品的著作权人、表演者或者录音录像制作者许可，出租其作品或者录音录像制品的原件或者复制件的，本法另有规定的除外；

（九）未经出版者许可，使用其出版的图书、期刊的版式设计的；

（十）未经表演者许可，从现场直播或者公开传送其现场表演，或者录制其表演的；

（十一）其他侵犯著作权以及与著作权有关的权利的行为。

——《中华人民共和国著作权法》第五十二条

（2）《中华人民共和国商标法》。

①商标的使用。商标是企业具有专属性、识别性、差异性的品牌符号，也是企业向消费者、市场、公众传达的公关标识。商标的创作与注册具有较高的自由度与创意性，但需要注意企业的商标不得违背《商标法》明确规定的禁止性情形，包括具有国家、政府、官方属性的相关内容，以及带有民族歧视性、公众欺骗性、有违道德风尚的内容特征，这些都是与企业建立良好公关形象背道而驰的。

下列标志不得作为商标使用:

(一)同中华人民共和国的国家名称、国旗、国徽、国歌、军旗、军徽、军歌、勋章等相同或者近似的,以及同中央国家机关的名称、标志、所在地特定地点的名称或者标志性建筑物的名称、图形相同的;

(二)同外国的国家名称、国旗、国徽、军旗等相同或者近似的,但经该国政府同意的除外;

(三)同政府间国际组织的名称、旗帜、徽记等相同或者近似的,但经该组织同意或者不易误导公众的除外;

(四)与表明实施控制、予以保证的官方标志、检验印记相同或者近似的,但经授权的除外;

(五)同"红十字""红新月"的名称、标志相同或者近似的;

(六)带有民族歧视性的;

(七)带有欺骗性,容易使公众对商品的质量等特点或者产地产生误认的;

(八)有害于社会主义道德风尚或者有其他不良影响的。

县级以上行政区划的地名或者公众知晓的外国地名,不得作为商标。但是,地名具有其他含义或者作为集体商标、证明商标组成部分的除外;已经注册的使用地名的商标继续有效。

——《中华人民共和国商标法》第十条

②商标的保护。企业的商标受到《商标法》的法律保护,通常不得使用与他人相同或者相似容易导致混淆的商标,也不得伪造、擅自制造、擅自更换他人商标从而进行销售的行为。商标权的保护具有专用性,侵犯他人商标权的行为不仅违反《商标法》的有关规定,同时也是破坏企业自身公关形象的有害行径。

有下列行为之一的,均属侵犯注册商标专用权:

(一)未经商标注册人的许可,在同一种商品上使用与其注册商标相同的商标的;

(二)未经商标注册人的许可,在同一种商品上使用与其注册商标近似的商标,或者在类似商品上使用与其注册商标相同或者近似的商标,容易导致混淆的;

(三)销售侵犯注册商标专用权的商品的;

(四)伪造、擅自制造他人注册商标标识或者销售伪造、擅自制造的注册商标标识的;

(五)未经商标注册人同意,更换其注册商标并将该更换商标的商品又投入市场的;

(六)故意为侵犯他人商标专用权行为提供便利条件,帮助他人实施侵犯商标专用权行为的;

(七)给他人的注册商标专用权造成其他损害的。

——《中华人民共和国商标法》第五十七条

(3)《中华人民共和国专利法》。

①专利权的授予。专利权通常包括发明专利、外观专利以及实用新型专利,专利权是法律对企业、组织、个人发明创造成功的权威保护。但是,如果发明创造的内容违反法律、社会公德以及方案公共利益,均不能获得专利权。

对违反法律、社会公德或者妨害公共利益的发明创造,不授予专利权。

——《中华人民共和国专利法》第五条

②专利权的保护。专利权的纠纷通常体现在未经专利权人的许可,擅自实施其专

利，从而侵犯其专利权。尤其在全球科技行业中，经常会因为专利技术纠纷产生侵权人的大额赔偿以及受到全球范围的负面评价事件。可见，企业在经营过程中，不仅要对自身技术发明、外观创新以及实用新型创新进行专利权保护，同时也要尽可能避免陷入侵害他人专利权的不法情境中。因为这不仅需要承担较为严重的法律责任，同时也是当前受到众多行业以及社会公众诟病的负面事件。

发明或者实用新型专利权的保护范围以其权利要求的内容为准，说明书及附图可以用于解释权利要求的内容。

外观设计专利权的保护范围以表示在图片或者照片中的该产品的外观设计为准，简要说明可以用于解释图片或者照片所表示的该产品的外观设计。

——《中华人民共和国专利法》第六十四条

未经专利权人许可，实施其专利，即侵犯其专利权，引起纠纷的，由当事人协商解决；不愿协商或者协商不成的，专利权人或者利害关系人可以向人民法院起诉，也可以请求管理专利工作的部门处理。管理专利工作的部门处理时，认定侵权行为成立的，可以责令侵权人立即停止侵权行为，当事人不服的，可以自收到处理通知之日起十五日内依照《中华人民共和国行政诉讼法》向人民法院起诉；侵权人期满不起诉又不停止侵权行为的，管理专利工作的部门可以申请人民法院强制执行。进行处理的管理专利工作的部门应当事人的请求，可以就侵犯专利权的赔偿数额进行调解；调解不成的，当事人可以依照《中华人民共和国民事诉讼法》向人民法院起诉。

——《中华人民共和国专利法》第六十五条

专利侵权纠纷涉及新产品制造方法的发明专利的，制造同样产品的单位或者个人应当提供其产品制造方法不同于专利方法的证明。

专利侵权纠纷涉及实用新型专利或者外观设计专利的，人民法院或者管理专利工作的部门可以要求专利权人或者利害关系人出具由国务院专利行政部门对相关实用新型或者外观设计进行检索、分析和评价后作出的专利权评价报告，作为审理、处理专利侵权纠纷的证据；专利权人、利害关系人或者被控侵权人也可以主动出具专利权评价报告。

——《中华人民共和国专利法》第六十六条

（四）政府公共关系的法律规范

1. 政府公共关系的法律规制①

政府公共关系作为政府行政管理的一环，对提升政府形象十分重要。在我国建设社会主义法治社会的背景下，对政府公共关系进行依法规制，有利于政府行政管理职能的发挥，有利于建立法治政府的形象，对我国社会主义法治和民主有着巨大的推动作用。因此，对政府公共关系活动进行依法规范也就成为政府公共关系研究的重点。

政府公共关系过程中，政府主要通过与各类公众之间的双向传播和沟通，了解各类公众对政府的期望，倾听各类公众的呼声，及时向公众报告政府将怎样满足这种期望，解释政府出台的政策和作出的行政行为，并根据公众的需求不断改善政府的各项工作。要依法规范政府公共关系，必须对政府公共关系的主体和传播沟通方式进行依法规制，主要有下面几个方面。

---

① 龙京：《政府公共关系法律规制研究》，硕士学位论文，山东科技大学，2013。

（1）政府行政管理中的依法执政。我国是社会主义国家，一切权力属于人民，政府代替人民管理国家。为此，政府制定法律法规和制度约束和规范人民的行为，对违反者采取一定的惩罚措施。而相对地，政府在行政管理中也应该依法为之，这也是作为责任政府履行法律责任的具体体现。政府责任首先意味着政府及其工作人员必须承担法律规定的义务，并且在违法行使职权时，必须承担相应的法律后果。政府的违法行政行为依法得到确认时，必须被撤销或者变更，并且承担损害赔偿责任；公务员因违法失职、滥用职权、贪污腐败等行为必须受到行政处分和刑事处罚。现代政府的法治取向决定了政府必须依法执政，而违法则必然要受到法律的制裁。政府加强依法行政，遏制政府违法对于提高政府公信力和权威性，以及提高政府公共关系有着重要的作用。

（2）政府信息公开。政府公共关系中，政府与公众的有效沟通是十分重要的，其中最重要的一点就是政府信息公开。随着社会民主和法治建设的不断完善，公民权利维护成为各国政府工作的重点，特别是公民的知情权。在这种情形下，政府信息公开就是对公民知情权的保障，也是提高政府形象的良方。但是，政府信息公开也是有限度的，少了满足不了公众的需求，多了对政府工作有可能产生影响。如何确定一个合适的标准需要法律界定，这样才能全面落实政府信息公开。要完善政府信息公开，应从三个方面入手：①传递政府信息的新闻发言人制度；②公开政府信息公开制度；③完善救济公民权利的信访制度。

（3）公共危机处理。危机事件具有巨大的破坏性和不可预知性，这就要求政府必须在短时间内制定应对方案，及时征调各种社会资源，以便快速应对危机，恢复正常秩序。处理危机的能力是体现政府能力的重要方面，对提高政府公共关系具有重要意义。为了尽可能地避免和减少危机事件给人民的生命和财产、政府正常的管理活动和社会的基本秩序造成的危害，除了建立一系列的预防和防范机制，危机管理更重要的是制定相关的法律，统一规定政府在处理危机事件中的职权和职责，确定依法对抗和解决危机的法治原则，把危机管理纳入法治化的轨道中并严格实施。

（4）网络立法。计算机的发明和应用，催生了网络的兴起，人类由此进入信息时代。作为国家管理者，政府和网络之间关系紧密。一方面，政府通过网络的便捷性加快和公众之间的交流，通过网络平台公开政府信息，提高公众对政府的了解与支持；另一方面，政府作为网络的管理者，要制定一系列的法律法规来规范网络活动和网络行为，促使网络健康发展。所以，政府对网络的管理和网络应用都应该在法律规定的范围内运行，受到法律的约束，加强网络立法也是政府必然的选择。

对政府公共关系进行依法管理是有宪法和法理基础的。首先，我国1999年宪法修正案明确规定："中华人民共和国实行依法治国，建设社会主义国家。"政府公共关系作为一种行政行为，理应受到宪法和法律的约束。政府机构及其工作人员在处理公共关系时必须坚持宪法至上、法律至上。同时，宪法也确立了我国的社会主义性质，人民是国家的主人，政府权力是由人民赋予的，并通过制定相应的法律法规，代替人民管理国家。这是人民主权原则和公民权利原则在我国宪法的体现，也说明公民对政府具有监督、批评和建议权，而依法约束政府公关行为正是维护公民权利的体现。此外，知情权理论也是我国政府依法处理公共关系的基础。我国宪法和法律中对知情权没有作出具体的规定，但《宪法》第2条、第27条、第41条的规定都涉及了公民的知情权，只是通过公民行使对国家事务的管理，行使对国家机关及其工作人员的监督、批评建议甚至检举权来实现对公民知情权的保护。作为公民，对政府行为有了解、知晓和监督的权利；作为政府，满足公众的知情权，公开政府的相关信息，是依法处理公共关系的重要表现。随着社会信息化的发展，公众法律意识的提高，知情权在公民权利体系中扮演的角色越来越重要。

2. 政府公共关系的红线：国家安全与国家机密

政府公共关系以国家安全与国家机密为根本红线，重点关注：《中华人民共和国国家安全法》(以下简称《国家安全法》)和《中华人民共和国保守国家秘密法》(以下简称《保守国家秘密法》)。政府在进行公共关系工作过程中，要严格保护国家安全与国家机密，同时对于发现社会其他组织或个人存在损害国家安全和国家机密的行为时，应及时处置，消除影响。

(1)《中华人民共和国国家安全法》。

①国家安全的责任义务。中华人民共和国公民、一切国家机关和武装力量、各政党和各人民团体、企业事业组织和其他社会组织，都有维护国家安全的责任和义务。尤其对于政府及相关部门而言，不仅需要自身保障国家安全的基本权利，同时也是国家安全的保障力量。在政府公共关系工作中，涉及面广、影响力大，因此更应重视在公共关系工作中对国家安全的保障与维护。

国家安全是指国家政权、主权、统一和领土完整、人民福祉、经济社会可持续发展和国家其他重大利益相对处于没有危险和不受内外威胁的状态，以及保障持续安全状态的能力。

——《中华人民共和国国家安全法》第二条

国家安全工作应当坚持总体国家安全观，以人民安全为宗旨，以政治安全为根本，以经济安全为基础，以军事、文化、社会安全为保障，以促进国际安全为依托，维护各领域国家安全，构建国家安全体系，走中国特色国家安全道路。

——《中华人民共和国国家安全法》第三条

中华人民共和国公民、一切国家机关和武装力量、各政党和各人民团体、企业事业组织和其他社会组织，都有维护国家安全的责任和义务。

——《中华人民共和国国家安全法》第十一条

②国家安全的基本内容。《国家安全法》要求防范、制止和依法惩治任何叛国、分裂国家、煽动叛乱、颠覆或者煽动颠覆人民民主专政政权的行为；防范、制止和依法惩治窃取、泄露国家秘密等危害国家安全的行为；防范、制止和依法惩治境外势力的渗透、破坏、颠覆、分裂活动。同时在意识形态、文化实力、网络安全、信息安全、宗教活动、恐怖组织、暴力活动、社会事件、环境事件等方面应防范破坏国家安全的事件发生，因为一旦产生往往会成为极其恶劣的公共事件。

国家防范、制止和依法惩治任何叛国、分裂国家、煽动叛乱、颠覆或者煽动颠覆人民民主专政政权的行为；防范、制止和依法惩治窃取、泄露国家秘密等危害国家安全的行为；防范、制止和依法惩治境外势力的渗透、破坏、颠覆、分裂活动。

——《中华人民共和国国家安全法》第十五条第二款

国家坚持社会主义先进文化前进方向，继承和弘扬中华民族优秀传统文化，培育和践行社会主义核心价值观，防范和抵制不良文化的影响，掌握意识形态领域主导权，增强文化整体实力和竞争力。

——《中华人民共和国国家安全法》第二十三条

国家建设网络与信息安全保障体系，提升网络与信息安全保护能力，加强网络和信息技术的创新研究和开发应用，实现网络和信息核心技术、关键基础设施和重要领域信息系统及数据的安全可控；加强网络管理，防范、制止和依法惩治网络攻击、网络入侵、网络窃密、散布违法有害信息等网络违法犯罪行为，维护国家网络空间主权、安全和发展利益。

——《中华人民共和国国家安全法》第二十五条

国家依法保护公民宗教信仰自由和正常宗教活动，坚持宗教独立自主自办的原则，防范、制止和依法惩治利用宗教名义进行危害国家安全的违法犯罪活动，反对境外势力干涉境内宗教事务，维护正常宗教活动秩序。

国家依法取缔邪教组织，防范、制止和依法惩治邪教违法犯罪活动。

——《中华人民共和国国家安全法》第二十七条

国家反对一切形式的恐怖主义和极端主义，加强防范和处置恐怖主义的能力建设，依法开展情报、调查、防范、处置以及资金监管等工作，依法取缔恐怖活动组织和严厉惩治暴力恐怖活动。

——《中华人民共和国国家安全法》第二十八条

国家健全有效预防和化解社会矛盾的体制机制，健全公共安全体系，积极预防、减少和化解社会矛盾，妥善处置公共卫生、社会安全等影响国家安全和社会稳定的突发事件，促进社会和谐，维护公共安全和社会安定。

——《中华人民共和国国家安全法》第二十九条

国家完善生态环境保护制度体系，加大生态建设和环境保护力度，划定生态保护红线，强化生态风险的预警和防控，妥善处置突发环境事件，保障人民赖以生存发展的大气、水、土壤等自然环境和条件不受威胁和破坏，促进人与自然和谐发展。

——《中华人民共和国国家安全法》第三十条

③国家安全的政府职能。维护国家安全，是任何公民、组织、机关、企事业单位的法定义务。尤其对于政府机关来说，更应充分发挥其政府职能，主导并协同其他社会主体维护国家安全。《国家安全法》规定机关、人民团体、企业事业组织和其他社会组织应当对本单位的人员进行维护国家安全的教育，动员、组织本单位的人员防范、制止危害国家安全的行为；同时对于公民和组织支持协助国家安全工作时，应得到政府机关法律保护。

机关、人民团体、企业事业组织和其他社会组织应当对本单位的人员进行维护国家安全的教育，动员、组织本单位的人员防范、制止危害国家安全的行为。

——《中华人民共和国国家安全法》第七十八条

企业事业组织根据国家安全工作的要求，应当配合有关部门采取相关安全措施。

——《中华人民共和国国家安全法》第七十九条

公民和组织支持、协助国家安全工作的行为受法律保护。

因支持、协助国家安全工作，本人或者其近亲属的人身安全面临危险的，可以向公安机关、国家安全机关请求予以保护。公安机关、国家安全机关应当会同有关部门依法采取保护措施。

——《中华人民共和国国家安全法》第八十条

公民和组织因支持、协助国家安全工作导致财产损失的，按照国家有关规定给予补偿；造成人身伤害或者死亡的，按照国家有关规定给予抚恤优待。

——《中华人民共和国国家安全法》第八十一条

公民和组织对国家安全工作有向国家机关提出批评建议的权利，对国家机关及其工作人员在国家安全工作中的违法失职行为有提出申诉、控告和检举的权利。

——《中华人民共和国国家安全法》第八十二条

在国家安全工作中，需要采取限制公民权利和自由的特别措施时，应当依法进行，并以维护国家安全的实际需要为限度。

——《中华人民共和国国家安全法》第八十三条

（2）《中华人民共和国保守国家秘密法》。

①保守国家秘密的法定义务。《保守国家秘密法》明确规定国家秘密受法律保护，一切国家机关、武装力量、政党、社会团体、企业事业单位和公民都有保守国家秘密的义务。任何危害国家秘密安全的行为，都必须受到法律追究。我国政府部门及其工作人员对国家秘密的接触更近、了解更深，因此应更加谨慎地在进行公共关系活动中乃至个人日常生活中对国家秘密的讨论。同时对于社会面外泄的国家秘密，应及时采取有效措施，防止更广泛地扩散。

国家秘密是关系国家安全和利益，依照法定程序确定，在一定时间内只限一定范围的人员知悉的事项。

——《中华人民共和国保守国家秘密法》第二条

国家秘密受法律保护。

一切国家机关和武装力量、各政党和各人民团体、企业事业组织和其他社会组织以及公民都有保密的义务。

任何危害国家秘密安全的行为，都必须受到法律追究。

——《中华人民共和国保守国家秘密法》第五条

保密工作坚持总体国家安全观，遵循党管保密、依法管理，积极防范、突出重点，技管并重、创新发展的原则，既确保国家秘密安全，又便利信息资源合理利用。

法律、行政法规规定公开的事项，应当依法公开。

——《中华人民共和国保守国家秘密法》第四条

②不得泄露的国家秘密。《保守国家秘密法》对具体的国家秘密类别进行了规定，无论是组织、个人还是政府、机关，在进行公共关系活动的过程中均不得造成以下内容的泄露，从而影响国家利益和安全，包括国家重大决策秘密、国防武装秘密、外交外事秘密、经济社会秘密事项、科学及技术秘密、国安刑事秘密等。

下列涉及国家安全和利益的事项，泄露后可能损害国家在政治、经济、国防、外交等领域的安全和利益的，应当确定为国家秘密：

（一）国家事务重大决策中的秘密事项；

（二）国防建设和武装力量活动中的秘密事项；

（三）外交和外事活动中的秘密事项以及对外承担保密义务的秘密事项；

（四）国民经济和社会发展中的秘密事项；

（五）科学技术中的秘密事项；

（六）维护国家安全活动和追查刑事犯罪中的秘密事项；

（七）经国家保密行政管理部门确定的其他秘密事项。

政党的秘密事项中符合前款规定的，属于国家秘密。

——《中华人民共和国保守国家秘密法》第十三条

③遵从保密制度规定。机关、单位对国家秘密具有保密管理的要求，包括对涉密信息系统管理、国家秘密载体管理、秘密信息的复制、书籍影音的出版、互联网信息管理、重大会议活动、军事场所管理、涉密人员管理等。

机关、单位应当加强对国家秘密载体的管理，任何组织和个人不得有下列行为：

（一）非法获取、持有国家秘密载体；

（二）买卖、转送或者私自销毁国家秘密载体；

（三）通过普通邮政、快递等无保密措施的渠道传递国家秘密载体；

（四）寄递、托运国家秘密载体出境；

（五）未经有关主管部门批准，携带、传递国家秘密载体出境；

（六）其他违反国家秘密载体保密规定的行为。

——《中华人民共和国保守国家秘密法》第二十八条

禁止非法复制、记录、存储国家秘密。

禁止未按照国家保密规定和标准采取有效保密措施，在互联网及其他公共信息网络或者有线和无线通信中传递国家秘密。

禁止在私人交往和通信中涉及国家秘密。

——《中华人民共和国保守国家秘密法》第二十九条

机关、单位应当加强对信息系统、信息设备的保密管理，建设保密自监管设施，及时发现并处置安全保密风险隐患。任何组织和个人不得有下列行为：

（一）未按照国家保密规定和标准采取有效保密措施，将涉密信息系统、涉密信息设备接入互联网及其他公共信息网络；

（二）未按照国家保密规定和标准采取有效保密措施，在涉密信息系统、涉密信息设备与互联网及其他公共信息网络之间进行信息交换；

（三）使用非涉密信息系统、非涉密信息设备存储或者处理国家秘密；

（四）擅自卸载、修改涉密信息系统的安全技术程序、管理程序；

（五）将未经安全技术处理的退出使用的涉密信息设备赠送、出售、丢弃或者改作其他用途；

（六）其他违反信息系统、信息设备保密规定的行为。

——《中华人民共和国保守国家秘密法》第三十一条

报刊、图书、音像制品、电子出版物的编辑、出版、印制、发行，广播节目、电视节目、电影的制作和播放，网络信息的制作、复制、发布、传播，应当遵守国家保密规定。

——《中华人民共和国保守国家秘密法》第三十三条

网络运营者应当加强对其用户发布的信息的管理，配合监察机关、保密行政管理部门、公安机关、国家安全机关对涉嫌泄露国家秘密案件进行调查处理；发现利用互联网及其他公共信息网络发布的信息涉嫌泄露国家秘密的，应当立即停止传输该信息，保存有关记录，向保密行政管理部门或者公安机关、国家安全机关报告；应当根据保密行政管理部门或者公安机关、国家安全机关的要求，删除涉及泄露国家秘密的信息，并对有关设备进行技术处理。

——《中华人民共和国保守国家秘密法》第三十四条

机关、单位应当依法对拟公开的信息进行保密审查，遵守国家保密规定。

——《中华人民共和国保守国家秘密法》第三十五条

机关、单位向境外或者向境外在中国境内设立的组织、机构提供国家秘密，任用、聘用的境外人员因工作需要知悉国家秘密的，按照国家有关规定办理。

——《中华人民共和国保守国家秘密法》第三十七条

举办会议或者其他活动涉及国家秘密的，主办单位应当采取保密措施，并对参加人员进行保密教育，提出具体保密要求。

——《中华人民共和国保守国家秘密法》第三十八条

机关、单位应当将涉及绝密级或者较多机密级、秘密级国家秘密的机构确定为保密要害部门，将集中制作、存放、保管国家秘密载体的专门场所确定为保密要害部位，按照国家保密规定和标准配备、使用必要的技术防护设施、设备。

——《中华人民共和国保守国家秘密法》第三十九条

军事禁区、军事管理区和属于国家秘密不对外开放的其他场所、部位，应当采取保密措施，未经有关部门批准，不得擅自决定对外开放或者扩大开放范围。

涉密军事设施及其他重要涉密单位周边区域应当按照国家保密规定加强保密管理。

——《中华人民共和国保守国家秘密法》第四十条

从事涉及国家秘密业务的企业事业单位，应当具备相应的保密管理能力，遵守国家保密规定。

从事国家秘密载体制作、复制、维修、销毁，涉密信息系统集成，武器装备科研生产，或者涉密军事设施建设等涉及国家秘密业务的企业事业单位，应当经过审查批准，取得保密资质。

——《中华人民共和国保守国家秘密法》第四十一条

在涉密岗位工作的人员（以下简称涉密人员），按照涉密程度分为核心涉密人员、重要涉密人员和一般涉密人员，实行分类管理。

任用、聘用涉密人员应当按照国家有关规定进行审查。

涉密人员应当具有良好的政治素质和品行，经过保密教育培训，具备胜任涉密岗位的工作能力和保密知识技能，签订保密承诺书，严格遵守国家保密规定，承担保密责任。

涉密人员的合法权益受法律保护。对因保密原因合法权益受到影响和限制的涉密人员，按照国家有关规定给予相应待遇或者补偿。

——《中华人民共和国保守国家秘密法》第四十三条

机关、单位应当建立健全涉密人员管理制度，明确涉密人员的权利、岗位责任和要求，对涉密人员履行职责情况开展经常性的监督检查。

——《中华人民共和国保守国家秘密法》第四十四条

涉密人员出境应当经有关部门批准，有关机关认为涉密人员出境将对国家安全造成危害或者对国家利益造成重大损失的，不得批准出境。

——《中华人民共和国保守国家秘密法》第四十五条

涉密人员离岗离职应当遵守国家保密规定。机关、单位应当开展保密教育提醒，清退国家秘密载体，实行脱密期管理。涉密人员在脱密期内，不得违反规定就业和出境，不得以任何方式泄露国家秘密；脱密期结束后，应当遵守国家保密规定，对知悉的国家秘密继续履行保密义务。涉密人员严重违反离岗离职及脱密期国家保密规定的，机关、单位应当及时报告同级保密行政管理部门，由保密行政管理部门会同有关部门依法采取处置措施。

——《中华人民共和国保守国家秘密法》第四十六条

国家工作人员或者其他公民发现国家秘密已经泄露或者可能泄露时，应当立即采取补救措施并及时报告有关机关、单位。机关、单位接到报告后，应当立即作出处理，并及时向保密行政管理部门报告。

——《中华人民共和国保守国家秘密法》第四十七条

3. 政府公共关系的主体：行政人员

政府公共关系的从事者或实施者通常为政府机构的行政人员，因此对其法律管理规定重点关注：《中华人民共和国公务员法》(以下简称《公务员法》)。政府人员在参与政府公共关系活动与工作当中，应恪守《公务员法》的有关规定，避免因个人行为、个人品行等负面事件对政府形象造成负面社会影响。

(1)公务员法定义务。《公务员法》对公务员的法定义务进行了明确的规定，包括对宪法、国家、人民、职业的忠诚，对国家秘密与工作秘密的保守，对社会主义核心价值观与社会公德的践行，对清正廉洁、公道正派品行的坚守。公务员形象通常反映政府形象，公务员与公众的社会关系通常反映政府的公共关系。因此加强对公务员队伍品行的塑造、行为的约束、义务的践行，是构建良好政府形象的有力保障。

公务员应当履行下列义务：

(一)忠于宪法，模范遵守、自觉维护宪法和法律，自觉接受中国共产党领导；

(二)忠于国家，维护国家的安全、荣誉和利益；

(三)忠于人民，全心全意为人民服务，接受人民监督；

(四)忠于职守，勤勉尽责，服从和执行上级依法作出的决定和命令，按照规定的权限和程序履行职责，努力提高工作质量和效率；

(五)保守国家秘密和工作秘密；

(六)带头践行社会主义核心价值观，坚守法治，遵守纪律，恪守职业道德，模范遵守社会公德、家庭美德；

(七)清正廉洁，公道正派；

(八)法律规定的其他义务。

——《中华人民共和国公务员法》第十四条

(2)公务员行为准则。《公务员法》对公务员具体行为的令行禁止也进行了明确约束，其中明确规定公务员应当遵纪守法，不得进行损害法律权威、损害国家声誉、破坏民族关系、滥用职权、贪污贿赂、弄虚作假、打击报复、泄露机密等各类违法乱纪的行为活动。公务员应强化对自身品行和行为的约束，遵守国家对公务员的规定与要求，向公众展现积极、进取、务实、廉洁的公共形象。

公务员应当遵纪守法，不得有下列行为：

(一)散布有损宪法权威、中国共产党和国家声誉的言论，组织或者参加旨在反对宪法、中国共产党领导和国家的集会、游行、示威等活动；

(二)组织或者参加非法组织，组织或者参加罢工；

(三)挑拨、破坏民族关系，参加民族分裂活动或者组织、利用宗教活动破坏民族团结和社会稳定；

(四)不担当，不作为，玩忽职守，贻误工作；

(五)拒绝执行上级依法作出的决定和命令；

(六)对批评、申诉、控告、检举进行压制或者打击报复；

(七)弄虚作假，误导、欺骗领导和公众；

（八）贪污贿赂，利用职务之便为自己或者他人谋取私利；

（九）违反财经纪律，浪费国家资财；

（十）滥用职权，侵害公民、法人或者其他组织的合法权益；

（十一）泄露国家秘密或者工作秘密；

（十二）在对外交往中损害国家荣誉和利益；

（十三）参与或者支持色情、吸毒、赌博、迷信等活动；

（十四）违反职业道德、社会公德和家庭美德；

（十五）违反有关规定参与禁止的网络传播行为或者网络活动；

（十六）违反有关规定从事或者参与营利性活动，在企业或者其他营利性组织中兼任职务；

（十七）旷工或者因公外出、请假期满无正当理由逾期不归；

（十八）违纪违法的其他行为。

——《中华人民共和国公务员法》第五十九条

4. 政府公共关系的行为之一：行政行为

政府公共关系的行政行为是政府公共形象塑造的表现之一，重点关注：《中华人民共和国行政处罚法》（以下简称《行政处罚法》）、《中华人民共和国行政许可法》（以下简称《行政许可法》）。政府机关在采取行政行为时，应依法行政，严格尊重法律法规的规定，不得逾越法律的界限，从而向公众塑造一心为公、公平公正的正面形象。

（1）《中华人民共和国行政处罚法》。行政处罚必须遵循公正、公开的原则。其中"公正"代表设定和实施行政处罚必须以事实为依据，与违法行为的事实、性质、情节以及社会危害程度相当；"公开"代表对违法行为给予行政处罚的规定必须公布。同时，在行政处罚中，不得随意侵害被处罚人的正当权利，包括其陈述权、申辩权以及申请行政复议、提起行政诉讼或者提出赔偿的权利。行政处罚必须公正公平，以事实为依据，以法律为准绳，对于违法事实不清、证据不足的，不得给予行政处罚；同时执法人员与案件有直接利害关系或者有其他关系可能影响公正执法的，应当回避。

行政处罚遵循公正、公开的原则。

设定和实施行政处罚必须以事实为依据，与违法行为的事实、性质、情节以及社会危害程度相当。

对违法行为给予行政处罚的规定必须公布；未经公布的，不得作为行政处罚的依据。

——《中华人民共和国行政处罚法》第五条

实施行政处罚，纠正违法行为，应当坚持处罚与教育相结合，教育公民、法人或者其他组织自觉守法。

——《中华人民共和国行政处罚法》第六条

公民、法人或者其他组织对行政机关所给予的行政处罚，享有陈述权、申辩权；对行政处罚不服的，有权依法申请行政复议或者提起行政诉讼。

公民、法人或者其他组织因行政机关违法给予行政处罚受到损害的，有权依法提出赔偿要求。

——《中华人民共和国行政处罚法》第七条

行政处罚的实施机关、立案依据、实施程序和救济渠道等信息应当公示。

——《中华人民共和国行政处罚法》第三十九条

公民、法人或者其他组织违反行政管理秩序的行为，依法应当给予行政处罚的，行政机关必须查明事实；违法事实不清、证据不足的，不得给予行政处罚。

——《中华人民共和国行政处罚法》第四十条

执法人员与案件有直接利害关系或者有其他关系可能影响公正执法的，应当回避。

——《中华人民共和国行政处罚法》第四十三条第一款

（2）《中华人民共和国行政许可法》。行政许可应当遵循公开、公平、公正、非歧视的原则，同时应当遵循便民的原则，提高办事效率，提供优质服务。其中，在公开原则层面，行政机关应当将法律、法规、规章规定的有关行政许可的事项、依据、条件、数量、程序、期限以及需要提交的全部材料的目录和申请书示范文本等在办公场所公示；行政机关作出的准予行政许可决定，应当予以公开，公众有权查阅；对于涉及公共利益的重大行政许可事项，行政机关应当向社会公告，并举行听证。在对被许可企业的监督检查工作中，行政机关不得妨碍被许可人正常的生产经营活动，不得索取或者收受被许可人的财物，不得谋取其他利益。

设定和实施行政许可，应当遵循公开、公平、公正、非歧视的原则。

——《中华人民共和国行政许可法》第五条第一款

实施行政许可，应当遵循便民的原则，提高办事效率，提供优质服务。

——《中华人民共和国行政许可法》第六条第一款

行政机关应当将法律、法规、规章规定的有关行政许可的事项、依据、条件、数量、程序、期限以及需要提交的全部材料的目录和申请书示范文本等在办公场所公示。

申请人要求行政机关对公示内容予以说明、解释的，行政机关应当说明、解释，提供准确、可靠的信息。

——《中华人民共和国行政许可法》第三十条

行政机关作出的准予行政许可决定，应当予以公开，公众有权查阅。

——《中华人民共和国行政许可法》第四十条

法律、法规、规章规定实施行政许可应当听证的事项，或者行政机关认为需要听证的其他涉及公共利益的重大行政许可事项，行政机关应当向社会公告，并举行听证。

——《中华人民共和国行政许可法》第四十六条

行政机关实施监督检查，不得妨碍被许可人正常的生产经营活动，不得索取或者收受被许可人的财物，不得谋取其他利益。

——《中华人民共和国行政许可法》第六十三条

5. 政府公共关系的行为之二：行政救济

政府公共关系的行政救济程序是政府形象塑造的表现之一，重点关注：《中华人民共和国行政复议法》（以下简称《行政复议法》）、《中华人民共和国行政诉讼法》（以下简称《行政诉讼法》）。公民对政府机关的行政行为表示不服，或认为行为违法或不当，可以通过行政复议和行政诉讼的手段进行救济。这不仅是监督政府行政行为、纠正违法不当行为的有力手段，同时也是政府形象最直接的体现方式。

（1）《中华人民共和国行政复议法》。行政复议是公民、法人和其他组织的救济权利，针对政府的行政处罚或行政行为有异议的，可以通过行政复议的方式进行救济。《行政复议法》规定公民、法人或者其他组织认为具体行政行为侵犯其合法权益，向行政机关提出行政复议申请，行政机关受理行政复议申请、作出行政复议决定。行政复议机关在履行复议职责的时候，应当遵循合法、公正、公开、及时、便民的原则，坚持有错必纠，保障法律、法规的正确实施。

为了防止和纠正违法的或者不当的行政行为，保护公民、法人和其他组织的合法权益，监督和保障行政机关依法行使职权，发挥行政复议化解行政争议的主渠道作用，推进法治政府建设，根据宪法，制定本法。

——《中华人民共和国行政复议法》第一条

公民、法人或者其他组织认为行政机关的行政行为侵犯其合法权益，向行政复议机关提出行政复议申请，行政复议机关办理行政复议案件，适用本法。

前款所称行政行为，包括法律、法规、规章授权的组织的行政行为。

——《中华人民共和国行政复议法》第二条

行政复议工作坚持中国共产党的领导。

行政复议机关履行行政复议职责，应当遵循合法、公正、公开、高效、便民、为民的原则，坚持有错必纠，保障法律、法规的正确实施。

——《中华人民共和国行政复议法》第三条

（2）《中华人民共和国行政诉讼法》。行政诉讼同样是公民、法人或者其他组织的救济权利。《行政诉讼法》规定公民、法人或者其他组织认为行政机关和行政机关工作人员的行政行为侵犯其合法权益，有权向人民法院提起诉讼，其中人民法院依法对行政案件独立行使审判权，不受行政机关、社会团体和个人的干涉。在行政诉讼中，人民法院需要遵循以事实为根据、以法律为准绳原则，合法性审查原则，合议、回避、公开审判和两审终审原则，法律地位平等原则，本民族语言文字原则，辩论原则以及法律监督原则。

【诉权】公民、法人或者其他组织认为行政机关和行政机关工作人员的行政行为侵犯其合法权益，有权依照本法向人民法院提起诉讼。

前款所称行政行为，包括法律、法规、规章授权的组织作出的行政行为。

——《中华人民共和国行政诉讼法》第二条

【独立行使审判权】人民法院依法对行政案件独立行使审判权，不受行政机关、社会团体和个人的干涉。

人民法院设行政审判庭，审理行政案件。

——《中华人民共和国行政诉讼法》第四条

【以事实为根据、以法律为准绳原则】人民法院审理行政案件，以事实为根据，以法律为准绳。

——《中华人民共和国行政诉讼法》第五条

【合法性审查原则】人民法院审理行政案件，对行政行为是否合法进行审查。

——《中华人民共和国行政诉讼法》第六条

【合议、回避、公开审判和两审终审原则】人民法院审理行政案件，依法实行合议、回避、公开审判和两审终审制度。

——《中华人民共和国行政诉讼法》第七条

【法律地位平等原则】当事人在行政诉讼中的法律地位平等。

——《中华人民共和国行政诉讼法》第八条

【本民族语言文字原则】各民族公民都有用本民族语言、文字进行行政诉讼的权利。

在少数民族聚居或者多民族共同居住的地区，人民法院应当用当地民族通用的语言、文字进行审理和发布法律文书。

人民法院应当对不通晓当地民族通用的语言、文字的诉讼参与人提供翻译。

——《中华人民共和国行政诉讼法》第九条

【辩论原则】当事人在行政诉讼中有权进行辩论。

——《中华人民共和国行政诉讼法》第十条

【法律监督原则】人民检察院有权对行政诉讼实行法律监督。

——《中华人民共和国行政诉讼法》第十一条

6. 政府公共关系的行为之三：行政公开

政府公共关系的行政公开行为是政府形象塑造的又一表现，重点关注：《中华人民共和国政府信息公开条例》(以下简称《政府信息公开条例》)。政府的信息公开是政府与企业、组织、公民的必要沟通桥梁，也是建立政府形象的重要方式。

政府的信息公开分为主动公开与依申请公开。其中对涉及公众利益调整、需要公众广泛知晓或者需要公众参与决策的政府信息，行政机关应当主动公开。除行政机关主动公开的政府信息外，公民、法人或者其他组织可以向地方各级人民政府、对外以自己名义履行行政管理职能的县级以上人民政府部门(含《政府信息公开条例》第十条第二款规定的派出机构、内设机构)申请获取相关政府信息。

对涉及公众利益调整、需要公众广泛知晓或者需要公众参与决策的政府信息，行政机关应当主动公开。

——《中华人民共和国政府信息公开条例》第十九条

行政机关应当依照本条例第十九条的规定，主动公开本行政机关的下列政府信息：

(一)行政法规、规章和规范性文件；

(二)机关职能、机构设置、办公地址、办公时间、联系方式、负责人姓名；

(三)国民经济和社会发展规划、专项规划、区域规划及相关政策；

(四)国民经济和社会发展统计信息；

(五)办理行政许可和其他对外管理服务事项的依据、条件、程序以及办理结果；

(六)实施行政处罚、行政强制的依据、条件、程序以及本行政机关认为具有一定社会影响的行政处罚决定；

(七)财政预算、决算信息；

(八)行政事业性收费项目及其依据、标准；

(九)政府集中采购项目的目录、标准及实施情况；

(十)重大建设项目的批准和实施情况；

(十一)扶贫、教育、医疗、社会保障、促进就业等方面的政策、措施及其实施情况；

(十二)突发公共事件的应急预案、预警信息及应对情况；

(十三)环境保护、公共卫生、安全生产、食品药品、产品质量的监督检查情况；

(十四)公务员招考的职位、名额、报考条件等事项以及录用结果；

(十五)法律、法规、规章和国家有关规定规定应当主动公开的其他政府信息。

——《中华人民共和国政府信息公开条例》第二十条

除行政机关主动公开的政府信息外，公民、法人或者其他组织可以向地方各级人民政府、对外以自己名义履行行政管理职能的县级以上人民政府部门(含本条例第十条第二款规定的派出机构、内设机构)申请获取相关政府信息。

——《中华人民共和国政府信息公开条例》第二十七条

本条例第二十七条规定的行政机关应当建立完善政府信息公开申请渠道，为申请人依法申请获取政府信息提供便利。

——《中华人民共和国政府信息公开条例》第二十八条

(五)公民公共关系的法律保护

1. 公民公共关系的法律范畴

在公共关系活动中，公民通常是公共关系工作的对象及客体。正当的公共关系工作可以建立公共关系组织与公民之间的良好形象关系，而违法的公共关系工作则会造成公民基本权利的侵害与受损，这种侵害通常发生在公民的人格权中。在《中华人民共和国民法典》(以下简称《民法典》)中，对人格权进行了明确规定：人格权是民事主体享有的生命权、身体权、健康权、姓名权、名称权、肖像权、名誉权、荣誉权、隐私权等权利。因此在进行公共关系工作的过程中，要注意对公民人格权的保护，不得随意侵害他人的合法权利。在这里，我们重点关注公共关系活动经常涉及的肖像权、名誉权、荣誉权、隐私权等人格权利。

2. 公民公共关系的人格权保护：肖像权

公共关系行为不得侵犯公民的肖像权。《民法典》规定任何组织或者个人不得以丑化、污损，或者利用信息技术手段伪造等方式侵害他人的肖像权。同时，未经肖像权人同意，不得制作、使用、公开肖像权人的肖像，肖像作品权利人不得以发表、复制、发行、出租、展览等方式使用或者公开肖像权人的肖像。在公共关系工作中，如摄影作品创作、文创内容创作等，都需要注意是否对公民肖像权构成侵害。

任何组织或者个人不得以丑化、污损，或者利用信息技术手段伪造等方式侵害他人的肖像权。未经肖像权人同意，不得制作、使用、公开肖像权人的肖像，但是法律另有规定的除外。

未经肖像权人同意，肖像作品权利人不得以发表、复制、发行、出租、展览等方式使用或者公开肖像权人的肖像。

——《中华人民共和国民法典》第一千零一十九条

合理实施下列行为的，可以不经肖像权人同意：

(一)为个人学习、艺术欣赏、课堂教学或者科学研究，在必要范围内使用肖像权人已经公开的肖像；

(二)为实施新闻报道，不可避免地制作、使用、公开肖像权人的肖像；

(三)为依法履行职责，国家机关在必要范围内制作、使用、公开肖像权人的肖像；

(四)为展示特定公共环境，不可避免地制作、使用、公开肖像权人的肖像；

(五)为维护公共利益或者肖像权人合法权益，制作、使用、公开肖像权人的肖像的其他行为。

——《中华人民共和国民法典》第一千零二十条

当事人对肖像许可使用期限没有约定或者约定不明确的，任何一方当事人可以随时解除肖像许可使用合同，但是应当在合理期限之前通知对方。

当事人对肖像许可使用期限有明确约定，肖像权人有正当理由的，可以解除肖像许可使用合同，但是应当在合理期限之前通知对方。因解除合同造成对方损失的，除不可归责于肖像权人的事由外，应当赔偿损失。

——《中华人民共和国民法典》第一千零二十二条

3. 公民公共关系的人格权保护：名誉权和荣誉权

公共关系行为不得侵犯公民的名誉权和荣誉权。《民法典》规定任何组织或者个人不得以侮辱、诽谤等方式侵害他人的名誉权，也不得非法剥夺他人的荣誉称号，不得诋毁、贬损他人的荣誉。在公共关系工作中，尤其在内容创作、文学发表、艺术作品等方面，如果对特定权利人的描述构成诽谤、侮辱等行为，均有可能对他人的名誉权和荣誉权构成侵害。

民事主体享有名誉权。任何组织或者个人不得以侮辱、诽谤等方式侵害他人的名誉权。

名誉是对民事主体的品德、声望、才能、信用等的社会评价。

——《中华人民共和国民法典》第一千零二十四条

行为人为公共利益实施新闻报道、舆论监督等行为，影响他人名誉的，不承担民事责任，但是有下列情形之一的除外：

（一）捏造、歪曲事实；

（二）对他人提供的严重失实内容未尽到合理核实义务；

（三）使用侮辱性言辞等贬损他人名誉。

——《中华人民共和国民法典》第一千零二十五条

行为人发表的文学、艺术作品以真人真事或者特定人为描述对象，含有侮辱、诽谤内容，侵害他人名誉权的，受害人有权依法请求该行为人承担民事责任。

行为人发表的文学、艺术作品不以特定人为描述对象，仅其中的情节与该特定人的情况相似的，不承担民事责任。

——《中华人民共和国民法典》第一千零二十七条

民事主体有证据证明报刊、网络等媒体报道的内容失实，侵害其名誉权的，有权请求该媒体及时采取更正或者删除等必要措施。

——《中华人民共和国民法典》第一千零二十八条

民事主体享有荣誉权。任何组织或者个人不得非法剥夺他人的荣誉称号，不得诋毁、贬损他人的荣誉。

获得的荣誉称号应当记载而没有记载的，民事主体可以请求记载；获得的荣誉称号记载错误的，民事主体可以请求更正。

——《中华人民共和国民法典》第一千零三十一条

4. 公民公共关系的人格权保护：隐私权

公共关系行为不得侵犯公民的隐私权。《民法典》规定任何组织或者个人不得以刺探、侵扰、泄露、公开等方式侵害他人的隐私权，包括其私人生活安宁和不愿为他人知晓的私密空间、私密活动、私密信息。同时，他人的个人信息也受到法律保护，包括自然人的姓名、出生日期、身份证件号码、生物识别信息、住址、电话号码、电子邮箱、健康信息、行踪信息等。这都是公共关系工作在对外实施的时候要特别注意的法律底线。

自然人享有隐私权。任何组织或者个人不得以刺探、侵扰、泄露、公开等方式侵害他人的隐私权。

隐私是自然人的私人生活安宁和不愿为他人知晓的私密空间、私密活动、私密信息。

——《中华人民共和国民法典》第一千零三十二条

除法律另有规定或者权利人明确同意外，任何组织或者个人不得实施下列行为：

（一）以电话、短信、即时通信工具、电子邮件、传单等方式侵扰他人的私人生活安宁；

（二）进入、拍摄、窥视他人的住宅、宾馆房间等私密空间；

（三）拍摄、窥视、窃听、公开他人的私密活动；

（四）拍摄、窥视他人身体的私密部位；

（五）处理他人的私密信息；

（六）以其他方式侵害他人的隐私权。

——《中华人民共和国民法典》第一千零三十三条

自然人的个人信息受法律保护。

个人信息是以电子或者其他方式记录的能够单独或者与其他信息结合识别特定自然人的各种信息，包括自然人的姓名、出生日期、身份证件号码、生物识别信息、住址、电话号码、电子邮箱、健康信息、行踪信息等。

个人信息中的私密信息，适用有关隐私权的规定；没有规定的，适用有关个人信息保护的规定。

——《中华人民共和国民法典》第一千零三十四条

二、公共关系的法律底线

与公共关系相关的法律法规众多，针对不同主体，在不同领域通常有具体的部门法进行约束。尽管不同部门法在具体的规制范围上有较大的差异，但其背后所体现的法律原则以及法律底线思维是相通的。

因此，学习公共关系的法规知识，不仅需要掌握具有代表性法律的相关规定，还需要理解其背后所蕴含的立法逻辑与底线规制。我们对当前国内众多相关法律进行类比研究后，归纳出以下七点公共关系的法律底线原则。

（一）不违反法律规定

公共关系受到法律的约束与规制，任何组织、个人不得在公共关系工作及活动中违反相应法律的强制性规定。公共关系进行法律规制，其结果是在公共关系主体之间因法律规范的调整而产生了相应的权利和义务。这一过程涉及公共关系的策划、公关行为的选择、公共关系的主体、客体及主体之间的权利义务的形成、主体良好公共形象的建立等[1]。

1. 公共关系的策划和问题的解决要依法进行

公共关系得以存在需要法律的确认，同样，其出现的问题也应依法解决。公共关系的主体必须根据法律的具体规定对公共关系进行策划，不能进行违法的公共关系策划，即在公共关系活动中的行为要符合法律规定，不能随意而为，否则是不受法律保护的。同样，在公共关系活动中出现了问题也应依法解决。任何违法的解决方法都是不负责任的，只能造成不良的后果，这是从许多失败的公共关系策划和公关危机的处理中得到的结论。

---

[1] 牛忠志、杜永平：《论公共关系及其法律规制的必要性》，载《重庆与世界：学术版》，2012，29(04)：23-26。

2. 公共关系组织及其工作人员的行为合法

在公共关系实践中，公共关系组织及其工作人员的行为应该是合法的。一方面，在公共关系组织内部应分工明确，每个人有不同的职责和权限，不能任其所为。否则，这个组织必然混乱，职能无法实现，组织形象和利益也会受到损害。另一方面，公共关系活动的内容、方法也要符合法律规定。这就要求公共关系的组织者要有法律意识，按照法律规定策划公共关系活动，确保其内容受到法律的保障。反之，则会受到惩罚。以电视广告为例，其内容不仅要真实可靠，而且不能随意捏造或者散布淫秽、反动或者迷信的东西，否则必然会受到处罚。

3. 公共关系的主体和权利义务的合法性要求

公共关系的主体应该合法，未经法律确认或未依法注册批准成立的组织不能成为公共关系的主体。只有合法的公共关系主体才有合法的公众，不同的公共关系主体对应的客体也是不同的，这是由国家法律明确规定的。

公共关系的内容即权利义务关系。法律规定，享有权利的同时必须履行义务。并且，一方权利的行使通常是以对方履行义务为条件。这时，我们就需要法律来确认这些权利和义务。只有这样，权利义务双方才能在各自的权利内享有权利，履行义务，良好的公共关系才能得以形成和健康发展。

4. 依法公关是取得美好形象的关键

社会组织的美好形象是在多种因素共同作用下形成的，而依法公关是其中必不可少的一个条件。公共关系组织者要有系统的法律知识和意识，依法办事，积极履行法定义务，才能形成和谐的公共关系，收到其理想的结果，组织也能在公众心中取得美好的形象。不仅如此，法律作为评价组织形象及其公关效果的一个标准，使得组织也必须依法公关。事实上，坚持把法律作为重要标准，不仅可以推动社会主义民主政治建设，为社会经济、文化发展提供法治保障，而且能够有力促进和谐公共关系的形成，有利于树立组织的美好形象。

(二)不破坏国家稳定

公共关系活动通常具有一定传播力、影响力和号召力。积极的公共关系活动可以传递健康的价值观念、正确的信息事实、有益的精神内容，消极的公共关系活动通常会引发公众的误解、偏见以及负面情绪，从而对国家的稳定发展造成干扰。

1. 公共关系活动不得破坏稳定

国家稳定是经济发展、社会协调、百姓生活的立命之本，维护国家稳定是每一个组织与公民的法定义务。因此任何从事公共关系的组织与个人不得以任何公共关系活动的形式与内容肆意宣导反动思潮，更不能为了博取关注或自身利益刻意捏造事实、扭曲是非，从而对国家稳定造成重大破坏。

2. 公共关系工作可以维护稳定①

党的十九大报告提出，建设人民满意的服务型政府。在创新社会管理体制下，我国社会治理模式逐渐从单向管理转向双向互动，从线下转向线上线下融合，从单纯的政府监管向更加注重社会协同治理转变。各级政府充分认识到政府公共关系是提高政

---

① 王大平：《新时代公共关系服务社会创新发展》，https://t. m. youth. cn/transfer/index/url/news. youth. cn/jsxw/202103/t20210309_12754868.htm，2021-03-09。

府执政能力的重要手段，贯彻落实以人民为中心的发展思想，在处理日常工作事务中，都有意识地运用公共关系来处理公共事务并且取得了明显成效；更加注重民主协商、社会协同、公众参与，通过各种公共关系行为与公众建立良好的关系，塑造正面形象，赢得公众支持；积极推动政府信息公开、政务舆情回应和新闻发言人制度建设。

中央各部门、各省（区、市）党委及政府制定了突发事件和热点问题的新闻发布制度，各地各部门普遍建立了相应的工作机制。国务院新闻办公室官方网站向全社会公布了中央部委、各省（区、市）新闻发言人名单和发布机构联系方式。重大活动、突发性公共事件、舆论关注热点话题都得到及时发布和第一时间回应，发布机制提供了权威信息，有效满足了公众知情权，也起到了解疑释惑、安定人心的效果，大家渐渐习惯了从新闻发布会中获取信息、掌握动态。随着我国新闻发言人制度建设和政务信息公开制度的不断完善，我国政府公共关系事业向法治化、规范化、常态化方向健康发展。

危机管理是公共关系管理的重要内容，在全球范围内，自然灾害、事故灾难、公共卫生事件、社会安全事件时有出现，政府在公共危机管理中起着决定性的作用。危机处置不当不仅对国家的经济发展和社会稳定带来威胁，还关乎政府的公信力、形象和权威。党的二十大报告对提高公共安全治理水平作出战略部署，提出"坚持安全第一、预防为主，建立大安全大应急框架，完善公共安全体系，推动公共安全治理模式向事前预防转型"。我国各级政府高度重视危机管理工作，强化管理和服务，理顺体制和机制，通过整合社会资源维护公共安全，科学引导社会舆论和公众情绪，发动群众共同参与公共安全防控工作，引导社区居民开展风险隐患排查和治理，开展公共安全宣传进企业、进农村、进社区、进学校、进家庭，普及安全知识，培育安全文化和开展常态化应急疏散演练等大量卓有成效的工作，使危机对社会的危害程度降到最低。

（三）不影响民族团结

民族团结是社会主义民族关系的基本特征和核心内容之一，既是国家稳定的根源，也是各个国家所追求的目标。社会主义社会各民族之间的团结，是以中国共产党的领导和党的团结为核心的，是以社会主义制度和祖国统一为基础的，也是我国民族政策体系的重要组成部分。

公共关系活动中，不得在图书、报刊、音像制品、影视、网络等载体以及地域名称、企业名称、品牌商标、广告信息等方面出现否定中华民族共同体、诋毁民族风俗习惯、损害民族尊严、伤害民族感情的内容；不得散布不利于民族团结的言论；不得收集、制作、提供、传播不利于民族团结的信息；不得实施破坏民族团结、煽动民族仇恨和民族歧视的行为；不得实施渗透颠覆破坏活动、暴力恐怖活动、民族分裂活动、宗教极端活动。

（四）不干扰社会秩序

社会秩序包括经济秩序、市场秩序、公众生活秩序，任何公共关系活动与工作不得对社会秩序进行破坏。公共关系的元理由是自由与秩序，公共关系得以产生、存续和发展的最初动因和根本理由是协调自由与秩序之间的关系，法律则是国家为了平衡个体自由与公共秩序而创立的行为规范。从某种程度上来讲，法律是国家对公共关系的一种价值判断和合法性确认，法律关系是公共关系的一种抽象形式，具体的公共关系行为必然要符合法律的规定，否则，该公共关系无论结果如何，都不能称之为成功的或者有效的公共关系。法律的修改和完善离不开公共关系的促进和推动，公共关系的发展和进步离不开法律的引导和规范①。

（五）不损害公共利益

《宪法》第五十一条规定，中华人民共和国公民在行使自由和权利的时候，不得损害国家的、社会的、集体的利益和其他公民的合法的自由和权利。其中，国家的、社会的、集体的利益实际上就是指公共利益。

合法的公共关系活动是组织或个人行使的自由和权利，但一旦在行使的过程中对国家利益、社会利益、集体利益造成负面的损害，就是超越了自身合法权利的边界。因此公共关系工作不得与公共利益相违背，不得超越法律对自身权利行使范围的规定。

（六）不损害他人利益

公共关系与一般的人际关系，特别是与我国传统的人际关系不同，它不是以血缘、地域为基础，而是以一定的利益关系为基础。一家企业的公众对象是对该企业的目标和发展具有一定利益关系和制约力的个人群体或组织。这种以一定的利益关系为纽带的双方关系，强调平等相待、互利互惠，那些只顾本单位利益而不顾后果，不尊重他人或损害他人利益的做法，无疑是与公共关系的基本原则相背离的。因此，强调本企业利益与社会公众利益的平衡协调，根据双方利益的共同特点建立起平等互利的真诚合作关系，即坚持同自身的公众对象一同发展，这是公共关系工作中的一条最基本也是最重要的原则。这一原则的重要性可在诸多商业企业的经营实践活动中得以验证。

（七）不捏造客观事实

不捏造客观事实与公共关系的真实性原则一脉相承。真实性原则是指组织在开展公共关系活动时，必须建立在组织良好行为和掌握事实的基础之上，向公众如实传递有关组织的信息，同时向组织决策者如实传递有关公众的信息。

公共关系是建立信誉、塑造形象的艺术，但它又不是一种纯粹的艺术或宣传的技术，而是以事实为依据的科学。公共关系不能"制造"，只能"塑造"良好的形象，这种塑造所用的材料就是事实。所以说，真实是公共关系的基本原则，也是对公关人员根本的道德要求，是公共关系的生命。隐瞒、歪曲、推诿是公共关系的大敌，坦诚、亲切、负责的态度是公共关系成功的要诀。

第二节　公共关系伦理

一、公共关系职业道德的内涵和特征

（一）公共关系职业道德的内涵②

公共关系职业道德是公关人员在其职业活动中所要遵循的道德规范和行为准则，它能够使从业人员把个人需要与职业使命结合起来，使公关人员的工作经历变得有意义，能够引导他们的职业活动，使之向着有利于社会经济和社会文明建设的健康方向

---

① 李亚：《中国首部公共关系蓝皮书在京发布》，载《公关世界》，2016(23)：4。
② 刘蓓：《我国公共关系职业道德建设探析》，硕士学位论文，华东师范大学，2010。

发展。

1. 公共关系职业道德的核心——为公众服务

公共关系职业道德是指在社会公共关系实践活动中所产生的行为准则和规范。它在社会这个大环境中存在，也就必然与人产生"关系"。从公共关系的角度看，公关人员所面对的人主要是指组织的公众。我国从 2006 年党的十六届六中全会开始就将职业道德建设的地位上升到了和谐社会建设的重要组成部分。加强社会主义道德建设的核心是坚持为人民服务。职业道德是社会主义道德体系的重要组成部分，因此为人民服务也是职业道德的核心。而作为社会主义职业道德中的一部分，公共关系职业道德也必然以为人民服务为核心，也就是说，要以为组织的公众服务为本。公关人员作为协调社会和组织及其公众之间关系的桥梁，不仅要向组织负责，更重要的是要对公众负责，一个具有良好职业道德品质的公关人员，才能正确处理个人与组织、组织和国家之间的利益关系，激发出其履行职业责任的内在驱动力，全心全意地为组织和公众服务。这是公共关系职业道德最核心也是最重要的内容。

2. 公共关系践行职业道德的主体——公关人员

对于公关人员来说，道德不仅仅是一种必要的素质、一种极富营养的促进剂，而且是人才成长、进步的内在驱动力。公共关系工作性质的内在性要求其从业人员必须具备良好的道德素养。这是建设公共关系职业道德的基础所在。

公关人员应具有强烈的社会责任感，要有自觉地去为社会进步贡献自己的聪明、才智的责任心。作为公关人员不仅要对本组织有责任感，同时也要意识到作为一个社会公民对于社会也要有强烈的责任感。作为公关人员有责任向社会提供良好的服务，不能做出对社会不利的事。公关人员开展公共关系活动，第一，要注重社会效益，努力维护公共关系职业的整体形象。不得利用贿赂和其他不正当手段影响传播媒介人员的真实、客观的报道；不能为了私人利益而散布假信息以从中谋取利益，骗取公众的信任，影响公共关系工作的信誉，影响公关行业的形象。第二，要协调好众多的利益关系。在公共关系实践中会面临各种各样错综复杂的利益关系，作为一名有职业道德的公关人员，应该在考虑自己所在组织的利益的同时也考虑到社会公众的利益，决不能有意损害社会主义现代化建设和社会公众的利益，以及其他公共关系工作者的信誉。"对于不道德、不守法的公共关系组织及个人的行为要及时予以制止，并通过组织采取相应的措施。"

(二)公共关系职业道德的特征[①]

1. 公共关系职业道德规范调节的最终目的是达成"双赢"或"多赢"局面

一般来讲，公共关系职业道德主要调节的是组织与其内部成员之间的关系、和外部公众之间的关系以及与社会的关系。但凡是发生在法律效力之外的社会组织与其内外部公众间利益方面的矛盾、摩擦，就是公关职业道德调节的范围。一个公关人员所在的社会组织面对的公众不是单一的，而是多方面的。而如何在实际工作中处理好这三者之间的利益关系，达到"双赢"或"多赢"是公共关系职业道德规范调节的主要目的。

---

① 刘蓓：《我国公共关系职业道德建设探析》，硕士学位论文，华东师范大学，2010。

2. 公共关系职业道德规范更加要求注重信息传播的真实性

公共关系这一职业自从产生以来就与媒体有着不解之缘。媒体是公共关系活动联系组织与公众的桥梁和纽带，可以说媒体是公共关系的基本要素之一，而"所谓媒体就是信息和传播信息的物质载体的统一"。也就是说传播信息是公共关系实践活动的方式之一，而被传播的信息的真实性是与公共关系行业的形象度、美誉度息息相关的，因此对于公共关系这一职业来说，注重信息传播的真实性是其职业道德规范的重要特征之一。

3. 公共关系职业道德规范的调节内容具有针对性

与社会其他道德规范相比，公共关系职业道德规范有一套自己的行事标准，调节的内容也比较具有针对性，这是公关职业道德规范的又一重要特征。这不仅要求公共关系职业道德规范的内容鲜明具体，而且要求相比于一般的职业道德规范，公共关系职业道德规范的内容应更具有其明显职业活动的特点。

二、公共关系职业道德的内容[①]

(一)《中国公共关系职业道德准则》

1989 年 9 月 25—29 日，全国省市公共关系组织第二次联席会议在西安举行，来自 24 个省市的 160 多位代表出席，余明阳、权裕、齐新潮三位代表酝酿起草了《中国公共关系职业道德准则》。这个草案是以中国社会公认的道德规范和公共关系实际为出发点，并借鉴《雅典准则》《威尼斯准则》以及国外一些有参考价值的文献而成；1991 年 5 月的第四次全国省市公关组织联席会议上，正式通过了经过国内公关专家反复修订的《中国公共关系职业道德准则》。

研读材料 8-1

《中国公共关系职业道德准则》

(1991 年 5 月 23 日第四届全国省市公共关系组织联席会议通过)

总则

中国公共关系事业的发展是中国改革开放的必然趋势，它以新型的管理科学协调社会各方面的关系，密切党和广大人民群众的联系，调动各种积极因素，维护安定团结，促进社会主义建设。因此公共关系工作者肩负着时代的使命。公共关系工作者必须具有高尚的职业道德作为完善自身形象的行为准则。

条款

第一条　公共关系工作者应当坚持社会主义方向，自觉地遵守我国的宪法、法律和社会道德规范。

第二条　公共关系工作者开展公共关系活动首先要注重社会效益，努力维护公关职业的整体形象。

第三条　公共关系工作者在公共关系活动中，应当力求真实、准确、公正和对公众负责。

---

① 《公共关系从业人员职业准则》，https://baijiahao.baidu.com/s?id=1686394791080795657&wfr=spider&for=pc，2020-12-18。

第四条 公共关系工作者应当努力提高自己的政治水平、文化修养和公关的专业技能。

第五条 公共关系工作者应当将公关理论联系中国的实际，以严肃认真、诚实的态度来从事公共关系学教育。

第六条 公共关系工作者应当注意传播信息的真实性和准确性，防止和避免使人误解的信息。

第七条 公共关系工作者不能有意损害其他公关工作者的信誉和公关实务。对不道德、不守法的公关组织及个人予以制止并通过有关组织采取相应的措施。

第八条 公共关系工作者不得借用公关名义从事任何有损公关信誉的活动。

第九条 公共关系工作者应当对公关事业具有高度的责任感。不得利用贿赂或其他不正当手段影响传播媒介人员真实、客观的报道。

第十条 公共关系工作者在国内外公共关系实务中应该严守国家和各自组织的有关机密。

附则

本准则将根据实际情况予以调整和修改。其解释、修改、终止权属全国省市公关组织联席会。

(二)《中国国际公共关系协会会员行为准则》

2001年下半年中国国际公共关系协会起草《中国国际公共关系协会会员行为准则》，经中国国际公共关系协会理事会审议通过，标志着行业规范化工作正式启动。

研读材料 8-2

《中国国际公共关系协会会员行为准则》

公共关系是组织机构进行信息传播、关系协调和形象管理的一门艺术和科学，它通过一系列有计划、有目的、有步骤的调查、策划、实施、评估以及咨询等手段来实现。公共关系职业在我国是国家正式认可的一个职业，中国公共关系业服务于社会主义市场经济建设和改革开放，促进物质文明和精神文明的建设，推动社会的进步和发展。

鉴于公共关系业是一个严肃的职业，每个公共关系专业公司和从业人员应该追求崇高的职业道德并遵循职业的行为准则。为此，中国国际公共关系协会(CIPRA)所有会员(单位会员和个人会员)均同意遵守本准则。

第一章 总则

第一条 教育、引导原则。为组织机构提供有效的、负责任的公共关系服务，教育社会公众并正确引导公众舆论，以服务公众利益。

第二条 公平、公开原则。以公平、公开的态度对待组织机构、社会公众乃至竞争对手，争取良好的商业环境，促进社会进步。

第三条 诚实、信誉原则。以诚实的态度服务组织机构和公众，准确、真实地传播信息；讲求商业信誉，将公众利益放在首位。

第四条 专业、独立原则。运用专业技术和经验服务组织机构和公众，为组织机构提供客观、独立的建议和服务；通过持续的专业开发、研究与教育来推动本职业的发展。

第二章 行为准则

第一条 信息传播是公共关系服务的基础，唯有准确、真实的信息传播才能更好地沟通组织机构与新闻媒体、政府、公众之间的关系，真正服务组织机构和公众利益。

第二条　以组织机构利益为导向是本行业赖以生存的基础，应该通过不断完善的专业技术和经验来满足组织机构的需求，帮助组织机构实现既定的目标。

第三条　专业服务涉及组织机构众多秘密，因此严格保守组织机构秘密和个人信息是获取组织机构信任、保持商誉的根本。

第四条　避免现在、潜在的利益冲突可以建立组织机构和公众的广泛信任，是本行业健康发展的基础。

第五条　优胜劣汰，唯有保持公平、公开的竞争，才能不断完善健康、繁荣的行业大环境。

第六条　人才资源是行业发展和繁荣的基本条件，只有不断培养和吸收优秀人才进入本行业，才能不断壮大行业队伍，提升本行业在社会的地位。

第七条　没有行业的繁荣，也就没有个体的利益。每个成员应以不懈努力，创造一个不断发展、繁荣的行业为己任。

(三)《国际公共关系协会职业准则》

在所有的公关道德准则中，《国际公共关系道德准则》影响最大。很多国家直接采用此准则或以此为范本制定自己的职业道德准则。长期以来，国际公共关系协会就致力于推动各国公共关系工作职业化和规范化。该协会的第一个《国际公共关系道德准则》由国际公共关系协会名誉会员、法国人卢亚恩·马特拉特(Lujan Mattrat)起草，于1965年5月12日在雅典召开的国际公共关系协会大会上通过，又称《雅典准则》。1968年4月17日国际公共关系协会德黑兰会议对该文件进行了修改。

研读材料 8-3

《国际公共关系道德准则》

(一)国际公共关系协会成员必须竭诚做到以下各条：

第一条　为建设应有的道德、文化条件，保证人类得以享受《联合国人权宣言》所规定的诸种不可剥夺的权利作贡献。

第二条　建立各种传播网络与渠道，以促进基本信息自由流通，使社会的每个成员都有被告知感，从而产生归属感、责任感与社会合一感。

第三条　牢记由于职业与公众的密切联系，个人的行为——即使是私人方面的——也会对事业的声誉产生影响。

第四条　在自己的职业活动中尊重《联合国人权宣言》的道德原则与规定。

第五条　尊重并维护人类的尊严，确认个人均有自己作判断的权利。

第六条　促成为真正进行思想交流所必需的道德、心理、智能条件，确认参与的各方都有申诉情况与表达意见的权利。

(二)所有成员都应保证：

第七条　在任何时候任何场合，自己的行为都应赢得有关方面的信赖。

第八条　在任何场合，自己均应在行动中表现出对所服务的机构和公众双方的正当权益的尊重。

第九条　忠于职守，避免使用含糊或可能引起误解的语言，对目前及以往的客户或雇主都始终忠诚如一。

(三)所有成员都应力戒：

第十条 因某种需要而违背真理。

第十一条 传播没有确凿依据的信息。

第十二条 参与任何冒险行动或承揽不道德、不忠实、有损于人类尊严与诚实的业务。

第十三条 使用任何操纵性方法与技术来引发对方无法以其意志控制因而也无法对之负责的潜意识动机。

(四)对公共关系职业道德发展的评价

我国公共关系职业道德内容随着公关行业的发展也逐渐成熟、完善、专业、规范，并且与时俱进，紧扣时代发展的特征逐渐深入。虽然不同的公共关系职业道德准则在表述形式、表达方式上有所差异，但其中的内容核心以及价值理念却一脉相承。无论是公共关系行业、企业、学者、从业者，对公关关系职业道德重要性的认知越来越深刻，对其内容的延展也越来越广泛，对道德规范的建议也越来越成熟。也正是因为每一位公关人的奉献与付出，才使得我们当前公共关系行业健康发展，才使得公共关系职业道德深入人心。

正如1991年出台的《中国公共关系职业道德准则》，这一准则以我国社会公认的道德规范和当时我国公共关系的实际情况为出发点，借鉴国外一些有参考性的文件编制而成。它的出现无疑是中国公共发展史上的一件大事，具有里程碑的效应，也是中国公共关系走向职业化的一个重要步骤，并且充分表明了中国公共关系职业在发展过程中的自律需要以及对这一需要内容的确定。随后由中国国际公共关系协会（CIPRA）发布的《中国国际公共关系协会会员行为准则》根据公共关系工作的专业特点，指出了哪些是公关人员应该确保的，哪些是应该兼顾的，哪些是不应该做的，并作出了详细的规定，对公共关系行业职业道德规范内容作出了更加明确的规范。这两部中国公共关系职业道德准则的正式出台，为我国公共关系行业职业道德内容的发展与延展奠定了坚实的基础。

在这两部准则的基础上，越来越多的行业细分职业道德准则开始诞生。例如在公共关系咨询行业，2004年中国国际公共关系大会正式对外发表《公关咨询业服务规范》（指导意见），在这个规范中明确规定了公关专业人员的职业道德，提出了10项从业原则并且将公关职业道德和法律责任挂钩，对公共关系行业的规范发展起了重要作用。再如在网络公关行业，2010年中国国际公关协会在北京发布了《网络公关服务规范》（指导意见）。这是中国公共关系行业继2004年《公关咨询业服务规范》（指导意见）后的又一份重要行业文件，也是我国针对网络公关业务的首份行业标准文件。这一文件紧密联系当前信息化时代的特征，目的是营造一个健康有序的网络公关环境。

从中国职业道德规范的发展过程中可以看出，公关职业道德建设对于公共关系这一行业的生存和发展至关重要，在这一大的浪潮下，中国的公关职业道德建设水平与世界先进水平逐渐接轨，与中国公共关系行业的实际发展更加吻合。中国公共关系职业也逐渐迈入规范化、专业化、成熟化的发展阶段。[①]

---

① 刘蓓：《我国公共关系职业道德建设探析》，硕士学位论文，华东师范大学，2010。

案例研读 & 文献阅读

扫一扫，看资源

第九章 公共关系的人际传播

【学习目标】
　　(1)了解人际传播在公共关系中的基本功能;
　　(2)掌握公关工作中与人际传播关系密切的主要手段;
　　(3)理解涉及人际传播的公关基础礼仪。
【基本概念】
　　人际传播　基本功能　主要手段　基础礼仪

第一节 人际传播的基本功能

　　所谓人际传播,指的是个人与个人之间的信息传受活动或过程①。公关里面所指的人际传播,不仅是指作为一般个体的人与人之间的信息交流,还指代表组织利益和要求的组成成员与个体公众、群体公众之间的信息互动。它是最常见、最广泛的一种传播方式,也是社会组织赖以生存和发展的最基本的形式。

一、人际传播的特点

(一)方式灵活,私密性强

　　人际传播的方式最为灵活,既可以借助语言符号或非语言符号,面对面开展直接传播,也可以通过各种媒介技术,如电话、电邮、互联网等,开展非面对面(即间接)传播;既可以随时随地开始,也可以随时随地结束;既可以实名制,也可以匿名性,其所传递的信息意义比其他形式的传播更为丰富和复杂。

　　人际传播的灵活性一定程度地塑造了其个体性和私密性。由于人际传播为一对一或一对多的形式,小范围的交流讨论避免了大众传播带来的警惕和拘束,使人们更容易敞开心扉,展现出个性化的一面。

(二)双向互动,反馈及时

　　由于人际传播中参与的双方既是"传送者",又是"接收者",在传播过程中,通过你来我往的方式不断交换信息,变换角色的同时,每一方能根据对方的反应相应地修改、补充传播内容或改变传播方法,从而产生双向的影响和作用。

　　同时,人际传播中信息的传递和反馈的间隔时间最短,无论是通过媒介进行的间接传播,还是面对面进行的直接传播,其反馈的时长均显著短于大众传播,甚至能同步进行,故反馈更为及时和灵敏,传播效果也十分显著。

---

　　①　张国良:《传播学原理》,上海,复旦大学出版社,2004。

(三)交流情感，社会属性

人际传播具有显著的私人性和个体性，这一特征使其更有利于个人情感的流露，促进交流双方的相互理解。并且，其情感强度一般是随着传播对象数量的增加而递减。故人际传播比在公众场合更有利于情感的交流，更易于达到"以情动人、以情化通"的效果。

同时，人际传播中的双方均是一段社会关系中的个体，如亲人、夫妻、朋友、同事、搭档等，这种社会关系使得双方交流更易产生共情的同时，也表明了人际传播具备一定的社会属性，这种社会属性使得人际传播在公共关系的处理中尤为重要。

但是，事物都是既有优点又有缺点的，如同月亮既有光明的一面，也有阴暗的一面。人际传播属于小范围传播，速度也比较慢，很难让社会公众了解一类信息。因此，这方面的工作是大众传播的职责。人际传播可以做"精且深"的传播，而大众传播则适应"广且泛"的传播。所以，我们主要将人际传播用于对企业和组织内部的公共关系协调以及同小范围的商业同伴的沟通上面。

二、人际传播的方式

人际传播的方式，按借助的媒体类型，可分为直接传播和间接传播；按组织的划分，可分为组织内的人际传播和组织外的人际传播。

(一)按媒体划分

1. 直接传播

直接传播，指的是通过语言、动作和表情等媒介进行面对面的信息交流形式[①]。直接传播是人们亲身参与，直接进行信息交换的活动。在直接传播中，要借助语言传播(说话、讨论、演讲、会议等)和非语言传播，也就是类语言、体态语传播(表情、姿态、语气等)。一般情况下，两者是结合进行的。并且，体态语等身体语言的作用往往比语言的作用更大。后面我们将详细地进行论述。

2. 间接传播

间接传播，指的是通过电话、电报、书信、网络等中介进行的人际传播。随着社会信息科技的高速现代化发展，该种传播越来越成为人们日常交流的重要方式。它是面对面传播的延伸，尤其在科技发展的今天，人们已经可以通过网络、电话等媒介，自由地和世界各个角落的人自由联络。马歇尔·麦克卢汉(Marshall Mcluhan)所预言的"地球村"[②]早已是当今的现实，不仅是由于交通发达，可任意突破地域阻碍，更是媒介手段高超，可以自由通信的结果。间接传播大大地拓宽了人际传播的范围，也为公共关系的开展提供了有效的方式。间接传播具备以下优点。

(1)极大的便利性。借助于媒介技术的更新，间接传播缩短了人与人之间的距离，从早期的书信、电话、电报，到现在的电邮、基于互联网的"两微一端"以及抖音等短视频社交媒体(本章统称为"网络媒体")，媒介技术实现了多渠道的信息互通，也使人与人的交流更快速了。一方面，间接传播打破了时间距离，使得人际传播可以随时开展，节省了路程耗费的时间；另一方面，间接传播也突破了空间的距离，公务外出的

---

① 薛可、余明阳：《人际传播学(新版)》，上海，上海人民出版社，2012。

② 马歇尔·麦克卢汉：《理解媒介——论人的延伸》，何道宽译，北京，商务印书馆，2000。

公关人员可以随时与办公室的人开展工作交流，跨越大洋的异国合作也因间接传播变成可能。极大的便利性促使间接传播成为现代交流通信的主要手段之一。

（2）具有匿名性。由于不用面对面交流，间接传播带有一定的匿名性质，匿名性的特质在现代社会中各有利弊。其优点是，避免了实名制的紧张和尴尬，有助于人们更好地针对事项开展沟通，例如，公关人员可以借助间接传播开展客户回访，由于避免了面对面交流，参与调查的人员不用因害怕隐私被泄露而有所顾虑；其缺点是，匿名性导致了一定的秩序紊乱，由于不受道德约束，人们可以任意发表言论，导致媒介环境的污染，此类现象在网络媒体中尤为明显，也给公共关系的处理带来挑战。

（3）信息的存储与获取。得益于媒介技术的存储和共享功能，间接传播所涉及的信息量可以成倍地增长，信息的共享渠道也更加畅通。传播学的"信息倍增速率"认为信息量的每一次倍增所耗费的时间是越来越短的，到 21 世纪，即使以 5 年为周期，再过 45 年，人类的信息量就将增加 100 万倍[①]。无法想象人类驾驭大自然的能力在 100 年后或 1 000 年后会达到怎样的高度。可见，间接传播借助技术优势，将使公共关系的信息获取和处理更加高效和专业。

（二）按组织划分

对组织而言，既有组织内部员工之间的人际传播，也有与外部公众的人际传播。

1. 组织内的人际传播

组织内部的正常运转需要人际传播的支撑，组织的经营与扩张均依靠组织内部员工的同心协力与团结合作，其间必然伴随人际沟通和交流。常见的组织内人际传播有：员工间的交谈、企业会议、工作汇报、成果交流等。

2. 组织外的人际传播

组织的发展不可能闭门造车，而是要向外寻求机会和发展渠道。组织在对外进行公共关系活动时，也需要人际传播的技巧与协助，常见的组织外人际传播方式有：与客户的交流或电话联络、企业举办的报告会、恳谈会、洽谈会、联欢会、演讲会、座谈会等。

三、人际传播的作用

人际传播对于公共关系的作用是不可低估的，相对于大众传播来讲，人际传播是更加强大的利器。综合来说，人际传播的作用有以下几个方面。

（一）人际传播是大众传播手段的有力补充

同大众传播相比，人际传播具有如下优点。

1. 在感知的刺激方面

人际传播能够刺激并调动所有的人体感知器官，并积极参与到信息的传播过程；而大众传播手段由于需要传媒中介物（如电视、广播、报纸、杂志、网络等），使得人们感官作用的发挥受到一定的影响。

2. 在信息的反馈方面

如前所述，人际传播的反馈最为及时和有效，而大众传播由于多了中介物，传播者要立刻获得接收者的回音，就相对困难得多，调整自己的传播行为也相对不够灵敏。

[①] 郭庆光：《传播学教程》，29-30 页，北京，中国人民大学出版社，1999。

3. 在信息的控制方面

人际传播传受双方互动性强，可对传播速度和方向进行控制和调整，然而受众对于大众传播的控制则较为有限，很难决定传播的速度和方向，在需要提问、解释的时候无法使传播停歇或中止。

一些传播学者的研究表明，如果将大众媒介同人际传播结合起来，就能够获得最佳的传播效果①。在当今的公共关系传播活动中，不少人已经采用了这样的方法。一些工商企业在借助大众传媒的同时，还向用户和消费者提供宣传材料和小册子，组织小型意见征询、讨论、开放参观，甚至对重要的目标客户进行专门的访谈，以期取得理解和支持等。事实证明，两种传播手段结合使用，可以成倍地扩大宣传效果。

(二)人际传播是组织发展的重要内因

"内求团结"，方能"外求发展"。而内求团结的前提条件，就是组织的内部成员具有良好的团结状态，有人将其称为"群体凝聚力"，也有称为"团队精神"，就要有意识地调动人际传播手段，通过各种方法疏通内部的信息传播渠道，使成员的各种层次的、健康合理的心理需求得到不同程度的满足，因而对组织产生归属感、凝聚力和向心力，成员之间也产生吸引力，可以在组织内形成良好的工作氛围，以及和谐、融洽的人际关系。

(三)人际传播是消除内外部冲突的良方

任何一个社会组织都可能遇到各种冲突，有内部冲突和外部冲突，而解决冲突的方法和手段也有许多。内部冲突可以通过成员彼此之间的交流和感情联络，来平息争执或不满，消除紧张气氛。我国一直都提倡民主对话和协商解决问题，这本身就是一种有效人际传播的手段。在外部冲突中，除了可以利用大众传播发表声明、公开检讨，取得公众的理解和谅解以外，还可以利用各种人际传播手段，进行宣传、演讲、解释和说明等，以缩短双方之间的心理距离，加深彼此之间的了解，从而达到缓解矛盾和冲突的目的。

四、人际传播的公关技巧

人际传播的基础有两种，一种是语言的运用，另一种就是表情、姿势等体态语的运用。在人际传播中，公关人员要学会运用主语言和副语言来良好表达自己的想法和意愿，同时也要学会察言观色，解读对方的真实意图。

(一)主语言的运用

开口说话，看似简单，实则不易。古人云："一言可以兴邦，一言也可以误国。"苏秦凭三寸不烂之舌而身挂六国相印，诸葛亮靠经天纬地之言而强于百万之师，烛之武因势利导而存郑于危难，触龙循循善诱而救赵于水火。言语得失，小则牵系做人难易，大则连及国家兴亡，无论是在日常生活中，还是在公共关系活动中都非常重要。

例如，在一次国共谈判中，国民党代表说："我们简直是对牛弹琴!"周恩来当即笑着说："对，牛弹琴!"很巧妙的一个断句，便把敌人的侮辱转送回去，很好地维护了自

---

① 克劳斯·布鲁恩·延森：《媒介融合：网络传播、大众传播和人际传播的三重维度》，刘君译，上海，复旦大学出版社，2012。

己的尊严，这就是语言的力量。再如，晏子使楚的故事。晏子名婴，春秋时齐国大夫，身体矮小，其貌不扬。一次，齐王派他出使楚国，楚王骄横傲慢，不可一世，问："你们齐国没有人了吗？"晏婴回答说："挥袂蔽日，呵气成云，怎能说没人呢？"楚王问："那为什么派你出使楚国呢？"晏婴回答说："齐国的规矩是贤者使贤王，不肖者使不肖王。我最不肖，所以使楚。"晏婴运用语言的艺术，维护了国格与人格的尊严。在外交场合，语言有时候就是武器，正确、巧妙地运用语言能够维护本国的尊严和利益，使人不敢轻视。同理，在组织开展的各类公共关系活动中，语言是公关人员表达自己的工具。在公共关系处理中，公关人员要想有效传达意思、达到有效目的、避免误会，就要做到以下几点。

1. 明确主题，围绕目的

公关人员在正式的场合，如会议、工作报告或者商务会谈等庄重的场合，要避免天马行空地随意发挥，应明确主题并紧紧围绕谈话的目的进行，避免漫不经心将话题随意扯远，既令人摸不着头脑，也让对方感到浪费了时间而变得焦躁。

2. 注重语言技巧的运用

讲话的方式也很重要，用不同的方式来说同一件事，会有不同的结果。口头语言技巧的具体方法多种多样，如幽默法、委婉法、暗示法、模糊法等。而且，每一种具体方法又有多种类型。例如，模糊法就分为宽泛式、回避式和选择式三种类型。宽泛式是用含义宽泛、富有弹性的口头语言传递主要信息；回避式是用不明确的口头语言避开确指性内容；选择式是用具有选择性的口头语言来表达不确定的行为。[①]

我们来看一个阿凡提的例子。一次，国王梦见自己的牙齿掉光了，于是，国王让大臣为自己解梦，大臣想了想说："此梦不妙，说明您的家人将比您早逝。"国王听了大怒，把大臣狠狠地揍了一顿，然后又问阿凡提："你说呢？"阿凡提笑笑说："此梦妙极，说明您将比您的家人长寿得多。"国王听了大喜，立刻重赏了阿凡提。阿凡提和大臣的话在本质上并没有什么不同，但仅仅因为表达方式的不同，产生了迥然不同的结果：一个遭到了惩罚，一个却得到了奖赏。

3. 言辞要恰当

在公共关系活动中，有时面临着向别人提出建议或者忠告的情况，这时候有人会说"忠言逆耳利于行"，但是其实"良药不苦更利病，忠言顺耳最利心"。一般来说，许多人的建议或劝告用词比较直接，常常是"应该""不应该""要""不要"一类词，在关系密切的人之间更是如此。但是，这样的描述在对方看来往往太过武断，不易被接受。为了营造和谐的公关关系，对别人提建议或劝告，措辞应更加委婉。

4. 懂得运用情感

情感永远是打动人心最强大的武器，是有声语言表达的核心支柱。所谓"情感"，是人对客观事物是否符合自己的需要所作出的一种心理反应。在有声语言表达中，声音靠气息的支撑，情感是气息的动力，气随情动。公关人员的口头语言应当具有很强的情感性，并与思想性紧密结合。情感性的口头语言应该真诚、质朴，切忌渲染和夸张。

5. 注意语言的丰富性

丰富的语言是有生命力的，能长存在人的脑海中。公关人员在口头表达时应当运

---

① 黎运汉：《公关语言学》，广州，暨南大学出版社，1990。

用描绘性的、富有表现力的、准确而生动的词汇；应注意句式的变化，单句和复句交叉使用，陈述句和感叹句变换使用，长短句与倒装、前置句交错使用等，句法参差有致，听起来就自然和谐；此外，还应当娴熟使用专业词汇、成语、俗语等，以此激发听者的热情，唤起听者的想象，并得到听者的信赖；在对话或发表演讲时，应当注意音量、音质、音色的变化，有时舒缓徐慢，有时高亢激奋，有时停顿间歇，有时一泻千里，这样才能牵动公众思绪，扣击公众心弦。

综上，要取得良好的表达效果，公关人员必须注重积累，勤于思考，积极锻炼思维的敏捷性、深刻性、全面性、独特性，讲究表达的艺术，精心选择最佳的方式进行语言的表达。

(二)副语言的运用

有研究结果显示，人际交往中的参与者获得信息的方式，通过语言的部分占 7%，通过语气的部分占 38%，通过身体语言的部分占 55%。通过这组数据可以看出，身体语言和语气、表情、姿势等副语言的运用比主语言的运用更为重要。因为语言可以修饰和控制，可是身体语言却往往在不经意中显示其最本质的想法。身体语言有一种"此时无声胜有声"的效果。

我们来看一个例子。在《老残游记》里，作者在描述白妞出场时的眼神时这样写道，"她将鼓槌子轻轻地点了两下，方抬起头来，向台下一盼。那双眼睛，如秋水，如寒星，如宝珠，如白水银里头养着两丸黑水银，左右一顾一看，连那坐在远远墙角子里的人，都觉得她看见自己了；那坐得近的，更不必说。就这一眼，满园子里便鸦雀无声，比皇帝出来还要静悄得多呢，连一根针跌在地下都听得见响!"这一眼，就是即将演唱的信号，就是无声的问候和命令，比高叫一声"请大家安静"更起作用。这就是身体语言的魅力。诗人徐志摩曾专门写诗赞美日本女子温柔典雅的神态："那一低头的温柔，像一朵水莲花不胜凉风的娇羞。"仅仅是一低头，一个温柔、典雅、谦和的日本女子形象便表露无遗。在公共关系交往中，公关人员在副语言感知方面要学会以下几种。

1. 学会读懂人的眼神

俗话说，"眼睛是心灵的窗户"，眼睛会泄露心底真实的想法。从一个人的眼神，公关人员可以感知自己是否受欢迎，是否受关注，所谈话题是否引人注意，比如正视前方表示感兴趣、注意力集中和自信；而闭眼睛、东张西望说明不感兴趣；看表说明缺乏耐心；眼光向下表明不相信所听到的等。

因此，在进行公共关系处理的时候，公关人员要根据对方的眼神进行说话方式的转换。当对方没有给出积极回应时，公共关系应当换一个话题，或者停下来，引导对方参与谈话，以了解客户真正关心的问题。如果客户的眼神表现得很积极，眼神中流露出喜悦的光芒，那么说明他(她)对话题一定深感兴趣，这时公关人员可以对重点内容多加陈述。

2. 会说话的面部表情

通常来说，公关人员可以根据面部表情来判断客户的诉求类型。

那些表情严肃、双唇紧闭、说话速度不紧不慢，但语气却非常坚定的客户通常更为理智，适合运用理智型诉求。与这些客户沟通时，应当把话题集中到与主题有关的内容上，切忌东拉西扯。对于这类专业性客户提出的问题，要给予自信而坚定的回答，不要模棱两可、躲躲闪闪。

而那些表情较为丰富且变化较快的客户更趋向于情绪型，有时一句感情色彩比较浓厚的话便能引起他们的共鸣，一个不得体的小动作也可能会使他们的情绪迅速低落。对于这类客户，公关人员要给予更多的体贴和关怀，多倾听对方的意见。

3. 姿态的话语传递

身体的姿态和动作所表达的意思同样多种多样，丰富而又复杂。比如，姿势放松说明没什么好隐瞒的；手臂交叉表明采取守势；姿势"过于舒适"体现傲慢；两腿交叉和一只脚不停摆动说明厌烦和懈怠；脚歪着放，脚尖相对和脚跟分开表明神经质和紧张；身体前后摆动说明紧张和有疑问；捏面部的任何部位（眉毛、鼻子、耳朵或嘴唇）表示没有把握；玩弄圆珠笔、戒指或其他物品表示心不在焉；搓手表示不耐心；啃指甲或将指甲放在嘴边说明无把握；手掌伸开向上表明真诚和抱有善意；揉眼睛或挠鼻子说明有疑问等。

我们以"双臂交抱在胸前"这个姿态举例。一般来说，这种姿态是企图防御对方精神上的威胁而下意识形成的防范动作。如果双臂紧紧交叉，双手紧握，这就暗示出更强烈的防御信息和敌对态度，并会伴随着咬紧牙关，涨红脖子的面部表情。如果双臂交叉中，用一只手握住另一只胳膊，这个信号显示了紧张期待的心情，也是一种试图控制紧张情绪的方式，如等待登机、等候拔牙、见到陌生人有点紧张或回答问题有些畏怯等。如果双臂交叉中，两个拇指往上翘，这是表示泰然自若，或超然度外、或冷静旁观、或优越至上的信息，其中又包含着一定的防御态度。如果一只胳膊横挎胸前，并用一只手握住另一只胳膊，这是一个人处于陌生的交际场合，缺乏自信、有点紧张不安时采取的姿态。如果双手相握，还有伪装性的手臂局部交叉，这类姿势也带有防御性，但更隐蔽和微妙。

此外，除了要很好地理解身体语言所传达的"言外之意"，公关人员也要知道哪些身体语言是公共关系中必须掌握的，在进行自我表达时一定要注意这些，以维持自己的宝贵形象。

4. 不做毫无意义的小动作

人们经常在不经意的时候养成小动作的习惯，如用手摸鼻子、随便搓手、摸耳朵、机械地抖动双腿等。这些看上去仿佛没什么关系，实际上非常分散人的注意，同时令人感觉不快。有这样一个小故事，一位销售人员在滔滔不绝地向客户推荐产品时，总是喜欢不自觉地去弹一下他的手指甲。结果客户完全忘记他在讲什么，只是不停地去看他的这个小动作，判断下一次的动作什么时候进行。这样的沟通结果可想而知是十分低效的。

5. 保持优雅大方的姿势

姿态总会在对方心里留下深刻印象，比如人们一提到军人，首先想到的就是他们挺拔的站姿。古人常说"站有站相，坐有坐相"，因为良好的体态带给人精神愉悦、精力充沛的美感，更受人们欢迎。因此，公关人员要学会运用这些得体的姿态，在适合的场合中表现自己，要像掌握说话技巧一样从具体的场合、对象和表达内容出发，具体而灵活地运用。

综上，面部表情、眼神、头部的运动、手势以及身体的姿态等副语言将完成很多口头语言交流无法完成的沟通任务。公关人员在平时的交流沟通中应当注意积累，掌握好运用副语言的学问，在表达自己的真实意图的同时，也能够解读他人的体态语言，这对于理解对方的心理，达成良好的沟通有着重要的作用。毕竟，沟通建立在理解的基础之上，能读懂对方的想法和心意，公关人员便能从自身的角度出发，提出对方能够接受的建议和条件，从而"知己知彼，百战不殆"，达成沟通的目的。

第二节　人际传播的主要手段

在公共关系活动中，我们经常进行的人际传播的方面主要是：交谈、演讲、说服(游说)、谈判和投诉处理。下面我们将一一介绍人际传播在这几个方面所起的作用，以及如何恰当运用人际传播的方式来达到良好的沟通目的。

一、交谈

公共关系中的交谈指以语言方式为主，对双方各自的思想、观点等进行互动，是表达思想、价值及情感的重要工具，是人际传播在公共关系处理中的主要手段[①]。开展交谈需要注意以下几个方面。

(一)谈话前准备

1. 心理准备

所谓心理准备，指的是交谈者应该明白了解交谈的原因，交谈的时候会有什么事情发生，或可能需要解答的各项问题，克服各种如因为对方、环境、特殊事件、自卑而产生的压迫感，甚至因为自身条件的优越而产生的不安感，保持良好的心态参与交谈。

2. 内容准备

无论是拜访者还是被访者，事先对谈话内容、方式与方法都应有所准备。如果事先能进行有关资料的准备，例如对方的性别、年龄、教育程度、兴趣、工作方法、工作经历等，可以帮助我们获得更好的谈话效果。

3. 环境准备

太热、太冷、太奢华或太邋遢的地方容易造成交谈的环境障碍。而在公共场合进行私人访问，则会造成个人观察和表现的障碍。而谈论隐私问题，最好是选择不受打扰的、安静的地方。在家里谈话与在办公室里谈话，话题的选择及严肃程度也是各不相同的。

一般认为，交谈环境的温度保持在20℃左右，湿度保持在40%～60%比较适宜，同时还要考虑光线、色彩及安静程度，避免由于这些物理因素使交谈受到干扰。此外，在选择和设计室内家具时，除了讲究方便实用以外，还要考虑美观大方，并留有较大的活动空间，以免产生压抑感。

(二)谈话时的语言艺术

1. 寻找合适的话题

俗话说："话不投机半句多。"为了保证谈得"投机"，就需要好的话题，这是初步交谈的媒介，是深入细谈的基础和纵情畅谈的开端。

---

① 薛可、余明阳：《公共关系学：战略、管理与传播》，北京，科学出版社，2010。

　　一般来说，气候现象、刚刚发生的社会问题、趣闻逸事，都可以成为人们交谈的开场白。对于初次交谈的人来说，眼前的事物也可以作为话题；熟人之间的忌讳较少，但若碰到有求于人而难以启齿时，也可以先借"境"发挥，谈一些朋友之间的事情，然后再因势利导地转入正题，这样就不至于太过唐突。

　　在香港九龙有一间美容院，生意兴隆为当地之冠。有人前往请教其生意兴隆的原因，店主坦诚地说，这完全是因为他的美容师在工作时善于和顾客攀谈。但怎样才能使工作人员善于说话呢？店主说："很简单，我每月会把各种报纸杂志都买回来，并规定职员在每天早上未开始工作前进行阅读，将看报纸杂志当作他们日常的一项工作，那么，他们自然会从报纸杂志中获得最新鲜的说话资料。"

2. 表露与自我表露

　　人的个性有一个结构，是多层次的，就像洋葱，需要从外到里一层一层地剥开。一个人的外层个性是人人都可以了解的公共自我（public self），包括身体特征、行为特征、背景特征；再往里才是半私密的个人态度，一般人只将自己的态度对一部分人透露；最里面是个人的价值观、自我概念、没有解决的冲突和深藏不露的情感，这是个性的核心[①]。

　　随着人际关系的发展，交流由浅入深，就会带有更多的个人感情色彩，即社交的渗透过程。而这一过程不像剥洋葱那样容易，一般要经历以下四个阶段。

　　(1)探测方向阶段。该阶段指个人只透露自己公开的信息。

　　(2)试探性情感交流阶段。该阶段指交流的信息范围更广，有一定的情感卷入度。

　　(3)情感交流阶段。该阶段指的是关系发生重要变化，情感卷入更深，开始建立信任感、安全感。

　　(4)稳定交流阶段。该阶段指的是关系进入密切和稳定阶段。

　　公共关系的人际传播是一个渐进的过程，因此，令人羡慕的、满意的关系不是一蹴而就的，而是需要时间，需要过程的。如果想对一个人的传播起到好的效果，首先应该对自己有个清醒的认识，然后尝试与接收者在不同情境下的交流与沟通，通过讨论新的话题，交换对共同经历的事物的看法，分享情感，建立信任感，从而使人际关系进入更深层次。

　　自我表露有时也可以谈论自己的弱点或缺点，一方面表示自己愿意与对方坦诚相见，以得到对方的理解和接纳，避免诱发防卫心理；另一方面可以表现自己严于律己的人生态度，说明自己经过实践变得更加成熟、更能够克服缺点和弱点。

3. 谈谈你自己

　　人际交往中最重要的一个原则就是，真正地、发自内心地接纳别人，尊重别人，这是与人打交道的前提。让对方谈谈他自己，则意味着我们对他感兴趣，喜欢别人，也容易被别人所喜爱。

　　罗斯福认为，通向一个人心里的光明大道，是与他谈论他的专长和他最感兴趣的事物，即他的"兴奋点"。这是罗斯福在人际交往中取得成功的原因之一。

4. 站在公众的角度想问题

　　要达到公共关系塑造组织形象的目的，我们不仅要考虑组织的需要，更要站在公

---

　　① 莱斯莉·A. 巴克斯特、唐·O. 布雷思韦特：《人际传播：多元视角之下》，167-179 页，上海，上海译文出版社，2010。

众的角度考虑问题,才能够取得双向传播与沟通的成功。下面这则故事希望能够给公关人员以启发。

有一天,美国哲学家、诗人爱默生(Emerson)想同儿子一起把一头小牛赶进牛舍。儿子在前面拽着,他在后面推着,但无论他们怎样努力,小牛始终把两只前蹄撑在地上,顽固地不肯离开牧场。由于小牛没有穿鼻绳,两人无计可施。他家的爱尔兰女佣见到这一情景,却觉得好笑,她刚才在厨房里干活,手指上有咸味儿,于是她像母牛喂奶似的,把有咸味的手指伸进了小牛的嘴里,让它吸吮着走进了牛舍。

有这样一个神奇的句子:"我一点也不奇怪您有这种感觉;如果我是您,很可能也会这么想的。"这句话常常可以消除争执,创造和谐的气氛,使对方注意倾听,促使别人赞同你的意见,即使是老顽固也会软化下来。

5. 避免无谓的争论

戴尔·卡耐基(Dale Carnegie)说过,批评常常徒劳无功,因为批评会逼人为自己辩解、为自己找理由辩护。卡耐基的讲师也经常告诉学员应尽全力避免批评、责备或抱怨。[①]

在某些场合,辩论是相当有趣的事情,但它却不适合在个人与个人之间进行,更不适合在代表组织的公关人员与公众之间进行。由于每个人的习惯、知识和视角不同,对待事物的看法也会不一样,甚至产生对立的想法,但这种对立往往缺乏实质性的价值,甚至是毫无意义的事情,所以希望通过压倒对方让其下不来台,会让对方感到自尊受到侵犯,结果只能导致双方感情破裂,不欢而散。而组织成员与公众之间的辩论,无论结果如何,都会使组织形象受到一定的影响。

正因如此,现在不少企业信奉"顾客总是对的"理念,要求员工尽可能地避免与顾客发生无谓的争论。

6. 真诚的关心和同情

格特博士在著名的《教育心理学》一书中指出:"同情是人类普遍的要求。"有人认为,社交的最高境界,不是手段的堆积,而是自然纯洁的爱心的表达。我们经常可以见到,小孩子热切地希望你见到他的伤口时,能够给予同情。大人也一样,真诚的同情更是必要。作为情感动物,将心比心,以诚换诚,只有先真诚地同情别人,才能够得到对方的尊重和支持。同理,关心也一样能收获信任,曾担任美国邮政部长的詹姆斯·法利(James Farley)认为,每个人对自己的名字都特别注意,如果很容易地叫出别人的名字,对方肯定感到非常亲切。因此,尽管詹姆斯出身贫寒,没有受过高等教育,但却受到了罗斯福总统的器重,原因之一就在于他有一种特殊的本领——能叫出五万个人的名字。

7. 懂得赞美与批评

人们常说:"良言一句三冬暖,恶语伤人六月寒。"这句话说的就是每个人对赞美和中伤的真切感受。美国心理学家威廉·詹姆斯(William James)说过,人类本质里最深远的驱动力是——希望具有重要性;人类本质中最殷切的需求是——渴望得到他人的肯定。在平淡无奇的赞美背后,其实蕴含着一定的哲学道理。在美国雷纳公司和密歇根公司,做了好事的员工就会得到嘉奖和广泛的好评,雷纳公司每月都会推选一位"当

---

① 卡耐基:《如何赢得友谊及影响他人》,周广宇编译,北京,外文出版社,2010。

月之星",该员工可以获得一面奖牌,以及每一位高级主管的亲自祝贺。密歇根公司则让当月得奖的员工享受 30 天时间内愿意把车停在哪儿就停在哪儿的福利,这种待遇连公司高级职员都没有。这两家公司的总经理,大部分时间都在公司四处走动,给予员工赞美和鼓励。这些都极大地鼓舞了士气,满足了员工"自我实现"的需要。

赞美和表扬是一种沟通方式,批评也是一种方式。但是,人在没有认识自己的错误以前,一味批评是没有用的,所以不管是工作上,还是生活中的批评,仅有为别人着想的姿态还是不够的,还需要技巧,需要学问,需要一种语言的艺术。欧美一些企业家主张使用"三明治"的批评方法,即在批评对方时,先找出对方的长处赞美一番,然后再提出批评,而且力图使谈话在友好的气氛中结束,同时再使用一些赞扬的词语。这种两头赞扬、中间批评的方式,很像三明治食品,因此而得名。用这种方式进行批评,可以减少因对方被激怒而引起的冲突,起到了替对方辩护的作用,并告诉对方批评是对事而不是对人的,对方自然也就放弃了通过辩解来维护自尊的做法,故此方法在很多情况下比较有效。

(三)交谈的行为艺术

1. 副语言的应用与识别

在沟通过程中,我们通常比较注重以语言的表达来传递信息。但事实上,体态语言的信息量有时比语言表达的内容更为丰富,具有"重复""代替""强调""调节"语言表达内容的功能,有时甚至还会"抵触"语言表达的内容。例如,一个人咬牙切齿地说"没有啊! 我一点也不生气"和愁眉苦脸地说"一切顺利,我很高兴",这类话语就反映出信息的矛盾性,这时我们往往能通过体态语言得出真实的信息。

体态语言有表情、身势、手势、距离、声音、服饰等,在上一节中已详细介绍,在此不作展开。

2. 善于倾听

倾听是对语言传播作出回应的最主要的方式之一。松下幸之助把自己的全部经营秘诀归结为一句话:"首先细心倾听他人的意见。"法国作家安德烈·莫洛亚(André Maurois)说:"领导人应善于集思广益,应当懂得运用别人的头脑。"研究表明,人类对沟通时间的分配是:9%的时间用于书写,16%用于阅读,30%用于说话,45%用于倾听。充分利用"倾听"这 45%的沟通时间,将使公关人员的工作效率大大提高。

作为公关人员,倾听的重要性主要有以下几点。

(1)倾听可以调动人的积极性。倾听本身也是一种鼓励方式,能提高对方的自信心和自尊心,加深彼此的感情,激发对方的工作热情与负责精神。

(2)倾听可以使管理者作出正确决策。玫琳凯·艾施(Mary Kay Ash)是美国玫琳凯化妆品公司的创始人,在创业之初,公司只有 9 个人,但她善于倾听各种意见,很多产品都是由销售部门听取了顾客的建议,按照顾客的需要制作的,所以产品的销路很好,企业的效益在同行中一直都处于领先地位。

(3)倾听也是获得消息的重要方式之一。有人说,一个随时都在认真倾听他人讲话的人,在与别人的闲谈中就可能成为一个信息的富翁。

(4)倾听也是给人留下好印象的有效方式之一。心理观察显示,人们喜欢善于倾听者胜过善于说话者。

关于倾听的技巧,主要有:不要先入为主、适时适度地提问、及时给予反馈(包括动作和表情)、集中精力进行倾听、使用开放式动作、必要的沉默等。

3. 网络交谈的行为规范

在现代电子技术迅速发展的背景下，交谈不仅局限于面对面交流，更依托于电话、电子邮件或网络社交软件等交流方式。

对于电话来说，其交谈的原则和技巧与上述大同小异。而对于电子邮件或网络媒体，如微信、微博等来说，其交流的主要媒介变成了文字、图片和视频，且体态语言变成了表情符号，因此，该类活动在开展时应在不违背上述原则的前提下，具备一定的网络特殊性，详细内容将在本章第三节的"邮件或网络媒体礼仪"中阐述。

二、演 讲

演讲是科学，也是艺术，指的是人们以口头语言和体态语言为载体向听众传播信息的社会活动，它是人们交流思想、沟通感情的有效方式。[①] 公共关系实务中的演讲场合比比皆是，讨论会、总结会、信息发布会、表彰大会，各种礼仪场合的发言（如欢迎辞、祝贺辞、答谢辞等）以及对员工的教育培训等，都可以归入演讲的范畴。

(一)演讲与公关

1. 演讲是公共关系实务中常用的传播手段

在公共关系中，演讲承担了相当部分的信息传播任务，是公共关系实务中非常重要的传播手段，其优势主要体现在以下几个方面。

(1)传播面比一般人际传播方式更为广泛。演讲除了具备一般人际传播的特点以外，其受众范围可以更大，不仅直面演讲者的听众人数可达成千上万，还可借助广播、电视、网络等大众传媒使受众数量大幅度增加，信息覆盖面积迅速扩大。因此可以说，演讲在一定程度上具备了大众传播的某些特点，是一种效果显著、独具特色的传播方式。

(2)传播信息相对系统和集中。由于听众对象是具体的，演讲者可以有针对性地做充分的准备，所以信息量比较大，重点也比较突出。

(3)传播效果比较明显。由于是面对面的集中的信息交流，演讲者除了能运用有声语言的种种功能外，还可借助表情、神态、手势等体态语言及特定情景的补充、衬托，从而使信息交流显得生动、活泼，使公众更容易获取组织信息，而且印象更为深刻。

2. 演讲能力是公关人员必备的职业技能

演讲是一种高级的、完善的、具有较高审美价值的口头表达形式。这种口头传播技能是公关人员必备的基本传播能力之一。落落大方的、流畅的、有激情的精彩演讲，有助于加深公众对组织的了解，增进组织与公众的交往，影响公众对组织的态度，有效地树立组织的良好形象，甚至带来良好的社会效益和经济效益。

公关人员除了本身要运用演讲传递信息以外，还常常要为领导者筹划安排各种场合的演讲，起到顾问和参谋的作用，提出各种可行的参考意见，增大演讲成功的概率，塑造好领导者的形象。

(二)公关演讲的准备

由于演讲有自身的特点，不能随意滥用，主要适用于面临需要鼓动、号召的事情

---

① 陈先红：《现代公共关系学》，北京，高等教育出版社，2009。

上。下面我们将对有关准备事项作简单的介绍。

1. 演讲稿的结构模式

演讲稿的选材、立意、谋篇布局等方面必须进行反复推敲。美国公关问题专家理查德·拉尔默(Richard Laermer)的"四步骤"结构模式可以作为借鉴：第一步，开场白，引起注意与兴趣，要求最好语出惊人，尽量不落俗套、出奇制胜，切忌平铺直叙；第二步，引入正题，准确、鲜明、毫不含糊地摆出自己的论点；第三步，举出事例，阐发主题，这可以激起听众的兴趣，有助于其理解意图，深化记忆；第四步，建议或结论，指出解决问题的办法，使听众得到某种启示。

古人认为，写文章要凤头猪肚豹尾，演讲的结构要求也是如此。

2. 演讲者的形象塑造

(1)仪容仪表。仪容仪表包括发型、容貌、服装等各方面，总的要求是：自然即美，整洁朴素，庄重大方，符合身份。美国当代著名演讲家约翰·哈斯灵(John Hasling)曾经精辟地指出，听众是否接受你演说的内容，是根据他们喜不喜欢你这个人而定的。你可能对这种说法感到不高兴。但是，事实恰恰如此。你在演说之初，与听众建立起来的友好关系可能就决定了你的成功。① 不雅的服装和不美的举止谈吐，使听众对演讲者产生厌烦和反感，这是演讲失败的原因之一。

(2)举止。其总的要求是：潇洒自然、面带微笑、步履稳健、举止有度。听众喜欢自然的、正直的、诚恳的演讲；反感做作的、傲慢的、轻浮的举止言谈。所以从步入演讲台的那一刻直到离开会场，演讲者都应该注意自己的一举一动、一言一行。

(3)语言。美国著名作家马克·吐温(Mark Twain)生平最头疼冗长的演说。有一次，他在听牧师演讲，开始几分钟，他听得津津有味，感到讲得很有力量。于是准备在捐献时将口袋里的钱悉数捐出。可过了 10 分钟，牧师还没讲完，他就改变了主意，决定给自己留下整元的钱，而只给牧师一些零碎钱了。又过 10 分钟，牧师还未讲完，他就决定一分钱也不捐献了。等到牧师讲完，收款的盘子递到他面前时，马克·吐温非但没给钱，反而从盘子里拿回两元钱。从这则趣闻里可见，演讲贵在"简练"，要在最短的时间里提供给听众最有价值的信息。另外，作为有声语言，演讲的语言还要求通俗易懂、自然朴实、形象生动，如果能够辅以幽默风趣、声情并茂，则效果更好。陆辅之曾说过："命意贵远，用字贵便，造语贵新，炼字贵响。"可以作为公关人员使用演讲语言的参考。

3."卡壳"现象的处理

演讲时难免会碰到一些令人尴尬的事情，有的是自己造成的，有的是听众造成的。这里的"卡壳"是指演讲过程中因某句(段)台词遗忘，构成的一种语言障碍。常用的应对方法有：

(1)冻结"忘点"。演讲者对其进行"冷处理"，即先把忘点跳过去，等到想起来时再加以补充。

(2)拖延时间。演讲者利用调整话筒的位置，端起茶杯喝水，或者说一些与听众交流的话，这些无伤大雅的举动可以赢得一些思考和回忆的时间。

---

① 约翰·哈斯灵：《演讲入门——信息·演讲者·听众》，杨高潮译，上海，上海人民出版社，1985。

（3）超前减速。演讲者有时在"卡壳"前会有预感，这就可以在"卡壳"的临界点前以合理的减速争取"力挽狂澜"的余地。例如，讲长句时可用控制呼吸的方法，多出现几个语气停顿，为自己赢得回旋的余地。

（4）换个说法。演讲者将原句（段）的意思用近似的言辞代替，使上下句（段）的内容通畅即可。

如果上述方法都不奏效，演讲者可向听众表示歉意，静想一下，因为镇定与坦诚可以帮助演讲者重新树立信心。或者看看讲稿，演讲者应该相信听众是友好的。如果出现差错而又必须纠正时，演讲者可按照正确的讲法复述一遍，对那些不至于引起歧义的小问题，索性不必管它，接着往下讲，而不必作特别声明。

如果听众出现起哄、鼓倒掌、吹口哨等对演讲者表示不满的做法，演讲者可迅速判断起哄的原因，然后采取相应的对策。不管是什么情况，都要求演讲者临危不乱，尽最大可能完成演讲。

（三）即席演讲

即席演讲也称即兴演讲，它要表达出发言者根据当前情境对听众出自内心的所感所想，使之与场景气氛相融合。即席演讲不同于事先已经确定好选题、经过精心准备的命题演讲，通常是在没有准备的情况下，以被主持人邀请或自己主动发言"讲几句话"的形式出现的。这种演讲的难度比命题演讲的难度要大得多，也更能体现演讲者口头语言的表达水平，同时应用范围更广，更具有现实意义。

1. 话题的选择

即席演讲最大的难度在于"有没有话讲"，一般来讲，即兴演讲的话题不要太远太大，可以从听众本身寻找话题，谈他们自己和他们所从事的工作、他们的贡献和影响；也可以从场合本身寻找话题，如会谈的意义及客观形势。此外，演讲者还可以从别人的发言中寻找话题，就其中某一个自己感兴趣的问题谈谈自身的感受。例如，"某人关于某某问题有不少精彩论述，本人只作一点补充。"这也不失为一种聪明的选择。

对话题的选择还要有一套应急方案，在公关人员接到某会谈的通知或邀请时，估计自己可能会被要求发言，就应小有准备，事先打一下腹稿，为了避免先发言的人把内容"抢走"，最好多准备几个话题，做到有备无患，或者不妨早早开腔，先入为主。发言前，最好先梳理头绪，简单地罗列出准备讲的几点，做到胸有成竹。尤其是开头和结尾，更要构思巧妙。如果心中没底，不妨先礼貌地打个招呼："请给我一点时间准备一下。"思考成熟再上场，可谓明智之举。

成功靠的是 99％ 的努力，所以演讲者要使自己的演讲充满魅力，必须不断地对公众进行研究，"投公众之所好"，时刻把公众放在心中，平时也应不断进行训练，对公众想要的和自己能给的、要给的东西进行平衡，达到自身能力最大程度的释放。

2. 时间的运筹

在演讲的第一阶段（约占 1/3 的时间），应介绍 60％ 的主要内容；在第二阶段（约占 1/3 的时间），介绍 30％ 的内容；在第三阶段只介绍 10％ 的内容。把最重要的内容放在听众头脑最清醒的时候讲述，这是最得法的[①]。

以上所述，不过是演讲学中较具实用性的理论知识，具体方法的掌握，还有待于

---

① 陈再雄：《会说话是一种资本：当众讲话的艺术》，北京，中华工商联合出版社，2004。

演讲者不断地实践和锤炼。

三、说服

"说服"是一种通俗叫法，指的是我们通过劝告、激励和诱导，改变人们的信仰、价值观念或处事态度的一种有计划的传播行为，其目的不是得到信息而是施加影响①。

(一)说服与公关

我国古代就流传着许多"纵横家"到处游说，以"三寸不烂之舌"，获得"胜过百万雄师"辉煌战绩的故事。这同我们今天所说的"劝说""说服"的人际传播沟通的功能和作用是一样的。下面我们以《公关少年——甘罗》为例②，说明说服与公共关系活动的联系。

秦王嬴政为了联燕伐赵，扩大河间之地，派前丞相蔡泽出使燕国。经过蔡泽三年的努力，实现了秦燕联合。公元前232年，燕王喜派太子丹入秦为质。秦丞相文信侯吕不韦，为了与燕国交换人质，表示联合的诚意，要大臣张唐去相燕。谁知这个张唐不买吕不韦的账，对吕不韦说："臣曾为秦昭王伐赵。赵国人非常恨我。悬赏捉拿我。如今到燕国去，必须经过赵国。臣不能去。"被驳回的吕不韦心中很不痛快，但是还没有强人所难。相府中的小办事员甘罗，敏锐地察觉到吕不韦不对劲，小心翼翼地问吕不韦："君侯为什么这么不高兴啊？"吕不韦说："我派刚成君到燕国去做了三年工作，燕太子丹才到秦国来做了人质。我亲自去请张唐去相燕，他却不去。"甘罗大模大样地说："请丞相让我劝说他去。"吕不韦立即呵斥甘罗说："我亲自去请，他都不去。你一个小孩子，怎么就能让他去了？"甘罗说："话可不能这么说，能不能办事可不在老少，项橐七岁就做了孔子的老师。臣如今已经十二岁了，君侯不妨试试为臣的本事嘛，怎么突然呵斥为臣？"

于是，甘罗去见张唐，就秦国的人际关系，向张唐陈说利害。甘罗问张唐："您与武安君白起相比，谁的功劳更大呢？"张唐回答："武安君，南挫强楚，北威燕赵，战无不胜，攻无不取，破城堕邑，不知其数。我的功劳比不上武安君。"甘罗又问："应侯范睢在秦国掌权与文信侯相比，谁的权力更大呢？"张唐回答："应侯不如文信侯。"甘罗又反问一遍："那您不是明明知道应侯的权力不如文信侯了吗？"张唐回答："知道。"甘罗说："当年应侯想攻打赵国，武安君认为难以取胜而不服从命令，立即把他绞死。如今文信侯亲自请您去相燕，而您却不去。我真不知道您要死在什么地方了！"几句话说得句句有理，力重千钧，一下子点醒了执拗的张唐。张唐连忙站起身来，向小甘罗深深一拜，面有惧色地说："听君一席话，提醒梦中人，我立即请求去相燕。"

对于甘罗来说，说服一个同僚并不是目的，而是在于以他的公共关系活动，为自己的国家谋取更大的利益。在张唐将要出发的时候，甘罗又一本正经地对吕不韦说："请君侯借给我五辆车，让我去为张唐开路，先去通知赵王。"于是，吕不韦入宫奏请秦王："武王时丞相甘茂的孙子甘罗，年虽少，但是名家之后，在诸侯间很有名气。今张唐推辞相燕，甘罗说服了他。现在甘罗愿先报赵王。请大王派他去。"秦王遂召见甘罗，派他出使赵国。

赵国很重视甘罗的来访，赵襄王亲自到郊外迎接。甘罗对赵王说："大王听说燕太

① 薛可、余明阳：《公共关系学：战略、管理与传播》，北京，科学出版社，2010。
② 刘洪泽：《"公关少年"——甘罗》，载《公关世界》，1994(03)：1。

子丹到秦国去做人质了吗?"赵王说:"听说了。"甘罗说:"听说张唐要去相燕了吗?"赵王说:"也听说了。"于是,甘罗说:"大王既然已经了解这些情况,那么,这些情况说明什么呢?"甘罗不等赵王回答,接着分析说:"燕太子丹入秦,表明燕不欺秦;张唐去相燕,说明秦也不欺燕。燕秦不互相欺骗,要伐赵,赵国的处境就危险了。燕秦不互相欺骗,没有别的目的,就是秦国想攻打赵国,扩大河间的国土。大王不如送给我五城之地,以扩大秦国在河间的国土,并请秦国放回燕太子丹,允许强赵攻打弱燕。"赵王觉得与其三面受敌而失地,还不如照甘罗的意见办,既不受敌也不失地。于是,立即割河间五城,扩大秦国领土。秦放回燕太子丹,赵国攻燕,得上谷(今河北西部、中部地区)三十城,十一城归秦国所有。

在上述案例中,甘罗游说的总体目标是"不费一兵一将"扩大秦国的领土。先说服吕不韦,再说服张唐,最后说服赵王。对于不同的对象,他采用了不同的游说策略,精辟地分析了各国的各种关系,说出了吕不韦想说又不便说的话,做了吕不韦想做而又没有做成的事,因此被封为上卿。在公关史上,他也因此被称为"公关少年——甘罗"。

说服是试图使态度的本原失去平衡,随后再提供一种重新恢复平衡的办法。所以,在打破旧有的平衡,建立新的平衡的过程中,希望说服他人转变态度,必须专心致志地努力才能成功。

(二)说服策略

说服的前提之一是与对方建立共同的立场,获得对方的赞同,以便双方能够进行协商从而达到目的。

1."名人"效应

这里的"名人"不完全指明星、大人物,而是指重要人物(此人物也是对方所熟识的)。在公共关系活动中,公关人员可以告诉对方该人物曾接受了自己的建议,例如,谈谈那些认同己方观点的朋友、专家或熟人,可以帮助对方考虑自己的信念和行动,说服就更有可能成功,这就是人们所认为的"潮流理论"。

2. 满足其需要

亚伯拉罕·马斯洛(Abraham Maslow)提出了人类需要的七个层次:即生理、安全、爱与归属、尊重、认识和理解、审美、自我实现的需要。一般而言,人们只有低层次的需要得到满足,才有可能追求更高层次的需要。[①]

因此在说服过程中,假如公关人员诉诸某种需要而没有产生作用,可以考虑用另一种需要来进行取代。同时,由于时代在不断地发生变化,需要也是不断前进和变化的,所以人们常常错误地认为满足了一种需要,需要就肯定饱和了。其实,需要是一直存在的。

3. 慎用恐惧感

恐惧感影响人们的态度和行为,某种程度的恐惧感在许多情境中是必需和健康的。但是,在一段公共关系中,当用激发恐惧感来使人们接受一种想法的时候,公关人员应当提供一种可以消除恐惧的方法。在上述案例中,甘罗就善于利用恐惧感来说服别人,从而达到自己的目的。不过,由于恐惧感的利用带有一种操纵的因素,当对方认识到这一点的时候,往往暗示着一种智力压迫,因此公关人员应慎用恐惧感。

---

① [美]亚伯拉罕·马斯洛:《动机与人格》,许金声等译,北京,华夏出版社,1987。

4. 提供奖赏和鼓励

奖赏和鼓励也是一种很有效的说服方式，因此，在公共关系中应建立一套这样的体系，认识到对方的态度、听众、我们自身以及环境等相关的情况，因人而异，让奖赏发挥最佳的效用。

(三)说服性传播

1. 方法的选择

通常，公关人员就存在对立因素的问题进行说服或宣传，可以有以下两种做法。

(1)一面提示。该方法是指仅向对象提示己方或于己有利的观点和判断材料，其优点是可对己方观点作集中阐述，论旨简明易懂，不足是容易造成咄咄逼人、强行灌输的印象，使传播对象产生抵制心理。

(2)两面提示。该方法是指在提示己方观点的同时也以某种方式提示对方的观点，其优点是给予对立意见以发言机会，给人以公正、公平的印象，不易招致心理反感，但由于论旨变得比较复杂，理解难度相对增加。

上述做法各有利弊，经卡尔·霍夫兰(Carl Hovland)等人的实验证明：①两者效果的大小依说服对象的原有立场、态度和文化水平而不同。②两面提示具有明显的"免疫效果"，说服对象在接触到对立观点的宣传时具有较强的抵抗力。

2. 结论的提示

一般来说，明示结论可使观点鲜明，易于把握传播者的立场，但同时也使观点显得强硬；另外，不明示以明确结论，寓结论于判断材料之中，则给对方以"结论得自于自己"的感觉，使对象在不知不觉中接受说服者的观点，但后者容易使主旨变得隐晦，有时不易贯彻传播者的意图。

结合心理学实验证明，两种方法的有效性依论题的复杂程度和对象的理解能力而不同，公关人员在实践时应注意：首先，在论题比较复杂，说服对象的文化水平和理解能力都较低的场合，公关人员应明示结论；其次，在论题比较简单，说服对象的文化层次高和理解能力强的场合，公关人员就可以让对象自己下结论。

四、谈判

谈判是一项运用人际传播手段进行的活动，是协调人际行为的基本手段。公关人员除了日常大量的公共关系活动外，还直接参与商务活动和签订合同。因此，公关人员必须掌握谈判的原理和娴熟的谈判艺术，以应对错综复杂的局面，创造平和的气氛。

(一)谈判的概念

谈判，既要"谈"又要"判"，所谓"判"就是对所获得的信息作出判断。美国谈判学会的创办人、《谈判的艺术》一书的作者杰勒德·尼尔伦伯格(Greard Niemberg)曾经指出："谈判的定义最为简单，而涉及的范围却最为广泛，每一个要求满足的愿望、每一项寻求满足的需要，至少都是诱发人们展开谈判过程的潜因。只要人们是为了改变相互关系而交换观点，只要人们为了取得一致而磋商协议，他们就是在进行谈判①。"也就

---

① 杰勒德·尼伦伯格、亨利·卡莱罗：《谈判的艺术(最新版)》，王琛、许皓皓译，北京，新世界出版社，2012。

是说，一切为了协调和改善组织与内外部关系、争取相互合作和支持而进行磋商等活动，都可以看作是公共关系谈判。

(二)谈判的原则

1. 互惠互利原则

从理论上讲，谈判的最终目的是使谈判双方都成为胜利者，都能获得更多的利益。二者之间的关系是相互依赖和相互制约的，这种相互依存性越强，越能体现出互惠性。互惠互利原则也是公共关系的基本原则之一。

2. 友好协商原则

尽管谈判中存在着各种各样的冲突，但只有通过平等、友好协商才有可能促成谈判得到好的结局，所以任何强制、要挟、欺骗等手段都不是谋求解决问题的良策。

3. 依法办事原则

有法可依，有法必依，当事人的权益才能受到保护。因此谈判过程中所用的语言文字及签署的各种文书等，必须具有双方承认的明确的合法内涵，并对其中的法定作出明确的文字解释，符合现行法律，才会受到法律的保护。

(三)谈判的注意事项

1. 谈判的一般阶段

正规谈判一般包括七个阶段，即导入阶段、概说阶段、明示阶段、交锋阶段、妥协阶段、协议阶段、公证阶段。

(1)导入阶段。导入阶段又称介绍阶段、开局阶段或开谈阶段，主要内容是谈判双方通过自我介绍和他人介绍的方式相互认识，通融感情，为正式谈判营造一个轻松愉快的氛围。这一阶段的谈话都是闲聊性的、非业务性的。导入阶段为时不宜过久，以免冲淡谈判的心理准备。

(2)概说阶段。概说阶段是谈判双方概要阐明自己的意图和目标，以使对方了解己方目的和态度的过程。概说不是就某个或某几个问题无限度的发挥，而是从总体上概要地描述己方的主要意图。概说要重点突出、简明扼要，切忌面面俱到和含糊不清。概说时间不宜太长，要给对方留有表达意见和建议的时间。

(3)明示阶段。明示阶段的特点是双方各自向对方提出不同意见。双方所提问题基本上可分为四类，即己方所求、对方所求、彼此相互所求和内蕴的需求。

(4)交锋阶段。进入交锋阶段以后，谈判双方的分歧明朗化，谈判向纵深处发展。谈判双方都想利用自己掌握的事实与资料说服对方，使对方放弃原来的态度，接受己方的观点和要求，而对方也会出示资料进行反驳和辩护。

(5)妥协阶段。如果谈判双方有诚意，交锋阶段就不会无休止地僵持下去。要促成谈判的成功，谈判双方就必须在总体目标大致达到的条件下作出某些让步和妥协，以使双方互利互惠、皆有所获。妥协分一方妥协和双方妥协两种，一方妥协是谈判一方单方面作出某些让步，双方妥协是谈判双方共同作出让步。在这一阶段中，谁先妥协并不是关键，只要能以某方面的妥协换取其他方面的更大的补偿，谁先让步妥协都是值得的。

(6)协议阶段。经过交锋和妥协，双方认为已经基本达到既定的目标，于是拍板定夺，由双方代表在协议书上签字，并加盖双方单位的公章。经济谈判的协议一般应写明：标的、数量和质量、货款和支付、履行的期限、地点和方式、验收、违约责任等。

（7）公证阶段。协议签署后，由公证员当场进行公证，宣布双方签订的合同书自签字之日起生效。至此，谈判即告结束。

谈判有一个临界点的问题，在碰到临界点时，应注意把握分寸，不要过分紧逼。否则很有可能陷入僵局，这对双方都没有任何好处，也容易引起感情疏离、失掉信心，导致谈判的失败。不过有着丰富谈判经验的人却可以运用这种具有高度危险性的技巧，在谈判中反败为胜，达成更为有利的交易。

2. 谈判的技巧

（1）争取主动。在整个谈判过程中，注意力一般集中在谈判的开始阶段和结束阶段，故谈判人员要善于采取有效的办法，通过控制注意力来争取谈判的主动权。当谈判中趋向于对己方不利时，谈判人员可以用沉默、漫不经心、答非所问，或采用疲劳战术等来拖延时间。让对方感到时间的压力，产生焦虑感或者激怒对方，从而暴露其方案的真实理由，为己方争取主动。

（2）软硬兼施。谈判中，一个人唱红脸、一个人唱白脸，软硬兼施、虚实配合，可以达到以小让步换取对方大退让的目的。

（3）权力限制。许多事实证明，受到限制的权力才具有真正的力量。所以当谈判人员发觉自己正在被迫作出让步时，可以巧施缓兵之计，以协议程度超出自身权力范围，从而要求对方作出妥协和让步。而对方为了避免冒险触怒对方，或者因为要与上司或法律顾问展开新一轮的谈判增加了谈判的难度，为了促使交易成功，就可能主动降低条件。关于这一方法，有人认为这是谈判人员最后时刻的"王牌"。

（4）蚕食策略。在取得全部成果已经不现实或明显危险的时候，谈判人员可以把大目标分为若干个小目标，然后就一个个小目标与对方讨价还价，这如同蚕吃桑叶、蚂蚁啃骨头一样，最后由局部胜利汇总成为全局的胜利。

其他诸如以弱胜强、制造竞争、火上浇油、出奇制胜、声东击西等策略，在此不作赘述。

此外，谈判中还必须注意以下几点：

（1）人事分开。记住朋友归朋友，谈判归谈判，对事要严肃，对人要友好，对事不可以不争，对人不可以不敬，二者之间的界限不能混淆。

（2）制定多种方案。这要求谈判人员充分发挥思维的创造性，多方面引导双方的共同利益，制定多套可行方案，并保证方案和执行结果的合理性。

（3）善于把握成交时机。在谈判过程中，随时都会有成交信号出现，故谈判人员要善于察言观色，随时调整自己的态度与谈判策略，同时善于判断对方让步的最大可能性。当对方敌意逐渐消失，对我方充满善意关注时，就是成交的最好时机。

五、投诉处理

顾客因种种原因发生抱怨或投诉是公共关系中的常见事项。问题不在于投诉本身，而是投诉处理的方法及长效处理投诉机制的建立，值得组织研究。

（一）重视顾客的投诉

关于顾客的投诉，我们必须加以重视。有关传播学的调查研究表明，只要有一名通过口头或书面方式直接向公司提出投诉的顾客，就有 26 名保持沉默的感到不满意的顾客。这 26 名顾客每个人都会对另外 10 名亲朋好友造成消极影响，这 10 名中约 33%

的人会再把这个坏消息传给另外 20 个人①。即：

$$1\times26\times10+10\times33\frac{1}{3}\%\times20=326$$

采取"以牙还牙，以眼还眼"固然不可取，但使用"缓兵之计"来冲淡顾客的问题或气愤，而使其不了了之，该方法也并不可取。原因如下：

其一，顾客会发现组织没有解决问题的诚意，不但不会继续和公关打交道，还会由于如上述公式所提及的人际传播的效应，导致企业或组织损失更多的顾客。

其二，如果顾客的投诉涉及重大的经济问题，组织的拖延将会给双方带来巨大的信誉及经济损失。

(二)处理投诉的方法

1. 耐心倾听

正如本章前面所说，人际传播的技巧之一就是善于倾听，而在处理投诉时，这一点显得更为重要。

美国一家电话公司与一位顾客发生了矛盾。这位顾客拒绝支付正当的电话费，还写信给报社，甚至向法院控告电话公司。于是，电话公司派出一位最善于解决冲突的谈判者去会见这位顾客。谈判者平心静气地听取了这位怒火万丈的顾客倾倒胸中的愤懑。第一次就听了 3 小时，第二天，又继续去听顾客的牢骚，一共去了 4 次。最后，这位顾客不但支付了全部应付的电话费，还与谈判者成了朋友，并主动撤回了对电话公司的起诉。

这位顾客实际上需要的是重视和尊重，他从谈判者的倾听里得到了这些需要的满足，所以化解了一场矛盾纠纷。一位训练有素的推销员戴维曾经说过："处理顾客投诉，推销员要用 80% 的时间来听话，用 20% 的时间来说话。"

而公关人员常犯的一个错误就是：顾客刚一说话，就急忙将其打断，迫不及待地进行解释，这其实是激怒顾客的行为。如果顾客情绪过于激动和愤怒，公关人员则更需要冷静，不但不能随便打断顾客的话，还要控制好自己的情绪，不应受对方的暗示也激动或愤怒起来。冷静是双方处理问题的必要前提。其实，任何一个顾客投诉时，无论开始脾气有多大，只要公关人员鼓励他把心里的不满发泄出来，对方的火气就会越来越小。

2. 尊重顾客

公关人员应切忌正面批评顾客。因为直截了当地指出顾客的错误，更容易造成顾客的对抗心理，加深其误会与不满，扩大其愤怒情绪。

因此，公关人员必须对顾客的投诉给予充分的重视，并让顾客知道本组织的积极态度，信奉"顾客总是对的"，对顾客的误会应委婉地进行解释。"有理也让人"，更能够取得"攻心"的效果。所以不管公众的情绪和意见如何，公关人员都必须学会自我克制，避免争吵与冒犯公众。

有这么一则故事：

"小姐！你过来！你过来！"顾客一边高声喊，一边指着面前的杯子，满脸寒霜地说："看看！你们的牛奶是坏的，把我一杯红茶都糟蹋了！"

"真对不起！"服务员一边赔不是一边说道："我立刻给您换一杯。"新红茶很快就准

---

① 薛可、余明阳：《公共关系学：战略、管理与传播》，北京，科学出版社，2010。

备好了，碟边跟前一杯一样，放着新鲜的柠檬和牛奶。她轻轻地把新红茶放在顾客面前，又轻声地说："我是不是能建议您，如果放柠檬，就不要加牛奶，因为有时候柠檬会造成牛奶结块。"

顾客的脸一下子红了，匆匆喝完茶就走了。

有人笑问服务员："明明是他土，你为什么不直说呢？他那么粗鲁地叫你，你为什么不还以一点颜色？"

"正因为他粗鲁，所以要用婉转的方式对待；也正因为道理一说就明白，所以用不着大声！"她说："理不直的人，常用气壮来压人。理直的人，要用气和来交朋友！"

听了她的话，周围的人都点头笑了，对这家餐馆也增加了许多好感。

3. 给予答复

听完顾客的投诉，还必须给顾客以明确的答复。如果责任确在己方，组织应毫不犹豫地向顾客表示歉意，并提出补救办法；如果是服务纠纷，能当场处理的就当场处理，不能当场处理的，也要把处理的意见、日期、办法明确告诉顾客；有误会的，解释清楚之后，不要忘了再问一句："您还有什么意见？"这样可以尽快将其转化为顺意公众，防止他们利用人际或其他渠道传播反对意见。

4. 欢迎顾客提意见

公共关系中，组织还可以通过设立意见簿、意见箱、当面征询等方法，主动听取投诉意见。这样不仅可以将许多危机消灭在萌芽状态，而且也是塑造和传播组织形象的良好时机。

(三)建立投诉处理机制

1. 加强信访工作

社会组织要认真处理好公众的来信和来访，特别是关于投诉意见的，组织必须给予充分的重视。有关人员更要主动负责、扎扎实实地加以对待，除了做好信访工作以外，还应对有关材料定期地进行分类和存档，定时向组织负责人汇报，重大问题的，更应及时地上报。

北京长城饭店的几位客服经理 24 小时轮班在大厅内接待反映情况的客人，随时随地帮助客人解决困难、受理投诉、解答各种问题。调查表和投诉意见，每天集中收回，由客房部与公关部进行统计整理，其结果当晚交于饭店总经理处，使决策层及时了解情况，次日早晨在各部门经理例会上通报情况。

2. 建立自查制度

公众的投诉，通常意味着组织的形象构成方面存在着一定的不足，但没有公众的投诉，也并不意味着自身形象就不存在缺陷和不足了，居安而思危，组织必须加强自我检查。其中包括检查组织是否存在着侵害公众利益的行为，组织的产品、服务、环保及各项政策的执行是否存在问题等。

3. 建立预测制度

社会组织可以通过进行民意测验、新闻媒介的舆论走向等分析社会发展趋势，预测未来公众所关注的热点以及可能引发的矛盾与纠纷，制定多种应急方案。

第三节　人际传播的基础礼仪

在一段公共关系的开展中，"组织形象"是公共关系的核心。好的组织形象是一切公共关系得以展开的基础，组织和公关人员不管是面对公众，还是面对商业伙伴，在打造好的形象上需要各方面的注意和锤炼，其中很重要的一项便是对礼仪的重视和遵守①。

一、礼仪的作用

礼仪是人类文明的产物，它的诞生，使人类真正有别于动物，并且它能沟通人们的情感，调节与融洽人际关系，规范和约束人们的行为，使人类文明得以诞生和维系。在公共关系中，礼仪同样非常重要，它对于社会关系的稳定、公共关系的调节以及公关环境的净化均起着积极的作用。

(一)礼仪维持社会关系的稳定

礼仪对于社会的健全和稳定、家庭的和谐安宁、邻里关系的和睦、同事之间的信任和合作都至关重要。稳定的关系依赖于有效的沟通，而真正的沟通只能在互相信任、相互欣赏的基础上才能进行。热情的问候、互相的尊重、亲切的微笑、文雅的举止谈吐等一系列礼仪规范可以使对方心情愉悦，愿意主动沟通。因此，在公共关系中，礼仪有助于维持公关人员与沟通对象的稳定关系。而公关人员往往代表着组织的形象，得体、规范、亲切的态度会拉近其与客户的距离，从而拉近客户与组织的关系。

(二)礼仪调节公共关系

礼仪中关于"互相尊重、自律、保持适度"的要求使得人们在约束自己言行的同时，也给别人带来便利。洪应明在《菜根谭》中说"路径窄处留一步，与人行；滋味浓的减三分，让人嗜。此是涉世一极乐法."就是说人人都要学会谦让，留些好处给别人，这样利己利人，而占尽好处不是胜利，毕竟水满则溢，若是处处不留余地，必定令人嫉恨。这在公共关系处理中同样适用。在一段公共关系中，礼仪的融入可以使所有参与者感受到秩序与和谐，互惠互利，合作共赢。

(三)礼仪净化公关环境

礼仪对于个人具有潜移默化的净化作用，使人们的举止、外表都得以提升，并且熏陶人们的心灵，使人宽容豁达。这样的人更容易对自己满意，对别人宽容，就像和煦春风，令人喜爱。当遵守礼仪的个体在一段环境中构成集体，那么环境的氛围也会因个体的影响而受到净化。在一段充满礼仪的公共关系中，每位参与者都成为一个受欢迎的人，而这样和谐、有序的环境正是公共关系活动得以顺利开展的基础。

二、日常交往礼仪

(一)个人礼仪

个人礼仪主要是指仪容、谈吐和仪态等方面。有一句话说"这是一个两分钟的世界，一分钟让别人认识你，另一分钟让别人喜欢你"。这对于今天的社交是一个很好的诠释。现代社会的机会永远都是稍纵即逝，而礼仪通常是给别人留下得体的第一印象的最好途径。个人礼仪在公共关系的开展中有着非常的地位，公关人员在个人礼仪方面也要有章法地加强重视。

---

① 董桂英：《公关礼仪教程》，南京，东南大学出版社，2003。

1. 仪容

说到仪容，人们往往会凭借第一印象来判断对方。即便是美国的总统选举，也不仅仅考虑能力的高低，出众的外表也占据非常重要的地位。当年的奥巴马，个人形象十分卓越，他和夫人的着装总是令人惊叹，这对他成功竞选美国总统产生了积极的影响。

可见，外表的端庄和出众也是礼仪的一部分，而仪容主要由着装和化妆组成。在公共场合，公关人员要衣着大方得体，避免不修边幅、太过随意和个性。并且，不同的场合也有不同的着装要求，要视情况而定。总的来说，服饰和妆容都要以令人赏心悦目为目标，符合主流审美标准，二者搭配进行，相得益彰。

2. 谈吐

在言辞方面，公关人员要懂得谈吐优雅，杜绝粗鲁不文明用语。有一句名言是"一张口，我便能了解你"。谈吐会反映一个人的内涵和修养，不能轻视。这一部分在本章第一节已详细阐述，在此不多加赘述。

在公关关系中，公关人员的谈吐不仅要具备语言表达的技巧和能力，还应在态度上表现出心地善良、待人亲切、关心他人的特点。如果只是堂而皇之地说一些辞藻华丽的空话，则会给人留下不真诚的印象。美国总统特朗普，其粗俗的个人礼仪经常受到媒体的诟病，无论是面对政客、贵族，还是商人、明星，其话语间时常显示出不可一世的轻蔑感。因此，他的公众形象一直被网友嘲弄，也很难受到公众的尊重。

3. 仪态

在仪态方面，公关人员要讲究大方得体，不能做任何粗俗的、有碍观瞻的动作，因为良好的教养和礼仪经常在细小之处体现出来。

有一位先生因为工作上的需要，设宴招待一位来自英国的生意伙伴。有意思的是，那一顿饭吃下来，令对方最为欣赏的，倒不是专门为其准备的昂贵的菜肴，而是这位先生在陪同对方用餐时的一处细小的举止表现。客人说道："先生，你在用餐时一点儿响声都没有，使我感到你的确具有良好的教养。"这就是良好仪态的好处，它看似无关紧要，但其实有着至关重要的影响力。因为在公共关系活动中，个人形象关乎方方面面，所以公关人员务必在各处都注意保持礼仪，才能体现出良好的涵养和修为。

同时，公关人员还要辅以副语言的应用，不仅要仪态端正，还要避免不合适的体态语言向对方传达了与谈吐不相符的内容。副语言部分在本章第一节已详细阐述，在此不多加赘述。

(二)社会礼仪

社会礼仪存在于社会活动之中，并且参与维护了社会的和谐运行。社会礼仪是指人们置身于社会公共场合时，所应遵守的社会公共礼仪。关于公关人员的社会礼仪我们会在后面着重阐述，这里简要介绍组织的社会礼仪。

1. 组织的"社会公德"

在社会中的道德就是"公德"，不仅是个人，组织也要保持良好的社会公德。2022年"3·15"晚会曝光的"老坛酸菜牛肉面"事件便是典型的组织丧失公德的体现。尽管以康师傅为首的相关品牌公司已公开致歉并表示整改，但其销量仍然呈现断崖式下跌，其原因就在于因公德缺失而导致的企业信誉度急剧下滑。组织要树立有社会公德和责任感的形象，才能赢得公众的好感和支持。

2. 牢记"己所不欲，勿施于人"

在社会礼仪中，组织要牢记"己所不欲，勿施于人"。林语堂先生在《吾国与吾民》中剖析了消极的"国民性"："中国人对待其朋友及其熟悉的人是并非无礼貌的，但超出了这个界限，则在社会行动上常对其旁边人取积极的敌意。如果他是公共汽车的同车乘客，或戏院子买票间附近的客人，彼此争先恐后，不让于世界大战时火线上冲锋的勇猛。"这种现象在现代社会确实存在，也是社会迫切需要改变的地方。在组织的社会礼仪中，同样不能一味自私，不能做危害群众的事。要知道，危害人们的利益，而又想赢得人们的支持，无异于痴人说梦。组织只有通过多方面的经营和努力维持社会公德，才能树立自身良好的形象。

3. 注重对象信息的反馈

在社会礼仪中，组织要发展，就必须时刻把握客户的反馈，如果一意孤行，只顾着使用蛮力，则会顾此失彼，违背组织发展的初衷。而反馈作为现代公共关系中非常重要的一部分，也是一种社会礼仪的表现，在这个过程中，客户不仅是组织公关事务的被动接受者，也是可以表达自己观点、与组织形成双向互动的参与者。这一过程有利于组织树立良好的形象，实现更好的发展。同理，不管是在人际传播中，还是在大众传播中，反馈都是组织需要遵守的一项重要的公关礼仪。

三、交谈礼仪

(一) 商务洽谈

1. 提前预约

企业和组织一般都有着十分周密的商务计划，突如其来的拜访，很容易令对方感觉措手不及。因此，公关人员在进行商务领域或公共关系领域的拜访时，要遵循"利己利人"的原则，提前预约，不随意给对方增添麻烦，时刻令人感到舒适，累积起来便是良好形象。

2. 按时到达

守时是所有优秀人士的共同点，公关人员在和对方预约好时间和地点后，便要按时到达。同时，公关人员在事前就应当考虑好所有的因素，排除任何可能导致迟到的可能。实际案例中，经常有人在失约时以交通堵塞作为理由，这其实是不应当的。不遵守约定的人，任何借口都难以令人信服。

3. 彬彬有礼，不卑不亢

现代商业社会中的成熟应当是稳重、不情绪化、大方得体。在进行交谈时，公关人员应当谈吐清楚、思路清晰，杜绝油腔滑调以及过于圆滑的感觉。人们通常对过分滔滔不绝的人会产生不信任以及厌恶感，所谓"巧言令色鲜矣仁"，任何时候都有"过犹不及"的效果。在公共关系中，公关人员应保持适中的谈吐、不卑不亢的态度，以不变应万变，才能争取到应得的利益。

(二) 非面对面交流

在公共关系活动中，还有一类比较特殊的方式——非面对面的交流，也称间接交流。比如电话拜访、邮件交往、社交软件沟通等。人们在享用这些媒介方式带来便捷的同时，也要注意各方面的礼仪。比如，在什么时间合适打电话或发消息，打电话或发信息时要注意的措辞和态度等。礼仪常常存在于这些小细节中，马虎不得。下面我们来谈一谈非面对面交流沟通要注意的礼仪事项。

1. 电话礼仪

(1)注意时间的选取。因为工作上的事而占用对方的私人时间是非常不礼貌的，因此，第一要避讳的，就是在非正常时间打电话。设身处地想一想，当自己陪伴在家人身边的时候，会欢迎有人来询问商务事宜吗？恐怕再怎么样也是会令人心生不悦的。如果确实有非常紧急的事情，在接通电话之后，公关人员首先也要道歉，解释占用对方宝贵私人时间的原因。

(2)电话形象的意识。接通电话时，公关人员的形象便通过声音传达出来，声音是传达态度的媒介，是漫不经心还是充满热情，很容易感知。因此，训练有素，对工作充满热情的接线员对于组织形象的帮助无疑是巨大的。并且，在进行商务电话拜访的时候，公关人员最好要自报家门。作为打电话的一方，电话接通以后，应该是："您好，请问是×公司吗，我们这里是×公司"，待双方都确定无误了，再开展商谈。作为接电话的一方也是如此，接起电话的时候，应答："喂，您好，这里是×公司"，让打电话过来的一方弄清楚通话的对象是否正确。

(3)通话时间的长短。电话打多长好呢？在实际生活中，这是由需要交谈的内容来决定的。但是从互相尊重的角度来讲，公关人员一般要注意有效地控制通话时长，不要占用别人的时间谈一些不着边际的话。因此，公关人员在打电话之前，最好先列出提纲，可以开门见山地告诉别人通话意图，言简意赅，避免谈吐含糊。

(4)电话打完之后谁先挂断的问题。社交礼仪的标准化做法是：地位高者先挂。晚辈对长辈，下级对上级，一般都是谁的社会地位高，谁先挂断。研究表明，后挂断电话的人通常会产生一种心理的落差感，而礼仪最要紧的就是将个人的尊重表达给对方知道，所以，公关人员在给别人打电话时，要尽量将主动权留给对方，可以暗示通话结束，比如重复一下刚才讲话中的重点，并祝对方心情愉快等。对方一般都会知道要挂机了，从而愉快地结束谈话。

礼仪是一个非常细致的问题，它反映在方方面面，但是对于成败却有着决定作用。公关人员应该学习做一个懂得社交礼仪的人，努力提升自己，知道一些约定俗成的社交惯例，并且身体力行，诚恳真挚，待人有礼有节。所谓"谦谦君子，温润如玉"，这样的人一定是受欢迎的。

2. 邮件或网络媒体礼仪

网络媒体，也就是我们目前经常使用的"两微一端"及抖音、小红书等短视频社交媒体软件。网络媒体在当今社会已极大普及，深入人们日常生活及商务办公的方方面面，尤其是微信这类网络即时聊天工具。接下来介绍在公共关系领域使用微信时应注意的交谈礼仪。

(1)言简意赅，但要避免缩略词。尤其在初次沟通时，由于双方无法明晰对方的表情和语调，因此，言语的尊重非常重要。沟通的语言要避免颠三倒四、长篇大论，以列提纲的方式简要点明想要表达的重点，避免使用不正式的表情符号以及网络缩略词。在还不了解对方的性格和偏好时，正规的沟通语言最能够表示尊重，且不会冒犯到对方。

(2)对于复杂的事项，应通过网络询问是否方便电话沟通。当文字不能简要阐明事项缘由时，公关人员应通过邮件或网络媒体的方式询问对方当下是否方便电话沟通，如对方乐意为之则可以高效处理问题，如对方所处环境不方便电话，可以作简要说明并预约一个通话时间。

(3)巧妙通过网络媒体获得对方信任。网络媒体有一个显著特点，便是极大模糊了工作和生活的边界。拿微信来说，通讯录列表中既有好友，又有同事和商业伙伴。在私人时间，电话交谈显然是不方便的，但公关人员可以通过朋友圈点赞或评论拉近与对方的距离，同时了解到对方的喜好，以对方的习惯进行交谈能够快速拉近双方的距离，使得沟通更高效。

四、聚会与庆典礼仪

(一)餐饮聚会

在公共关系交往中，宴饮也占着重要的比例。迎来送往的餐饮聚会是公关人员展示良好风范，拉近主客方心理距离的好机会。在餐饮中也有需要注意的方面，比如，对于餐厅、菜式的选择，在餐桌上要注意的小礼仪，在西餐宴饮中需要注意的方面等。

1. 场地的选取

在宴会上，人们往往重视的不是菜色，而是环境。尤其是正式的商务宴请，也就是企业或组织之间的交往，宴会选择的地点往往是组织经济实力的一个表现。例如，将客人请到五星酒店吃饭，能表现出宴请方对宾客的重视和尊重，也同样能够展示组织的一流实力；若是放到大排档之类的低档环境中，菜色可能独到，但是会让宾客感到宴请方对于自己不够重视和尊重，并且组织的实力也相对欠缺。不过，请客吃饭要显示出诚意，并不是只有五星级酒店才符合标准，在彰显实力的同时也要考虑到自己的经济成本。一般考虑宴请的环境有三个要点：

(1)环境要卫生。首先，宴请地点的环境要干净幽雅，不能很邋遢甚至肮脏。其次，地点周边环境也应干净整洁，尽量避免人声鼎沸的闹市小巷。

(2)环境要安全。宴请地点要有紧急门，在遇到火险等紧急情况时容易撤退。地点的周边环境也应避免杂陈的地段，选择相对文明的城市街道旁，可以给客人安心、踏实的感觉。

(3)交通要方便。宴请地点不仅应有档次、有知名度，而且要交通便利，应避免一些奇特的山林或民宿，防止给客人带来麻烦。另外，对于大型的晚宴，在邀请的宾客比较多的情况下，宴请方还需考虑周边停车位是否充足，尽量为客人提供便利。

2. 宴饮的氛围

宴饮中的氛围同样重要。在良好的气氛之中，大家容易和谐、冷静、专注、融洽地进行交流。

(1)在宴饮中，通常可以借助一些音乐或乐器来打造好的氛围，帮助大家放松心情。对于音乐曲目的选取，要注意它的气氛应与宴饮的现场相吻合，应当轻松、自然、舒缓；不能放很嘈杂、聒噪的音乐，比如打击乐、摇滚乐之类；也要避免放非常忧伤的音乐。音乐风格应该考虑对方的爱好，根据客人的风格选择轻音乐、爵士乐或流行乐等。合适的音乐不仅可以使客人高兴，而且容易打开话题。

(2)宴饮的氛围可以用合适的话题展开。宴请方作为东道主应根据客人的特点，选择大家都了解的话题来开场，尽量照顾到每一位宾客的感受，使大家均参与其中。这里涉及一些交谈的技巧，已在本章第二节中详细论述。

3. 菜式的选取

选取菜式也很有讲究。

(1)根据客人的喜好来选择。比如，对方如果是位洋派人士，可以考虑选择西餐；对方如果是传统人士或者是外国商人，则宜考虑正宗的中餐。

(2)避免忌口饮食。点菜时，宴请方应当询问客人是否有忌口的食物，避免因风俗、宗教或者个人禁忌等原因引起麻烦。比如，一些民族的饮食禁忌，糖尿病患者不宜吃甜品等。

(3)突出地方特色。比如，中餐的话要考虑中国特色、地方特色。如果是宴请外宾，越是中国味的东西越是令他们喜欢，地方特色也最好可以兼顾。比如，在北京可以考虑烤鸭和涮羊肉；在武汉可以选择鸭脖子；在重庆可以吃火锅。总之，越是地方味重，越是正宗越好。

(二)舞会与晚会

在现代公共关系中，西方式的交往方式越来越受到人们的欢迎，人们喜欢举行和参加各种各样的酒会、Party、舞会等。在舞会与晚会方面也有需要注意的礼仪。

1. 时间与邀请

舞会一般在晚上举行，有大型舞会、一般社交舞会和家庭舞会几种形式，时间约为3小时，遇有重大喜庆节日可延长至5~6小时。晚会是晚上举行的娱乐活动，与舞会的不同之处在于以演出节目为主。

舞会和晚会的主办方要注意定好时间，并提前向客人发出邀请，清楚说明起止时间，以方便客人早做安排。对于已婚的宾客，一般要邀请夫妇二人，邀请的男女客人的人数要大致相等。

2. 装束与细节

公共关系活动的舞会和晚会也是加强人们之间联系的渠道，这与朋友间的聚会性质不同。因此，舞会和晚会的参加者要注意仪容整洁，应有专门的装束，不能过于随便，不能穿短裤、背心、拖鞋等装束去赴会，防止过于失礼，既让自己难堪，也不利于和他人的交往。

和人际交往一样，参加舞会和晚会要注意小细节的处理。例如，尽量不吃葱蒜等有强烈刺激气味的食物，注意保持口气的清新；不要过量饮酒，以免失态；当患病、身体不适或感到疲倦时，最好不要勉强参加活动，避免因咳嗽、打喷嚏、打哈欠等不当行为让舞伴或其他宾客感到不舒服。

3. 跳舞礼仪

(1)邀舞。参加舞会的男女都可以主动邀请别人共舞，但一般是男方向女方主动发出邀请。男邀女共舞时，可到对方面前点头示意并伸出右手请舞，或说声："我可以请您跳舞吗？"女邀男共舞时，可大方地走到男士面前说声："请你带我跳舞，可以吗？"一般情况下，被邀请者不要拒绝邀请者的要求，无故拒绝是不礼貌的，如确实存在特殊情况，可委婉、简要地解释一下，一旦接受邀请，就应同对方跳至一曲终了，不要中途单方退场。

(2)舞姿。跳舞时双方要保持良好的风度和正确的舞姿。整个身体要始终保持平、正、直、稳；男方的右手应在女方腰部正中，双方距离两拳；进退移动，都要掌握好身体的重心，不要让身体左右摇晃；胳膊不要大幅度上下摆动；脸部朝正前方保持微笑，神态自若；声音轻细，给人以美感。

(3)中场休息。一曲舞完毕，男士要向对方致谢，并把舞伴送到原来的位子上。中间休息时，休息人员不要乱扔果皮纸屑，不宜高声谈笑，不能随意喧哗，不要随意穿越舞场，更不要同别人争抢舞伴，要始终做到礼貌谦和、有礼有节。

4. 晚会礼仪

晚会的举行要尽可能满足参加者的兴趣，可以是文艺演出、体育表演等，如果是招待到访中国的外国朋友，可以安排客人观看能体现我国民族风俗的节目，以增进其对中国的了解。另外，主办方还要注意把晚会的其他组织工作安排好，如座位安排、演出节目单、入退席秩序等。

(三)各类庆典活动

在公共关系中，组织出于宣传报道或组织间的关系联络等目的，常常会举行各类庆典活动，以进行良好的沟通。庆典活动是为重大节日、纪念日举办的公关事项。一般分为以下两种。

第一种是民间庆祝活动。如我国的元宵节、端午节、中秋节、除夕、春节等传统节日；又如，我国少数民族的"泼水节""火把节""三月三"等，以及近年来随着我国改革开放的进行，各行各业进行横向联合的周年纪念活动等。

第二种是官方庆祝活动。如国庆节、建军节、建交纪念日、友好条约签订日、著名人士诞辰日等。组织一般举行招待会、联欢会、文娱晚会，邀请各界人士参加。特别重大的活动可互派代表或代表团。若是跨地区、跨省市、跨国界的庆祝活动可通过电函祝贺。我们常常在春节的时候，看到世界各国为中国发来各种祝贺，这就是一种公共关系的展开。

因此，在公共关系中，这种庆典类活动的举办和参加是必不可少的。

1. 作为主办方应当遵守的礼仪

(1)在组织方面。主办方对于客人的邀请要非常诚心，表达出恭敬和期待；在发送请柬的时候，对于请柬的设计要十分重视，言语要恭恭敬敬，设计要大方简洁，对于庆典的时间和地点一定要标注明显；对重要宾客除发出请柬外，还应在活动前通过信函或电话表示感谢，并加以慰问。

(2)在举办方面。主办方需要特别注意接待人员的仪表以及行为举止。

①接待人员的仪表要简洁大方、干净清爽；态度要落落大方，不可矫揉造作。比如，礼仪小姐的妆容，要注意清爽亮丽，不可给人烟视媚行的印象；在接待来宾时态度要不卑不亢，既不冷淡，也不谄媚，做到热情周到、以礼相待。

②接待人员在每一个细节都要十分用心，在迎接、安排席位、送别等环节均要做到细致入微。特别要注意的是，接待人员要牢记"所有的人都重要"的原则，其实这也是人际关系中最重要的一句话。接待人员对待客人应当要一视同仁，切忌势利化、趋炎附势，冷落那些自以为不重要的宾客，厚此薄彼的态度是弊大于利的，待到今后的公共关系中，便会难以打开良好的合作局面。

(3)对待特别重要的客人要有所区别。对于政府要员、社会名流、新闻界人士、合作伙伴、外宾等，主办方应当做到既使重要的宾客感受到被重视和优待，又不至于引起其他宾客的不满和抱怨。主办方可以准备专门的休息室供重要宾客休息，或安排他们参加重要环节，例如为庆典剪彩，或是发表祝词等。这种方式可以起到"一箭双雕"的作用，既让重要来宾感觉受到了尊重，又可以为庆祝活动增添光彩。

(4)主持人在庆典活动方面起到的作用也是不能忽视的。

①主持人在活动中应当始终保持专业精神和职场素质，以充沛的精力和专业的微笑带动活动顺利举行。在任何活动中，主持人的作用都像一根丝线，将一颗颗的珍珠串起来，成就一台精彩的表演。因此，主持人应具备专业技巧，既要幽默诙谐，又要落落大方，既要活跃庆典的气氛，又要不偏离主题。总而言之，就是让客人有宾至如归的感觉。

②主持人的仪表仪态要落落大方，但又不过分修饰。不同类型的公共关系活动，对主持人的衣着要求也是不同的。在喜庆的活动中，主持人可以突出一些主题，打扮得靓丽一些，主持风格也可以活泼一些；而在严肃的活动中，主持人要尽量着正装，主持风格也应比较庄重。

2. 作为宾客应当遵守的礼仪

当公关人员以宾客的身份参加其他组织的庆祝活动时，也要表现出好的礼仪举止，这也是展示自我形象和维护良好的公共关系的好机会。在作为宾客的时候，公关人员要注意以下几个方面。

(1)守时。公关人员要带好邀请函，在庆典活动开始之前到达主会场，耐心地参加完所有的活动，尽量等到庆典结束以后离场。这是对于主办方的尊重和支持。

(2)精心挑选与会人员。参加公共关系活动的人员代表着组织的形象，良好的团队形象也能为组织增加好感度和信任度。因此，组织在挑选参加活动人员时应谨慎选择。公关人员必须衣着得体，谈吐优雅成熟；到达会场时，尽量对接待方表示感谢；在活动期间，要配合主办方，表达出自己的尊重和支持；尽量不要拒绝主办方的要求，配合主办方完成所有活动流程，实在有不得已的，公关人员要礼貌婉转地陈述理由。

(3)言谈举止要注意。公关人员在庆典中不能讲有损于主办方形象的话。语言的杀伤力很大，中国的古语中一直提倡"谨言慎行"，庆典活动是组织展示自身形象的大好机会，公关人员一旦失去礼仪，给人留下糟糕的印象，对于今后的公共关系活动开展便十分不利。另外，在活动中，公关人员既不能太刻板呆滞，也不能过于活跃，甚至喧宾夺主，失去分寸感的社交既不受主办方的欢迎，也会在公众面前留下自大的印象。

(4)利用活动多结识新朋友。公关人员参加公共关系活动的目的，不仅在于与主办方维持良好的公共关系和业务往来，还可以借此机会拓宽自己的社交圈。所以，很多企业的总裁和高管们常常抽空参加各类俱乐部，以及商务的培训，他们往往"醉翁之意不在酒"。在公关事务处理时，广泛的社交圈可以帮助公关人员高效地处理事情。

(四)礼品赠送

在公共关系中，互相赠送礼品通常作为表达敬意和亲近的一种方式，被组织和公关人员广泛采用。在赠送礼品方面也有一些细节需要注意，礼品并不是随意挑选就好，也不是越贵重越好，而是要能够很好地传达情谊，并使人不尴尬。下面我们来看看在互相赠送礼品方面需要注意的事项。

1. 选择好赠送时机

公共关系中的礼物赠送要选择在合适的时间，一般在重大节日或具有纪念意义的日子，如重大庆典活动等。其中，对于关系密切的合作方，即使对方请帖未到，也可先行送礼；开张答谢礼必须在揭幕或剪彩之前数小时送到，以送花篮最为普遍，也可以送镜屏或镜画。

2. 选择合适的礼品

在公共关系中，礼品的赠送既不能漫不经心、随意挑选，也不能过于贵重，令接收方感到压力。礼物的价值贵在用心，既表达情意，又令人满意，最好能显示出格调和品味。

我们以一个经典的案例说明。时任国家主席江泽民在出访俄罗斯时，曾向时任总统叶利钦赠送了一盘由中国制作的关于反法西斯歌曲配画的录像带。这盘长达 1 小时 50 分钟的录像带名为《神圣的战争——苏联卫国战争歌曲回顾》。该片选用了《神圣的战争》《小路》《夜莺》《灯火》等 13 首苏联歌曲，均由苏联功勋艺术团演唱。画面全都是由苏德双方军事记者拍摄的极其珍贵的电影资料。该片通过歌曲和画面相结合的方式，讲述了苏联人民奋起抗击德国入侵的辉煌历史。据悉，当片子在俄罗斯驻华使馆放映时，引起了台下强烈反响，许多俄罗斯官员热泪盈眶，并表示："尽管片子中反映的是我们苏联人民在卫国战争中的故事，但许多画面我们也是第一次看到。从片子中可以感受到，最了解苏联的是中国人民。"

这就是礼品的珍贵所在，在公共关系的处理中，礼品的价值不光是由价格来衡量的，更是由其中凝结的心意来衡量的。赠送礼品一方的心意会通过礼品被对方感知出来，这样的礼品才会令人难忘。

综上所述，公共关系中的礼仪是组织形象、文化、员工修养等多方面的综合体现。任何组织只有做好应有的礼仪规范，才能将自身在形象塑造、文化表达上提升到一个满意的地位。

▶ 案例研读 & 文献阅读

扫一扫，看资源

第十章　公共关系的大众传播

【学习目标】
　　(1)了解大众传播在公共关系中的基本功能；
　　(2)掌握公关工作中与大众传播息息相关的主要手段；
　　(3)理解涉及大众传播的公共关系实务举要。
【基本概念】
　　大众传播　公关广告　公关软文　新闻策划

第一节　大众传播的基本功能

　　1945 年 11 月，联合国在伦敦发表的教科文组织宪章中首次使用了"大众传播"这个概念。而何谓"大众传播"？关于大众传播的定义有很多，定义的侧重点也各有不同。

　　美国传播学者梅尔文·德弗勒(Melvin Defleur)认为大众传播是一个过程，"在这个过程中，职业传播者利用机械媒介广泛、迅速、连续不断地发出信息，目的是使人数众多、成分复杂的受众分享传播者要表达的含义，并试图以各种方式影响他们"[①]。

　　国内有学者认为，大众传播是人类社会信息交流的方式之一，是"职业工作者(记者、编辑)通过机械媒介(印刷媒介、电子媒介)向社会公众公开地、定期地传播各种信息的一种社会性信息交流活动"[②]。

　　从公共关系的角度，大众传播可以从广义和狭义的两个角度来进行定义。广义上的大众传播是指隶属于某种社会权力组织或社会媒介组织的、以信息传播为职业的传播者通过特定的传播技术设备向社会大众传播信息的专业系统。该系统有利于社会组织面向社会大众有效地开展公共关系宣传，以达到某种政治或商业目的。而狭义上的大众传播则是指我们常说的报纸、杂志、广播、电视、网络媒体，它们通过语言、文字、声音、图像等符号向大众传播信息。这类承载信息的大众媒介是公共关系开展的有力手段。

一、大众传播的特点

　　大众传播的传播者为隶属于一定社会集团下的职业传播者；传播活动必须通过一定的传播媒介和技术手段(以报纸、广播、电视、网络为主)；传播对象是成分不同的社会大众。从诸多学者关于"大众传播"的定义中，我们可以归纳和总结出大众传播的特点。

---

　　① 梅尔文·德弗勒、埃弗雷特·丹尼斯：《大众传播通论》，颜建军等译，北京，华夏出版社，1989。

　　② 刘建明：《宣传舆论学大辞典》，北京，经济日报出版社，1993。

（一）专业的信息传播者

他们是隶属于某种社会权力组织或者社会媒介组织的、经受专业培训后拥有特定专业技能的、以信息传播为职业的传播者。具体说来，就是拥有"无冕之王""人民的喉舌""社会的镜头"等多项荣誉称谓的记者、编辑、主持人等。他们从属于各大媒介组织和宣传机构，拥有独特的新闻采集技能、稿件编写技能、摄像摄影技能、剪辑编辑技能、播音主持技能等专业技能。在公共关系的开展中，公关人员离不开与这类人员的合作与沟通。

（二）需要特定的传播技术手段

人际传播的传播技术手段可以简单到只需要空气作为介质。而大众传播所需要的特定传播技术手段是一般人和组织所不具备的。比如，报纸的大众传播需要大型的印刷设备，先进的出版技术和高效的流通渠道；电视的大众传播则需要广播电视信号发射中心（如卫星发射中心、中长短波发射台等），信号接收设备（收音机、电视机等）；面向网民的大众传播则需要网络运营商、信息高速公路、先进的计算机设备，个人电脑终端等。因此，大众传播对于传播技术手段的要求比其他种类的传播要高得多。也正是由于大众传播对于技术手段的高度专业化要求，使得大众传播主要是由拥有一定社会资源的社会组织所主持和进行的。在公共关系中，策划项目想要达到一定的传播影响力和效果，就必须借助特定的传播技术手段，这也是公共关系的开展离不开大众传播的原因之一。

（三）传播带有特定社会意义的信息内容

大众传播进行信息传播时，需要消耗一定的社会资源，传播成本偏高。因此，大众传播的传播内容一般都是经过精心选择和编排以达到特定目的而发布的。报纸、广播、电视、网络等媒体通过特定新闻信息的发布、娱乐节目的制作、评论意见的发表等形式，来达到传承社会美德、解读国家政策、舆论监督引导、社会生活服务、娱乐大众生活的目的。在各种特定类型的传播内容之中，我们也不难看出其蕴含的公共关系。比如，《新闻联播》代表政府发表声明，其实是一种政治公关；《焦点访谈》聚焦民生，其实是反应社会组织与公众之间的一种公共关系处理问题；《领军人物》中对企业家的访谈其实是一种企业公关等。可以说，公关伴随着大众传播而无处不在。

（四）具有相当的权威度和公信力

大众传播由特定的媒介组织进行传播，表示一种社会力量在进行负责任的态度表达。因此，相比于人际传播，大众传播具有相当的权威度和公信力。在我国，大众传播媒介作为政府发声的工具，也作为社会百态的见证者和民生民情的传达者，受到了社会的高度信赖。在公共关系中，依赖于大众传播的权威度和公信力，组织可以有效地树立积极的组织形象，增加其在公众心中的好感度。因此在经济预算充足的前提下，组织借助大众媒介进行特定公共关系的开展无疑是锦上添花的事。

（五）受众是社会大众

大众传播之所以称之为"大众"传播，是因为大众传播的受众是社会大众。人际传播中，传播的受众是特定的个人或组织，对话群体之间存在明确的社会关系，他们或是家人、同事、师生、合作伙伴等。而大众传播的受众则有高度的匿名性和不可监控性。他们的职业身份、地理区位和性格特征各不相同，他们唯一的相同点是对某一类大众传播媒介传播的信息感兴趣。这种不带有身份属性的受众划分，与公共关系中组织所要面向的客户群体正好是一致的。因此，组织往往借助不同的传播媒介开展公共关系活动，以达到事半功倍的效果。

(六)传播距离远、速度快、覆盖面广

人际传播由于传播媒介的限制，其信息的传播范围仅限于特定圈际之内。而大众传播借助信息技术的发展，其传播距离已经具备了环绕地球的能力，甚至是在太空的宇航员，也可以通过大众媒介实现全球播报。随着光纤传播技术和万维网技术的突破，信息传播的速度也进入了"光速"时代，在甲地发生的事件可以在发生的下一秒就传输到乙地。大众传播的距离远、速度快使得其传播的覆盖面相当广阔，受众只要购买一种媒介，如电脑、手机、电视、收音机、报纸等，就可以随时随地接收信息。尤其是在信息技术快速发展的今天，算法工程师已开始将注意力从地理范围的覆盖面转移到对海量信息基于兴趣的分发上，认为传播的覆盖面已不单单是传播技术的硬件问题，而是一种对个人兴趣和信息种类的高效匹配问题①，以打破"信息茧房"②的屏障。信息的精准匹配也更有利于公共关系的高效开展。

(七)需要遵守相应的文化和政治规则

大众传播只有在受到相应行业约束和管理的情况下，才能持续维持其权威性和公信力。当今世界绝大多数国家的大众传播都是政府和社会共同监控下的权力传播系统。它具有意识形态性和特定社会属性。正是因为大众传播对社会舆论的强势引导力，大众传播必须遵守相应的文化和政治规则，以发挥自己引导社会进步的功能。作为与大众媒介相辅相成的公共关系，公关人员也应当及时地掌握相应的文化和政治规则，以免政策疏漏而引起麻烦。

(八)单向传播，反馈相对困难

同时，大众传播也有一定的局限性。其更多地体现着一种单向的传播和沟通，由于受众的不确定性和难于监控性，大众传播的反馈更多地表现出一种滞后性和偏差性。在这一点上，人际传播很好地弥补了这一点。人际传播作为一种双向的传播，其反馈是一种即时的、可接收的反馈。传播者可以在传播过程中通过对受众反馈的解读，及时调整传播内容和传播策略。在公共关系中，根据特点有针对性地选择传播方式更有利于公共关系活动的开展。庆幸的是，大众传播媒介越来越重视反馈，正在不断地加强对受众反馈信息的收集。除了传统的读者来信、座谈会等之外，问卷调查、短信互动、网络论坛、民意测验、精确采访等方式正是在网络媒体兴起的背景下，大众传播媒介收集反馈信息的创新方式。

二、大众传播模式的"公关启示"

大众传播模式的发展经历过一个漫长的过程，并不断地结合不同学科的思想和观点。本书第四章介绍了主要的传播理论模式。虽然大众传播活动表面纷纭复杂，但是

---

① 尚帅：《传播的兴趣偏向和浑然不觉的符号暴力——基于〈今日头条〉的算法控制研究》，载《现代传播：中国传媒大学学报》，2018(10)：5。
② 桑斯坦：《信息乌托邦》，北京，法律出版社，2008。

究其本质，或者在执行过程的某一环节中都会找到经典传播模式的影子。所以，在公共关系传播的过程中，公关人员必须从这些经典传播模式出发，思考公共关系传播的有效方法。

(一)"早期线性传播模式"对公关传播的启示

该传播模式简洁地总结了一个传播活动进行的基本流程。对于公关人员来说，进行公共关系传播时，应该从基本的五大要素来考虑：对传播者、传播内容、传播渠道、受众和传播效果进行全程把控。以新闻发布会为例，新闻发布会开始前做好各个方面的准备工作：发言人的选择、发言的内容、会议时长、受邀记者、反馈机制等；新闻发布会进行时则要考虑发言人的状态、记者对传播内容的态度和接受程度，传播渠道是否通畅等问题；而在新闻发布会结束之后，公关人员则要对发言人进行专业的点评、对传播是否达到预期效果进行数据分析、跟进和维护和记者之间的关系等。每一个环节都必须考虑到传播者、传播内容、传播渠道等"5W"各大因素的状况。

(二)"反馈论或者控制论传播模式"对公关传播的启示

反馈论的传播模式对公共关系传播最大的启示便是——公共关系传播一定要重视受众的反馈。

1. 反馈是判断公共关系活动是否成功的标准

公共关系活动的目标对象就是社会外部公众和组织内部公众。这些目标对象对于公共关系活动的反馈信息，直接决定了该活动的成功与否。如果在一个公共关系活动进行之后，受众对该组织的态度发生了有利于组织的正面转变，那么这就是一次成功的公共关系传播活动。反之，则不然。

2. 反馈是公共关系活动得以成功进行的条件

反馈不可以仅仅拘泥为公关事项传播完成之后的信息收集。事实上，公共关系活动中的反馈有前馈、中馈和后馈三种形式。公共关系活动举行前收集前馈——收集受众的意见信息，可以使活动更具有针对性地进行，从而收到更好的传播效果；公共关系活动进行中收集中馈，对前期的活动进行评价，如果效果良好则方向不变继续进行，如果没有达到预期效果则根据收集到的信息调整活动策略或者活动流程；公共关系活动结束后收集后馈，便于公关人员评价此次活动并总结经验。通过不断地以动态的方式收集受众反馈信息，公关人员凭借专业性，并结合受众的实际感受，来动态管理活动进程，以达到目标预期的效果。

3. 反馈是组织对受众表达尊重的方式

向受众收集反馈信息的过程使受众从信息的被动接收者变成传播过程的主动参与者。反馈既是对受众的一种尊重体现，同时也是现代文明礼仪的一种表现形式。

(三)"系统传播过程模式"对公关传播的启示

系统传播过程模式是系统论思想在传播学领域的体现。它以一种宏观的、整体的、全局的视野对大众传播进行观照。传播作为社会生活的子系统而存在，受到社会文化、社会习俗、社会标准等方面的影响；同时，大众传播又以其特有的社会影响来不断地改变着社会生活的方方面面。

这样一种系统化的思维模式告诉公关人员，首先，公共关系传播作为社会生活的从属部分，它必须符合社会相关道德规范体系和社会行为模式，代表社会进步的方向。同时，将公共关系活动看作一个大系统，在这个系统之下存在着活动管理、人员调配、艺术设计、参与者心理等各个方面的内容。这就要求公关人员必须是一个通才，以极强的沟通能力来统筹各方面资源并进行合理调配。

第二节 大众传播的主要手段

在现代信息社会，任何组织想要实现信息的高效传播，想要得到最大覆盖范围的传播，就必须将大众传播纳入战略化的考虑范围之中。

在公共关系中，传播是社会组织利用各种媒介，将信息或观点有计划地与公众进行交流的沟通活动。在一般的传播活动中，信息传播可以是单向的也可以是双向的。而在公共关系活动传播中，信息传播是双向的。公共关系活动的组织者将信息通过各种传播媒介发布出去，同时对受众收到信息之后的反馈进行监控和收集，并以此来调节公共关系活动的进行。因此，在现代社会中，公共关系活动得以高效进行的必要条件就是合理优化地使用大众传播的资源，以达到预期的传播效果。

那么，公共关系在传播的过程中会使用到哪些不同的传播手段呢？根据划分标准的不同，关于大众传播的具体手段类型也多种多样。

一、按控制程度划分

威廉·维尔斯(William Wells)等在广告学领域将媒体划分为可控媒体、不可控媒体及半可控媒体[①]。参照划分标准，并结合当下新闻媒体技术发展的革新，我们将应用于公共关系领域的媒体作如下细分。

(一)可控媒体

可控媒体是指由组织控制使用的媒体。该组织对何时、何地、以何种方式运用该媒体传播何种信息，具有完全的控制权。如内部广告、公共服务广告、组织内部广告等。

1. 内部广告

社会组织在自己的出版物或者节目里传播有利于自己的信息。万科集团在其自办杂志《万科周刊》中，每一期都将自己"让建筑赞美生命"的企业理念通过内部广告的方式进行宣传。

2. 公共服务广告

由慈善组织和福利组织设计，用于网络、电视、收音机播放或放在免费印刷品中的广告叫作公共服务广告。公共关系中的公共广告、服务广告一般是指企业和慈善组织联合制作，媒介只收取成本费用即同意播放的公益广告。农夫山泉"饮水思源"的主题公益广告就属此类。

3. 组织内部广告

组织内部广告是用来提高组织形象或者说明组织观点的广告，通常不存在出售某种产品的企图。此类广告一般由公关部门负责，而不是由广告部门完成。如在企业工业园区内随处可见的企业标语、企业自办杂志的广告等，都属于此类。

---

① 维尔斯、张红霞：《广告学原理与实务》，473 页，北京，北京大学出版社，2007。

(二)不可控媒体

不可控的公共关系媒体是指由媒介权力机构或者社会大众所控制的媒体，组织对该媒体的信息发布、使用频率、版面安排、传播时间等没有控制权。公众看到的可能并不一定是组织原本想要发布的信息。我们将这类对于组织没有控制权的媒体称为不可控媒体。

1. 网络媒体

网络媒体是指允许用户自由撰写、发布、评论、转发信息的社交类媒体平台，实现用户与用户间无障碍的信息、情感、观点等的交流与互动。该技术得益于互联网技术的发展，其平等的对话方式使得媒体与受众之间的界限越来越模糊，现阶段主要包括"两微一端"，即微信、微博、客户端，抖音、小红书等短视频类，以及博客、播客、论坛等互动类社交媒体(本章统称为"网络媒体")。

2. 媒体巡回会议

媒体巡回会议，顾名思义，就是巡回进行的记者招待会，即发布主题不变，但是举办的地点和受邀的记者发生变化。该类型一般适用于重要的信息发布和选举活动。

(三)半可控媒体

半可控媒体是指组织可以控制媒体信息传播的某一方面，但是不能控制全部。比如，企业的官网可以被企业所控制，但是关于企业的其他网站信息和聊天室是企业不可控制的。又如，一些公共关系活动或者赞助活动可以由企业安排，但是企业不能够控制媒体以何种口径对该事件进行报道。

二、按传播内容划分

(一)公关广告

广告是广告主向媒介所有者支付一定的费用用于购买一定的版面、时间，将特定的信息传递给公众的信息传播方式。按照广告主、媒介、广告内容等方面的不同，可以划分出许多不同类型的广告。而公关类广告和传统意义的商品广告有所不同。

(1)二者的目的不同。商品广告一般以宣传产品的卖点或者促销信息为主，其目的是增加商品的销量以获得商业利润的增长。而公关广告则是为了建立、维持、强化良好的组织形象。

(2)二者的传播周期不同。商品广告根据产品更新的进度和销售的季节性而有所改变。如饮料广告主打夏季，羽绒服广告主打冬季等。而公关广告的主题则具有相对的稳定性，其宣传活动是有计划、有步骤、连续和长期地进行的。

(3)二者的传播效果不同。某一商品广告是否成功可以直观地从该商品的短期销售量看出来，且该广告的影响力度只是存在于特定商品的局部影响之中。而致力于塑造组织良好形象的公关广告，则会对组织的成长和发展产生积累性的、长期性的、全局性的影响。

因此，公关广告是指社会组织交付一定费用，通过媒体向公众传播有关组织的理念、态度、成果等信息，以树立良好的组织形象，而最终达到优化环境、和谐公众、协调关系之目的的信息传播活动。具体而言，公关广告有如下类型。

1. 组织广告

(1)组织实力广告。实力广告主要向公众介绍组织在物质技术设备方面、人力资源配置方面、组织资源管理方面、资金流向监控方面所作出的努力，让公众了解组织的实力并在公众心中建立良好的组织形象。比如，某些上市公司为了增强股民信心，必须向公众提供"年报""中报"等。再如，2021 年 12 月，巴黎奥组委发布了一则创意广告，以虚拟影像的形式勾画了以塞纳河为主线的奥运设施建设，虽然视频是虚拟成像，但以此彰显了巴黎奥组委举办奥运会的技术实力和经济实力，吸引了全球的目光。

（2）组织理念广告。组织理念是组织的精神内涵，指导着组织的发展方向和战略规划。组织通过此类广告，得以向社会大众传播负责任的形象、值得信赖的形象。如海尔"真诚到永远"，小天鹅"全心全意小天鹅"，飞利浦"让我们做得更好"等。

（3）组织活动广告。组织进行的一些重大活动信息可能也要广而告之，以达到邀请社会大众的效果，同时也能够聚集较高的社会关注度。比如，企业的开业庆典、周年纪念、年末客户答谢会、CI 发布活动等，通过广告来进行传播，既能够最大限度地邀请社会人士参加，又能够广泛地吸引社会关注。

（4）组织征询广告。以征询对某些问题的看法、建议为内容的广告，就是征询广告。征询内容一般是品牌名称、广告语、组织口号、组织标识、对组织某一问题的看法和意见等。此类广告表面上是集思广益以寻求问题的解决之道，而其深层次的目的则表现在一是为了拉近组织与社会大众之间的距离；二是可以表示组织对社会大众的尊重，增加亲近感；三是通过制造社会议题，以聚集社会关注来提高组织的知名度和影响力。比如，2007 年 BMW 与新浪网联合推出的"BMW 企业社会责任口号征集活动"；2021 年佛山市举办的"面向全球征集城市形象宣传口号"等。

2. 情感广告

（1）致歉广告。致歉广告是针对组织经营管理中出现的各种问题，向公众表达歉意，以求得公众的谅解，同时树立组织负责任的形象。一为主动致歉，即在公众发现组织的错误之前主动承担责任；二为被动致歉，即在组织由于自身原因已经对公众造成一定程度的利益损害之后，将事实真相和改进措施广而告之，以表明诚意、求得原谅。

（2）感谢广告。感谢广告是组织通过广告的方式向公众的帮助、支持和信任表达谢意。一方面增加媒体曝光度；另一方面表达对社会的感恩之心和感激之情，拉近与公众的心理距离。

（3）祝贺广告。祝贺广告是组织在特定的时机向公众表示祝贺或者慰问的广告，借以联络公众感情。如每年春节联欢晚会进行时，社会组织纷纷以祝贺广告的形式传达对公众的节日问候。

3. 社会广告

作为社会有机体的基本单位之一，每一个组织都以各种各样的形式参与着社会生活，承担着相应的社会责任。为了在公众心目中树立企业是时代观念领先者的形象，各个社会组织纷纷展开以倡导社会风尚、推动社会进步、和谐社会文化为主题的各种广告传播活动。

（1）公益广告。公益广告是指组织不以营利为目的，而以公共服务内容为诉求的非商业性广告。公益广告机构从事的范围相当广泛，举凡社会、福祉、教育甚至谋求国家之间相互了解的活动都囊括在内[①]。比如，中宣部关于呼吁注射新冠疫苗的公益海

---

① 周南燕：《现代广告事典》，97 页，北京，朝阳堂文化事业股份有限公司，1996。

报；哈药集团的公益广告"父母是孩子最好的老师"等。

（2）观念广告。观念广告是指用于宣传、建立或改变消费者消费观念的广告，而且这种改变有利于该组织。比如，海飞丝在进入市场之前，通过大量的广告活动来传播"头屑是不文明的表现"这一观念，而使海飞丝一进入中国市场就以"去屑不伤发"为诉求点迅速地抢占市场。海飞丝这一场经典的市场抢占战役，就是以观念广告为切入点，通过去屑观念的树立，来帮助海飞丝成功进入中国市场。

（3）倡议广告。倡议广告是以组织的名义率先发起某种社会活动或提倡某种有意义的新观念。例如，水井坊"穿越历史，见证文明"的广告语倡导的就是一种发掘"历史的沉淀与传承"，发现文明探寻文明的社会观念。

（4）响应广告。响应广告是社会组织响应政府或者其他机关、企事业单位的号召，支持公益事业的发展而开展的广告活动。如申办奥运、和谐社会等。响应广告基本上都是由国家和政府创导和推动的，企业界主要的工作是响应号召。

（5）赞助广告。赞助广告是组织通过对一些大型社会活动或者媒体节目提供赞助而进行的广告发布。比如，京东赞助 2022 年春节联欢晚会；安踏赞助 2020 东京奥运会中国代表团等等。

（二）公关软文

公关软文是指介于广告和新闻之间，以达到某种公关目的的一种软性推广文章。与公关广告活动相比，公关软文有如下优势：首先，节省传播费用。从理论上讲，公关软文的发布不需要购买媒介时间或版面，因为是免费的。其次，公信力和社会关注度更强。以新闻的形式进行传播，使得软文信息附加了传媒的公信价值，受众阅读和观看的主动性会加强。再有，以新闻进行传播，能够取得较好的媒介版面或者播放时间。正是因为有以上的优势，公关软文在公共关系活动宣传中的地位持续上升，越来越受到公共关系活动策划者的重视和青睐。

综合来看，公关软文有如下基本类型。

1. 按表现形式来分

（1）新闻性报道。该报道指的是由公关部门提供的或由专业记者采写的对真实事实的报道，它能及时向公众传递信息或证实澄清某一事实，有极强的告知、吸引注意及影响态度的作用，所以是公关软文类型中最常被采用的形式。其主要表现形式有消息、特写、专访等。如意外事件、事故、劳工纠纷、组织发展等其他在组织正常业务活动中发生的事件。这种事件有时对公司有利，有时不利。对此类事件，新闻媒介会主动进行采访报道。而这类由外部主动报道的新闻，公关人员要给予密切的关注，一旦发现其带有偏见或错误的指向，就得马上采取措施给予更正或补救。

（2）舆论性报道。该报道指的是由编辑或专栏作家以评论、社论或漫画的形式发布的，带有政论形式的报道。由于其所反映出来的一般是代表媒介政策的观点，因此对社会舆论有很强的间接影响力。

（3）服务性报道。该报道指的是以增进知识、方便群众为目的，带有常识性、知识性和指导性的报道，通常是由公关部门配合业务、技术等专业部门向媒体提供的。这类报道一方面可显示组织的实力；另一方面可在公共服务中争取到好感，培养、开拓市场，同时增进与媒介的良好关系。

（4）娱乐性报道。该报道指的是在新闻媒介上发布的有关体育、文艺等方面内容的报道。由于这种报道常有较好的连续性，所提供的休闲性知识内容可读性强，容易引起社会较大范围的关注，因此，其对社会的精神文明建设具有很高的价值，有助于提升组织的知名度和美誉度，对塑造更有人情味的、更富有文艺气息的组织形象方面具有独特的价值。例如，企业或组织赞助、协办或承办体育专栏、文艺专栏或专题节目、征诗征歌、征集组织徽标设计，在报纸杂志上刊发有关艺术评论、"广告文学"或企业文学作品等。

2. 按宣传形式来分

(1)社会新闻。该类型是指与社会生活紧密相关的新闻，包括工厂扩建、设备变化、人事变动、产量突破、重要任命、周年纪念、领导人参访活动等内容。

(2)商业新闻。该类型与社会新闻相比有更强的专业性，一般发布于专业性的报纸杂志，是企业为支持其市场计划，通过企业、商业、技术方面的新闻媒介进行宣传的一种重要形式。比如，印染企业的专业信息可以通过《中国化工报》发布，生物科技企业的最新研究成果可以通过《药物生物技术》发布等。

(3)服务信息。该类型是为受众提供有关潮流家居、旅游、家务管理、健康饮食、生活小贴士等方面的建议，一般发布于都市类或者生活类报纸。

(4)经济文章。该类型是指在报纸和财经杂志发表的关于企业组织经济方面的报道和文章。它们是由各种公司、投资机构、银行、公用事业部门和保险公司中的公关人员或股东关系部门提供的，包括声明、合并、年报、季报、年会、新产品、技术开发、资本支出、经理人事变动等内容，一般发布于专业财经杂志。

(5)产品信息。该类型是一种以产品介绍为宣传线索的形式，向消费者传递复杂的技术设备、药品、科学产品方面的信息，使消费者能够理智地选择产品，既为公众提供了帮助，又取得了公众的信任。

(6)图片和影像宣传。该类型是为了满足媒体对有新闻价值、立意新颖、独创性的照片和影像资料的需要，组织会配置专业摄影人员拍摄或录制特殊活动、产品形态、会谈等重要事件的照片或者录影，提供给媒体作为宣传报道的材料。

(7)背景材料。背景材料是公关人员为新闻编辑、社论撰稿人、电视节目编导提供有关于新闻人物或事件背景介绍的材料。它不同于一般的新闻稿，属于新闻报道的准备素材。

(8)应急宣传。其又称为危机公关，是当组织的社会形象由于特定原因出现负面发展趋势时，应急宣传是组织的公关人员挽救组织形象时所使用的宣传方式的总和。比如举办新闻发布会以澄清事实真相、邀请社会公众协商解决问题、现场实证演示等。

3. 按与媒体的合作方式来分

(1)向媒介供稿。该类型指的是公关人员在了解媒体运作规律的基础上，主动撰写新闻稿，是通过媒介对公众施加影响的一个重要手段。具体写作技巧详见本章软文写作部分。

(2)付费宣传。该类型指的是在经济条件许可的情况下，组织积极响应新闻媒介的号召，与媒介联合举办规模较大的社会公益活动，或者其他有较大社会影响力的活动，如联合举办文艺演出、各种竞赛，赞助某一版面或某一时段的节目等。这种新闻传播具有两方面的作用：首先，组织给媒介留下了好印象，且作为赞助者，在新闻媒介宣传该项活动时，必然会被提到(有可能反复提到)组织的名字，这等于给组织做了广告；其次，组织在广大公众面前树立了关心社会的良好"公民"形象。

(3)新闻策划(公共关系活动策划)。该类型指的是在真实、不损害公众和社会利益的前提下,组织通过有计划地策划、举行具有新闻价值的事件,以吸引新闻界的注意与兴趣,通过对其报道达到在广大公众中提升知名度、扩大社会影响的目的。该方式有两层含义:一方面是指组织赋予已发生的事件以新闻价值;另一方面是指组织有意识地、主动地去开展具有新闻价值的活动。目前,新闻策划已成为公共关系中十分常见的公关手段,但是媒介对此类事件的新闻报道一般较挑剔,选择较严格。因此,组织需要精心策划才能争取到在媒介中刊播的机会。下一节将对新闻策划(公共关系活动策划)进行更为详细的阐述。

三、按传播载体划分

(一)外部公关媒体

外部公关媒体主要指大众传播的媒介,也称为大众媒介。它是社会组织开展外部公共关系活动的重要载体。大众媒介就是大众传播所使用的,面向大众传播信息符号的物质实体。现代大众媒介包括以报纸、杂志为主的印刷类媒介和以广播、电视为主的电子类传播媒介。此外,互联网为近些年极具代表性的传播形式,将在第十一章单独阐述。

1. 报纸

现代意义上的报纸,是指以刊载新闻为主的、面向公众定期连续发行的印刷出版物。

(1)报纸的分类。

报纸依照出刊周期的不同,可分为日报、周报、双周报或更长时间的报纸;依照出刊时间的不同,可分为晨报、早报、晚报;依照政治立场的不同,可分为左报、右报;依照收费与否,可分为收费报章、免费报章;依照媒体形态不同,则可分为印刷报章、网上版报章、电子报、手机报等。

(2)报纸具备的特点。

①图文并茂,内容展现完整。报纸以文字性报道为主,辅以一定的图表和照片,通过文字和图表的组合,以一种形象化的方式展现新闻的全部内容。

②保存性好,便于公众重复接受信息。报纸的保存性要强于广播和电视。报纸的载体是承载文字和图表的纸张,而纸张作为一种物质实体,便于保存。同时,报纸上的信息通过文字记载,公众可以对感兴趣的部分反复阅读,对认为有价值的信息可以剪贴、摘录,经过整理可以永久保存并随时查阅。

③便于携带。报纸由于其体积小和重量轻,而非常便于携带。

④信息挖掘有深度。跟文字相比,声音稍纵即逝,不利于深刻思想的表达,而语言的推敲性和思想性更强,这使得报纸的信息编排和选择更具有深度、力度和广度。《南方周末》就是一份以深度信息挖掘见长的报纸,通过整版的新闻专题制作或者多期跟进的连续报道,进行背景资料的调用、关联信息的链接、前因后果的窥探、历史渊源的考究,将整个新闻事件进行立体化的剖析而找到症结所在。

⑤传播速度不及广播和电视。报纸由于受到出版周期、印刷工序、传播渠道、交通条件的限制与约束,其传播速度不及广播和电视。广播和电视可以做到现场直播,而报纸的传播速度则不可匹及。

⑥易受公众文化程度的制约，传播范围受到限制。报纸以文字传播为主，不如广播、电视等传播手段形象和生动，其感染力相对较弱。同时，受到文化程度不同的影响，不同的受众对报纸信息的理解和接受程度也有差异。

（3）报纸中的公关传播形式。

①新闻稿件。报纸对新闻的需求量极大，因此社会组织的公关人员可以经常性地为报纸提供新闻消息、通信、特写、背景材料等。

②专栏。为了服务市民生活，报纸经常开办各类服务型的专栏，比如，室内装饰、流行潮流、饮食文化、食品旅游、家务管理、幼儿喂养等。公关人员可以利用这样一个平台撰写一些有利于宣传组织的稿件。

③赞助报纸主办的活动。报纸利用自身在社会上的影响力会经常性地举办一些有利于市民生活和倡导生活文明的活动，组织可以为此类活动提供赞助。

④有奖竞答或者竞赛。组织可以单独出资或者与报纸联合的方式来举办各种竞赛活动，比如趣味知识竞赛、脑筋急转弯有奖竞猜等来吸引受众的参与。

⑤公关广告。组织购买版面来发布公关广告。

2. 杂志

杂志，亦称之为期刊，是图文兼有、定期出版的印刷媒体。

（1）杂志具备的特点。

①专业性强、针对性强。杂志有综合性杂志、专业性杂志和科普性杂志之分。综合性杂志读者群较多，如《读者》《三联生活周刊》《时代周刊》（*Time*）等；专业性杂志和科普性杂志均有其相对固定的读者群，传播的针对性较强，如《世界腕表杂志》《漫友》《发现》（*Discovery*）等。选择杂志作为传播媒介时，信息传播的针对性强，但同时也限制了信息传播的广度。

②深度挖掘，有保留的价值。杂志一般情况下都会尽可能详细和深刻地阐述观点、分析时政，因此其传播的信息有长期保留的价值。

③图文并茂，制作精美。杂志的排版相比于报纸更为精致，精美的图文可以留住读者展开深度阅读。

④传播速度较慢。杂志一般有季刊、月刊、半月刊、周刊等，它反应的是一定时期内的信息。因此，组织的公共关系活动中对于需要迅速传播的信息，则不宜选择杂志作为媒介。

（2）杂志中的公关传播形式。

①新闻稿件。杂志的文章以深度和广度见长，大篇幅的新闻深度报道具有更强的冲击力和影响力。因此，公关人员可以撰写有利于组织的深度报道发表于杂志之上，如将组织领袖作为新闻人物向公众推出，或者邀请记者采写。

②案例分析。针对商业周刊而言，每一家企业的发展和成长都是鲜活的商业案例。因此，公关人员可以根据社会信息的需求度对组织进行案例式的分析，以点带面地剖析行业发展趋势，与此同时将组织的历史、文化和现状全方位地展示在读者面前。

③资助杂志出版或参加杂志举办的活动。比如笔谈会、读者见面会等。许多杂志定期或不定期邀请有关人士参加笔谈，并作为杂志重要栏目推出。社会组织可以积极地参与此类活动，或者为此类活动提供赞助和支持。

④公关广告。详见上文。

3. 广播

广播与电视是通过无线电波或导线传送声音、图像的新闻传播工具。通过无线电波传送节目的称无线广播，通过导线传送节目的称有线广播。

(1)广播具备的特点。

①以声传情，感染力强。广播将语言、文字、声音、音效、音乐等多种元素加以整合运用，以声音这种直观的方式传播新闻，其感染力要强于报纸。

②传播速度快。广播以电波为媒介传播信息，电波每秒速度为30万千米，传播速度快，即时新闻可以做到即时报道。而且，同样是做到即时报道，广播对技术的要求要低于电视。

③互动性好。听众可以通过现场拨打节目电话或者发送短信的方式参与到节目的录制过程当中。虽然部分电视节目也采用此种方式，但是广播可以说是受众现场参与节目制作的先行者。

④语言简洁，贴近生活。由于广播节目的受众覆盖各个年龄段，从儿童到老年人都是广播的受众范围。因此，考虑到受众文化水平的高低和理解能力的参差不齐，广播的节目要求是贴近生活，易于理解，语言简洁。

⑤传播成本低。相比于报纸和电视的广告收费，广播的收费成本是比较低的。通过合理的媒介组合和投放，广播在特定受众(出租车司机、私家车主)范围内的传播效果还是非常可观的。因此，广播是性价比较高的传播媒介。

⑥保存性差。由声音的特性和声波的特性所决定，广播节目的保存度比较差。人们对节目信息的记忆程度也比较差。因而为了达到一定的传播效果，广播节目和广播广告必须要进行重复的播放。

(2)广播的公关传播形式。

①新闻节目。公关人员可以将组织的内部新闻和活动写成新闻稿件，在广播中以新闻的形式进行播出，也可以安排主持人就某一新闻事件采访组织的相关负责人以传播观点、表明态度。

②直播节目。公关人员可以安排组织领袖参与节目制作，用以增强组织的媒体曝光度和知名度。同时，依靠组织领袖的人格魅力为组织增添更多的亲近感和人性化元素。

③有奖竞猜等娱乐节目。广播是一种即时互动型的媒介，因此有奖竞猜、热线竞答、短信互动等互动性非常强的节目形态在广播节目中占很高的比率。组织可以通过为此类节目提供竞猜小奖品的方式进行参与，或者以主持人在接进热线的时候提到"××(组织名)谢谢您参与我们的节目"来传播组织信息。

④专题性/话题性节目。该节目是指整期节目都是围绕着某一个有重大新闻价值或者社会高度关注的新闻事件来进行，全方位地剖析该事件发生的前因后果和背后的深层含义，此类节目以深度和思想而著称。因此，组织的领导者来参与此类节目的制作和讨论，是展现专业的、有思想的、社会责任感强的等众多正面组织形象的最佳机会。或者，组织还可以以冠名节目名称的方式参与节目，也能够达到相当的正面宣传效果。

⑤整点报时和天气预报。整点报时和天气预报虽然节目时间不长，但是一般都为广播节目中收听率的爆点，并且此时听众的注意力也比其他节目更加集中。因此，此类节目也是高效进行公共关系传播的重要方式。

⑥广播电台联合制作节目。结合自身的专业领域，组织可与广播电台合作推出知

识普及型或者生活服务型的广播节目。比如，联合某汽车品牌一起制作有关汽车养护方面的节目；联合某电影城制作电影品鉴节目或者电影音乐节目；联合某护肤品牌制作皮肤保养或者美容化妆小技巧之类的生活节目等。

⑦以音乐为代表的文艺节目。音乐节目是广播节目中最受欢迎的节目类型，广播电台每天都会安排大量的时段来播放音乐。音乐节目以其轻松、闲适的节目氛围在拉近社会组织与公众之间距离等方面能够起到很好的效果。

4. 电视

电视是一种相当广泛的现代化传播媒介，是一种利用电子设备传送活动图像的技术，是重要的广播和通信方式。

(1)电视具备的特点。

①声情并茂，感染力更强。电视将新闻现场原封不动地搬至荧幕之上，并配以一定的解说词介绍，使受众直接感受新闻现场的氛围、理解新闻进展的过程。受众亲眼所见、亲耳所闻地感知信息，其感染力要强于报纸和广播。

②媒介元素多元运用。电视集合印刷类媒体和广播的特长，综合运用语言、文字、音乐、舞台效果等传播元素(解说词使用了语言、字幕使用了文字、主持人则使用了肢体和表情)，使信息传播的真实度强，可信度高。

③传播速度快。电视新闻的现场直播是传播速度快的最佳体现，可以称得上是受众在同步感受新闻的发生过程。

④信息传播集合文化艺术。电视传播将信息传播和文化娱乐联系起来，使受众在轻松地接受信息时留下深刻的印象。

⑤保存性差，受众的选择受到限制。由于播出时间固定，内容转瞬即逝，受众的选择度偏低。

(2)电视的公关传播形式。

①电视新闻。电视新闻节目是一种以声画相结合的方式发布新闻的节目形式。它将新闻现场复制后进行展示，使得其可信度和感染力都要强于其他媒介。所以，组织必须对其加以充分利用，有条件的组织可以自行拍摄和制作电视新闻以供电视台播放，无制作条件的可以邀请电视台的记者来现场采制新闻。

②娱乐节目。在全民娱乐的大环境下，娱乐节目是各级电视台吸引收视人群的关键类型节目。组织可以通过冠名节目、提供各种形式的赞助等方式来增强组织在节目中的曝光度。

③专题节目。专题节目是指有鲜明的节目主题、有稳定的节目形态、有完备的节目方案，在规定时间制作播出的电视节目。比如教育专题、热点话题、风土人情专题、经济专题等。组织可以以各种形式参与到节目的制作中，除了传统的赞助之外，组织中的相关人员可以以专业人员的身份参与到节目的制作讨论中去。比如，如果电视台准备制作播出以能源和环境保护为主题的电视节目，中石化、中石油、统一润滑油等石油企业相关责任人就应当积极地参与，为电视节目的制作提供市场情报、最新数据、专业观点等信息。

④电视剧。组织可以与电视剧制作公司开展合作，为电视剧提供服装、生活用品、汽车等道具赞助。比如，在电视剧街景中出现组织的厂区、办公楼、户外广告牌等场景。这种公共关系活动和植入式广告有异曲同工之妙。

⑤访谈节目。电视访谈节目是一种以人物之间对话和交谈为主要形式的节目类型。

因为是一种人性化的节目设计，节目内容能够使受众更加真实地感受到新闻人物的内心世界和成长轨迹。比如《鲁豫有约大咖一日行》《领军人物》等就是访谈节目的代表。企业家可以以节目嘉宾的身份参加诸如《鲁豫有约大咖一日行》之类的真人秀类访谈节目，通过公开企业家部分的日常生活，使受众走近他们的社会洞察和价值观，进而树立起其背后企业的良好形象；或者以被采访者的身份参与诸如《领军人物》之类的人物专访类的节目，将企业的发展史融入进个人的奋斗史当中，将企业家鲜明的人物个性赋予于企业个性之中，这是一种建立企业领袖魅力的公共关系传播方式。

⑥创新节目。电视节目需要不断地输入新鲜的血液才能够迎合观众变化的口味，因此，社会组织与电视台联合制作创新节目也会是一种双赢的局面。继晚会型综艺节目、选秀型综艺节目之后，以江苏卫视《非诚勿扰》为代表的相亲类综艺节目，以湖南卫视《向往的生活》为代表的真人秀型综艺节目，以及以浙江卫视《王牌对王牌》为代表的室内竞技型综艺节目近年来风头正劲。因此，组织也可以考虑以创新思维来和电视台合作制作节目。

（二）内部公关媒体

1. 内部刊物

内部刊物是指在某系统、某行业、某单位内部，用于指导学习、工作、交流信息的单本成册或连续性（刊型、报型、半月期、三印张以上）非卖印刷品，不包括机关公文性简报等信息资料。内部刊物对实现内部公共关系传播、有效沟通和协调员工关系有较大价值，是内部公关的主要媒介。

内部刊物主要有以下类型。

（1）组织通信。在我国，组织通信类刊物一般是以党组织的活动、党组织的新近精神、优秀党员模范等为宣传中心内容进行编排和出版的。

（2）内部杂志。它是组织的专门性刊物，和大众发行的杂志的编辑形式基本一致，包括社论、特写文章、专论和图片等，有月刊、季刊等不同形式。

（3）小报或简报。小报是指组织根据自身运行的实际情况发行的，以内部新闻为主的报纸，包含发表新闻、短篇文章、图片、组织的最新动态及通告等内容。它周期短、反应快，常以周报、双周报、月报等形式出现。

（4）销售简报。销售简报一般用来发布近期销售动态、交流销售心得以及发布销售政策。发行对象一般为销售人员、经理以及组织其他部门及有关成员，以展示组织经营管理状况。

2. 报告与手册

组织的报告通常在固定时间宣传固定模块内容，面向内部和外部公众发布。按照时间为标准来分，组织的报告通常有年度报告、季度报告、月度报告；按照主题内容为标准来分，可以分为调研报告、销售报告及通报。组织的手册主要有员工教育手册及各类宣传手册等。

报告是组织与股东、管理职员建立联系的重要渠道。将年度报告发放给股东和雇员，可以有效沟通公司与股东、雇员的关系。通过报告，组织向众多股东、管理职员、有关部门及社会大众进行有关组织经营管理情况的通报。它通常报告组织在一定时期内的工作进展情况、组织的利润水平、组织的发展规划、组织面临的问题等内容。

与报告的实时变化性不同，手册最大的特点就是它的稳定性。组织的手册一经制作一般不会产生大的变动。因为手册更多地代表的是一种组织运行的标准。而运用手册管理组织的最佳典范就是连锁快餐企业麦当劳。

为了使麦当劳的企业理念"Q、S、C＋V"(质量、服务、清洁、价值)能够在各连锁店内得到有效的贯彻执行,以保持企业稳定,麦当劳要求每项工作都做到标准化、规范化,并制作了一套完整的营运手册体系。随之而来的科学态度和严格统一的行为规范,成为麦当劳的成功之道。

(1)麦当劳营运训练手册(Q&T manual)。麦当劳营运训练手册极为详细地叙述了麦当劳的方针、政策,餐厅各项工作的运作程序、步骤和方法。几十年来,麦当劳公司不断丰富和完善营运训练手册,使它成为指导麦当劳公司运作的指导原则和经典。

(2)岗位工作检查表(SOC)。麦当劳公司把餐厅服务系统的工作分成20多个工作站。例如煎肉、烘包、调理、品质管理、大堂等,每个工作站都有一套"SOC"(station observation checklist)。按照SOC的详尽规定,员工进入麦当劳后将按照操作流程逐项实习,表现突出者晋升为训练员,然后由训练员负责训练新员工,训练员中表现好的可以晋升到管理组,也就是说从最基层的实践培养起,台阶式逐级提升。

(3)袖珍品质参考手册(pocket guide)。麦当劳公司的管理人员每人分了一本袖珍品质参考手册,手册中详尽地说明各种半成品的接货温度、贮存温度、保鲜期、成品制作温度、制作时间、原料配比、保存期等与产品品质有关的各种数据。

(4)管理发展手册(MDP)。麦当劳公司是依靠餐厅经理和员工把企业的经营理念(Q、S、C＋V)传递给顾客的,因此麦当劳对餐厅经理和员工的培训极为重视。MDP(manager development program)是麦当劳公司专门为餐厅经理设计的一套手册,一共四本。手册采用单元式结构,循序渐进。管理发展手册中介绍各种麦当劳管理方法,并配合一套经理训练课程,如基本营运课程、基本管理课程、中级营运课程、机器课程、高级营运课程。通过这样层级式的系统训练,使麦当劳的经营理念和行为规范深深地渗透到麦当劳员工的行为之中。

3. 电子媒介和公告栏

用于组织内部交流的电子媒体一般包括网络、电视、广播、内部网站、电子显示屏、幻灯片投影等。

电子媒介是一种快捷的、形象化的、视听效果融合性强的宣传方式,用于内部员工传播非常有效。它们可以用作以下方面。

(1)上传下达型信息的发布。如紧急通知等。

(2)组织领导人物的讲话。

(3)用于娱乐。比如说制作播出组织内部员工自己的娱乐节目或者在休息时间播放的歌曲、小品和相声节目等。

(4)制作组织内部的新闻节目和新闻专题片。该类节目通常选在员工就餐、午休或晚间时段向员工播放。

(5)播放针对员工培训的音像制品。组织可以购买商业培训光碟播放,也可以邀请组织内部的培训讲师录制课程光碟播放,或者邀请某一方面特别有建树的内部员工录制光碟播放(如邀请销售冠军录制销售培训的录像带),对员工进行全方位的教育培训,如服务、技能、素质和推销技法等。

公告类媒介主要有组织的公约、告示等。该类媒介是组织与内部员工沟通的有效媒介之一，通常被用来发布通知、发布组织动态、工会活动、员工晋升通告、公约、简报、告示等。

4. 组织内公共关系活动

组织不仅仅是人事关系的隶属，它为员工更多提供的是一种经济上的安全感和感情上的归属感。通过组织内公共关系活动的传播，打造一个积极向上的、充满活力的团队是组织内部公共关系管理最重要的使命之一。

(1)读书俱乐部。书籍是人类最好的朋友，也是人们不断提升自己内涵的重要工具。组织拥有自己内部的读书俱乐部，可以让员工将自己的好书拿出来共同分享，同时定期地举行分享交流会，一方面充实了员工的大脑，另一方面也联络了员工之间的感情。

(2)车友会或音乐发烧友会。组织可以选择一个有群众基础和人气的项目成立主题沙龙，比如车友会或音乐发烧友会等，以丰富员工的业余生活，增进员工之间的了解，加深感情。

(3)运动赛事。生命在于运动，运动代表着活力、激情等。它是一种能够迅速提升团队士气的活动形式。通过组织运动赛事，组织既增强了员工的身体素质，又能够打造激情活力的团队。

(4)节日庆典和晚会。中国是一个传统节日比较多的国家，在传统佳节里送上来自组织的祝福是一种加强员工归属感的最佳方式。通过庆典晚会，使员工在工作之余有一个放松的机会，同时感受到组织的情感氛围。

(5)跨部门之间的联谊会。组织在进行组织框架设置时，为了达到人力资源的优化配置而设置了很多权责明确的部门。为了加强部门之间的情感联系，使每一个部门的员工都明白自己是这个大团队的一分子，必要的跨部门活动也是必需的。

(6)户外旅游活动。自然总是能够让人放松身心，因此，户外旅游活动可以让员工抛下经济人和社会人的身份，成为一个自然人。这种自然的交往方式能够让参与者抛去束缚、真心交往。

(7)组织大型周年庆或者庆祝大会。大型周年庆典是每一个组织发展过程中里程碑式的重要活动，也是加强员工与组织心理联系的最佳契机。员工了解组织的发展史和成长史之后，在原有理性认识的基础上对组织会产生更多的人性化的认知，这对于组织凝聚力的打造是至关重要的。

综上，本节从三个不同的维度，对公共关系的大众传播手段进行了细分标准下的罗列。但是，多元的表面依旧存在着内核的统一，这些手段可以归纳为以下三方面的内容：文字传播，如新闻稿撰写、广告文案、宣传资料制作、内部报刊编辑、公共关系常用文书等；实像传播，如各类媒介技术、组织的内部活动等；整合传播，如广告、新闻事件、社会公益事业赞助、主题公共关系活动等。

第三节　大众传播的实务举要

本节将从公关软文的内容策划与写作、新闻报道与媒体采访、新闻发布会与记者招待会、组织内刊四个方面，具体阐述从大众传播角度出发的公共关系传播实务，公关人员应该如何着手进行。

一、公关软文的内容策划与写作

(一)新闻发现

社会组织的运行，总会出现各种各样的事件。当某一事件能够满足社会对新闻信息的需要时，公关人员的角色就需要变化为记者的身份，对该新闻素材进行公关软文的写作，以期达到对组织的积极影响效果。

1. 公关软文的特点

在着手进行写作之前，我们要先了解公关软文具有如下突出的特点：

(1)公关软文具有广泛的、系统的、持续不断的传播优势。这是其他任何单一的公关传播媒介难以达到的。

(2)公关软文能使受众产生客观的印象和感受。自从艾维·李的"讲真话"的主张被奉为公关工作的信条以来，公关工作的可信度一直都比较高，直接影响到新闻的接受和传播的效果。另外，公关软文所传播的内容经过媒介把关人的筛选以后，通过权威性的新闻媒介报道，其"授予地位"的功能会强化新闻信息的影响力，这种由第三者站在客观立场上的报道，比起组织自己出来讲话更容易赢得公众的信赖，也更具影响力。

(3)公关软文所投入的经济成本比较低，可信度又比较高。通过新闻报道进行的公共关系传播是最经济合算的，投入不多，产出却很高，同时又能增加软文的可信度，所以有人称其为"免费的广告"。

由于公关软文具有上述的这些特点，这就决定了公关软文在公共关系传播活动中占有重要的地位，因而也成为公关传播中最为常用的手段。

2. 公关软文的主要内容

如前所述，公关软文传播内容的事项，必须具备新闻价值。所谓新闻价值，是指构成新闻的信息中含有的可以引起公众普遍兴趣的各种要素的总和。新闻界普遍认为，构成新闻价值的要素有五个：及时，新闻是"易碎品"，时效越强越有生命力；接近，包括地理接近、心理接近、角色接近等，新闻与受众越接近则越容易获得受众的关注；显著，通常显要人物所引起的注意高于非显要人物；重大，新闻事实对现实和未来的影响程度越大，新闻价值就越大；趣味，大多数受众对新奇、反常、带人情味的东西更有兴趣。

所以，以下方面通常可以作为社会组织的公关软文内容：

(1)新研究、新发明和新技术进步的消息。

(2)发布生产、业务上的重要发展，如产值、产量、利润、销售等方面获得重要突破的消息。

(3)组织机构的特别活动事项，如各种专题活动，开放参观、周年庆典、展览、各种会议及各种文体活动等。

(4)重大的人事变动情况，如管理部门的改组、主要管理人员的升迁、调动等。

(5)组织的财务经营状况，如向内部公众告知组织的财政、盈余、股息及其他财务信息(这部分信息通常在内部流通，对外则是有选择的)。

(6)对社会的贡献，如纳税情况、对教育、慈善福利事业的捐助、响应政府号召所举办的各种社会培训，为社区的繁荣所做出的突出贡献等。

(7)组织就社会公众所关心的问题发表声明或演讲。

(8)为消除误解必须让公众了解和谅解的事项,如政策、产品及服务等。

(二)新闻策划

所谓"新闻策划",又叫公共关系活动策划或者制造公关事件,是指公关人员在真实的、不损害公众利益的前提下,有计划地策划、组织、举办具有新闻价值的活动、事件。以此来制造新闻热点,吸引新闻界和公众的注意和兴趣,争取被报道的机会,使本组织成为新闻报道中的主角,以达到提高知名度,扩大社会影响的目的。[①]

可口可乐公司关于改变其老配方的新闻事件,就是成功制造新闻的典范。1985 年4 月,在可口可乐公司诞生 100 周年的前夕,可口可乐公司突然宣布要改变沿用了 99年之久的老配方。此事瞬间成为轰动美国众多媒体的头条新闻。要知道,可口可乐公司神秘的老配方,正是它日销量达 3 亿瓶,销售至 155 个国家和地区百年不衰的原因。而这一神秘的老配方要被新配方所取代,甚至退出市场,这是很多人想不通的。可口可乐公司每天接到的对此事的抗议电话达到 1 500 多次,还有数不清的抗议信件。表面上看,可口可乐公司似乎遇到了麻烦,但这正是他们所期望达到的效果,因为越来越多的公众对可口可乐公司产生了更大的兴趣。

可口可乐公司改变配方的做法遭到消费者抗议,使他们的竞争对手百事可乐公司大为得意。他们认为,这是对手遇到的最大的一次失败。为了庆祝胜利,百事可乐公司决定给员工放假一天。几十年来和可口可乐的竞争始终处于劣势的百事可乐公司,这次决定大显身手,他们一边做广告,一边推销,誓与可口可乐争个高低。

但他们没有想到,这时,可口可乐公司突然宣布,为了尊重老顾客的意见,公司决定恢复老配方可口可乐的生产,并改名为古典可口可乐,同时,为了满足消费者的需要,新配方的可口可乐也同时生产。消息一传出,老顾客饮用老牌可口可乐,新顾客购买新型可口可乐,可口可乐的销量一下子比同期增长了 8%,其股票的每股也猛涨到 2.57 美元,而百事可乐由于销售量下降,股票降为每股 0.75 美元。

1. 策划原则

制造出来的新闻事件比一般自然产生、发展的新闻事件更富有戏剧性的效果,更能迎合新闻界和公众的兴趣。并且,由于此类新闻一般都明显地与组织的公共关系目标相联系,对公众有很明显的目标导向作用,因而成为组织公关工作的重要组成部分,但在策划之前必须注意以下几点。

(1)师出有名。策划要尽可能地做到合情合理,注意避免让人产生生硬、造作的感觉。

(2)言出必行。策划活动不能只是为了吸引眼球才制造噱头,必须是符合公众利益的,应特别注意把这类活动的社会效益问题放在首位,实实在在地给公众、给社会带来好处。因此,策划活动对公众所进行的承诺,不能采取弄虚作假的手段,而应真正做到言而有信、言出必行,这是一个诚信组织社会形象的必备要素之一。

(3)谨慎行事。由于社会是在不断地发生着变动,所以策划方案要经得起实践的检验,必须尽可能考虑周全,在科学的调查基础上谨慎行事,以免"一着不慎,满盘皆输",在实施过程中,还有必要根据实际情况进行微调。

---

① 张国强、胡红卫:《实用公共关系学》,143 页,武汉,中南大学出版社,2004。

2. 策划类型

一般来说,新闻策划(公共关系活动策划)有以下四种类型。

(1)为了加强与社会公众之间的关系。此种新闻活动策划,一般是面向社会公众,以吸纳公众参与的形式进行,如上述的可口可乐发布新口味的新闻策划。此类活动,既满足了公众的利益,扩大了公众对新闻事件的参与度,又扩大了组织的影响力。更重要的是,媒体对此种活动的连续跟进报道,为社会组织赢得了免费的媒介宣传,拉近了公众与组织之间的距离。此类旨在加强社会公众与组织关系的公共关系活动一般用于政府的信息公开(政府新闻发布会),或企业开辟新市场,为产品进入新市场做好铺垫。

(2)为了加强与经销商之间的关系。经销商作为企业产品分销的重要渠道,良好的经销商体系是企业健康发展的必备条件之一。常见的经销商公共关系活动有年度的鸡尾酒答谢会、经销商年会、经销商论坛等。在这些活动进行的过程中,公关人员可以邀请政府人员莅临现场,或者发布最新的行业分析报告,或者提出令人耳目一新的观点以制造新闻噱头,使普通的答谢会成为有新闻亮点的新闻事件。

(3)为了加强与政府或者媒体之间的关系。政府和媒体属于组织外部公众的范畴,同时,它们也属于公权力的代表,对社会舆论和社会态度发挥着至关重要的领导作用。关键的一点在于,针对政府或者媒体进行的公共关系活动,更容易受到媒体的青睐并予以报道。新闻策划可通过参与政府相关部门组织的论坛,或对于政府提出的号召进行积极响应并以此为契机开展公共关系活动。如,冠名或者赞助政府或者媒体主办的各种活动、节假日举办记者答谢会等。

(4)为了推动组织经营管理的发展。此类公关新闻活动是一种无意策划的公共关系活动,它是组织根据自身发展规划而作出的相关决策。公关人员在执行该决策的同时等同于进行了一个公共关系活动。如企业 CIS 系统投入使用或更新换代(2021 年中国船舶集团公司总部迁驻上海而举行了隆重的揭牌仪式)、企业创新管理系统的投入使用、企业核心管理层的人事变动、企业上市庆祝酒会、新产品或新技术的发布会等。

(三)公关软文的写作

公关人员作为经常与媒体打交道的工作人员,必须要懂得新闻写作的基本要求,掌握新闻写作的技能。一方面,公关人员扮演记者的角色,将自己身边的新闻事件写成新闻稿件投放于媒体之上;另一方面,公关人员扮演文秘的角色,更高效地为新闻发布会、记者招待会或者特约采访的记者们准备相关的写作素材和基本资料。

公关人员在进行新闻写作时,需要遵循新闻写作的基本流程和原则。

1. 新闻写作的"五要素"

写作人员通过运用新闻语言交代时间、地点、人物、事件、原因五大方面,展现事件的全貌,并根据事件新闻价值的大小和宣传的目的,选择合适的新闻报道体裁。

2. 写作的基本要素

消息既是报纸的主角,也是广播和电视节目的骨干。通信和特写都是作为消息的补充、延伸而发展起来的。所以,作为公关人员有必要了解新闻稿,特别是消息的写作。

消息一般包括标题、导语、主体、背景、结尾五个部分,由此五大部分构成了消息写作的基本结构。

(1)导语。导语是以简要的文句,突出最重要的、最新鲜的或最富有个性特点的事实，提示新闻要旨，吸引读者阅读全文的消息开头部分。导语写作中，注意以下四个方面是十分必要的。

①研究受众最感兴趣的是什么，最需要告诉受众的又是什么，二者该如何有机和谐地统一起来。

②新闻事实注意避免与主体内容的重复。

③体现新闻根据或适当交代其来源，给受众以可信感。

④文字精、表达巧，凝练、醒目、明快。

(2)主体。主体又称"新闻躯干"，指消息的主干，是消息最基本、最重要的组成部分，是展开新闻内容、阐述新闻主题的关键。在主体写作中，体裁与结构的选择，关系到新闻稿件的质量与风格，下文将详细阐述。

(3)背景。背景是指新闻事实出现的缘由、环境和主客观条件，发挥着体现新闻事实的新闻价值，起到了说明新闻事实发生的来龙去脉、前因后果，分析新闻现象与本质、局部与全局关系等作用。背景资料我们必须恰当运用，才能使背景材料真正发挥作用，收到理想的效果。

(4)结尾。结尾是记者为了深化新闻主题、强化新闻价值或扩大消息的信息容量而精心设计的消息收尾部分。结尾并不是所有消息的必备，其实，多数消息是无所谓结尾的，只要新闻事实叙述清楚了，新闻稿也就完成了。

3. 体裁结构

新闻稿的主要体裁包括消息、通信和特写。它们在写作上有着各自不同的要求，但基本规律和基本要领却是紧密相通的。其中，消息作为新闻的最基本体裁，凝聚着各种新闻体裁的共同特点，集中体现了新闻报道文体写作的一般规律和要求，故在新闻报道中占据重要的、举足轻重的地位。

而结构决定了一篇稿件的整体框架和写作脉络，常见的结构有如下几种。

(1)倒金字塔结构。由于其最能体现新闻性，引起读者的"新闻欲"，便于编辑处理稿件和制作标题，故成为消息写作中最常用的一种结构方式。它依据事实的重要程度或受众关心程度，先主后次地安排各项事实内容，即较重要的往前放，较次要的往后放，最次要的放在最后面。其结构模式是大头在上面，小头在下面，多用于动态新闻的报道上。

(2)时间顺序结构。该结构通常按事件发生的时间顺序来组织材料，以事件的开头作为新闻稿的开头，以事件的结束作为新闻稿的结尾，比较适用于事件发展节奏快，时间跨度又比较小，情节较完整、曲折的新闻事件的写作上。如节日盛况、一些重大事件等。

(3)金字塔式结构。该结构也称"积累兴趣式"，上小下大，先从一点写起，一段比一段具体，一段比一段精彩，最后出现事件的高潮。

(4)立体式结构。该结构是一种文字和画面结合、单一事件与事件之外大量的背景资料相结合的非线性文字报道模式。它是一种事件报道更丰富、更立体化的消息报道结构。

(5)并列式结构。新闻事件所涵盖的几个方面的内容的重要性处于并列位置，写作顺序与内容的重要性无关。①

(6)逻辑顺序结构。该结构根据事物的内在联系或问题的逻辑关系来组织安排材料。

(7)散文式结构。散文式是指适当吸收散文写法，借鉴散文的谋篇布局，采用自由跳跃式表达新闻事实。该写法较为自由，行文富于变化，容易吸引人的眼球。

二、新闻报道与媒体采访

(一)新闻报道应遵循的原则

组织的公关人员、媒体记者在撰写稿件、发布新闻时必须遵循以下原则，方能保证公共关系中新闻报道的质量。

(1)整体性原则。新闻报道是组织公共关系传播计划的一部分，它要服务于组织的总体目标，要考虑组织的整体形象问题。

(2)真实性原则。公共关系的新闻报道要做到真实、准确，这也是公关生命力的体现。如果报道失实或浮夸，不但会使其失去报道的价值，而且会造成人们对组织的误解，对组织形象造成一定程度的危害。

(3)公正性原则。这也叫"公平原则"或"平等原则"，指的是组织的新闻报道对于被报道对象与事实应持公正的态度。此外，还表现为尊重人权、尊重新闻媒介及其记者，以及编辑在从事新闻活动中的权利等。社会组织或个人不得利用职权或威逼利诱等手段，对新闻报道横加干涉。

(4)时效性原则。新闻事件层出不穷，追求新鲜的事实，是媒体的天职。因此，公关关系的新闻报道要讲求时效、力求新鲜，要注意人情味的渲染和对特定公众的吸引，以实现新闻报道对公共关系传播的效果最大化。

(二)新闻报道的纪律管理

在公共关系中，新闻报道的纪律方面至少应明确以下两个方面的基本规定。

1. 不得擅自发布新闻

不得随意发布未经决定的有关本组织的新闻，或随意透露本组织的秘密，这违反了组织的新闻报道纪律。通常，社会组织的新闻发布应由专门机构或委派专人负责，如大型组织的公关部门可设立专门的新闻报道编辑组，或成立由各部门有关人士组成的报道委员会，再外聘公关顾问提供建议或把关；中小型组织可由公关经理亲自负责或委派专职公关人员负责等。

2. 不得越过职权发布新闻

公关人员未经授权，不得擅自抢先将应由组织负责人或公关经理发布的新闻内容发布出去，应严格按规定的职责行事。例如，世界零售业的"巨鳄"——沃尔玛，所有员工都经过严格培训，被告知不得随便对外透露组织内部的内容，各分店的经理只有权对本人职权范围内的事务发表评论。凡涉及沃尔玛企业本身的问题而须与中外记者举行招待会的，则只有全球性新闻发言人有此代表权利(只有2名)，可见其在新闻报道管理上的规定之严格。

---

① 薛国林：《当代新闻写作》，广州，暨南大学出版社，2005。

(三)公共关系的媒介选择

在进行新闻传播时，公关人员正确地选择媒介，就可以达到事半功倍的效果，反之，则事倍而功半。现今，大众传播的技术手段、传播方式、受众层次以及传播环境都在发生着变化，除了本章第二节中所讨论到的传统四大媒介之外，在当今的新媒体时代，依靠互联网的"两微一端"的普及，以及如抖音、小红书等短视频媒体(以下统称网络媒体)的迅速崛起，媒介的种类迅速增多。那么，在这样一个变革的环境中，如何来选择媒介，如何来组合媒介，如何来收集受众的反馈信息成为公共关系媒介选择所必须要考虑的问题。接下来，我们就来讨论公共关系活动中的媒介选择。

1. 因"市"原则——根据活动的针对人群来选择

不同的媒介，其所覆盖的范围也各不相同。有全国性媒体，如《人民日报》《光明日报》及中央电视台、中央人民广播电台等；地方性媒体，包括省、市、县各级报纸及电视等；还有一些行业、专业类的媒介，以及依靠网络存在的自媒体。不同媒体所面对的受众对象和范围，则各不相同。

公关人员选择新闻传播媒介时，根据目标市场的不同，组织在进行公共关系活动时所面对的目标对象也就不一样，而不同的对象则适用于不同的传播媒介。要想使信息有效地传达到目标受众，公关人员就必须考虑到目标人群的经济状况、教育程度、职业习惯、生活方式等信息，再以此来选用特定的媒介。比如，2020—2021年，海天陆续赞助了《奇葩说》《最强大脑》《吐槽大会》等娱乐性节目，这就是海天利用专业类网络媒体、电视媒体的传播力拓展年轻人市场的公共关系活动。此外，并不是媒介牌子越大就一定越好，就多数情况看，公共关系的新闻报道使用地方性媒介也比使用全国性媒介多。英美国家一般把当地(社区)的报纸称为"大炮"，意思是当地报刊对公众的影响力还更大。这是由于：①当地报纸和社区公众的关系最为密切；②一般人认为当地报纸比较不敢随意夸大或掺假，比起全国性报纸来更为可信；③在当地报刊上有较多的机会可以对新闻进行深入全面的报道，报道质量较高。所以选择媒介时应视公共关系活动的具体目标和公众特点来分别加以对待。

2. 因"事"原则——根据传播的内容选择

不同的公共关系活动事件，需要选择与之相对应的媒介和发表形式来对事件信息进行发布和跟进。内容简单的快讯可选择网络媒体或广播；思考性内容选择印刷媒介，如报纸、杂志等，或这类纸媒所开通的网络媒体账号；开张仪式、大型周年庆典晚会则需要选择电视和网络媒体直播等声画结合的媒体进行发布，以便更好地渲染现场气氛。

比如，医院或者医药企业举办的社区健康行等活动则选择报纸及其网络媒体账号的社会新闻版面或健康专栏进行报道，2022年湘潭市某医院邀请各领域专家领队在医院门诊部开展了"七免费"义诊活动，关于这一公共关系活动的新闻就可以从当地的都市类报纸和相关网站新闻上得见；如果是组织向社会征集组织广告口号或者有奖竞猜等需要召集社会大众参与的公共关系活动，网络媒体和广播凭借其宽广的受众覆盖面和性价比极高的传播频次，能够迅速地为活动积聚社会人气。比亚迪汽车在2006年举行了一场声势浩大的英文口号征集活动，这场活动就是以广播和网络为主体媒介而展开的，围绕车友节目和车友俱乐部、户外俱乐部为中心的号召型的广告。

3. 因"时"原则——根据活动开展的进程选择

一场公共关系活动的顺利进行，需要分三个阶段，即活动开始前、活动进行中和活动结束后。活动开始前进行社会预热和社会公告时，一般采用网络、报纸、广播和传单等性价比较高的媒体来传播公共关系活动的相关信息以进行前期预热；在公共关系活动进行的过程中，根据公共关系活动的传播预期目的来选择不同影响力的传播媒介，一般而言应选择能够进行现场同步直播的电视媒体或网络媒体，比如大型晚会用电视或网络全程直播，非大型晚会可以选择电视新闻动态更新，或者网络媒体的图文报道方式进行；而在公共关系活动结束之后进行即时新闻信息发布，则需要根据目标人群来选择媒体，多以网络、报纸软文、电视新闻的形式出现。

4. 因"势"原则——根据活动的规模选择

公共关系活动的规模大小，也影响了媒体的选择。一个小型的企业内部茶话会自然不需要动用电视媒体来传播，只需要报纸新闻和网络新闻发布信息即可；一次邀请了政府领导的奠基仪式或者大型项目启动大会则有必要邀请电视、报纸和网络媒体来进行采访报道。

5. 整合营销传播

舒尔茨认为，营销的核心应从交易走向关系。他所提出的整合营销传播的理念IMC(integrated marketing communications)对公共关系的媒介选择提出了更高层次的目标：IMC不只是为了传播及提升传播的效果，而是为了建立顾客关系这一营销最核心的目的。[①]

自20世纪90年代以来，媒介多元化，媒介费用高涨，导致公众进一步细分，但分散的结果也浪费了不少传播资源。与此同时，针对分众传播的理论也流行起来，研究者讨论通过"策略性的思考"把不同的营销沟通渠道及资源整合和控制起来。整合营销传播可以弥补各自的短处，最大限度地发挥媒介各自所长，使组织的新闻信息传播获得最佳效果。

除了以上原则之外，公关人员还需要考虑一个重要制约因素——活动经费。因为在媒介市场化条件下，信息发布成为一种经济行为。公关人员必须根据自己手中的活动经费来规划媒介费用的优化比例投入，选择恰当的媒介和方式，以较少的开支争取最好的传播效果。

综上分析，公共关系活动的媒体选择是一个非常复杂的系统化过程。它需要考虑到不同媒体的优势点、公关对象的媒体选择取向、公共关系活动本身的特点以及公共关系活动的目标等各种因素。更重要的，在现今复杂的传播环境之下，单一的媒体往往不能够在纷纭复杂的信息环境中展露新枝，因此，公共关系传播需要进行科学化的媒体组合，以优化媒介资源的配置而达到传播的预期效果。

(四)媒体关系管理

新闻媒体是社会组织进行公共关系活动的对象之一，属于外部公众的范围。并且由于新闻媒体的职业工作者拥有多于其他公众的话语权，因而更应该受到公关人员的重视。

社会组织与新闻媒体建立良好的关系，有助于本组织获得更多的媒体关注机会：对本组织出现的正面新闻事件能进行及时报道，而对本组织出现的负面新闻事件能够

---

① 唐 E. 舒尔茨、菲利普 J. 凯奇：《全球整合营销传播》，黄鹂，何西军译，北京，机械工业出版社，2011。

以客观、公平和公正的态度进行分析和解读，并给予组织更多谅解的空间。

从新闻的基本特点来看，媒介和公关人员之间关系建立的基础，是组织能够为媒体提供高质量的、高清晰度的、高新闻附加值的好新闻。除了这一基本的关系维度之外，公关人员还需要采取更多的策略来维系二者之间的紧密联系。

1. 为媒体举办的活动提供赞助和支持

市场经济环境下，媒体的健康运行和发展壮大需要大量经济资源的支撑。而社会组织可以通过广告或者赞助的形式来加强与媒体之间的联系。广告和新闻的双重攻势，一方面使组织获得了社会关注度，提高了组织的知名度；另一方面也为媒体的发展提供了必要的资金支持，社会组织成为帮助媒体发展的朋友，合作双方由于产生了心理共通感而得以保持和谐的关系状态。

2. 按媒体的权利要求进行沟通和交往

媒体作为专业的社会分工，工作要求的精密度偏高。因此，公关人员必须从工作、生活等各方面尽可能地提供支持，以保证媒体人员工作的顺利进行，以获得对组织的好感。

(1)邀请要诚恳，有诚意。新闻发布会或者记者招待会等重大采访活动，公关人员要以邀请函的形式向媒体发出正式邀请；普通的采访则以要亲自登门邀请为宜；同时，在采访进行前一天要以电话的方式进行确认，以示尊重。

(2)资料要真实、准确、详尽。公关人员要将媒体采访前期的资料准备要充足，背景材料、发言人讲稿、公关软文等材料都要准备得当；同时，对于记者临时提出的资料收集要求，要尽力地予以满足。

(3)尊重媒体人员的采写方式和采写原则。不同的记者，其采访习惯和写作方式都不一样，公关人员要尊重媒体的差异性。

(4)注意礼节，以礼待人。公关人员接待记者需要注意一定的礼节，若是较长期的采访任务，还需要照料好记者的生活起居。

3. 为媒体的写作提供可供参考的行业资料和专业建议

媒体人员虽然是专业的文字撰稿者，但是由于不同行业有不同专业分工的原因，媒体人员可能在行业专业资讯和信息收集方面存在着一定的局限性。因此，当媒体人员进行专业稿件写作，尤其是长篇连续报道写作时，特定组织的公关人员要以行业专业人士的角度提供写作思路方面的建议。比如，若一记者需要写作钢铁市场波动的分析报告式新闻，那么，钢铁企业的公关人员就可以为记者的写作提供有关钢铁行业的行业资讯、发展模式、世界市场供需的历年数据等资料。这样既节省记者的写作时间，又能够控制稿件的准确性和专业度。

4. 和媒体工作人员保持私人友谊

人与人之间的关系，除了利益的联系之外，更加需要的是一种心理和情感的联系。因此，公关人员应该真诚地从一个朋友的角度，来和媒体人员打交道。

(五)新闻报道工作的其他注意事项

1. 媒体的工作规律

(1)编辑方针。不同媒体有自己的特点，公关人员可通过不断地阅读和研究，从中看出有关媒介的编辑方针以及当前的主要议题。

(2)截稿和出版时间。本市晚报多在上午9时截止收一般稿件，11时截止收重要稿件，下午出报。早报一般下午 6 时截稿，最重要的稿件在晚上 11 时截稿，凌晨出报。星期日刊必须在星期五中午前送稿，如果是重要新闻最迟也不要超过星期六下午 4 时。向杂志送稿，要考虑提前 1 个月至 6 个星期。

（3）发行周期及范围。报纸有日报、周报，杂志有半月刊、周刊、月刊、季刊等。发行范围也不同，有世界性的、有全国性的、地方性的、以城市为主或者是以农村为主等。

（4）组稿情况。公关人员应当能够敏感地把握当前新闻热点问题，提高投稿的录用率；另外，还应考虑如何在"新闻淡季"吸引和增加受众的注意力，避开拥挤期，减少失败率。

（5）受众组成。不同的媒介以及同一个媒体在不同时段、不同频道所拥有的受众也各不一样，因此公关人员有必要对不同媒体受众的职业、地位、文化程度和民族等作相对充分的了解。

2. 新闻报道的预算

一个组织一年的新闻报道费用一般为整年公关预算的 10％左右，用来支付以下费用：撰稿人、调研人员、摄影人员的人工费用；新闻记者的接待费用；来往的交通费和邮资、编印特制的新闻稿纸等。如果是费用较大的开支，如编印出版公关杂志、拍摄新闻录像、新闻电影或其他专题片等，组织需另立专项预算。

3. 新闻泄露问题的处理

对于可能出现的新闻泄露使组织工作陷入被动，公关人员一般可分为以下两步走。

（1）变被动为主动。首先是弄清楚对方的消息来源，才能够采取相应的应对措施。"知己知彼"，方能"百战百胜"。如果消息是由内部员工泄露出去，组织就要考虑今后如何在内部防止泄密。如果新闻来源是竞争对象，组织就要考虑今后可能出现的竞争问题，并对此先有所准备。所以，一般情况下，公关人员先问清楚消息的来源，然后再给予有针对性的答复。如果不能马上回复的话，要争取时间，将进一步打交道的主动权掌握在自己手中。

（2）核对情况，商讨对策。如果经过证实及内部商讨后，确认该新闻事实的存在，但又不能马上发表，公关人员就可以对记者作出答复，并对新闻暂时不能发表的原因向记者解释，争取记者的谅解和合作。如果消息的泄露已成定局，主动发表还可以争取掌控局势的话，公关人员可向最高负责人提出建议，根据消息泄露的具体程度以及由此对本组织可能带来的影响来决定新闻发布的"度"，兑现对记者的承诺。

三、新闻发布会与记者招待会

新闻发布一般是指组织机构主动向新闻媒介公布信息的活动，可以起到提高知名度、开展媒介关系、影响舆论的作用，是组织机构从事信息传播的一种十分正规和隆重的活动。在现代社会中，新闻发布活动的典型形式是新闻发布会，如果要求与媒体记者进行交流和互动的，则成了记者招待会。

新闻发布会与记者招待会的形式还是有一定的区别：首先，新闻发布会往往是例行的，而记者招待会往往带着专题进行；其次，新闻发布会以"发布""告知"为主，发布者不一定与记者进行互动；而记者招待会以"答记者问"为主，新闻发布为辅；再有，新闻发布可以采取公告、书面等形式取代口头发布；记者招待会则必须有口头的交流；最后，新闻发布会可以由公关人员代为发布，而记者招待会往往需要较高（甚至最高）

层次的领导者出面。

新闻发布会和记者招待会是一种二级传播：首先通过记者招待会，以人际沟通的方式，将消息告知记者；然后由记者通过大众传播方式进一步将消息告知公众。可以说，它是一种介于人际传播与大众传播之间的传播方式，我们暂时将其归结为大众传播范畴。

(一) 新闻发布会的程序及注意事项

由于新闻发布会的主要受众是对社会及组织发展有特殊影响作用的新闻记者。活动的成败事关组织大局，不允许出现差错和失误。因此，公关人员要进行充分的准备工作。

1. 确定主题，选择时机

作为社会组织，在取得突出成绩或面临重大变故的情况下可以召开新闻发布会。

(1)喜庆性事件。如开业、周年庆典、产品或组织获奖等。

(2)专业性新闻事件。如重大项目开工、导入 CI 工程、质量认证、企业转产、科技成果转让、新政策条文的实施等。

(3)突发性事件。如重大突发性事件，尤其是危机暴发时，需要向公众进行说明的事件等。

一般来说，新闻发布会的主题是根据事件的性质和组织机构的传播目标确定的，应较为单一和清晰，切忌含糊不清，有关的标语口号也应该准确精练，便于记者报道。

在时间安排上，突发性新闻发布会可以精挑细选的余地不大。至于其他主题的新闻发布会应尽量避开重大节假日(因为重大节假日涉及党政领导人的活动较多，而其大多是媒体关注的焦点，往往导致本组织的新闻发布会的意义被削弱或被冲淡)。所以，组织机构的新闻发布会可以考虑安排在周末，因为周末一般无重大活动，新闻媒体可能把搜寻"头条新闻"的目光转移到社会组织的活动上来。

2. 选择媒介，落实邀请

在选择媒介时，公关人员应结合眼前和长远的目标进行考虑，如当前目标：争取几家媒体报道？让多少人知晓？影响哪个层次的公众？长远目标：希望得到哪些社会评价？对公众心理施加哪些潜在影响？

此外，会议本身的要求也是公关人员必须考虑的问题，如会议的规模、预算、会议可能带来的影响及范围、对传播内容和速度的具体要求等。

向媒体发出邀请以后，公关人员需要具体确认与会记者的名单及接待规格。

3. 确定新闻发言人及会议的主持人

新闻发布会的一般程序如下：宣布开始、发布新闻、宣布结束、提示会后安排。如果在新闻发布后要与记者进行交流沟通的话，则增加"答记者问"环节。

新闻发布会(记者招待会)能否取得圆满成功，能否达到事先预定的公关效果，很大程度上取决于会议主持人与新闻发言人的素质高低。

会议主持人应该具有端庄稳重的仪容仪表、大方得体的举止、良好的口才及控场能力，一般由公共关系经理或者组织机构的"二把手"担任。新闻发言人一般是组织机构的"一把手"，必要时可以安排一位或几位专业技术人员，做发言人的现场助手，因为他们清楚地了解组织发展的全貌或技术事项。对记者来说，这些人所发布的信息具备相当的权威性和可信度。当然，他们也需要头脑灵活、思维敏捷、宽容随和、处变不惊、豁达幽默，能在全面掌握情况的基础上，进行有针对性的回答。

4. 准备有关新闻资料

这里的新闻资料包括：报道提纲和新闻发言稿以及其他的宣传资料。

(1)报道提纲。报道提纲指的是会议的要点和背景，要求事先准备、简明扼要、善用事实说话。公关人员可在记者入场时分发给他们，以便记者对会议内容有较为全面的了解，同时也为他们写报道提供思路和参考。

(2)新闻发布稿。新闻发布稿是新闻发布会的基本文件，是对新闻发布会主题的细化。它要反映会议的主题、意义、组织机构所持的立场、态度等，是新闻信息内容和组织政策精神的集中体现。可以说，新闻发布稿水平的高低，是衡量一次发布会成功与否的重要标准。在写作新闻发布稿时，公关人员必须注意核实新闻发布资料是否具备"八要素"：即新闻发布会的主题是什么？为了说明该主题，所选择的内容是什么？什么人完成的？什么时间？什么地点？为什么做这件事情？结果怎么样？这一结果的意义又是什么？

5. 做好接待的礼仪工作

关于新闻发布会(记者招待会)的礼仪事项，组织机构应事先成立会务组，主要操办事项有以下方面。

(1)请柬通知。通知包括会议的主题、主要发言人的姓名、举办时间、地点以及联系电话等。会务组要在会议举办的前两三天，再次与被邀请的记者进行电话确认。

(2)布置会场，准备视听辅助工具。为方便记者报道，会务组在通信设施上应作特别充分的准备，如传真机、打印机、电话、网络接口等。

(3)做好接待服务工作。会务组的接待要使记者感到热情、诚恳、友好和亲切的气氛。注意对所有参加会议的记者要一视同仁，不能厚此薄彼。

(4)赠送纪念品。为了感谢记者光临，也为了更好地与记者交朋友，会务组可以向记者赠送纪念品。关于纪念品，应注意以下几点：

①最好与本组织的形象有关，例如本组织的产品，或在纪念品上印上本组织的标志、经营宗旨、典型的广告词等。

②考虑到记者的运输能力，纪念品最好设计得新颖、方便携带、富于艺术特色。

③纪念品的做工应该精益求精，质量上乘，否则会起反作用。

(二)备用方案

"凡事预则立，不预则废。""预"是指事先做好计划或准备。由于社会环境处于持续不断变动之中，公关人员可以对其进行预测，但有时某些情况的变化也可能大大出乎意料。为此，新闻发布计划要有一定的前瞻性，对于那些对组织机构的发展关系特别重大的新闻发布活动，最好准备几套备用方案，以防临时出现突发事件。

四、组织内刊(报)

目前，组织内刊作为组织内部创办的期刊，正在被赋予越来越多的价值和可能性，有的作为品牌形象的使者，有的作为组织文化的传播载体，一些运行非常成功的内刊已经在尝试着脱离组织而独立运作成为市场化的外刊，有的甚至齐头并进、内外兼修。但是不管一份内刊从创立之初如何定位，万变不离其宗的是，内刊应该是一个组织生命的精华和浓缩的展现，而要办出一份好的内刊，既要让内刊有自己的灵魂，又需要做到兼容并包，同时还需要反映组织里不同的声音。因此，办好一份内刊，既是讲故事、讲理念，是创造、是突破，也是一种艺术。内刊要持续运营，就需要顺应市场化需要，不断地拓展外延，在考虑到不同员工的个体创造的同时，体现其独有的价值。

(一) 内刊的创立

1. 成立编辑部或编委会

组织内刊的成立首先需要配备相应的人员队伍，相关职位包括主编、编辑、通信员等。组织人手不够的情况下可一人兼多职。另外，编辑部或编委会最好要邀请组织决策层成为内刊顾问，一来可在领导的指导下，把握宣传大方向；二来可从领导层得到各方面资源包括资金的支持，工作更容易开展。

2. 确定内刊的定位、名字和基本框架

内刊和外部期刊一样，也要有自身的定位，不能没有选择地包罗万象。成立之初时，内刊必须有明确的定位，打造鲜明的刊物风格。

内刊基本框架包括内刊形式和栏目设定。形式包括报纸或杂志。在初期还没形成氛围，稿件量较少的情况下，刊物可采用报纸的形式；待后来人员、稿件等资源条件充足后，再换成杂志形式。此外，刊物还需要确定发布周期，是周刊、月刊还是双月刊。

3. 确定预算

内刊需要确定基本预算，包括开本、页数、纸张、发放范围及数量，以及稿酬的发放标准等其他刊物运营成本。拟定好预算后，筹备人员应交给领导审批。

4. 制定内刊的管理办法和考核细则

内刊的运行需要制定系统性的管理流程和考核办法。一方面是明确内刊在组织管理中的重要作用，引起大家的重视，起到广而告之的效果；另一方面是对内刊的具体实施办法，包括审核流程、激励手段、考核指标进行清晰的规划和制定，方便后续的管理工作开展。

5. 宣传造势、稿件征集

开启运行后，编辑部应在组织内部网站、文化墙等渠道进行宣传造势，激发组织内部员工的积极性和参与热情。同时，编辑部应听取民意，广泛征求大众的意见，对刊物后续的发展方向有一个初步的判断和了解，并借此机会吸纳优秀人才组建通信员队伍，壮大刊物的采写队伍，为后来的素材来源积累资源渠道。

6. 审稿

围绕内刊的管理办法，每期的稿件应有重点，确定一个宣传主题，围绕这个主题展开。同时，针对稿件的质量，编辑人员应在字数、风格、语法、逻辑等方面进行把控，选择能代表组织文学素养水平的、符合组织文化精神的、具有一定煽动性的高质量稿件进行编辑和刊登。

举一个例子。组织内刊里相当有影响力的当属《万科周刊》，其从 1992 年创刊以来，影响力越来越大，其在广大读者心目中的地位，早已不再局限于一本房企内刊的性质，其普及性在当年甚至达到了全国上市公司的董事长人手一份的地步，每年有上百篇文章被全国公开刊物转载，以至许多《万科周刊》的读者后来都变成了万科的客户。有人说，《万科周刊》为万科带来的影响力和美誉度，相当于每年花几千万元的广告费，

甚至于即使万科每年花几千万元的广告费，也不一定能收到这样好的品牌传播效果①。《万科周刊》可以具备如此影响力，主要在于其有三个特点：一是这份内刊几乎所有的文章都是万科自己的员工撰写的；二是这些文章都与万科的企业实践、企业视角和人文情怀有关；三是坚持每周出刊(1998 年后改成双周刊)。

《万科周刊》的定位使它一面世就有宏大的视野，不仅关注万科家事，更是放眼全国。1993 年，《万科周刊》就采访了当时主管深圳城建、文化等工作的深圳市副市长朱悦宁；同年某期对深圳蛇口招商局第一任掌门人袁庚的专访，更是在社会上引起极大反响；而有一期的主题"砸碎北京"，内容涉及北京的建筑、交通、文化等各个方面，可谓是一只脚踏进了学术界。可以说，《万科周刊》从始至终都在体现自己独立的思想和文化倾向。

组织内刊作为组织公共传播体系的一部分，承载着文化传承与组织发展的双重责任，有专家指出："文化有多深，决定着企业走多远。"组织内刊的作用和价值不言而喻。

(二) 内刊的编辑与运营

一份好的内刊应当是文化、品牌、信息、互动、管理和体验的综合体。内刊的编辑和运营应该围绕这几个原则展开。

1. 构建和宣扬组织文化

文化是推动组织发展的动力，内刊作为组织文化的重要传播载体，对于弘扬组织内的好人好事，摒弃错误价值观，保证文化持续引领员工思想状态健康向上具有关键作用。但是，组织的文化是综合而多元的，既包含主流文化，也包含非主流文化。例如，一些企业实行弹性工作制，鼓励员工发挥灵感和积极创新是主流文化；一些企业各项规定严谨细致，要求员工把握当下，执行好任务也是主流文化……不管是哪一种，主流文化的传播不可少。同时，组织内也会有非主流文化，如小道消息、员工的不满和意见等。作为内刊，各种类型的文化都需要囊括，同时还要注意度的把握。主流和非主流之间需要平衡和中和，让这些文化做到有机的融合，才能够让员工潜移默化地感受到什么是好的文化，什么是不好的文化，以此来打造基于组织内刊的多元文化共舞平台。

2. 平衡组织文化与品牌形象的一致性

通常来说，文化对内，品牌对外。对很多组织来说，内部文化和外在品牌并不是一码事，因此，文化建设和品牌建设常常分属两个职能部门管理，互相不交融。这样导致的结果就是组织形象外面一套，里面一套，品牌价值和文化内涵差异甚大。但是，要真正树立积极向上的组织形象，文化和品牌之间就不能割裂，要让一个品牌的内涵得到充实，必须将品牌的价值融入员工的行为中；要让一种文化得到赋值，必须将文化的内涵包容进对外形象的塑造中。因此，作为一份内刊，不管其定位是对内还是向外拓展，都需要架起组织内部文化和品牌文化的桥梁，让文化滋养品牌，让品牌渗入文化，从而促进组织实现内外平衡、综合发展。

3. 保证内部信息渠道的畅通

尤其在大型企业或组织中，由于跨部门、跨渠道，信息的上传下达流程烦琐，加上管理结构的复杂，组织的一些动态信息常常在传递中被忽视，或者丢失和扭曲。因

---

① 周涧：《〈万科〉现象与老板卓识》，载《公关世界》，2007(10)：54-55。

此，对于员工来说，信息往往以小道消息的形式进行扩散，其真实性和可控性较差。然而，员工能否在第一时间通过一个稳定的渠道了解到关于组织的重大信息，是他们对组织拥有信心的基础，也更有利于组织控制内部的舆情风险。因此，组织内刊作为组织内的信息载体，成为一条最合适的传播渠道，能够及时、准确、全面、客观地传递组织的信息，宣传组织的业绩，实现信息的畅通，这也是组织内刊义不容辞的责任。

4. 进行知识和经验的分享

经验的积累传承和知识的获取转化是保证组织良性发展的不竭动力。员工在日积月累的生活和工作中依靠智慧带来的知识和经验是提高组织效率的关键。为了开展这些知识和经验的分享和互动，并在这个基础上进行大胆的探索和创新，组织需要一个合理的平台和机制来运行。组织内刊作为员工思想的平台，理应成为员工思想汇集和知识分享的空间。例如，华为公司创始人任正非的内部自述讲话《我的父亲母亲》，便是一篇典型的经验分享。该文以极其真挚的口吻讲述了父母那个年代的不易与艰辛，更表达了自己对于不能陪伴父母的懊悔和遗憾。该文引起了华为内部甚至整个社会面的共鸣与思考。内刊是一个组织文化温度的体现，是组织调动员工思想共识，凝心聚力、共同向前的冲锋号。内刊需要融入员工在工作和生活中获得的好的思想和技巧、成功的工作模式等内容，这样的内刊才是有分量、有灵魂、有内涵的内刊。

5. 关注行业动态

所谓"知己知彼，百战不殆。"组织在激烈的市场化竞争下，必然要时刻关注所在行业的风向和动态。一份组织内刊能否有持续的生命力，不仅仅需要关注自身发展，还需要将一些触角延伸到组织以外。组织的视野决定了员工的视野，组织内刊是组织视野的重要体现。组织内刊如果过于满足和停留在反映组织内部的事务上，而对组织以外的行业现象或者经济现象都不屑一顾，那么对内的吸引力也会大打折扣。因此，无论内刊的定位是什么，一份好的组织内刊需要有适度的外延空间，其同时也应该是一本好的外刊，才能够更加鲜活。

6. 提供与读者互动的平台

组织向员工发出一个声音，员工有所反映，这样的声音才是有效的声音。员工愿意和领导、同事进行交流探讨，展示自己的想法和见解，这样的组织才是有活力的组织。因此，组织内刊是否能充当重要角色，取决于员工和内刊之间互动程度的高低。编辑部应定期对内刊的读者开展调查，了解他们的需求，在内刊上开设互动栏目，用内刊去推动员工之间的业务交流，用内刊去吸引该吸引的人，这些都是非常必要的，只有互动才能产生思想的火花。

7. 传递多维度的声音

不同的组织有不同的管理风格和管理规则，其适用性和合理性千差万别。不论组织是一人独断型还是民主集中型，内刊都应在适应组织文化的前提下，尽可能地表达多元声音。即使内刊是作为领导思想的宣传阵地，它也应该同时是组织声音的综合体，应始终朝着员工百家齐放的方向发展。一份优秀的内刊，必须具备全局思维，能在组织提供的有限空间里，反映不同层面的声音。

8. 丰富刊物的可获取性和可观赏性

既然内刊承载着众多的功能，同时在组织中显得如此重要，那么就必须考虑到刊物的可获取性和可观赏性。综合考虑不同员工的阅读习惯，让他们选择自己喜欢的方式阅读，这就是刊物的可获取性。因此，内刊不能仅仅使用文字版，还应该有电子版、网络版等，供员工自由选择。同时，内刊的版式设计、标题、封面创意及风格等，都需要美观大气、独具风格，这些都是能吸引员工继续深入阅读的重要因素。好的内刊应该具备较好的视觉观赏性，可以提升员工阅读的愉悦度。

美国通用汽车公司为实现对 70 万员工的协调，办了较多的内部刊物，如《通用汽车公司每日要闻简报》《新闻发布》《现代化发行物》《公共关系计算机》《股东关系》《公共关系图书馆》《今天》等。这些媒介着重传播两大类信息：一是公司重点信息，包括产品质量、公司面临的竞争与挑战、公司的技术领导能力、公司雇员的利益等；二是公司各部门的重要信息，包括工作安排、工作标准、局部计划、工厂安全措施、雇员工作中的有趣和有寓意的新闻等[①]。这些内部刊物围绕的主旨也体现了上述内刊编辑与运营的 8 个原则。

可见，任何一个社会组织均可根据自身特点和需要办好这类内部媒介，用有特色的公关内容去实现与内部公众和外部品牌的有效沟通。

案例研读 & 文献阅读

扫一扫，看资源

---

① 单振运：《公共关系传播论纲》，载《沈阳师范大学学报：社会科学版》，1995(03)：6。

第十一章 公共关系的网络传播

【学习目标】
    (1)了解网络公共关系的概念与内涵;
    (2)了解网络公共关系的发展与模式;
    (3)掌握不同类别网络公关传播渠道的建设方法与价值。

【基本概念】
    网络传播   网络公共关系   社交媒体   搜索引擎   视听媒体   电子商务
传播活动

第一节 公共关系与网络传播

互联网作为当今最大量人群使用的媒介渠道,其开创的社交平台、电子商务、电子政务等一系列产品和服务推动了整个社会、经济、文化的全面变革,也带领着新经济运动的蓬勃发展。来到 Web 3.0 时代,网络媒介在公共关系传播中的影响力不断增强,有效地利用网络媒体的传播力,塑造良好的组织形象,促进企业软实力的综合提升,成为组织必须面对的重要课题。

一、网络公共关系的概念与内涵

(一)公关媒介发展的历程

公共关系行业的发展和媒介技术的发展密切相关,它随着媒介技术的更新迭代而不断发展,概括来说,可以分为三个阶段。

第一阶段是电报和电话用于公关业。电报是于 1845 年由塞缪尔·莫尔斯(Samuel Morse)发明的,后来用于商业通信领域,礼仪电报、鲜花电报等是电报用于公关用途发展的新方式。由于通信事业的进步和发展,电报已经退出了历史舞台。从 1876 年亚历山大·贝尔(Alexander Bell)发明电话到 1946 年商务流通电话问世,电话沟通,见面细谈,已成为公关的必经程序。

第二阶段是广播和电视用于公关业。自 20 世纪 30 年代开始,广播逐渐成为媒介的新趋势。据美兰德媒体公司调研数据显示,这一时期的广播受众具有年龄低、文化程度高的特征,也成了各类企业关注的焦点。而电视观众群规模大,其构成基本和全体人口的构成一致。电视作为视听合一的媒介,具有现场感强、形象真实、可信度高等传播优势,给观众一种面对面交流的亲切感,而且能够直观展示产品特征、产品的使用过程和使用效果,具有很强的说服力和感染力。因此广播,尤其是电视仍是目前组织实施公关的重要手段。

第三阶段是互联网用于公关业。互联网在公关发展史上是一个重大转折点,使公关行业"山重水复疑无路，柳暗花明又一村"，也是公关发展史上的一座里程碑。网络公关从在"2000 年中国国际公共关系大会"上成为热门话题，到 2001 年开办"中国公关网"，网络公关便如雨后春笋般生长起来。和广播、电视等传统媒介相比，网络媒介具有覆盖范围广、到达率和重复率高的优势，已成为目前公共关系最核心的使用媒介之一。

(二) 网络公关兴起的背景

1. 网络媒介的发展

所谓"网络"，在当下的信息传播语境中往往是"因特网（Internet）"的代称。作为互联网的一种，因特网是由上千万台设备组成的互联网，使用 TCP/IP 协议让不同的设备可以彼此通信。但需要注意的是，使用 TCP/IP 协议的网络并不一定都是因特网，局域网也可以使用 TCP/IP 协议。TCP/IP 协议由很多协议组成，不同类型的协议又被放在不同的"层"，其中位于应用层的协议就有很多，如 FTP、SMTP、HTTP 等。只要应用层使用的是 HTTP 协议，就称为万维网，目前绝大部分的常用网址均以 http://www 作为开端，就是因为个人浏览器和相应网页的服务器之间使用的是 HTTP 协议在进行交流。因此，从概念上我们不难发现"互联网"是最大的概念，凡是能彼此通信的设备组成的网络都可称为互联网，而"因特网"又包含了"万维网"等系列不同的网络。

因特网的诞生是随着 1994 年 Web 1.0 时代的到来而拉开序幕的。这一时期的主要特征是存在大量的静态 HTML 网页。通过万维网，文字和图片可以在网页中进行直观地展示，并通过链接技术将资源与资源进行互联，形成了单向的信息传播模式。然而，虽然联结了海量的信息资源，颠覆了以往空间有限的信息展示模式，且为人们提供了资源检索与聚合的功能，但却没能满足网络用户与用户间的沟通与互动需求。也由此 Web 2.0 将"参与、创造、传播信息"作为其本质特征，弥补并解决了网络平台中人与人之间交流、沟通、互动的需求，使用户不仅成为网络信息的接收者，更能够成为信息的发布者。在这一时期，博客（blog）、百科全书（wiki）、社会网络（SNS）、即时通信（IM）等应用逐渐涌现，重新定义了信息传播与公共关系。正是基于 Web 2.0 的技术特性，公共关系开始由线下渠道逐步拓展到线上平台，运用网络向目标消费群体传递信息，并通过社交网络维护人际关系，使企业的信息得以实现裂变式的自发传播，以达到更佳的传播效果[①]。

如今，步入 Web 3.0 时代，"个性化"开始成为主流，作为 Web 2.0 的再一次发展与延伸，实质上是将所有杂乱的网络信息以最小单位进行拆分，同时进行语义的标准化和结构化，最终实现信息之间的互动和基于语义的链接。这样的技术使得互联网能够"理解"各类信息，从而实现基于语义的检索与匹配，为用户提供更加个性化、精准化和智能化的搜索[②]。微博、抖音等 App 作为内容集成的平台，其通过将用户发布的图文、视频进行系统化整合、分析加入符合内容主题特征的"标签"，并通过后台大数据的支持，来完成内容与用户间的高度匹配，实现了"个性化精准推荐"。另外，Web 3.0 时代的全新媒介又被重新定义为"沉浸媒介"，虚拟现实技术（VR）、增强现实技

---

① 刘岩：《技术升级与传媒变革：从 Web 1.0 到 Web 3.0 之路》，载《电视工程》，2019(01)：44-47。

② 段寿建、邓有林：《Web 技术发展综述与展望》，载《计算机时代》，2013(03)：8-10。

术(AR)、混合现实技术(MR)等都将作为全新的媒介形态给网络用户带来截然不同的媒介体验。新兴科技的诞生和人工智能的快速发展,也在不断赋能公共关系的发展,企业开展公共关系活动也将不再局限于信息的发布与传播,运用新兴数字传播技术能使用户在云端进行企业信息的获取,甚至亲身体验,极大地丰富了公共关系的实施手段。

2. 互联网的用户规模

中国互联网络信息中心(CNNIC)在 2022 年 2 月发布了第 49 次《中国互联网络发展状况统计报告》(以下简称《报告》)。数据显示截至 2021 年 12 月,我国网民规模达10.32 亿,较 2020 年 12 月增长 4296 万,互联网普及率达 73.0%,继续领跑全球互联网,构成了全球最大的数字社会。《报告》显示 2021 年我国网民总体规模持续增长,呈现出 3 个重要趋势与特征。

(1)网民总体规模持续增长,老年群体加速融入网络社会。《报告》显示,2021 年我国网民总体规模持续增长。一是城乡上网差距继续缩小,我国现有建制村已全面实现"村村通宽带",贫困地区通信难等问题得到历史性解决。我国农村网民规模已达 2.84亿,农村地区互联网普及率为 57.6%,较 2020 年 12 月提升 1.7 个百分点,城乡地区互联网普及率差异较 2020 年 12 月缩小 0.2 个百分点。二是老年群体加速融入网络社会,得益于互联网应用适老化改造行动持续推进,老年群体上网、用网的需求活力进一步激发。截至 2021 年 12 月,我国 60 岁及以上老年网民规模达 1.19 亿,互联网普及率达 43.2%。老年群体与其他年龄群体共享信息化发展成果,能独立完成购买生活用品、查找信息等网络活动的老年网民比例已分别达 52.1% 和 46.2%。

(2)网民上网时长保持增长,上网终端设备使用更加多元。一是人均上网时长保持增长。截至 2021 年 12 月,我国网民人均每周上网时长达到 28.5 小时,较 2020 年 12月提升 2.3 小时,互联网已深度融入人们的日常生活。二是上网终端设备使用更加多元化。截至 2021 年 12 月,我国网民使用手机上网的比例达 99.7%,手机仍是最主要的上网设备;网民中使用 PC 机、笔记本电脑、电视和平板电脑上网的比例分别为35.0%、33.0%、28.1% 和 27.4%。

(3)互联网应用用户规模保持平稳增长,即时通信等应用基本实现普及。一是即时通信等应用基本实现普及,截至 2021 年 12 月,在网民中即时通信、网络视频、短视频用户使用率分别为 97.5%、94.5% 和 90.5%,用户规模分别达 10.07 亿、9.75 亿和9.34 亿。二是在线办公、在线医疗等应用保持较快增长,截至 2021 年 12 月,在线办公、在线医疗用户规模分别达 4.69 亿和 2.98 亿,同比分别增长 35.7% 和 38.7%,成为用户规模增长最快的两类应用;网上外卖、网约车的用户规模增长率紧随其后,同比分别增长 29.9% 和 23.9%,用户规模分别达 5.44 亿和 4.53 亿。

互联网的飞速发展,影响力日益扩大,在网络媒介中进行公关宣传和开展公共关系活动也越来越受到人们的重视。作为新科技下公共关系发展的新形式,网络公共关系运用最新数字传播技术既可以弥补传统公关的不足与劣势,同时还能塑造企业和组织的品牌形象,实现传统公共关系所无法达到的传播广度与深度。

(三)网络公关关系的内涵

从"网络公关关系"字面意思上理解,即是运用计算机网络来组织和开展公共关系实践。在网络化的今天，网络公共关系符合传统公共关系的要义，并且突出了其传播的特征，充实、完善了公共关系的内涵，从主体和客体的两个维度出发，我们可以清晰地看到网络媒介带给公共关系的全新发展。

从网络公关的主体出发，互联网的应用使公共关系的主体得到了极大范围的拓展。传统的公共关系一般以正式的组织，特别是合法的企业为主体，而在网络公关时代，线上的各种组织、团体、企业，甚至个人都可能成为公关主体。这是因为网络作为一种"人人平等"的媒介平台，任何组织与个人最终都被简化为了"0"和"1"的编码。主体的平等性加强从而扩大了公共关系主体的范畴，其中企业网络公关仍是网络公关发展的动力，也是探索网络公关发展的"先锋"。

从网络公关的客体出发，公共关系在网络媒介中的组织和开展，其客体是网络公众。因为只有经常浏览网页、使用社交媒体等网络应用的用户才有可能成为网络公关的对象。公关对象是有针对性的目的受众，网络公关也不例外。因此，网络公关的客体就是经常浏览网页的、和网络组织有实际或潜在利害关系或相互影响的个人或群体的总和。

网络公关到目前为止还没有准确的定义，我们可以根据网络媒介的不同类型，从广义和狭义两个角度理解网络公关。广义上，网络公关是指网络化组织以电信网络、有线电视网络以及计算机网络为传播媒介，来实现营造和维护组织形象等公关目的的行为。狭义上，网络公关是指组织以互联网为传播媒介，来实现公关目的的行为。本章使用的是狭义上的网络公关概念。

二、网络公共关系的新模式

（一）数字互动：传播方式的革命

"数字技术"译自英语 digital technology，主要指计算机信息处理技术，即通过一定的设备由二进制代码"0"和"1"来转化和表达信息，并利用计算机处理、加工、存储、传播信息。由此引发的"数字传播"，即运用数字技术进行的相关传播活动，包括在各领域对数字展示技术的应用和人工智能数字处理技术在各界的实践。伴随数字技术的迅速发展，开放性、平等性、匿名性、交互性等传播特性相继呈现，形成了数字时代特有的传播语境[①]，也改变着经济增长方式以及世界经济格局，带领企业进入数字经济时代。数字经济是以知识为基础的时代；数字时代一切信息也都呈现出数字化的特征。过去有形的现金、支票、报告、面对面的会议、照片都变成为数字"0"与"1"，以光速在光纤网络中飞快流动。这不但提升了信息传输与储存的数量、速度与品质，也增加了信息相互组合的可能性。此外，信息传播方式的革命促使人类的一切都可以虚拟化，虚拟办公室、虚拟企业、虚拟大学、虚拟图书馆、虚拟博物馆、虚拟商城等的出现，已经逐步改变了人类的经济与社会活动方式。

场景的转换也带来了信息传播方式的转变，在这些虚拟化的场景中，"社交"依旧是人的社会本性。与传统的交往方式、交往的时空范围受交往工具、通信手段的制约不同，网络传播技术的发展与国际互联网的开通，都突破了人与人之间信息传递的时

---

① 薛可、李亦飞、徐方卫：《数字传播研究：中国与世界的距离有多远？——基于 CSSCI 与 SSCI 数据库的对比研究》，载《新闻与写作》，2020(03)：32-39。

空限制。网络使世界成了"地球村",使全球性信息交互成为可能,也给传播方式的革命播下了种子。首先,网络媒介带来了传播范围的全球性。在网络社会中,人与人之间、组织与组织之间,甚至人与组织之间都可以跨越地域,在短时间内完成交流沟通,带来贸易、政治、文化、教育等全球性信息传播。网络社会为人类提供了虚拟的交往空间,这就使交往具有了全球性、普遍性和无限性的特征。其次,网络社会的数字交互也带来了信息传播的多元化。网络社会中交往的主体是无中心、非单一的,网络上切实相遇的是另一主体,交往方式也由等级式、单向度向平等性、交互性、非中心化转变,个人实现了对其交往关系的自由占有,交往实践成为网民的基本生存方式。最后,网络媒介使全球的人和组织都成了"信息共同体"。随着知识与信息价值的飙升,纯粹以"信息之缘"连接的人与人关系成为可能,在这个意义上形成了全球性的没有制约的中间集团。由"信息之缘"结成的新型共同体,可以说是一种"信息共同体",它正在对实践交往的单一取向——"利益共同体"产生强有力的冲击。信息通过网络在全球自由传递和流动,人类所创造的文明财富就有可能为网上每个人所共享。

(二)网络教育:教育方式的革命

传统的教育模式均是以学校为中心,以课堂教学为基础,以教师为主体。但随着互联网的出现,网络多媒体特质对人类感性认识产生巨大影响,也正在逐步改变人们接受教育的形式。远程教育模式、自我教育模式的形成,使整个人类社会的教育功能发生变革,孕育着整个教育领域的革命。不同于传统教育,网络教育拓宽了学生接受知识的范围与途径,使参与式、启发式教学真正成为可能,使终身学习成为普遍趋势。互联网的发展所带来的教育革命,影响的不仅是受教育者和教育者,而是整个教育行业。它的目标也已不再是一纸文凭,而是推动人们终身受益带来社会的进步与发展。

党的十八大以来,我国加快推进以"三通两平台"为核心的教育信息化建设,顺利完成"教学点数字教育资源全覆盖"项目。全国中小学互联网接入率从25%上升到98.4%;多媒体教室比例从不到40%增加到92%;国家教育资源公共服务体系基本建成,28个省级平台已接入体系;全国师生网络学习空间开通数量突破1亿个,同比提高31.6%;3 000门国家精品在线开放课程、7 000门国家级线上线下精品课和1万门省级线上线下精品课,形成了示范课例的辐射效能;全国1 000万名中小学教师、10万多名中小学校长、20多万名职业院校教师经过培训,信息素养得到有效提升。三区三州深度贫困地区"教育信息化送培到家"着力打造教育信息化领导力提升,"国培计划"示范项目专门设置了信息技术培训者团队研修,中西部项目还设置了中小学教师信息素养培训者研修;各级教育主管部门、各级电教系统、各学校信息化部门初步搭建了教育信息化支撑体系和资源供给机制。在技术与教育深度融合的大背景以及教育部门的大力推动下,MOOC、SPOC、微课等教学模式对于中国师生来说也从陌生到逐渐深入人心①。

(三)线上购物:消费方式的革命

目前,网络经济成为重要的经济形态。信息网络化与经济全球化相互交织,推动着全球产业分工深化和经济结构调整,重塑着全球经济竞争格局。网络经济将极大地

---

① 王世新:《疫情下的在线教育:中国教育变革播种机》,载《中国教育网络》,2020(08):16-24。

改变传统经济的生产和流通方式，运行和管理方式以及组织形态。互联网所代表的现代信息技术革命，带来了交换和市场体系的又一次革命。网络经济就是这场革命的果实，网络交换提高了交易的频率和速度，网络经济是电子化的现代交换经济，是市场活动的网络化。因此，也可以说网络经济就是网络化的市场经济。

信息技术、网络技术的发展使网络商店、线上商场大量涌现，网络购物正以其商品信息大、可选范围广、成本低、消费者主动性强的优势，为越来越多的人所接受。从消费方式的视角看，网络购物正在对大众的消费方式产生深刻的影响。网络消费群体是新一代知识型消费者，其消费的个性化趋势日益凸显，同样也在网络消费中塑造了独特的购物观念和购物选择，推动了商家销售方式的变革和销售渠道功能的多样化，为网络公关提出了全新的要求。2020年是直播走向爆火的元年，艾媒咨询报告数据显示，2020年淘宝直播商品交易总额（GMV）超4 000亿元，2020年关闭外链、积极自建供应链的抖音直播商品成交额超5 000亿元。2021年春节黄金档的直播大盘，2月直播电商行业总观看人次达31亿，主播以店铺主播为主，占比近九成[1]。作为网络购物的新形势，直播经济发展的背后，实质是网络传播使社交媒体的影响力博主开始逐渐获得原专属于明星的"名人资本"，开始拥有商业的流量并进行消费的转化[2]。不同于传统的线下购物，直播消费作为一种新型零售模式，极强的用户与主播间的交互性、在线交易购买的便捷性都受到消费者的青睐，突破了商业销售的传统格局，也改变了大众的消费习惯。

（四）云游世界：闲暇方式的革命

互联网世界是一个没有时差、没有距离的整体，也是一个超越传统时空的"网络时空"。更多的网民在现实生活中可以离开电视机，离开电影院和剧场，但却永远离不开"娱乐"。随着网络的全民普及，人们更多地通过电脑网络收听、下载个人喜欢的音乐，观看喜欢的电影和演出，获取各种娱乐信息，网络承担起了人类娱乐新载体的任务，也为持续了几个世纪之久的传统娱乐方式带来巨大变革。在网络时空中，人们不仅可以收集到各种旅游信息、安排旅程、预订到世界各地度假的机票和客房，还可以通过虚拟现实的方式到世界各地进行在线旅游，带来身临其境的感官体验。通过网络时空，人们可以和朋友们通过视频语音聊天一起谈笑，仿佛同处一室；可以进行集体游戏，使身处世界各地的亲友在线上相聚欢愉。网络时空使我们的闲暇方式突破了现实时空的限制，人类第一次实现了在世界范围内的闲暇方式的自由选择，带来了传统社会娱乐方式的巨大突破。

另外，网络社区作为线上特有的虚拟社会，可以将具有共同兴趣的访问者组织到一个虚拟空间，进行相互沟通，成为当下休闲娱乐的重要虚拟场所。论坛和聊天室是网络社区最主要的两种表现形式，人们可以在虚拟社区中发表自己的观点、寻找志同道合的朋友，突破了传统线下社群人员数量、时间和场地的限制。对于网络公关而言，社会组织可根据自身特点，利用他人组建的网站论坛及聊天室，或建立自己品牌的虚拟社区，通过开展在线"记者招待会""公益赞助""开业庆典""展览会"等活动，吸引网

① 徐舒蕊：《网络直播现状与发展趋势概述》，载《经济研究导刊》，2021(34)：118-120。

② Brooks G，Drenten J，Piskorski M J. Influencer Celebrification：How Social Media Influencers Acquire Celebrity Capital. Journal of Advertising，2021，50(05)：528-547.

络公众对组织的关注，从而提高品牌知名度和美誉度。例如，美国南卡罗纳州的MOLSON 啤酒公司就在网站中虚拟构建了一家酒店，吸引了大量对流行音乐和体育运动深有体会的年轻群体加入；WRAL-TV 则在主页上设计了一个卡通形式的乡村院落，人们可以阅读到该地区的新闻、天气预报、前往网络商场购物，还可以相互交谈。此类虚拟社区关系不依赖强制的信息灌输来实现对品牌形象的强化，而是通过营造潜在的销售氛围及销售场景来协调组织与公众间关系，成为网络公关的新形式。

（五）互联管理：组织方式的革命

信息技术的发展、互联网的开通、网络组织（如虚拟企业、虚拟社团、虚拟社区等）的兴起，都对现实组织的等级制、等级体系、等级管理产生巨大的冲击，企业内部组织方式面临新的革命。越来越多的企业加入"互联网＋"的浪潮，简单来说"互联网＋"是"互联网＋各行各业"，其本质是连接，是发挥互联网在社会资源配置中的优化属性，形成自我集成的作用。举例来说，工业互联网是互联网的延伸，连接工业生产和服务的对象、使用场景，而产业互联网相比于"互联网＋"和"工业互联网"，除了互联网的连接和延伸作用，还包含互联网技术与具体产业的深度融合，是渗透到企业内部组织和外部运营的互联网模式，将带来管理、流程、制度、工艺、产业效率的全方位改善和提升，更是新动能、新模式、新发展的核心力量[①]。互联管理借助互联网技术，可以总结以下三大特征。

（1）企业内部组织结构的网络化、纽结联系的广泛化、管理模式的扁平化。首先，由于网络组织信息流通的社会化，网络化的组织可以比任何其他现有的组织以速度更快、效率更高、成本更低的方式进行信息沟通。金字塔式的组织结构逐渐开始失去效力，进而对社会组织结构的网络化产生影响，表现为社会中各组织的系统功能完善、相对独立，组织之间的互动以及变动更频繁。其次，网络化的组织既可以保留组织自身的特点与个性，具有自己的文化精神，同时可以与其他组织广泛联系，汲取互联网中其他组织的思想精髓。最后，在网络化的组织结构中，信息来源不是高度集中且唯一的，而是分散的、众多的、层少点多的，金字塔式的组织结构逐渐演变成层少点多的扁平结构。

（2）企业营销方式全球化，运营成本逐渐降低。产业互联网的发展促进了企业营销信息在全球范围内的广泛传播，企业的潜在顾客由原来的区域性延伸到了世界的每个角落，使得全球居民成为各国企业的公关对象，提升了企业的产业效率。同时，在互联网营销下，由于媒体传播速度更快，基于客户画像的大数据精准营销提高了营销效率，减少了传统市场营销的中间商、广告投入、仓储、管理费用等成本，进一步降低了组织的运营成本。

（3）加速产销联结，提升企业的竞争力。产业互联网可以使得产销之间的联系迅速、高效、完整，实现信息沟通的快捷性与开放性。同时，产业互联网可以在消费者选择更广的全球市场范围内，让企业高速发展。通过产品价格、品牌、信誉的不断打造，为企业销售者和终端消费者带来"一对一"的在线沟通，企业能够针对性地挖掘出消费者的个性化需要，更好地为特定消费者提供特定的产品和服务。

---

① 《产业互联网能为企业带来哪些变化？》，https://baijiahao.baidu.com/s?id＝170959939
3901192930，2022-04-21。

三、网络公共关系的新发展

(一)网络公关发展新机遇

1. 传受者信息共享性更强，实现及时性触达受众

网络媒介的出现使海量信息实现了全球化传播，拉近了人与人、人与世界之间的距离。网络将全世界的计算机连接在了一起，形成了一个巨大的数据库，互联网使人类"地球村"的梦想变成了现实。网络的普及也为世界各个角落的机构和个人获取信息、输出信息提供了前所未有的便利。因此参与网络传播的组织和机构，应当考虑关于组织信息全球化传播的问题。另外，传者、受者的双向互动，实现了信息的全球共享。互动性是 Web 2.0 时代的重要特征，也是网络上信息发布的低门槛和信息传播方式灵活性带来的直接结果。网络媒体的受众除了可以在极大的范围内选择自己想要的信息外，还可以参与信息的主动传播。网络社区、社交媒体等成为信息互动、人际传播的重要载体，网络成功地融合了大众传播和人际传播的优势，实现了大范围和远距离的双向互动，并且使受众的主动性、选择性和参与性大大加强。

在组织开展网络公关的过程中，网络媒介也对品牌形象的调查、传播和维护等多角度进行了全面赋能。首先，网络媒介使组织能够全方位地接触目标消费群体，通过点对点或者面对点的调查方式对组织知名度和公众意见进行调研，并熟悉组织所在的市场环境，分析出量化数据，帮助企业了解当前的市场情况及品牌传播情况。网络公关所依赖的先进技术和高超手段是调查得以顺利迅速完成的最佳选择，而网络公关区别于其他传统公关形式的特质，则是通过大数据等方式使组织形象的前期调查和定位工作更加真实可信。其次，网络公关可以通过网络媒介把公众的期望和组织自身的建设目标结合在一起，在引导公众舆论的同时加强组织自身员工、产品和市场的建设，再辅助公关部门规范组织自身行为，进行企业文化的传播。最后，利用好网络的互动性特征，组织可以进行消费者反馈信息的收集，并在网络平台上进行组织形象的维护，进一步改进品牌形象建设过程中的不足。

2. 多媒体文件传播性更高，降低网络公关的成本

网络媒介的发展带来了多媒体和超文本形式，成本更低、存储更便利。互联网以超文本形式，使文字、数据、声音、图像等信息均转化为数字语言进行传递，不同形式的信息可通过网络同时传送，综合体现了各类大众传媒的优势。相比于传统公关传播，网络公关在成本方面有着无可比拟的优势。一封友好的电子邮件、一个吸引眼球的在线广告、一个精心运营的社交媒体社群都可以成为公共关系开展的有效方式。另外，即时性、超越时空的界限也是网络媒介为公共关系发展带来的又一优势。从传播媒体来看，报纸的发布周期既有日报，也有周报、半月报等；杂志的周期则更长，通常为月刊或季刊。而即时性的网络可以任何时间为组织所用，图文并茂地进行企业、品牌动态的更新报道。特别是对突发危机事件，公众在网络上可以即时看到事件的实时发展动态，使企业能够第一时间触达大量用户，让社会公众更全面、更客观地了解事件真相和故事全貌与细节。

多媒体技术时代到来，组织形象与品牌形象的建设也通过新技术的应用实现了成本更低、效果更好的传播。新型的网络虚拟信息和网络技术把文字、数据、图像和声音等融为一体，通过虚拟展厅、裸眼 3D 等方式实现了多媒体信息在传播方式上的突破。这种由高科技开发带来的新成果、新花样，让网络世界变得丰富多彩，增加人们对网络的好奇心与注意力。这将有助于更生动、有效的信息传递互动，使得网络公关的手段更加多样化，也更有利于组织形象和品牌形象的塑造。网络也带来了信息的涟漪式传播，以组织作为信息传播的核心支点向外扩散，接收到信息的受众通过转发等方式再一次形成信息传播，最终使企业品牌信息的传播量级呈现指数级上升。完全时效性使得最新的组织网络信息能够抢在第一时间得到传播，占据最有利的时间优势。

3. 信息传播效率价值更优，形成个性化品牌公关

网络媒介的特性使每个人都拥有了平等地享受信息的权利，也由此带来了高度开放、个性化的信息传播。任何人都可以平等地利用它获取信息和传递信息，传受双方在这一媒介中享有充分自由。在互联网上，无论信息内容的制作、媒体的运用和控制，还是传播和接受信息的方法、方式及消费，都有着鲜明的个性化色彩。从 Web 2.0 时代的博客首页装扮，到 Web 3.0 时代每个用户根据自身的性别、地域、年龄、内容偏好形成了个性化标签带来精准的算法推荐，网络媒介使信息传播的作用和价值大放异彩。网络作为一个多种媒体兼容的媒介平台，信息的传播模式也更加多样，组织可以利用虚拟现实技术使访问者"亲临现场"观看或亲身感受、体验产品或服务，也可以请他们在线参与产品与活动设计、制作以及组织的网上俱乐部活动。网络可以整合更加人性化的服务、个性化的体验、趣味化的社交等多项功能，满足人们的多样需求。随着互联网应用娱乐化的倾向逐渐强化，娱乐性已被证明是获得流量和收入的重要有效手段之一，有趣的信息、娱乐化的内容可以迅速地扩大品牌信息的传播力。但同时也应注意，娱乐化的公共组织方式需要为组织，尤其是品牌所服务。企业应当考虑自身品牌的特征，选择恰当的传播方式，在扩大品牌影响的同时增加品牌的美誉度。

随着网络技术迅速向智能化方向发展，用户可以在更广阔的领域内实现声、图、文一体化的多维信息共享和人机互动，这就把"公关到群体"推向了"公关到个人"，实现品牌与消费者进行个性化交流与互动。当分众化传播成为互联网传播的必然趋势，对于组织来说这种个性化甚至是一对一的信息传播模式，相比传统线下的公关营销或广告投放，更有针对性也更具营销价值，不仅大大提高了传播效率，也使得组织能够通过平台特征、用户标签发现和锁定最具潜力和价值的目标消费受众，实现精准化的营销。如此的网络公关特征，也就要求组织在开展品牌公关时，设计出符合不同目标消费群体的个性化信息内容，以形成对不同公众需求的精准触达，吸引更多公众点击、浏览、点赞、评论与转发，甚至直接形成消费的转化。企业的官方网站、微信公众号等新媒体平台，也应该有专人来进行公众信息的回复和应答，通过在线客服一对一的沟通形式，实现"以顾客为中心"的服务宗旨。"分众营销"的模式出现，也对组织提出了更高的要求，需要对自身产品和服务的目标消费群体进行更深度的细分，注重不同层次、不同类别的消费者需求，以满足个性化公共关系目标，从而增强受众对企业的信任感和归属感，体现出品牌温度，提升品牌形象。

(二) 网络公关发展新挑战

1. 网络安全问题备受关注，带来信息把关要求

网络的不断发展为公共关系活动的开展带来了诸多全新的机遇，但同时网络安全问题的日益突出，也备受各界关注。网络钓鱼、病毒、木马等安全隐患的存在，给电子商务、网络支付等应用的开展造成了障碍。中国互联网目前正在由"可用"向"可信"

阶段发展，根据中国互联网络信息中心（CNNIC）发布的第 48 次《中国互联网络发展状况统计报告》，截至 2021 年 6 月 61.4％的网民表示过去半年在上网过程中未遭遇过网络安全问题，与 2020 年 12 月基本保持一致。此外，遭遇个人信息泄露的网民比例最高，为 22.8％；遭遇网络诈骗的网民比例为 17.2％，其中虚拟中奖信息诈骗仍是网民最常遭遇的网络诈骗类型，占比为 40.8％；遭遇设备中病毒或木马的网民比例为 9.4％；遭遇账号或密码被盗的网民比例为 8.6％。而在 2021 年上半年，全国各级网络举报部门受理举报数量达到了 7 522.5 万件。网络安全隐患使网民对互联网的信任度下降，也因此制约了电子商务、网络支付等交易类应用的发展。

另外，"把关人"角色的弱化或退出导致网络信息失真。由于任何人在任何时间都可以自由使用网络媒介，传统媒体中"把关人"角色不断被弱化甚至退出。网络匿名性的特征也使得谣言传播、恶意攻击等事件的门槛被降到最低，使网络信息的真实性大打折扣。对于消费者而言，网络信息的泛滥给人们识别有价值信息带来极大的障碍，如何鉴别网络内容的真伪成了当下消费者所面临的新问题。"把关人"角色的缺失带来了信息爆炸、信息污染等一系列问题，不仅浪费了人们大量宝贵的时间，谣言等有害信息更对人们接收日常信息产生干扰。对于企业而言，在网络经济时代，企业在网络上构建的品牌形象作为组织形象的一个重要组成部分，其信誉不仅构成了组织品牌的核心价值，同时也是组织形象得以维系的关键，在很大程度上左右着组织外部舆论对其作出的评价，并进而影响组织的外部生存环境。因此，如何在信息纷杂的网络环境中，塑造和提升品牌形象的可信度与权威性是公关人员面临的一大难题。

2. 线下线上传播交融结合，更新公关传播理念

新媒介形式的诞生也带来了人类思维方式的转变，一种新的、动态的、跳跃的、多元的交互式思维方式将取代传统的、静态的、一元的线性思维方式成为主流。不断发展的网络通信技术如超链接技术、数据切换技术等为人类交往沟通提供了强有力的技术支持。轻敲键盘、单击鼠标，你就可以随意地调阅各类网络文件资料，在不同主题信息中随意切换；当你在网上阅读小说时，甚至可以替换主人公改变故事情节，按你的想法来重写结尾。当人人可以随意地"思接千载，视通万里"时，传统的、一元线性的思维方式就被彻底打破，循序渐进的连续性思维也在网络平台碎片化的信息潮流中被逐渐抛弃。随着公共关系活动的线下开展和线上引流，越来越多的人开始习惯于用手机生活，看到喜欢的拍一张上传至朋友圈；在社交媒体中看到好玩的地方先"种个草"再去线下体验"拔草"，随着线上线下公共关系活动开始逐渐交融，多主题跳跃、多元交互的思维方式逐渐被人们所接受，并成为主导的思维模式，也为公共关系活动的开展提出了更高的要求。

真实、公开、责任感一向是对公共关系职业伦理的要求，但不幸的是传统的媒介环境使得某些违背职业伦理的执业者反而受到市场的青睐。艾维·李坚持公关必须公开和诚实，伯奈斯也对公关行业职业伦理提出了要求，尤其关注公共关系组织的律己问题。虽然行业奠基人伟大的职业伦理追求让人振奋，但是在传统媒介环境中，虚假信息的贩卖者却凭着与消费者之间的信息不对等，对公众进行欺瞒、夸大，从而获得丰厚的回报，而坚持职业伦理的传播者反倒成了"边缘人"。但随着网络传播时代的来临，日益透明的传播环境使信息获取变得触手可及，因此也从根源上打破了组织和消费者之间的信息壁垒。线上与线下的传播交融结合，使用户也有了更多主动进行信息传播的渠道和机会，平等和自由的环境也从机制上促进了整个公关行业进一步达到真实、公开、具有责任感的职业追求，未来或许就会让"向公众撒谎"变成"不可能的任务"。因此，越来越透明化的传播环境将修正与职业伦理背道而驰的执业理念，也为当前的公共关系活动开展提出了更严格的职业要求，只有遵守政策法规和职业伦理才能在市场竞争中获得大众的支持和赞美，让公关行业赢得尊重。

3. 网络传播形成新时空观，加速公关危机发酵

运用战略、管理和传播手段塑造品牌形象、优化环境、和谐公众、协调关系，最终实现软实力综合提升是公共关系的核心思想。在过去，时空距离一直是限制公共关系活动进行信息传播的重要障碍，但网络媒介的出现打破了建立于传统时空观基础上的公关协调和沟通理论。首先，网络极大地扩展了人类的空间观念，把人类紧密联系在一起，消除"这里"或"那里"的界限。坐在计算机前，信息就源源不断地从指间流出，整个世界近在眼前，空间距离已不再是阻挡人类交流的障碍。其次，在空间观念扩展的同时，网络时代也对人们的时间观念提出了挑战。互联网的发展为我们提供了几种不同的传播方式：个人对个人的异步传播，如电子邮件、在线信息留言等；多人对多人的异步传播，如电子公告牌、网络广告等；个人对个人或对不确定多人的同步传播，如网络聊天、在线论坛等；多人对个人、个人对多人的异步传播，如各类在线活动等。前三种传播方式属于不同时态的交互传播，只有在最后一种情况下网络信息的接收者才在一定程度上符合大众传播中对受众的定义。这些新的传播模式的出现，带来了两种全新的公关发展趋势，即宏观上时间观念的统一和微观上时间观念的差异。一方面，网络把人们连接在一起，各地的生产、生活节奏、步伐日趋一致，逐渐形成整体意义上的时代意识，时间观念在某种程度上成为世界标准时；另一方面，对个体来说异步性的传播通信方式，使个体可以随时调整自己的日程表，按个性化的日程表行动，时间本身也非群体化了。

正是基于如上的传播新时空观，信息的传递范围更广、速度更快，也进一步加速了公关危机的舆论发酵。对于组织而言，公关危机的产生和发酵，其不利信息主要来自两个方面：一是组织负面事件形成的不利信息，与组织正面信息相比，负面的内容往往更吸引大众眼球，易于形成自发的传播扩散；二是网络上的恶意攻击行为，如竞争对手对组织形象的恶意丑化，散布流言，黑客的入侵并对组织网站的恶意涂改等行为。进入互联网时代，凭借着网络传播的新时空观，"坏事传千里"的负面效应更加凸显，使世界上任何角落的一个小小信息都可能对组织造成灭顶之灾。也因此，企业需要时刻关注网络信息，及时化解公关危机。

四、网络公共关系的新价值

(一)信息发布便捷与高效，把握形象塑造主导权

传统的公关传播流程强调研究—计划—传播—评估的"四步走"策略，而公关项目最为重要的是制订计划和确定方案，而并非执行。通常媒体部、活动部等侧重执行的部门，相比于侧重策划方案的部门，在传统公关公司的组织架构中地位并不高，而侧重执行的公关公司在整个行业中的地位亦是如此。然而，进入网络传播时代，执行似乎变得不再那么简单。网络传播对精确过程控制的要求让传播环节显得格外重要。传统媒体的执行和网络媒体的执行有着天壤之别，传统媒体环境中的执行仅需要完成内容的单次发布和周期性传播效果的检验，而网络传播中的公关执行则更注重对传播过

程的精确控制和快速反应，需要实时针对受众的舆论变化开展新的行动。因此，网络所特有的传受互动性、触达及时性、传播便捷性使企业在网络公共关系中的主动性得以凸显，能够直接面向公众第一时间发布新闻和公关信息，并与新闻记者建立良好的关系，更主动地进行组织形象的塑造。

网络媒体也打破了以往公关活动中大众传媒一枝独秀的状态，重新定义了组织与媒介的关系，网络公关将与传统公关比翼齐飞。在网络时代，大众媒介与网络媒介也呈现出日趋融合发展的新趋势，大众媒介和网络媒介互为依托，大众传媒通过网络媒体发掘信息的广度，网络媒体则借助大众媒介在长期发展过程中形成的文化品牌与权威地位寻求支持。这种趋势对于媒介关系的处理来说，就要求组织在开展公共关系活动时必须双管齐下：既要一如既往地寻求传统媒介的支持，以增加宣传的权威性和可信度；同时还应加强对网络媒体的重视与管理，将之作为对传统媒介关系的有力补充，牢牢把握住品牌形象塑造的主导权。

（二）海量信息及时性共享，拓宽形象塑造之广度

"媒介即信息"的提出者马歇尔·麦克卢汉（Marshall McLuhan）是一位技术决定论者。在他的理论视域中，人类发展历史上的每一种新媒介都开创了社会生活和社会行为的新方式，并带来社会变革。网络媒体带来了速度革命并真正实现了"地球村"，也证实了麦克卢汉的预言。第一代网络公关人士唐·米德伯格（Don Middleberg）认为，在网络经济中，速度是衡量组织很重要的一个维度。对于公共关系来说，速度不仅仅是更快地获得信息，还意味着迅速地向社会公众扩散组织的信息，与他们一起进行更为有效的互动沟通。可见在数字时代，沟通仍然是公共关系的主要职能，只是沟通的速度上升到了至关重要的地位。组织和企业包括公关在内的各项服务都要快速跟上网络的发展速度，并针对组织外部环境发生的变化及时作出调整。慢节奏的公关工作方式已全然无法胜任网络时代的公关工作需要。

网络媒体的经济性是传统媒体望尘莫及的另一巨大优势，也是网络媒体横扫全球的有力武器。正是它为全球化的传播奠定了坚实的物质基础，使得公关传播全球化成了可能。借助网络媒介，组织发布信息时可以不必再以大众传媒作为中介，能够直接在官方网站、社交媒体平台上进行发布，且可以随时进行信息的更新，既免去了大众传媒多轮审核、排序投放的时间成本，也极大地降低了通过户外道旗、电视广告等巨额的投放费用。此外，对于有限的电视广告时长、楼宇广告数量而言，网络媒介还实现了海量信息的直接传播，通过企业的官方网站建设，公众可以了解到有关组织各方面的详尽资料而不受到任何限制。网络端的新闻媒体报道，也不再受到版面制约可以通过长文的深度报道形式，更详细地展开对组织的介绍与正面传播，形成具有公信力的组织公关信息。因此，运用好网络媒介低成本、高效率的全新传播方式，将能够帮助组织在全球范围内拓宽品牌形象塑造的广度。

（三）组织与公众互动增强，扩展形象塑造之深度

格鲁尼格和亨特（Hunt）揭示了四种公关模型：媒介代理模型、公众告知模型、双向不对称模型和双向对称模型。媒介代理模型和公众告知模型是单向的沟通模型，公众只是信息接收者，而公共关系组织并不关心受众的反馈。双向不对称模型重视组织与公众之间的交流和反馈，但是公共关系组织只是基于反馈信息来进一步影响公众的行为。而双向对称模型则是两位研究者提出的理想模型：公关是为了促成组织与公众

之间的相互理解，组织不仅要影响公众，而且愿意平等地接受公众对其的要求，在互动中实现组织的进步。网络媒介的出现改变了传统媒介传受双方的地位和关系，公共关系将更好地朝着"双向对称模型"的双赢方向发展。首先，媒介的控制权发生了变化，大众传媒的"话语霸权"局面被打破，公众可以利用网络随时随地与企业、组织、其他消费者进行信息交流，由此自发地组成了一个结构松散但却空前强大的受众群体。其次，公众获得了话语的主动权，互联网颠覆了原来组织与消费者之间自上而下的从属关系，将之由单向式的垂直关系转变成交互式的平面关系，社会组织赖以生存、发展的各个环节、渠道等对于消费者来说也不再是秘密。

在传统公关中，对公众及企业产品或服务的目标消费群体的客户画像是粗线条的、群体式的。而网络时代，作为分众化、个性化的传播时代，组织有能力获得公众更详尽的资料，并根据标签化的个性化资料进行精准化信息传播与分众化服务，极大程度上增强了组织与公众间的信息互动。例如，当顾客在淘宝网上浏览商品时，每个商品页面下方都会出现"浏览了该宝贝的会员还浏览了（以下商品）"的推荐栏目，根据顾客对产品的选择为其推荐可能喜欢的产品，针对性的内容推荐成为一种个性化的公关引导方式。这种个性化服务的兴起，使得公关人员可以极大地提高和改进公关传播效果，也使得传统的面向所有目标公众的公关传播策略和方案逐渐被淘汰。如何制定个性化的公关传播方案，成为公关人员研究的最大课题，而研究公众偏好和习惯进而了解公众的个性化需求便成为公关人员的首要工作。

通过网络媒介，组织实现了针对不同消费群体偏好的分众化精准营销，并通过在线渠道为公众深入了解组织提供了一条畅通的渠道，建立了与消费者一对一的深度互动。一方面，可以密切监测网络中各媒介平台的公众舆论对组织的评价和态度，或通过网络新闻、网络论坛、社交媒体话题等发掘新的目标消费群体，探索市场发展态势，为企业提供有价值的市场信息；另一方面，公众也可以通过网络媒介在企业官方网站、社交媒体平台或第三方新闻报道、其他用户的评价和讨论了解企业信息，并发表自己的观点形成自发的口碑传播。组织与公众的强互动，既成为公众深入了解和认可组织形象的畅通渠道，也进一步加深了组织品牌形象塑造的深度。

第二节　网络公共关系传播渠道之一：信息获取类渠道

一、搜索引擎

（一）建设价值

搜索引擎是基于网络爬虫、网页处理、大数据处理等技术，根据用户需求与推荐算法，运用特定策略从互联网海量信息中检索出匹配信息反馈给用户的检索技术。搜索引擎主要分为全文搜索引擎与垂直搜索引擎两类。其中，全文搜索引擎是通过全文搜索的方式开展，方便、简捷，容易获得所有相关信息，数据库大且全，如百度搜索、Google 搜索等；而垂直搜索引擎则仅收集其行业领域的相关信息，以较小的搜索范围提供精准化、针对性的搜索结果，不同行业和领域都具有各自的垂直搜索引擎。

根据中国互联网络信息中心发布的第 49 次《中国互联网络发展状况统计报告》，截至 2021 年 12 月，我国搜索引擎用户规模已达 8.29 亿，较 2020 年 12 月增长 5 908 万，占网民整体的 80.3％。从用户搜索引擎的使用偏好看，工作学习需要是用户的主要偏好，了解即时资讯与扩充知识面分别达到 26.7％ 与 22.0％，显示出互联网用户对搜索引擎的使用以建立目标第一印象、形成初步认知为主要目的。虽然，从数据看，部分互联网用户的搜索习惯正在逐步发生变化，19.5％ 的用户表示会优先通过社交网站 App、垂直网站 App、短视频 App 等非综合类搜索引擎平台搜索相关信息，但 45.3％ 的用户仍表示他们会优先通过综合类搜索引擎平台搜索所有内容的相关信息，说明搜索引擎平台依旧是用户进行信息获取的第一选择。

此外，对于目前国内用户规模最大的百度搜索引擎而言，百度知道和百度百科也是用户在百度站内获取信息的主要途径。其中，百度知道是基于搜索的互动式知识问答分享平台，是对搜索引擎的补充；而百度百科则是涵盖各领域知识的中文信息平台，目前已实现与百度搜索、百度知道的结合，从不同维度满足用户对信息的需求。

因此，搜索引擎也是企业进行公关建设时必不可少的媒介渠道，通过搜索引擎的建设，能够实现用户对企业品牌、产品、服务从未知到已知的过程，形成完善的品牌第一印象。良好的搜索引擎建设还能对进行行业相关关键词搜索的用户进行引流，从而使品牌信息触达更多的目标消费群体，实现品牌影响力的提升。

(二)建设目标

1. 搜索引擎建设目标

对于品牌的搜索引擎建设，通常情况下应在搜索品牌直接关联词，如品牌名称、企业名称等时，做到品牌官方网站在搜索结果中位列第一，品牌或企业相关百度百科介绍位列第二，第三方的媒体报道、知乎等内容平台的讨论、电子商务平台的产品购买链接等与品牌及企业相关的新闻报道、在线论坛应出现在搜索结果的首页中，并确保首页的搜索结果均与品牌及企业直接关联。

在搜索品牌所处行业的相关关联词时，应做到品牌及企业相关的内容排名在搜索结果中位列前三。相关内容包括第三方的媒体报道、论坛中对于品牌的推荐信息、品牌的官方网站、相关产品的购买推荐等，使用户在进行行业相关的搜索时，能够第一时间了解到品牌信息。例如，当一个消费者为选购碳酸饮料而在百度搜索"碳酸饮料"时，首页在碳酸饮料品牌榜、视频大全、百度图片、单品榜单、京东商品推荐、第三方网站报道中均出现了可口可乐的身影，这时可口可乐很可能迅速成为消费者的选择目标之一，这就实现了通过搜索引擎对目标消费者进行品牌与产品信息的有效传递。

2. 百度百科建设目标

百度百科作为一本内容开放、自由的网络百科全书，也是目前网络用户获取信息、了解企业与品牌的重要途径。因此，品牌在进行百度百科建设时，一是需要清晰展示品牌历史、产品工艺及荣誉，以帮助受众快速形成品牌认知；二是需要更好地进行栏目规划，通过丰富翔实的信息和第三方榜单、专业评价等内容提升品牌专业性与可信度；三是形成完善的媒体矩阵精准导流，更好地通过百度百科将目标客群引流至官网、社交媒体官方账号等私域流量平台；四是多维度介绍产品，详细展示产品特点，增强受众认知；五是将图文与视频结合，实现对品牌形象的多方位塑造。

(三)建设措施与效用

1. 搜索引擎建设与效用

对于搜索引擎的建设，可以基于内容优化和场景优化两个角度采取如下措施。

(1)搜索价值发展：丰富信息来源，覆盖更多内容渠道，从而降低信息孤岛影响。

(2)商业价值发展：提高商业化内容与用户搜索需求关联性，实现内容精准营销。

(3)协同提升两类价值：注重协调搜索价值信息与商业价值信息的整体投放占比与呈现方式，品牌价值的传播与业务内容的传播共同形成传播合力。

(4)提升场景覆盖：提升搜索内容和搜索场景相关性，满足用户可能的衍生需求。

良好的搜索引擎建设能够有效地扩大品牌的影响力，百度搜索平台的优化有利于客户能够迅速获取企业的相关信息，快速地了解品牌与产品，提高品牌知晓度、扩大品牌影响力。同时，搜索引擎的优化还能够提高品牌的美誉度，有利于为企业挖掘潜在全系列、多领域客户群。搜索引擎的广告投放能够结合企业对客户的需求，配合视频、资讯等方式投放给潜在客户，让用户更容易地转化为品牌的客户，提高企业曝光率的同时提升用户对品牌的好感度，并增加转化率。

2. 百度百科建设与效用

百度百科作为一个涵盖所有领域知识，服务所有互联网用户的中文知识性百科全书，也是目前用户进行信息了解的重要平台，因此可以从如下角度进行建设。

(1)内容清晰明确：百度百科中对于品牌、企业和产品的内容介绍，应详细但不赘述，根据品牌内涵进行优质撰写，可运用好"秒懂百科"栏目增加视频类简介。

(2)目录分类清楚：类目一般包含企业的发展历程、管理团队、公司业务、企业文化、企业荣誉、企业大事、产品特点、生产情况等，供用户选择性浏览。

(3)图文相互融合：在各类目介绍中多植入相关图片与动图，增强用户体验。

(4)增加导流功能：增加企业官网链接、微信公众号、官方微博、抖音名称及相关二维码等，实现新媒体矩阵间的引流。

(5)凸显品牌价值：突出品牌形象及愿景，体现品牌核心价值等，展现企业的专业性、可靠度和企业的社会责任感。

(6)突出竞争优势：在公司业务、企业文化和企业荣誉等关键板块，突出企业相较于其他竞争者的独特优势。

百度百科的完善建设将帮助用户快速形成全面的品牌认知，通过翔实的信息介绍提升品牌的专业度、可靠性，同时也凸显出企业的产品相较竞争者而言的优势所在。图文结合的方式呈现以及宣传视频的加入，将能够形成用户认知基调，直观传递品牌理念。

二、官方网站

(一)建设价值

根据汉都电商的数据显示，75％用户通过企业的官方网站来判断公司的可信程度；90％用户会通过移动端访问企业的官方网站；用搜索引擎搜索并进入官方网站的用户高达85％[①]。这些数据都说明了网络媒介时代，官方网站如同企业的"线上门店"，不仅发挥着传播产品信息、传递品牌形象的作用，同时也能实现精准触达目标消费客户并实现流量转化的重要价值。

资讯时代，官网作为建立品牌形象的第一道关卡，承担着建设门面、增强互动和

---

① 《对企业来说搭建官方网站带来价值》，https://baijiahao.baidu.com/s? id＝1714311721818180502，2022-04-22。

凸显优势的三重作用。首先，官方网站是大众接触和了解企业的第一站，其风格设计、内容规划、更新速率等均是传递品牌文化的重要因素。其次，通过官网的动态交互设计，能够有效提升大众对品牌的认知度，强化品牌的亲和力，使信息传播由主动加强转化为主动吸收，激发受众点击和了解的兴趣。最后，官网中的各类内容规划，如 VR 场景、知识课堂、行业资讯等均是品牌重要的附加价值，由官网体现出品牌品质及品牌理念。也因此，官方网站作为展示塑造组织品牌形象的重要阵地，其能够直观地建立起大众对品牌的第一印象。

此外，官方网站作为企业在互联网上的门面及阵地，通常会展示企业介绍、产品、优势、核心技术、团队等，也会适时更新报道企业的新闻动态、官方活动及服务案例。丰富的企业资讯能够为企业及产品提供专业化支撑，增强客户对品牌的信任。同时在网站设计过程中，通过留言栏、在线客户等功能设计能够快速抓住潜在客户，提高商机转化。

总结来说，官方网站的主要作用包括了塑造品牌形象、展现品牌价值；通过品牌和产品信息的展示让所有进入官网的受众都能够全面了解企业信息，并通过会员体系、在线客服等互动形式使受众能够直接与企业产出互动，促进销售的转化。

(二)建设目标

从官方网站的建设层面，我们可以从改变官网性质、优化内容架构、升级风格设计三个维度提出优化目标，使官网的信息呈现更利于品牌传播与销售转化。

1. 改变官网性质

目前大部分企业的官方网站仍以名片型官网为主，即单向进行企业信息的输出，形似线上内容丰富的大幅海报。然而名片型官网的建设虽然满足了信息的传递，但对于品牌形象的塑造和帮助企业实现产品的消费转化而言仍有所欠缺。因此，促进名片型官网向品牌型、营销型官网的转变，通过增加落地页并结合 AB 测试策略等进行微调，进一步提高官网的客户转化率，增强官网的营销能力，包括获取流量及将流量转化为销售的能力，将能够更好地实现官网的应用价值。

2. 优化内容架构

官方网站导航栏目的设置需要清晰完善，二级栏目充实，板块划分具有品牌特色；产品介绍、品牌动态、行业资讯等信息类栏目实现及时更新；首页设置媒体矩阵的悬浮窗口，增加微博、微信、抖音等企业官方账号的链接，实现流量信息的及时引导，将公域流量转入私域社群中，以完成更好的精准化营销。

3. 升级风格设计

基于企业的品牌定位策略进行官网的整体设计升级，使其内容、视觉、交互均得到提升，获得更多用户的认可。官网中置入的图片、视频等需要高清且具有辨识度，能够很好地体现品牌的格调，并通过 VR、AR 等新技术的加入增强网站的交互性和趣味性，吸引用户点击并增强用户对品牌的记忆。

(三)建设措施与效用

1. 宏观性建设措施

官方网站的优化建设在宏观上可以从媒体定位、内容设计、运营体系和矩阵生态的四个维度展开。

(1)媒体定位：官网的定位应明确品牌的受众特征，找准品牌的竞争优势，同时结合官方网站的传播目标进行官网平台的准确定位。

(2)内容设计：官方网站的内容设计应深度挖掘企业核心目标消费群体的信息需求，整合已有的品牌及产品素材资源，根据市场调研结果了解现有企业用户对企业的认知偏差，从而对官网的具体内容展示进行规划。

(3)运营体系：官方网站的体系建设应当由运营团队制定严格的维护周期，以丰富用户的使用体验为目标实现官网与线下活动、第三方新闻报道等各类内容资讯的整体化运营。

(4)矩阵生态：官方网站的建设需要落实品牌的整体统一，增强各业态之间的互动引流并确保渠道的信息共享，形成官方网站与各其他新媒体平台的矩阵生态。

2. 微观性建设措施

对于官方网站在微观上的建设措施则可以从架构优化与内容优化的两个维度进行。

(1)架构优化。

①简明化的标题索引：建立清晰明确的一级、二级栏目，避免重复与交叉。

②集中化的入口设置：会员体系及分支机构入口集中设置，便于用户查询。

③实用化的内容划分：增设行业资讯板块彰显企业品牌在行业的引领作用。

④国际化的官网语言：建立以中文为主，英语及主要客户语言为辅的官网。

(2)内容优化。

①动态化的标识元素：增强互动模块的趣味性和灵动性，增强视觉性效果。

②可视化的大幅图片：展现企业品牌之特色吸引用户关注，强化传播效果。

③滚动式的信息展现：大幅图片滚动、重要信息轮播、实现内容定时更新。

④矩阵式的品牌推广：官网页侧边增设其他平台入口，实现媒体矩阵互通。

3. 官方网站建设效用

通过官网网站的优化完善将能够实现从名片型官网向品牌型、营销型官网的转变，更优地传播品牌、转化流量，细化企业官网的细节处理，提升官网对精良设计及交互信息的采用，使得企业的官方网站具备让访客认同品牌的能力，进而实现官网更多的营销价值。其次，企业官网的优化从具备明显的转化流程着手，通过官网竞争 SEO 流量能够帮助品牌承接更多的自然流量，通过清晰有力的流程将流量转化为营销线索，使整个官网的全部力量都在向获客上发力，而不仅仅只是品牌在互联网上的一张"名牌"。最后，官网通过满足不同客户的语言表达与习惯，实现各媒体矩阵间的相互导流，进一步展示并提升企业的专业品牌形象。

三、电子邮件

(一)建设价值

电子邮件(E-mail)是网络上运用最早、使用最广泛的工具之一。它可以在不同的网络系统中即时传输文本、图片、音频等信息。电子邮件不受时间和空间的限制，人们可以在任何时间发送电子邮件，接收者可在其空闲时给予答复。虽然随着媒介形式的不断丰富，网络新闻、小视频等不断涌现，电子邮件似乎没有以前那么受人欢迎，但在高校、大型企业等生活和工作场景中，电子邮件仍是必不可少甚至最主要的信息传递渠道。无论是在日常的手机应用软件账号注册时，还是在进行个人信息登记时，邮件地址几乎已经成为必填项，可见邮件依旧在日常生活中占据重要的地位，是信息传播渠道中不可或缺的一环。根据 PRNewswire 的数据，2020 年全球邮件用户数量接近40 亿，每天发送和接收的电子邮件超过 3 060 亿封。电子邮件不仅为企业触达普通消费者提供了直接的渠道，同样也成为企业触达其合作伙伴、企业客户的重要营销方式。数据显示，85％的公司将电子邮件营销作为营销的重要部分，31％的对公营销人员会通过电子邮件营销来维系客户关系或产生潜在客户。

电子邮件具有电话通信的速度与邮政通信的直观性，同传统的通信方式相比有着巨大优势。通过异步工作方式，电子邮件在高速传输的同时允许收信人自由决定在什么时候、什么地点接受和回复。发送电子邮件不会因占线或收信人不在而耽误时间，收信人也不需要固定守候在线路的另一端，从而打破了时间和空间的限制。通过邮件，企业可以迅速将文字、图片、视频等多媒体信息进行快速传递，且传播的对象既可以是精准的个人，也可以是广泛的群体，并实现对目标消费群体个性化的定制内容发送，以极低的成本实现对现有客户的关系维系和内容触达。

(二)建设目标

运用邮件开展品牌公关，实现了真正意义上的"细粒度营销"，当前电子邮件已经具备了自动定时发送、定向发送个性化内容(如生日祝福、相关产业报告、合作纪念等信息)的功能，能够帮助企业精确触达每一位客户，实现千人千面的个性化内容传递，相比其他的传播渠道，邮件的内容形式更丰富、整体效果亦更加稳定。因此，在电子邮件建设方面，企业应注重对邮件内容的重点把握，以实现公共关系目标。

(1)维系现有客户：邮件营销对维系现有消费者、延长客户生命周期具有很大作用。通过电子邮件的互动，企业能够及时向现有消费者传达问候与关心，并推送企业的最新发展动态、新产品的推出和新的营销活动信息，以防止客户流失，强化品牌忠诚度的建立。

(2)唤醒沉睡客户：所谓"沉睡客户"是指曾经进行过消费或合作，但之后却没有再与企业发生新的互动，像是"睡着了"。此类客户不仅有着巨大的消费潜力，更能够直观地反馈企业在产品或服务中的问题。因此，通过邮件的形式定期与沉睡客户进行互动，并告知企业的发展动态及重要事项，可以提高品牌在此类消费者中的露出频率，从而提升其重复合作与复购率。

(3)低成本高收益：随着公域流量的不断增长，企业普遍面临营销成本激增的难题，而邮件渠道是低成本营销的最佳选择。因此，企业需要把握电子邮件的特征，通过邮件精准触达客户群体，以低投入高产出的方式实现客户关系的维护和企业信息的传播。

(三)建设措施与效用

1. 电子邮件建设措施

(1)获取用户同意：邮件如同线上的手机号，在一定程度上也属于个人隐私信息，因此获取用户邮箱账号、向用户发送电子邮件时必须获得用户的许可，并随时允许用户取消。

(2)信息直接简明：直接强调的语气词往往更加吸引用户，明确、坦率地表明邮件的目的与想法，能够更好地引导用户参与行动。

（3）增加链接设置：在邮件的图片、文字中添加必要的链接，能够增强与用户之间的互动，并将潜在客户引流至官网等平台，进行更为详细的信息触达。

（4）注重内容可读性：过长的文字内容，不符合当下碎片化阅读时代，用户阅读邮件的习惯，具有重点标识的简短内容、辅以动态图片等元素能够让邮件内容更为生动。

（5）个性化内容设计：为了让用户感到自己被企业所关注与重视，并通过邮件将自身品牌与其他竞争者进行差异化区分，邮件内容需要具有鲜明的品牌特色并产生与客户的互动。

（6）自然流畅的表达：真诚的心态比起营销技巧来说更为重要，在邮件中模拟日常的互动交流，能够让客户更加感到熟悉与信任，拉近品牌与用户间的心理距离。

2. 电子邮件建设效用

（1）增加品牌露出频率：企业通过向用户发送以图文、视频为主的电子邮件，传递企业发展动态、最新新闻和行业资讯等信息，能够使得消费者迅速获悉公司动态。配合其他渠道的公共关系活动，企业能够有效提升品牌在消费者端的露出频率，完成品牌建设。

（2）提升信息传播效率：基于邮件自身特性，集团每月向消费者发送电子期刊，达成长时段、高频率的定向往来互动。通过有价值的邮件内容，有意思的邮件专享活动等激励用户参与相关活动，建立起与用户之间的有效互动，提升品牌价值。

（3）完成媒体矩阵导流：企业通过自定义链接的方式将电子邮件与企业官方网站、其他社交媒体账号结合。消费者在接收到邮件后，如果对邮件内容具有兴趣或希望参与相关活动，便能够通过邮件中的链接一键跳转至企业官网或社交媒体平台，参与互动，最终实现多平台联动的整合营销，拓展传播渠道，吸引用户关注。

四、网络社区

（一）建设价值

网络社区是指包括网络论坛（BBS）、讨论组、贴吧等形式在内的在线交流空间，当下较为流行的网络社区包括知乎、百度知道、豆瓣、虎扑等平台。以知乎为例，知乎是一个网络问答社区，致力于构建一个人人都可以便捷接入的知识分享网络，其以"让每个人高效获得可信赖的解答"为主题让人们便捷地与世界分享知识、经验和见解。凭借认真、专业、友善的社区氛围和独特的平台运作机制，知乎用户们通过知识建立信任和连接。

网络社区的核心精神是"全民参与"。活跃在社区中的网民真正掌握了话语权，拥有了表现自我、实现自我价值的舞台。互联网社区化后，大量的信息开始由网民自己创造，也因此拥有了内容更丰富、交互性更强的特征。网络社区一般可以分为两类：一类是人们就某一热点事件、话题在某平台上交流而自由组成的一个基于共同兴趣或主题的网络社区，又被称为横向网络社区，如幼儿教育类话题、高考类话题等。这类网络社区通常由网民自己创建，由网民自发组织讨论、安排文章发布；另一类是由企业、品牌方或组织利用业务关系通过网络论坛的形式建立，以组织站点、组织信息为中心的网络商业社区，又被称为垂直网络社区。形成这类社区的主题不是共同的兴趣爱好，而是围绕着企业而展开，通常也构成了企业的私域流量，能够实现快速的产品种草、相互口碑传播和迅速的消费转化。

无论是横向社区，还是垂直社区，都集中了大量基于共同目的的访问者。网络社区由于具有众多用户的共同参与和讨论，不仅具备交流的功能，实际上也成了网络营销的重要场所，在组织公共关系活动中可以起到积极促进作用，是提升品牌形象和影响力的优选平台。

(二)建设目标

对于大型网络社区平台建设而言，企业首先需要通过关键词的设计筛选用户群体，让关心和关注企业所在行业领域的用户进入社区讨论中，并通过经常性的内容发布实现对用户的品牌传播，达成公共关系目标。

(1)搜索关键词建设：精选品牌及行业相关关键词，提升用户相关搜索后的触达率。

(2)突出品牌特色：社区内容需要强调品牌差异化定位，运用多媒体信息进行传播。

(3)提升榜单排名：诸多社区都有垂直领域的品牌排行榜，积极参与强化宣传推广。

(4)创造互动话题：打造相关话题吸引用户参与互动讨论，潜移默化传递品牌价值。

(三)建设措施与效用

1. 网络社区建设措施

对于网络社区而言，主要参与形式是企业进入与自身行业相关的讨论群组、帖子中进行回复，或创建相关主题内容的自问自答，实现品牌信息的传递。

(1)在品牌相关搜索词中，积极主动地回复用户关于品牌、产品的相关疑惑，以真诚的态度回应用户对产品的建议或意见。同时，通过宣传软文，配合视频及图片，丰富大众的认知；可以适当结合客户案例、用户真实反馈图片等助力提升品牌形象。此外，还可以通过自问自答的方式，在搜索栏目中创建有关品牌历史、理念、特色等内容的相关讨论，吸引消费者进行真实回答，提升品牌行业热度及美誉度。

(2)在行业相关搜索词中，运用企业官方账号积极对相关问题进行回答，以专业的视角进行知识科普，建立品牌的专业形象，突出品牌的行业优势。同时也可以自己创建与产品相关的科普类讨论，侧重信息的传播、行业前沿动态的更新，增加品牌曝光度。

(3)与垂直领域的权威人士达成合作，邀请他们以客观的第三方视角撰写具有深度的专题文章，并在相关论坛主题中进行发布。以第三人视角形成对品牌的传播，增强了用户对内容的可信度，更好地凸显品牌及产品的特色。

2. 网络社区建设效用

网络社区因其主题性特征，已经为企业进行了客户的筛选，参与网络社区互动的用户多为对相关产品具有兴趣的目标消费客群。因此，通过网络论坛的建设，企业能够快速有效地触达此类群体，通过专业性的内容科普、具有温度的品牌互动、真诚接受用户建议等措施拉近与用户间的心理距离，让他们感受到企业的温度，实现品牌信任度的提升。此外，通过产品软文、第三方文章等形式进行柔性的内容营销，也能够进一步提升品牌在行业相关关键词下的曝光量，提高品牌的影响力。

第三节　网络公共关系传播渠道之二：社交媒体类渠道

一、微信

(一)建设价值

微信(WeChat)是腾讯公司于2011年1月推出的一个为智能终端提供即时通信服务的应用程序，支持跨通信运营商、跨操作系统平台通过在线网络快速发送语音短信、视频、图片和文字，同时，用户也可以使用通过共享流媒体内容的资料和基于位置的社交插件"摇一摇""朋友圈""公众平台""语音记事本""微信小程序"等服务插件。根据Quest Mobile TRUTH中国移动互联网数据库发布的信息，2021年第三季度，微信及We Chat(微信海外版)月活跃用户达12.6亿，成为所有网络大众首选的应用程序；其热度持续增长，头部移动社交平台地位坚固。因此，微信庞大的公域流量也成为品牌进行私域流量转化的重要平台。爱媒报告在《2021年移动社交用户规模及行业趋势分析》报告中提到，68.5%的用户使用微信的第一需求是聊天，熟人通信(54.7%)、分享生活(43.8%)、打发时间(40.9%)、结交朋友(39.4%)分别位列其后。从目前的微信生态来看，其功能几乎满足了用户所有的日常需求，已经成为大众日常生活中的"必需品"。

从微信公众号的用户画像来看，Quest Mobile GROWTH用户画像标签数据库显示，25～30岁的用户在微信公众号的使用群体中占比最高(28.3%)，19～35岁的用户使用微信公众号的效率最佳。相比微信用户，微信公众号的主要受众群体为年轻人。在地域分布上，二线及以上城市相比微信App，使用公众号的用户更多，合计占比50.3%；新一线、二线、三线城市使用公众号的用户合计占比64.2%。同时，公众号线上消费能力在200～1 000元以内的占比52.8%，1 000元以上的占比40.4%，整体线上消费能力强，已成为快消品销售的重要渠道。

因此，微信作为最高频被使用的手机App，依托其重要的支付功能、强大的小程序及公众号平台，不仅能够帮助企业展示品牌理念、扩大品牌效应，还能够依托优质生态内容，加速私域导流，打造商业完整闭环。通过微信公众号发布品牌资讯、行业知识等优质品牌内容，打造用户专属的信息平台，展示品牌理念及价值观；通过微信公众号与视频号形成联动，将微信公众号的公域流量转化为私域流量，有效助力品牌实现流量拉新，并通过"视频号＋公众号＋社群＋个人微信号＋朋友圈"的强大闭环，实现"公域流量＋私域流量"的独特优势，加速用户的消费转化。

(二)建设目标

对于品牌官方账号的建设而言，微信作为一个综合性应用，可以从微信公众号和微信小程序两个角度入手进行优化和完善。

1. 微信公众号建设目标

微信公众号是企业在微信公众平台上申请的应用账号，该账号能够实现对特定群体的文字、图片、语音、视频的全方位沟通与互动，形成了一种主流的线上线下微信互动营销方式。关注微信公众号的用户能够周期性地获取企业的最新动态和进展，并从微信公众号端与企业形成互动，实现对品牌内容、产品信息更好的了解。

（1）主页建设：主页是用户进入企业官方微信公众号的第一界面，其设计需要具有品牌高辨识度，通过完善的基础信息设置和简洁清晰的企业介绍，快速形成用户对品牌的认知。

（2）功能设置：微信公众号首页应通过明确的个性化导航栏实现品牌介绍信息的全面展示，穿插联系方式等交互设计更好地触达潜在消费群体，并实现私域的导入。

（3）对话窗口：通过自动回复的设置、产品购买渠道的引流、其他媒体平台的互动形成用户品牌认知的第一印象，或温馨的日常问候，或俏皮可爱的互动，或幽默风趣的回答都能够凸显品牌的亲和力，拉近与用户间的距离，更好地达成品牌信任。

（4）内容设计：微信公众号的推文内容是微信公众号的核心，应当根据企业目标消费者画像进行内容创作，增设辅助阅读等各项功能，实现品牌形象的塑造。同时，在推文结尾设置引流关注、购买的提示等能够帮助品牌形成更完善的传播闭环。

（5）运营优化：微信公众号的运营应注意推文标题及同类话题封面图片风格保持一致，便于用户有针对性地选择浏览。推文的推送时段、前后的推送间隔等也应当按照用户的使用习惯进行优化，实现更有效的信息传播。

2. 微信小程序建设目标

微信小程序是一种不需要下载安装即可使用的应用，用户通过扫一扫、搜一下或微信公众号的内部链接即可打开相关应用。目前微信小程序、微信公众号、微信企业号等已成为并行的体系，并实现了相互导流。根据 Quest Mobile TRUTH《2021 年微信小程序秋季报告》，微信小程序的月活跃用户在 2021 年 7 月达到了 9.98 亿，在微信中的渗透率达到 82.3%，整体用户活跃度高；从微信小程序中典型行业的用户月使用总时长分布中可以发现，根据 2021 年 8 月数据，手机游戏在过去三年的占比均位列第一（21.8%），移动购物（16.8%）和生活服务（16.4%）紧随其后，可以看出移动购物与生活服务上升趋势明显，微信小程序成为企业开展服务和进行产品销售的重要平台。

（1）封面建设：完善的弹窗封面建设，将重点资讯以海报形式进行呈现，能够清晰直观地展示出企业的品牌内涵，吸引用户点击浏览。

（2）线上商城：产品介绍应简洁整洁，不同产品系类按类别进行划分，便于用户寻找和快速定位。产品图片的风格一致、多样化互动栏的置入都将提高用户浏览的趣味性和便捷性。

（3）个人中心：完善的会员体系建设和功能全面的个人中心，能够增强用户的品牌黏性，通过精选商品推荐、在线客服互动凸显品牌亲和力。

（三）建设措施与效用

微信公众号的建设主要是以文字、图片、视频等方式，向企业目标用户展示企业产品、推广企业服务，强化专业可信的品牌形象。同时，微信推文的定期推送形成与用户间的周期性互动，强化品牌在消费者心中的印象与认知。通过用户对推文的转发，能够实现品牌在特定的精准人群与圈子中得到传播，加大品牌传播广度，提升品牌知名度。

1. 菜单设置优化

（1）简明化的菜单设置：建立清晰明确的自定义菜单，方便用户针对性浏览。

（2）专业化的服务提供：增设在线客服的板块，方便用户咨询相关合作事宜。

（3）国际化的资讯支持：提供用户业务及产品资讯，彰显企业品牌专业形象。

2. 主题架构优化

（1）品牌打造：通过整体公众号的格调与风格，树立整体企业的品牌高度。

（2）文化输出：通过公众号推文内容选题优化，形成企业的品牌文化输出。

（3）资讯传播：通过公众号官方资讯持续发布，进行企业介绍与资讯传播。

（4）产品展示：通过企业服务案例和产品呈现，突出企业品牌的风格调性。

3. 推文内容优化

（1）动态化的数据呈现：适当添加互动软件和动图视频呈现，增强视觉效果。

（2）精美化的大幅图片：添加精致美观的大幅图片，展现企业品牌多样形象。

（3）简约化的推文排版：增强推文版面的美观设计，展现企业品牌专业形象。

（4）规律性的信息更新：实现不同类别主题的规律更新，增强用户品牌认知。

（5）矩阵式的品牌推广：制定推送文章统一引导关注流程，实现全媒体矩阵。

4. 小程序建设优化

（1）栏目功能完善化：打造线上商城与小游戏联动，提升用户黏性与使用趣味性。

（2）整体风格统一化：排版整洁设计符合品牌调性，塑造品牌形象促进消费转化。

（3）公域私域一体化：公域私域联动形成良性循环，促进客源引流实现流量变现。

5. 微信建设效用

微信的品牌官方账号建设将助力品牌实现拉新并提升客户转化率。微信的优化，一方面，通过微信公众号与小程序所形成的联动，将有助于丰富品牌的新媒体露出渠道，使得品牌传播、内容营销等相关内容进入潜在客户的公域流量池，从而提升品牌知名度，实现品牌的拉新。另一方面，微信的优化能够实现与潜在客户培养、加深关系，建立具有品牌忠诚度的内容营销效果，通过不同栏目主题的推文内容规划发布优质的品牌营销内容，打造潜在客户专属的信息品牌，并通过推文进一步展示品牌理念、品牌愿景与品牌价值观，提升企业目标消费客群的转化率。

二、微博

（一）建设价值

新浪微博是新浪基于用户关系打造，以文字、图片、视频等多媒体形式实现信息的即时分享、传播互动的社交媒体平台。自2009年上线以来，新浪微博的用户就一直保持着爆发式增长。根据微博公布的2021年全年财报数据，截至2021年第四季度末，微博月活跃用户达到5.73亿，同比增长10％，日活跃用户达到2.49亿，同比增长11％。微博收获用户增长的新高峰，一方面是通过优化视频推荐流的内容质量和分发能力，提升用户内容消费体验和频次；另一方面是加强对渠道用户兴趣和特征的精准识别，逐步引导用户向超话社区转化，增加用户的主动访问意愿。此外，社区业务在微博生态中的重要性也越来越高，去年微博大幅丰富了超话社区品类，并对超话底层架构进行升级和调整。2021年年底，超话日均用户发博数量占全平台的比例接近20％。未来微博还将对超话社区进行产品升级，大幅扩展微博兴趣社区的类型覆盖范围和用户参与程度。

庞大的用户群体使微博成为一个巨大的公共信息平台，企业可以创作、发现和分享所有形式的内容，包括文本、照片、视频、直播、音频和话题，而其开放性的社交属性则能够让企业将全内容覆盖的信息进行大众传播。同时，企业还可以通过与微博各垂直领域的舆论领袖合作进行广告投放，帮助企业实现品牌信息或产品的精准营销，将企业声量从自身微博扩散到整个平台中，扩大品牌影响力。粉丝作为关注企业的网络用户，往往是企业的潜在客户，而微博的内容社交化使粉丝在收到企业消息的第一时间便可以通过点赞、评论、转发、私信等功能建立与品牌的直接互动。微博成为连接用户和企业的重要媒介，而企业积累粉丝、与粉丝形成连接的核心目的是实现销售的转化。微博平台不仅能够使企业在品牌传播中获取流量，更能够通过微博橱窗、淘宝链接等方式便捷地对潜在目标消费客群完成销售转化，实现企业社交资产的变现。

(二)建设目标

1. 微博平台定位

(1)"微"互动：通过发布企业动态、品牌文化、产品特色、行业资讯、热点追踪等相关微博，吸引公众的转发、评论、点赞等，与粉丝形成正向互动，提升品牌的亲和力。

(2)"微"活动：结合线下营销活动及公共关系活动的开展，辅以线上抽奖、问答等粉丝活动，以活动提高品牌曝光率并提升官方微博的粉丝数和关注度。

(3)"微"直播：通过微直播功能开展网上课堂、在线答疑等，增进用户对品牌及企业的全面了解，提升品牌的专业度。

(4)"微"营销：通过对官方微博的粉丝群体、目标消费群体的微博兴趣标签分析，实现更精准的微博活动营销，直击受众的情感需求，提升公共关系活动效果。

(5)"微"同步：打通企业的官网、微信公众号、抖音账号与微博账号，实现内容的同步，保持各平台栏目划分相似，便于受众跨平台浏览，塑造统一化的品牌形象。

(6)"微"公关：通过企业官方微博，借势各类热点事件或相关微博超级话题进行品牌公关，能够实现更大范围的品牌传播；针对企业危机事件，微博平台也将成为进行危机公关的良好媒介，第一时间进行官方信息的对外输出。

2. 微博运营目标

(1)重视用户体验：通过企业信息、动态榜单等，向消费者提供企业最新信息和支持。

(2)划分系列话题：在发布微博时，附带系列话题与企业所处行业相关，更好地突出品牌定位，实现信息的精准投放。

(3)增加视频发布：通过企业宣传片、短视频等形式给网络呈现企业的品牌内涵和发展历史，帮助潜在客群更快速地了解品牌内涵与产品特色。

(4)设置行业观察：展示企业所处行业的相关资讯、企业新闻报道等，使潜在消费者能第一时间了解行业动态。

(5)借势热点话题：借助热门话题与当下热点事件，关注与转发并用企业相关话题标签来标注关键词，增加信息传播的范围。

(三)建设措施与效用

通常来说，微博平台是企业的"公关平台"和"宣传平台"。从公关平台的角度出发，企业官方微博承担着维持并协调企业与潜在消费客群间的公共关系的任务，需要向公众提供迅速而准确的企业发展动态，随时监测舆论环境、解答用户疑惑，并运用热门话题开展更好的公共关系活动；从宣传平台的角度出发，企业官方微博需要提供全方位的企业产品和品牌资讯，传递品牌价值、塑造品牌形象，并利用微博平台优势，通过线上线下的联动及节日营销等方式传播推广企业品牌，扩大品牌传播的广度。因此，微博建设优化可以从平台页面优化和内容设置优化两个维度展开。

1. 平台页面优化

(1)唯一的官方微博：企业应具有统一的信息出口，运用不同话题实现信息区分。

(2)美观的页面布局：优化官方微博页面布局，使得内容主题可以更加清晰明确。

(3)规律的互动频率：保证与用户的互动频率，提升官方微博页面粉丝用户黏性。

(4)动态的微博形象：定期更新官方微博账户页面设计背景，以提升品牌新鲜感。

(5)特色的展示方式：对菜单栏、背景图、简介等项目进行优化，展示品牌内涵。

2. 内容设置优化

(1)原创内容设置：联系社会热点话题，增加与企业相关的原创内容主题。

(2)意见领袖引导：充分利用各意见领袖的引导作用，形成网络舆论互动。

(3)节日互动设置：在重要的节日，联系有创意的话题给予粉丝节日祝福。

(4)定期更新博文：运用中午晚间的浏览高峰期发布内容，提升用户触达。

(5)提高互动曝光：以互动策略吸引流量，扩大粉丝群体和潜在消费群体。

3. 微博建设效用

(1)官方微博平台的优化能够为企业提供更多面向大众的传播机会，通过内容主题的划分多角度对企业资讯、品牌形象、产品特色进行详细介绍，增强微博受众对企业的总括性和细节化的了解与理解，便于塑造积极鲜明的品牌形象。

(2)运用好微博的运营技巧，通过官方微博投票、抽奖等互动形式，产生与微博用户的广泛交流，进而吸引到微博平台上更多的潜在消费者对企业的关注，有效扩大微博账号的粉丝群体，并通过增进与粉丝间的交流，拉近与消费者的心理距离。

(3)充分发挥微博平台传播速度快、传播范围广、传播效果强的特点，企业还能够通过微博平台做好实时舆情监测，避免负面信息、谣言流言的蔓延，实现对品牌口碑的管理和正向积累，有效地帮助企业全方位展示自身的品牌形象，提升品牌知名度。

(4)在微博平台应用恰当的营销策略，与各垂直领域的意见领袖达成合作，进行内容营销，从而帮助企业实现更多的流量转化。

第四节　网络公共关系传播渠道之三：视听媒体类渠道

一、抖音

(一)建设价值

根据中国互联网络信息中心发布的第 49 次《中国互联网络发展状况统计报告》，截至 2021 年 12 月，我国短视频平台用户量已突破 9.34 亿，占整体网民的 94.5%，短视频已成为重要的主流传播方式。抖音是基于用户爱好进行内容算法推荐、主打音乐与美好生活的短视频平台，Quest Mobile TRUTH 数据显示，截至 2021 年 12 月，抖音月活用户已超过 6.7 亿，人均单日使用时长达到 106.2 分钟。作为短视频平台中的龙头，抖音已是涵盖面极广的流量池，是名副其实的"国民级"短视频平台。

作为标志性的新媒体平台，抖音用户主要由 35 岁以下的年轻群体构成，普遍具有一定消费能力。随着 2021 年奢侈品牌如 Gucci 等持续入驻抖音，表露出抖音用户更进一步的消费升级倾向。年轻的用户群体性格洒脱、愿意为悦己、彰显个性而消费，品牌黏性也呈现出提升的趋势。他们的经济实力、消费意愿、潮流品味已得到全方位提升。在抖音平台上，用户对于视频内容的喜爱程度与购买意愿具有强相关性，因此基于年轻用户群体的特征，抖音通过算法，使用优质视频内容激活用户的购买需求，"让爱好者为爱好买单"。在传播实践中，大量网络品牌在抖音平台通过与用户感兴趣的意见领袖（KOL）合作视频内容塑造品牌形象、提高品牌传播深度、建设用户信任，最后通过引流或直播销售等方式获得销售额的大幅提升。

综上所述，抖音作为视听类网络媒介中的重要平台，构建了巨大的用户流量池，并且已经形成了一套较为成熟的流量转化逻辑，拥有众多成功案例。通过抖音平台建设，企业可以实现提高品牌传播效用，扩大品牌影响力的公共关系目标，并进一步与营销方案形成联动，达成对目标消费客群的销售转化。

（二）建设目标

1. 品牌抖音官方账号建设

品牌官方账号的建设是企业进行品牌信息、产品信息的传播，让品牌获得传播主动性的核心形式。通过形成与目标消费群体的直接互动，获知用户对品牌及产品的有效反馈，以更好地开展公关方案的设计与调整。在当下"Z世代"悦己消费的背景下，品牌的官方抖音账号建设应重视品牌个性化，内容创意应切合产品目标客群的喜好，形成品牌标签与用户标签的精准匹配，达成品牌信息传播的精准定位。此外，保持对目标客群动态的关注，从用户视角出发完善整体账号建设，将进一步提高品牌的传播力与影响力。

2. 达人内容投放目标建设

抖音达人等意见领袖已经成为新媒体时代不可忽视的一股重要传播力量。在品牌传播方面，企业与抖音达人等短视频领域的意见领袖的合作，能够在自营品牌账号之外，增强品牌曝光度，使目标消费者通过多样的视角了解品牌与产品，进一步扩大品牌的影响力。抖音平台中，产品相关的视频内容形式丰富，搞笑类、时尚类、测评类、探店类等视频都可以有效吸引用户的关注，并通过精良的制作提升用户对品牌和产品的口碑评价。通过与不同视频类别的抖音达人合作，品牌将能够实现多视角、多维度的曝光，触及更多兴趣用户人群，达成更精准、更高效的品牌传播目标。

（三）建设措施与效用

1. 品牌官方账号优化及效用

根据抖音平台的特征，企业在抖音开设自营官方账号的建设措施可以围绕以下方面展开：账号首页建设，账号内容建设，账号直播建设，账号运营建设。

（1）账号首页建设：抖音账号的首页是企业与品牌的"门面"，能够快速决定用户对于该品牌的第一印象。在账号建设方面，企业需要对品牌的目标消费人群偏好具有清晰的了解，找出该人群与品牌理念之间的相交点，将之作为账号首页建设的核心指引，从选择所契合的美学风格与首页功能布局，到规划适合的话题与内容标签，共同吸引目标消费人群。

（2）账号内容建设：抖音短视频内容是企业品牌传播的核心。在内容建设方面，企业首先需要挖掘受众的兴趣需求，坚持以用户为本的创作方式。其次，企业需要结合抖音特有的传播特色，如音乐赋能的卡点视频、特效赋能的创意视频等，来建设具有抖音特色的品牌视频。而为了更好地规范内容建设与制作框架，企业可以通过品牌的传播目标人群偏好来建设内容创意矩阵，即为契合品牌理念与受众人群爱好的视频内容主题，使企业在进行内容建设的过程中不会偏离原有的传播目标，造成资源和时间浪费。一个好的内容创意矩阵，企业可以通过产品特色、品牌内涵、文化历史、消费场景等多角度切入，营造品牌特有的、能够引发用户兴趣的视频内容。最后，企业还可以通过创造话题标签进行内容的整合，形成系列作品，打造内容传播的连贯性。良好的内容建设将帮助企业提高大众对于品牌和产品的认知度与好感度，在增强品牌自身的影响力的同时，吸引目标消费受众以促成进一步的消费转化。

（3）账号直播建设：在当下直播间乱象频出的境况下，具有官方立场的品牌直播得到了用户的欢迎。根据艾媒咨询《2021年度中国在线直播行业发展研究报告》指出，79.3%的受访用户更愿意观看品牌自播，与聘请KOL担任主播相比，品牌自播的价格成本也更低。在具体实践中，企业自播的核心关注点是提升用户存留率，通过突出品牌特色并契合目标受众喜好进行直播间"装修"，在此基础上主题明确、高频互动等模式的应用可以提升用户对于直播间的第一印象，并由此提高整体转化率。

（4）账号运营建设：企业需要形成矩阵化运营，组建联动化体系，引导用户产生情景化联想。首先，企业开展抖音平台运营也需要联动其他媒体平台进行整体性品牌传播，通过结合线下公共关系活动等方式，搭建起线上引流曝光、线下场景体验的矩阵化公关效益。其次，企业可以联动抖音榜单参与流量池活动，增加视频曝光，或创建抖音挑战赛引流粉丝的打卡参与，形成品牌与粉丝间的高度互动。最后，情景化联想是指企业在运营时通过置顶评论等方式，唤起消费者情感与对消费场景的认知，激发用户的参与兴趣。

综合以上建设措施，品牌官方账号在抖音平台的良性运营能够使其进入良性的粉丝增长循环，坚守"用户为本"的原则，加强用户对品牌的印象与好感度，提升品牌影响力，并最终通过线上直播、抖音商城等促成消费转化。

2. 达人广告投放优化及效用

在抖音上进行关键意见消费者(KOC)铺设与意见领袖(KOL)投放运作已成为当下众多企业常见且有效的投放方式。当KOC与KOL的广告合作形成了有序的整体联动，则将进一步增强投放效用，达成"1+1＞2"的品牌传播效果，引导抖音用户提高品牌关注度。下面我们将从KOC铺设、KOL投放及整体化联动的三个方面进行展开。

（1）KOC铺设：在投放行为中，KOC与素人被视为消费者，因此他们与用户之间的距离感较弱，他们的意见相比KOL对于大众来说也更亲近、更具有日常参考性。但相反地，与KOL相比KOC的粉丝覆盖面、传播广度也较弱。因此，在运营KOC与素人时，一方面可使用大量铺设的方式，保证整体视频的体量进而提高品牌在短视频媒体端的曝光率；另一方面可以通过标签话题等方法，创建品牌自有流量池，使品牌相关内容主题的视频获得更多曝光。而与企业官方账号相比，KOC更需要有一个中性的、第三方视角对品牌进行评价，并由此引出品牌记忆点与用户形成积极互动，从而形成更好的引流效用。最后，在寻找素人与KOC用户方面，既可以通过平台发布任务的形式吸引用户参与，也可以从企业员工或忠实顾客群中发掘用户并加以培养，形成品牌自有的媒体账号矩阵。

（2）KOL投放：在视频广告投放中，KOL具有引领用户、制造话题、引发讨论的重要传播效用。KOL又可被分为垂类KOL与泛类KOL，其中垂类KOL是某一垂类细分领域中具有高粉丝数量、高粉丝黏性的群体，他们所关注和聚焦的内容更有针对性，可以为企业带来精准垂直类领域关注用户的深度口碑积累；而泛类 KOL 则往往是搞笑类、生活类等，其粉丝群大而广，因此可以为企业拓展品牌传播的广度，增加品牌的曝光率，使更多潜在消费人群触及到品牌及产品。在实践中，企业需要注意根据现有产品经营情况，在发展前期选择使用更多腰部或尾部的垂类 KOL，在精准的目标客群领域深化品牌口碑并树立品牌形象；在发展中后期，逐渐加入头部垂类 KOL 与头部泛类 KOL，使已有的品牌形象进一步曝光，触达更多人群。

（3）整体化联动：在开展特定的品牌公共关系活动中，KOC 与 KOL 投放往往是同时进行的。企业可以根据主题性的公关内容或线下公共关系活动，引导 KOL 与 KOC 关注统一的内容话题，多维度提升品牌在各领域的曝光率，对目标消费群体形成包围式传播。而在日常的品牌公关工作中，企业则需要结合自身长期营销计划与营销目标，确定 KOL 与 KOC 的广告投放比例与投放策略。例如，运用少量头部泛类 KOL 提升品牌曝光度，与精准垂直类的腰部 KOL 合作进行产品测评与种草推荐引发互动与讨论，最后通过线下引流线上邀请的方式实现 KOC 与素人的自发参与和打卡，带来品牌口碑的积累，以"组合拳"的方式拓宽品牌传播的广度，扩展品牌传播深度，打响品牌知名度。

整体而言，抖音 KOC 与 KOL 投放是企业通过运作外部资源实现品牌传播，提高品牌影响力的重要方式。在具体实践中，企业需要注意 KOC 的铺量与 KOL 类别的选择，并结合自身长期营销方案，实现契合品牌特色的投放组合，提高消费转化率。

二、小红书

（一）建设价值

小红书作为一个生活方式平台和消费决策入口，已经成为当下一线、二线城市年轻人进行内容分享与生活购物的重要平台。小红书记录了这个时代年轻人的正能量、美好生活与兴趣爱好，通过机器学习对海量信息和用户进行精准、高效匹配，实现内容的精准推送。大量用户在小红书平台上分享自己的生活方式与购物体验，间接带动了品牌曝光；同时，也有官方品牌账号通过小红书平台进行内容生产，有效推动用户的心智转化。

根据小红书发布的《2021 年度高效种草营销手册》，2021 年小红书平台的月活跃用户已超过 1 亿，且用户群体以 18～35 岁为主，集中在一线、二线城市，其中 70% 为女性用户。年轻群体中的"她力量"在小红书上得到展现，同时用户符合年轻化、精致化、爱生活、消费水平高的普遍特征。从小红书的用户活跃度看，平台每日有超过 45 万的笔记新增，超过 100 亿的笔记内容曝光以及 4 300 万的内容创作者；从用户消费水平上看，小红书上近 60% 的直播带货客单价超过 100 元。以兴趣消费、社交种草为核心的小红书，从垂直到多元、从社交电商到兴趣平台，凭借全民种草、真实体验、强势转化等优势，助推了新型消费关系的发展。可见，小红书已经成为品牌进行产品营销与口碑传播的优质平台。

在小红书的平台核心逻辑中，种草逻辑将互联网平台上更加普遍的 AISAS（attention，interest，search，action，share）消费者行为路径缩短，用更快捷的传播路径获得更好的消费转化，形成了"种草正循环"，用平台的在线化生活对线下真实消费进行反哺，有效提升品牌曝光度。此外,由于小红书也有"搜索引擎"的功能,根据千瓜数据发布的《小红书内容营销数据洞察白皮书》,"实用/真实/专业"是小红书内容的核心标签,在小红书内容转为线下消费的因素中,"内容真实可信"因素占比高达70%。站内笔记阅读量与品牌词搜索量高度协同,品牌方与意见领袖(KOL)通过商业推流,打造爆款文章,影响消费者决策路径,对用户品牌词搜索产生贡献。因此,小红书搜索内容的质量也往往决定品牌的口碑传播,对用户心智有着较大影响。

拥有高黏性、消费强、用户信任度高等特点的小红书平台,也注重网络空间的长尾效应运用。小红书平台根据用户对内容的互动效果进行评分,从而决定是否推荐笔记内容,以去中心化的分发机制进行内容推荐,对所有内容发布者而言都是公平的,尤其有利于新品牌打造与草根用户的发展。同时,优质内容可以被不断推荐,内容留存率更高,曝光不断增加,内容流量更长效,引流效果更佳,成为企业官方进行品牌传播和产品推荐的重要阵地。

(二)建设目标

1. 品牌官方账号建设目标

快消费时代下,网红品牌能迅速抓取年轻人的喜好和需求,获得品牌的成长空间,但只有掌握从0到1和持续流行的根本,才能在成为网红品牌后拥有源源不断的生命力,打造出"长红品牌"。对于品牌的官方账号建设,通常情况下应在搜索品牌直接关联词,如品牌名称、产品名称、企业名称等,做到在综合推荐与最热推荐的第一屏中,有相关内容出现且热度较高。在搜索品牌所处行业的相关关联词时,应做到与品牌相关的笔记出现在综合推荐与最热推荐的前三屏中,且热度较高,以此达成品牌传播力的提升。

2. 达人广告投放建设目标

企业官方通过与小红书达人合作进行广告投放,能够使消费者从第三方视角了解品牌与产品,更具有说服力,也能够有效提高品牌美誉度。对于达人投放的建设目标,通常情况下应在搜索品牌行业关键词时,做到广告投放笔记占综合推荐与热门推荐的前三屏的半数内容,且应保证内容都是正面信息,热度、评论数较高,达到多层面综合性的广告投放效果。

(三)建设措施与效用

1. 品牌官方账号优化及效用

小红书品牌官方账号作为企业产品的种草平台,以传播品牌形象特色,为系列产品提供推荐为目的,可以在内容生产与账号运营中采取如下建设措施。

(1)打造热词矩阵:用户带着目的搜索关键词,通过小红书博主的测评内容及使用体验辅助消费决策。基于小红书平台的内容特征,只要用户能从笔记中获得有价值的信息,就可能产生潜在消费者的直接消费转化。因此,企业应当从品牌、产品功能、竞品、平台热点和电商节点等层面出发,进行辐射式拓展,衍生出关键词,再通过大数据及人工分析,了解关键词的情况以及用户对相关词的感知度,最终确定品牌关键词,在笔记中以企业所在行业的关键词为抓手,结合垂直领域相关热搜词,打造属于品牌的关键词矩阵。

(2)结合热点话题:随着小红书平台中男性用户数量的逐渐增多,兴趣消费成为大势所趋。小红书不只是美妆、时尚的推源地,更是引流各类内容向上行走的风向标。

除了美妆话题之外，"健身""出行""健康""美食""科技"等主题逐渐进入用户视野。因此，企业在小红书上可以结合平台总体性热门话题（如"网红""派对""氛围""打卡"等）结合阶段性热门话题或节日性热点话题等拓宽内容传播的广度。

（3）重视封面设计：热门商业内容的封面设计，应当符合产品罗列、效果对比、审美性强、含有文字指示、内容干货的特征。良好的内容封面应具有视觉冲击力，能够在第一时间抓住用户的注意力，提高内容曝光度并吸引用户购买产品。

（4）多种形式并行：小红书如今多样化的内容传播形式受到不同消费者的欢迎，从最传统的图文笔记到短视频时代下流行的视频笔记，再到平台仿照淘宝、抖音推出的直播带货传播模式，小红书已经实现了在多种场景下，品牌方对核心消费群体进行品牌推荐的需求。多种传播形式的并行能够更好地扩大品牌知晓度，便于用户快速了解企业，产生对品牌的印象。

良好的小红书平台建设能够有效地扩大品牌的影响力，在更短的传播路径上为消费者种草产品，快速了解品牌特征。同时，由于小红书内容真实性强，含有真实的消费者反馈，往往更能获得用户信任，有利于提高品牌美誉度，增加消费转化率。

2. 达人广告投放优化及效用

在小红书上与素人、KOL 合作进行广告投放，也是有效且常见的运营方式。"优质 KOL＋品牌广告"能够获得更好的种草效果。因此，企业在进行达人合作与广告投放时可以从以下维度进行优化。

（1）重视腰部尾部：从达人影响力上看，无论从 KOL 的活跃度、粉丝活跃度与内容互动效果上来说，尾部达人与腰部达人的内容宣传效果都非常明显。因此，在品牌传播过程中，尾部与腰部 KOL 不容小觑，品牌在进行广告投放的过程中，比起头部达人，也应更注重尾部与腰部 KOL 的传播力量。

（2）分步进行投放：在整体投放策略上，企业应首先通过素人和尾部 KOL 的内容投放，通过自然的笔记流量增加品牌的认可度，同时避免被识别为恶意商业投放而被限流；其次，通过腰部 KOL 的合作来引发潮流，将企业的品牌形象变得更为具象化；随后，通过与头部 KOL 合作，加深品牌在消费者心中的引领性地位；最后，在品牌形成潮流后，运用跨领域合作的形式让品牌形象更加丰满，同时触达多类型人群，实现破圈流量导入。

（3）素人晒单式品牌扩散，真实分享：在与素人合作进行广告投放时，应注意真实的表达和场景，自然地引导用户消费。品牌应用生活化内容与图片，结合情绪化引导词，进行真实反馈分享，打下品牌口碑基础。

（4）尾部 KOC 铺垫新品牌，以量取胜：在与尾部 KOL 合作进行广告投放时，企业可以将广告内容结合产品特色卖点，进行撒网铺量式的投放。将产品与关键词紧密结合，同时抓住平台热门话题，触发多种消费场景，加深用户品牌认知。

（5）腰部 KOL 颜值类种草，强化口碑：在与腰部 KOL 合作进行广告投放时，企业可以通过产品实用的干货式种草，打造爆款产品与清单测评，展现品牌的专业性与产品特色，突出产品的高品质特征，形成新潮产品风向。

（6）头部 KOL 干货式推荐，提升质感：在与头部 KOL 合作进行广告投放时，企业可以有选择性地邀请品牌传播大使，通过与行业相关头部达人合作，利用粉丝经济进行产品露出，自然进行带货推广，提升品牌在竞品间的优势。

（7）跨领域 KOL/KOC 投放，破圈营销：在与跨领域 KOL 合作进行广告投放时，企业可以选择小红书上的热门领域进行达人投放，从穿搭、美食、旅游、摄影等角度入手，进行多角度的品牌传播。

良好的广告投放策略能够为品牌提供优质的内容推广，提升品牌知名度与美誉度，同时也是小红书达人为品牌种草形成背书的方式。能够让消费者从不同角度了解品牌与产品，影响其从线上种草到线下消费的决策时刻。

第五节　网络公共关系传播渠道之四：电子商务类渠道

一、综合类电商平台

（一）建设价值

商务部国际贸易经济合作研究院在 2021 年 11 月发布的《平台治理背景下商家多平台布局研究》显示，品牌商家在选择平台时，会综合考虑 5 个商业价值，分别是促进品牌培育、拓展营销渠道、增强用户黏性、保护知识产权和提高物流效率。调研发现有 57.89％的新品牌商家认为天猫对品牌建设的助力最大，有超过半数的新品牌商家在资源有限的前提下选择优先入驻天猫，而在用户运营能力上天猫也以 64.47％位居商家首选。可见，随着我国居民消费加速向线上转移，淘宝、京东等综合类电商平台成为企业进行品牌建设、产品销售的核心渠道。同时，从企业自身发展角度看，越来越多商家也开始从以往追求成交增长的粗犷增长模式，转向精细化运营，对于电商平台的需求也不再是过去简单的"卖货"而希望能够提升产品的品牌附加值，实现在电商平台中的品牌运营与品牌打造。

当前的电商平台已经实现了为企业提供一站式、全链路的数字化服务，提升企业产品的品牌影响力及购买转化率，帮助商家更好地直接服务消费者。此外，电商平台还推出了各项服务使商家能够在产品升级过程中，了解用户真实需求，实现有针对性地反向改造供应链，推出更适合市场的商品，缩短从新品到爆款的路径。以天猫平台为例，旗下的天猫新品创新中心（TMIC）与世界 500 强之一的食品公司达能在 2020 年开展合作进行新品研发。TMIC 根据淘宝的销售大数据帮助达能实现市场的深度分析，例如母婴的线上市场，随着人口出生率的逐年下降，用户之争趋于白热化，但变化是"90 后""95 后"的妈妈用户们对于品牌专业度、产品品质和服务，甚至是颜值的看重度更高，并且在关注孩子的同时，她们也关注自身，这就促使母婴品牌们做品类和产品年龄段的延伸，以寻求增长空间。基于 TMIC 的用户需求分析，达能在 2021 年上市 4 款新品，包括诺优能 3 原生植物蛋白婴幼儿配方粉、爱他美 3 奶米粉、爱他美 3 大童奶粉以及敢迈成人营养品。新品上市后均取得了不错的销售成绩，比如爱他美 3 大童奶粉首次参加"双 11"，就成为"双 11"单品商品交易总额（GMV）超百万的类目第一产品，成交人数进入类目 TOP10 榜单，购买人群中品类新客占比达 72％，品牌新客近 50％[①]。此外，TMIC 还与拜尔斯道夫、亿滋、汉高家清、雀巢等国际品牌展开了深度的研发创新合作。可见，与电商平台的合作正在帮助越来越多的企业，真正基于用户需求进

---

① 《天猫不止"上新"，还要帮品牌"造新"》，https://new.qq.com/omn/20220111/20220111A06XHX00.html，2022-04-22。

行产品开发和市场的销售，电商平台也不再仅仅承担着商场的责任，更成为企业进行产品研发、品牌打造的重要阵地。

(二)建设目标

对于淘宝、京东等电商类平台，企业的自营店铺是其建设核心，此外还应关注并积极寻求与平台间的合作，功能开展品牌建设与产品研发。

(1)打造品牌线上运营核心阵地：天猫和京东等平台已经成为品牌传播、品牌形象塑造、产品口碑积累的核心渠道。完善建设平台的优质榜单、买家秀、用户点评等功能，能够帮助企业迅速拓宽品牌知名度，打造良好口碑。

(2)建设线上产品销售"第二官网"：天猫、京东等平台作为品牌线上产品销售的主要渠道，拥有接近于"第二官网"的重要地位。"6·18"大促、"双11"大促，均是品牌成长和销量增加的重要机会。打造良好的线上商城店铺将引流更多潜在用户点击浏览并购买。

(3)把握品牌成长发展的有力推手：天猫、京东平台对品牌具有充足的扶持意愿，从商家侧推出简化流程政策，让品牌入驻门槛从"笔试"变为"实操"，给予了企业更为充足的机会，助力品牌成长。因此，更好地了解和参与电商平台的各项扶持政策与互动，将助力品牌实现更好的品牌传播与产品开发。

(三)建设措施与效用

1. 店铺功能优化

(1)挖掘品牌自身特点：突出品牌特征，深耕行业发展；增加企业代言人，强化品牌基因；挖掘产品特色，突出品质工艺。

(2)丰富首页视觉设计：展示海报大图，奠定主基调；置入品牌视频，深化视觉印象；展示角度多元，突出品牌特色。

(3)明确导航功能分类：依据产品特征，分类清晰明确；确定统一标准，利于用户查找；加入品牌特色，强化品牌形象。

(4)突出品牌奖项荣誉：展示品牌荣誉，提升可信度；凸显酿造匠心，提升美誉度；重视国际奖项，促进产品销售。

(5)添加会员体系与买家秀：增加会员体系，提升用户留存；增加买家秀环节，强化可靠度；重视用户点评，提升品牌温度。

(6)增加产品榜单与产品组合：添加优质榜单，提升产品口碑；促进消费选择，挖掘潜在客户；大幅图文结合，突出产品特色。

2. 产品合作建设

以天猫平台为例，当前 TMIC 已经设计了一条新品孵化的全链路"趋势情报局－新品合伙人－仿真实验室－试销诊断台"：第一，TMIC 会把天猫和淘宝的数据进行整合提炼，以相对简单和可视化的方式把市场趋势呈现出来；第二，TMIC 提出了"新品合伙人"概念，即从天猫淘宝平台的用户中收集创意，让他们成为新品合伙人参与新品共创；第三，TMIC 独创了仿真系统，用以在新品上市前评测其潜力；第四，新品测试成功后会进行正式上市和更新迭代。基于平台的多项扶持政策，企业也应积极拓展与平台的整体合作，更好地借力平台大数据资源、市场资源进行品牌开拓，获取更多元化的信息以实现企业的长效发展。

3. 电商平台建设效用

对于电商品牌的建设而言，企业应首先把握好自营店铺的核心渠道，其完善建设不仅能够为企业带来品牌形象展示的良好窗口，更能够通过买家评论、买家秀、产品销量等为企业获取第一手的用户真实反馈。及时的市场信息也就意味着企业经营方向的不断微调，更好地使企业发展符合市场需求。其次，通过与电商平台的合作，能够实现互利共赢的新品研发，掌握更全面的目标市场需求，以此进行产品功能的优化和品牌形象的改造，更好地帮助企业塑造消费场景，实现营销的提升。

二、垂直类平台

(一)建设价值

与综合类电商平台相比，垂直类平台是聚焦某一特定领域或某类特定需求而产生的，其功能有的以独立 App 承载，如小米有品在线商城；也有的以垂直类网站承载，如宝宝树(babytree)是母婴类垂直平台。这些垂直类平台往往既具有网络社区的功能，又兼具了特定类目商品的销售属性，能够提供有关这个领域或需求的深度信息和相关服务。

随着综合类市场竞争的不断加剧，垂直类平台引起越来越多网民的关注。以汽车行业为例，根据万瑞数据发布的《汽车类垂直网站营销价值与改进策略分析报告》，有89.7%的受调查网民登录过汽车类垂直网站，其中平均每个网民登陆 1.67 个垂直网站。可见，垂直类平台对关注相应领域的网民来说已经具有非常好的覆盖性，发挥出了较大的影响力。同一领域的不同垂直类平台间也并非完全的竞争关系，而是具有各自的定位和网站特色，不同平台在竞争的同时形成资源、形式等互补，从不同角度满足大众的需求[①]。

(二)建设目标

垂直类平台往往兼具了资讯发布、活动预热、产品购买、用户评价等一系列的综合性功能，作为特定垂直领域的平台，可以从不同的定位形成相应建设目标。

(1)作为资讯平台，传播行业资讯，传递行业动态：提升产品榜单排名，增加品牌曝光。

(2)作为评分平台，多维介绍产品，形成全面认知：增加用户评分视角，完善产品评分。

(3)作为社交平台，汇聚用户点评，形成消费参考：邀请用户真实点评，增加评论数量。

(4)作为查询平台，汇集线下门店，助力品牌传递：线下销售门店接入，促进进店导流。

(三)建设措施与效用

1. 垂直类平台建设措施

(1)丰富产品介绍：补充企业产品介绍，上传清晰的产品图片，结合品牌内涵进行

---

① 《汽车类垂直网站营销价值与改进策略分析报告》，https://max.book118.com/html/2021/0618/8070027121003111.shtm，2022-04-22。

简介的撰写，突出品牌及产品与同类竞争者的差异性和特征，增加对潜在消费群体的吸引力。

（2）增加用户点评：邀请企业的已有消费者使用垂直类平台，对品牌及产品进行点评。配合营销端的激励策略，增加用户点评的视角，并配合相关图片，提高点评真实性。

（3）提升产品评分：从产品外观、功能、使用体验等不同角度对产品进行全面的评分，通过其他社交媒体平台邀请消费者针对以上角度评分，完善产品的真实用户评价。

（4）提升榜单排名：大部分垂直类平台都会设置品牌榜单或产品榜单，榜单的排序通常与用户评分、点评数量等相关。企业可以以增加优质点评内容为核心，邀请用户进行点评，丰富点评数量，参与平台权威榜单。同时，企业也可以考虑与平台合作，创建自有品牌的产品榜单，拓宽品牌的专业度和行业引领度。

（5）增加资讯栏目曝光：企业可以与垂直类平台中的意见领袖进行媒体合作，在行业资讯栏目等版面，增加品牌相关新闻的投放，提升品牌美誉度，拓宽宣传渠道。

2. 垂直类平台建设效用

垂直类平台具有非常明确的专注细分领域，能够聚集行业信息一站式传达行业动态，并具有非常精准的用户群体，汇聚了大量的用户对各品牌与产品的点评，能够为企业提供一个高流量、高曝光、精准客群的平台用于培养潜在目标消费者对品牌及产品的精细化认知。

第六节 网络公共关系传播渠道之五：传播活动类渠道

一、网络论坛

（一）建设价值

随着市场竞争的不断激烈，大环境的变化不断加剧，传统行业在快速转型过程中并没有过多的经验参考和成型模式可供借鉴。同时伴随中国市场万众创新、万众创业的大发展场景，行业论坛、企业家论坛等各类论坛活动逐渐增多，辐射范围也越来越大。对于企业而言，参与者能够迅速了解市场前沿动态、学习更先进的做法与理念，此外论坛的参与者大多为同行业企业的决策者、集团管理层，参与论坛能够帮助企业家与重要关系人建设稳定联系，丰富的伙伴关系网有利于企业日后的发展。而对于论坛的发言者，能够借助行业论坛的发言机会，有效地进行品牌露出进而提升品牌的知名度，同时，借力行业论坛的权威性与专业性，企业家代表企业发言能够在一定程度上积累品牌的专业形象，获得更好的消费者信任，并通过媒体报道、社交媒体直播等方式进一步扩大品牌的影响力。

（二）建设目标

网络论坛与传统论坛一致，均是以企业家发言和企业互动为核心内容的社交型集会。因此，借助网络论坛能够为企业品牌与企业家品牌形成良好的传播效能。

（1）借势论坛平台，塑造品牌对外形象：各类论坛往往在各行业、细分领域具有较高的影响力和知名度，企业应积极借助论坛平台，发挥其影响力的辐射带动作用，为企业自身品牌树立良好口碑和对外形象，以低成本完成高效能的传播工作。

（2）熟悉行业动态，了解市场供需变化：大会中各企业家、政府官员的发言往往都会围绕市场的变化、政策的解读、成功的案例等展开，企业应积极参与论坛，熟悉行业的发展趋势，了解消费者对相关产品的期望和最新需求，帮助企业更好地开展后续工作。

（3）建立人脉网络，实现资源有效整合：借助论坛所提供的交流平台，企业能够更好地形成和商业伙伴、上下游资源间的链接，积极形成有效的资源整合与对接。

（三）建设措施与效用

1. 网络论坛建设措施

（1）积极参与行业论坛，学习先进经验做法：参与网络论坛相比传统线下论坛而言，具有成本低、效用好的特征，积极参与各类网络论坛能够第一时间了解行业发展动态，并吸收其他同行业的经验，助力企业发展。

（2）丰富高管发言内容，深刻洞察行业走势：企业高管在参与国内外相关行业、企业家论坛的过程中，应尽可能地洞悉当前行业态势，从第三方角度出发，对当前行业走势进行分析，结合品牌的优势和独创做法进行经验分享，借助企业家发言进行品牌传播。

（3）通过论坛宣传品牌，增强受众品牌认知：企业应善用论坛的权威性进行品牌形象塑造，通过展会针对性地增强受众对品牌的认知，同时联络媒体资源进一步扩大传播范围，为企业品牌形成信任背书。

2. 网络论坛建设效用

（1）塑造专业形象：企业积极参与国内论坛有利于其建立品牌与行业的垂直受众之间的联系，同时能够运用论坛的权威性进一步提升自身专业形象，提升品牌的知名度，增强受众对品牌的认知。

（2）增强品牌背书：企业持续参与国内外论坛，有利于其进一步提升在垂直领域的专业性与权威性，积累客户信任，建设与潜在客户之间的联系并拓展合作伙伴关系网，从而助力企业高质量发展。

二、网络展会

（一）建设价值

网络展会是一个在虚拟的网络空间中开展的展会。同传统的线下展会一样，网络展会能够实现企业品牌、产品的网络展示、推广及交易。新冠疫情期间，国内外各大展会面积缩减，大量延期改期，出现了较大的不稳定性。随着元宇宙话题的兴起，各类新型数字技术逐渐在会展行业探索新的发展路径和发展模式。网络展会为企业提供了一个高效、便捷的线上展台，逐渐受到国内外企业和行业的关注。

网络展会借助数字传播技术实现了强时效性、大容量和极广的覆盖面，只需要通过一个虚拟平台即可以不受时间、人数和商品数量的限制，为行业内的企业带来一次相互交流和深度沟通的机会。通过网络展会，企业可以通过文字、图片、视频甚至虚拟现实等新媒介形式将品牌和产品信息进行大众传播，而客户与消费者仅需轻点鼠标，便可了解详细信息，与企业进行直接交流与沟通。对于企业而言，相比参与传统展会，线上展会无须投入大量的人力和物力，即可实现面向全国甚至全球市场的品牌传播，是一个方便、高效、成本低廉的发布渠道。同时，网络展会的召开也为企业提供了一个了解市场信息、竞争对手和供需情况的良好途径，有利于企业更好地进行发展战略的调整与优化。

但需要注意的是，虽然网络展会具有众多的优势，但依旧很难直接代替传统展览在会展行业中的核心地位。面对网络展会的发展，超过50％的参展企业认为实物展会的作用和意义不会降低，约25％的参展企业认为实物展会存在的意义和发挥的作用会变得更大、更重要①。"眼见为实"的大众心理需求和思维模式并不会因网络技术的快速发展而轻易发生改变，传统展会中面对面的人际交流、产品的实物触摸等均是网络展会所无法取代的。

（二）建设目标

目前，中国的网络展会仍处于发展的初期，距离进入成熟的运营模式还有很长的一段路要走。因此，对于网络展会，企业可以从以下几方面着手进行建设与规划。

（1）积极参与各类网络展会，扩大品牌影响：通过积极参与各类网络展会，及时了解行业发展的动态，精准触达目标受众。依靠参展，也可以实现品牌信息的进一步传播，实现品牌知名度和影响力的双重提升。

（2）应用新兴数字传播技术，丰富受众体验：虚拟现实、裸眼3D等展示方式既可以应用于网络展会的品牌展示中，也可以应用于传统线下展会的企业展位中，实现"线下逛展＋线上云展"，打造具有独特性的线上展厅，更好地展示企业的新技术与新成果。

（3）联动新闻媒体多方报道，提高品牌声誉：通过联动各类新闻媒体，能够实现品牌传播范围的进一步拓展，报道企业积极参与展会并推动新技术的应用也有利于增强大众对品牌的认知，提高品牌声誉。

（三）建设措施与效用

1. 网络展会建设案例

2020年以来，随着许多线下展会被取消，传统外贸商家的重要获客渠道被切断，线上展会取而代之，帮助广大中小外贸企业渡过难关。阿里巴巴国际站在2020年5月11日举办了跨境电商领域的首个全球线上展会。展会搭载3D逛展、短视频以及电子名片获取等多维交互体验；阿里国际站的实时翻译工具覆盖100多种语言，让"5·11"展会成为无须翻译的展会；从交易达成，到物流、报关、支付结算、汇兑、退税、金融等所有流程，均可在线上完成。传统的外贸卖家和批发商，都涌入线上展会，带动跨境贸易逆势增长。阿里巴巴国际站数据显示，5月11日至19日，"5·11"展会整体询盘同比增长340％，已支付订单同比增长192％，实收交易总额同比增长175％。从平台整体数据来看，欧美市场的需求恢复比较迅速，"5·11"展会采购订单量TOP5的国家和地区，分别为美国、英国、加拿大、澳大利亚和法国。展会开场仅6秒，中山市安联电器便接到3 000个鹅颈咖啡壶的订单；上海一家瑜伽类商家首日询盘增长了125％，每个外贸员要同时接待7～8个询盘订单。千场直播通过"5·11"展会首次被引入全球贸易展会。5月17日，东莞多芬日用品有限公司直播了2小时，带动一天的订

---

① 符恩柱：《浅析电子商务在我国城市会展中的应用》，载《中国科技信息》，2008(24)：136、139。

单量达到日常的 7 倍。展会负责人透露，此次直播采取邀约制，众多商家呼吁加播①。

2. 网络展会建设效用

（1）获取更多商机：参与或举办网络展会的企业可以通过展位全方位展示品牌特色、业务优势，直接向潜在客户进行介绍说明，互动性强，有利于进行客户的消费转化。

（2）了解行业动态：参加展会的企业能够直观了解竞争对手的发展状况，了解行业内的新趋势、新动向，为企业寻找创新突破口和优化运营战略提供了渠道。

（3）降低传播成本：参加网络展会的成本较低，且一场专业展会中通常云集行业内领袖级人物，积极参与网络展会中的直播、企业家分享等环节，有利于企业增强品牌影响力。

（4）增加品牌曝光度：网络展会云集了行业内的专业人士与决策者，能够更加精准地实现品牌曝光，有利于企业触达目标消费客群。

（5）有效整合资源：网络展会的举办一般都是以行业或领域为范围的，通常会提前邀请各大合作品牌参与，有利于企业接触行业上下游的资源，搭建更好的合作伙伴关系网。

案例研读 & 文献阅读

扫一扫，看资源

---

① 《阿里线上展会：迎来 40 万全球"老展客"，找回"消失的订单"》，https://baijiahao.baidu.com/s?id=1667449232390646431，2022-04-22。

第十二章　公共关系与危机管理

【学习目标】
　　(1)了解公关危机的概念与类别;
　　(2)了解公关危机的成因与特征;
　　(3)掌握公关危机的处理原则模型;
　　(4)掌握公关危机的防范措施;
　　(5)掌握公关危机的管控方法。
【基本概念】
　　公关危机　危机管理　舆情　品牌形象

第一节　公关危机概述

　　在全球经济一体化过程中,实力悬殊的企业同处于一个大环境下,危机是每一家企业都可能面临的事实。诱发企业公关危机的因素潜伏在企业经营行为中的方方面面,从创建企业文化到确立经营思想;从制定战略目标到确定决策方案;从产品生产到销售服务;从外部合作到内部管理,企业经营的各个环节中都可能引发公关危机。科特勒在《危机管理》一书中记载了自己对全球 500 强企业中的部分高层人士所作的调查。在调查中,有 80% 的受访者认为现代企业不可避免地会面临危机,就如人不可避免地要面对死亡一样;有 14% 的受访者承认自己曾面临严重危机的考验。事实上,每一家企业无论其规模大小,都可能面临危机,因此了解并掌握公关危机已经成为把握企业公共关系不可或缺的重要板块。

一、公关危机的概念与类别

　　公关危机即公共关系危机,一般是指意料不到的、突然发生的、对组织生存、发展有不利影响的重大事件。公关危机事件存在不同的类别,因而应对不同类别的公关危机也应施以不同的应对策略和方法。"天有不测风云",组织在发展过程中遭遇危机事件既是偶然的,也有其一定的必然性。但无论发生的危机属于什么类别,如果处理不当,都将造成灾难性后果。因此,能否妥善理解并分析公关危机,是寻找解决措施的前置条件和关键基础。

(一)公关危机的概念

　　公关危机是企业危机中的一种特殊类型,它是由某种非常因素所引发的公共关系非常事态和失常事态,也是一种特殊的公共关系状态。

　　公关危机是指影响组织生产经营活动的正常进行,对组织的生存、发展构成威胁,从而使组织形象遭受损失的某些突发事件。一般而言,企业公共关系危机的出现总是以一定的危机事件为标志的。当企业遭遇一定的危机事件时，企业公关危机就很可能发生。所谓危机事件，一般是指企业所处环境中突然发生的恶性事件，故又有突发性事件之称。例如，管理不善、防范不力等引发的重大经营事故；厂区火灾、食品中毒、机器伤人等引发的重大伤亡事故；地震、水灾、风灾、雷电及其他自然灾害造成的重大损失；由于产品质量或社会组织的政策和行为引起的信誉危机；敲诈、威胁、谣言、蓄意破坏等来自竞争对手的恶意袭击；等等。企业公关危机可导致企业与公众的关系迅速恶化，使企业的正常业务受到影响，生存和发展受到威胁，品牌形象遭受损害，知名度与美誉度降低。因此，对于这些危机事件如若处理不当，则将会给企业带来灾难性的后果。

(二)公关危机的类别

1. 按公关危机的内涵分类

从危机的内涵来划分，企业及组织所面临的公关危机主要有以下几种[①]。

(1)形象危机。形象危机是指由于不适宜的经营理念、不正当的经营方式、不完善的服务体系、不妥当的组织行为等导致组织形象遭受损失而造成的危机。

(2)经营危机。经营危机是指由于组织决策者的经营战略或经营策略失误以及管理不善造成的危机，如企业因经营不善而失去市场、销售劣质产品造成消费者受伤害致使消费者向有关部门投诉等。

(3)信誉危机。信誉危机是指组织因不履行承诺、危害公众利益等造成信誉的下降，失去公众的信任与支持而造成的危机。此类危机严重损害组织的形象，甚至危及组织的生存。

(4)素质危机。素质主要是指组织各种能力的综合，组织的素质取决于组织的人员素质、技术素质及管理素质，组织人员素质低下往往是造成此类公关危机的重要原因。

(5)灾变危机。由于自然灾害和不可抗拒的社会动乱而造成的危机即灾变危机，如洪水爆发、瘟疫流行、飞机失事、战争等都会使相关组织处于危难之中。

(6)误导危机。由于新闻媒介的失实报道而导致的危机即误导危机，如对"小道消息"的过分炒作或对"花边新闻"的大肆渲染等，均会使组织陷入极为被动的局面。

2. 按公关危机的对象分类

从危机涉及的对象及其同企业的关系进行分类，企业及组织所面临的公关危机主要有以下几种。

(1)组织内部关系危机。即由于对干群关系、部门关系、职工关系、上下级关系处理不当，在组织内部产生的危机。如领导处事不公、分配制度不合理等，使组织内部关系紧张甚至矛盾激化。

(2)组织间关系危机。此类危机是指不同组织之间因利益及相关因素引发的矛盾纠纷而导致的公关危机，如合作破裂、变友为敌等。

(3)消费者关系危机。这是最常见的公关危机，是指因组织作出损害消费者情感和利益的举动，引起消费者的极大不满和报复性行为而导致的公关危机。

(4)政府关系危机。此类危机是发生于组织与政府部门之间的纠纷，主要指政府有

---

① 张践：《公共关系：从理论到实务》，8页，北京，人民出版社，2003。

关部门认为企业存在违反政策的行为，对其不信任或给予相应处罚。

（5）媒介关系危机。即由于组织的错误行为引起新闻媒介的连续报道，或组织对新闻媒介采取不合作的态度而导致双方关系紧张。

（6）社区关系危机。组织不注重维护社区关系，或发生危害社区公众利益的事件，将导致社区公众与组织的对立行为。

3. 按公关危机的来源分类

从危机的来源进行划分，企业及组织所面临的公关危机主要有以下几种。

（1）组织自身行为不当引起的危机。即由于组织自身行为不当，导致形象恶化，公众反感而形成的公关危机。

（2）突发事件引起的危机。此类危机是由不以人的意志为转移的因素造成的。通常情况下，其本身对组织形象的影响不大，但可能会严重影响组织正常活动的进行而给公众带来不便。如若组织不能将公众的利益放在首位，不能很好地与公众进行必要的协调就会给组织形象造成损害。

（3）失实报道引起的危机。由于组织与信息传播者沟通不畅导致媒体报道失实，从而引起公众对组织的误会和反感，甚至谣言频传引发组织公关危机。

4. 按公关危机的形式分类

从危机的形式和发生频率进行划分，企业及组织所面临的公关危机主要有以下几种。

（1）偶发式危机。又称阵发性危机，这是最常见的一种危机形式。此类危机发生的偶然性大，无固定模式。此类危机往往具有时间紧迫的特征，因而给组织带来的影响严重，其处理和善后工作存在较大难度。

（2）次发式危机。此类危机是一次危机发生后诱发出的又一轮新的公关危机，且两次危机间通常相互关联。如因产品质量危机引起银行信用危机，或因企业管理及经营不善导致产品积压而被迫停产、退货引发信誉危机等。此类危机会加速企业品牌形象危机的扩散。

（3）连续式危机。它是指相同性质的危机由于组织处理不彻底而连续发生、重复出现的一种危机形式。此类危机的发生往往是由于第一次危机发生后未能从根本上加以解决，如企业的技术原因致使产品接连出现质量问题，引发不断的公关危机。

（4）交替式危机。它是指两种或两种以上不同性质的危机交替出现的危机形式，如企业经营危机和产品质量危机往往交替出现，信誉危机与经营危机交替形成恶性循环等。此类危机往往存在连锁反应，给企业的品牌形象造成沉重打击。

二、公关危机的过程与特征

公关危机的发生是瞬间的，然而危机信息的传播和公众的舆论反馈则是具有延时性的。舆情的发展具有一定的传播规律，只有更准确地了解舆情的发展趋势及公关危机的特征，才能够更好地把握公关危机的发展过程并据此制定具有针对性的管理策略。

（一）公关危机的发展过程

根据大众信息传播规律，舆情的发展通常可以分为以下五个主要阶段（见图 12-1）。

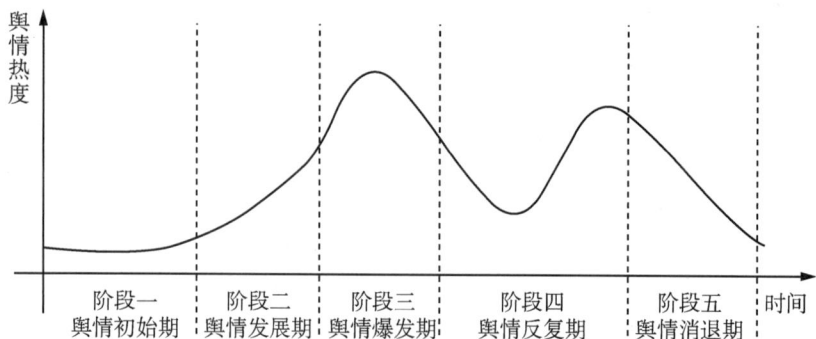

图 12-1　舆情热度发展曲线

(1)舆情初始期。该阶段是公关危机发生的起始阶段，导致危机爆发的各种因素悄然产生，并有相应的征兆表现，与危机事件高关联度的消费者或企业员工在网络平台上进行发声，引发小范围内的转发与传播。随着事件讨论人数的逐渐增多或媒体的介入，存在舆论发酵的趋势。如果组织内的公共关系从业者能加强警觉，在危机爆发之前采取管理措施，则能够帮助组织避免危机的发生。

(2)舆情发展期。伴随关注公关危机事件的公众数量增多，网络舆论开始逐渐形成。在这一时期中部分群体逐渐开始转帖和跟进事件的发展，但仍未得到社会整体的关注，尚未形成真正意义上的网络事件。危机事件的严重程度以及与公众的关联度决定了舆论对事件的关注度，对舆情发展期的持续长短存在重要影响。

(3)舆情爆发期。当导致公关危机的各种矛盾激化到一定程度，就会突然爆发，随着舆论的不断发酵，权威媒体与网络意见领袖介入危机事件的传播，形成了社会范围的广泛关注和转移。在这个阶段中，危机事件已经成为大众关注的焦点，公关危机已经对组织产生巨大的杀伤力，并对社会造成影响。

(4)舆情反复期。舆情的进一步发展和演进致使网络端开始衍生出相关话题，或出现了次发式危机。媒体及公众的情绪趋势也随着危机信息的不断丰富而发生变化，引起新一轮的公众关注高峰和舆情高峰。因此，组织面对突如其来的危机，需要保持良好的态度，并及时、果断地采取有效应对措施化解危机，从而维护组织的形象和声誉。

(5)舆情消退期。危机事件会随着时间的推移或组织采取的解决措施而逐步化解，公众和媒体开始减少对危机事件的关注并追逐新的社会热点，危机事件的舆情至此消退。在这一时期，组织要做好两件事情：一要认真总结教训，防止同类事件重演；二要积极筹划形象重建工程，使组织尽早恢复正常状态并焕发新的生机。

(二)公关危机的四大特征

1. 突发性和渐进性

企业公关危机往往是在没有准备的情况下突然爆发的，具有突发性特征。但从本质上说，公关危机的爆发是一个从量变到质变的过程，也就是说，构成公关危机的因素是一个累积渐进的过程，通过一定潜伏期的隐藏和埋伏后，如果未能得到有效控制，它就会继续膨胀，直至一定程度时发生连锁反应，最终使公众与企业关系恶化。因此，危机事件往往使企业组织措手不及，给企业经营造成巨大冲击，给品牌形象造成严重损害。认识到企业公关危机的突发性和渐进性，一方面可以使我们加强防微杜渐的危机防范意识，另一方面则提示我们应充分准备，以应对突如其来的公关危机事件。

2. 危害性和建设性

公关危机不仅给企业组织带来极大恐慌，使当事企业的正常活动陷入混乱，也会给公众和消费者带来恐惧、惊慌或愤怒，有时甚至会给社会经济造成直接损失。但是，成功地化解危机也能够能给企业带来意想不到的公关效果。认识危机的破坏性，才不会掉以轻心、麻痹大意；认识危机的建设性，才会采取主动姿态、沉着冷静而充满信心地面对危机，从中寻找并抓住任何可能的机会，形成对品牌形象正向的塑造。只有勇于面对并善于应对危机，才能正确地认识到公关危机在破坏公共关系良好状态的同时，也为企业建立富有竞争性的声誉、树立企业的形象和处理企业的重大问题创造了机会。

3. 易变性和不确定性

市场竞争中包含着无数未知的因素，企业随着所提供产品或服务的时间和空间跨度呈几何级数增长，时空中的参变量必然越来越多，潜在风险也必将越来越大，任何的要素都可能引发公关危机。而面对公关危机时，企业内部的决策或公众舆论也可能随时导致危机公关的性质发生转变，既可能由于组织正确的公关决策或新的公开信息进入公众舆论中致使公众态度由负向转为正向，化解公关危机；也可能由于错误的举措，或其他关联性事件的发生而将企业拖入更深的泥潭，发生交替式危机。因此，基于易变性和不确定性的特征，一旦公关危机发生，组织应当首先考虑防止事态的进一步扩展，而后再采取具体有效的手段来修复和提高品牌形象。

4. 社会性和扩展性

公关危机一旦进入舆论爆发期，则意味着已经引起了舆论的重点关注，并造成了广泛的社会影响。此时，企业的危机事件成为公众瞩目的热点，成为竞争对手发现破绽的线索，成为主管部门检查批评的对象，更成为媒体的新闻素材。对于部分危机事件，还会牵动社会各界人士及普通公众的敏感神经，形成危机风波。面对突如其来的公关危机，有些企业选择了回避和推卸责任；有些企业显得手足无措；有些企业干脆听之任之，结果则使危机越演越烈，最终无法收场甚至使企业走向深渊。因此，企业公关危机一旦出现，即会迅速扩散，引起社会各界的不同反应，令社会各界密切关注，具有很强的社会性和扩展性。

三、公关危机的成因与应对

在了解了企业公关危机的概念、类别与特征后，我们已经对公关危机有了基本的掌握，而要实现对危机进行管理和防范，则需要我们进一步理解引发企业公关危机的深层原因。随后，根据公关危机的成因，我们将探讨公关危机的六项管理原则，实现"化干戈为玉帛，化危机为良机"。

(一)公关危机的成因

探讨公关危机的起源，能够帮助我们为危机应对提供更翔实的经验与资料。引发企业公关危机的因素可以按以下四个方面进行分类。

1. 宏观环境因素

(1)经济因素。经济的发展带来了人们物质生活水平的极大提高，而随着生活的不断富足，人们开始追求更高层次的消费目标。在享受企业提供的产品或服务的同时，大众也对其服务水平和道德标准有了更高的要求。这就给企业带来了越发严格的考验和更为沉重的压力，同时也增加了企业公关危机产生的概率。

(2)政治因素。经过长时间以来社会共同努力的法治建设，中国现阶段在立法层面已取得了巨大的进展。随着法治体系的不断健全，企业所面临的法律挑战也更加严峻，因利益对立方的法律行动而导致的企业危机也会相应增加。

(3)竞争因素。中国加入WTO后，大批的外国投资者进入中国市场，加剧了国内市场的整体竞争程度。这些竞争不仅表现在企业经营活动上，而且还对消费者行为、消费理念等市场各方面产生了深远的影响。如此全方位的竞争与深层次的影响，也可能使企业遭遇更多的公关危机。

2. 企业外部因素

企业外部因素即由于企业自身经营之外要素所引发的公关危机，这些因素的爆发既可能由于企业自身的不足而引发社会公众的误解、新闻媒体的不利报道等，也可能来自竞争对手恶意的不正当竞争行为。

(1)社会公众的误解。公众的误解可能会引发企业的公关危机，此处所指的公众既包含了普遍意义上的大众，也包含了企业的服务对象消费者、企业内部员工等。由于公众对企业的了解并不是全面的、透彻的、清晰的，因此部分公众会因信息的缺乏、片面的了解或他人的一面之词而产生对企业的误解。尤其是当企业在产品质量、原料配方、生产工艺、营销方式、竞争策略等方面有了新的进步、新的发展或新的探索后，由于公众一时未能适应，或一时在认识层面未能与企业发展进行匹配，仍然用老观念、老眼光进行主观判断，便容易草率得出定论并在网络平台进行传播，引发公关危机事件。此类危机通常包括以下几类：一是消费者对企业的误解；二是内部员工对企业的误解；三是新闻媒体对公众的误解；四是权威性机构对企业的误解。无论哪一类公众对企业的误解均有可能引发企业的危机。特别是新闻媒体和权威性机构的误解，更可能酿成严重的危机后果，形成对企业极为不利的舆论环境。

(2)新闻媒体的不利报道。公关危机还可能来自新闻媒体的不利报道。普通大众对企业的了解主要来自新闻媒体的报道，而新闻媒体是否通过议程设置进行社会舆论的引导，也是企业公关危机是否引起舆论发酵的关键所在，对企业的危机防范和管理起着不可估量的作用。企业要想避免由于新闻媒体不利报道所引发的公关危机，就应随时密切关注社会舆论动向，与主要新闻媒体机构保持正向的、积极的沟通与联系。

(3)外部企业的不正当竞争。所谓不正当竞争，指的是在市场经济活动中，违反国家政策法令，采取弄虚作假、投机倒把、坑蒙诈骗等手段牟取不正当的利益，损害国家、生产经营者和消费者的利益，扰乱社会经济秩序的不良竞争行为。来自竞争对手的不正当竞争是引发企业公关危机的一个重要外部因素，它能使企业面临严重的经营危机和信誉危机，从而使企业陷入负面舆论之中，损害企业的品牌形象。不正当竞争的主要表现为：散布谣言，恣意损害竞争对手的品牌形象；盗用竞争对手的名义，生产假冒伪劣产品，恶意制造公关危机；进行比较性广告宣传，有意贬低竞争对手的产品或服务实力；采取恶劣行径，严重扰乱竞争对手的经营秩序等。所有这些来自竞争对手的不正当竞争行为，都可能导致企业陷入严重的公关危机之中。

3. 企业内部因素

企业内部因素即企业自身存在的、可能导致公关危机的一些不足与劣势。因此，它可以作为企业公关危机的内部预警信号。引发企业公关危机的内部因素主要有以下几种。

（1）产品质量或服务问题。产品质量是整个品牌形象的基础，劣质产品往往是企业公关危机的导火索。消费者购买了劣质产品，往往不只是对产品本身感到愤怒，而会更多地牵连至生产该产品的企业，并对企业进行负面评价。除产品质量问题外，产品的销售服务问题也可能引发企业公关危机。在激烈的市场竞争中，优质的服务已然成为企业出奇制胜的重要手段，而企业提供优质服务的关键，在于始终遵循用户至上、全心全意为用户服务的原则。仅有如此，才能从根本上为产品销售开创良好局面。尽管许多企业在此方面进行了尝试和努力，但效果仍未有明显的改善，表现为销售业绩不佳和品牌形象不佳。其根源在于大部分企业仅注重服务形式，而未能注重服务实质。喊几句漂亮的口号已经无法实现对消费者的"忽悠"，未能真正实现对消费者的承诺就可能引起消费者的不满与投诉，进而引发企业公关危机。因此，当企业出现产品质量或销售服务方面的问题时，应当提高警惕以防范危机。产品质量或销售服务问题，是企业公关危机的重要预警信号之一。

（2）企业员工素质低下。企业员工不仅为企业服务，更承担着企业代言人的角色，任何一位企业员工在面对消费者时都代表着企业的品牌形象，因此企业员工的素质不足与工作错误将直接关联至企业本身，甚至引发公关危机事件。另外，企业员工素质低下，也可能使企业在发生公关危机后难于自觉、有效地在第一时间进行危机处理，从而引发更大的舆情风暴，对品牌形象造成二次伤害。企业人员素质低下可以分为管理者素质低下和员工素质低下。企业管理者素质低下是指企业管理者知识结构不完善、个人修养和管理水平无法满足企业的经营需要和消费者与客户的期待，在日常管理工作中无法激发员工的工作积极性，缺乏威信和感召力，使企业内部整体缺乏凝聚力。同时，素质低下的管理者在面对外部公众时，往往也缺乏平等意识和必要的尊重，最终导致内忧外患，不可避免地带来企业公关危机。企业员工的素质低下则更多表现在工作能力、待人接物能力、沟通能力方面，其所具备的素质必须与其所从事的职业相匹配，否则可能引发消费者与客户的投诉，损害品牌形象。

（3）企业战略决策失误。企业决策应自觉考虑到社会公众的利益和社会环境的要求，不能有损于公众、有损于市场。企业决策失误情况繁多，主要体现为战略方向的失误、决策时机的失误、策略布局的失误等，各种失误的出现都可能导致企业公关危机的发生，其中，战略方向的失误和策略布局的失误是引致危机的关键原因。以万科集团"捐款门事件"为例，2008年汶川地震当天，万科集团宣布捐款人民币200万元。与万科2007年净利润超过48亿元相比，这笔善款尚不足其净利润的万分之四，引起了网友的质疑。面对公众舆论，万科集团创始人王石在博客中回应道："200万元是个适当的数额。企业的捐赠活动应该可持续，而不应成为负担，普通员工的捐款以10元为限。"此回应立刻遭到网友的批评与指责，更有公众自发组织对万科集团住宅和股票的抵制行动。随后，万科集团尝试直接用1亿元补充善款对已经发生的公关危机进行弥补，但仍被公关误解为迫于压力而作出的妥协。事发10日后，王石就"捐款门事件"公开道歉，并对舆论的质疑进行正面回复，至此公关危机事件才逐步平复。该事件也对万科集团的品牌形象造成了严重的损害，并对其后续的商业活动的开展带来了影响。可见企业战略决策的失误，可能引发重大的企业公关危机事件，因此需要慎重考量。

（4）企业公关行为失策。身处信息社会中，公共关系工作实际上可看作一种信息交流的过程。在此过程中，公关行为必须严格遵循以事实为基础、以公众利益为出发点、以科学方法为指导的原则，保证信息交流正常进行，求得企业与公众之间的隔阂消除，达成信息的对等。如若违背这些原则，传播不真实信息，甚至故意弄虚作假，欺骗公众情感，损害公众利益，则再多的信息交流也无益于企业与公众之间的协调，只会招致公众的反对，使企业与公众之间的关系恶化，形成公关危机。

（5）企业无视国家法规。企业经营活动的正常开展，除了必须遵循企业运营的基本准则和社会伦理道德外，还必须遵守国家法规的红线，严格依法办事。市场经济是法治经济，企业的任何一员是否具有法律意识、是否知法和守法、是否将企业经营活动置于法律的监督和保护之下，是企业能否正确开展经营活动，规范企业管理行为，树立良好的品牌形象的关键。然而在目前的市场活动中，仍有一些企业法律意识淡薄，无视国家法规，随意践踏公众的法定权利，最终酿成严重的企业公关危机。

4. 品牌经营因素

（1）品牌整体发展战略缺失。由于市场竞争的残酷性和市场全球化的发展趋势，任何一个品牌都无法保证自己在多变的市场环境中不会发生波动乃至危机。缺乏品牌的整体发展战略，将可能导致品牌在不同的传播渠道出现不一致的传播行径，造成公众的认识混乱，甚至虚假宣传等违反品牌传播相关法律法规的行为，从而引发公关危机。

（2）品牌管理机制不健全。品牌的管理制度具体表现为品牌检测与公关危机的预警。缺乏必要的检测系统，导致企业无法对公关危机事件产生预先的警觉，无法在第一时间进行有效的预防和控制。而危机管理制度的不健全，则使得企业无法对可能发生的公关危机进行预防，并制定危机预案。

（3）品牌危机意识缺乏。主要表现为骄傲自大，盲目追求品牌的"大"和"全"。企业从思想层面，缺乏"名牌"经营意识，在创造出知名品牌后只顾追求经济效益而忘记长远利益，对产品质量放任自流，甚至在出现公关危机后仍缺少足够的重视和必要的应对措施，最终给品牌形象带来不可逆转的损害。

（4）假冒伪劣对名牌商品及企业的冲击。名牌产品因其占有极大的市场份额、具有较高的信誉而备受消费者青睐，也因此首当其冲地成为造假者所追逐的对象。如若对假冒伪劣、盗版产品未能进行控制和防范，将可能引发公众对真实名牌产品的混淆，从而引发公关危机。

（5）企业商标意识不足。商标意识主要表现为对品牌名称、企业标识等信息内容的知识产权保护。不及时注册商标和续展商标，或随意许可转让商标等行为都可能导致企业苦心经营的品牌被他人滥用，导致对品牌形象的损害。

（6）品牌延伸不当。品牌的正确延伸能使品牌得到合理运用，扩大品牌传播范围，也是企业更好地运用品牌这一无形资产进行多元化发展的重要途径。但是盲目延伸品牌，对品牌延伸产品的不监管和放纵，则不可避免地会给企业带来公关危机。

（二）公关危机的管理原则

通常来说，公关危机事件具有时间紧、不可预测、影响面广等特征，且处理起来存在一定难度。因此在处理公关危机的过程中，必须明确以下 6F 原则，才能迅速控制事态的发展，尽可能减少企业的直接与间接经济损失，并尝试"转危为机"，换来社会多方面的支持，为危机之后的品牌形象恢复建设和重塑工程提供帮助。

1. 事先预防原则（forecast）

凡事预则立，不预则废，"防火"胜于"灭火"。当公关危机发生后，其对公众利益的伤害和对企业品牌形象的损害就已经造成，这时尽力的"补救"往往也只是作为"消防员"在挽回损失。因此，对于任何组织和个人而言，最大程度减少公关危机损失的做法便是避免危机的发生。事先预防原则是指通过运用有效的分析预测方法，确认某些引发危机的潜在可能性，从而制定多种可供选择的应变措施。而预测公关危机事件也是企业公关部门的一项重要工作。只有加强日常企业经营过程中对可能发生的各类危机因素的监测和分析，及时发现危机产生的苗头并采取有效防范措施，才能做到防患于未然。通常情况下，预测的内容一般包括：可能会导致危机发生的因素，各类潜在危机的性质和特征，公关危机发生后可能产生的后果及影响等。公关人员还应定期向组织的决策层提交潜在公关危机的预测结果并提供针对性防范方案。

依据事先预防原则，组织也应建立相应的管理制度以保障原则的落地，这些制度包括了：第一，信访制度。做好信访工作是发现危机前兆的重要措施，以主动、热情的态度做好信访工作，能够使组织更好地了解公众的意见、要求和情绪，并进行相应提升和完善，避免危机的爆发。第二，调研制度。定期组织民意调研及各类品牌调研活动，通过主动收集社会各方面对组织的舆论评价，将能够有效地监测企业舆论动态的变化。第三，自查制度。建立健全的自查制度，通过有效的全面自查并在问题多发的环节进行深入自检，帮助组织及时发现日常经营过程中存在的问题，消除各类隐患。第四，预测制度。公共关系从业者需要掌握科学有效的危机预测方法和技巧，综合多方面信息进行分析并作出准确的判断，以在舆论初始期尽早介入，避免舆论发酵和危机爆发。

2. 迅速反应原则（fast）

公关危机事件发生后，其产生的危害往往具有持续性且多有加剧、扩散蔓延之势。所谓"好事不出门，坏事传千里"，在危机出现的最初 12～24 小时内，相关舆论信息会像病毒一样，以裂变方式在网络空间快速传播。此时，经企业论证的真实可靠的信息明显不足，因此社会上常会充斥着针对事件的各类猜测，甚至出现大量谣言。此阶段中，组织的一举一动都将成为外界评判企业如何处理这次危机的主要根据。若事态得不到及时控制，随着舆论的不断发酵，将给组织和社会公众带来更大的有形或无形的损失。

因此，公关危机处理的重要原则即是要及时发现、快速响应、果断行动。组织成员要有高度的责任心和警惕性，时刻对各类周边事态发展进行监测，一旦发现某种潜在危机情况出现，要及时作出反应将事端遏制在萌芽状态。组织也应建立内部反应机制，在机构设置、人员安排、权责划分、奖惩制度及必需物资设备方面进行适当安排，以防止事态发生后，无人问津或相互推诿的情况发生。快速及时地面对公关危机，保持与媒体和公众间有效且及时的沟通，才能降低信息不对称所可能导致的猜测，从而迅速控制事态，把握事件发展的主动权。换言之，企业和组织在面对公关危机时能否首先控制住事态，使其不扩大、不升级、不蔓延，是处理公关危机的关键，因为赢得了时间就等于赢得了形象。反之，对于危机事件进行回避，甚至听之任之、视而不见，对危机的麻痹大意则必然导致危机传播范围的扩大，甚至可能失去对全局的控制，使组织蒙受更大的损失。

3. 尊重事实原则（fact）

任何组织在处理危机过程中，都必须坚持尊重事实的原则。从危机公关的角度出发，只有坚持实事求是、不回避问题，对内部领导和员工、对外部公众和记者都表现出充分的坦诚，才能获得组织内部全体同事和员工的支持以及公众对组织的理解和信任。如果公关危机发生后，相关责任人或组织选择置之不理、麻木不仁，或弄虚作假、封锁消息、愚弄公众，则必然会使组织陷入"四面楚歌"的境地，甚至产生连锁反应，加重公关危机的负面影响，给组织带来灭顶之灾。

公关危机事件的爆发主要是组织与公众之间的利益冲突激化所致，因而在危机处理的过程中，需要组织摆正两者的利益关系。如果组织一味强调自己的损失，以保护自身利益为根本目的，势必导致矛盾的进一步激化，促使舆论形势恶化。可以说，对于身处危机风波中的企业来说，最大的致命伤便是失信于民。一旦媒体和公众得知企业在危机事件上有所隐瞒、或刻意制造假的信息，新的信誉危机会马上产生，并为品牌形象带来更为严重的负面损害。世上没有不透风的墙，只有时刻遵守"尊重事实原则"，才能避免公关危机的加重和舆情的进一步发酵，才能使组织临危不乱，采取最为有效的应对措施，并最终赢得公众的理解与支持。

4. 承担责任原则(face)

俗话说："犯了错误并不可怕，可怕的是不敢承认错误。"在公关危机中，组织是否遵循承担责任原则，实质上就是考验陷于危机中的企业对于组织利益选择的不同态度。组织与利益公众之间的关系一旦发生危机，最见成效的解决方式就是协调好各类利益关系，尤其要注意受害者的利益，处置是否得当将直接关系到社会公众的舆论导向和对组织长期经营的品牌印象的改变。面对公关危机事件，公众一般会关心两个核心问题：一个是物质或利益层面的问题，即物质利益永远是公众关注的焦点。因此，组织应首先主动承担损失和责任，及时向受害者与所有的消费者道歉，并切实采取措施补偿损失。另一个是精神和感情层面的问题，即组织是否在意公众的心理情感。因此，组织应当站在受害者及所有消费者的立场上表示同情和安慰，必要时还应通过媒体向社会公众发表正式道歉公告，以解决深层次的心理情感问题，赢得公众的谅解和信任。

反之，目光短浅的企业为了保护自身的短期利益，在公关危机管理中将公众利益和社会责任束之高阁，最终必然会为之付出巨大的代价，"三株口服液风波"是危机公关历史上的一个典型案例。1996 年 6 月，湖南常德汉寿县退休老人陈伯顺在喝完三株口服液后去世，其家属随后向三株集团提出索赔，然而三株集团坚决声称是消费者自身问题，拒绝给予任何赔偿。而遭到拒绝后的陈伯顺家属将此事诉诸法院，1998 年 3月，法院一审宣判三株败诉后，20 多家媒体炮轰三株集团并引发了三株口服液的销售"地震"，次月三株口服液的月销售额从去年平均 2 亿元下降至几百万元，15 万人的营销团队被迫削减至不足两万人，生产经营陷入空前灾难之中。据三株集团介绍，这场诉讼给三株集团造成的直接经济损失达 40 多亿元，国家税收损失达 6 亿元。1999 年 3月，法院终审判决三株集团获胜，但此时三株集团已然陷入了全面瘫痪状态，绝大多数工作站和办事处全部关闭，全国销售活动基本停止。创造中国保健品奇迹的三株集团，在公关危机应对中的表现却极其不成熟，拘泥于局部的谁是谁非与消费者争论不休，却忽视危机管理与防范。最终三株集团为其忽视公众利益、不愿主动承担责任而付出了巨大代价。

5. 坦诚沟通原则(frank)

当企业处于公关危机中时，便成为公众和媒体的关注焦点，其一举一动都将接受公众的审视和质疑。面对如此情形，一些企业会选择"铁将军把门"，让保安封堵记者镜头，或让无关紧要的企业员工面对新闻媒体，并用"无可奉告"类的不合作言辞来回绝一切提问。殊不知"无可奉告"一词就像斗牛场上挥舞着的红布，不仅无法隔绝所有的猜疑，只会引起公众和媒体更强烈的好奇心，并引发更大范围的猜测，甚至催生网络空间的各类谣言，对品牌形象造成损害。面对企业公关危机，社会公众最关心的实质是组织的处理态度，只有态度明确、坦率诚恳，才能赢得大众的信任和理解，进而缓和矛盾、缓解对立和紧张情绪，最终通过有效方案获得公众的支持与合作。因此，身处公关危机中的企业若想取得公众和新闻媒介的信任，就必须消除侥幸心理和企图蒙混过关的心态，主动与新闻媒体联系，尽快开辟媒体渠道与公众真诚沟通，说明事实真相以促成组织与公众的互相理解，消除疑虑与不安。

危机管理中的坦诚沟通原则，即是指处于危机中的企业组织要高度重视信息的发布工作，并在组织内外部进行积极、坦诚、有效的信息沟通，充分体现出组织在公关危机应对中的社会责任感，从而为妥善处理危机创造良好的氛围和环境，达到维护和重塑品牌形象的目标。坦诚沟通主要包含两个方面：一是危机事件中组织内部的沟通问题，二是组织与社会公众及利益相关者之间的沟通问题。概括来说，企业组织危机沟通的覆盖范围主要包括五类群体：企业内部管理层和员工、直接消费者及客户、产业链上下游利益相关者、政府权威部门和行业组织、新闻媒体和社会公众，而组织内外部信息的及时传递和沟通也正是组织妥善处理公关危机的关键所在。

6. 灵活变通原则（flexible）

企业公关危机管理既是关系到组织生存与发展的严肃话题，又给企业管理者们提供了发挥管理智慧和创新才能的广阔空间。事实上，从公关危机事件爆发前的预防、公关危机事件发生后的应对和公关危机后期处理环节，既要遵循一些公关危机管理的基本程序和规则，又无绝对统一的模式可以照搬。"山重水复疑无路，柳暗花明又一村"，专业的公关关系从业者往往能结合公关危机事态的变化、组织自身优劣势、内外部资源条件等进行灵活处理和应对，不仅能够力挽狂澜成功跨越危机，甚至还能将危机事件转变成提升企业品牌形象的良好契机。

公关危机的发生，会在第一时间吸引媒体和公众的目光。这对企业组织来说，其实是一种不可多得的外部传播资源，能否抓住合适时机转移公众的目光，或借力发挥找准新闻点，制造出另一个正面公关事件迅速提升组织和品牌形象，成为优秀的公共关系从业者的思考核心。另外，处于公关危机中的企业由于利益关系和社会公众往往会产生一定的冲突，组织自身发布的信息和解释又因说服力不足而难以被公众直接接受。这时，若能够灵活变通、曲线救国，与知名专家学者或者权威机构进行合作，通过第三方传递相关信息，则往往会起到降低社会公众警戒心理，重获品牌信任的良好效果。

研读材料

三鹿集团"三聚氰胺"事件①

2008年3月，三鹿集团陆续接到了一些婴儿患泌尿系统结石病的投诉，集团也开展了一些调查，包括患儿情况的调查、产品质量的调查、原料奶站情况的调查等。在集团确认是奶粉的质量出现问题后，他们采取了召回部分市场的产品、封存还没有出

---

① 《浅谈"三鹿问题奶粉事件"与企业危机管理》，https://doc.mbalib.com/view/059e8a22d65555827429f88e0ff3bd35.html，2022-04-20。

库的产品等措施。应该说，面对公关危机事件，三鹿集团采取了部分措施以避免事态进一步恶化。但是在面对媒体、面对大众时，三鹿集团却采取了"隐瞒真相，逃避责任"的态度。颇具讽刺意义的是，三鹿奶粉在被迫承认自己生产的奶粉受到三聚氰胺污染的前一天，集团还发布声明称"我们可以肯定地说，我们所有的产品都是没有问题的。"

此外，三鹿集团在面对公关危机时，还与百度达成了300万元的商业合同以达到搜索结果的公关，企图减少公众的关注程度，然而这一举措在被曝光后反而激起了更多群众的声讨。更严重的是，三鹿集团在相当长的时间内没有向相关政府部门报告这一质量情况。在此问题上，三鹿集团处理严重不当，应该承担巨大责任。不仅在产品质量的问题上，也在公关危机出现后采用的错误处理方法，通过封杀、推卸、蒙蔽、转移此类手法进行危机公关丝毫未能使危机弱化，反而给品牌形象带来更深的损害。

同样作为国内知名奶制品企业，蒙牛乳业在面对相同的公关危机时采用了与三鹿集团截然不同的处理策略。首先，问题曝光后，蒙牛乳业首先发表声明，承认存在不合格婴幼儿奶粉，将会及时召回不合格的奶粉，同时暂停相关的生产线，并自即日起对旗下产品进行全面检测。同时，蒙牛乳业表示将会承担所有召回不合格婴幼儿奶粉的费用，并按国家标准加倍赔偿，而相关产品的生产线亦停产整顿。5年内查出由此造成的疾患，蒙牛乳业会负责到底。此外，蒙牛乳业公布了消费者退货咨询电话，已购问题奶粉的消费者可凭消费票据或蒙牛包装原价退货。这种负责到底的公关态度，无疑为蒙牛乳业在毒奶粉事件后的品牌重塑铺平了道路。

研读小结

在此次"三聚氰胺"事件中，三鹿集团违背了6F原则，使组织陷入了公关危机，具体可以从6F原则分别展开分析。

①违背事先预防原则。三鹿集团在国内拥有"国家免检产品""中国名牌产品""中国驰名商标"等多项殊荣，且奶粉产销量连续十五年位居全国第一，却在产品生产和检验等最基本的环节均出现技术和人为疏漏，并且轻视中国国家标准，打着国家免检的招牌，让大批不合格婴儿奶粉进入流通渠道，严重违背了危机管理中的事先预防原则。"三聚氰胺"事件发生后，国家检测部门在短短几天内便检测出了有20多家企业生产的奶粉存有质量问题，可见奶粉质量的公关危机事件是绝对可以事先预防的。

②违背迅速反应原则。三鹿集团自2008年3月便陆续接到患泌尿系统结石病的婴儿家长投诉，拥有充足的应对时间，但是却在相当长的时间内没有向政府报告相关情况，白白浪费了危机处理的最佳时机。而在媒体披露相关事件后，三鹿集团仍为自己辩解，未采取更加有效的行动，致使舆论进一步发酵，带来了更大范围的危机影响。

③违背尊重事实原则。在三鹿集团承认自己生产的奶粉受到三聚氰胺污染的前一天，集团竟还发布声明称"我们可以肯定地说，我们所有的产品都是没有问题的"。作为具有60多年历史的国家知名企业，三鹿品牌几乎成为我国奶粉的代名词，理应具有极高的社会责任感，然而面对公关危机却堂而皇之地违背客观事实，最终也导致了品牌形象的崩塌。

④违背承担责任原则。"三聚氰胺"事件发生后，三鹿集团企图通过封锁信息、隐瞒真实情况、拖延上报等方式将危机的影响降到最低，随后又将主要责任推卸给奶农，没有任何实质性的承担责任的举动。当公关危机事态进一步扩大直到无法收场时，才被迫承认自己的失误并表示道歉，然而此时已经无法获得公众和媒体的谅解。

⑤违背坦诚沟通原则。面对此次公关危机事件，三鹿集团在向政府报告前，曾采取种种办法试图掩盖事件真相，如给受害者补偿、退还产品，在媒体上大力宣传自己的产品质量好等，令其产品危机进一步恶化成为信誉危机。而在被媒体曝光后的相当长一段时间内，三鹿集团高层仍未给予危机事件充分重视，直到2008年9月15日，三鹿集团副总裁张振岭才迫于压力向全国因食用三鹿婴幼儿奶粉致病的患儿及家属道歉。

⑥违背灵活变通原则。在最初接到相关投诉后，三鹿集团并没有及时与政府、权威检测机构、营养专家进行有效沟通，也没有及时将事件上报，通过政府的帮助来解决问题，其结果自然令组织陷入了被动的境地。三鹿集团也因未在第一时间带领企业承担责任以化解危机，而难以重新获得公众的信任与认可。

（三）公关危机管理的意义

1. 维护企业品牌形象

企业和组织长期经营的品牌形象是其最为重要的资源和软性资产。任何组织出现公关危机事件都是在所难免的，能够在面临突发危机事件时保持临危不乱，恪守危机管理原则并通过有效的危机公关方式化险为夷、妙手回春，将有助于组织维护良好的品牌形象。因此，危机的有效处理也会让公众对企业的能力和实力有更为全面的认识和了解，同时，危机事件的有效化解也可以成为塑造负责任、讲诚信的品牌形象的良好契机。

2. 减少直接经济损失

公关危机事件首先带来的是直接经济损失，特别是重大的灾难性公关危机，对企业的影响往往是致命的。但面对公关危机事件，组织若能妥善处理，迅速控制事态的发展，则能够达到减少损失的目的，并换来社会多方面的支持与援助，这对于事后组织的恢复建设具有重要作用。

3. 增强企业内部凝聚力

公关危机事件会使组织面临巨大的压力和挑战，而正确面对危机恰恰能在很大程度上激发企业内部员工的向心力和凝聚力，形成精诚一心、共渡难关的团队氛围。公关危机事件的发生也往往会暴露出组织经营管理的弊端，因此通过危机事件能够帮助组织全面了解自身在发展中的不足，及组织自身品牌在公众心目中的印象。若能够以每一次的公关危机为教训和警示，进行彻底的反思与变革，则能使企业自身经营发展不断提升与完善，达成在危机中创造发展良机的目的。

4. 促进行业与社会安定

公关危机事件的爆发和蔓延，势必给公众造成重大的利益损失，成为组织所处行业乃至整体社会的不稳定因素。组织妥善进行公关危机处理，能在最大限度上降低危机事件给行业及社会造成的不良影响，促进组织稳定且可持续的发展。

第二节　公关危机的防范

据《危机公关》记载，在一项对《财富》杂志排名前500名的企业董事长和总经理进行的关于企业危机的调查中，公关危机对企业的困扰时间平均为8周半，而没有应变计划的企业要比有应变计划的企业长2.5倍。可见，对公关危机具有充分准备的企业将比没有准备的企业遭受更小的损失，其品牌声誉与形象也能够更快地得到恢复。美国学者戴维斯·扬(Davis Young)在《创建和维护企业的良好声誉》中同样提出："面对任何危机，你首要的目标是尽快结束危机，而比这更重要的是要做到防患于未然。"

为此，企业在经营中必须思考以下几个问题。第一，确保组织内信息传播渠道畅通无阻，即企业内任何信息均可通过适当的程序和正规的渠道传递到相应的管理层与决策层，确保公关危机信息能够第一时间被传递。第二，确保组织内信息得到及时的反馈，即传递到组织各部门和人员的信息必须得到及时的响应和回复，确保公关危机发生时信息能够第一时间得到处理。第三，确保组织内各个部门和人员的责任清晰、权利明确，即不会发生因为公关危机事件的爆发而互相推诿或争相处理的情况。第四，确保组织内有危机反应机构和专门的授权，即组织内必须设有针对突发事件的危机处理机构并授予其在危机处理时的特殊权利。第五，必要的内外部资源准备。企业的资源准备分为人力资源和财力资源两个部分，人力资源在应对和防范公关危机时更为重要和关键，其准备既要有企业内部的人力资源也要充分利用社会上的人力资源。总结以上五条标准，企业只有在危机防范意识、危机内控机制和危机管理模式三个维度进行有效建设，才能够在面临任何危机先兆时，及时发现、重点关注并妥善处理，将公关危机扼杀于萌芽之中。

一、危机防范意识

(一)树立全员公关危机意识

凡能够成功带领企业巨轮在市场的惊涛骇浪、暗礁险滩中勇往直前的企业家，无不深刻地认识到强化危机意识的重要性。他们将危机意识融入自己的血脉，每天如临深渊，如履薄冰。也正是这种危机心态，促使他们居安思危，时刻警觉任何细小的隐患和各种潜在的危机；也使他们不敢居功自傲，满足于一时的成功。

企业巨轮的运作不能仅仅依靠企业家的掌舵，所有的水手——企业的每一位成员，都是企业品牌的代言人，因此增强危机意识绝不仅仅是中高层管理干部或品牌及公关部门员工的责任，而是企业全体成员的共同责任。因此，这些成功的企业家往往会将公关危机意识融入企业的经营理念和执行过程，引导企业全体员工树立起公关危机意识。而在面对危机时，也同样需要全体成员作为一个利益共同体携手共进，只有通过跨部门的协作，才能在公关危机事件中共同维护企业的品牌声誉。

树立危机意识是危机防范与危机管理的一个基本前提。企业能否成功地对公关危机进行预警，从而防范危机的发生，关键在于企业上下是否具有强烈的公关危机意识。特别是在生产经营活动中可能造成污染的企业、产品容易发生爆炸或泄露事故的企业、创新品牌却容易被误认为假冒伪劣产品的企业等，这些企业应保持对市场环境的敏感，树立高度的公关危机意识，并深度探索和分析可能遇到的危机及其类型，制定相关预警方案，以便做到临危不乱。

中国加入 WTO 后，大量中国企业开始进入全球竞争市场，虽拥有了更多发展的机遇，但也面临随时陷入危机的风险中。强化全员的危机意识，将是企业在竞争中立于不败之地的一种必要的心理准备。要防范企业公关危机，就应在企业内部树立全员危机感，开展各类危机教育，让全体员工都了解危机的特征和危害，使他们都具有危机感并由此增强危机意识，帮助他们形成优化自身行为、预防企业公关危机的思想。而有着高度危机意识的企业及员工，在日常工作中也会自觉地防微杜渐，排除隐患；

在危机爆发时，能够做到临危不乱，应对自如。这样的企业虽然也不可避免地会遭遇公关危机，但通常不会轻易被危机击垮，而是能够战胜危机，从危机中崛起，实现更好的企业发展。接下来，我们一起来看看成功企业家们对于公关危机的看法。

"其实微软每天都面临着危机，如果微软要垮掉，仅仅需要18个月而已。"

——比尔·盖茨（Bill Gates）

"我有时半夜会突然醒来，害怕在这个行业被别人干掉。我觉得要去面对危机和挑战，需要不停地往前走。"

——迈克尔·戴尔（Michael Dell）

"在危机中生存，反而可以避免危机；在恐惧中生存，化恐惧为动力，反而可以避免外界带来的恐惧。"

——安迪·格鲁夫（Andy S. Grove）

"今天的海尔，像一辆疾驰在高速公路上的车，速度非常快，风险也非常大，即'失之毫厘，谬以千里'。海尔完全有可能在一夜之间被淘汰出局。"

——张瑞敏

（二）强化企业危机管理意识

在企业日常运营中，经营管理者与公关人员应尽力协助、指导有关部门对危机进行有效的防范，增强各部门的危机管理意识，包括优化生产工艺、进行科学配方、把关原料质量、优化生产调度安排、加强工厂安保和财务管理、完善售后服务制度、做好企业供产销等环节和人财物等方面的监督和控制等。因为只有企业家、企业经营者将危机公关意识融入企业经营管理中，并自上而下地传递给各部门的负责人，才能时刻警惕破坏性因素的侵入，使企业远离危机事件。企业也只有在日常管理工作中提高危机管理意识，才能保证运营的效率高、质量好、服务佳、效益大，才能提高对市场环境的适应能力和竞争能力，使内部管理系统有序运行，减少企业公关危机发生的概率，提升企业应对突发危机时的处理能力。

除此之外，在日常的经营管理中推行"例外管理"，也是企业管理者贯彻落实公关危机管理意识、进行危机防范的一种有效方法。"科学管理之父"泰勒最早提出例外管理，是指最高管理层将日常发生的例行工作拟就处理意见，使之规范化、标准化、程序化，然后授权给下级管理人员处理，而自己主要去处理那些没有或者不能规范化的例外工作，并且保留监督下级人员工作权力的一种管理制度或原则。实行例外管理，不仅可以节省最高管理层的时间和精力，使他们能集中精力研究和解决企业经营与生产的重大问题，还可以通过向下属部门授权提高整体工作效率，避免由于对这些重点问题的疏忽而引发企业公关危机。

建立管理制度是强化企业经营管理的一种手段。制度是用以规范人的行为、保证方针政策得以实施、实现企业良性运营的各种约束性规则。因此，在公关危机管理中，为了有效地实现对危机的预防工作，企业必须建立健全危机管理制度，这也成为企业内化危机管理意识的一种有形的表达方式。危机管理制度，既可以用来约束企业员工的公共关系行为，也可以用来保证企业危机管理方针、政策、措施的有效实施。在当前部分企业管理者和员工危机意识不强、危机预警意识淡薄、处理危机措施极为不力的情况下，强调建立危机管理制度是非常必要的。身处于变幻莫测的市场竞争中，任何一家企业都应通过日常普及公关危机知识、开展危机事件应急预案设计、进行危机事件模拟演练等方式建立危机管理制度，帮助企业全体成员做好应对公关危机事件的思想准备和行动准备。当然，建立危机管理制度还需要各级部门和成员按制度要求开展落地执行并对执行情况进行充分检查，否则危机管理制度就无法发挥任何有效作用。

二、危机内控机制

(一)成立企业危机管理部门

与特定的公关危机处理不同，公关危机在企业日常经营中的预警管理与防范是日常性的工作，而非独立、单一、一次性的。这是因为现代企业中广泛存在着各类可能引发公关危机的因素，同时危机预警管理的日常性，也决定了企业的危机管理不能只是应急的，而应该是长期进行的。因此，设置公关危机日常管理机构对企业的危机防范是非常必要的。

正如英国危机公关专家迈克尔·里杰斯特(Michael Regester)所说："任何企业都需要有危机管理的措施，唯一不同的是根据组织的性质和大小，其实施情况有所变化。无论怎样，我们都要抓住问题的关键，那就是组建危机管理小组来制定或审核危机处理方案及其方针和工作程序。"危机日常管理机构的设置，不仅可以向组织内各部门员工和组织外的公众表明企业认真负责的管理态度，且可以由其承担危机的日常监测、识别、诊断、评价和预警预控工作。

当企业面临突发的公关危机时，危机管理部门也是在整个企业开展危机管理中的信息枢纽和协调中枢，发挥统领全局的领导作用，负责协调跨部门的合作、企业对外的发声、危机事件的调查与处理等工作。危机管理部门的建立是企业应对公关危机，开展行动的组织保障，危机管理部门的日常工作内容包含：与企业管理者及企业各部门负责人保持定期联系，借助会议、计算机网络或通信等方式实现对上对下的协调沟通，定时检查危机问题，预测由此可能带来的局势变化，针对性地调整应急措施，建立跨部门的危机处理协作机制等。另外，企业危机管理部门的日常工作还包括危机管理组织人员的确定、危机管理机构的设置和危机应急队伍的训练，目的是为危机管理对策活动提供有力的人员和组织保障，避免危机发生时各部门手足无措、互相推卸责任，导致公关危机的发酵。

(二)建立公关危机预警系统

除了强化全体企业成员的公关危机意识并建立企业危机管理部门外，危机预警分析对企业公关危机的防范也同样至关重要。企业公关危机往往是由企业内外环境出现的问题造成的，因此在危机爆发之前，必然会显示出一些信号。例如，对企业或企业领导人形象不利的舆论逐渐增多并有不断发酵的趋势，企业受到政府、新闻媒体或同行业人士异乎寻常的关注，企业的各项财务指标不断下降，企业的运转效率不断降低以致对生产经营产生影响等，都可能成为企业陷入公关危机的征兆。当企业在经营过程中出现以上各类危机信号时，就有必要提请危机管理部门注意并进一步加强监测。

企业建立公关危机预警系统，主要包含以下五个方面的内容。第一，关注国家政策和国际环境的变化。国家宏观政策的调整和变动会给企业经营发展的市场基础带来结构性改变，了解国家未来的发展政策与规划将帮助企业更好地形成对未来业务开展的指导。同时，国际环境的变化不仅会给跨国性贸易企业带来重要影响，对于本土企业而言，同样会带来市场供需端的调整。例如，受到2018年起中美贸易战的影响，中国高新产品核心零部件被限制进口，芯片行业受到严重影响，因此国内市场对高新技术产业的自主研发需求不断提升。可见，加强对国家政策文件的学习，深度把握国际环境的变化才能提前规避企业可能面临的危机，从而转危为机，为企业开辟新的发展道路。第二，注重对组织运行的基本信息和公众对组织的评价信息的实时监测。通过企业自有部门或合作的第三方部门对各网络平台的舆情信息进行监测，设置与企业名称、所处行业、所涉产品及服务等相关的关键词，进行信息的重点筛选和关注并形成周期性报告。当出现相关负面舆论时应分析舆论发酵趋势及其与企业的关联紧密度等，针对性地制定舆情应对方案。第三，加强与主要目标公众的联系与沟通。企业危机诞生后造成的公众舆情，常会由于信息不对等而引发各类猜测，导致危机的加剧。因此，加强与企业核心消费群体的沟通，将保持公众对企业发展现状的了解，降低企业进行管理决策时的公众疑虑，进而在一定程度上避免公关危机的发酵。第四，关注主要竞争对手的动态信息。俗话说："知己知彼，百战不殆。"只有充分了解竞争对手的动态才能为企业的生存和发展制定有针对性的策略，另外时刻保持对竞争对手的关注也能第一时间发现并避免竞争对手的恶意竞争行为，在公关危机发生之前进行防范。第五，对危机易发环节开展检查并进行危机信息预警。企业危机管理部门在日常工作中，还需要对企业日常经营的各部门开展例行检查和了解，分析判断企业公关危机的易发环节并作出应对策略。当出现危机信号与征兆时，危机管理部门也需要第一时间响应，进行危机信息的预警并在危机萌芽阶段尽早介入，防止危机的扩大。

（三）制订公关危机应对计划

所谓公关危机应对计划，是指提供应对和处理突发公关危机事件所需要的人力、组织、方法和措施的一整套方案。一旦危机出现，就可以依照方案内容进行危机的应对与解决。因此，危机应对计划和应对训练做得越详细、越周全，处理危机的工具在使用时就会越顺手。但同时也需要注意，虽然危机应对计划是处理各种危机的操作性指南，但其本质仍是一份工具，真正的危机应对还需要相关人员能够在实际操作中进行落地执行和灵活运用。

一份较健全的危机应对计划大致包括以下三项内容[①]。第一，成立危机事件应对小组。与企业常设的危机管理部门不同，针对特定公关危机事件所成立的临时性危机应对小组一般由管理层、技术专家、公关部主任和法律顾问组成团队核心，根据可以预见的危机发展情况增加危机处理小组的成员，形成自上而下贯通的决策—执行小组。通过此类方式，当某种特定危机发生时，即可以直接由专人负责处理，而在日常企业经营过程中则由危机管理部门做好各类应战的人财物力准备。第二，拟订危机应对计划。应对计划应对各种可能发生的危机及其所应采取的应对行动全面覆盖，一些组织常常会将拟订的危机应对计划以文本形式体现在规范手册中。例如国际贸易类企业，最有可能也是最严重的危机之一是商品质量问题，此类危机会直接影响企业的信誉，因而在企业的危机应对手册中不仅要预见到这一危机的发生，并且需要指明何处、何人可以向组织提供紧急援助，并明确他们的姓名和联络方法。第三，危机模拟训练。危机管理部门在完成危机应对计划的方案策划后，应当定期举行模拟演习，切忌纸上谈兵。演习开展方式可以假设一种或多种公关危机情况，考核危机管理部门与危机事

---

① 魏翠芬、王连廷：《公共关系理论与实务》，北京，北京交通大学出版社，2007。

件应对小组对相应危机事件的反应能力、危机处理的知识和决策能力。模拟演习还要使企业全体成员接受处理紧张心理的训练，以免当真正危机发生时，紧张的心理妨碍各部门成员的思维和决策。此外，演习中还应包含与新闻媒体打交道的练习，掌握接受记者采访和对外发言等方面的技巧。

三、危机管理模型

(一)奥古斯丁六阶段模型

曾经官至美国陆军副总参谋长的奥古斯丁(Nonnan R. Augustine)先后在多家企业担任过主席或首席执行官，在 1977 年退休后执教于普林斯顿大学的工程与应用科学学院。基于自己切身的经验，奥古斯丁将危机管理划分为 6 个不同的阶段，并针对不同的阶段提出了具体的管理建议①。

第一阶段，危机的避免。危机的避免即预防危机发生，然而许多人往往忽视了这一既简便又经济的管理办法。在这一阶段中，企业管理者必须竭力减少风险，对于无法避免的风险，则必须建立恰当的保障机制，确保风险与收益相称。

第二阶段，危机管理的准备。企业需要为预防工作一旦失效做好准备，包括建立危机管理部门、制订应对计划、事先选定危机处理小组成员、提供完备且充足的通信设施、建立重要的内外部关系等。对于较大的企业而言，应建立备用的计算机系统等。在为公关危机做准备时需要留心任何细节内容，尽可能做到完善的筹备，忽略任一方面的代价都将是高昂的。

第三阶段，危机的确认。当企业通过收集各种有效的信息，确认危机已经发生时，应当第一时间找出危机的根源。尽快地识别危机是有效控制和解决危机的前提，在寻找危机发生的信息时，企业需要尽可能倾听各类公众的看法与观点，也可以寻求外部专家的协助。

第四阶段，危机的控制。企业需要根据不同情况确定控制工作的优先次序，在最短时间内将危机所造成的损失控制在最小范围内。在这一阶段，果断进行决策对企业来说是最重要的。而在危机发生之前已经制订了明确的危机应对计划的企业，往往在这一阶段的危机控制过程中具有很好的操作章法。

第五阶段，危机的解决。根据危机发生的原因，实施针对性强的危机解决对策。危机不等人，因此这一阶段中需要在尽可能短的时间内介入危机管理，尽可能地减少公关危机给企业经营与企业品牌所带来的损害，因此速度至关重要。

第六阶段，从危机中获利。危机管理的最后阶段就是总结经验教训。如果企业在危机管理的前五个阶段做得较好，第六阶段就可以为组织提供一个至少能弥补部分损失和纠正所造成错误的良好机会。

(二)米特罗夫与皮尔森五阶段模型

美国南加州大学商学院教授米特罗夫(Ian I. Mitroff)和皮尔森(Christine M. Pearson)

---

① 诺曼·R. 奥古斯丁，等：《〈哈佛商业评论〉精粹译丛——危机管理》，北京新华信商业风险管理有限责任公司译校，北京，中国人民大学出版社，2001。

提出了五阶段的危机管理模式，具体包括[①]：

第一阶段，信号侦测阶段（signal detection）：识别危机发生的预警信号。

第二阶段，准备及预防阶段（preparation & prevention）：对可能发生的危机做好准备并尽力减少潜在损害。

第三阶段，损失控制阶段（damage containment）：在危机发生之后，企业成员努力使危机不影响企业的其他部分或外部环境。

第四阶段，恢复阶段（recovery）：企业尽快从危机的伤害中恢复过来，实现正常运转。

第五阶段，学习阶段（learning）：从企业危机处理的整个过程中，汲取避免危机再次发生的经验教训。即便危机再次发生，也能提高危机处理的效率。

史蒂文·芬克（Steven Fink）在《危机管理》一书中指出："中国人早在几百年前就领会了这一思想。在汉语中，组成危机的两个字就分别表示危险和机会。"中国古人在处理公共关系时，既讲究"原则与策略"也讲究"技巧与方法"。中国古代就有"道""势""术"的区分，"道"可以作为原则来看待，"道生一，一生二，二生三，三生万物"，"天不变，道亦不变"。可见原则是我们在进行公共关系活动时所要依据的最高准则，它保持恒久不变，贯穿在各项工作当中。"势"则可以看作一种策略，是企业在基本原则指导之下的按部就班的一套制度、一种安排，是常规状态下的企业应对办法。"术"则是企业的技巧，是企业随机应变、因势利导的多样化、不可重复的手段。危机处理的公共关系同样如此。

企业危机管理就是企业在经营过程中针对所有可能引发公关危机的影响因素进行监测、分析、化解，以防范危机的发生，并在出现危机时及危机过后采取各种行动减少损失、消除负面影响、恢复品牌形象，直至转危为机、实现振兴的一系列活动。

(三) 罗伯特·希思 4R 模型

罗伯特·希思（Robert Heath）将危机管理过程概括为 4R 模型，即危机管理可以划分为缩减、预备、反应、恢复四个阶段，有效危机管理是对 4R 模式所有方面的整合[②]。

第一阶段，缩减阶段（reduction）。在缩减阶段，企业的主要任务是预防危机的发生和减少危机发生后的冲击程度。对任何有效的危机管理而言，缩减阶段应是其核心，因为在缩减阶段危机刚处于萌芽阶段尚未造成大范围的影响和损害，最易控制、花费也最小，企业只要对各类细小变化多加注意，就可以防止一些公关危机的发生。促进管理、增强沟通、提升品质等皆可以在不知不觉中降低危机事件发生的可能性。

第二阶段，预备阶段（readiness）。当火灾发生之后才去学习灭火器的使用方法显然已经太迟了。因此，在公关危机发生之前，企业就必须做好响应和恢复计划，对员工进行技能培训和模拟演习，确保制定的危机应对计划深入人心并落到实处，其目的即是一旦危机发生，使损失最小化，并尽快将企业运营恢复到常态。

第三阶段，反应阶段（response）。在危机爆发之后，企业需要及时出击，在尽可能短的时间内遏制危机发展的势头，运用各种内外部资源，调动跨部门人力，应用恰当

---

① 罗伯特·希斯：《危机管理》，王成、宋炳辉、金瑛译，北京，中信出版社，2001。

② 同①。

的管理方法共同解决危机,防止事态的进一步恶化。

第四阶段,恢复阶段(recovery)。通常在经历过公关危机之后,企业的人力和物力都会受到不同程度的冲击和影响。当危机情境一旦得到控制,企业就应立即着手致力于恢复工作,尽力将企业的财产、设备、工作流程及员工心态恢复到日常状态。企业还应就危机处理过程中反映出来的问题,对企业的日常经营、危机管理工作等进行改进。

第三节 公关危机的管控

危机的突发性、破坏性和急迫性表明,危机处理要求企业必须第一时间响应并尽最大努力控制局势,迅速查清原因,积极采取措施,尽力挽回危机事件对企业和组织的声誉影响。因此,必须首先制定出一个反应迅速、正确有效的危机管控流程与方案,以避免急迫过程中的盲目性和随意性,防止危机处理中的重复和空位现象,使危机处理能够有效进行。

"塞翁失马"比喻一时蒙受损失但也许反而因此得到好处。语出《淮南子·人间训》:"近塞上之人,有善术者,马无故亡而入胡,人皆吊之,其父曰:'此何遽不为福乎?'居数月,其马将胡骏马而归。""因祸得福"则是指因为处理得当或条件改变,坏事变成了好事。语出《史记苏秦列传》:"智者举事,因祸为福,转败为功"。危机事件也是如此,所谓"危机",既有"危险"也有"机遇",因此要想"转危为机",甚至"因祸得福",就需要对危机施以正确的处理方法而不能靠命运和等待。实际上,"塞翁失马"只是告诉了我们一个结果,并没有告诉我们过程,如果在危机出现以后,组织期待可以不努力就等待时来运转,那无异于"守株待兔"。关于"因祸得福"的转变,不仅是由于"处理得当",也来自"条件改变"。危机的转化首要因素来自公关主体的处理行为,即使是"条件改变"也需要公关主体付出相应的努力。因此,公关危机的处理方法就显得尤为重要,好的管控措施往往能够产生意想不到的效果。

一、及时的信息传导

(一)原则:速度第一原则

所谓"好事不出门,坏事传千里",在媒介如此发达的今天更是如此。面对企业公关危机事件,要力争在最短时间,以最快速度进行干预,对事态发展取得掌控。面对可能出现的危机,需要表现出积极应对的态度。因大众媒体和互联网推荐算法均具有"议程设置"功能,因此对企业的危机处理做法和立场将受到极大量受众的关注,大众的声音也将第一时间在互联网端形成传播并汇集为舆论,影响危机的发展。

(二)措施:制定新闻发言人制度

公关危机往往具有很强的社会辐射力,如果控制不当任由舆论传播,不仅会扩大对组织的消极影响,也容易误导公众引发猜测甚至各类谣言,造成一定的社会混乱,非常不利于危机事件的处理。因此需要建立一个统一对外的口径,即为新闻发言人制度,形成组织官方唯一的信息公开方式,向外界进行准确且及时的消息更新。通过这一方式将能够有效避免危机事件初期发生情况不明、消息来源混乱的现象,同时也规避了组织内多部门不同发声渠道引发相互矛盾信息的冲突。

1. 新闻发言人的工作要求

新闻发言人的工作原则是"快讲事实、重讲态度、多讲措施",其工作要领为向下了解实情,充分调研事实;向上请示口径,明确回复基调;旁敲侧击了解舆情,预测问题,设想回答。对于新闻发言人,在企业日常经营过程中,需要定期召开新闻发布会,主要内容策略聚焦于阶段性中心工作和重大事项,包括企业内部品牌及企业文化建设情况、社会关注的与企业所处行业相关的热点问题、对新闻媒体有关报道的回应和事实说明等。而在危机事件中,新闻发言人则主要承担着危机事件处理进展报告、回应媒体及公众疑问等责任。发言人可视危机性质和程度进行选择,但其必须具有传达信息的权威性。由新闻发言人讲述危机事件发生的原因和经过以及组织所采取的和正要采取的补救措施。在向新闻界公布事实前,组织内部要先统一认识和口径,在说明情况时也应尽量简明扼要,避免使用技术术语或晦涩难懂的词语。

2. 组织与媒体关系的处理

在新闻发言人制度建立的基础上,企业还需要注重及时公示危机事件相关真实信息。危机爆发已成为客观事实,任何的掩饰都会导致公众的愤怒,并促使事态扩大。明智的办法是本着对公众负责的态度和实事求是的原则,公布事实真相,公开发表自己的立场和观点,勇于承认错误和承担责任,堵截小道消息的传播。同时,组织也需要积极配合新闻媒体。新闻媒体不仅十分关注危机事件,而且往往对负面的细节信息及组织的反应态度更加敏感。因此,在危机发生后一定要处理好与新闻媒体的关系,要端正态度不能有抵触情绪和不良表现;要积极配合,提供真实信息;为避免报道失实,还要准备较为详尽的书面材料。如果确有涉及公司核心机密而不宜公开发表的信息也应坦诚说明,以求得媒体与公众的理解。此外,还要注意引导舆论向有利于解决问题的方向发展,避免谣言的传播。

3. 公关危机稿件的撰写

根据突发的公关危机事件,我们给出了如下的公关稿件以供参考。依据不同的危机类型,相应的稿件内容也应进行细节的调整。

声明

_____年_____月_____日,_____集团已关注到_____事件。对此,我们已成立集团内部调查组对_____事件进行全面调查,彻底查明事实真相,对有关责任人员严肃追责。在此期间,我们也将及时向社会公告_____事件的调查进展。

The statement

In _____, _____ Group has paid attention to _____ event. In this regard,we have set up an internal investigation team of the Group to conduct a comprehensive investigation into the _____ incident. They will find out the truth from the facts,and seriously hold relevant persons responsible. In the meantime, _____ Group will timely inform the community of the investigation progress of _____ event.

声明

针对_____事件,_____集团已成立调查小组进行全面彻查,_____(陈述事件真相)。针对上述情况,我们及时_____(对于事件的处理措施),目前该事件_____(处理结果)。_____集团将加强_____(预防类似事件的措施),杜绝此类事件的再次发生。

The statement

In view of the _____ incident，_____ Group has established an investigation team to conduct a comprehensive and thorough investigation，_____（state the incident）. In view of the above situation，we timely _____（handling measures for the event），and now the event _____（handling results）. _____ Group will strengthen _____（measures to prevent similar incidents）to prevent such incidents from happening again.

严正声明

____年 ____月 ____日，有关 _____ 集团 _____ 的谣言在网络散布，对 _____（当事人/部门）造成了严重的影响，也对 _____ 集团甚至整个 _____ 行业 形象造成了负面影响。对此，_____ 集团已 _____（针对造谣者采取措施），我们 坚决维护本集团职工的名誉和合法权益，我们也将坚决通过法律手段对造谣者、传谣 者追究法律责任。同时再次敬告：在谣言面前，我们应该正确甄别真假、是非、善恶， 坚决不造谣、不信谣、不传谣！

A solemn statement

In _____，rumors about _____ Group _____ were spread on the Internet，which had a serious impact on _____（party/department），and also had a negative impact on the image of _____ Group and even the whole industry. In this regard，_____ Group has _____（measures taken）. We firmly maintain the reputation and legitimate rights and interests of the group's employees. We will also hold those who spread rumors accountable through legal means. At the same time，we issue a reminder：in the face of rumors，we should correctly distinguish between true and false，right and wrong，good and evil，and resolutely refrain from fabricating，believing or spreading rumors！

（三）措施：组建公关危机处理小组

危机事件的出现一般影响面较广、时间较短，对企业的管理者和公关人员施以了 极大的压力，然而处理危机事件的关键即是要保持镇定，不能因慌乱使整个组织陷入 混乱之中。应最大限度地平衡组织与公众的利益，控制整体事态的发展。其次，要对 事件进行及时的报道，以使公众获得客观确切的信息，尽可能消除双方的信息不对称 等情况。此外，还应立即组建危机处理的专门协调小组，由组织的主要负责人亲自领 导，并根据事件的需要决定其人员构成。危机处理小组的职权应为处理危机事件的最 高权力机构和协调机构，它有权调动企业的所有资源，有权独立代表企业作出任何承 诺或声明，具体的实施过程如下。

1. 危机管理部门的设置

公关危机管理部门的设立是进行公关危机预警管理的重要保证，也是进行公关危 机管理行之有效的专门性组织，其主要工作职责包括：预测可能出现的公关危机；制 定危机防范的方针和政策；制定危机处理的策略和步骤；指导与监督整个企业各部门 公关危机预防管理的措施；编制公关危机管理的经费预算；对全员进行公关危机教育 培训；对公关危机处理进行指导和咨询等。对大中型企业来说，设立危机管理机构——危机管理委员会,是比较可行的做法[①]。危机管理委员会的人员一般应包括企业管理层、人力资源经理、工程管理人员、保安人员、公关经理、后勤部门领导。如果企业有分支机构或子企业,则每个分支机构、子企业都应向委员会派一名代表,以便公关危机发生时能够迅速在各地协调行动。特别是当分支机构也都生产同样的产品、使用同样的质量标准、同样的购销渠道、具有同一品牌形象时此举更为必要。在突发性公关危机发生时,组织还应在危机管理常设性职能团队外,组建针对危机事件的临时性处理小组,作为事件的直接负责团队。

2. 危机处理人员的确定

对于危机处理小组而言,要想做好公关危机管控工作,则必须选择与危机事件直接相关的部门精干人员组成,可包括企业决策层负责人、危机管理部门骨干、公关部负责人和企业一些其他相关部门的负责人。各部门的抽调人员包括生产管理人员、销售推广人员、技术人员、公关人员和质量管理人员等,这些成员应保证其畅通的联系渠道。当危机发生时,该机构将直接担任危机领导核心。危机处理小组虽为根据特定危机而组建的临时性专门组织,但是在日常企业经营过程中还是需要对危机管理人员、各部门负责人开展专门的危机管理培训,不断提高他们预防和应对危机的实战能力。做到"千锤百炼、能打胜仗",在危机发生时迅速进入状态,并作为处理小组的核心成员走向企业处理公关危机的第一线。

3. 危机管理人员的演练

离开了足够的冷静、完善的技巧、优秀的公关应变能力,危机管理人员是很难处理好企业公关危机的。因此,拥有一支训练有素的危机应急队伍,以应对各种突发性事件,在危机来临之际帮助企业顺利渡过难关也是确保危机管理组织良性运转的重要方面。由于危机处理是一项专业性很强的公共关系实务,涉及面很广,不仅需要参与者具有各类危机事件处理的专门知识,而且需要参与者具有善于处理危机事件所涉及的各种公共关系和媒介关系的才能。因此,企业应时刻注意加强对危机管理人员的训练,一般包括提高公关能力的公关专项培训、应对危机事件能力的培训、危机事件的应对策略培训、学习危机处理的成功与失败案例、进行综合性的模拟演习等。

(四)技巧:掌握舆论主导权

舆论对于企业危机管理来说是重要的影响因素,因此企业只有及时采取有效的危机管理措施,如新闻发言人制度等先发制人,第一时间向外界进行信息公告,打消公众对于危机事件的疑问、猜测甚至由此引发的谣言,才能掌握舆论的主导权,顺利开展公关危机管理工作。而良好的舆论引导,也可以为企业重建品牌形象助一臂之力。

从危机解决的角度出发,媒体既是企业和公众沟通的桥梁,也是解决危机的重要外部力量。因此,媒体公关对危机公关而言至关重要,要做好媒体公关工作,就要坦诚对待媒体,积极主动让媒体了解事实真相,争取新闻界的理解与合作,引导其客观公正地报道和评价事件。积极正向的媒体报道可以提高品牌的声誉,但组织也必须关注所联络媒体,确保其所报道的内容是企业对公关危机的积极应对态度,即从第三方的媒体视角解读企业是如何采取有效措施来防止公关危机扩散的,以及降低危机事件带给社会和公众的损失等内容。在与新闻媒体联络时,企业要实事求是进行信息的传

---

① 高民杰、袁兴林:《企业危机预警》,北京,中国经济出版社,2003。

递和输出，切记不得进行夸大事实的描述。

在危机事件中，新闻媒体还可能就危机事件采访社会公众、利益相关者、专家学者等不同社会角色，他们会从各自的角度表明对危机事件的看法和态度。其中，公众和利益相关者的想法与观点是企业危机管理者需要重点关注的，也是企业危机管理者进行决策的重要依据；而专家学者的建议也能够从危机的产生原因、产生过程、目前状态和当前企业在危机管理过程中的失误和成功之处等方面为企业带来启发和帮助。因此，通过公众的声音，企业危机管理者可以了解社会公众与利益相关者对危机所持的态度，从而积极采取相应措施，在公众形成自发舆论前进行主动的信息输出，时刻把握住舆论的主导权。

二、精准的因果分析

（一）原则：承担责任原则

企业态度决定了公关危机发生时公众对品牌的印象，既包括利益方面的，也包括情感方面的。在危机事件发生后的第一时间，无论谁是谁非，企业都应该主动承担责任，及时采取行动并积极配合以将此事调查清楚。面对任何公关危机事件，消费者均会对企业的作为存在心理预期，即"企业应该怎样处理，我才感到满意"。因此，企业绝不能选择与公众对抗，应在顺应公众预期的同时表明企业的态度。

（二）措施：实施网络舆情动态监测

随着数字媒体的发展，全媒体时代的到来使网络媒介深入人们生活的各个方面。网络媒介具有信息传播量大、传播范围广、传播速度快、影响力广泛等特点，对于人们日常活动的反映也是细致而全面的。在当下的数字传播时代，企业的公关危机，也往往是由社交媒体的公众讨论或新闻媒体的网络报道所引起的，因此把握智能媒体发展趋势，快速提升网络舆情应对能力和全媒体发展意识，应成为企业所有成员的必修课。企业在进行公关危机管理时，只有牢固树立媒介思维、熟悉媒体平台特征，时刻关注网络舆情的发展动态，才能提升媒体应对能力，把握舆情发展情况并就公关危机快速反应，迅速应对。对于企业危机管理部门的日常运作而言，主要包括如下三个核心步骤。

1. 网络舆情监测的实现

企业只有充分了解公众及新闻媒体的反馈和议论，才能在公关危机发生的起始阶段尽早介入，将其控制于萌芽之中。因此，企业危机管理部门需要在日常运营中开展网络媒体舆情动态监测，全面了解和掌握国际国内各媒体渠道有关组织及相关行业的资讯，高效追踪品牌舆情动态。其中包括新闻门户（新闻资讯网站、各类新闻媒体官网、传统纸质媒体电子版、主流媒体 App 等）、社交媒体（微博原文、转发及评论；微信公众号推送及群发文字等）、自媒体（今日头条、知乎、小红书、简书等自媒体平台文章）、短视频与直播平台（抖音、快手等短视频平台与虎牙、斗鱼等直播平台）、境外媒体（境外新闻网站、脸书、推特等社交媒体平台）、口碑评价网站（淘宝、美团、大众点评等在线购物平台的商品评价）、问答类网站（百度知道、悟空问答等信息问答类网站的网民互动频道）、论坛 BBS（相关垂直类论坛、BBS、贴吧等原帖及回帖）等。

2. 敏感舆情信息的预警

在实现网络舆情监测的基础上，企业应积极开展对于各媒体平台的关键词预警工作，或与第三方达成技术合作自动识别敏感信息，并形成第一时间公关危机征兆的预测与预警。若要完成媒体渠道的整体布局，首先，需要企业自主或合作开发建立舆情实时监测系统，布局国际国内全面媒体渠道；其次，需要进行关键信息设置，精准定位自身品牌、服务品牌、服务渠道及关联行业的舆情状态，设置关键词检索警情指标；再者，要实现对敏感信息的预警，针对可能出现的负面信息形成迅速预警，第一时间启动预案处理；最后，完成国际国内联动，针对舆情信息预警实现国内外联动监测，关联性关键词设置，防止潜在的负面舆情扩大危机。通过完整的网络舆情动态监测布局，及时发现潜在舆情情况，实现防患于未然。

3. 舆情的分析与反馈

企业危机管理部门应建立品牌、公关事件、竞品等相关的大数据分析。在公关危机发生时，迅速形成危机舆情分析报告，通过关键词预警系统获悉潜在舆情危机并迅速形成舆情发展报告，第一时间了解舆情源头、渠道及传播趋势，制定相应的舆论引导方案。在日常运营过程中，企业也需要对品牌公关事件的舆情进行分析，针对开展的公共关系活动进行舆情监测，了解公共关系活动的正向舆情并总结活动开展状态。最后，舆情的分析也应定期形成媒体行业分析报告，通过全媒体平台监测形成对不同媒体平台的偏好认知，为组织开展公共关系活动、正向舆论引导、品牌建设提供支撑和依据。

(三)措施：建设公关危机预警系统

在实现网络舆情动态监测的基础上，建设企业公关危机的预警系统，只有这样才能真正对企业公关危机的迹象进行监测、识别、诊断与评价，并据此作出危机警示和管控的决策。企业公关危机预警分析包括以下几方面的内容[①]。

1. 公关危机的监测

对企业公关危机迹象的监测是指对企业生存的市场环境就已经或可能出现的危机迹象进行监视和预测，收集各种反映危机迹象的信息。这是企业公关危机预警的首要工作环节。对公关危机迹象进行监测时，一般要把握以下几个方面。

(1)确定监测的对象。监测对象分为重点对象和一般对象。重点对象一般应是企业公共关系系统中的重要影响因素和重要实践领域。当然也应视企业具体情况把最可能引发危机的因素或最可能出现危机的实践领域作为重点对象。

(2)明确监测的任务。危机迹象监测的首要任务是过程监测，即对监测对象的活动过程进行全过程的关系状态监测，对监测对象同整个企业其他环节的关系状态进行监测，对监测对象与企业外部环境的相互关系进行监测。其次是信息处理，即对大量的监测信息进行整理、分类、存储，建立监测信息档案，以利于正确地对危机迹象进行分析。

(3)采取有效的手段。一般情况下，企业公关危机迹象监测指标体系及其测量工具是企业公关危机迹象监测过程中必不可少的基本手段，而计算机以及其他现代化设备等则是进行企业公关危机迹象监测的重要辅助手段。所采用的监测手段越先进、越适用，监测结果就越有可信度、有效性。

---

① 高民杰、袁兴林：《企业危机预警》，北京，中国经济出版社，2003。

从监测内容的视角出发[①]，主要包括了加强公共关系信息与组织经营信息的收集分析工作，及时掌握公众对组织活动的反映及评价；密切注意国家政策及经济政治体制改革的方向，使组织的生产经营活动与社会经济大环境相协调；加强对重点客户的沟通，使重点客户成为组织的稳定支持者，及时关注其变动趋势；经常分析竞争对手的生产经营策略和市场需求发展变化趋势；定期或不定期进行自我诊断，分析组织生产经营和公共关系状态，客观评价组织形象，找出薄弱环节，采取必要措施；开展多种调研活动，并在此基础上研究和预测可能引起组织危机的突发事件，把组织危机因素消灭在萌芽之中。

2. 公关危机的识别

对企业公关危机迹象的识别是指根据公关危机迹象监测收集的有关信息，在比较分析的基础上，判断危机迹象的实际存在状态。这是公关危机预警管理的重要业务环节和工作内容。在对已经获得的有关危机迹象的监测信息进行分析的基础上，确定和描述企业公共关系系统中已经出现的危机迹象，为开展危机迹象诊断做好认识上的充分准备。企业公关危机迹象识别一般要注意以下几点要求。

(1)确定识别指标。识别指标是衡量企业公关危机迹象的标准，用于衡量企业公关危机迹象是否存在及存在状态。一般可采用两类识别指标：通用的公关危机状态指标和专用的公关危机状态指标。前者用于比较分析，后者则可以直接测量。

(2)进行综合比较分析。在企业的整个公共关系系统中，各因素相互联系、相互影响、相互制约，一个因素或环节上出现的危机迹象可能引发另一个因素或环节上的危机，一个层次上的危机迹象也可能是另一个层次上的危机迹象发生的原因。正因如此，只有进行综合分析和比较分析，才能达到对危机迹象的全面把握。

(3)准确有效地描述信息。准确、有效的描述与表达是相对于危机迹象识别结论而言的。准确，即要求表述准确，不能含糊其辞，文不达意；有效，是指识别结论能够有效地说明问题，并能有效地运用于企业公关危机预警和具体处理之中。为了做到准确性和有效性，一般要求对危机迹象不仅要作定性描述，还要作定量描述，以达到对危机迹象的深层次把握。

3. 公关危机的诊断

公关危机迹象诊断是指根据公关危机迹象识别的结果，利用与危机迹象相关的各种信息，对已被识别的危机迹象进行基本成因分析和发展趋势预测，为危机预警提供依据。这是企业公关危机预警中十分重要的环节。只对危机迹象进行监测和识别，而不对危机迹象进行诊断，危机迹象就不可能得到正确的解释和评价。因此，企业必须在对公关危机迹象进行监测与识别的基础上进行有效的诊断，才能为危机的处理提供有效的信息基础。公关危机的诊断具体包含以下内容：

(1)产生的原因。由于公关危机产生的原因是多方面的，所以危机迹象诊断必须尽量从多方面找原因，深入分析，使危机预防管理工作，特别是预警、预控工作真正落到实处。

(2)合理预测发展趋势。根据危机迹象之间的因果关系对其进行逻辑分析。进行危机迹象发展趋势预测，要明确两个问题：一是危机迹象发展趋势是建立在准确的危机

---

① 魏翠芬、王连廷：《公共关系理论与实务》，北京，北京交通大学出版社，2007。

迹象成因分析的基础上的；二是危机迹象的成因和过程都十分复杂，要运用科学的方法分析，以保证对发展趋势的预测结论符合逻辑，真实有效。

4. 公关危机的评价

企业危机管理部门应对已被确认的公关危机迹象所产生的损失进行评价，以明确企业在此次公关危机冲击下的损失程度。危机迹象可能带来的损失是当危机迹象发展成为危机事件后，对企业的公共关系、经营管理、社会公众、社会环境等造成的损害。对危机迹象造成损失的评价不应只局限于已造成的损失，还必须对未来一定时期内可能造成的损失进行预测和评估。对危机迹象可能带来的损失的评估结论也是实施危机管控的有效决策依据。

(四)技巧：争取与权威机构合作

在危机处理过程中，争取与权威机构合作是增加企业公信力的有效策略与技巧。企业在日常经营过程中保持与公众、社团、权威性机构的良好关系是实行这一技巧的基础。由权威性机构、专家面对新闻媒体进行发言，通常给公众以公平、公正、可信的感觉，容易得到公众的信任和舆论对企业发生危机的同情。百事可乐就曾发生过罐装饮料中发现注射器针头的危机事件，尽管此事并不合逻辑，但是媒体报告却让人"宁可信其有"。百事可乐集团针对此次事件，选择与美国食品与药物管理局密切合作，由该局出面揭穿这是一件诈骗案件，政府部门主管官员和企业领导人共同出现在电视荧屏上，事实才得以在第一时间迅速被澄清。

因此，企业需要重视政府部门和社会组织在危机管理时的作用。政府部门的权威是任何其他机构或个人所难以比拟的。在企业公关危机发生后，公众往往希望了解事实真相，尤其是在公众对企业怀有疑虑的情况下，政府部门公正的声音、权威的论断能够为企业澄清事实，使公众对企业形成正确的认识。不少企业在危机发生后，没有意识到政府部门的特殊作用，不主动寻求政府的帮助，使企业的危机处理陷入被动局面。更有甚者，在危机发生后不重视配合政府部门开展工作，给品牌形象及企业的可持续发展造成极为不利的影响。同时，消费者保护协会、行业协会、环保组织等机构同样具有准政府部门的性质，在公众心目中也具有很大的公信力。因此，在危机处理过程中，充分利用好政府及社会组织的力量，可以有效帮助企业扭转不利的舆论环境，对于企业重塑良好的品牌形象非常有利。

三、合理的应对策略

(一)原则：系统运行原则

进行危机管理时，整个企业必须进行跨部门的系统性运作。只有如此才能探究到危机事件的本质，并有效解决问题，化害为利。系统运作包括调查危机事件真相、组建危机处理团队、联络新闻媒体、实施危机处理方案等。当公关危机出现时，首先不能惊慌失措，要保持企业运行井然有序；其次要尽快调查事件真相并积极与媒体、政府取得联系，及时对外发声。最后要针对公关危机事件核心，提出解决措施。

(二)措施：调查真相联络媒体发声

当公关危机事件发生后，企业首先应该运用有效的调查手段，迅速查明事件情况，判断危机的性质、现状、后果及影响，为制定对策及应急措施提供依据。具体包括运用最有效的调查手段，查明危机事件的类型、发生的时间、地点、原因、现状等基本情况；查明事件的后果和影响，如人、财、物的损失数量及价值、受该事件破坏的范围和程度、已经或者将会对社会造成的重大影响；了解受影响的公众范围，包括直接或者间接的受害者公众、与事件本身有直接或间接利害关系的责任公众、与事件处理有关的政府部门、与宣传报道该事件相关的新闻界人士等。新闻媒体对于企业开展公关危机管理是一把"双刃剑"，既存在有利的一面，媒体的正面报道能够帮助企业迅速实现信息的传播，加强公众对组织陷入公关危机的理解和谅解；也存在不利的一面，信息不完整或猜测性的媒体报道将进一步引发舆情的发酵，给组织的品牌形象带来巨大损害。因此，在开展危机事件真相调查的过程中，也应特别注意并谨慎处理与新闻媒体的关系。

1. 运用好媒体的有利影响

首先，媒体能够帮助企业降低成本，迅速传递信息。危机发生时，有关危机的信息都会被各类媒体所传递。企业在公关危机管理中要考虑媒体具有为其免费传递信息的可能，因此充分利用好媒体，将自己希望传递同时又是媒体感兴趣的信息通过媒体平台进行传播。如此方式，既节约公关成本，又达成了及时对公众公开危机事件调查进展的目的。其次，媒体还能够协助企业进行危机反馈和恢复工作。危机管理者有时需要在媒体的帮助下对危机作出反应，如果危机事件会损害公众的利益，则通过媒体可以向公众说明应该采取何种措施来避免或减少危机所带来的伤害，运用好媒体平台实现企业积极的危机弥补态度和社会责任感。

2. 注意避免媒体的不利影响

媒体可能成为危机的制造者，媒体的信息是广泛传播的，可以在很短时间内使广大的观众、听众或读者了解到媒体发表的信息，但是这些信息的真实性却无法保证。媒体也可能是危机的催化剂，媒体在信息传播方面的优势使媒体能将信息传向社会大众，这样一来媒体就具有对任何信息的放大作用，在一些情况下可能会促进危机的蔓延。媒体可能成为危机管理的妨碍者，如果危机管理者为了预防危机或为处理危机已经付出了巨大的努力，但由于和媒体沟通发生障碍，媒体还是会报道对企业不利的信息，这种负面激励会严重影响到危机管理者的积极性，妨碍危机管理工作的展开。

3. 形成与媒体的良性互动

公关危机一旦发生，企业要在最短的时间内开展对危机事件的调查并通过媒体发表声明，承诺将迅速对危机进行处理，并及时对外通报最新信息、全部事实真相和处理危机所采取的具体行动。在未完全掌握真相之前，对公众不清楚的问题，企业应表示会尽早提供答案；对无法提供的信息，应礼貌地表示无法告知并说明原因，而不要遮遮掩掩，如此只会增加公众的猜疑甚至反感。企业应切记不得向媒体提供虚假信息，一旦外界通过其他渠道了解到事实真相，将会增强危机的破坏力，使品牌在危机中越陷越深。但也不能采取沉默回避的态度，沉默不仅会延误缓解事态的最佳时机，还会辜负公众期盼真相、期盼解释的愿望。当从企业本身得不到事实真相，不满和猜疑的强大力量就会把公众推向其他渠道来获得信息，而企业的退避举动恰恰给各类小道消息、谣言提供了滋生的土壤。所以面对危机，企业决不能采用鸵鸟政策，保持沉默姿态来回避媒体的采访和报道，侥幸希望危机会自生自灭，而应积极正面应对。

(三)措施：实施公关危机处理方案

完成对危机事件的真相调查工作并第一时间联络媒体召开新闻发布会后，就应积极履行对公众的承诺，组织力量实施初步确定的危机处理方案。这是危机处理工作的中心环节，在实施过程中应注意运用前文所述的公关危机处理原则和技巧。根据危机事件的性质和情况不同，一般按如下方式进行处理：如果危机事件尚未在媒体曝光，企业应争取控制事件的影响；如果危机事件已由媒体公开并已造成广泛传播，则危机处理的重点应从危机事件本身转到媒体公关上来，引导新闻媒体对事件进行客观报道。此外，危机处理中还需联络媒体对企业的经营状况、业绩、产品和服务的特色以及企业文化等进行广泛的宣传，让关注事件的受众更多地了解企业和认同企业。同时，针对不同的公众类型，企业在危机处理中也应采取不同的处理方案。

1. 对危机受害者的策略

对于危机的被损害者而言，他们是危机的直接受害者，对于企业给予一个明确说法的期望值最高，因为企业的态度将直接关系到他们的切身利益。他们也会积极地关注着企业公关的每一个举措，并会对外抒发不满或发表评价。因此，组织需要及时了解受害者的情况，实事求是地承担相应的责任，表示歉意并通告有关各方。冷静地倾听受害者的意见，直接同受害者接触，了解和确认有关赔偿损失的要求。即使受害者应承担一定的责任也不宜立即追究，力戒发生组织与受害者间的争议。要给受害者以安慰和同情，争取得到对方的理解，并尽可能提供其所需要的服务，尽最大的努力做好善后处理工作。

2. 对新闻媒体的策略

面对新闻界的策略即为统一发言口径，说明事件时应简明扼要，最好由新闻发言人代表企业对外公布事件过程。要主动向新闻界提供真实、准确的消息，公开表明组织的立场和态度，以减少新闻媒体的猜测，帮助其进行正确的报道。对重要事项要以书面形式发送给相关记者，避免报道失实。在事实未完全明了之前，不要对事件发生的原因、损失以及其他方面的任何可能性进行推测，或对新闻媒体的推断及社会公众的猜测轻易表示赞成或反对。要表明与新闻媒体积极合作的态度，注意引导新闻媒体从公众的立场和观点进行报道，不断提供公众所关心的问题信息，实现舆论的正向引导。

3. 对消费客群的策略

对于社会大众，特别是企业的目标消费客群是企业生产、销售、公关的现有或潜在对象，对企业具有无形的压力。危机也许只涉及很少的一部分人，但是会潜在地影响到所有的消费者，他们会依此重新判断企业的产品或服务的价值。企业应注意争取社会公众的理解、支持与信任，防止企业声誉的丧失。同时，还要向消费者提供真正解决问题的有效举措，积极主动地挽救企业公信力。以上做法都需要通过媒体向消费者进行快速传播。消费者会认为做出努力的企业虽然出现了问题但其态度诚恳，行为具有责任感，自然品牌也是可信赖的。

4. 对组织内部的策略

面对组织内部时，既包含了组织内的上级主管部门，也包括了组织内部的下级员工。对待上级主管部门的策略是，主动向直属的上级主管部门汇报并保持与上级部门的密切联系以求得指导和帮助。在事件处理过程中，应及时地、实事求是地汇报具体情况，不隐瞒、不歪曲，随时汇报事态的发展进程。在事件处理后，应详细报告有关经过、处理措施、解决办法和未来的预防措施。而对于组织内部的员工而言，则应在稳定情绪、稳定秩序的基础上向员工告知事件的真相和组织所采取的措施，使员工同心协力,共渡难关。同时收集和了解员工的建议和意见,做好说明工作。如属伤亡事件,应做好抢救和抚恤工作;如属产品不合格引起的恶性事件则应立即收回不合格产品。此外,还应及时向股东全面报告事件真相。

5. 对政府机构的策略

对于身处危机中的企业而言,应特别重视政府机构的作用,尤其是行业监管部门等,它们对于企业的评价往往具有起死回生的力量。事实上,挽救危机的一个关键是得到这些权威机构的鉴定支持,他们的结论往往是对危机公正评判的最终依据,也是消费者和社会公众对企业重新建立信任的基础。

6. 对企业经销商的策略

在公关危机发生后,能否对经销商进行有效危机管理,调动各经销商的积极性,很大程度上决定了企业能否在危机中生存。当产品发生危机时,生产企业应及时与经销商进行沟通,给予更多的解释和承诺,必要时要以自身的经济损失换来经销商的继续合作,才能取得经销商的谅解和支持。这样既有利于保障整体危机公关措施全面有效地贯彻执行,又为后续的重整旗鼓作好准备。

(四)技巧:加强与利益相关者互动

在信息技术高度发达的现代社会中,媒体对信息传播具有很强的加速和放大效应。并且由于企业公关危机往往涉及面较广,人员较多,包括工会、雇员、股东、消费者、企业所在的社区、政府等,每个人掌握的信息、对事态关心的程度和心理态度各不相同。因此,危机管理者不光需要了解如何管理危机和在实际操作中怎样处理危机,更要意识到交流沟通如同处理危机本身一样重要,因为外界对危机的看法依赖于他们所收到的信息。为了争取相关人员的谅解和支持,缓解公关危机的压力,进行必要的沟通显得十分重要。一方面,沟通可以加强企业内部的信息交流,充分传达信息,使危机管理人员及企业员工对危机有全面的认识,便于员工之间合作,集思广益,上下一心保持同一步伐;另一方面,沟通可以加强企业与利益相关群体的联系,更容易获得他们的支持和信任。

通过沟通,企业可以将其对危机积极负责的态度和处理危机的决心展示给利益相关群体,尤其是受害者和广大消费者,使他们及时了解危机的现状,统一和端正他们对企业危机的认识。另外,即时的沟通还可以使企业与外部公众建立良好的互动关系,特别是在危机的发展阶段,各种猜测平地而起,企业通过沟通可以澄清事实,发布正面信息,以减少消费者对企业的猜疑,有力回击各种谣言,从而减轻舆论的压力,重建消费者对品牌的信任。

四、妥善的处理推进

(一)原则:权威证实原则

对于公关危机的化解而言,没有权威的认可很难获取公众信任。因此请求第三方公开发表意见,将能够有效解除消费者的戒备心理,更容易对事件进行认识,使企业重新获得消费者的信任。这包括了配合警方调查、将产品送检官方机构、请行业专家进行背书等。

(二)措施:形成公关危机反馈评估

公关危机平息后,企业若认为已经为危机耗费了太多精力,不想再为危机消耗更多的时间，对危机管理后续推进草草了事则很可能在未来的经营过程中重蹈覆辙。公关危机所造成的沉重损失不能成为白交的学费，企业应充分吸取经验和教训，规避相同危机的发生。

1. 总结危机中的经验和教训

企业对危机进行评价和总结，可以找出在危机中所采用的处理方式的合理性和有效性，给企业今后的危机管理提供方法和经验上的借鉴。其中包括了对危机事件发生的原因、处理措施等进行系统调查和全面回顾；对危机管理工作进行全面评价，包括对预警系统的组织和工作内容、危机处理计划、危机决策等各方面的评价，详尽列出危机管理工作中存在的各种问题；对问题进行综合归类，提出整改措施，责成有关部门逐项落实；建立危机档案，将产生危机的原因、经过、处理措施及其效果、经验和教训都记录在案，为企业提高经营管理水平、预防和解决新的危机事件提供参考。

2. 寻找企业引致危机的原因

企业发生危机虽然有众多的外部原因，但与企业自身的不足不无关系。企业面临的环境在不断变化，由于管理的滞后性，企业也就不可避免地暴露出各类经营问题。有的企业管理者片面追求个人业绩而忽略了企业整体素质的提高；有的企业管理者思想守旧知识老化；有的企业管理体系不健全而造成管理上的疏漏；有的企业对采购、生产、财务、营销缺乏有效的控制；有的企业内部管理优化缺乏而一味追求经营成本的降低。这些都是企业经营过程中可能存在的隐患，也是危机爆发的潜在原因。通过爆发的公关危机，可以彻底暴露企业在管理中存在的问题和各种隐患，找出企业在组织架构、企业文化和管理上存在的不足，根据企业发展的需要加以调整，此举在很大程度上将能够提高企业的整体素质。例如，一家企业的产品在市场上出现了质量问题，究其背后的原因既可能是产品的开发和设计存在缺陷，也可能是企业的质量管理体系不够完善。如果这些问题和潜在因素在企业的日常经营过程中没有得到重视，则一旦危机爆发其危害性就会凸显出来。因此，只有通过危机吸取教训，彻底根除引致企业公关危机的因素，才能降低未来公关危机发生的可能性，增强危机抵御能力。

3. 修正完善引致危机的问题

企业对危机进行评价和总结，发现企业经营自身的不足，对危机管理体系进行评价和修正，将危机防范的意识和危机管理评价专门化、制度化，使其成为企业日常经营管理的一部分，能够在整体上提高企业抵御危机的能力。面对公关危机，企业应勇于承担并面对自身不足并着重提升。例如，面对退货退款、销毁问题产品等危机管理措施，虽然会带给企业一定的经济损失，但反之，如果企业选择忽视相关引发危机的问题，则会丧失企业品牌形象和声誉，影响企业的发展前途。危机的出现企业付出代价成为必然，但关键是如何通过危机发现自身不足并努力修正，用最小的代价控制局面争取尽早出现转机。因此，对于企业危机过后勇敢承担责任，深度分析自身不足并着力提升而言，将能够帮助企业赢得人心、挽回诚信、再塑形象。

把危机当契机，才能促进企业的全面提升。危机之于企业，是坏事亦是好事。一次大危机的考验，促使企业亡羊补牢全面审视自己，及时觉悟找出问题根源并解决问题，是企业不断发展和前进的转折点。公关危机若处理得当，企业不仅能挽回损失并树立正面的品牌形象，还能够积累经验，提高危机管理意识，完成健全且完善的机制，增强应对环境变化的能力。综上所述，企业应把危机当作发展的契机，推动和提升日常运营中各方面的工作。危机公关也不是一时之举，在多变的经营环境中，企业要把危机公关当作系统工程。如此以往，企业才能平安渡过每一次危机，并在危机历练中越来越强、越走越好。

（三）措施：总结改进企业自身不足

公关危机往往会给企业造成重大的损失，有的企业在危机之后筋疲力尽，完全没有精力去总结，有的企业在危机之后认为企业的威胁已经结束，再花太多的时间对危机进行总结和评价没有必要。其实，只有在公关危机过后对企业自身的问题进行深刻回顾和总结，才能更好地帮助企业在未来的生产经营过程中，规避风险并实现更好的发展。在进行危机事件总结时可以从危机处理策略、危机处理心态、危机处理方法三个角度进行思考与提升。

1. 危机处理策略的总结与提升

本章第一节具体论述了公关危机的不同类别，在进行公关危机的复盘与总结时也应针对危机的不同类别、不同特征进行危机处理策略的分析。对于组织行为不当引起的危机，唯一正确的做法就是调整组织自身行为，重新塑造组织的良好形象，任何掩盖、粉饰，只会加剧危机。对于突发事件引起的危机，组织首先要树立公众利益至上的观点，坚持不懈地为公众提供最佳服务，同时应立即通过新闻发言人向公众及时传递有关信息，以免情况不明造成的混乱和紧张气氛蔓延。与新闻媒体的合作中，企业需要迅速取得联系，争取新闻媒体的广泛支持合作，避免出现影响较大的不利舆论。对于失实报道引起的危机，正确态度应先是保持冷静决不能鲁莽处事，加剧矛盾的激化。积极采取各种有效措施，致力于双向沟通，以争取新闻媒体、政府与公众的理解和支持，必要时运用法律手段来保护组织与公众的利益。

2. 危机处理心态的总结与提升

危机事件的发生大多出乎人的预料，不确定因素多、危害大、时间紧迫、社会压力大是其共同特征。因此，是否能够在危机处理时保持沉着冷静、谨慎果断、目光长远是对于危机处理心态的重要评估。

首先，越是在危机的时候，就越要求公关危机事件的处理部门保持冷静和清醒的头脑，尽快了解危机的全面经过，客观、准确地判明情况并作出相应的决策，真正做到镇定自若、处乱不惊。若在突如其来的危机面前，企业慌了手脚、晕了头脑、乱了情绪，则只可能在惊慌失措中导致面对危机毫无对策，引发舆情的进一步发酵，给企业经营和品牌形象造成更深的损害。所以，保持冷静是乱中处事的先决条件。

其次，危机事件不但危害大且涉及面广。事件发生后，往往会使企业的形象、信誉及与公众的良好关系遭到严重损害，甚至使消费者对企业产生不信任感。因此，要求公关人员处理危机时谨慎从事、考虑周到，切忌鲁莽草率而导致重大错误的产生。虽然处理危机时需要谨慎从事，但由于公关危机自身突发性、紧急性等特点，又要求企业的相关管理者在仔细考虑、谨慎行动的前提下，办事坚决而果断。在关键时刻，公关人员要准确分析情况，迅速果断而又正确地作出决策，并立即付诸实施。优柔寡断只可能贻误处理良机，导致事态不断恶化，后果将不堪设想。

最后，在处理危机事件涉及的各方利益时，需要弄清基本事实、分清责任。在公平合理处置的基础上，考虑问题的出发点应是着眼于大局，着眼于组织的长远整体利益。以维护组织信誉和品牌形象为核心目标，维护团结、照顾绝大多数及社会公众利益为前提，充分听取和考虑当事人的利益。

3. 危机处理方法的总结与提升

在危机事件处理中，不但要使问题得到圆满解决，而且要突出公关效果。普通的企业负责人或公关人员往往只把危机当作不幸事件处理，而卓越的企业家及公关人员则会将危机当作开展公共关系活动的良机。要突出处理公关危机事件的正向公关效果，必须采用与众不同的危机处理方法和技巧。例如，1997年发生的东南亚金融危机，来势凶猛，破坏力大，使许多国家的经济遭到严重冲击。为了保护本国利益，许多国家纷纷贬值本国货币，甚至不惜牺牲别国利益，使整个局势越发恶化。在此关键时刻，中国政府挺身而出，顶着巨大压力，果断作出人民币不贬值的决定，在自己蒙受损失极端困难的情况下，积极主动地向泰国提供外汇援助。中国人与众不同的非凡胆识及中国政府高度负责的态度在国际上赢得了高度的评价和良好的声誉，极大地鼓舞了各国人民克服危机、战胜困难的信心。实践证明，这是中国政府在国际上树立高度负责敢于担当重任的大国形象极为关键和成功的举措。

（四）技巧：企业家为品牌发声

企业家是企业的最高负责人，也是企业品牌的象征。企业在运营过程中，往往可以通过塑造独特的企业家个人形象，将企业品牌的特性人格化。而在公关危机发生时，企业家通过亲自为品牌发声，也可以塑造敢于负责、有能力、有决心、有诚心解决危机的个人形象，从而增加公众对企业的信任度。

凡是中外成功的危机公关案例都有一个共同的特点：领导人亲赴第一线，公关人员精心策划，任劳任怨。这种做法和技巧易于得到公众的同情与理解，取得公众的信任。"博帕尔"毒气泄漏事件发生时，美国联合碳素企业最初采取漠视的态度，舆论哗然。随后企业总裁冒险前往印度亲自处理处理，但遭到印度政府的逮捕。在被释后，美国联合碳素企业的总裁第一时间宣布的是要对受害者进行治疗与赔偿，而这一行动也大大缓和了当地政府与公众的对抗情绪，也缓解了危机事件的紧张程度。可见，在公关危机发生时刻，企业家为品牌发声，塑造正向的企业家形象，能够迅速建立大众认知，获得社会信任提升大众认可与美誉度。

除了在公关危机处理中企业家的主动发声能够有效缓解危机事件的紧张程度，在危机事件后进行品牌形象重塑和企业日常经营过程中，企业家形象同样能够降低社会公众对企业品牌的认识成本，将个人价值转化成企业品牌价值，相互烘托成就。同时，成功的企业家形象，还能够带来品牌溢价的输出，提高商业价值、形成品牌效应，扩大企业的声量，对接市场资源，获得更多的市场话语权并增强社会影响力。例如，当年陈欧一句"我为自己代言"，为聚美优品获得4 500万的粉丝；董明珠与雷军的十亿赌约，为格力省下了近亿元的公关费用。可见，每位企业家都是一支"潜力股"，企业家形象和个人声誉也是企业重要的无形资产。

对于企业家品牌的塑造，主要是通过媒体平台，以图文、音视频等多种展示方法输出企业家人物生平、履历、思想故事和行业论点。结合活动动态跟进报道，融入企业文化、定位和价值，使其拥有庞大关注度和互联网信息背书，建立企业品牌形象和品牌情感价值。企业家品牌的塑造，能够带来企业品牌更好的发展，也能够通过个人形象的精准传播，有效触达目标客群进行强价值输出，搭建公众对品牌更为精准的认知，实现企业家形象为企业品牌的赋能。

五、真诚的宣传沟通

(一)原则：真诚沟通原则

当企业面临公关危机时，无疑会成为消费者关注的焦点。其任何危机公关的举措都将受到大众的询问和质疑。因此，企业应抛开所有侥幸心理，主动联系新闻媒体说明事实，第一时间发表声明，本着对消费者负责的态度进行处理并开展全面调查。另外，企业还需要针对公关危机事件相关的恶意诽谤、谣言等行为发出法律警告，避免竞争者乘虚而入，以负面口碑的方式进行恶意竞争。态度真诚，用事实说话，促使双方互相理解，消除疑虑与不安。

(二)措施：评估危机公关开展效果

良好的品牌形象和信誉是企业的无形资产，也是使企业具有市场竞争力的重要表现。当企业经历公关危机后，品牌形象受到损害在所难免，因此需要在危机后迅速开展对此次危机中公关效果的调研、分析和评估工作。一方面，可以了解危机给企业造成的影响范围和程度，品牌美誉度和忠诚度的受损状况，以及应该重新树立一个怎样的品牌形象；另一方面，可以把危机来源和危机处理过程加以总结，并通过制度建设堵住危机发生的漏洞，避免企业今后重蹈覆辙。对于危机公关开展效果的评估主要从评估内容、评估方法、评估指标三个维度展开。

1. 危机公关效果评估内容

在进行危机公关效果评估的过程中，既要调研企业开展危机公关后给目标群体的有效传递效果，也要调研企业运营各环节的协调状况。通过对危机公关反映效果的调研，可以了解消费者与公众对企业在危机中开展的一系列活动的意见；通过对消费者、社会公众、媒体以及危机管理人员的调研，能够及时发现企业在危机处理过程中的不良行为，为进一步优化企业运营，塑造品牌形象提供依据。另外，调研企业运营各环节的协调状况，能够发现企业各职能部门是否为实现企业目标而协调一致，品牌及企业的整体形象能否在正确的管理下得到提升。若企业内部的各职能部门职责不明、相互推托，在危机中应对迟缓、杂乱无章，即使侥幸避过此次公关危机，也不利于未来企业开展品牌重振，同时也为再度发生公关危机留下隐患。

2. 危机公关效果评估方法

对于危机公关效果的评估方法主要分为公众评价法、专家评价法和实施人员评价法三类。由于这三类方法针对的目标群体不同，所获取的信息亦不同，因此通常情况下会共同开展，并对危机事件中的危机公关开展效果进行综合评定。

公众评价法主要由危机公关的直接对象通过亲身感受，对公关效果给予客观和主观评价，通常采用问卷或提问的方法征求意见，询问他们对指定问题的想法、态度、倾向来对危机公关的效果进行分析评价。由于企业危机事件往往会对消费者产生直接或间接影响，因此公众评价法主要即是对企业的目标消费群体开展的一种评价方法。

专家评价法是由公关方面的专家来复盘和总结危机公关的实施过程、对计划的实施对象进行调查，综合各方面意见对危机公关进行评估，鉴定其开展效果。评价时，企业负责人通常会拟定好事件中危机管理的方式、预期目标和危机发生的市场背景等资料并送至专家手中。由多位专家就所掌握的资料、公众舆论导向等信息综合研判，提出评估结果、列出评估依据。通过综合汇总专家意见后，最终形成对危机事件公关效果的评价结论。

实施人员评价法是由实施危机公关的人员对危机管理计划和实施进展情况进行评估。通常情况下，实施人员既包括了企业内部的危机管理部门、危机处理小组成员，也包含了组织合作的外部人员。通过访谈或问卷的形式对参与危机公关的核心人员进行调查，了解他们对指定问题的意见、态度和倾向，从而确定对危机公关效果的分析评价。此方法也是企业内部进行危机事件处理复盘和内部研讨的重要方法。

3. 危机公关效果评估指标

危机公关效果评估是企业在危机后开展品牌形象重塑的重要决策依据。评估指标一般包括认知度、美誉度、转换度三个维度。通过对比危机发生前后，企业目标消费人群对企业的态度转变，从而判断危机事件造成的影响，以及危机公关开展的效果。

认知度测量的是公众对企业或企业品牌的知晓程度，也包含了对品牌内涵及价值的认识和理解程度。由于危机事件的发生通常会引发媒体的报道，使得更多的公众在网络或新闻报道中听闻企业的品牌和产品，但"听说"和"认知"仍是两个维度，认知度的上升表明了企业在开展危机公关时，通过新闻发言人和新闻媒体的联系，较好地向外界进行了信息的传递，实现了将企业价值、品牌内涵的对外传播。

美誉度测量的是组织获得公众好感和欢迎的程度，也是评价组织声誉好坏的重要指标。通过危机事件前后企业美誉度的下降程度，能够判断危机事件给企业造成损害影响的轻重。若危机事件发生后，企业的美誉度不降反升，则充分说明了针对此次事件，危机公关发挥出了巨大的效用，成功实现转危为机，把握住了将危机事件转化为企业开展公共关系活动的良机。

转换度测量的是目标消费客群对于企业产品或服务的购买意愿。消费者行为学中的认知—态度—行为模型表达了受众在接收到新事物后，首先引起的是认知变化，随后逐步引发态度改变，最后带来行为的转变。因此，转换度是目标消费客群基于对企业和品牌的认知度及美誉度作出的最后判断，也是权重最高的指标。

(三)措施：推动企业品牌形象重塑

很多企业在危机来临时更关心自己的经济利益，却忽视了危机中的一些公共关系活动更能使企业受到社会的关注，并在一定程度上恢复和提升企业的声誉与品牌形象。"危"与"机"总是同生并存，危机事件的发生，既然已经引起社会的关注，企业就要善于利用这一契机，如果处理得当，则可以因祸得福——树立品牌负责任、关注社会公众利益、讲信誉的良好形象。与损失并行的收获对品牌的后续发展会颇有益处。因此，危机后的企业应积极采取措施，重塑品牌形象。

1. 重塑品牌形象的价值意义

重塑品牌形象的重要意义在于危机发生后，消费者关注的是企业如何处理问题产品或服务，员工考虑的是自己将来的工作和生活，其他利益相关群体关注的是自身利益是否受损。而重塑品牌形象不仅能够恢复企业员工的产品意识和对企业的信心，让公众恢复对企业品牌及企业产品的认同，而且可以重新获得利益相关群体的支持。研究表明，企业可以通过品牌表现、品牌个性和品牌形象等方面建立品牌的差异化形象，为企业赢得市场。品牌表现、品牌个性对消费者行为倾向有直接影响；品牌形象通过品牌表现和品牌个性间接影响消费者行为倾向。并且消费者对品牌表现的感知对消费者行为倾向的影响大于品牌个性感知对消费者行为倾向的影响[①]。

2. 重塑品牌形象的标准因素

罗伯特·希勒（Robert J. Shiller）认为危机处理过程中的良好企业形象应由四个标准因素构成：与危机前的态度和行为保持一致；反映组织的真实态度和行为；注意处理外部焦点；危机过后保持当前态度[②]。以上四个标准表明在公关危机的发生前后，企业应保持其产品或行为与企业的经营目标、经营理念一致，并将各种承诺付诸实施。对于公关危机的发生，如果企业产品或是当前利益受损是短期的，那么如果危机公关处理不当，其对品牌形象的影响则很可能是长期的。因此，企业危机管理者在危机中进行形象管理如走独木桥一般，稍有不慎则全盘皆输。企业应本着对消费者和社会公众负责任的态度，对危机进行积极的恢复工作，增强社会对企业的信任，消除危机对企业带来的一切不利影响和负面效应，使企业的生产、经营及管理运作步入正轨。

3. 重塑品牌形象之公共关系活动

危机得到了妥善处理后，企业生存压力得到暂时缓解，但并不等于品牌形象危机已经结束，公关危机给企业带来的不良影响有可能是长期的，如若不进行有效改善可能会拖垮企业。因此，公关危机后企业必须经过长时间的努力，尽可能恢复和重建良好的品牌形象，为企业未来的生存、经营和发展铺垫好基础。企业需要以诚实和坦率的态度及时地、有针对性地向公众开展弥补形象缺陷的公共关系活动，消除危机带来的不良影响，如召开新闻发布会、请技术监督部门重新对产品进行鉴定、参加各种公益活动等，及时告知公正危机后的新局面、新进展，消除危机带来的形象后果，恢复或重新建立品牌的良好声誉，再度赢得社会各界的理解、支持与合作。同时为了与公众保持密切的联络，企业还可以敞开大门，欢迎公众参观，告诉公众企业工作的新突破，以过硬的产品质量和一流的服务重新赢得市场口碑。

对于重大责任事故导致社会公众利益受损时，企业必须承担起责任，给予公众一定的精神补偿和物质补偿。在进行善后处理工作的过程中，企业也要做到真诚相待，若产品对公众造成伤害，要在第一时间向其公开道歉以示诚意，并且给受害者相应的物质补偿。对于那些确实存在问题的产品应迅速收回，立即改进产品和服务，表明企业解决危机的决心。只有以诚相待，才能取信于民。企业若想在消费者心目中树立良好的品牌形象，就一定要讲诚信，把职业道德和社会责任放在首位。放弃眼前利益，着眼于长远，本着谦虚、谨慎和负有责任感的态度，也是企业重新塑造良好的社会形象的基础。

（四）技巧：关注公众的信心恢复工程

危机事件对组织和公众心理的伤害和信心的冲击不亚于直接的物质损失。重新培育信心是重塑品牌形象工程的重要组成部分。在公众信心恢复工程的开展过程中，首先，要做好受危机伤害最大的公众的安抚和补偿工作，赢得他们的理解和重新信赖。其次，要对危机爆发的关键环节及时修补，对外展示出企业的社会责任与实际为此付

---

① 关辉、董大海：《品牌形象对消费者行为倾向影响的实证研究》，载《中国流通经济》，2007（7）：42-45。

② 王光全：《企业危机管理研究》，硕士学位论文，武汉大学，2004。

出的努力。此外，还要借此进行全面的整顿，并确立更高的发展目标，重振外部公众对企业和品牌的认知。

重塑形象需要企业付出巨大的努力，其中精心的策划显得尤为重要。例如，新的领导层与公众的直接对话，展示危机过后企业新形象；通过新闻媒体发布未来发展项目，使公众了解企业及品牌未来的高成长性；参与大型公益活动，突出企业的社会责任感等；组织最新的企业发展成果和社会评价的连续报道等。这些工作的开展都将有助于组织品牌形象的重建工作，对组织内部而言，有效的沟通和积极的举措将使员工振作精神，坚定信心；对外部的公众，及时传达积极有益的信息，将会让公众感觉到危机过后组织的存在和拼搏重新崛起的实力，为组织得到进一步发展集聚力量。

案例研读 & 文献阅读

扫一扫，看资源

延伸阅读推荐

公共关系学科内核小、外延大，需要有广博的知识面和完整的知识体系，为了使大家能进一步拓展理论深度与实务能力，特推荐以下书目作为延伸阅读参考。

1. 余明阳，薛可. 公共关系策划学[M]. 3 版. 北京：首都经济贸易大学出版社，2022.

2. 薛可，余雪尔，余明阳. 中国公共关系史纲[M]. 上海：上海交通大学出版社，2022.

3. 余明阳，薛可，杨芳平. 品牌学教程[M]. 3 版. 上海：复旦大学出版社，2022.

4. 余明阳，朱纪达，肖俊崧. 品牌传播学[M]. 3 版. 上海：上海交通大学出版社，2022.

5. 余明阳，陈先红，薛可. 广告策划创意学[M]. 4 版. 上海：复旦大学出版社，2021.

6. 薛可，余明阳. 文化创意学概论[M]. 上海：复旦大学出版社，2021.

7. 薛可，余明阳. 人际传播学概论[M]. 4 版. 上海：复旦大学出版社，2021.